MACABEIAS DA COLÔNIA
Criptojudaísmo feminino na Bahia

MACABEIAS DA COLÔNIA
Criptojudaísmo feminino na Bahia

ANGELO ADRIANO FARIA DE ASSIS

Copyright © 2012 Angelo Adriano Faria de Assis

Grafia atualizada segundo o Acordo Ortográfico da Língua Portuguesa de 1990, que entrou em vigor no Brasil em 2009.

Publishers: Joana Monteleone/ Haroldo Ceravolo Sereza/ Roberto Cosso
Edição: Joana Monteleone
Editor assistente: Vitor Rodrigo Donofrio Arruda
Revisão: Gabriela Ghetti
Projeto gráfico, capa e diagramação: Sami Reininger
Assistente de produção: João Paulo Putini
Imagem da capa: *La Filiación*, de Francisco Goya

CIP-BRASIL. CATALOGAÇÃO-NA-FONTE
SINDICATO NACIONAL DOS EDITORES DE LIVROS, RJ

A865m

ASSIS, Angelo Adriano Faria de.
MACABEIAS DA COLÔNIA: CRIPTOJUDAÍSMO FEMININO NA BAHIA
Angelo Adriano Faria de Assis
São Paulo: Alameda
410p.

Inclui bibliografia
ISBN 978-85-7939-111-8

1. Judeus – Brasil, Nordeste – História. 2. Cristãos-novos – Brasil, Nordeste – História. 3. Inquisição – Brasil. I. Fundação de Amparo à Pesquisa do Estado de Minas Gerais. II. Título.

11-8014.   CDD: 981.3
            CDU: 94(812/813)

031765

ALAMEDA CASA EDITORIAL
Rua Conselheiro Ramalho, 694, Bela Vista
CEP 01325-000 São Paulo, SP
Tel. (11) 3012-2400
www.alamedaeditorial.com.br

Às minhas mulheres, ao seu modo também Macabeias:

Minha avó, pelo que foi.
Minha mãe, pelo que é.
Roberta, pelo que, juntos, nos tornamos e continuaremos a ser.

Mas que importava que o não alcançasse a razão onde está a Fé? Que importa a autoridade dos Homens onde está o testemunho de Deus?

Padre Antônio VIEIRA, *Sermão de Quarta-Feira de Cinzas* (1672).

SUMÁRIO

Prefácio 11

Introdução 15

Capítulo 1. Batizados em pé: os "judeus não judeus" em Portugal 21

O *Tempo dos Judeus* em Portugal 22

Tempo de perseguição, tempo de exclusão 38

Por culpa de não ter culpa: o problema dos "judeus não judeus" 58

Capítulo 2. O clã dos Antunes e a *esnoga* de Matoim 77

Das origens: os Antunes em Portugal 77

Resistências, milenarismo e messianismo: Trancoso, Setúbal e outros exemplos 107

Do reino à colônia: os Antunes na Bahia 113

Macabeus de Israel e Macabeus do Trópico 134

Improvisações e continuidades: as sinagogas clandestinas e o judaísmo possível 142

Capítulo 3. *Esnoga* devassada: a visitação quinhentista 159

A *voz geral* contra a gente de Matoim 159

Os Macabeus na Mesa da Inquisição 193

Capítulo 4. Ana Rodrigues e a *esnoga* doméstica — 221

"Jesus, estávamos quietos!": os Antunes nas acusações do Santo Ofício — 221

As Macabeias e os "sinais de judia" — 237

Patrimônio religioso e judaísmo masculino dos Antunes — 267

Outras "rabis"... — 279

Capítulo 5. A desdita das "Macabeias" na teia do Santo Ofício — 307

Criptojudaísmo feminino na colônia — 307

Do recôncavo ao reino... — 312

Nos Estaus... — 325

Os Macabeus processados — 332

Perante o Tribunal: "Para defender a memória, fama e fazenda da dita Ana Roiz" — 363

Ecos da memória... — 381

Conclusão — 387

Fontes — 391

Bibliografia — 395

Agradecimentos — 409

PREFÁCIO

Para melhor conhecer o Brasil, no dizer de Paulo Prado ainda na primeira metade do século XX, é necessário investigar a história de um grupo de colonizadores que desde o início esteve presente e cuja contribuição para a formação do Brasil é inegável: os cristãos-novos.

Os estudos sobre esse tema tem se desenvolvido nos últimos anos no Brasil, com publicações importantes que nos permitem avaliar vários aspectos da presença dos cristãos-novos na sociedade colonial.

O papel das mulheres cristãs-novas cada vez mais vem sendo destacado. Desde os primeiros estudos de Anita Novinsky, pioneira também neste tema, alguns autores tem a ele tem se dedicado, e é neste painel que o presente livro deve ser entendido.

Em sua dissertação de mestrado, recém publicada com o título de João Nunes, um rabi escatológico na Nova Lusitânia: sociedade colonial e Inquisição no Nordeste quinhentista, Angelo Assis conta a história do cristão-novo João Nunes, rico mercador criptojudeu, que no final do século XVI foi preso e enviado para Lisboa para ser julgado como herege. Ali, o autor já apresentava um painel da ação inquisitorial no Nordeste do Brasil, também fundamental para o presente livro.

A principal fonte documental da pesquisa são os processos inquisitoriais, que se encontram no Arquivo Nacional da Torre do Tombo, em Portugal. O processo inquisitorial é material riquíssimo em informações. Através de sua análise é possível extrair dados sobre inúmeros aspectos da vida colonial, como o nível de riqueza dos acusados, atividades econômicas, comércio, profissões liberais, dados sobre a posse de escravos, a convivência com os escravos domésticos; relacionamentos familiares entre maridos e esposas, pais e filhos; relacionamentos dentro da comunidade, com outros cristãos-novos e com os cristãos-velhos; participação na vida religiosa católica, as festas, irmandades e ordens religiosas; aspectos variados da vida cotidiana, os objetos que tinham em suas casas, vestuário; e, evidentemente, informações sobre a heresia da qual eram acusados, o Judaísmo.

São fontes privilegiadas para o estudo da família e das mulheres, por ser dos poucos documentos do período colonial onde a fala das mulheres foi registrada, embora intermediada sempre pelo notário. Encontra-se nesses processos suas atividades econômicas, os parentes, amigos, vizinhos, inimigos, conflitos familiares, enfim, informações que permitem uma análise do papel da mulher cristã-nova no passado colonial brasileiro.

A Inquisição trabalhava metodicamente, prendendo todos os membros de uma mesma família, como bem demonstra o autor, ao analisar a família Antunes, cuja trajetória reconstrói, chegando até ao século XV.

Seu objetivo "é analisar a importância feminina para a manutenção e sobrevivência judaica no mundo luso-brasileiro durante os séculos XVI e XVII, através do estudo dos processos movidos pelo Tribunal do Santo Ofício da Inquisição lisboeta contra a família Antunes, principalmente a matriarca Ana Rodrigues suas filhas e netas, apontadas como Macabeias, radicada em Matoim, no Recôncavo baiano". Neste universo, destaca o criptojudaísmo então vivido na colônia.

Judeus convertidos à força ao Cristianismo pelo rei D.Manuel em 1497, as primeiras gerações de cristãos-novos, os "batizados em pé", mantiveram em segredo a religião de seus ancestrais, o Judaísmo, que foi se transformando e recriando no correr do tempo, à mercê de uma memória que esmaecia cada vez mais. Memória alimentada também pela perseguição inquisitorial, que exigia dos cristãos-novos a confissão da heresia, sob pena de serem queimados nas fogueiras.

É essa memória, que no caso da família tratada por Angelo Assis, é fundamental para o livro.

O pano de fundo para a narrativa principal é a história dos judeus na Península Ibérica. O anti-semitismo que lá se desenvolveu de forma sui generis, a "pureza de sangue" e a questão judaica, fundamental para a instalação do Tribunal do Santo Ofício em Portugal são alguns dos temas apresentados pelo autor, preparando o leitor para a "história dos Antunes".

No capítulo "O clã dos Antunes e a esnoga de Matoim" mostra a trajetória da família, de Portugal até a chegada na Bahiae,apesar dasdificuldades ocasionadas pela exiguidade de fontes diretas, especialmente de antes da conversão forçada de 1497, realiza um primoroso exemplo de reconstrução histórica. Localiza a família de Ana Rodrigues nas Beiras, em Covilhã, aldeia que ficava na Serra da Estrela.

Filha de um mercador, Diogo Rodrigues, um avô que fora juiz dos órfãos, cargo importante que passou para o filho Diogo, Ana casou-se cedo, com 13 anos, com Heitor Antunes, seu primo em segundo grau. O autor aventa a possibilidade de o casal ter se unido ainda no "tempo dos judeus", em cerimônia judaica; logo após mudaram-se para a localidade de Sertã; alguns anos depois, o casal mudou-se para Lisboa, e de lá veio para a Bahia, junto com os filhos.

Heitor Antunes era mercador, e em Lisboa aproximou-se de Mem de Sá, nomeado governador-geral do Brasil, de quem se tornou homem de confiança, chegando a receber o título de cavaleiro d'el Rey. Junto com ele, a família veio para o Brasil, instalando-se em Salvador. É provável que no início Heitor tenha atuado no comércio do açúcar, e depois montou engenho no Matoim. Gozava de prestígio na sociedade colonial, e seus filhos e filhas casaram-se comcristãos-velhos de famílias respeitadas e poderosas da região.

Ao mesmo tempo, orgulhava-se de sua origem judaica, dizendo possuir um alvará que comprovava descendência direta dos Macabeus. Essa alegação, como mostra Angelo Assis, ao invés de representar um impedimento para a família, foi um fator a mais para torná-los ainda mais respeitados entre a população da região, uma vez que os heróis bíblicos eram relacionados a Afonso Henriques e aos primeiros monarcas portugueses.

Isso não impediu que, ao chegar a 1ª Visitação do Santo Ofício à Bahia, fossem inúmeras as denúncias contra a família. E é com as palavras de uma das noras de Ana, que demonstrou toda a preocupação da família com a presença do inquisidor - "Jesus estávamos quietos", - que o autor inicia o capítulo sobre o criptojudaísmo, tema central do livro, que intitulou de "Ana Rodrigues e a esnoga doméstica"

Os Antunes foram o grupo familiar mais delatado na Visitação, o que teve maior número de mulheres denunciadas, envolvendo acusações contra, ao menos, três gerações da família; foi ainda o grupo que mais teve processos movidos contra seus membros em decorrência das denúncias feitas ao tribunal; e o único que teve um membro condenado à morte.

Angelo Assis analisa com propriedade o significado das práticas e cerimônias judaizantes, tanto denunciadas como confessadas pelos réus, remetendo às práticas e cerimônias judaicas.

Para os Inquisidores, as mulheres portuguesas de origem judaica constituíam uma ameaça, e eram vistas sempre com desconfiança. Depois das conversões forçadas em 1497 em Portugal, os cristãos-novos viviam imersos em um mundo cristão. Passadas algumas gerações, muito da religião judaica se apagou. Vivendo entre dois mundos, o judaico secreto e o católico oficial, sem livros, sem mestres, sem o conhecimento da língua hebraica – apenas algumas tradições se mantiveram, principalmente as de domínio doméstico, como os hábitos alimentares, os jejuns e o shabbat (sábado). As práticas tinham todas que ser realizadas no interior das casas "a portas fechadas". O Judaísmo era praticado no lar. Era uma religião secreta, e em grande parte, uma religião feminina.

Ao focar seu estudo principalmente na matriarca Ana Rodrigues, o autor comprova a domesticidade deste criptojudaísmo. Propõe-se a identificar uma questão fundamental: até que ponto a manutenção de costumes judaizantes significaria uma volta consciente à religião de seus antepassados, ou refletem uma repetição, pelas gerações mais novas, de práticas familiares, tentando perceber tanto a permanência como as alterações nesse Judaísmo, adaptadas ao segredo. Ana, que vivera entre os últimos judeus e os primeiros cristãos-novos, aprendera com eles o Judaísmo, e diante da ameaça do Tribunal, aprendera também a escondê-lo.

Um dos mais persistentes modos de resistência à ação inquisitorial era o conhecimento que as mulheres cristãs-novas tinham do funcionamento do Tribunal. Presas, ao chegar a Lisboa pediam audiência e confessavam o que os Inquisidores esperavam ouvir, denunciando todos que conheciam. Dessa maneira, ficavam menos tempo aprisionadas nos cárceres de Lisboa. Como todos, para salvar-se, confessavam sua crença na Lei de Moises. Como a maioria dos cristãos-novos, denunciavam todos com quem tinham uma relação próxima, começando com seus maridos e filhos, pais, avós, irmãos, e também vizinhos, amigos, mesmo já falecidos, porque para a Inquisição a lealdade não era um valor e o amor a Deus estava acima do amor aos pais. Após longas sessões e inquéritos, às vezes durante anos, as mulheres ouviam suas sentenças em autopúblico de fé, que eram verdadeiras festas populares. As mulheres cristãs-novas criptojudias se inserem no universo secreto marrano, podendo ser consideradas como o baluarte da resistência ao Catolicismo, imposto por violência a todos portugueses que tinham antepassados judeus. O Judaísmo e o povo judeu, vistos pela ótica da Igreja, foram o motivo central da criação do Tribunal do Santo Oficio da Inquisição e seu motor principal durante os três séculos de história colonial do Brasil.

Ana Rodrigues e as demais "macabeas" conheciam o funcionamento do Tribunal, conforme sua trajetória nos cárceres de Lisboa demonstra. O autor descreve seu comportamento diante dos inquisidores, o que aconteceu com a matriarca dos Antunes, desde as agruras da viagem na caravela, as doenças, a idade avançada, a entrega nos Estaus, a primeira audiência até a morte, ocorrida exatos setenta dias após sua chegada em Lisboa. Sem levar em consideração os esforços de familiares cristãos-velhos da ré que procuravam provar sua inocência, nem a morte finalizou a ação do Tribunal contra Ana Rodrigues. Foi condenada como herege judaizante, e sua estátua desfilou no auto de fé de 9 de maio de 1604, tendo seus ossos sido desenterrados e queimados.

O trabalho de Angelo Assis é importante para a história dos cristãos-novos no Brasil colonial, preenchendo uma lacuna que existia sobre o XVI. Ao contar as histórias de Ana Rodrigues e sua família, prende a atenção do leitor, transformando o que seria um livro acadêmico, restrito a poucos, em leitura obrigatória para todos aqueles que desejarem conhecer melhor a história do Brasil, a história dos antigos judeus e a história das mulheres, escritos em narrativa literária e prazerosa.

Lina Gorenstein
Pesquisadora do LEI – Laboratório de Estudos sobre a Intolerância
da Universidade de São Paulo

INTRODUÇÃO

Estamos prontos a morrer, antes que a transgredir as leis de nossos pais.
2Mc 7, 2.

AO DEIXAR PARA TRÁS o reino no ano de 1557 e partir em direção à nova vida no Brasil ao lado do marido e dos filhos, a cristã-nova Ana Rodrigues não poderia imaginar as condições em que, já idosa, viúva e doente, cerca de trinta e cinco anos depois, voltaria, com olhos cansados, a avistar Lisboa.

Nascida na Covilhã, região da Beira, provavelmente em inícios do século XVI, Ana Rodrigues fazia parte das primeiras gerações de cristãos-novos portugueses – antigos judeus batizados à força por decreto manuelino de 1497, e seus descendentes. Ainda no reino, testemunhara o aumento das pressões sociais e as perseguições contra os neoconversos, intensificadas a partir de 1536 com a instauração e crescente estruturação do Tribunal do Santo Ofício da Inquisição em Portugal. Como muitos cristãos-novos portugueses, optou por deixar o reino com marido e filhos e recomeçar a vida em outros cantos do mundo, escolhendo a Bahia como nova morada, onde criariam os descendentes e conseguiriam sustento.

Matriarca de uma família duramente atacada perante a Inquisição durante a primeira visitação do Santo Ofício ao Brasil, seria presa a mando do visitador. Sua prisão ocorreria por conta do alto número de acusações de que fora vítima, afamada pela "voz geral" e "pública fama" por suas supostas culpas de judaísmo. Acabaria enviada para os Estaus, sede do Tribunal lisboeta, local de onde nunca mais sairia com vida.

O casal Heitor Antunes e Ana Rodrigues pertencia a um clã de prestígio na Bahia Quinhentista. Cavaleiro d'el Rey e homem de confiança do governador-geral, o patriarca Heitor Antunes tornara-se exemplo do avanço neoconverso na economia e sociedade luso-brasileiras. De comerciante enriquecido, passaria a dono de engenhos, fixando-se em Matoim, no Recôncavo baiano, envolvido com a produção e mercancia do açúcar. O destaque alcançado pela família geraria frutos. Os Antunes conseguiriam ligações sólidas e duradouras com as principais famílias da capitania através dos laços do matrimônio que uniam seus filhos a cristãos-velhos "honrados e nobres", diminuindo as pressões decorrentes do sangue "infecto" que possuíam, herança judaica dos antecessores judeus do tempo de livre crença. Enriquecidos e influentes, com boa circulação no poder e nos negócios, colaborando nas ações de conquista e pacificação do território, possuindo representantes no poder local, espelhavam o convívio mais harmônico entre cristãos velhos e novos na colônia se comparado à complicada situação existente no reino. Procuravam ainda esfacelar qualquer desconfiança geral sobre a família e manter o prestígio conquistado dando demonstrações públicas de boa aceitação da fé cristã, construindo capelas em seus domínios, com padres contratados para as realizações litúrgicas, frequentando missas e realizando outras obras de caridade.

Embora se esforçassem por sinalizar sua sincera aceitação ao catolicismo, alguns membros da família eram apontados publicamente como criptojudeus. De acordo com seus acusadores, Heitor Antunes fora uma espécie de "rabi", embora clandestino, dos cristãos-novos judaizantes da região, inclusive possuindo sinagoga em suas terras, onde se reuniam para as celebrações da fé e da lei dos antepassados e para a leitura dos textos sagrados. Com a morte de Heitor, o controle da família passaria à viúva, grande responsável pela sobrevivência e manutenção das tradições judaicas, passadas às novas gerações no cotidiano. Também as filhas e os filhos manteriam as práticas aprendidas com os pais, por sua vez, ensinado-as aos seus filhos: embora perdesse em parte seu significado, garantia-se, deste modo, a herança do judaísmo às novas gerações do clã.

A chegada da visitação acabaria com o clima de relativa tranquilidade vivida pelos Antunes. Ana Rodrigues e Heitor Antunes, seus filhos e netos acabariam denunciados à mesa do licenciado Heitor Furtado de Mendonça, inquisidor-responsável pela visitação do Santo Ofício que percorreria as capitanias açucareiras do Nordeste açucareiro – Bahia, Pernambuco, Itamaracá e Paraíba – entre 1591 e 1595. De acordo com as denúncias, as práticas judaizantes da família envolviam um variado leque de costumes e tradições domésticas do judaísmo, aproximando-o do judaísmo vivido pelas primeiras comunidades de conversos. Um judaísmo, oculto, adaptado, restrito às suas – quase sempre – parcas possibilidades, vitimado pelas perseguições oficiais e pela impossibilidade de demonstrações públicas; enfim, o judaísmo que se tornara possível – criptojudaísmo –, de "portas a dentro", realizado no silêncio e na discrição do ambiente familiar, tendo o lar, em sua pouca privacidade, como principal espaço de ocorrência, e as mulheres – elevadas à posição de mães-educadoras-*rabis* –, como grandes divulgadoras e sacerdotisas deste judaísmo oculto. Desta forma, sobrevivia a religião judaica às proibições sofridas através da manutenção de alguns costumes significativos desta resistência, tais como: guarda do sábado; comemoração da Páscoa; cerimônias religiosas fúnebres próprias dos judeus; preparação de alimentos típicos e respeito às interdições alimentares; juramentos ao modo dos judeus; celebrações de festas; realização de jejuns; bênçãos e orações judaicas; desprezo aos símbolos católicos; leitura da Torah e do Alvará dos Macabeus, e realização de *esnoga*: práticas aprendidas por Heitor Antunes e

Ana Rodrigues com as primeiras gerações de batizados em pé, em inícios do século XVI, ainda no reino, tudo repassando aos filhos e às filhas e, daí, aos netos.

A ação do Santo Ofício em prol da pureza católica lograria pleno êxito na sua tática de dissolver as solidariedades parentais, afetivas e sociais, ação deletéria que lhe era essencial para descobrir as heresias. O temor geral causado pela chegada da Inquisição ao Nordeste brasílico levaria um grande número de testemunhas a denunciarem o que presenciaram ou ouviram dizer em fama geral sobre o que se passava nos limites do engenho de Matoim – aí incluídos os próprios Antunes, que compareceriam em grande número para defender a fama e a honra da família.

Os representantes cristãos-novos dos Antunes – a matriarca Ana Rodrigues à frente – estariam entre os grupos familiares mais insistentemente citados e denunciados na documentação relativa à visitação. Alguns de seus membros, principalmente as mulheres da família – acabariam presos, processados e condenados pelo Santo Ofício. Ana Rodrigues seria uma das primeiras mulheres que viviam no Brasil processadas pela Inquisição, tornando-se a primeira moradora da colônia a ser condenada ao braço secular e retratada entre seres demoníacos, mesmo depois de morta há mais de uma década!

Ao buscar reconstruir a história e destinos dos cristãos-novos portugueses, procuramos discutir a importância feminina na sobrevivência e divulgação do Judaísmo em sua liturgia, em suas práticas e em seus ensinamentos no período em que a religião dos filhos de Israel manteve-se proibida e perseguida em Portugal e seus domínios, através de um dos mais marcantes exemplos encontrados desta vivência religiosa na documentação produzida pelo Santo Ofício, seja pelo alto número de acusações – a primar pela riqueza de detalhes –, seja pelo teor das denúncias: a família Antunes, que viera de Portugal e fixou residência na região do Recôncavo baiano, uma das mais denunciadas durante a presença inicial da Inquisição na colônia, possuindo considerável número de membros delatados com grande frequência, minúcia e variedade, por manterem conduta e prática judaizantes, principalmente a sua matriarca, a cristã-nova Ana Rodrigues, duramente acusada de ensiná-las e fomentá-las aos seus descendentes. Para tanto, baseamo-nos, principalmente, na documentação produzida pelas duas primeiras visitações do Santo Ofício ao Brasil, entre 1591-95 e 1618-21: as confissões e denúncias presentes nos livros das visitações e códices processuais inquisitoriais daí decorrentes, além de farta bibliografia pertinente e de apoio.

Estruturalmente, optou-se pela concepção desta pesquisa em cinco capítulos. O capítulo inicial, *Batizados em pé: "os judeus não judeus" em Portugal*, pretende abordar a discussão bibliográfica acerca do secular convívio entre cristãos e judeus na Península Ibérica – "Tempo de Judeus" – e dos motivos que culminaram na conversão forçada destes em cristãos-novos no Império Português a partir de 1497, analisando os desdobramentos deste fato para as relações econômicas, políticas, sociais e culturais de então. A veracidade e o grau de resistência dos neoconversos ao catolicismo imposto ao longo do tempo (o "criptojudaísmo"), e a consequente implantação do Tribunal do Santo Ofício português como principal forma de conter as práticas criptojudaicas e defender a pureza e retidão católicas, são motivos de discussão ainda frequente entre as várias correntes que estudam o tema, e a identificação das diferentes linhas de pensamento faz-se necessária. Como pano de fundo, pretende-se estudar as continuidades e descontinuidades socioculturais mais significativas decorrentes do processo de proibição judaica em Portugal, analisando o impacto das leis de conversão forçada ao comparar os momentos imediatamente anteriores e posteriores ao estabelecimento do monopólio católico, discutindo suas consequências não só entre os cristãos-novos, principais vítimas, mas também na forma como estes eram vistos pelos cristãos-velhos, e nas relações sociais como um todo, tanto no espaço — comparando-se as realidades distintas da problemática neoconversa em Portugal e na América lusa, o que se deve, entre outros fatores, à menor pressão eclesiástica vivida na colônia se comparada ao reino —, quanto no tempo — abordando manutenções, adaptações e transformações enfrentadas pelo judaísmo tanto na longa quanto na breve duração. Para tal, baseamo-nos na vasta historiografia luso-hispânico-brasileira existente sobre a problemática dos cristãos-novos e Inquisição Ibérica, dando especial atenção e destaque ao aumento de dissertações e teses recentemente defendidas sobre o tema – esforço salutar e louvável dos historiadores do assunto.

O capítulo segundo, *O clã dos Antunes e a esnoga de Matoim*, tem como objetivo discutir a presença maciça e ascendência dos neoconversos na América lusa, cada vez mais fortalecidos pela atuação e presença em diversos ramos da sociedade, envolvidos nas mais variadas fases da produção e do comércio, vivenciando a política e temperando, com experiências próprias, a religiosidade local. Neste sentido, procura-se moldar um esboço de recuperação da biografia da família Antunes, reconstruindo o quadro da época a partir de dois eixos em conjunto – o social e o religioso –, resgatando sua existência e religiosidade desde o tempo em que vivia no reino – a época de livre crença, as pressões sofridas com as leis proibitivas e implantação do braço inquisitorial em Portugal –, e a posterior presença e enraizamento na colônia, a exemplificar o processo de mudança social e de diminuição das pressões sofridas na colônia pelos neoconversos ao longo do Quinhentos, ocorridos graças à crescente miscigenação entre os de "sangue diverso". Neste processo, dá-se destaque à figura de Heitor Antunes, patriarca da família, cavaleiro d'El Rey que veio com a família para o Brasil à época de Mem de Sá. Heitor, homem de prestígio e bem relacionado com a elite local, mantinha, segundo relatos à mesa do Santo Ofício, a confiança, admiração e respeito dos criptojudeus da Bahia, possuindo "esnoga" e alguns textos sagrados do judaísmo em seu engenho, atuando como uma espécie de "rabi" para a comunidade local. Busca-se, então, realçar, nessa fase, a sobrevivência do judaísmo rabínico, ainda que desfigurado, e quiçá do messianismo judaico, não apenas no caso específico dos Antunes, mas comparando-o com outras situações da época, tanto no Brasil como em Portugal. O capítulo termina com a morte do patriarca Heitor Antunes e o processo que culminou na ascensão de sua viúva Ana Rodrigues ao "comando" da *esnoga* e à liderança da sobrevivência judaica entre alguns membros do clã.

O terceiro capítulo, Esnoga *devassada: a visitação quinhentista*, é um exercício descritivo, e busca recuperar o quadro de acusações que pesaram sobre os Antunes, devassados com minúcia excessiva aos olhos espantados do visitador, fazendo desmoronar as tentativas de diminuição da porção herética sanguínea e vigilância social vivida pela família através dos matrimônios com indivíduos cristãos velhos, estes também apontados ao inquisidor como cúmplices e/ou acobertadores das práticas mosaicas da parcela neoconversa da "gente de Matoim". Procuraremos, desta maneira, fazer uma sociologia não apenas da família, mas igualmente dos acusadores e das testemunhas, caracterizando-os, reconstruindo a preocupação social com a retidão católica e a religiosidade efetiva que vivenciavam, apontando possíveis interesses pessoais que pudessem abalar a veracidade das acusações e das defesas perante o Santo Ofício, transformado, constantemente, em fórum privilegiado para a resolução de problemas pessoais e inimizades, visto o benefício do segredo que protegia (até certo ponto) os acusadores. A fragmentação das sociabilidades existentes a partir da ação deletéria do Santo Ofício, e a aflição dos membros da família, divididos entre a tentativa de preservar a integridade física e moral do grupo e o esforço por evitar represálias e penas maiores por parte do Santo Tribunal, insatisfeitos com a ameaça representada pelo comportamento herético de alguns elementos dos Antunes, complementam o quadro das denúncias e o palco das discussões a serem retratadas.

Explorando os mesmos documentos produzidos a partir das duas primeiras visitações inquisitoriais ao Brasil, *Ana Rodrigues e a* esnoga *doméstica*, quarto capítulo, é uma espécie de análise etnográfica, que procura apreender as relações das mulheres judias com a Lei, pesquisando os modelos femininos enquanto guardiãs da tradição mosaica. Trata da crescente importância que passou a desempenhar a figura feminina no processo de resistência à religião imposta por lei aos descendentes de Israel desde o apagar do século XV nos domínios portugueses. Figuras-chave no ambiente familiar, as mulheres ocupariam a um só tempo os papéis de mãe, professora e rabi na criação dos filhos, educando-os de acordo com as tradições dos antepassados, tornando viável a sobrevivência judaica apesar das imposições contrárias. A vivência em ambiente de limitação, proibição, exclusão e hostilidade, com a impossibilidade de sinagogas e rabinos instituídos, contudo, dariam nova importância ao ambiente familiar, assim como à posse da palavra e à tradição oral devido à falta das escrituras sagradas, e acabaria por redimensionar o conceito e papel da mulher no criptojudaísmo colonial. O exemplo, dentre outras "mulheres-rabi" analisadas, de Ana Rodrigues, matriarca dos Antunes, e de Branca Dias, "chefe" do clã dos Fernandes, em Pernambuco, responsáveis pela divulgação da fé de Israel aos descendentes, igualmente devassadas e vilipendiadas no sem-número de acusações de que foram vítimas na Mesa Inquisitorial – ambas processadas mesmo depois de mortas –, assim como seus filhos e netos, também eles vítimas da má fama de Ana e Branca e da pressão pelo "sangue herético" que carregavam nas veias, tornam-se exemplos específicos na tentativa de recuperação da importância do núcleo familiar encabeçado pela mulher na resistência, sobrevivência e divulgação do judaísmo possível na colônia. Para tanto, além de recorrer aos processos inquisitoriais contra os Antunes e os Fernandes, torna-se necessária a consulta à bibliografia específica sobre a mulher moderna e sua importância no Mundo Português de então.

O quinto e último capítulo, *A desdita das "Macabeias" na teia do Santo Ofício*, busca, baseando-se ainda nos processos contra a família, mapear a sociologia dos denunciantes, na procura dos reais motivos que impulsionaram a avalanche de acusações contra Ana Rodrigues e os Antunes. Aborda também os depoimentos prestados pelos Antunes ao visitador e a transferência de alguns membros da família para os *Estaus*, prisão do Santo Ofício em Lisboa, onde teriam sequência os processos iniciados na região brasílica. Complementando o capítulo, as licenças, disputas jurídicas, considerações, defesas e requerimentos dos descendentes de Ana Rodrigues durante todo o processo, e mesmo anos após o seu falecimento nos cárceres do Santo Tribunal, procurando eximir a família do vínculo herético com a matriarca, relaxada em estátua à Justiça Secular "em detestação de tão grande crime". Igualmente trata das sentenças processuais, procurando entender os seus significados dentro da linguagem inquisitorial e suas consequências para a família. O capítulo termina com notícias sobre a visitação de 1618-21, quando o caso da matriarca e sua fama de judaizante seriam novamente lembrados e denunciados à mesa do visitador.

Os relatos, estórias documentos e processos inquisitoriais envolvendo os Antunes, principalmente as mulheres da família, as *Macabeias da colônia*, são fonte riquíssima e indispensável para a reconstrução – dentro dos necessários limites do bom-senso que cabem ao trabalho do historiador – do cotidiano e das religiosidades existentes na colônia. Reconstroem além: morta socialmente, morta no cárcere, morta novamente nas chamas do Santo Ofício e no quadro demoníaco que a retrataria, Ana Rodrigues e outras "mulheres-rabi" sobreviveriam, juntamente com a fé que defenderam até o último suspiro, através da História.

CAPÍTULO 1
Batizados em pé: os "judeus não judeus" em Portugal

Aquela imagem entrevista de relance era mesmo a minha? Eu sou mesmo assim, de fora, quando – vivendo – não me penso? Então para os outros eu sou aquele estranho surpreendido no espelho; aquele, e não mais eu tal como me conheço: aquele ali, que eu, de primeira, ao notá--lo, não reconheci. Eu sou aquele estranho que não posso ver vivendo nem conhecer senão assim, num momento de distração. Um estranho que só os outros podem ver e conhecer, não eu.

E desde então me fixei neste propósito desesperado: de perseguir aquele estranho que estava em mim e que me escapava, que eu não podia fixar diante de um espelho porque logo se transformava em mim tal como eu me conhecia – aquele um que vivia pelos outros e que eu não podia conhecer, que os outros viam vivendo, e eu não. Também eu queria vê-lo e conhece-lo tal como os outros o viam e conheciam.
Luigi PIRANDELLO, *Um, nenhum e cem mil.*

Ser não é ser? O que eu sei do que eu serei
Se eu não sei, eu, o que eu sou?
Fernando PESSOA[1]

É o antissemita quem faz o judeu.
Jean-Paul SARTRE, *A questão judaica.*

Vê que os gentios se coligaram contra nós a fim de nos aniquilarem: tu sabes o que tramam contra nós! Como poderemos resistir diante deles, se não vieres tu em nossa ajuda?
1Mc 3, 52-53.

---

1 *Apud* NOVINSKY, Anita. "Fernando Pessoa – O Poeta marrano". *In*: Revista Portuguesa de História. T. XXXIII. Coimbra: Faculdade de Letras da Universidade de Coimbra. Instituto de História Económica e Social, 1999, p. 699-711.

O *Tempo dos Judeus* em Portugal

A presença hebraica na Península Ibérica encontra seus primórdios na Antiguidade. Indícios mostram ser de origem mais antiga do que a ocupação daquele espaço por mouros, godos e romanos. Divergem, contudo, os historiadores quanto à chegada dos primeiros judeus na região. Atestam alguns pesquisadores, autores de estudos clássicos sobre o tema,[2] que os judeus lá teriam chegado em variadas épocas e intensidades, deslocando-se para aquela região por razões as mais diversas: uma leva, como comerciantes, à época de Salomão (1015-977 a.C.); outra, como fugitivos, trazidos da Babilônia, em consequência da destruição do Primeiro Templo durante o reinado de Nabucodonosor (597 a.C.);[3] grupos menores, ou familiares, esporadicamente, também teriam seguido a mesma rota, vindos de diferentes partes em direção à península, imbuídos em recomeçar a vida naquele local. Durante a dominação romana na Palestina, sob as intervenções de Pompeu e Tito Lívio, e a destruição do Templo, muitos judeus optaram por emigrar para a região do Ocidente Mediterrâneo. Para Maria Pedrero-Sánchez, "a projetada viagem de Paulo de Tarso à Hispânia (Rom. 15,24) permite supor com absoluta certeza que existiam assentamentos judeus na Península Ibérica no século I d.C.", senão antes, "já que a ação do apóstolo se iniciava junto às comunidades judias".[4] Por esta época, os judeus lá estariam em maior número, participando, com mais densidade, do processo de mescla social, espalhados em numerosas comunidades nas mais longínquas e diversas

---

2   Azevedo, J. Lúcio. *História dos Cristãos-Novos Portugueses*. 3ª ed. Lisboa: Clássica Editora, 1989, especialmente os cinco capítulos do *Livro Primeiro – As Origens*. *In*: Kayserling, Meyer. *História dos Judeus em Portugal*. São Paulo: Pioneira, 1971; Novinsky, Anita. *Cristãos Novos na Bahia: 1624-1654*. São Paulo: Perspectiva/Edusp, 1972; Lipiner, Elias. *O Tempo dos Judeus segundo as Ordenações do Reino*. São Paulo: Nobel/Secretaria de Estado da Cultura, 1982.

3   Ianchel, Sarah Znayde. *A Inquisição na Bahia: estudo do processo de Ana Roiz*. Dissertação de Mestrado apresentada ao Departamento de História da Faculdade de Filosofia, Letras e Ciências Humanas da Universidade de São Paulo, São Paulo, 1981.

4   Pedrero-Sánchez, Maria Guadalupe. *Os Judeus na Espanha*. São Paulo: Editora Giordano, 1994, p. 14. O versículo em questão faz parte dos *Projetos de viagem* do apóstolo Paulo, e destaca-se, em itálico, da passagem aqui citada (Rom. 15, 22-29): "Foi justamente isto que sempre me impediu de chegar até vós. Agora, porém, não tendo mais campo para meu trabalho nestas regiões e desejando há muitos anos chegar até vós, *irei quando for para a Espanha. Espero ver-vos na minha passagem e ser por vós encaminhado para lá, depois de ter saboreado um pouco a alegria de vossa presença*. Mas agora eu vou a Jerusalém, a serviço dos santos. A Macedônia e a Acaia houveram por bem fazer uma coleta em prol dos santos de Jerusalém que estão na pobreza. Houveram por bem, é verdade, mas eles lhes eram devedores: porque se os gentios participaram dos bens espirituais, eles devem, por sua vez, servi-los nas coisas temporais. Quando pois eu tiver resolvido este encargo e tiver entregue oficialmente o fruto da coleta, passarei por vós a caminho da Espanha. Tenho certeza de que indo a vós, irei com a plenitude da bênção de Cristo". *A Bíblia de Jerusalém*. São Paulo: Edições Paulinas, 1987, p. 2144.

regiões do espaço peninsular – espaço este que os judeus denominavam *Sepharad*.⁵ Para a Ibéria, data o mais antigo documento escrito conhecido sobre a presença dos judeus do século III da Era Cristã – uma lápide, adornada com caracteres hebraicos, encontrada na cidade espanhola de Adr –, sendo do século VI o mais longínquo exemplar deste tipo de vestígio conhecido em território lusitano.⁶

Se, por um lado, a carência de mais evidências e informações sobre os períodos iniciais da presença hebraica – apesar da reconhecida riqueza e do brilhantismo da atuação judaica nestas remotas épocas – tornam duvidosas a exatidão temporal de alguns acontecimentos, a estruturação e importância social que cada comunidade adquiriu, ou mesmo os números efetivos que demonstram a real intensidade das ocupações acima citadas, inquestionável é que, muito antes de qualquer elucubração a respeito do surgimento dos Estados Nacionais que hoje formam o braço peninsular mais ocidental da Europa – antecipando-se em séculos à invasão moura a partir do ano 711 que manteve o controle de boa parte da região entre os Pirineus e o Atlântico por aproximados oitocentos anos –, os judeus já conheciam, frequentavam e habitavam este espaço há séculos. A penetração judaica na península era constantemente intensificada através da interação com as populações lá existentes. Aliás, durante a Reconquista cristã da Península, oficialmente completada no segundo dia de janeiro de 1492, com a entrada triunfal dos Reis Católicos em Granada, alguns judeus optariam mesmo por participar ativamente, ao lado dos cristãos, do combate aos infiéis mouros, lutando contra muitos de seus próprios irmãos de crença, posto que, à primeira vista, os mouros tinham e contavam com os judeus como partidários. Apesar de estabelecidos e vinculados a raízes ibéricas criadas e renovadas constantemente na longuíssima duração, o povo judeu seria seguidamente expulso em curto intervalo de tempo, já no opúsculo do século XV, dos reinos de Espanha e Portugal, respectivamente.

---

5 De acordo com Joseph Pérez, "la identificación de Sefarad con España viene de una profecía de Abdías que alude a los desterrados de Jerusalén que están en Sefarad, es decir, en el finisterre del imperio romano, según interpretaciones tardías". Quanto à identificação do termo para designar os judeus estabelecidos em terras de Espanha, o autor explica que não há ainda noção verdadeiramente clara: "Es dudoso que ya en la Edad Media. Lo más probable es que aquella identificación del Sefarad bíblico con la península ibérica fuese tardía, tal vez posterior a la expulsión de 1492". PÉREZ, Joseph. *História de uma tragédia: La expulsión de los judíos de España*. Barcelona: Crítica, 1993, p. 11, nota.

6 Trata-se, de acordo com pesquisa de J. Leite de Vasconcellos para sua *Etnografia Portuguesa* (Lisboa, 1958), de uma lápide funerária, encontrada na região de Espiche, perto de Lagos. *Apud* FERRO TAVARES, Maria José. *Os Judeus em Portugal no Século XIV*. 2ª ed. Lisboa: Guimarães Editores, 2000, p. 11.

O nascimento político do reino português em fins do século XII sob a espada supostamente abençoada por visões divinas e comandada por Afonso Henriques[7] dá-se num momento em que os filhos de Abrahão já se encontram, há tempos, sedimentados em algumas localidades de grande povoamento e importância, como Santarém, Coimbra e Lisboa. É a Santarém – localizada a Norte de Lisboa, cidade que nasceu às margens do Tejo em seu sinuoso percurso vindo das terras de Espanha – que a história conhecida reservou a marca de possuir a mais antiga das sinagogas do reino, já em pleno funcionamento antes mesmo da sua conquista aos mouros, em 1140 – sinal da organização e expressividade da comunidade judaica ali residente. Nas localidades conquistadas para o novo reino em formação, regulamentava-se desde cedo, por legislações monárquicas, os negócios civis de cristãos, mouros e judeus, beneficiando ora mais, ora menos cada um dos grupos, de acordo com o caso, as contingências e os interesses envolvidos.

Em Portugal, o estatuto dos judeus mostrava-se similar aos de outras áreas de maioria cristã. Era regrado e definido pelo direito canônico e romano, ao que se somavam as ordenações particulares do reino, a legislar sobre as especificidades vivenciadas pelos judeus da região. Segundo nos lembra António Carlos Carvalho:

> Não é então possível falar dos costumes dos judeus em geral, sem entrar num grande detalhe e em distinções particulares. O judeu é um camaleão que toma por toda a parte as cores dos diferentes climas que habita, dos diferentes povos que frequenta, e das diferentes formas de governo sob as quais vive.[8]

As particularidades do judaísmo em Portugal ocorriam não apenas devido às condições específicas surgidas no convívio cotidiano, como as adaptações necessárias à sociedade local, na qual estavam agora inseridos, mas igualmente à necessidade de obediência ao códice de leis daquele reino e suas respectivas reelaborações ou práticas variantes de acordo com os anseios do monarca em questão. Nas terras portuguesas, onde o clima não lhes era, em princípio, hostil, a adaptação dos judeus às exigências do Estado não seria mais traumatizante do que em outras partes do mundo cristão. Os próprios reinados iniciais apontam para uma série considerável de atitudes de

---

7   Sobre a questão das visões divinas alegadas pelo primeiro monarca português para viabilizar a improvável vitória sobre inimigo numericamente superior na Batalha de Ourique, marco inicial do reino português, ver HERMANN, Jacqueline. *No reino do desejado: a construção do sebastianismo em Portugal – Séculos XVI e XVII*. São Paulo: Companhia das Letras, 1998.

8   CARVALHO, António Carlos. *Os judeus do Desterro de Portugal*. Lisboa: Quetzal Editores, 1999, p. 22.

congraçamento entre judeus e cristãos no cotidiano, além de toda uma grei de leis relativas aos judeus, não raro definindo vantagens e concessões especiais feitas em situações variadas, como, por exemplo, a isenção de determinadas taxas que incidiam sobre a maioria cristã no reino. Desde o início de sua estruturação política como região independente, já havia uma atenção especial do Estado com o grupo judeu, preocupado com as vantagens que a presença deste povo traria para a estruturação socioeconômica portuguesa. D. Afonso Henriques (1128-1185) e um seu sucessor, D. Sancho (1188-1211), cedo diagnosticariam a importância da participação hebraica no auxílio à ocupação, ao povoamento e ao controle do território peninsular conquistado. Eram os judeus utilizados em ofícios que exigiam um maior conhecimento técnico e preparação acadêmica, como a medicina, em boa parte exercida por judeus ou que utilizavam técnicas trazidas, implementadas e desenvolvidas por este grupo. Também formavam o comércio, em que dominavam espaço considerável e que, se não exigia maiores predicados intelectuais, capitaneava somas consideráveis para a economia local. Representavam uma elite econômica e cultural, visto a própria sedimentação do judaísmo em origem letrada – embora a generalização seja impensável: judeus pobres ou iletrados não eram raros, nem poucos. Monarcas posteriores, gradativamente, ampliariam esta percepção sobre a importância mosaica, conscientes do peso e da utilidade da atuação judaica nos projetos de expansão no ultramar.

No Portugal em formação, a princípio, os judeus viviam, sem maiores distinções, entre os cristãos, a dividirem o mesmo espaço, sem que houvesse uma preocupação maior por parte dos monarcas em realizar uma separação geográfica efetiva entre os seguidores dos dois credos. Poucas eram as cidades onde possuíam suas residências em bairros separados. Embora alguns monarcas, a exemplo de D. Diniz (1279-1325), ensaiassem implementar a segregação espacial dos judeus em bairros próprios, é só a partir do reinado de D. Pedro I (1357-1367), nas Cortes de Elvas, no ano de 1361, que a obrigatoriedade de recolhimento dos judeus a bairros especiais, separados dos locais onde habitavam cristãos, é definitivamente posta em prática, apesar da inviabilidade de real cumprimento desta lei na sua totalidade. Neste sentido, espalham-se pelo país as *aljamas*[9] – também nomeadas judiarias ou comunas –, bairros fechados criados para os judeus em sítios onde o número de seguidores da fé de Israel ultrapassasse dez pessoas. *Aljama*, nas palavras de Lipiner, define o "bairro próprio dos mouros em terras portuguesas. Este nome, que designava muito primitivamente" – nos tempos iniciais da monarquia portuguesa – "as mourarias ou ajuntamentos de mouros, passou depois a designar as judiarias, bairros de judeus onde, antes da expulsão de 1497,

---

9   LIPINER, Elias. *Terror e linguagem: um dicionário da Santa Inquisição*. Lisboa: Círculo de Leitores, 1999, p. 28 e 149-150, respectivamente.

os judeus portugueses viviam segundo a sua Lei, mediante pagamento de tributos específicos. Destes tributos eram beneficiários pessoas particulares, em recompensa de seus serviços". As aljamas tinham como objetivo responder à "preocupação então dominante no governo de restringir ao máximo as relações entre os judeus, de 'crença nefasta', e a população cristã".

Ademais, cabe lembrar que o conceito de comuna judaica – aqui entendido como "as corporações administrativas dos moradores judeus, organizadas nos lugares onde havia maior número deles, e regidas por direito próprio"[10] – deve ser apartado da ideia de judiaria ou bairro reservado aos judeus. Na maioria dos casos, as comunas eram formadas por uma única judiaria destinada a reunir os habitantes que comungavam da antiga fé. Porém, em cidades maiores, como Porto ou Lisboa, onde a população judaica era composta por um número significativamente mais expressivo de indivíduos, as comunas podiam ser subdivididas em várias judiarias. Nesta cidade à beira do Tejo, por exemplo, há informações sobre quatro judiarias a formar a comuna– embora não fossem todas contemporâneas–, a saber: a Judiaria Grande ou Velha, possivelmente a mais antiga, de que se tem notícia desde o reinado de D. Afonso III, localizada na região da Baixa; a Judiaria das Taracenas, também conhecida como Pequena ou Nova, que se limitava à rua da Judaria, de que se tem notícia desde 1315, e que foi mandada derrubar por D. Fernando em 1370, para a construção de casas na região; a Judiaria da Pedreira, localizada nas proximidades do atual largo do Carmo, extinta por D. Diniz em 1317; a Judiaria de Alfama, talvez criada durante o reinado de D. Pedro I, ou de D. Fernando, para abrigar os judeus retirados de outras áreas de judiarias destruídas. Já na cidade do Porto, a comuna judaica dividir-se-ia entre judiarias dentro (burgo velho, arredores da rua Escura e Zona da Munhata) e fora da cidade (Gaia e Monchique). Também há notícias sobre judiarias em outras importantes regiões do reino: Em Coimbra, localizava--se na rua mais tarde conhecida como Corpo de Deus, e datava da época de Afonso Henriques. Em Tavira, estendia-se pelo largo do Juremim. Sobre a Judiaria de Évora, especula-se que fora criada à época de D. Dinis, existindo referências documentais que remetem ao ano de 1341: localizava-se a ocidente da cidade, delimitada "pelas portas de Alconchel e do Raimundo". A Judiaria de Trancoso reduzia-se a uma única rua. Na Guarda, próximo à fronteira com a Espanha, situava-se na freguesia de São Vicente e arredores. Em Beja, a judiaria situava-se nas proximidades do Castelo, "para os lados da porta de Avis". Por todo o território luso, enfim, espalhavam-se as comunas reservadas aos judeus, sinal evidente da expressão e consistência da comunidade judaica que

---

10   A definição é de Elias Lipiner. *Op. cit.*, 1999, p. 63.

habitava em Portugal antes da fatídica implantação das leis de monopólio católico no apagar do século XV.[11]

A legislação visando o controle sobre os judeus receberia também atenção especial, e a ligação entre a comunidade judaica e a Coroa seria feita através de seu principal representante religioso no reino, o *rabino-mor*, içado à condição de grande responsável pelo cumprimento das leis relativas aos judeus e julgamento e aplicação das penas devidas aos infratores. Durante o reinado de D. Afonso III (1248-1279), o sistema de rabinato seria regulamentado, com leis próprias e adaptadas à realidade e às leis portuguesas. Em documento oficial de 1278, já se encontra referência ao "Arrabi Moor dos judeus". O cargo de *rabino-mor* era subordinado à Coroa, conferindo ao seu signatário distinção e poder sobre os demais judeus, comandando as questões judiciais envolvendo seus pares, a desempenhar a correição, ou seja, "o desempenho da intendência e da punição", referendando suas medidas com selo particular que, além do escudo a representar o reino, trazia como complemento a inscrição: "Scello do Arraby Moor de Portugal",[12] sinal evidente da sustentação que tinha da Coroa para atuar em suas funções, coibindo com o aval real qualquer descontentamento ou tentativa de insubordinação. O cargo máximo do rabinato judaico no país era exercido por um homem de destaque entre seus pares, com grande influência na Corte e que gozasse da total confiança do monarca, escolhido por este, geralmente, dentre aqueles mais ricos e cultos.[13] O *arrabi-mor* era nomeado para o cargo como recompensa pelos bons serviços prestados à Coroa, e tratava diretamente com o monarca dos assuntos de sua alçada.

Apesar de possuírem certos direitos e liberdades, estes variavam de acordo com a política empregada por cada um dos ocupantes do trono ao longo dos tempos. Em relação direta com estas variações de natureza política, os judeus, em ritmo crescente, pagariam preço consideravelmente distorcido pela manutenção de sua participação social, mormente através de impostos específicos – a compensar, por um lado, certas dispensações recebidas de taxações eminentemente cristãs –, e seriam limitados em suas ações por uma legislação que os impedia de determinados direitos oferecidos aos cristãos. Viviam, como define Kayserling, numa espécie de "Estado dentro do Estado", com "justiça, policiamento, administração e bens (...) administrados e supervisionados por

---

11 Segundo mapa referente ao período de 1279-1383, havia ainda comunas judaicas nas seguintes regiões portuguesas: Bragança, Rio Livre, Chaves, Guimarães, Mogadouro, Castelo Rodrigo, Viseu, Sabugal, Monforte, Leiria, Torres Novas, Portalegre, Atouguia, Santarém, Elvas, Estremoz, Olivença, Setúbal, Santiago de Cacem, Serpa, Silves, Loulé e Faro. FERRO TAVARES, Maria José. *Op. cit.*, 2000, p. 24-27.

12 KAYSERLING, Meyer. *Op. cit.*, p. 10-11.

13 FERRO TAVARES, Maria José. *Op. cit.*, 2000, p. 30.

autoridades próprias", com jurisdição particular reconhecida pela Monarquia.[14] Lipiner, no mesmo tom, o classifica de "um pequeno reino à sombra de outro maior", apontando as respectivas correlações entre o reino português e seu "sub-reino" judeu:

> uma verdadeira cópia, em reduzidas dimensões, do regime jurídico geral vigente no país: Aos *concelhos* do território português correspondiam as comunas dos judeus; ao *corregedor da Corte* o *arrabi-mor*; aos *corregedores* os *ouvidores*, imediatamente inferiores ao arrabi-mor; aos *juízes ordinários* os *arrabis das comunas* que, como aqueles, eram eleitos anualmente.[15]

Embora tivessem determinados direitos respeitados por sua condição judaica, o custo das vantagens concedidas era definido – não se deve perder de vista – pelas leis de uma monarquia erguida e fundamentada no cristianismo, a que estavam irremediavelmente submetidos. O Direito judaico sofria uma série de limitações práticas, posta sua situação de subordinação às leis vigentes do reino que, em última instância, serviam de parâmetro e palavra final aos interesses em julgamento. As leis judaicas, embora de certa forma reconhecidas pelo Direito português, não eram independentes da vontade maioral deste, possuindo liberdade de ação apenas até certo ponto.

O próprio sistema de comunas e judiarias demonstra os limites impostos no mundo luso ao "ser judeu". Segundo Maria Ferro Tavares:

> É o monarca quem lhes concede, através de uma carta de privilégios, autorização para a criação da comuna. Nela vão escritos todos os usos e costumes, foros e privilégios que, infelizmente, se desconhecem, exceptuando a faculdade que o povo judeu possui de construir os seus templos, de praticar livremente a sua religião, de reunir em assembleias comunais e gerais, de eleger magistrados próprios, de lançar tributos e de se reger pelo direito mosaico.[16]

Sobre os bairros judeus recairiam as cobranças de três qualidades de impostos: "a sisa judenga, que devia ser uma capitação; o *genesim*" – corruptela do primeiro dos cinco livros sagrados dos judeus, a Gênese e, em extensão, nome dado ao imposto que garantia o direito de estudo dos livros sagrados dos judeus –, "para poderem ter

---

14   KAYSERLING, Meyer. *Op. cit.*, p. 9.

15   LIPINER, Elias. *Op. cit.*, 1982, p. 47. Os grifos são do autor.

16   FERRO TAVARES, Maria José. *Op. cit.*, 2000, p. 19.

nas sinagogas a sua aula de Escritura; e o denominado serviço novo, instituído por D. Manuel" (1495-1521),[17] com que o rei "fazia com frequência doação aos cavaleiros da sua casa ou a outras pessoas a quem pretendia fazer graça e mercê".[18] Nos bairros, os judeus eram constantemente vigiados, "sob chave e guarda de el-rei", por sentinelas, a acompanhar e limitar a circulação de pessoas. Seus moradores só possuíam autorização para sair das aljamas e circular livremente fora do bairro no espaço de tempo entre o nascer do sol e o anoitecer, quando o horário do regresso – salvo exceções autorizadas, como problemas de saúde, chamados urgentes, ou ofícios determinados que exigissem deslocamentos *à tout à l'heure* – era anunciado pelo tanger do *sino de oração* – que marcava a hora dos cristãos rezarem por três vezes a Ave-Maria –, sob o risco de graves penas aos que descumprissem tal ordem.

Ainda durante o *Tempo dos Judeus*, em 1447, as *Ordenações Afonsinas* – último códice de leis monárquicas que vigorou sob o regime de liberdade religiosa – regulavam o regime de circulação dos judeus em alguns de seus itens, como o que trata "das penas que haverão os judeus, se forem achados fora da judiaria depois do sino da oração".[19] Tempos antes, em Évora, por decisão do conselho local no ano de 1380, já se definia o procedimento com os possíveis infratores: "se, por ventura", explica Maria Ferro Tavares, "tal não acontecer, todo aquele que for encontrado fora do seu bairro, será preso e conduzido perante o juiz, excepto o judeu ou o mouro físico ou boticário, ou de outro mester que tenha sido chamado por algum cristão".[20] Na vigência do reinado de D. João I (1383-1433), inaugurador da Dinastia de Avis, pedidos seriam feitos pelas comunas de judeus para que fossem revogadas ou ao menos atenuadas as penas para os que não cumpriam o horário de recolhimento anunciado pelo sino da oração, devido à constante necessidade gerada por seus ofícios, que os obrigava a distanciarem-se da comuna sem tempo suficiente para o retorno no horário estipulado. O monarca, entendendo as dificuldades dos requerentes, retificaria a lei, determinando, inicialmente, que qualquer judeu a partir dos quinze anos de idade encontrado fora da judiaria após o tocar dos sinos pagaria cinco mil libras na primeira vez que fosse pego, e dez mil, em caso de reincidência, ficando arrestado até o pagamento da multa, em ambas as situações. Uma terceira falta o levaria ao açoite público, sendo depois solto, sem que precisasse pagar nenhuma quantia. Revia ainda determinadas situações, isentando os judeus do cumprimento do horário em alguns casos, a saber:[21]

---

17 Azevedo, J. Lúcio. *Op. cit.*, 1989, p. 44.

18 Lipiner, Elias. *Op. cit.*, 1999, p. 235-236.

19 *Idem*, p. 149-150 e 239, respectivamente.

20 Ferro Tavares, Maria José. *Op. cit.*, 2000, p. 76.

21 *Apud* Lipiner, Elias. *Op. cit.*, 1982, p. 51-52.

caso anoitecesse, estando o judeu voltando de um lugar de fora da vila, poderia vir e entrar na judiaria;

caso viesse de lugar distante e encontrasse a judiaria fechada quando lá chegasse, tinha permissão para pernoitar na vila, em estalagem ou em outra pousada onde dormissem outros homens, inclusive cristãos;

caso chegasse à noite de viagem pelo mar, era-lhe permitido dirigir-se diretamente à judiaria ou pernoitar em lugar de cristãos;

caso tivesse quinta ou lugar fora da cidade onde não houver judaria, e fosse à noite buscar seus trabalhadores "que o houverem de ajudar a adubar seus bens", poderia pernoitar em suas casas, desde que lá não houvessem mulheres cristãs desacompanhadas dos maridos ou de outros homens cristãos;

caso surpreendido pelo toque do sino de oração estando em vila ou cidade, fora da judiaria, tinha permissão para lá dirigir-se, ou, onde não a houvesse, procurar a estalagem mais próxima, não devendo sofrer qualquer tipo de punição, mesmo em caso de serem já findas as orações;

caso fosse chamado por alguma pessoa a ir à casa deste, "ou lhe for grande necessidade ir lá por cousa que ao cristão ou ao judeu seja mister", ou sendo médico, cirurgião ou outro ofício específico, chamado para alguma emergência durante a noite, "que possa lá ir", levando a companhia de um cristão como fiador e testemunha de seus atos, e uma candeia acesa, tanto na ida quanto na volta;

caso estivesse a realizar viagem, precisando cruzar vilas ou lugares que fizessem parte do caminho por ele traçado;

caso realizasse serviços oficiais, como rendeiros das sisas d'El-Rey– ou seja: arrematantes e cobradores das rendas reais –, "que possam andar e guardar e arrecadar suas rendas de noite", desde que levando sempre a companhia de um cristão.[22]

Por outro lado, algumas comunas eram ainda beneficiadas com concessões especiais feitas por alguns monarcas, presumivelmente com o intuito de angariar o apoio da comuna para determinadas causas ou ainda como espécie de pagamento por algum tipo de favor prestado (ou a prestar) pelo grupo à Coroa. Assim, algumas comunas poderiam ficar dispensadas, por mercê, da obrigação de prestarem serviço militar ao

---

22   *Ordenações Afonsinas*. Livro II, Título LXXX. *Apud* LIPINER, Elias. *Op. cit.*, 1982, p. 194-197.

reino, do pagamento de certas taxas; do não constrangimento dos judeus à realização de alguns trabalhos considerados aviltantes pela comunidade; da não utilização de símbolos ou divisas identificadores nas vestimentas, entre outros tipos possíveis de privilégio. Independentemente das interdições que cerceavam seus habitantes ou os benefícios vez por outra recebidos, devemos entender as comunidades judaicas como "um corpo vivo, administrativa e religiosamente independente, directamente ligado ao rei",[23] a garantir aos judeus não apenas direitos sociais e a manutenção de suas estruturas tradicionais – mesmo que de forma limitada –, mas a sobrevivência enquanto grupo religioso independente dentro de um reino cristão.

Apesar das proibições que cerceavam aos judeus algumas de suas liberdades individuais, o fato é que, na prática, as necessidades mais básicas da sociedade portuguesa faziam com que fossem permitidas muitas exceções às limitações impostas, acabando por invalidar uma grande parcela destas interdições. O que ratifica, por conseguinte, o grau de penetração judaica na sociedade portuguesa e a dependência desta em relação aos judeus, que ocupavam e colaboravam em todos os espaços fundamentais – muitos judeus atuavam como mão de obra especializada em funções de enorme importância, como o exercício da medicina ou a arrecadação dos impostos devidos à Coroa. Eram tantos e tão fundamentais os judeus para Portugal que se fazia praticamente impossível – e prejudicial – proibi-los de circular livremente. Daí as aberturas permitidas dentro da política de confinamento às judiarias. A importância do grupo judeu gerava, desta forma, a falta de um interesse mais fremente por parte de alguns monarcas portugueses em fazer cumprir efetivamente as leis proibitivas em sua totalidade, fosse permitindo um certo relaxamento no cumprimento das medidas coercitivas contra os judeus, ou ainda, conforme enumeradas anteriormente, através das isenções permitidas dentro da própria lei.

Deve-se, ainda, dissociar o significado de *aljamas* ou *judiarias* – bairros onde habitavam os judeus portugueses segundo suas leis e mediante o pagamento de determinados tributos, que se manteve vigente no reino antes de 1497 – da ideia de *gueto*, principalmente do sentido que ganhou o termo durante o regime nazista em certas regiões da Europa na primeira metade do século XX. Os guetos difundiram-se na Europa desde a Idade Média, e correspondiam, inicialmente, a um espaço urbano específico, destinado aos judeus – sem que fossem, todavia, hermeticamente fechados ou proibissem a livre circulação de judeus e não judeus. O gueto era uma área de convivência da comunidade judaica que usava o local para proteção conjunta de todo o grupo contra as hostilidades da maioria não judaica. Em algumas situações, contudo, os judeus conviveriam com a obrigatoriedade do confinamento em guetos. Em Roma, por exemplo, foram

---

23   Ferro Tavares, Maria José. *Op. cit.*, 2000, p. 49.

encerrados, em 1556, sob as ordens do Papa Pio IV, ficando proibidos, até fins do século XIX, de habitarem além dos limites do gueto. A separação do grupo judeu promovida pela política de guetos atendia aos interesses da Igreja, que procurava proteger os cristãos "do contato com a heresia judaica e dos supostos malefícios do *Libelo de sangue*.[24] Os muros e os portões do gueto, que eram fechados à noite, não só proviam segurança, ao manter do lado de fora as agressivas turbas cristãs, eles também trancavam os judeus do lado de dentro". Malgrado as imposições de enclausuramento, uma das *vantagens* da vida em gueto consistiu em "estimular o autogoverno entre os judeus, e ajudou a evitar a assimilação", facilitando a transmissão e renovação dos costumes dos ancestrais às novas gerações e a prática conjunta dos ritos e cerimônias pela comunidade. O antissemitismo ganharia novas cores no último quartel do século XIX europeu em países como Rússia, Áustria, Alemanha e França. Durante o *Hashoá* – holocausto judeu promovido pelos nazistas nas décadas de 1930-40 –, os guetos seriam usados como espaço privilegiado para a realização da política antissemita – *judenrein* – adotada por Hitler, iniciada com medidas legislativas e agitações públicas e que, no extremo, levaria ao extermínio em massa: "os judeus eram arrebanhados aos guetos, em sua rota para o extermínio nos campos de concentração".[25]

---

24 O *Libelo de Sangue* era a "acusação de que os judeus praticavam o assassinato ritual de cristãos para obter sangue que usavam na feitura de Matsá" – o pão não levedado ou ázimo típico dos judeus –, denúncias estas que foram difundidas desde o Medievo até o século XX. "Subjacente ao Libelo de Sangue estava a crença de que os judeus precisavam de sangue como remédio para sua aparência medonha e para manter sua existência quase-humana, pois estavam mancomunados com o Diabo. Eles eram também os responsáveis pela morte de Jesus, e o assassinato de uma criança cristã era considerado uma nova crucificação". Na primeira metade do século XX, "os nazistas difundiram histórias de Libelo de Sangue como parte de sua propaganda antijudaica". UNTERMAN, Alan. *Dicionário judaico de lendas e tradições*. Rio de Janeiro: Zahar, 1992, p. 229-230.

25 UNTERMAN, Alan. *Op. cit.*, 1992, p. 110. Sobre a política antissemita ver GOLDBERG, David J. e RAYNER, John D. *Os judeus e o judaísmo: história e religião*. Rio de Janeiro: Xenon, 1989, especialmente o capítulo "Antissemitismo: da Guerra Franco-Prussiana à ascensão de Hitler". A ação antissemita perpetrada pelo regime segregacionista alemão é assim descrita pelos autores (p. 198-199): "Os nazistas agiram por etapas, para não antagonizar a Igreja, o exército ou a classe média. Não havia motivos para preocupações, pois não se ouviu praticamente nenhum protesto quando, entre abril de 1933 e setembro de 1935, os não arianos foram expulsos do serviço público, das profissões médica e legal e de cargos no ensino. Em setembro de 1935, foram promulgadas as Leis de Nuremberg, que privavam os judeus do direito de voto, proibiam o casamento ou relações sexuais entre judeus e arianos, como sendo um crime contra o 'sangue e a honra alemães', e definiam um judeu por critérios raciais como qualquer um que tivesse um avô judeu. Tudo isso acontecia na terceira década do século XX, num país que se considerava o mais civilizado da Europa. E, mesmo assim, os líderes religiosos, os professores universitários e as organizações profissionais não se pronunciaram oficialmente. O resultado foi um êxodo em massa da elite intelectual, cultural e científica de judeus alemães. Até o fim de 1937, 118 mil judeus haviam

Em contrapartida – e talvez já sinal inicial da brusca campanha de conversão cristã que seria mais tarde perpetrada em Portugal –, havia desde o início do reino uma política estatal de incentivo constante à adoção do cristianismo. "Em certos lugares", aponta Lúcio de Azevedo, "eram obrigados a assistir às prédicas, que lhes iam fazer os eclesiásticos, umas vezes no adro da igreja, outras vezes mesmo na sinagoga".[26] Tentava-se convencer os possíveis adeptos do catolicismo através do oferecimento de vantagens explícitas aos judeus que, de moto próprio, optassem pela mudança religiosa, como a garantia de não serem deserdados, e o direito de adiantamento da parte que lhes cabia da herança familiar ainda em vida dos pais. Para fazerem valer sua opção e terem direito às vantagens legais que a mudança de religião lhes oferecia, os conversos de primeira hora ficavam obrigados a deixar de imediato a casa paterna, independentemente de terem ou não alcançado a maioridade. Durante o reinado de D. João, todo judeu convertido ao cristianismo deveria conceder à mulher que não aceitasse converter-se à nova religião documento de divórcio; procurando incentivar os maridos no processo de conversão das mulheres, o decreto seria alterado por D. Afonso V (1438-1481), certamente ciente do sentido matrilinear na divulgação hereditária do judaísmo em família. Obrigava então o marido convertido a viver por prazo de um ano com a esposa na tentativa de arrebanhá-la ao cristianismo: findo o prazo e mantido o insucesso, via-se obrigado a concedê-la o divórcio.[27] Estas medidas, sem sombra de dúvida, foram fatores responsáveis por gerar dolorosos conflitos e rupturas familiares entre os que se mantinham judeus no clã e os membros desertores da Antiga Fé. Os convertidos, cabe ressaltar, eram legalmente impedidos de retornarem à prática do judaísmo, delito este punido com a pena de morte.

A gente hebraica era igualmente utilizada pelos monarcas e seus representantes em funções consideradas depreciativas e degradantes pelos cristãos, como ofícios manuais, determinados cargos públicos e arrecadação de impostos e rendas públicas – atividade que os cristãos procuravam evitar a todo custo –, mas ficavam proibidos de ocupar alguns cargos oficiais, reservados unicamente aos cristãos. Também ficariam interditados de possuírem criados cristãos – lei esta que não existia no sentido oposto. As onzenas ou empréstimos usurários, prática associada aos judeus, também eram regidas por leis monárquicas. No reinado de Afonso III (1248-1279), ficou especificado que os juros aplicados aos empréstimos feitos não poderiam ultrapassar o valor total do capital financiado

---

fugido, quase um terço para a Palestina, o resto para as Américas do Norte e do Sul e para outros países da Europa".

26 AZEVEDO, J. Lúcio. *Op. cit.*, 1989, p. 54.

27 FERREIRA DA SILVA, Lina Gorenstein. *O Sangue que lhes corre nas veias. Mulheres cristãs-novas do Rio de Janeiro, século XVIII.* Tese de Doutorado apresentada ao Departamento de História da FFLCH-USP. São Paulo, 1999.

– o que atingia, em sua grande maioria, senão na totalidade, aos judeus, principal grupo envolvido com tal negócio. Seriam, porém, beneficiados com a garantia real dos investimentos da comunidade hebreia contra a má-fé de alguns cristãos, objetivando tirar privilégios de seu *status* legal. Em Santarém, por exemplo, obrigou o ressarcimento total de dívidas contraídas a judeus, obrigando os devedores a restituir-lhes o valor devido ou a assumir as dívidas contraídas.

No que diz respeito às querelas judiciais, a situação dos judeus mostrava-se ambígua ou, ao menos, parcial. O reinado de D. João I, em inícios do século XV, utilizando-se de jurisdição pré-existente, regularia os procedimentos a serem adotados em cada caso. Nas disputas envolvendo apenas judeus, ensina Lipiner, "era garantida a exclusividade da aplicação do Direito escrito ou tradicional judaico, ainda que em certas fases do julgamento – na instância superior, por exemplo – os juízes fossem cristãos". Já para o governo de D. Afonso V, as apelações e agravos deveriam ficar reservados à Justiça do reino, "a qual, no entanto, devia julgar esses recursos mediante a observância do Direito escrito e oral dos judeus"; tirava-se ainda da esfera de jurisdição judaica "as causas fiscais referentes a dízimas, portagens, sisas e quaisquer outros direitos da coroa", subordinando os judeus, nestes casos, à jurisdição dos tribunais portugueses. O mesmo monarca, definiria, para contendas envolvendo judeus e cristãos, que as causas fossem julgadas exclusivamente por "juízes cristãos especialmente nomeados para este fim, denominados geralmente *juízes dos judeus*". Vários seriam, segundo o autor, os juízes nomeados com esta função especial, principalmente durante o reinado de Afonso V. Exceção feita aos locais "onde não funcionasse essa Justiça especial", e unicamente nas causas cíveis, quando o judeu fosse interpelado pelo cristão diante de seu arrabi, e vice-versa, valeria "o velho princípio jurídico de que o autor devia seguir o foro do réu". Nos demais casos, "assim no crime como nas questões fiscais", competia ao juiz ordinário da Coroa julgar as questões e disputas legais que envolvessem cristãos e judeus.[28]

A regulamentação das provas testemunhais de parte a parte também traria diferenciações ao longo de alguns reinados. Tradicionalmente, devido à "natural suspeita recíproca" entre os grupos, alimentada constantemente pela rivalidade econômica existente entre cristãos e judeus na Idade Média, "a regra estabelecida em Portugal desde os primeiros tempos prescrevia, com raras exceções, que fosse válido contra judeus o testemunho de cristão somente quando abonado por outro prestado por judeu, e vice-versa". A legislação apresentava características diferenciadas de acordo com a origem dos envolvidos. As leis portuguesas teimavam em não conceder paridade entre os depoimentos de cristãos e judeus, considerando estes inferiores àqueles. Em tempos de D. Diniz, este rei ordenava o fim dos abusos contra os judeus nas questões judiciais, reconhecendo o

---

28 LIPINER, Elias. *Op. cit.*, 1982, p. 40-42. O grifo é do autor.

direito aos judeus de reciprocidade na suspeita. Obrigava, para a validade do testemunho, que fosse provada pelo litigante cristão as alegações que fazia contra o réu judeu utilizando-se de testemunhas de ambas as crenças conjuntamente. Durante o período de D. Afonso V, as leis efetivadas por D. Diniz seriam alteradas, criando, para os judeus, "condição de direito inferior a dos cristãos":

> Em disputas envolvendo cristão e judeu, "este provava com cristão ou com cristão e judeu – nunca só com judeu; – aquele, porém, provava só com cristão, sem necessidade de corroborar tal testemunho por outro judeu".
> Em contendas entre judeus somente, "cada um deles podia provar suas alegações por meio de testemunha cristã, que esse testemunho valia como se o litígio fosse entre dois cristãos".
> Em contendas em que as duas partes fossem cristãs, "o testemunho do judeu só tinha validade quando abonado por outro depoimento prestado por cristão, salvo acordo diferente entre os litigantes. Ficava, outrossim, facultado aos juízes admitirem ou repelirem o testemunho exclusivamente judaico em caso de crime grave presenciado unicamente por judeu".[29]

Apesar de delimitados por leis mais ou menos coercitivas de acordo com os monarcas entronados nos reinados iniciais, mas que, sem dúvida, vai se agravando com o passar do tempo e o aumento geral da intolerância geral cristã com os "matadores de Cristo", a presença judaica vivia antes um "clima de paz e protecção real, embora durante alguns períodos se exercesse uma maior acção repressiva sobre certas actividades judaicas e sobre o seu convívio com cristãos". Os descendentes de Israel eram tratados por alguns reis como "meus judeus", sinal do estado de sujeição do grupo perante a Coroa e da proteção real que desfrutam,[30] posto constituírem importante fonte de riqueza tributária, recebendo, em consequência, "favores, proteção e amparo".[31]

O relacionamento entre cristãos e judeus no mundo português encontrava particularidades que o diferenciava dos outros países da Europa cristã. De acordo com Anita Novinsky, as diferenças começam na própria origem: durante a Idade Média, Portugal foi "o país que antes de qualquer outro da Europa reconheceu os direitos dos judeus"; consequência desta política de "aceitação" social é que "foi nessa parte ocidental da

---

29 Lipiner, Elias. *Op. cit.*, 1982, p. 42-44.

30 Ferro Tavares, Maria José. *Op. cit.*, 2000, p. 11-18 e 19, respectivamente.

31 Lipiner, Elias. *Op. cit.*, 1982, p. 111.

Península que a propaganda oficiosa antijudaica penetrou mais tarde". Os judeus encontravam-se nas principais cidades e vilas do território, atuando em variadas atividades econômicas, embora concentrados na exploração do solo. Apesar da forte influência do direito canônico, completa, "a religião não impediu nem prejudicou seriamente os contatos mútuos, as inter-relações grupais, sendo mesmo considerável o número de casamentos mistos". A situação, na prática cotidiana, mostrava-se em Portugal – como em nenhuma outra parte – favorável ao bom convívio entre os grupos: "O povo não levava muito a sério as proibições dos representantes da Igreja e os monarcas portugueses foram muitas vezes recriminados de Roma por favorecerem aos judeus".[32]

Alguns monarcas procederiam de forma visivelmente mais branda para com os judeus. Foi o caso de D. Afonso III e D. Diniz, a dispensarem os judeus, em determinadas situações, do pagamento de certos tributos ao Estado ou dízimos à Igreja, além de concessões outras que viabilizavam um melhor convívio entre os grupos no cotidiano, como a dispensa de trajarem vestimentas adornadas com divisas que facilitassem sua identificação pública, segundo imposição do IV Concílio de Latrão, realizado em 1215. D. Afonso V foi também pródigo em benefícios aos súditos mosaicos, alguns dentre eles a esbanjar luxo e riquezas, vestidos – à maneira dos mais destacados cristãos – de gala e com espada à cinta, montados em cavalos de estirpe, em meio à profusão geral de penúria e miséria. As medidas lateranenses, diga-se de passagem, nunca foram cumpridas à risca em Portugal. Alguns, influentes, frequentavam os círculos mais privados, inclusive com a realeza, como foi o caso de um certo Isaac Abravanel, judeu importante e de farta circulação pela nobreza que, após longo período de convívio e amizade com o rei, foi obrigado a expatriar-se tempos depois por suspeitas de conspiração com Castela. De seu exílio lamentar-se-ia a sorte que lhe abandonara, ao relembrar os momentos felizes vividos na Corte, dando-nos detalhes riquíssimos da prática judaica que mantinha aberta e livremente e da política real com relação ao seu povo:

> Satisfeito encontrava-me em minha terra natal, usufruindo magnífica herança paterna, num lar abençoado por Deus, em Lisboa, a célebre capital do Reino de Portugal. O Senhor havia-me concedido prosperidade, abundância, honra e amigos. Construíra eu residências e faustosos balcões; *era minha casa o ponto de reunião dos sábios*; *sabedoria e temor a Deus eram aí divulgados*. Via-me benquisto no palácio do D. Afonso, este Monarca poderoso e de vastos domínios que reinava sobre dois mares, bem-sucedido em todos os seus empreendimentos, deste soberano sentado no trono do Direito,

---

32 NOVINSKY, Anita. *Op. cit.*, 1972, p. 24-27.

praticando no País a clemência, a justiça e a virtude, que confiava em Deus, afastando-se do mal e almejando o bem de seu povo, *sob cujo governo também os judeus obtiveram liberdade e salvação*. À sua sombra aprazia-me tanto ficar, eu era chegado a ele, que sobre mim se apoiava e, enquanto viveu, frequentei seu palácio.[33]

Em resumo: os limites impostos aos judeus em Portugal eram até certo ponto fluidos, não se observando – quando estas existiam – as leis coercitivas contra o grupo hebraico. As judiarias são mais uma vez exemplo das continuidades no convívio em boa parte franco entre os grupos. Apesar das medidas proibitórias, judeus e cristãos continuariam ocasionalmente a habitar – estes dentro da judiaria; aqueles, fora, em zonas cristãs – locais que lhes eram legalmente impróprios, de acordo com as necessidades ou conveniências de cada um. Em estudo definitivo sobre o período, Elias Lipiner esclarece:

> É de se notar que as disposições restritivas referentes aos judeus do reino, quando transpostas para o campo da realidade cotidiana, não parecem ter funcionado eficientemente. Daí a constante menção, nas *Ordenações* quatrocentistas, a leis desrespeitadas e à sucessiva revigoração e readaptação destas a novas realidades – a sugerir que as disposições rigorosas nem sempre foram mantidas. Cedo convenceram-se os monarcas da injustiça de suas próprias ordenações, ou pelo menos da impossibilidade de sua rigorosa aplicação. Fosse porque os judeus, em defesa própria ou como desforço de agravos recebidos, tratavam de as iludir mediante subterfúgios, furtando-se ao seu cumprimento; fosse por conveniências políticas e administrativas supervenientes da própria coroa; os monarcas viram-se impelidos a atenuar generosamente o rigor de suas ordenações, em certos casos para facilitar a arrecadação dos tributos nas comunas dos judeus; noutros porque estavam necessitados de cooperação intelectual dos judeus.[34]

Convencidos ou não da injustiça de suas leis relativas aos judeus, o certo é que os monarcas tinham noção da dificuldade em fazê-las cumprir e dos problemas que acarretariam, sobretudo porque feriam os interesses do reino. Existiam, para demonstrar os comprometimentos do reino com o cristianismo e sua Igreja, e prestar-se contas socialmente,

---

33   KAYSERLING, Meyer. *Op. cit.*, 1971, p. 67. A grafia foi atualizada. Os grifos são meus.

34   LIPINER, Elias. *Op. cit.*, 1982, p. 17. O grifo é do autor.

beneficiando os cristãos de origem. Se existiam no papel, a prática era outra. Sem dúvida que os judeus foram prejudicados pelo fato de serem judeus numa sociedade cristã, sustentando o peso desta diferença que os fazia legalmente inferiores. Parafraseando Kayserling, viviam quase que num regime de "sub-Estado dentro de um Estado". Todavia, e apesar dos impedimentos e das limitações legais, em boa parte do tempo em que viveram como judeus em Portugal, exerceram livremente o judaísmo, encontrando espaços para que não sofressem radicalmente a força do braço do Estado por conta de sua fé distinta.

Como em nenhuma outra parte da Europa cristã, os judeus gozaram em Portugal de uma legislação que, se os preteria face aos cristãos em certos aspectos, lhes garantia a sobrevivência enquanto grupo sem o mesmo grau de perseguições vividos em outras áreas, o que lhes possibilitava uma participação cada vez maior e mais ativa nas estruturas social e econômica do reino. O aumento das perseguições na Europa e as pressões dela decorrentes, assim como os acontecimentos em Espanha durante o processo de Reconquista, mormente na segunda metade do século XV, mudariam este quadro e trariam um triste fim ao período em que os judeus conviviam abertamente com os cristãos no reino fundado séculos antes por Afonso Henriques.

Tempo de perseguição, tempo de exclusão

O processo de dispersão judaica pelo mundo viveria seus primórdios na Antiguidade, reflexo não apenas da própria tradição e cultura hebraicas como, principalmente, de uma vasta gama de imposições políticas levadas a cabo pelo Império Romano durante o período de dominação de Roma sobre os judeus, obrigando-os ao abandono de parte de seus costumes tradicionais para adaptarem-se à nova realidade, espalhando-se por diversas regiões do mundo conhecido. De origem mais remota que o próprio controle romano sobre a região, a *Diáspora* judaica seria favorecida e intensificada a partir de 70 d.C., ganhando força após a queda de Jerusalém e a destruição do Segundo Templo sob as ordens de Tito[35] – encarregado por seu pai, o imperador Flávio Vespasiano (69-79), de chefiar o exército romano na campanha da Judeia. O processo de Diáspora atravessaria quase dois milênios, tendo durado, oficialmente, até a criação, em 1948, do Estado de Israel.[36]

---

35 ELIADE, Mircea & COULIANO, Ioan P. *Dicionário das Religiões*. 2ª ed. São Paulo: Martins Fontes, 1999, p. 216.

36 "A palavra grega Diáspora (dispersão)", explica Borger, "designa o espaço da sobrevivência de judeus enquanto habitando fora da Terra de Israel. A mais antiga concentração maciça era naturalmente a da Babilônia, onde os judeus viveram numa situação mais estável do que nas comunidades do mundo helenístico-romano". Embora não existam números absolutamente confiáveis sobre a Diáspora, estima-se, para o primeiro século da Era Cristã, um número aproximado de oito milhões de judeus distribuídos

Durante cerca de 1880 anos de exílio, o povo judeu passaria por situações de aceitação e convívio social as mais diversas nas áreas de migração. Destituídos de nação própria, os judeus da dispersão ver-se-iam obrigados a procurar constantemente um equilíbrio entre o respeito às estruturas basilares do judaísmo e a necessidade de adaptação às especificidades encontradas nas regiões que os acolhiam, cientes da impossibilidade de manutenção da totalidade das práticas caras ao judaísmo tradicional vividas no momento anterior à queda do Segundo Templo. Buscavam, desta forma, manter viva a essência estruturalizante da fé dos antepassados, mas viam-se, ao mesmo tempo, identificados "com as culturas que os hospedavam", obrigados a assimilar alguns de seus principais aspectos. As diferenças culturais entre o judaísmo e as tradições das regiões hospedeiras, porém, seriam responsáveis por um certo desconforto no relacionamento com as maiorias não judaicas e, na longa duração, causariam não apenas diferenças dentro do próprio judaísmo – adaptado às realidades de cada região –, mas o aparecimento de alguns conflitos entre os judeus e as sociedades que os acolheram: "sua maneira de viver, instrução e disciplina, ambição e exclusivismo, circuncisão e leis alimentares, sua aversão a imagens e a guarda do sábado" traziam um número crescente de simpatizantes para a crença judaica, assim como de indivíduos que viam com aversão e animosidade os costumes do povo judeu, alimentando as hostilidades que se multiplicariam com o tempo.[37]

---

pelas seguintes áreas de concentração: Eretz Israel: 2.500.00; Egito: 1.500.00; Babilônia: 1.000.00; Síria: 1.000.00; Ásia Menor: 1.000.00; Cirenaica: 250.000; Chipre: 250.000; Itália: 150.000; Grécia: 100.000. Também o geógrafo grego Strabo, ou Estrabão (cerca de 50 a.C.), afirmava que a nação judaica fez-se presente em quase todas as cidades, sendo difícil encontrar lugar no mundo onde não houvesse penetração de judeus. Calculando-se a população do Império Romano em 100 milhões de pessoas, e "considerando-se que os judeus da dispersão eram essencialmente urbanos, concentrados ao sul e leste do litoral mediterrâneo, é possível que, nessas regiões, tenham representado algo em torno de 20% a 30% da população. Na Síria, por exemplo – a província mais rica do Império Romano –, Josefo relata que havia cidades onde os judeus constituíam metade ou mais do total de habitantes". Na Ásia Menor, todas as grandes cidades, como Pergamon, Sardis, Efeso, Mileto, Laodiceia e Tarso, entre outras, possuíam importantes comunidades de judeus. No Mundo Grego, as comunidades judaicas estavam presentes em Atenas, Corinto, Tessália, Macedônia, Ática, Peloponeso, Chipre, Creta, Delos, Paros e Euboea. A maior das comunidades da Diáspora, porém, encontrava-se em Alexandria, no Egito. Os judeus representavam cerca de um terço da população total da cidade, "o mais brilhante centro cultural da Antiguidade". A descrição da principal sinagoga local dá a noção do tamanho e da importância de sua comunidade judaica: "A sinagoga central de Alexandria era tão grande que foi necessário introduzir um sistema de sinalização para indicar aos fiéis o momento apropriado para suas respostas durante o serviço religioso". BORGER, Hans. *Uma história do povo judeu*. Volume 1: *De Canaã à Espanha*. 2ª ed. São Paulo: Sêfer, 2001, p. 235-237. Ver ainda TASSIN, Claude. *O judaísmo: do exílio ao tempo de Jesus*. São Paulo: Paulinas, 1988, p. 14-15.

37 BORGER, Hans. *Op. cit.*, 2001, p. 238-241.

Os judeus seriam vitimados por um crescente processo de intolerância social, que se agravaria, num primeiro momento, durante o período em que o Ocidente cristão dedicou esforços à guerra de conquista da Terra Santa, através de célebre movimento que passou à História sob a designação de Cruzadas e que, se não obteve sucesso efetivo em seu intuito conquistador, por outro lado foi dos grandes responsáveis pelo arrefecimento de todo o tipo de bom convívio religioso que pudesse existir entre cristãos e judeus em terras do Ocidente.[38] Foi nessa época que ocorreram, por exemplo, os massacres de judeus em algumas regiões da Europa Central perpetrados pelos exaltados soldados cruzados a caminho da Palestina, que justificavam e validavam a matança generalizada como uma luta contra os *principais inimigos de Deus*: "Nós desejamos ir combater os inimigos de Deus no Oriente; mas temos judeus sob os olhos, raça mais inimiga de Deus do que nenhuma outra: é tomar a coisa toda pelo avesso".[39]

Mormente nas regiões feudais da Europa cristã, os judeus acabariam vítimas de preconceitos sociais e perseguições, identificados como o "mal absoluto", carregando a síndrome de "povo maldito" e deicida, herdeiros em potencial da maldição desencadeada pelos supostos crimes atribuídos aos seus antepassados, vistos como responsáveis pela morte do Messias católico, entendido, pelos cristãos, como encarnação da essência e verbo divinos. Por isso mesmo, faziam-se os judeus, perante os olhos do Ocidente, merecedores dos castigos e vinganças que lhes eram imputados pelo assassínio de Jesus Cristo e pelos males humanos daí decorrentes. Este antijudaísmo vivenciado em boa parte do Velho Continente, todavia, não encontraria inicialmente eco na Península Ibérica, onde os judeus gozaram, durante séculos, de considerável tolerância social, miscigenados com a população local e com os mouros, formando o que Jean Delumeau definiria, referindo-se à maior das nações ibéricas, como a "Espanha das *três religiões*, um país tolerante porque não homogêneo", onde os judeus somavam número próximo de 300 mil almas

---

38 HAYOUN, Maurice-Ruben. "O Judaísmo". *In*: DELUMEAU, Jean (org.). *As Grandes Religiões do Mundo*. Lisboa: Editorial Presença, 1997, p. 205-255.

39 POLIAKOV, Leon. *De Cristo aos Judeus da Corte. História do Antissemitismo I*. São Paulo: Perspectiva, 1979, p. 36, nota. De acordo com Unterman, "os piores massacres aconteceram na Primeira Cruzada (1096-99) quando foram destruídos os centros de vida judaica ao longo do Reno". "Durante a Terceira Cruzada (1189-92)", complementa, "os judeus da Inglaterra foram violentamente atacados após a coroação de Ricardo I, o que levou ao suicídio em massa dos judeus de York, que preferiram atirar-se à fogueira a enfrentar o batismo forçado e o antagonismo da turba. As Cruzadas puseram fim ao período medieval de prosperidade dos judeus e são lembradas na liturgia judaica como um período de violência cristã e submissão judaica a Deus". UNTERMAN, Alan. *Op. cit.*, 1992, p. 74.

misturadas ao resto da população ao fim do século XIII,[40] enquanto, neste mesmo século, "la legislación antijudía fue um rasgo común en toda Europa".[41]

O desenrolar do Medievo hispânico caracterizar-se-ia pelo bom convívio e pela boa interação entre os seus grupos formadores. Segundo Pérez, o grau de adaptação dos judeus à península era formidável. Para os judeus que habitavam as terras de *Sepharad*, aquela era "en todos los sentidos su pátria, la tierra de sus padres y antepassados", sem que formassem uma classe social distinta ou sofressem no mesmo grau o peso das discriminações contra os judeus recorrentes em outras partes: "los había ricos, los había pobres y de todos los niveles. Non tenían ninguna dedicación profesional que les fuera exclusiva", infiltrados em todos os ramos da economia: "el abanico profesional de los judíos era tan amplio y variado como el de cualquier otro grupo social. De no ser por la religión, nada les distinguía del resto de la población".[42]

Em épocas de dominação muçulmana, seriam os judeus responsáveis pelo desenvolvimento das ciências aplicadas, mesclando conhecimentos e técnicas das três culturas monoteístas que ocupavam o espaço ibérico. "Encontram-se entre eles diferentes categorias de sábios: médicos, cartógrafos, astrônomos, alquimistas e tradutores. São numerosos os exemplos de médicos que se fazem imprescindíveis nas cortes, cidades e vilas, situados como agentes e portadores privilegiados da cultura",[43] fato que merece ainda maior distinção se levarmos em conta a situação de exceção que isto representava, devido à carência geral que se vivenciava de conhecimento científico e a dificuldade – em todos os sentidos – da circulação de textos e da formação de leitores capacitados em toda a Europa.

Do lado lusitano da fronteira, o quadro não era diferente, vivendo a comunidade judaica dias de considerável tranquilidade e estabilidade social, contribuindo para a formação de uma cultura regional específica, "com grande brilho nas formas literárias, na medicina e nos estudos filosóficos". Embora surgissem por vezes manifestações de explosão popular antijudaica, incentivadas e lideradas em boa parte pelo radicalismo de homens ligados à Igreja,[44] não passavam de fatos esporádi-

---

40 DELUMEAU, Jean. *História do Medo no Ocidente: 1300-1800, uma cidade sitiada*. São Paulo: Companhia das Letras, 1989, p. 281.

41 KAMEN, Henry. *La Inquisición Española*. 4ª ed. Barcelona: Editorial Crítica, 1992, p. 18.

42 PÉREZ, Joseph. *Op. cit.*, 1993, p. 12. Tomemos cuidado, contudo, com as generalizações. Apesar da relativa tranquilidade vivida pelos judeus na Espanha se comparado a outras regiões da Europa, longe se estava de uma situação ideal de total harmonia entre os distintos grupos religiosos, e os conflitos, embora pouco frequentes a princípio, são exemplo claro desta convivência nem sempre pacífica.

43 PEDRERO-SÁNCHEZ, Maria Guadalupe. *Op. cit.*, 1994, p. 23. Ver ainda: TELLO, Pilar León. "A *Judería*, um certo sucesso". *In*: CARDAILLAC, Luis. *Toledo, séculos XII-XIII: muçulmanos, cristãos e judeus – o saber e a tolerância*. Rio de Janeiro: Zahar, 1992, p. 110-121.

44 MAIA, Angela Maria Vieira. *Op. cit.*, 1995, p. 33.

cos e isolados, reflexo ofuscado do que ocorria com maior intensidade em outros recantos da Europa, mas ainda insuficientes para desencadear as mesmas ondas de terror e dizimação vividas fora da Ibéria.

Os conflitos entre judeus e cristãos, embora inicialmente fossem fluidos na Espanha – se comparado ao que ocorria no além-Pirineus –, já traziam um crescente incômodo e preocupação à comunidade judaica. Na Baixa Idade Média, o fanatismo popular contra os "assassinos de Cristo" encontraria, aos poucos, novos adeptos imbuídos em vingar a cristandade, interessados em fazer a justiça divina com as próprias mãos. Durante as últimas centúrias de livre convívio religioso em território hispânico, dar-se-ia uma clara modificação no ambiente social que, se antes praticamente desconhecia conflitos, doravante os veria com cada vez maior incidência:

> con referencia a los siglos XII y XIII, época de plenitud y armonía; en el XIV el ambiente se ensombrece: el hambre, la peste, el cisma, las luchas religiosas y sociales sacuden Europa entera, anunciando el fin de una edad y el difícil alumbramiento de otra nueva.[45]

Esta nova era anunciada seria marcada por uma série de interdições e um crescente isolamento no convívio entre judeus e cristãos, a refletirem-se no aumento dos problemas entre os grupos, fruto do agravamento de uma intensa crise social transformada rapidamente em fanatismo religioso.[46] O século XIV marcaria um aumento generalizado da onda de antissemitismo na Europa. "A partir da segunda metade do século XIV", explica Poliakov, "os ódios antijudaicos atingem uma tal acuidade que podemos ousadamente datar desta época a cristalização do antissemitismo em sua forma clássica, a que levará mais tarde um Erasmo a constatar: *Se cabe a um bom cristão detestar os judeus, então somos todos bons cristãos*".[47]

A galopante deterioração sofrida no processo de aceitação do judeu na sociedade hispânica, refletida nas crescentes ondas de violência, daria sinais evidentes das mudanças em vigor: no ano de 1328, ocorreriam seguidos assaltos às aljamas

---

45 ORTIZ, Antonio Dominguez. *Los Judeoconversos en España y América*. Madri: Ediciones Istmo, s/d., p. 15.

46 Segundo Pérez, "por todas partes cunde el malestar y se desata una terrible lucha de clases. Las autoridades – representantes del rey y nobles – procuran oponerse a estas violéncias, pero lo único que consiguen es un mayor ensañamiento. En este caso, como en tantos otros que se dan en la historia, la ideología – el antijudaísmo religioso – encubre móviles socioeconómicos. Se cree descubrir en el otro, en el que no comparte la fe de la masa, al responsable de todos los males que aquejan a la sociedad. El contraste entre la miseria del pueblo y la relativa prosperidad de unos pocos judíos parece un escándalo; el odio social hacia el rico se convierte en odio religioso hacia el no católico". PÉREZ, Joseph. *Op. cit.*, 1993, p. 56.

47 POLIAKOV, Léon. *Op. cit.*, 1979, p. 106.

de Estella, Funes, Viana e outras cidades da região de Navarra. Vinte anos mais tarde, seriam atacadas várias sinagogas em terras da Catalunha, momento em que os carrascos aproveitavam para justificar a barbárie praticada acusando os judeus pela Peste Negra que então grassava. Cerca de duas décadas depois, novos incidentes ocorreriam: em 1367, uma leva de ataques atingiria as aljamas de Villadiego e Aguilar de Campos e, no ano de 1369, a destruição da aljama de Toledo.[48] Nada, contudo, que pudesse ser comparado, em fanatismo, participação popular, violência e número de vítimas, aos fatídicos acontecimentos de 1391.

Seu trágico auge ocorreria com o estourar dos conflitos e das perseguições aos descendentes de Israel iniciadas e incentivadas por mais de uma década pelo fanatismo de alguns setores do clero, principalmente através de Fernán (ou Ferrant) Martínez, Arquidiácono de Écija, Sevilha – então a mais rica e populosa das cidades de Espanha –, homem de destaque junto ao clero e de bom relacionamento com a Corte, ex-confessor da rainha-mãe que, malgrado as sucessivas intimidações do próprio monarca para que cessasse a incitação pública à violência antijudaica, não pouparia argumentos que incentivassem o povo cristão em direção ao massacre. Comparava-se aos grandes profetas de Israel, inclusive Moisés, alegando, com desvirtuado conhecimento de causa, fundamentação divina para a campanha que capitaneava: "não posso me impedir de pregar e de dizer dos judeus aquilo que disse meu Senhor Jesus Cristo nos Evangelhos", desperdiçando seus sermões e pregações de efeito, a repetir insistentemente que "um cristão que fizesse mal ou matasse um judeu não iria causar nenhum desprazer ao rei e à rainha, pelo contrário".[49] Apesar de seguidamente desautorizado pelo rei Juan I[50] ao longo de seus treze anos de pregação segregacionista, a centelha de ódio disseminada pelo discurso do desobediente arquidiácono estimularia perseguições avassaladoramente sangrentas nos últimos anos do século XIV. Aproveitando-se da morte do arcebispo de Sevilha e da vacância temporária daquele posto, assim como do falecimento de Juan I e da chegada ao trono de Henrique III, moçoilo de apenas dez anos, tornou-se administrador da diocese, dando início, então, a um período de violência desmedida contra os judeus, que duraria de 1391 a 1414,[51] aproximadamente. Em breve espaço de tempo, toda a Espanha conheceria a fúria antijudaica:

---

48   PEDRERO-SÁNCHEZ, Maria Guadalupe. *Op. cit.*, 1994, p. 56.

49   POLIAKOV, Léon. *De Maomé aos Marranos: história do antissemitismo II*. 2ª ed. São Paulo: Perspectiva, 1996, p. 132.

50   "Si buen Cristiano queredes ser", aconselhava o rei ao arquidiácono, "que lo seades en vuestra casa, mas que no andedes corriendo con nuestros judíos de esta guisa". *Apud*: PÉREZ, Joseph. *Op. cit.*, 1993, p. 57.

51   O ano de 1414 marca o coroamento de uma série de medidas legais tomadas pela monarquia em anos imediatamente anteriores com relação a determinadas práticas tradicionalmente associadas à

> El movimiento comenzó con el asalto y destrucción de la judería de Sevilla (junio de 1391), seguida de la muerte o el bautismo forzado de la mayoría de sus moradores. Con la rapidez del rayo se propagó, sin respetar las fronteras políticas, por otras poblaciones de Andalucía, Levante y Cataluña; fueron asaltadas las juderías de Valencia, Barcelona, Gerona, Lérida y otras muchas ciudades.[52]

Nunca, até aquele momento, as tensões entre os grupos haviam causado tamanha comoção popular, a incentivar a fúria generalizada contra a comunidade hebraica. O quadro que se desenhava, estimulado pelo ecoar fanático das palavras de Martínez, era de total intolerância aos judeus. Incentivava a destruição das sinagogas ou a transformação destas em igrejas. O caos complementava-se com a perseguição, morte e destruição dos símbolos judaicos e de seus ambientes sagrados, sob os gritos de "a morte ou a água benta", gerando uma série de desmandos e abusos que fugiram ao controle do Estado e, num período de três meses, acabaria modificando por completo as bases da estrutura social hispânica:

---

comunidade judaica, como a proibição da usura (*ordenamiento de* 1405, *leyes de Ayllón*, de 1412, e leis da Coroa de Aragão, em 1414), ou o convencimento ideológico da verdade cristã, buscando fazer crer aos judeus a vinda de Cristo como instante original a marcar a chegada do verdadeiro Messias (Disputa de Tortosa, em 1413), além de alvoroços populares contra o grupo judeu de 1413-1414, este último considerado pelas crônicas judaicas como o ano da apostasia. Em conjunto, todos estes fatos teriam como consequência uma série maciça de conversões ao opressor catolicismo – conversões estas que, em sua imensa parcela, cabe ressaltar, longe estiveram de ser realmente sinceras –, incentivadas, antes, pelas pressões políticas, sociais e ideológicas intensificadas no período de 1391 a 1414. Pérez, Joseph. *Op. cit.*, 1993, p. 55-63, e Poliakov, Léon. *Op. cit.*, 1996, p. 137-142.

52 Ortiz, Antonio Dominguez. *Op. cit.*, s/d., p. 15-16. Henry Kamen associa igualmente a crise econômica ao agravamento do mal-estar contra os judeus de Espanha: "En junio de 1391, en un calcinante verano que empereó el malestar económico, las turbas de las ciudades se amotinaron, dirigiendo su furia contra las clases privilegiadas y contra los judíos. En Sevilla cientos de judíos fueron asesinados y la aljama fue destruída totalmente. Pocos dias después, en julio y agosto de ese mismo año, la furia se extendió por la península. Los que no fueron asesinados se vieron obligados a aceptar el bautismo. En Córdoba, un poeta judio escribió: 'no ha quedado en ella grande ni chico que no apostatara de su religión'. En Valencia, en Julio, fueron asesinados 250 judíos; en Barcelona, en agosto, 400. Las mayores aljamas de España fueron arrasadas. Desde este momento la existencia de los conversos se incrementó grandemente". Kamen, Henry. *Op. cit.*, 1992, p. 19. Poliakov dá novas cores ao episódio: "Nessas condições o movimento logo assumiu o caráter de uma revolta popular, em que todas as camadas da população cristã acabaram participando. 'A avidez de saquear os judeus crescia a cada dia', notava laconicamente o Chanceler Ayala. Crendo estar fazendo obra pia, agradável a Deus e ao monarca, os amotinados saqueavam e massacravam com toda tranquilidade de coração. Em parte alguma, as autoridades conseguiram lançar as tropas contra eles; depois do fogo pegar, era impossível abafa-lo". Poliakov, Léon. *Op. cit.*, 1996, p. 133.

> las masas sevillanas, fanatizadas por este personaje, se echaron a la calle y asaltaran la importante judería de la ciudad. Unas cuatro mil personas fueron asesinadas, debiendo convertirse al cristianismo casi todas las restantes que en ella habitaban para poder salvar sus vidas. La judería dejó de existir y sus casas, tiendas y sinagogas fueron entregadas a los caballeros cristianos.[53]

Os violentos ataques colaborariam diretamente para a diminuição do número de judeus na Espanha: além dos indivíduos mortos durante os massacres, muitos foram levados a emigrar, em 1391 e nos anos subsequentes, à procura de condições mais seguras de vida. Outra saída adotada para escapar às ondas de violência foram as conversões, que ocorreram em massa e que, não bastassem ser a solução mais imediata para fugir ao morticínio, eram incentivadas pelas pressões oficiais, que reservavam aos que insistissem na manutenção judaica a reclusão em bairros especiais e a utilização de distintivos, sobre as vestimentas, que os identificassem, transformados em alvos vivos e ambulantes da fúria popular. Alargava-se assim o número de cristãos-novos e, dentre estes, o de criptojudeus ou, no caso específico da Espanha, marranos – termo local para designar, dentre os judeus que escolhiam o caminho da cristianização, aqueles que continuavam a seguir firmemente a antiga fé.

Ao longo dos séculos XIV e XV, desenvolver-se-ia na Espanha um quadro singular, em que, durante pouco mais de cem anos, conviveriam legalmente cristãos, ex-judeus conversos ao cristianismo e judeus que permaneciam fiéis aos preceitos da antiga lei. Com o agravamento das perseguições aos judeus no reino a partir de 1391, intensificou-se o processo de conversão dos judeus ao catolicismo, embora a prática judaica não houvesse sido proibida e a maior parte dos judeus insistisse – apesar dos violentos conflitos e intimidações sociais – em manter a fé dos antepassados. Os conversos de Espanha viviam, assim, num flagrante estado de dubiedade, mantendo relações, ao mesmo tempo, tanto com cristãos quanto com judeus, presenciando os costumes de uma e de outra fé, refletindo esta dubiedade em sua prática cotidiana cristã, alimentada com costumes da religião judaica. Como consequência, o problema do criptojudaísmo manter-se-ia fortemente presente: embora alguns indivíduos adotassem fervorosamente a boa-nova católica, é indiscutível que muitos dos conversos professassem, ocultamente, o judaísmo, abandonado menos por convicções pessoais do que por pressões externas, como o grave risco de ataques pelos cristãos mais radicais.

O convívio com os judeus dentro do próprio reino tornava ainda mais consistente a possibilidade de contato com a fé do passado e seus significados principais, dificultando o controle sobre a dedicação cristã dos conversos. Os desconfiados

---

53 Blázquez Miguel, Juan. *La Inquisición*. Madri: Penthalón, 1988, p. 14.

perseguidores do marranismo atentariam com rigor exagerado para o fato. A convivência com aqueles que perseveravam em manterem-se fiéis ao judaísmo tornava os conversos espanhóis vítimas generalizadas de acusações sobre a falsidade de sua aceitação cristã, vista como ameaça à pureza católica por aqueles que não concordavam com a sinceridade das conversões em massa dos antigos judeus, gerando conflitos entre os grupos.

Mesmo com o advento da Inquisição hispânica e durante o período de catorze anos que separa o surgimento do Santo Tribunal da adoção das leis de monopólio religioso naqueles domínios, os judeus ainda possuíam garantias legais de liberdade de crença no reino. O Santo Ofício tinha sua alçada limitada a cristãos-velhos e conversos, julgando as heresias contra o catolicismo e procurando impedir a volta destes ao judaísmo. Aliás, fora a extensão do problema que significava o grupo de conversos para a sociedade o grande responsável pela proliferação das petições em prol do estabelecimento de um tribunal inquisitorial para a Espanha. Não possuía o Santo Ofício, contudo, força de ação sobre os que se mantinham judeus de fato, permanecendo imunes à atuação inquisitorial por não terem recebido o batismo cristão. Apenas com a publicação dos decretos de 1492, os judeus espanhóis seriam finalmente banidos do reino recém-unificado pelos reis católicos, pondo fim à livre convivência destes com cristãos-velhos e conversos, inaugurando um longo período de unicidade cristã na região. O judaísmo, todavia, sobreviveria, ainda que ocultamente, através do criptojudaísmo marrano.

O último século de judaísmo permitido em terras hispânicas seria marcado pelo estigma do medo, em que a exacerbação da violência transformar-se-ia em triste rotina, acompanhada de leis discriminatórias e preconceitos sociais, além de fugas, martírios pessoais e familiares e conversões desesperadas de indivíduos que se apressavam em beijar a cruz no ímpeto de escaparem às chacinas. O ódio aos judeus não tardaria a se transformar em ódio aos conversos, alargando-se o antissemitismo em terras espanholas. Para Anita Novinsky, o estado do neófito era ainda mais passível de discriminação do que aquele vivido pelos judeus:

> o ódio e a hostilidade demonstrados contra os conversos é muito mais violento e feroz do que o havia sido em qualquer tempo contra os judeus. Convertidos ao Catolicismo, os antigos judeus passaram a ser alvo de críticas intermináveis.[54]

O momento final da Guerra de Reconquista, iniciado com a chegada ao trono de Isabel de Castela e Fernando de Aragão (1474-1479) e completado com a tomada de

---

54 Novinsky, Anita. *Op. cit.*, 1972, p. 28.

Granada em 1492, levaria em conta os conflitos sociais em seu processo de unificação do mundo hispânico. O longo período dedicado à luta pelo surgimento de um estado sob o domínio dos reis católicos acabaria por gerar "uma fortíssima identificação entre religião e território",[55] transformando-se o processo de Reconquista estatal numa espécie de *Cruzada* ou *Guerra Santa* contra o infiel, em que era preciso não apenas derrotar o inimigo, mas expulsá-lo, em nome da fé de Cristo.[56] A restauração da unidade monárquica necessária para o surgimento de uma nação moderna significaria a urgência de coesão do corpo social. Derrotados os mouros "invasores", sobrevivia outro inimigo, sem armas, infiltrado socialmente. Esta coesão passava obrigatoriamente pela idEia de unidade religiosa, que seria um dos pilares em que se firmava a unidade do reino, calcada "na criação de uma unidade real absoluta, apoiada na unidade de fé".[57] Para tanto, era necessário aumentar os rigorismos sobre a religião, atacando os pensamentos antagônicos à pureza da fé católica. Fruto desta busca seria o despertar das dúvidas pela sinceridade da fé dos judeus convertidos.[58] A Inquisição surgiria, então, neste quadro.

---

55   *Idem*, p. 32.

56   Segundo Kamen, muitos na Espanha "estaban impacientes por librarse de los judíos, tanto por razones económicas como por razones sociales: la elite cristiana vieja y muchos municipios vieron en ellos una fuente de conflicto y rivalidad. Pero la expulsión fue decidida desde la corona, al parecer, únicamente por razones religiosas. No hay fundamento para pensar que el gobierno esperaba sacar provecho de ella, y el mismo Fernando admitió que la medida perjudicaba sus finanzas. Sin duda el rey y la reina estimularan más esta política después de la caída de Granada en 1492, que ellos recibieron como una señal de la protección divina". A justificativa apontada pelo decreto de expulsão era "el gran daño que a los cristianos [es decir, los conversos] se ha seguido y sigue de la participación, conversación y comunicación que han tenido y tienen con los judíos, los cuales se prueba que procuran siempre, por cuantos vias y maneras tienen, de subvertir y sustraer de nuestra Santa Fe Catolica a los fieles cristianos". Mais à frente, o autor conclui: "De hecho, parece que la propuesta de la expulsión provino de la Inquisición, y que el rey no hizo sino prestar su apoyo al Santo Ofício". KAMEN, Henry. *Op. cit.*, 1992, p. 28-29.

57   MAIA, Angela Maria Vieira. *Op. cit.*, 1995, p. 35. Para Maria Pedrero-Sánchez, "o estabelecimento da Inquisição e a supressão do judaísmo e do islamismo são apenas aspectos diferentes de um esforço único para impor e conservar a unidade da fé entre os hispanos. Uma fé de herança medieval que constitui o elemento essencial que definia e unificava a sociedade toda". PEDRERO-SÁNCHEZ, Maria Guadalupe. *Op. cit.*, 1994, p. 97-102.

58   "Dentro del catolicismo español existía pues un núcleo que nunca aceptó la validez del bautismo. Despreciados por los cristianos viejos a causa de su raza, vilipendiados por los judíos por su apostasía, los conversos vivieron en una atmosfera social que nunca habrían elegido libremente. Muchos de ellos vivían cerca del barrio judío al que aún se sentían vinculados culturalmente; conservaban características tradicionales difíciles de extirpar en la indumentaria y en la comida; algunos volvían a la práctica activa del judaísmo. Pulgar denuncia que en una misma familia conversa podía haber miembros que fuesen cristianos sinceros, mientras que otros serían judíos practicantes. Sabía que muchos 'en la una y la otra ley prevaricaban', conservando importantes costumbres judías a la vez que practicaban un cristianismo

As negociações entre a Coroa e o papado pela introdução da Inquisição hispânica corroborariam para a publicação da bula *Exigit sincerae devotionis affectus*, expedida pelo Papa Sisto IV em 1º de novembro de 1478, em que os soberanos de Espanha recebiam permissão para a nomeação de inquisidores. Esta bula, informa Bethencourt, "reproduzia os argumentos régios sobre a difusão das crenças e dos ritos mosaicos ente os judeus convertidos ao cristianismo em Castela e Aragão, atribuía o desenvolvimento dessa heresia à tolerância dos bispos e autorizava os reis a nomear três inquisidores (entre os prelados, religiosos ou clérigos seculares com mais de quarenta anos, bacharéis ou mestres em teologia, Licenciados ou doutores em direito canônico) para cada uma das cidades ou dioceses dos reinos". A bula papal permitia ainda aos monarcas não apenas o direito de nomeação, mas igualmente de revogação ou substituição dos inquisidores.[59] Dois anos depois, em Sevilha, ocorreria a instauração e o início dos trabalhos do pioneiro Tribunal do Santo Ofício da Inquisição espanhol. O primeiro auto de fé seria realizado já no ano seguinte, no dia 6 de fevereiro, com o relaxamento de seis condenados ao braço secular.[60] Léon Poliakov informa ainda que, devido à preocupação generalizada com a *contaminação* dos conversos pelos judeus, foram tomadas, ao mesmo tempo, "medidas para impor uma rigorosa separação entre os conversos e os judeus declarados, considerados como corruptores daqueles".[61]

Aos poucos, a Inquisição esticaria os braços e intensificava sua atuação por todo o território sob o controle dos Reis Católicos Fernando e Isabel. Em bula datada do segundo dia de agosto de 1483, o Tribunal ganhava caráter permanente, sendo o célebre Frei Tomás de Torquemada nomeado para o cargo de Inquisidor Geral de Castela e Aragão. Não objetivava legislar sobre o grupo judeu que resistia às ameaças públicas desde os acontecimentos que marcaram o final do século XIV, posto que tinham, por direito de lei, a garantia de manutenção da fé de seus antepassados. Seu poder limitava-se à alçada cristã. Daí, seus alvos serem os judaizantes, e não os judeus, de quem aqueles deveriam ser afastados. Procurava antes verificar o comportamento geral dos neófitos, punindo-os em seus desvios heréticos, e analisar

---

formal". A Inquisição estaria atenta à manutenção de hábitos judaicos por uma parcela dos neófitos: "identificó con rapidez y eficiencia las varias formas de judaísmo y las castigó severamente: pronto se acumularon pruebas sobre una gran variedad de prácticas judías que perpetuaban los conversos y que las autoridades consideraban como heréticas. La sospecha cayó sobre ellos y los inquisidores comenzaron a tratar a todos los conversos como judaizantes". KAMEN, Henry. *Op. cit.*, 1992, p. 45.

59 BETHENCOURT, Francisco. *História das Inquisições: Portugal, Espanha e Itália – Séculos XV-XIX*. São Paulo: Companhia das Letras, 2000, p. 17.

60 VINCENT, Bernard. *1492: descoberta ou invasão?* Rio de Janeiro: Zahar, 1992, p. 34.

61 POLIAKOV, Leon. *Op. cit.*, 1996, p. 157.

a veracidade da conversão de antigos judeus assimilados pelo cristianismo, evitando o retorno destes à antiga fé. Segundo Joseph Pérez,

> beaucoup de convertis avaient embrassé le christianisme sans arrière-pensée et sans esprit de retour; seuls, quelques individus prêtaient le flanc à la critique, mais tous les *conversos* étaient frappés de la même hostilité, victimes des mêmes prejugés; tous étaient indistinctement soupçonnés de judaïser plus ou moins; tous étaient confondus dans l'appellation injurieuse de marranos. D'où l'idée de créer une juridiction spéciale, um tribunal qui serait chargé d'enquêter sur les affaires douteuses, qui punirait les judaïsants, mais laverait les autres, la majorité, disait-on, de l'infamie.

Embora a preocupação com os rumos da fé que dera origem ao Santo Ofício espanhol tivesse como objetivo inicial velar pela pureza cristã, buscava, em suas entrelinhas, continua o autor, "à expulser radicalement ceux qui étaient décidés à rester juifs".[62] Os próprios decretos referentes à expulsão dos judeus fariam referência explícita à instauração do Tribunal catorze anos antes. Tudo fazia parte da lógica de unicidade buscada pela política de Reconquista: "a expulsão não só era parte integrante como primordial desta".[63] Concluída com êxito a unificação, buscava-se o processo de complementação *rei-reino* e *território-comunidade*, que apresentaria, como desdobramento, a identificação entre autoridade e clero, a tornar bastante conflituosa a convivência das diferentes comunidades religiosas no reino:

> Ao completar-se a grande empresa de unificação da Espanha em mãos dos cristãos, desmoronou-se a base política que servia de fundamento para a existência da população judia dentro das suas fronteiras. A construção de um Estado forte, empenhado em eliminar as forças centrífugas, e além disso expansionista, conduz à unanimidade que supunha a integração total ou a rejeição.[64]

---

62   Pérez, Joseph. *L'Espagne des rois catholiques*. Paris - Montréal: Bordas, 1971, p. 35.

63   Assis, Angelo A. F. Um "rabi" escatológico na Nova Lusitânia: sociedade colonial e Inquisição no Nordeste quinhentista – o caso João Nunes. Dissertação de Mestrado apresentada à Universidade Federal Fluminense, Niterói, 1998, p. 22.

64   *Apud* Kriegel, M. *Les Juifs à la fin du Moyen Age dans l'Europe Méditerranéenne*. Paris: Hachete, 1979, p. 226. *In*: Pedrero-Sánchez, Maria Guadalupe. *Op. cit.*, 1994, p. 101-102.

Vitoriosos na campanha contra os mouros, os reis católicos entrariam solenemente em Granada no segundo dia de 1492, completando o processo de Reconquista. Passados menos de noventa dias, em 31 de março, era assinado o decreto de expulsão de todos os judeus (implicitamente, referia-se aos que não aceitassem aquele ultimato de conversão ao cristianismo) do reino. O decreto de expulsão enumerava os motivos dos monarcas para a adoção de tão radical medida no reino anteriormente referido como *Espanha das três religiões*:

> Fomos informados pelos inquisidores e por outras pessoas que o comércio dos judeus com os cristãos acarreta os piores males. Os judeus esforçam-se ao máximo para seduzir os (novos) cristãos e seus filhos, fazendo com que tenham os livros de orações judaicas, avisando-os dos dias de festa judeus, fornecendo-lhes pão ázimo na Páscoa, instruindo-os sobre as comidas proibidas e persuadindo-os a seguir a Lei de Moisés. Como consequência, nossa santa fé católica encontra-se envilecida e rebaixada. Chegamos, portanto, à conclusão de que o único meio eficaz para pôr fim a esses males consiste na ruptura definitiva de toda relação entre judeus e cristãos e isso só pode ser alcançado com a expulsão daqueles de nosso reino.[65]

Aos expulsos, dava-se um curtíssimo prazo de quatro meses para deixarem a Espanha. Traçavam-se as normas para a retirada: o prazo duraria até 31 de julho seguinte, enquanto estariam sob a proteção real. Os possíveis transgressores ficariam sujeitos à pena de morte e confisco dos bens pessoais. Se algum cristão fosse acusado de qualquer tipo de colaboração, seria punido também com a perda de seu patrimônio. Até a data final, os judeus tinham liberdade para usufruir de seus bens, tendo autorização para levar tudo que desejassem, à exceção de ouro, prata, cavalos e armamentos.[66] Aproveitando-se do desespero da comunidade judaica, que tentava sem sucesso a prorrogação do prazo de expulsão, o clero espanhol dedicava-se a uma intensa – e de bons resultados – campanha de conversão daqueles que relutavam entre a Lei de Moisés e a permanência em solo hispânico. O padre Andrés Bernáldez descreve os dramáticos preparativos para a partida:

> Vendieron y malbarataran cuanto pudieron de sus haciendas [...] y en todo hubieron siniestras venturas, ca hubieron los cristianos sus

---

65   *Apud* POLIAKOV, Leon. *Op. cit.*, 1996, p. 166.

66   VINCENT, Bernard. *Op. cit.*, 1992, p. 26.

haciendas, muy muchas y muy ricas casas y heredamientos por pocos dineros; y andaban rogando con ellas y no hallaban quien se las comprase y daban una casa por un asno y una viña por poco paño o lienzo, porque no podían sacar oro ni plata.

Ou ainda, continuando a narrativa das desgraças vividas pelos judeus em retirada que, de exímios negociantes, viam-se obrigados – para o deleite dos cristãos que se sentiam prejudicados pelas negociatas com os judeus – a venderem seus bens em acordos humilhantes e desvantajosos, ou ao ainda mais aflitivo abandono de suas riquezas imóveis, moedas e joias, tentando juntar forças para a longa e triste viagem que se iniciava com a partida de Castela:

> casaron todos los mozos y mozas que eran de doce años arriba unos con otros, porque todas las hembras desta edad arriba fuesen a sombra y compaña de maridos [...] Salieron de las tierras de sus nacimientos chicos y grandes, viejos y niños, a pie y caballeros en asnos y otras bestias, y en carretas, y continuaron sus viajes cada uno a los puertos que habían de ir; e iban por los caminos y campos por donde iban con muchos trabajos y fortunas; unos cayendo, otros levantando, otros muriendo, otros naciendo, otros enfermando, que no había cristiano que no hubiese dolor de ellos y siempre por do iban los convidaban al bautismo y algunos, con la cuita, se convertían y quedaban, pero muy pocos, y los rabíes los iban esforzando y hacían cantar a las mujeres y mancebos y tañer panderos.[67]

Expulsos da Espanha, os judeus partiriam, de acordo com suas possibilidades pessoais, para as regiões que lhes permitiam a livre crença:

> Havia então cerca de 200.000 judeus no reino. É uma indicação da condição desmoralizada da comunidade judaica, e também do apego que os judeus, não obstante, sentiam pela Espanha, o país em que haviam gozado de mais conforto e segurança no pasado, e um grande número, inclusive o rabi de situação mais elevada e a maior parte das principais famílias, optaram pelo batismo. Cerca de 100.000 arrastaram-se através da fronteira para Portugal, país de que foram, por sua vez, expulsos quatro anos mais tarde. Cerca de 50.000 atravessaram

---

67 BERNÁLDEZ, Andrés. *Memorias del reinado de los Reyes Católicos*. Madri, 1962. *Apud* PÉREZ, Joseph. *Op. cit.*, 1993, p. 112-114.

os estreitos em direção à África do Norte, ou foram de navio para a Turquia. No fim de julho de 1492, a expulsão era fato consumado.⁶⁸

Impedidos de permanecer em *Sepharad*, os judeus espanhóis procuravam alternativas: alguns romperiam a fronteira francesa, por vezes continuando até a Inglaterra e a Alemanha; outros, buscariam asilo nos Países Baixos; seguindo para a região do Levante, um contingente atingiria Constantinopla; por mar, uma parcela alcançaria o geograficamente próximo Norte da África. Um imenso número escolheria permanecer na Península, encontrando proteção no Estado português, ainda sob o reinado de D. João II (1481-1495), logo sucedido por D. Manuel, soberano que, de fato, enfrentaria o problema judaico no reino.⁶⁹

A situação outrora favorável aos judeus em Portugal começaria a agravar-se em consequência dos acontecimentos na vizinha Espanha. A entrada dos fugitivos, todavia, seria negociada, de modo a garantir lucros e vantagens para Portugal. O monarca luso, apesar das pressões em contrário advindas de respeitável parcela de seus conselheiros, e consciente das vantagens para o reino com a chegada desta leva de indivíduos, aceitaria a entrada dos judeus de Espanha, embora limitando a fixação de residência ao cômputo de 600 famílias,⁷⁰ mediante pagamento de taxa *per capita*, e a garantia de que deixariam o país no prazo de oito meses, nos navios que o rei se comprometia a colocar à disposição para a empreitada, sob pena de escravização para os relutantes. Os componentes dos seiscentos fogos seriam divididos entre as cidades de Lisboa, Porto, Évora e Coimbra.⁷¹

---

68   JOHNSON, Paul. *História dos Judeus*. Rio de Janeiro: Imago, 1995, p. 238.

69   A expulsão dos judeus da Espanha e, posteriormente, de Portugal, contudo, longe estava de representar uma excessão no quadro vivido em outros cantos da Europa: "Eles se haviam tornado dispensáveis, e, em consequência, estavam sendo postos para fora. As expulsões espanholas foram precedidas por muitas na Alemanha e na Itália. Os judeus foram expulsos de Viena e Linz em 1421, de Colônia em 1424, de Ausburgo em 1439, da Baviera em 1442 (e novamente em 1450), e das cidades que pertenciam à coroa da Morávia em 1454. Foram banidos de Perugia em 1485, de Vicenza em 1486, de Parma em 1488, de Milão e de Luca em 1489 e, com a queda dos Médicis – filo-semitas – de Florença e de toda a Toscânia em 1494. na altura do fim do século, também foram desalojados do Reino de Navarra". *Idem*, p. 239.

70   Os números referentes à entrada de judeus vindos de Espanha em território lusitano são divergentes. Afora as 600 famílias autorizadas de que se tem notícia, há indícios de que milhares de outros indivíduos cruzariam as fronteiras em busca de segurança. Segundo Saraiva, o número é certamente elevado, citando pesquisas que contabilizaram vinte mil famílias ou cento e vinte mil almas. SARAIVA, António José. *Inquisição e Cristãos Novos*. 6ª ed. Lisboa: Estampa, 1994, p. 33. Já Lúcio de Azevedo, embora citando os mesmos resultados, engrossa o coro dos que apontam as contagens apresentadas como assunto "vago e conjectural". AZEVEDO, J. Lúcio. *Op. cit.*, 1989, p. 21.

71   Alguns documentos, segundo Maria Ferro Tavares, afirmam "que a sua fixação também se daria nas comarcas de Trás-os-Montes e Beiras". FERRO TAVARES, Maria José Pimenta. *Judaísmo e Inquisição*:

Vencido o prazo de oito meses, explica Angela Maia, "uma parte desses refugiados embarcou para a África do Norte; outra ou não conseguiu, ou não quis deixar Portugal. Os que ficaram foram reduzidos à escravidão, vendidos ou doados pelo rei".[72]

Ingênuo, todavia, aceitar a exatidão simplista dos números que dão conta dos judeus entrados em território luso em consequência do processo de expulsão hispânica. Há de considerar-se fatores extras, como a considerável extensão e difícil vigilância da fronteira hispano-portuguesa, sobretudo a área de fronteira seca, a ser vencida em período climático favorável à transposição do percurso: o prazo de expulsão envolvia a primavera e o verão ibéricos, facilitando as condições para o exaustivo deslocamento. Supõe-se, igualmente, que a grande comunidade judaica portuguesa, certamente chocada com o drama de seus irmãos de fé na Espanha, deva ter colaborado para a entrada no reino de algumas famílias, resguardando-as de qualquer possível proibição feita por D. João II. Ademais, é ainda bastante presumível uma relativa facilitação para a entrada dos desesperados fugitivos dos domínios dos católicos Fernando e Isabel. Os interesses lusitanos devem, de alguma forma, ter colaborado para as travessias de uma considerável massa de judeus clandestinos vindos da Espanha.

Morto D. João II, a sucessão dinástica levaria ao trono D. Manuel, trazendo alvíssaras aos judeus espanhóis que restavam, sujeitos às penas anteriormente previstas. O novo monarca suspenderia os decretos de escravização, ciente da importância do grupo para seus interesses expansionistas, seja pelo aspecto do desenvolvimento econômico dentro do reino ou como intermediários nos negócios com o Oriente desejado, seja pelo conhecimento técnico imprescindível que representavam para a empresa de navegação e demais setores.

Os problemas não tardariam a reaparecer, num tom de cores ainda mais dramático. As alianças políticas com a Espanha tornar-se-iam decisivas na mudança da atitude real com os judeus. A morte prematura da esposa e o interesse, quiçá, de uma futura união entre as coroas a favorecer o monarca de Portugal, levaria D. Manuel a contratar núpcias com a Infanta Isabel, filha dos Reis Católicos de Espanha, que impunham, como condições essenciais para o negócio, um tratado de proteção contra as ameaças da França de Carlos VIII e, a pedido da própria infanta, a expulsão dos judeus de Portugal, do modo como ocorrera poucos anos antes na Espanha. O contrato matrimonial seria ratificado ao derradeiro dia de novembro de 1496. Já em dezembro, o monarca luso apressar-se-ia em assinar o decreto de expulsão de mouros e judeus, obrigados a deixar o reino num prazo de dez meses, a ser expirado em

---

Estudos. Lisboa: Presença, 1987, p. 23.

72 MAIA, Angela Maria Vieira. *Op. cit.,* 1995, p. 37.

outubro de 1497.⁷³ Os que ousassem desobedecer a ordem, estariam sujeitos à pena de morte e confiscação dos bens que possuíssem.⁷⁴ Importante ressaltar a maior elasticidade do prazo concedido pelo soberano português quando comparado aos ínfimos quatro meses definidos pelos reis católicos de Espanha, sinal das tentativas que seriam feitas ao longo da dezena de meses ofertados por D. Manuel no interesse de amenizar as perdas com a saída do grupo judeu e encontrar meios de evitar a saída em massa, mantendo-os sob seu domínio.

Embora decretasse o fim do judaísmo em Portugal com as leis de 1496, o monarca luso sabia das consequências maléficas para o reino da perda de contingente tão preparado e dos investimentos a médio e longo prazos para o reino que teriam melhor futuro se contassem com a participação da camada hebreia, visto a própria política de expansão ultramarina, a viver momento de ápice, posto constituírem respeitável parcela da burguesia lusa, além de especialistas em variados ofícios. No período de tempo entre as decretações e o prazo máximo estipulado para a partida, algumas medidas seriam tomadas no ensejo de convencer à adoção voluntária do cristianismo por uma considerável parcela de judeus, garantindo-lhes determinadas vantagens, segurança e a oportunidade de permanecer no reino. Em fevereiro de 1497, discutiria o monarca com seus conselheiros de Estado a viabilidade de uma conversão forçada, atingindo um número maior de conversos. O mais triste e cruel dos atos governamentais contra os judeus viria no raiar de abril, e, para evitar maiores reações em contrário, durante as celebrações do sagrado dia da Páscoa. *O Venturoso* baixaria decreto obrigando a retirada das crianças judias até a idade de catorze anos da posse dos pais, para que fossem batizadas e confiadas a famílias cristãs, encarregadas doravante pela educação e catequização dos

---

73 Há controvérsias com relação à data exata da assinatura do tratado de expulsão dos "infiéis" do reino por D. Manuel. Autores como João Lúcio de Azevedo e Meyer Kayserling informam ter sido numa data repleta de significados para o cristianismo: "domingo, 24 de dezembro, Chanuca (29 de Kislev)", véspera da celebração do natal cristão, a comemorar o (re)nascimento do Messias com a destruição do povo que, segundo acreditavam, lhe designara o mortal flagelo da cruz. Azevedo, J. Lúcio. *Op. cit.*, 1989, p. 25, e Kayserling, Meyer. *Op. cit.*, p. 112. Já Saraiva, data a lei contra os "filhos da maldição", em 5 de dezembro, uma terça-feira. Saraiva, António José. *Op. cit.*, 1985, p. 33. Elias Lipiner ratifica esta última data como a mais aceita evocativa da assinatura do édito da expulsão, recentemente celebrada na comemoração oficial dos quinhentos anos do documento. Lipiner, Elias. *Os Baptizados em Pé: Estudos acerca da origem e da luta dos cristãos-novos em Portugal*. Lisboa: Vega, 1998, p. 457.

74 Para os sefarditas – os antigos israelitas que habitavam a Península (terras de *Sefarad*) –, a expulsão dos judeus de Portugal em 1496-97 completava a *Diáspora Ibérica*, inaugurada em 1492, com os decretos de expulsão da Espanha. Este período ficaria marcado como o "*galut* dentro do *galut*", ou seja, o 'exílio dentro do exílio', mas sempre conservando a riqueza espiritual adquirida na velha península, que ficou como parte adormecida dos seus sonhos". Benyosef, Luiz C. C. "Características sefarditas". *In*: Falbel, Nachman, Milgram, Avraham & Dines, Alberto. *Em Nome da Fé. Estudos in memorian de Elias Lipiner*. São Paulo: Perspectiva, 1999, p. 269-272

pequeninos. O desespero que invadiu a população hebraica e a indignação que causou aos cristãos de bom-senso dão noção da dor e agonia enfrentados por estes pais.[75]

> não somente dilacerante para os judeus, mas também provocou nos cristãos assombro e admiração; pois nenhum ser admite e suporta que mão humana lhe arranque seus filhos e se tal sucede a outrem, todos sentem, por compaixão natural, a mesma dor. Aconteceu então que muitos cristãos, levados por piedade, abrigavam e escondiam em suas casas os perseguidos, para que não se arrebatassem os pequenos de seus pais. Os gritos das mães, de cujo peito se arrancavam os filhos inocentes, os lamentos e queixumes dos pais, os soluços e choros dos recém-nascidos carregados à força em braços estranhos – isto transformou toda cidade e todo vilarejo num palco no qual se desenrolava um drama diabólico e desumano. Os pais, levados ao desespero, vagavam como dementes, as mães resistiam como leoas. Muitos prefeririam matar os filhos com as próprias mãos; sufocavam-nos no último abraço ou atiravam-nos em poços ou rios, suicidando-se em seguida.[76]

A proximidade da data reservada para a expulsão aumentaria a aflição do grupo judeu, enquanto o rei, se por um lado apresentava novas medidas de incentivo à conversão de última hora, por outro – objetivando os mesmo fins – não definia os portos reservados à partida dos judeus. Apontado, enfim, o porto de Lisboa, uma imensa leva calculada em mais de vinte mil pessoas se amontoaria à espera do transporte. A sequência dos fatos dar-lhes-ia os adjetivos com que seriam reconhecidos a partir de agora: os representantes da *gente da nação* seriam, à força, *batizados em pé*, e transformados em *cristãos-novos*. Tinha fim a saga judaica em Portugal. Batizados à força, os judeus seriam transformados em cristãos – mas cristãos-novos, herdeiros dos preconceitos reservados anteriormente aos que seguiam a fé de Moisés. Embora o problema estivesse resolvido oficialmente através da conversão geral, mantendo-se as imposições necessárias para os laços de união com a Coroa hispânica, os conflitos sociais de outrora entre cristãos e judeus continuariam a existir; agora, envolveria

---

75   Um bom exemplo recriado pela literatura do drama vivido pelas famílias judias que tiveram suas crianças arrancadas dos braços para serem criadas por famílias cristãs pode ser visto no romance *Oríon*, do escritor português Mário Cláudio, em que narra o destino de sete destas crianças, levadas para o exílio nas inóspitas ilhas de São Tomé e Príncipe. MÁRIO CLÁUDIO. *Oríon*. Lisboa: Dom Quixote, 2003.

76   KAYSERLING, Meyer. *Op. cit.*, p. 112. A grafia foi atualizada.

cristãos-velhos e cristãos-novos, num processo que, a princípio, deveria representar o esforço final para a comunhão do núcleo cristão.

Procurando seduzir o grupo judeu que expulsava por decreto de 30 de maio de 1497, o rei concederia, antes mesmo de findar o prazo para a total retirada dos judeus do reino, prazo de vinte anos em que beneficiava os conversos ao catolicismo, deixando-lhes livres de qualquer inquirição sobre o comportamento religioso que mantinham. Ou seja: durante o período estipulado, não haveria qualquer tipo de acusações sobre a eventual prática de judaísmo clandestino no reino. Também proibiria qualquer discriminação pública contra o novo grupo. Com este abono ficariam os conversos livres das pressões sociais de serem culpados ou incriminados por possíveis práticas religiosas da antiga fé. Em abril de 1512, novo prazo de não perseguição seria somado ao período inicial, através da prorrogação da isenção de inquérito sobre crimes de fé, esticando em dezesseis anos a proibição de perseguição religiosa sobre os batizados em pé.[77] Em tese, a proteção aos judeus vigoraria até 1533! Acreditava o rei, explica Saraiva, que o condicionamento religioso dos neoconversos à nova religião enfraqueceria as resistências judaicas, findando pela completa assimilação do novo grupo na sociedade em que estava inserido:

> Os antigos Hebreus tiveram de submeter-se quotidianamente ao culto público cristão, aos ritos e à disciplina da Igreja. Evidentemente que as primeiras vítimas da conversão forçada o não fizeram de coração sincero. Mas um ritual que se pratica ao longo dos anos e das gerações não pode manter-se indefinidamente como uma atitude hipócrita ou forçada. O praticante é condicionado pela prática; o grau desse condicionamento é função do tempo e da pressão exercida pelo meio integrador. Notemos, a propósito, que, pelo menos no mundo ocidental, os cultos dominantes foram impostos pela pressão do poder e não pela adesão espontânea das almas. *Cujus regio ejus religio*.[78]

A partir de 1515, contudo, a política de bom convívio levada a cabo pelo monarca pareceria dar sinais de cansaço – reflexo das pressões sociais sobre o grupo neoconverso que começavam a tornarem-se mais constantes –, e os embaixadores portugueses, a mando do rei D. Manuel (1495-1521), começariam a negociar com o Papa a criação

---

77 *A Inquisição em Portugal (1536-1821)*. Catálogo da exposição organizada por ocasião do 1º Congresso Luso-Brasileiro Sobre Inquisição. Lisboa: Biblioteca Nacional, 1987, p. 16-17.

78 SARAIVA, António José. *Op. cit.*, 1985, p. 38.

de um tribunal inquisitorial em Portugal aos moldes do que funcionava na Espanha. Depois de difíceis negociações, marcadas por idas e vindas de ambos os lados, e de tentativas incipientes de implantação, o Tribunal do Santo Ofício português começaria seus trabalhos no ano de 1536, já durante a vigência do reinado de D. João III (1521-1557), com a publicação da bula *Cum ad nihil magis* e a nomeação do bispo de Ceuta e confessor do rei, D. Diogo da Silva, para o cargo de primeiro inquisidor-geral do reino.[79] A Inquisição portuguesa teria como principais vítimas e uma das fortes razões para sua criação a necessidade de vigilância sobre o comportamento dos cristãos-novos.

O surgimento da Inquisição nos países ibéricos ocorreria em circunstâncias diversas. O Tribunal português é implantado num instante em que os judeus, oficialmente, não mais existiam em solo lusitano há cerca de quatro décadas; o monopólio cristão já era realidade, e os seus transgressores, eram julgados como hereges. Agia, assim, sobre a totalidade da população, embora os cristãos-novos, vistos como prováveis judaizantes fossem, reconhecidamente, seu principal alvo. Na Espanha, a instauração do Santo Ofício dar-se-ia quase um século depois das conversões em massa ocorridas em decorrência dos massacres de 1391, no ano de 1478, durante a primeira década de reinado de Fernando de Aragão e Isabel de Castela, em momento anterior ao *Édito de Expulsão*. Por mais de uma década após o aparecimento da Inquisição nos domínios dos Reis Católicos – de 1478 a 1492 –, os judeus espanhóis conviveriam livremente com cristãos-velhos e antigos judeus convertidos à fé de Cristo. Neste período, a ação do Tribunal seria implacável, procurando evitar a volta da numerosíssima população de conversos à prática do judaísmo, mas não atingiria diretamente a população de judeus que existia legalmente em território hispânico. A Inquisição seria elemento decisivo na unificação estatal, que alçaria a unidade da fé à condição de principal elemento de união em torno do estado nascente. Daí sua importância no processo de cristianização que culminou com as leis de expulsão adotadas por Fernando e Isabel. Em Portugal, o Tribunal somente apareceria séculos após o processo de unificação política iniciado com as conquistas de Afonso Henriques e completado sob os auspícios da Revolução de Avis ao apagar do século XIV, sem que possuísse nenhuma relação direta com a consolidação efetiva do Estado português, nem que existissem judeus oficiais convivendo com a Inquisição.

O alargado período de bom convívio entre judeus e cristãos em Portugal e Espanha no período anterior às manifestações de intolerância social radicalizadas a partir dos massacres século XIV acabaria por tornar ainda mais dramática a Diáspora ibérica...

---

79 *A Inquisição em Portugal (1536-1821). Op. cit.*, 1987, p.16-17. Segundo Jacqueline Hermann, "a fase final do reinado de D. João III, caracterizou-se pela intensificação da ação inquisitorial contra os judaizantes, pelo aumento do ressentimento em relação à perda de territórios do Magreb e pelas incertezas quanto à sucessão do reino". HERMANN, Jacqueline. Verbete "D. João III (1502-1557)". *In*: VAINFAS, Ronaldo (org.). *Dicionário do Brasil Colonial (1500-1808)*. Rio de Janeiro: Objetiva, 2000, p. 162-163.

Por culpa de não ter culpa: o problema dos "judeus não judeus"

O processo de conversão forçada dos judeus ao cristianismo efetivado através dos decretos de 1496 e seus desdobramentos para o mundo português são assuntos vastamente estudados pela historiografia luso-brasileira, tanto clássica quanto recente. Se, por um lado, as leis manuelinas transformaram oficialmente os judeus e seus descendentes em cristãos, no intuito de homogeneizar a fé e de impedir a saída de um importante grupo do reino integrando-o à sociedade portuguesa, a diferenciação criada no "*status* cristão" de cada grupo sedimentaria a divisão entre os de sangue diverso, criando problemas no relacionamento entre os cristãos de origem, doravante denominados cristãos-velhos, e os neoconversos e seus descendentes, vistos por aqueles como uma espécie de "cristãos de segunda categoria", vítimas dos preconceitos outrora destinados aos judeus. Durante o tempo próximo de três séculos em que vigorou a distinção entre cristãos-velhos e cristãos-novos, estes seriam perseguidos socialmente, apontados, genérica e indistintamente, como propagadores do judaísmo proibido, fato que só era efetivamente realidade para uma determinada parcela dos neoconversos, que relutava em aceitar o catolicismo e abandonar a antiga fé, os denominados criptojudeus.

A crescente historiografia luso-brasileira sobre os cristãos-novos e a Inquisição remete-nos a variados esforços de análise da situação enfrentada pelo indivíduo neoconverso, discutindo a veracidade de sua assimilação cristã e a sua aceitação pelo *locus* católico dominante, assim como os preconceitos e conflitos decorrentes do mal-estar mútuo que dominava a cena. Alguns autores defendem que o processo de aceitação e assimilação do cristianismo entre os cristãos-novos foi relativamente tranquilo, visto os interesses comuns da Coroa e dos conversos por sua permanência em território português. Outra corrente prefere enfatizar os limites deste batismo forçado, chamando a atenção para a manutenção das tradições, fé e costumes dos antepassados ocultamente, embora, no dia-a-dia, os cristãos-novos simulassem o fervor católico para eliminar possíveis desconfianças públicas quanto a suas verdadeiras crenças. Generalizações à parte, é certo, contudo, que através dos tempos em que foi mantida a distinção sanguínea nos domínios lusitanos, a assimilação cristã dos neoconversos e o relacionamento entre os grupos de "sangue imaculado" e de "sangue infecto" sofreria constantes alterações, marcadas, entre outros motivos, pelo grau de proximidade com o período de livre fé, a tornar maiores ou menores as probabilidades de manutenção efetiva e consciente do judaísmo pelos cristãos-novos.

A primeira geração de neoconversos, surgida no momento imediato do processo de conversão forçada e, por conseguinte, possuidora de laços mais fortes com o judaísmo livre e tradicional, sem dúvida, difere-se, em escala crescente, das gerações subsequentes, de acordo com o aumento da distância temporal entre elas. No período anterior aos dramáticos episódios da década de 1490, iniciados em 1492 com a chegada, em Portugal, de milhares de judeus expulsos de Espanha e agravados com o decreto de expulsão datado de 1496 e a conversão forçada realizada em 1497, os judeus não enfrentaram maiores problemas em Portugal – salvo momentos de exceção, de forma alguma desprezíveis, nos quais a violência se fez presente –, possuindo garantias legais que possibilitavam liberdade de crença e uma permanência relativamente pacífica no reino. Prova disto era a secular vitalidade religiosa da numerosa comunidade judaica lusitana antes dos decretos manuelinos de monopólio católico, a praticar livremente os ensinamentos da Torá, frequentando sinagogas e repassando as tradições aos descendentes, espalhados por todo o reino e atuantes nas mais distintas funções, inclusive exercendo cargos de confiança e gozando do prestígio especial de alguns monarcas. Esta leva inicial de cristãos-novos, batizada por decreto real, nascera e crescera ainda em *tempo dos judeus*, convivendo com rabinos instituídos e reconhecidos pelo Estado, a aconselhar e orientar a comunidade em suas dúvidas e problemas, possibilitando uma melhor interpretação e obediência às escrituras sagradas. Foram estes cristãos-novos de primeira hora, no período que antecedeu os acontecimentos de 1497, instruídos em escolas judaicas, compartilhando livremente as reuniões religiosas nas sinagogas, vivenciando o calendário litúrgico e de festividades, reproduzindo os costumes dos antepassados, tanto no templo quanto no lar, sem qualquer impedimento. Conhecedores de suas tradições culturais e religiosas, estes judeus ver-se-iam obrigados por decreto ao abandono abrupto e infrene de uma prática de fé que lhes era viva e atuante, e à aceitação pública de uma religião que os oprimia devido aos interesses monopolistas que mantinha.

O processo de conversão forçada, embora tenha oficialmente eliminado os judeus do território lusitano ao transformá-los subitamente em cristãos, não conseguiu, todavia, impedir a continuidade ainda que oculta do judaísmo. Parece-nos totalmente improvável e inviável que estes judeus – ao mesmo tempo, testemunhas e mártires dos acontecimentos –, cristianizados a contragosto por leis coercitivas, livrassem-se por completo e de imediato da ideologia e das práticas que davam rumo às suas vidas e na qual foram criados, em prol de uma religião que não lhes respeitava a diferença. Aceitavam publicamente a crença cristã por não restar outra escolha: impedidos de deixar Portugal, lutavam pela sobrevivência em ambiente hostil que lhes impunha o abandono do judaísmo e adoção da nova fé, e não por reconhecimento da "superioridade" da teologia cristã sobre a mosaica, que conheciam bem. A ratificar esta ideia, cabe lembrar que, embora obrigados legalmente a adotar o cristianismo, não houve qualquer medida oficial a balizar os decretos de expulsão/conversão forçada no sentido de investigar, julgar ou punir o comportamento religioso destoante da norma cristã por parte dos antigos judeus convertidos antes da década de 1530 – passados cerca de quarenta anos do período de liberdade religiosa –, momento inicial da instauração e estruturação da

Inquisição portuguesa. Ao contrário, os antigos judeus ficavam amparados pela tolerância real através de leis que lhes conferiam imunidade contra qualquer tipo de investigação ou punição que decorressem de acusações quanto a casos de possível continuidade secreta do judaísmo. Leis estas, diga-se de passagem, decretadas pelo mesmo monarca que lhes negara anteriormente a liberdade religiosa, ciente da importância daquele grupo social para os interesses do reino, a viver, naquele momento, o apogeu de seu processo expansionista ultramarino. Segundo Ronaldo Vainfas,

> D. Manuel procurou evitar a saída dos cristãos-novos do reino e conteve as pressões externas e internas, quer para introduzir estatutos de limpeza ou pureza de sangue que fechassem aos cristãos-novos o acesso a certos cargos na Igreja e no Estado, quer para introduzir a Inquisição nos moldes hispânicos.[80]

A ausência de perseguição oficial aos *Batizados em Pé* nas décadas seguintes à conversão forçada permitiram, na prática, a continuidade de um judaísmo "livre", sem maiores impedimentos até a década de 1540, quando a Inquisição iniciou efetivamente seus trabalhos: "O pouco que se sabe desta época", aponta Vainfas, "nos sugere a nítida existência de sinagogas quase públicas ou ao menos de nichos de cristãos-novos que se reuniam assiduamente para discutir o Talmud e cultivar as esperanças messiânicas de Israel".[81] Em opúsculo datado de 1541, Frei Francisco Machado dava mostras da resistência judaica dos cristãos-novos em Portugal – "fazendo falsos ajuntamentos e conventículos e sinagogas", "sacrificando a Moisés e judaizando" – quase meio século após o fim da liberdade religiosa, desafiando os relutantes na antiga fé para um improvável e inimaginável debate teológico, acenando para os que relutavam na lei de Israel com uma *repressão conciliadora*:

---

80 Vainfas, Ronaldo. "*Deixai a Lei de Moisés!* Notas sobre o *Espelho de Cristãos-Novos* (1541), de Frei Francisco Machado". *In*: Ferreira da Silva, Lina Gorenstein & Tucci Carneiro, Maria Luiza (Orgs.). *Ensaios sobre a Intolerância: Inquisição, marranismo e antissemitismo.* São Paulo: Humanitas, 2002, p. 244. Afirma ainda Vainfas: "O 'problema judaico' em Portugal surgiu, de todo modo, em estreita conexão com o que se passava na vizinha Espanha, país onde a 'questão marrana' era mais antiga e complexa". A expulsão dos judeus de Espanha em 1492 fez com que muitos escolhessem o rumo de Portugal, que "viu sua pequena mas ativa comunidade judaica, aliás engajada na expansão atlântica manuelina, acrescida de milhares de judeus hispânicos – e todos foram abruptamente transformados em cristãos pelo decreto real de 1496".

81 *Idem*, p. 245.

Assim que todo o vosso dizer não é senão enganos e falsidades manifestas, pelo qual folgaríamos que tomásseis vós a vossa bíblia em hebraico e nós a nossa em latim, e que disputássemos e conferíssemos, e a verdade se conheceria. Mas vós, enganados, não quereis praticar nem comunicar vossas coisas conosco, e segundo me disse um judeu, parece-me que vos é defeso no Talmud que não disputeis conosco para que não venhais em conhecimento da verdade, assim como é defeso aos mouros que não disputem com a sua Lei. E, portanto, andais por cantos fazendo falsos ajuntamentos e conventículos e sinagogas, enganando o povo simples, sacrificando a Moisés e judaizando, afirmando que o Messias não veio.[82]

O discurso de Frei Francisco Machado mostrava-se uma tentativa de reintegração dos *batizados em pé* ao catolicismo, recuperando-os "do inferno, do sofrimento, da morte". Os temores de nosso preocupado frei eram alimentados e confirmados por parte da comunidade de conversos do reino. As primeiras gerações de cristãos-novos de Portugal procuravam, das mais variadas formas, manter viva a lei dos ancestrais, perseverando na crença e continuidade das tradições. Pertenciam, segundo Vainfas, a um período "em que ainda era muito viva a cultura judaica de tipo rabínico, com discussões e exegeses talmúdicas, não obstante os nomes cristãos que todos os ex-judeus ostentavam e a observância, por eles, das leis e sacramentos católicos em nível formal e superficial, quando não dissimulada".[83] Eram cristãos por fora mas, na essência, continuavam a ser judeus. Nas estrelinhas, o livro de Frei Francisco Machado dava mostras do relativo fracasso ou, pelo menos, dificuldade de implementação, naquele primeiro momento, da "doutrinação principal destinada a convencer os conversos de que o Messias prometido da lei velha já tinha vindo na pessoa de Jesus".[84]

O Messianismo judaico ganhava eco em alguns lares neoconversos e em ajuntamentos clandestinos, onde se reuniam os cristãos-novos judaizantes para aprender os salmos e ouvir pregações sobre a fé de Israel, numa expectativa constante pela vinda do Messias. Na primeira metade do século XVI, contava ainda Portugal com um "rabinato ativo", formado por cristãos-novos remanescentes do período de livre crença, num desafio, nem sempre velado, às leis proibitivas de 1496-97. Estes "doutos cristãos-novos" serviam como referência às comunidades de neoconversos, ainda com uma respeitável organização religiosa em meados do Quinhentos, orientando-as nas questões polêmicas

---

82 MACHADO, Frei Francisco. *Espelho de Cristãos Novos. Apud Idem*, p. 258.

83 *Idem*.

84 LIPINER, Elias. *O Sapateiro de Trancoso e o Alfaiate de Setúbal*. Rio de Janeiro: Imago, 1993, p. 275.

de cunho teológico, discussão doutrinária judaica e pregação rabínica. Mesmo "sinagogas", extintas pela mesma lei que proibiu o judaísmo, na prática, sobreviveriam, quase públicas, até 1536-40, quando do início dos trabalhos inquisitoriais.

O sofrimento pelo abandono forçado das tradições dos antepassados e o temor causado pela implantação da Inquisição fazia com que os cristãos-novos buscassem consolo na tradição messiânica. Não foram poucos os exemplos de persistência judaica e crença messiânica que nos chegaram através da documentação inquisitorial: Diogo de Leão de Costanilha, "rabino" em Trás-os-Montes, marcava para até 1544 a data da vinda do Messias quando, acompanhado dos profetas Elias e Enoc, conduziria os cristãos-novos para Jerusalém, inaugurando um tempo de prosperidade e do judaísmo como religião única.[85] Em 1539, o cristão-novo Manoel da Costa seria preso pela Inquisição e acabaria condenado às chamas como autor confesso de panfletos pregados às portas da Sé e de outras igrejas de Lisboa que atacavam o cristianismo, apregoando que a vinda do Messias prometido na Lei ocorreria em breve.[86] Luís Dias, imortalizado como "alfaiate de Setúbal", visto pelos cristãos-novos como conhecedor da Lei e dos profetas, foi acusado de afirmar que o Senhor vinha a "falar com ele, de maneira que se anunciava por Messias e que falava com Deus": acabaria relaxado ao braço secular.[87] Um certo Artur Rodrigues, ao ouvir que Jerusalém era demasiadamente estéril devido ao pecado deicida dos judeus, retrucou "que ela tornaria a ser viçosa quando o Messias dos judeus viesse".

Algumas cristãs-novas demonstravam a mesma certeza: uma tal Maria Fernandes de Almeirim seria acusada de pregar que "ainda não veio o que há de vir", enquanto Filipa Marques seria delatada por afirmar "que o Messias ainda havia de vir e havia de trazer as 12 tribos de Israel".[88] Em Vila Flor, Isabel Lopes rezava salmos em que dizia "que havia de vir um dia bendito, em que os cristãos-velhos haviam de ser mulas dos cristãos-novos, para se irem para uma certa terra, esperando pelo Messias"! Na localidade de Torre de Moncorvo, segundo a voz pública, Isabel Álvares ansiava "que Nosso Senhor os deixasse ver o Messias que esperavam, e que já faltava pouco para vir, que não faltava mais que um a três anos, e que a lei dos cristãos era toda *bulrra*, que Deus tinha

---

85   HERMANN, Jacqueline. *Op. cit.*, 1998, p. 39, e VAINFAS, Ronaldo. *"Deixai a Lei de Moisés!"*. *Op. cit.*, 2002, p. 241-263.

86   FERRO TAVARES, Maria José Pimenta. *Op. cit.*, 1987, p. 164.

87   HERMANN, Jacqueline. *Op. cit.*, 1998, p. 39.

88   LIPINER, Elias. *Op. cit.*, 1993, p. 280.

guardado aos judeus o bem que lhes havia de dar, e que vindo o Messias, os havia de transplantar em outra terra melhor".[89]

Mas seria o "sapateiro de Trancoso", Gonçalo Annes, vulgo *Bandarra*, sem dúvida, o grande "profeta" da vinda do Messias. Suas trovas tinham grande penetração na comunidade neoconversa, fazendo com que o autor e seu texto tornassem-se "fonte de autoridade para o conhecimento e interpretação do maior livro sagrado, talvez tanto cristão, a Bíblia, como judaico, o Talmud", reunindo elementos das duas religiosidades. Se os escritos de Bandarra referem-se ao momento expansionista do reino, mais tarde, transformar-se-iam em referência para a interpretação das desventuras causadas pela derrota em Alcácer Quibir. Mostrava-se inegável, de todo modo, a influência "da cultura judaica pulsando nas elaborações messiânicas de Bandarra e de seus contemporâneos".[90]

Deste modo, beneficiados inicialmente pela política manuelina, conforme nos aproximarmos do instante em que ocorreu o processo de conversão forçada, maiores as chances de encontrarmos comportamentos reconhecidamente judaicos entre os cristãos-novos portugueses. Em contrapartida, obviamente, quanto maior a distância temporal dos fatos sucedidos em fins do século XV e dos indivíduos que os vivenciaram e testemunharam aos primeiros descendentes, maiores também as probabilidades de aceitação sincera do cristianismo pelo grupo cristão-novo, consequência da integração ao *locus* católico e do desconhecimento crescente dos costumes e crenças dos antepassados, visto serem cada vez mais remotos os testemunhos e reminiscências a respeito do período de judaísmo livre e tradicional anteriormente vigente, diminuindo as resistências iniciais dos neoconversos ao catolicismo.

Impedidas as sinagogas e as escolas, sem acesso aos livros sagrados e aos rabinos, as novas gerações de descendentes dos batizados em pé nasceriam e cresceriam educadas no seio da religião cristã, frequentando escola e templo católicos, onde aprendiam os

---

[89] "Para os perseguidos pelo Santo Ofício", ensina Lipiner, "a visão messiânica tornava-se uma necessidade racional. Chegou, por isso, aparentemente, a concretizar-se entre os cristãos-novos portugueses nas pessoas dos pseudo-messias Diogo Pires, com o nome judeu de Salomão Molco, e de Luís Dias, o alfaiate de Setúbal, aparecidos em Portugal na primeira metade do século XVI". LIPINER, Elias. *Op. cit*, 1999, p. 172-173. Em outra obra, o autor complementa: "A vida dos judeus nos países da Diáspora, perturbada e agitada constantemente por crises das mais agudas, tornou esta gente suscetível a tais vibrações messiânicas precipitadas. No *Kadish*, a oração mais frequente e mais repetida da sua liturgia diária, pedem que a vinda do Messias, prometida nas profecias antigas, ocorra prontamente, na vida e nos dias dos fiéis orantes. Na expectativa impaciente de socorro imediato, pretendem que uma visão longínqua, utópica na essência, se transforme em realidade recente". LIPINER, Elias. *Op. cit.*, 1993, p. 48.

[90] "Comumente", explica Lipiner, "a crença bandarrista é atribuída à sociedade do reino e às profundas raízes hebraicas deste ramo novo da nação portuguesa". LIPINER, Elias. *Op. cit.*, 1993, p. 49, 51 e 72.

preceitos da religião do reino, cada vez mais assimilada pelos cristãos-novos. O avançar do tempo tornava mais raro e fluido o contato com os ritos do passado e os fiéis depositários das tradições da antiga crença. Deste modo, muitos dos costumes hebraicos terminariam perdidos, esquecidos e abandonados pelas novas gerações, haja vista a diminuição da memória oral, a impossibilidade de acesso aos textos e aos líderes religiosos, e a proibição da manutenção de espaços fundamentais para a sobrevivência judaica aos moldes do que era vivido anteriormente. Além, é claro, dos problemas sociais daí decorrentes, como as perseguições públicas aos afamados como judaizantes e o terror que sentiam de possuírem suas vidas escancaradas em denúncias secretas e boatos públicos, culminando com o vasculhar das culpas pelo Santo Ofício, implantado em Portugal no ano de 1536, fato que, sem sombra de dúvidas, contribuiu para acirrar as diferenças e a separação entre os grupos.

Em seu clássico *Cristãos-novos na Bahia*, estudando a situação dos neoconversos durante a primeira metade do século XVII na mais importante capitania brasílica de então, Anita Novinsky traça um quadro específico de um problema que se expandia de modo generalizado por todo o mundo português. Definiria o cristão-novo, em célebre capítulo, como um "homem dividido", desconfortável com a dubiedade de seu estado – *nem judeu, nem cristão* – e fragilidade de sua aceitação social. Via-se, o cristão-novo, como um indivíduo taxado socialmente de judeu embora não o fosse, assim como um não cristão que fora tornado cristão, apesar de não o ser por completo. Era, enfim, participante-vítima de um mundo ao qual não pertencia:

> Não aceita o Catolicismo, não se integra no Judaísmo do qual está afastado há quase dez gerações. É considerado judeu pelos cristãos e cristão pelos judeus. Integrado na Bahia do ponto de vista prático, interiormente conhece a fragilidade de sua situação. Põe em dúvida os valores da sociedade, os dogmas da religião católica e a moral que esta impõe. Internamente é um homem dividido, rompido que, para se equilibrar, se apoia no mito de honra que herdou da sociedade ibérica e que se reflete na frequência com que repete que 'não trocaria todas as honras do mundo para deixar de ser cristão-novo'. Exatamente nisso se exprime a essência do que ele é: nem judeu, nem cristão, mas '*cristão-novo com a graça de Deus*'.[91]

Embora até certo ponto integrado à sociedade em que se encontra inserido, o cristão-novo sofria pressões, tanto externas quanto internas, vítima dos preconceitos

---

91 NOVINSKY, Anita. *Op. cit.*, 1972, p. 162.

sociais e hostilidades do grupo cristão-velho, que o liga ao grupo judeu – donde é originário, mas ao qual não mais pertence –, e do descontentamento pessoal, transformado em drama íntimo, de pertencer ao grupo católico sem ser por este aceito como um igual ou tê-lo escolhido de moto próprio. Desprezado pelos cristãos-velhos, que o diferenciavam taxando-lhe de cristão-novo, chegava assim, por vezes, a dar sinais de melhor identificar-se com este estado, apesar dos problemas nele embutidos, do que querer igualar-se incondicionalmente ao grupo dos que o excluíam. Segundo Lina Gorenstein, que problematizou a situação sob o ponto de vista de um grupo de mulheres cristãs-novas do Rio de Janeiro durante o século XVIII, a mulher marrana, por excelência,

> era um ser dividido, que apresentava uma identidade cristã-nova, diferente da identidade de um cristão-velho, diferente da identidade judaica, algo sui generis e determinado por sua 'condição judaica' peculiar. Não eram judias (o judaísmo havia sido proibido em toda a Península Ibérica desde o final do século XV), mas eram consideradas judias pela sociedade em que viviam; constituíam um grupo étnico que se identificava com os judeus, não através da religião, mas através da exclusão da sociedade global. Seu sofrimento derivava de sua 'condição judaica'.[92]

Impedido de seguir as tradições e crenças dos antepassados, via-se integrado a um grupo que não escolhera e, em contrapartida, também o rejeitava. Acusado publicamente de judeu, culpabilizado por olhares (nem sempre) silenciosos, desconhecia muitas vezes a essência do crime de fé que lhe era imputado. Apesar dos esforços no intuito de demonstrar a integridade de sua devoção cristã, era apontado como seguidor da antiga fé. Independentemente de sua sinceridade católica e dos esforços em prol da aceitação da nova religião e integração na sociedade que, mesmo com restrições, o acolhera, não era aceito como igual. Aproximava-se, assim, do judaísmo, antes pela exclusão social de que era vítima, tal como os judeus, do que por motivos de convicção ou de ideologia religiosa. A causa do drama cristão-novo residia, em primeira instância, na origem "herética" que possuíam e da qual não poderiam livrar-se independentemente dos esforços. Embora cristãos, traziam embutidos a culpa por possuírem sangue judeu a lhes correr nas veias, o que, segundo a camada cristã-velha, lhes impedia *ad eternum* a pureza do coração católico.

---

92   Ferreira Da Silva, Lina Gorenstein. *Op. cit.*, 1999, p. 325.

De acordo com Sonia Siqueira, a inquietude sobre a situação do neoconverso não se limitava aos cristãos-novos, sendo vivida – embora em grau e sentido diferentes – pelos dois grupos: "Na área cristã, suspeitava-se da existência de um criptojudeu em cada neoconverso. Na área judaica, bipartia-se ainda o grupo cristão-novo que se esforçava por assimilar à sua nova condição e entre o grupo criptojudeu que mantinha uma dupla face religiosa, política e social. Os criptojudeus comprometiam a posição dos cristãos-novos, pois mantinham acesa a desconfiança"[93], desvirtuando a ideia de cristão-novo através da generalização pejorativa feita a partir da associação do criptojudaísmo com todo indivíduo neoconverso. Afora a divisão entre cristãos-velhos e cristãos-novos, estes últimos encontravam-se ainda subdivididos entre os que preservavam dentro do possível as antigas crenças e costumes; os laicizantes, indiferentes tanto ao judaísmo quanto ao cristianismo, e um terceiro grupo (aquele que mais crescia conforme o distanciamento do tempo de livre crença), ansioso pelo reconhecimento social geral e definitivo de sua sincera conversão cristã. Divisão genérica esta que não pode desprezar a infinidade de casos específicos e posições intermediárias que caracterizam o comportamento neoconverso.

Anita Novinsky, em artigo recente, definiria igualmente a separação dos cristãos-novos portugueses em três categorias:

> 1) os marranos que seguiram determinados princípios judaicos, sabiam algumas orações e acreditavam na redenção e na vinda do Messias; 2) os marranos 'alinhados', (agnósticos, céticos), que se opunham a qualquer dogma cristão e não acreditavam em nenhuma religião; não eram criptojudeus, mas se identificavam com os judeus; e 3) os que, por convicção ou interesse, assimilaram sinceramente a fé cristã e desapareceram, como judeus, da sociedade portuguesa.[94]

Pressionado por todos os lados, o cristão-novo acabaria por criar uma identidade própria.[95] Era um cristão, mas antes de tudo, um cristão-novo – o que, nas entrelinhas,

---

93 Siqueira, Sonia A. *A Inquisição Portuguesa e a Sociedade Colonial*. São Paulo: Ática, 1978, p. 71.

94 Novinsky, Anita W. "Os cristãos-novos no Brasil colonial: reflexões sobre a questão do marranismo". In: *Revista Tempo – Dossiê Religiosidades na História*, vol. 6, n. 11. Rio de Janeiro: 7letras, 2001, p. 67-75.

95 Falar sobre a noção de identidade, explica Maria Antonieta Garcia, "implica que aprendamos também, quem tem o poder de a definir e de impor a representação criada". Garcia, Maria Antonieta. *Judaísmo no feminino: tradição popular e heterodoxia em Belmonte*. Lisboa: Instituto de Sociologia e Etnologia das Religiões/Universidade Nova de Lisboa, 1999, p. 42. Logo, a identidade do cristão-novo era criada em mão dupla: utilizava-se de seus conflitos e ideais interiores, mas, ao mesmo tempo, era influenciada pela sociedade cristã da qual fazia parte, ditando-lhe regras de comportamento social e religioso.

significava dizer que era visto, na melhor das hipóteses, como um cristão descendente de judeus, possuidor do sangue dito maculado de uma raça vista como infecta. Se, antes da conversão, eram excluídos por não fazerem parte da unicidade cristã, após a conversão, o seriam igualmente por sua ascendência suspeita e condenável: de excluídos porque verdadeiramente excluídos, passariam, assim, a excluídos porque incluídos sob suspeita! Era visto como judeu perante os cristãos-velhos; para os judeus que viviam em regiões de crença livre, era um renegado, posto que fizera apostasia do judaísmo, ainda que contra a vontade; no próprio grupo de cristãos-novos sofreria dúvidas e preconceitos: os neoconversos que abraçassem sinceramente o cristianismo viam aos seus pares que insistiam em judaizar como possíveis ameaças à visão geral sobre a sinceridade de todo o grupo cristão-novo; por sua vez, aqueles dentre os cristãos-novos que continuavam a comungar o ideal judaico, praticando o que se denominou criptojudaísmo, os veriam como cristãos, não aceitando a renúncia que fizeram da Lei de Moisés. Criava-se um quadro de desconfiança generalizada, em que cada grupo representava ameaça aos demais. Malgrado seus esforços pessoais, vivendo à procura de equilíbrio na frágil situação que se inseria, o cristão-novo:

> tem a consciência de que não pertence a essa sociedade. Essa situação o fez ver o mundo de maneira diferente da massa da sociedade cristã-velha. Põe em dúvida todos os valores dessa sociedade, principalmente os valores religiosos, que eram naqueles tempos os delineadores de todo comportamento.[96]

Para Jacqueline Hermann, as primeiras gerações de neoconversos mantiveram-se numa "comunidade permeada por valores e crenças judaicas", beneficiando-se do testemunho ainda vivo dos que sofreram o processo de batismo forçado. Estes cristãos-novos, continua a autora, relacionavam-se com os cristãos-velhos numa relação em que chama a atenção "o elevado grau de sociabilidade existente".[97] Vide as trovas atribuídas ao célebre sapateiro de Trancoso, Gonçalo Annes Bandarra, escritas entre as décadas de 1520 e 1540. Embora não se confessasse cristão-novo, mantinha contato constante e sistemático com as comunidades neoconversas de Trancoso e Lisboa, onde era respeitadíssimo por seus conhecimentos das Escrituras Sagradas, mantendo "convivência estreita com integrantes de um grupo marcado pelo acesso direto à cultura letrada".[98] Adiante, a autora aponta:

---

96 NOVINSKY, Anita. *Op. cit.*, 1972, p. 158-159.

97 HERMANN, Jacqueline. *Op. cit.*, 1998, p. 45.

98 *Idem*, p. 43.

parece não haver dúvida de que Bandarra vivera em meio a uma comunidade permeada por valores e crenças judaicas e que essas tiveram forte influência sobre as elaborações contidas nas *Trovas*. E mais eloquente do que isso, caso não tenha sido de fato cristão-novo, era considerado 'uma espécie de rabi' por um grupo de recém-conversos, gente que o procurava para 'consultá-lo sobre a interpretação dos textos que escrevera e a realização que esperavam das profecias'.[99]

A influência do trovador de Trancoso era sentida não apenas pelos cristãos-novos, ávidos por sua interpretação das Escrituras, mas igualmente pelos cristãos-velhos, deixando claro o poder de interseção entre os dois grupos:

> a história de Bandarra indica de forma clara é o elevado grau de sociabilidade existente entre cristãos-velhos e novos, já que muitos desse primeiro grupo parecem ter ouvido atentamente os conselhos de um modesto sapateiro remendão e de má caligrafia, mas leitor curioso e contumaz, por cerca de oito ou nove anos, da "Bíblia em linguagem".[100]

O sapateiro leitor da Bíblia funcionava, assim, como uma espécie de ligação entre cristãos-velhos e recém-conversos, e suas trovas eram vistas por ambos os grupos como reveladoras de um porvir mais favorável ao reino. A partir do resultado trágico para Portugal da batalha em *el-Qsar el-Kebir* (Alcácer Quibir), no ano de 1578, seriam traduzidas ainda como profecias da anunciação da Restauração em Portugal, o que se daria com a volta do "encoberto" rei D. Sebastião, desaparecido precocemente naquele fatídico combate contra as tropas marroquinas.[101] O próprio Padre Antônio Vieira, passado mais de um século, reconheceria e consagraria o texto de Bandarra, dando-lhe sobrevida e novas interpretações.

No âmbito luso-brasileiro, o quadro favorável à integração repetir-se-ia, tomando proporções agigantadas. Muitos neoconversos escolheriam recomeçar a vida na colônia procurando escapar às intensas pressões sociais e religiosas que encontravam no reino, fruto de uma maior presença e estruturação eclesiástica e da atuação do Santo Ofício a partir de 1536. Instalados na colônia, manteriam um alto grau de miscigenação com a

---

99 *Idem*, p. 45.

100 *Ibidem*.

101 VALADARES, Paulo. "Uma teia familiar: cristãos-novos portugueses nobilitados no século passado". In: *GERAÇÕES/BRASIL. Boletim da Sociedade Genealógica Judaica do Brasil*. Maio 1999, vol. 5. n. 1/2, p. 6-11.

camada cristã-velha, fato que se reflete no elevado número de casamentos mistos existentes. Os próprios neoconversos, cientes do peso representado pela nódoa sanguínea que carregavam, buscariam os enlaces mistos no intuito de fracionar aos descendentes a porção de sangue infecto, reduzido a ½, ¼, e assim sucessivamente, o que tinha como consequência minimizar as pressões e suspeitas pela aceitação cristã e pureza de fé que mantinham, embora o processo discriminatório resistisse ao longo do tempo. Disto queixava-se nosso Vieira, indignado com a perseguição generalizada aos neoconversos. Criticava o incentivo inquisitorial às denúncias, acusando o Santo Tribunal de arrestar "muitas pessoas que não tinham do que lá chamam de Nação, mais que um oitavo, ou décimo sexto... he certo sutileza nunca vista no mundo, oitavar os homens, e achar-lhes décimos sextos, e trigéssimos e trigéssimos segundos", sinal da continuidade da resistência contra o grupo cristão-novo. E encerrava, indagando aos inquisidores, "o ar de Portugal faz os judeus"?[102]

O cristão-novo era recriminado não só por sua origem considerada impura, mas também pelo desconhecimento e prática muitas vezes equivocada do catolicismo, mesmo dentre aqueles indivíduos que diziam abraçar a nova fé de coração – fato que não era exclusividade dos neoconversos, posto o desconhecimento generalizado, também entre os cristãos-velhos, das práticas e teologia católicas em seus detalhes. Os judeus convertidos traziam a mácula religiosa no sangue e agora, oficialmente cristãos, maculavam a desejada pureza católica por seus vícios e ofensas às leis e preceitos da Igreja, ainda que, nem sempre, involuntariamente. Descendentes – segundo a Bíblia – do "povo eleito", tornavam-se, ao mesmo tempo – de acordo com o catolicismo que os tornara conversos –, integrantes do "povo maldito".

Transformados legalmente em cristãos, diferenciavam-se os neoconversos dos cristãos-velhos pela condenável origem. O cristão-novo, segundo as palavras de Edgar Morin, "era como os outros, sem ser na verdade um deles". Relatando sua própria experiência, define-se como *submarrano*, filho de família judia que se veria obrigada a esconder as origens devido ao agravamento de políticas autoritárias de limpeza racial por alguns países europeus durante a primeira metade do século XX, que viam no judeu um inimigo a ser combatido e eliminado. Morin reconstrói sua tormenta pessoal traçando um paralelo com a trágica situação dos conversos oriundos da Península Ibérica Moderna que vivenciaram, não raras vezes, situações de insegurança, exclusão, crise de identidade e necessidade de dissimulação bastante similares àquelas enfrentadas pelo autor:

---

102 ANTT, Inquisição, Conselho Geral, Papéis Avulsos, maço 2645, p. 114. *Apud*. PIERONI, Geraldo. " 'O ar de Portugal faz os judeus?' A Inquisição e os cristãos-novos degredados para o Brasil-colônia". *Locus: Revista de História*, vol. 3, n. 2. Juiz de Fora: Núcleo de História Regional/Ed. UFJF, 1997, p. 7-22.

via-me definido como judeu pelos outros, sem encontrar em mim o sentido desta palavra, e me via marcado por uma dupla diferença misteriosa, em relação ao mundo dos gentios, ainda que fosse como eles, e não me sentia judeu, ainda que o fosse. Neste sentido, eu era como os outros, sem ser na verdade dos deles.

A indefinição de seu estado tornava o cristão-novo vítima de um "mal-estar em relação à identidade", acometido constantemente de "um incômodo, uma insuficiência, uma sensação de incompletude em relação a uns e a outros". Era, assim, refém de uma situação que o fazia duplamente excluído: "Eis, portanto, minha identidade nebulosa: era um judeu não judeu e um não judeu judeu. Pertencia a quem eu não pertencia e não pertencia a quem eu pertencia".[103]

Dividido entre dois mundos – um, do qual fora expulso; outro, no qual não fora totalmente aceito –, o cristão-novo era visto como ameaça ao bom andamento cristão, apontado por estes como judaizante. Como judeu, todavia, não se reconhecia, pelo próprio desconhecimento da tradição religiosa hebraica a que era constantemente vinculado. Ao contrário, conforme o distanciamento do período de livre crença, conheceria por vezes os indícios da essência judaica através dos éditos afixados nas igrejas ou das acusações de que era vítima perante a mesa inquisitorial. Quando preso, aprenderia com os companheiros de martírio as práticas de judaísmo que era obrigado a confessar para escapar com vida: visto por muitos como judeu dissimulado em católico, inverteria o quadro, tornando-se cristão-novo que dissimula o judaísmo para sobreviver. Isolado, vítima de todo o tipo de generalizações e preconceitos, acabaria por criar uma identidade específica: não era judeu, mas também não era visto ou se entendia como um verdadeiro cristão. Era, antes de tudo, um cristão-novo, ou ainda, como diriam alguns destes indivíduos: cristãos-novos com a graça de Deus, situação que alegavam, por vezes, não trocavam pela honra de ser cristão-velho, "puro", "imaculado", "lindo" ou "dos quatro costados", por nada no mundo.

Os preconceitos e pressões contra o grupo cristão-novo manter-se-iam na longa duração, renovados durante todo o tempo em que vigorou a diferenciação entre cristãos velhos e novos baseada na origem sanguínea de cada grupo, tornando os neoconversos vítimas preferenciais do Santo Ofício durante o período moderno português. Exemplo da sobrevivência destes conflitos entre os grupos é o caso de célebre dramaturgo

---

103 MORIN, Edgar. *Meus demônios*. 2ª ed. Rio de Janeiro: Bertrand Brasil, 2000, p. 111. Mais à frente, o autor ratifica – usando mais uma vez seu caso como exemplo – a ânsia simplista de classificação do cristão-novo pelo grupo dominante: "Não temos nomes para nós. Somos híbridos, bastardos, mestiços que não são nem mesmo reconhecidos como tais. Querem nos classificar à força em uma das duas categorias, das quais fazemos parte e não fazemos parte". *Idem*, p. 136.

setecentista, o cristão-novo Antônio José da Silva. Apontado e afamado publicamente como judeu, seria perseguido, preso, inquirido, torturado, processado e condenado pela Inquisição de Lisboa, ritual que também ocorreria a outros membros de sua família. Embora possuidor de escrita mordaz e afiada, sua prisão, contudo, dever-se-ia menos ao teor reconhecidamente crítico e ferino de suas obras e mais à pública desconfiança que despertava sobre suas reais escolhas religiosas, que, de acordo com os avolumados comentários de "ouvi dizer", eram calcadas na manutenção da tradição familiar hebraica proibida que herdara dos antepassados.

Encontramos os temores e inseguranças de nosso irrequieto teatrólogo, imortalizado pela alcunha de 'o Judeu' – nomeação esta que, posto que representasse sua origem familiar hebraica de acordo com os indícios e evidências que nos legou a História, tivesse obviamente cariz, à época, em sua totalidade, discriminatório, excludente, insultuoso e pejorativo –, a significar as generalizações a que eram submetidos os indivíduos neoconversos, divididos entre o mundo judeu do qual foram retirados por lei, e o mundo cristão que não lhes recebia a contento. Os lamentos d'*o Judeu* refletiam, assim, as lamúrias e preocupações gerais de toda a malta neoconversa portuguesa, e mostravam-se ainda tragicamente atuais depois de passados cerca de duzentos e cinquenta anos da conversão imposta ao catolicismo no ano de 1497, e pouco mais de dois séculos da instituição, a partir de 1536, do Tribunal do Santo Ofício da Inquisição em Portugal, que tinha nos antigos judeus transformados em cristãos-novos e seus descendentes o motivo maior de seu estabelecimento e, consequentemente, suas vítimas preferenciais.

Alberto Dines, em artigo sobre nosso escritor, acertadamente intitulado "Quem sou eu?", desvenda o embate íntimo constante dos que sofriam o jugo da origem considerada impura. A obra de Antônio José da Silva daria vazão a referências sobre a ambiguidade que afligia internamente aos que possuíam a mácula do sangue judeu a correr nas veias. Em seus textos, passagens que, soltas na construção, poderiam passar despercebidas e não despertavam maiores desconfianças aos apreciadores, fazia referências constantes à situação que afligia aos neoconversos, transformados, segundo suas palavras, em "biforme monstro horrendo": seus escritos davam a exata noção da discussão existencial interna dos neoconversos, perdidos e limitados entre o que não eram e o que lhes era exigido ser, e entre o que lhes acusavam que fossem e o que não queriam ser. Fato é que o julgamento generalizado sobre *o Judeu* passava longe de qualquer análise relativa à real qualidade de sua obra literária, concentrando-se, antes, nos aspectos sociais que tendiam a suspeitar e condenar qualquer produção ou comentário provenientes de indivíduos de "detestável origem".

Duplamente desconfortável, Antônio José da Silva sintetizava a angústia generalizada que corroía a parcela cristã-nova da sociedade, encarnada com exatidão pelo *Judeu* com profundo conhecimento de causa: "não sou cousa nenhuma nesta vida! Tenho de tornar a nascer para ser alguma cousa..."; "Eu não sou eu..."; "Não lhe disse já que fora eu aquele eu; aquele eu que já eu, enfim, que deu muito murro neste eu"; "É verdade! Eu sou aquele / e também aquele é eu!"; "Ora, estou desenganado, / que eu e ele, e ele e eu não se pode distinguir"; "Tal estou que não sei quem sou..."; "Sabendo primeiro quem tu és, então saberás quem eu sou..."; "Quando este biforme monstro horrendo / vires ser alimento combustivo / um vivo morto, e um morto, vivo", ou ainda, em poema que reflete sua tormenta de forma mais epopeica:

> *Eu sou*, ó Taramela, *o vivo morto*
> Que por ti me imagino morto e vivo;
> Mas não cuides que vivo, porque vivo,
> *Pois ainda que vivo, vivo morto.*
> Na cova de um desdém me enterras morto;
> no aceno de um favor me alentas vivo
> se me afagas, desperto como vivo;
> se te agastas, esfrio como morto.
> Nesta batalha, pois, de morto e vivo,
> na vida de um favor me alentas morto,
> na morte de um desdém me matas vivo.
> *Sou, enfim, morto vivo, e vivo morto,*
> *se, qual Fênix nas cinzas, quando vivo,*
> *mariposa nas chamas quando morto.*[104]

Também Lipiner, ao deparar-se com a escrita poética de Antônio José da Silva, encontraria indícios veementes da angústia vivida por nosso comediógrafo, envolto no drama de sua dubiedade neoconversa:

> *Que delito fiz eu, para que sinta*
> *o peso desta aspérrima cadeia*
> *nos horrores de um cárcere penoso,*
> em cuja triste, lôbrega morada
> habita a confusão e o susto mora?
> *Mas, se acaso, tirana, estrela ímpia,*
> *é culpa o não ter culpa, eu culpa tenho;*

---

104 *Apud* DINES, Alberto. "Quem sou eu? O problema da identidade em Antonio José da Silva". In: CARVALHO DOS SANTOS, Maria Helena (org.). *Inquisição. 1º Congresso Luso-Brasileiro sobre Inquisição* (3 vols. – volume 3). Lisboa: Império, s/d, p. 1031-1043. Os grifos são meus.

> *mas, se a culpa que tenho não é culpa,*
> *para que me usurpais com impiedade*
> *o crédito, a esposa e a liberdade?*[105]

Outras vozes juntar-se-iam ao lamento cristão-novo. No panegírico intitulado "Notícias Recônditas do modo de proceder da Inquisição com os seus presos", conhecido libelo contra a Inquisição atribuído, ao que parece, erroneamente ao maior orador do Portugal barroco, Antônio Vieira, já se ouvia o coro de que os cristãos-novos eram castigados "só por culpa de não terem culpa".[106] Por sua vez, o próprio Vieira, em texto reconhecidamente de sua lavra, argumentava – como de praxe, brilhantemente – contra a injusta nódoa que vitimava *pour toujours* os neófitos, ressaltando os efeitos do tempo para o desgaste natural da insistência na antiga fé pelos conversos e real aceitação destes ao catolicismo:

> Cristão-novo, em todo o rigor e direito e força de verdade, é e se diz de todo aquele que foi baptizado em pé, ou seu pai e avô paterno, ou sua mãe; porém, o que foi baptizado *ab infantia*, cujos pais e avós também, é e deve ser julgado por tão verdadeiramente cristão-velho como quantos o são.[107]

O dilema que invadia as obras de Antônio José da Silva e brotava da pena conscientemente cirúrgica de Vieira é tema dos mais recorrentes na análise da situação vivenciada pelo cristão-novo no mundo português desde o seu aparecimento, quando do processo de conversão forçada em fins do século XV, até o fim da separação legal entre cristãos-velhos e novos com o término da distinção sanguínea, ocorrida na segunda metade do século XVIII, a mando do Marquês de Pombal. Ideia esta, a propósito, que já frequentava debates e suscitava o parecer de especialistas em inícios do Setecentos, gerando textos como o *Racional discurso sobre os desacertos de Portugal* – carta anônima endereçada de Roma a D. Frei José de Lencastre, Cardeal Inquisidor-geral do reino entre

---

105 LIPINER, Elias. "Aqui d'El Rey! Influíram as obras do comediógrafo na sua condenação?". In: *Op. cit.*, 1998, p. 376. Sobre 'O Judeu', ver ainda, DINES, Alberto. *Vínculos do Fogo: Antônio José da Silva, o Judeu, e outras histórias da Inquisição em Portugal e no Brasil.* 2ª ed. São Paulo: Companhia das Letras, 1992. Os grifos são meus.

106 Sustentam os historiadores atuais que o texto deve ser atribuído a um notário demitido da Inquisição lisboeta, Padre Lupina Freire, que o teria preparado a pedido dos cristãos-novos e com o intuito de apresentá-lo no Vaticano, dando conta ao Sumo Pontífice das agruras vividas pelos neoconversos portugueses. LIPINER, Elias. *Op. cit.*, 1999, p. 185-186.

107 Padre António Vieira, *Obras Escolhidas*. Lisboa: Ed. Sá da Costa, 1951, vol. IV, p. 169 e 123, respectivamente. *Apud* LIPINER, Elias. *Op. cit.*, 1998, p. 7.

1693 e 1705 –, que considerava "fútil" a distinção entre os cristãos com relação à origem, pregando ainda a liberdade de culto aos judeus: "se houvesse gueto e sinagoga, desapareceria a injúria à nação, porque aqueles seriam os judeus, e cristãos todos os demais",[108] o que longe estava de significar qualquer sinal de tolerância com os conversos, passíveis de punições extremamente severas caso insistissem no retorno à fé e às práticas judaicas. Faz-se notável o comentário de D. Luís da Cunha, em sua *Instrução a Marco António de Azevedo Coutinho*, a aconselhar o futuro ministro no modo de agir com vistas a extinguir a diferença sanguínea reinante:

> O primeiro expediente que me ocorre é que S. M. mande praticar na sua Relação a lei do reino, a qual manda que todo o cristão batizado que se fizer judeu seja queimado, sendo processado conforme a mesma lei, e d'esta sorte se acabaria o nome de cristãos-novos, e não haveria mais do que cristãos absoltos, se o crime se lhe não provasse, ou, se se lhe provasse, judeus queimados, não havendo confessos nem apresentados, nem também abjuração de leve ou de veemente, que todos ficam no Reino para se multiplicar esta maldição.[109]

Estes autores, lembra João Lúcio de Azevedo, pretendiam, com seus escritos, "demonstrar que a raiz de todo o mal se achava na distinção de cristãos-velhos e cristãos-novos, na exclusão dos cargos, na fama de judeus irrogada a infinitas pessoas, muitas vezes extremes católicos, e dos quais ricocheteava sobre a nação inteira".[110]

Malgrado as transformações sofridas no relacionamento entre cristãos-velhos e neoconversos ao longo dos três séculos em que foi mantida a diferenciação sanguínea no mundo português, os cristãos-novos enfrentaram constantes problemas para sua integração e aceitação social pela camada dominante, insistente em sua política de identificação do cristão-novo com os antepassados judeus, considerando o neoconverso como "um ser estranho à sociedade portuguesa".[111] Independentemente da sinceridade católica da maior parte do grupo converso, os cristãos-novos continuariam vítimas de generalizações sobre o comportamento desviante da norma cristã de uma camada criptojudia que, conforme o avançar do tempo, tornava-se cada vez menos numerosa e atuante, mas que gerava suspeitas a recaírem sobre todo o grupo.

---

108 *Racional discurso sobre os desacertos de Portugal*. Apud AZEVEDO, J. Lúcio. *Op. cit.*, 1989, p. 490-491.

109 *Instrução a Marco António de Azevedo Coutinho*. Apud Idem, p. 339.

110 *Ibidem*.

111 FERRO TAVARES, Maria José Pimenta. *Op. cit.*, 1987, p. 98.

Desvinculados do passado judaico que – exceção feita às primeiras gerações de cristãos-novos – nem sequer conheciam em profundidade; inseridos num catolicismo que os excluía pela origem, vivenciavam um *status* específico: internamente, era o neoconverso um *homem dividido*, tão bem retratado por Anita Novinsky. Integrante de um mundo ao qual não pertencia era, ao mesmo tempo, órfão do judaísmo e rejeitado pelo catolicismo, pressionado pela origem maculada e pelo comportamento tido como desviante. Procurava, assim, criar "suas próprias defesas contra um mundo onde ele não se encontra. É antes de tudo um cristão-novo".[112]

---

112 Novinsky, Anita W. *Op. cit.*, 1972, p. 161-162.

CAPÍTULO 2
O clã dos Antunes e a *esnoga* de Matoim

Os homens – está vendo? – precisam fabricar uma casa até para os seus sentimentos. Não basta trazer esses sentimentos dentro, no coração. Eles querem vê-los fora, tocá-los, e por isso lhes constroem uma casa.
Para mim sempre bastou trazê-lo dentro, ao meu modo, esse sentimento de Deus. [...] Conservava o meu sentimento e tentava segui-lo, mantendo-me de pé, em vez de me ajoelhar na casa que os outros construíram para ele.
Luigi PIRANDELLO, Um, nenhum e cem mil.

Quanto a mim, o que eu ganharia seria uma nódoa infamante para a minha velhice. De resto, mesmo se no presente eu conseguisse escapar à penalidade que vem dos homens, não me seria possível fugir, quer em vida quer na morte, às mãos do Todo-poderoso. Por isso, trocando agora a vida com coragem, mostrar-me-ei digno da minha velhice, e aos jovens deixarei o nobre exemplo de como se deve morrer, entusiasta e generosamente, pelas veneráveis e santas leis.
2Mc 6, 25-28.

Porque el que se tiene por buen Judio y tiene por buena su ley, pase lo que pasaron los macabeos.
SELAYA, Inquisidor de Badajoz. Carta a D. João III.

Das origens: os Antunes em Portugal

Em meados do século XVI, o comerciante Heitor Antunes e sua mulher, Ana Rodrigues, ambos cristãos-novos, deixariam o reino a partir de Lisboa e embarcariam com os filhos em direção ao Brasil, fixando-se em Matoim, no Recôncavo Baiano, onde ergueriam um engenho de açúcar. Ao longo da segunda metade do Quinhentos, os Antunes tornar-se-iam o mais poderoso clã do local, com a expansão de seus negócios através da construção de novos engenhos e casamentos dos descendentes com cristãos-velhos das "mais nobres" e importantes famílias da terra, sinal das boas relações com a elite local e do poder de que desfrutavam.

Os anseios de enriquecimento com a crescente economia açucareira devem ter corroborado em boa parte para que tomassem a decisão de enfrentar os percalços da perigosa viagem pelo Atlântico e abandonar as vantagens de viver no reino, dispostos a suportar as agruras do Brasil, então nos primórdios da colonização. Todavia, o interesse financeiro não deve ter sido o motivo único – ou talvez, nem mesmo o principal – para a mudança. Como todo cristão-novo, os Antunes eram, ao mesmo tempo, testemunhas oculares e vítimas diretas das pressões sociais enfrentadas pelos neoconversos na primeira metade do século XVI – pressões estas que seriam agravadas com a instauração do Santo Ofício português em 1536 e sua crescente estruturação e atuação a partir da década de 1540 – ano em que seria celebrado o primeiro auto de fé organizado pelo Santo Tribunal em terras portuguesas. Uma região que não vivenciasse estas perseguições na mesma intensidade, sem os rigores eclesiásticos correntes no reino e livre da presença mais efetiva e imediata da Inquisição, como se mostrava a América portuguesa à época, tornava-se então dos destinos mais procurados pelos neoconversos, frequentemente acusados, de forma generalizada, de mal comportamento cristão e de judaísmo, pelo fato de possuírem o sangue *maculado* pela descendência dos "deicidas judeus", independentemente da real sinceridade de sua conversão à fé católica e de seus esforços de boa prática cristã.

Para reconstruir os diferentes momentos da presença dos Antunes em terra brasílica, podemos recorrer a uma gama variada de fontes. As denúncias, confissões e processos inquisitoriais movidos contra alguns membros da família durante as visitações de 1591-95 e 1618-21, além de acusações e averiguações realizadas fora do período em que o Santo Ofício enviou seus representantes à América portuguesa para investigar crimes de fé e comportamento religioso de seus habitantes, servem de espinha dorsal para o conhecimento dos passos e atuação do clã na colônia, documentação esta complementada com a riquíssima obra dos cronistas de época – alguns a fazerem referência direta à família e aos negócios que desenvolvia –, a traçar um importante quadro do espaço e da sociedade coloniais no momento em que os Antunes estavam dentre os seus moradores. A consulta a estas obras possibilita não apenas mapear com algum detalhe os acontecimentos que influíram e/ou afetaram a família ao longo de gerações – como relações familiares e de amizade, casamentos, nascimentos, mortes, intrigas, inimizades, ódios ocultos ou declarados, disputas econômicas e de poder, negócios, favores prestados ou recebidos, participação na vida política e religiosa da região, cargos ocupados, relações com a elite local, entre outras tantas variantes –, mas permite ainda traçar um panorama da economia, política, cotidiano, religiosidade e demais aspectos da sociedade colonial em que estavam inseridos, diga-se de passagem, com considerável destaque.

Antes, porém, de preocuparmo-nos com os acontecimentos que influíram nos rumos da família no período posterior à sua transferência para a Bahia – e até mesmo com o intuito de compreender melhor os motivos que levaram à decisão da travessia do Atlântico pelos Antunes –, é preciso determo-nos no momento anterior à partida para o Brasil, procurando recuperar a trajetória do clã no reino e o quadro vivenciado pelos cristãos-novos nos primeiros instantes após os decretos manuelinos de conversão forçada e instauração do monopólio católico em Portugal, entre 1496-97.

O trabalho de reconstrução histórica sobre a presença dos Antunes em Portugal é dificultado não apenas pela carência de fontes diretas sobre a família, mas ainda pelos poucos dados efetivos angariados nas denúncias, confissões e processos inquisitoriais que seriam movidos posteriormente contra alguns de seus membros e que pudessem servir para esclarecer pontos obscuros sobre o período de permanência do clã no reino. Estas limitações tornam-se responsáveis pela existência daquilo que aqui denomino *vazios temporais*[1] – determinados períodos de tempo caracterizados por informações bastante fluidas (quando não completamente inexistentes) sobre os acontecimentos que marcaram o clã como um todo ou alguns de seus participantes individualmente; sobre a região de origem de seus antepassados; sobre os espaços (regiões, vilas, cidades, povoados) que serviriam de moradia, foram frequentados, percorridos pelos Antunes ou representassem qualquer tipo de ligação com a família ao longo das gerações durante o tempo em que habitaram as terras lusitanas na Península Ibérica. Igualmente rara é a existência de indícios que revelem notícias a respeito da área de atuação, dos negócios que possuíam ou função econômica exercida pelos diversos membros da família, ou ainda, informações mais precisas sobre a eventual ocupação de cargos de prestígio na administração ou em ordens militares ou religiosas, dentre outros assuntos que possibilitem a reconstrução dos passos do clã e de sua situação socioeconômica antes da transferência para a América portuguesa. Carência de fontes e de informações, em grande parte fluidas, mas não inexistentes ou desprezíveis, a ponto de impedir a eficiência das tentativas para a reconstrução do passado e sua análise histórica, cabendo ao historiador o trabalho sério, cuidadoso, minucioso e detetivesco, a exemplo do método indiciário sugerido por Carlo Ginzburg.[2]

---

1 Refiro-me, com esta expressão, à dificuldade – quase impossibilidade – de recuperar momentos expressivos para a história da família em Portugal, possíveis reveladores das causas de sua transferência para o trópico brasílico e/ou de alguns presumíveis comportamentos de certos membros do clã denunciados à mesa do inquisidor Heitor Furtado de Mendonça, dificuldade esta gerada pela ausência (ou, pelo menos, desconhecimento) de fontes que revelem mais detalhes sobre os Antunes.

2 GINZBURG, Carlo. "Sinais: Raízes de um paradigma indiciário". In: *Mitos, emblemas, sinais: morfologia e história*. São Paulo: Companhia das Letras, 1989.

De certa forma, esta carência de informações sobre a presença dos Antunes no reino pode ser em parte preenchida através de consulta a documentos e bibliografia específica que retratem para a História o cotidiano de algumas localidades portuguesas com as quais a família possui ligação e a conjuntura geral das comunidades de cristãos-novos que habitavam estas áreas durante o espaço temporal de nosso interesse, permitindo, até certo ponto, a vinculação dos Antunes à realidade vigente que – por serem neoconversos – também os atingia. Deste modo, busca-se recriar os momentos imediatamente anteriores e posteriores ao fim da liberdade de crença, procurando perceber evidências das consequências práticas para o grupo cristão-novo e, em especial, para a família, do processo de conversão forçada em Portugal.

A carência de fontes e os filtros e cuidados necessários à sua análise permitem-nos, antes do que um retrato fiel da realidade então vivida pelo clã na sua tentativa de adaptação aos novos tempos de unicidade cristã, uma aproximação relativa dos fatos, de acordo com os poucos indícios que possuímos e dos limites possíveis que devem ser respeitados pelo historiador para uma interpretação segura e confiável dos acontecimentos. Até onde nos permitem chegar as parcas informações que a documentação oferece, podemos vincular a saga da família em Portugal principalmente a duas vilas interioranas de Portugal, embora não possamos definir se eram estas cidades os locais de nascimento de toda a família Antunes ou de, pelo menos, alguns de seus membros conhecidos, bem como o tempo em que o clã se encontrava nestas vilas, ou ainda, se o grupo emigrara de outras regiões portuguesas, ou mesmo da vizinha Espanha.

Malgrado as incertezas com relação à origem do clã, podemos afirmar que os Antunes, entre fins do século XV e início do século XVI, período inicial do monopólio católico e do surgimento dos cristãos-novos em Portugal, mantinham raízes e laços em duas vilas montanhosas na região da Beira – primeiro, a Covilhã, que seria terra natal de Ana Rodrigues, e depois, a Sertã –, localizadas no espaço central do país, relativamente próximas entre si, áreas de passagem e fronteira natural entre o litoral Atlântico e as terras da Espanha. Depois de deixar a Beira, a família ainda permaneceria em Lisboa por um certo período antes da partida para o Brasil.

Para reconstruir os passos dos Antunes em Portugal, a documentação inquisitorial é o ponto de partida. São as confissões e denúncias contra os membros do clã e as sessões de interrogatório na mesa do Santo Ofício existentes nos processos contra a família que possibilitam mapear os espaços ligados à história. De acordo com estas fontes, os mais antigos dados sobre a presença dos Antunes no reino permitem-nos recuar até a primeira década do Quinhentos. Apesar da família ter vivenciado o "tempo dos judeus" em Portugal e o momento de conversão forçada, nada sabemos sobre os Antunes durante o período de livre crença.

Efetivamente, podemos vincular os Antunes à vila da Covilhã nos primeiros momentos após a conversão. No início do século XVI, época de adaptação à nova realidade neoconversa imposta em fins do século anterior aos judeus em território luso, a Covilhã era o local de morada da família. A vila já então desempenhava papel de certo destaque na economia do reino, localizada na mais alta região de Portugal:

> Alcandorada na ilharga da serra, a cavaleiro de um grandioso e oblíquo enrugamento, escavado de um lado pela ribeira da Carpinteira e do outro pela ribeira de Goldra, a cidade apresenta perspectivas singulares, consoante se descobre do vale, do alto ou dos flancos. A linha inferior das habitações segue aproximadamente a curva de nível de 600m; as mais elevadas atingem a de 750. Deste modo, as ruas são traçadas com a bonomia e aspereza de carreiros de montanha.[3]

Situada na região da Beira Interior, área fronteiriça entre Portugal e Espanha, reclinada ao pé das encostas do flanco oriental do maciço montanhoso da Serra da Estrela, nas proximidades do Rio Zêzere, surgiria, em tempos remotos, voltada para o Nascente, a vila da Covilhã. Há indícios documentais da ocupação da região pelos romanos nos idos do século I anterior à Era Cristã, quando por lá ergueram uma povoação ou castro. Sobre a origem do nome da vila, contudo, divergem os pesquisadores, em especulações várias: para alguns, seria uma derivação de *Cava Juliani* – em referência à filha deflorada do conde Juliano – daí surgindo o nome *Covilhan*. Outra hipótese remete às características da configuração topográfica do terreno em que se encontra – *cova lhana*. Nenhuma destas explicações, contudo, encontra ainda confirmação fora do ambiente da suposição.

Por suas singulares constituição e localização geográfica, toda a área da Serra da Estrela exerceria importância primordial na formação portuguesa, funcionando como barreira montanhosa entre os reinos de Leão e Castela e Portucale. Após a unificação política de Portugal e Espanha, passaria a servir de fronteira natural entre os dois reinos ibéricos. Dos cumes da Estrela, brancos de gelo em boa parte do ano, avistava-se ao longe os primeiros sinais das terras pertencentes à Coroa espanhola. Situada aos pés do maciço, a Covilhã tornou-se a principal rota de acesso aos que se destinavam à serra. Nos idos medievais, os que se aventuravam na sua travessia encontravam na Covilhã (assim como em outros sítios e rotas igualmente estratégicos espalhados ao redor da

---

3 *GUIA DE PORTUGAL* – Vol. III: Beira, Tomo II: Beira Baixa e Beira Alta. 2ª ed. Coimbra: Fundação Calouste Gulbenkian, 1994, p. 725.

Estrela) uma pousada ou albergaria que servia de pouso aos caminhantes,[4] refúgio seguro onde se detinham em preparativos finais para o trajeto, antes de enfrentar as baixíssimas temperaturas, ameaças de nevões e demais dificuldades naturais a serem vencidas no íngreme e tortuoso caminho daquelas regiões montanhosas.

A área seria repovoada em épocas de D. Sancho I (1185-1211), responsável pela construção das primeiras muralhas de proteção e pelo foral de setembro de 1186 que, já em inícios de seu reinado – percebendo o monarca a importância estratégica da região –, criava atrativos que possibilitassem a intensificação da ocupação local. Assim, garantia consideráveis privilégios aos seus moradores, buscando tornar motivadora a permanência destes e a radicação de novos habitantes no espaço covilhanense – *volumus restaurare adque populare Couelianam*.[5] Reinados posteriores trariam modificações na estruturação física e política local: D. Dinis (1279-1325) alargaria a cinta dos muros e, em 1510, D. Manuel (1495-1521) mudaria o controle da vila para a jurisdição da Coroa, passando seu senhorio ao filho, o infante D. Luís, concedendo-lhe ainda um novo foral.[6]

Além da relevância estratégica como área de proteção e fronteira, a economia da região impulsionava e possibilitava os interesses de crescimento interno e as expectativas expansionistas do reino. A produção agrícola e pecuária da Covilhã já era digna de destaque à época do foral assinado em 1186 por D. Sancho I. No documento, os produtos agrícolas que aparecem citados com mais frequência – e, provavelmente, de maior produção – são o centeio, o trigo, a castanha e uma considerável diversidade de legumes. Também o azeite, o vinho, laticínios, a cera e o mel mostram-se importantes para a autossuficiência econômica da vila. São ainda mencionados os curtumes, principais consumidores da produção local de peles de coelhos, bois, zebras, veados e porcos, abastecidos pela abundância e variedade dos animais de caça nas montanhas e ribeiras da região. A pesca, beneficiada pela grande quantidade de ribeiras e cursos d'água

---

4   Esta seria outra das possíveis explicações para o nome da vila, apontando para uma origem medieval: *cubiliana villa*, pela existência da citada pousada-refúgio para os viajantes. *Idem*, p. 726.

5   "Entre as regalias, constavam: '... *os moradores da Covilhan não pagarão em todo o reino nenhuma multa se não pelo foral de Covilhã*'; '*os moradores da Covilhã não pagam portagem*'; '*concedemos que todo christão ainda que seja servo que habita na Covilhã durante um anno fique livre e ingênuo elle e sua geração*'. Trata-se de ordens escritas, assinadas pelo Rei e por pessoas de autoridade que devem ser respeitadas, e que envolvem a gestão dos poderes locais, da justiça, bem como a fixação de pessoas". GARCIA, Maria Antonieta. *Fios para um Roteiro Judaico da Covilhã*. Covilhã: Universidade da Beira Interior, 2001, p. 24-25.

6   O Infante D. Luís, que passaria a residir na Covilhã, envolver-se-ia com a *Pelicana*, alcunha da formosa judia Violante Gomes: deste casal nasceria D. António, futuro prior do Crato. *Idem*, p. 725-727.

do lugar, representaria igualmente posição de destaque para a economia covilhanense.[7] Com tamanha e variada produção, o contato comercial com as localidades circunvizinhas e os centros de maior pujança deve ter representado, desde os primórdios, uma prática constante nos rumos da vila, localizada a distâncias relativamente equiparadas da Guarda e de Viseu, ao Norte, e de Coimbra, Tomar e Castelo Branco, no eixo Centro-Sul. As cidades da vizinha Espanha eram outro fator que, possivelmente, intensificava a capacidade produtiva e tinha certo impacto na economia da Covilhã: a proximidade com a fronteira hispânica, presume-se, pode ainda ter impulsionado o contato entre moradores, comunidades judaicas, comerciantes e viajantes dos dois lados da Ibéria, facilitando a circulação de mercadorias e o prosperar do comércio de seus produtos característicos com o reino vizinho.

Contudo, o que tornaria conhecido o nome da Covilhã por todo o reino era a sua produção de fios. Os numerosos cursos d'água e a vasta área de pastos existentes por toda a região da Serra da Estrela permitiriam a formação de um ambiente propício para o desenvolvimento da manufatura de panos, dos principais produtos da região desde, pelo menos, o apagar do medievo. Os indícios sobre o início do funcionamento dos teares covilhanenses confundem-se com as próprias origens da ocupação do local durante o nascimento da monarquia portuguesa, e apontam para as primeiras épocas da dinastia Afonsina, prolongando-se o auge de suas atividades até os tempos de D. Manuel, quando passariam a sofrer o impacto da crescente concorrência da produção do Oriente e do grande número de mercados de estofos. As ruas da Covilhã retratavam, em seu cotidiano, o constante tecer de fios que davam fama e sustento a boa parte dos seus habitantes:

> De todos os lados se houve, ao percorre-las, o matraquear dos teares e variada utensilagem das oficinas. A água, abundante, desce discretamente da serra, em tubagens, para as lavandarias, enquanto no fundo dos córregos se despenham livremente os caudais das duas ribeiras – sem dúvida as determinantes da fundação da secular indústria, se não da própria cidade.[8]

A fama das indústrias têxteis da Serra da Estrela e da qualidade de seus produtos espalhava-se por todo o reino. E grande parte deste sucesso devia-se às tecelagens da Covilhã e sua variedade de panos de algodão, linho e lã. Em 1527, por ocasião dos festejos em homenagem ao nascimento da princesa Maria, filha de D. João III, seria

---

7   SILVA, José Aires. *História da Covilhã*. Covilhã, 1996.

8   *GUIA DE PORTUGAL*. Op. cit., 1994, p. 725.

representada em Coimbra a *Tragicomédia Pastoril da Serra da Estrela*, em que o célebre Gil Vicente traçaria um perfil detalhado da economia regional, fazendo referência explícita – dentre outras localidades citadas e suas atividades características – à intensa produção e qualidade dos tecidos da Covilhã, a atender não apenas o crescimento da demanda para o consumo interno do material, mas igualmente utilizados, à época da expansão marítima, nos contratos, negociações e trocas por produtos de todo o tipo e das mais variadas origens, como marfim, ouro, malagueta e demais leque de especiarias, além de atenderem às feitorias do Ultramar:

> Mandará a vila de Seia
> Quinhentos queijos recentes,
> Todos feitos à candeia,
> E mais trezentas bezerras,
> E mil ovelhas meirinhas.
> E Gouveia mandará
> Dois sacos de castanha,
> Tão grossa, tão chã, tamanha
> Que se maravilhará
> Onde tal coisa se apanha.
> E Manteigas lhe trará
> Leite para quatorze anos.
> E Covilhã muitos panos
> Finos que se fazem lá.[9]

---

9   Gil Vicente, "Tragicomédia pastoril da Serra da Estrela". *Apud* Silva, José Aires. *História da Covilhã*. *Op. cit.*, 1996, p. 30. Por esta época, é mais provável que os tecidos produzidos na Covilhã a que se refere Gil Vicente fossem de cânhamo e linho – mais apropriados aos climas tropicais que serviam de destino a navegadores, comerciantes e colonizadores –, do que de algodão ou lã – estes, mais voltados para o consumo local, devido às baixas temperaturas e nevões observados na região. Dentre estes colonizadores que deixaram a Covilhã em direção ao Novo Mundo, figura o nome do célebre João Ramalho, provavelmente um náufrago ou degredado que teria chegado ao litoral do Brasil ainda na primeira década do Quinhentos. Ramalho ajudaria Martim Afonso do Souza na fundação da vila de São Vicente e expansão territorial no Planalto de Piratininga, hoje São Paulo. Deve-se ainda ao náufrago covilhanense a escravização de indígenas na região, servindo, segundo Ronaldo Vainfas, como uma espécie de "ponta-de-lança da colonização". Porém, o comportamento sexual tido como desregrado de Ramalho e seu pouco cuidado com a pureza da prática católica levaria o Padre Jesuíta Manuel da Nóbrega, dos grandes responsáveis pela missionação no Brasil, a acusá-lo de *petra scandali* da colonização vicentina. Existe, todavia, discordância sobre a origem covilhanense do "escandaloso náufrago". De acordo com Vainfas, João Ramalho seria natural de Vouzela, na comarca de Viseu, região da Beira Alta. Independentemente do local de seu nascimento – e como indica a forte presença de seu nome na história covilhanense –, parece provável

Desde os primórdios desta indústria que se tornaria tradicional no reino, encontrava-se, entre os produtores e comerciantes dos finos tecidos, uma considerável parcela de judeus, envolvida nas mais diversas etapas de sua produção e venda. Consequentemente, após a implantação do monopólio católico, os antigos judeus e seus descendentes continuariam a participar da empresa e negócio fabris, agora como cristãos-novos.

A história da presença judaica na Covilhã confunde-se com a sua própria origem. Desde os primórdios, os judeus estiveram presentes nos rumos da vila, integrados socialmente e mantendo participação nos mais diversos ramos de negócio – negócios estes, inclusive, que envolviam, no trato cotidiano, relações e contatos diretos entre judeus e cristãos, contando com leis de ordenamento ditadas pelo reino para evitar prejuízo das partes envolvidas. Prova da atuação e importância dos judeus na região é o seu considerável grau de organização. A comunidade judaica da Covilhã, no momento anterior à conversão forçada de 1496-97, contava com judiaria, situada nas cercanias da antiga Rua das Flores que, assim como as demais judiarias do reino, tinha acesso restrito e controlado pelas ordenações do reino. Alguns judeus de maior prestígio, contudo, conseguiam o privilégio de habitar entre os cristãos, fora dos limites da comuna.[10] O próprio foral sanchino de 1186 dá conta da intensa presença de mouros e judeus na Covilhã à época, ao fixar pesada multa aos que ousassem desrespeitar a imunidade e proteção real delegada aos seus mercadores contra abusos que ameaçavam sua segurança e negócios:

> todo aquele que penhorar mercadores cristãos e viandantes ou sejam judeus ou mouros que não forem fiadores ou devedores pagará ao fisco sessenta soldos e restituirá em dobro o que apreender a seu

---

que, se não nascido, ao menos, João Ramalho deve ter vivido na Covilhã ou frequentado a vila antes de partir para o Brasil. VAINFAS, Ronaldo. Verbetes "João Ramalho" e "Padre Manuel da Nóbrega, SJ". *In*: VAINFAS, Ronaldo (dir.). *Dicionário do Brasil Colonial (1500-1808)*. Rio de Janeiro: Objetiva, 2000, p. 332-334 e 460-462, respectivamente. John Monteiro, por sua vez, salienta a fundamental importância de João Ramalho na expansão da influência e da autoridade dos colonizadores na região, podendo reunir cerca de cinco mil índios em um só dia. "Assim, ao apropriar-se dos atributos de chefe tupi, Ramalho acabou sendo o intermediário ideal, colaborando sobremaneira na moldagem das relações luso-indígenas em favor dos portugueses". MONTEIRO, John Manuel. *Negros da terra: índios e bandeirantes nas origens de São Paulo*. São Paulo: Companhia das Letras, 1994, p. 34.

10   São os judeus da Covilhã, dentre aqueles que habitavam a região da Beira Interior, os que mais foram beneficiados com cartas de privilégio, fato que se deve, em parte, ao saber e riqueza de alguns dos membros desta comunidade, e que ratifica a importância estratégica desta comunidade judaica para os interesses do reino.

dono, e além disso cem morabitinos, em pena da imunidade que não respeitou, pertencendo metade ao Rei e a outra ao conselho.[11]

A participação na produção têxtil, das mais importantes e lucrativas atividades produtivas de então, ratifica a posição de destaque que a comunidade judaica da Covilhã ocupava na economia local. Além do fabrico dos tecidos, os judeus controlavam alguns ramos da produção agrícola, participavam da caça, pesca e pecuária, atuavam no artesanato e na comercialização dos produtos. Também mantinham contato estreito com a elite e o poder locais, possuindo direitos garantidos por lei e representantes oficiais nomeados. Contudo, o principal negócio a que se dedicavam os judeus era a usura – empréstimos de dinheiro a juros (muitas vezes escorchantes) –, fator que corroborava o descontentamento geral contra o grupo. A importância da comunidade judaica covilhanense é ainda exemplificada pelo poder de representação que exercia sobre a região beirã. Desde a época de D. Dinis, a Covilhã (que dividia esta função com Viseu) era uma das sedes das ouvidorias – delegadas pelo arrabi-mor – que exerciam jurisdição sobre os judeus que habitavam o espaço do arrabiado da Beira, de cada um dos lados da Serra da Estrela.[12] É provável, desta forma, que os rabinos da Covilhã também deveriam manter enorme influência sobre a prática religiosa e interpretações talmúdicas de judeus de boa parte da Beira.

Na cidade que nascera debruçada sobre a Estrela, a sinagoga localizava-se intramuros, junto ao pano da muralha. Além das moradias de judeus, também funcionavam nos limites da judiaria o Tribunal, o hospital, o açougue, o cemitério, e determinados espaços destinados aos rituais judaicos, como, por exemplo, o *mikvé*[13] – onde eram realizadas as cerimônias de purificação. Em 1468, sinal da intensificação das perseguições aos judeus que ocorriam em outras partes da Europa – principalmente os acontecimentos da vizinha Espanha – e dos novos tempos que se aproximavam e, aos poucos, iriam cerceando os direitos da comunidade judaica em Portugal, a pedido dos representantes dos conselhos, foram cerradas com pedra, cal e setas de ferro as portas e janelas da judiaria que mantinham ligação ou comunicação de qualquer tipo com o lado cristão, ou ainda, que permitissem visão para seu casario. Complicavam-se, assim, os contatos entre judeus e cristãos, numa tentativa pouco eficaz de isolar os seguidores da fé judaica em seus espaços intramuralhas.

---

11 GARCIA, Maria Antonieta. *Op. cit.*, 2001, p. 25. A grafia foi atualizada.

12 FERRO TAVARES, Maria José. *Os Judeus em Portugal no Século XIV*. 2ª ed. Lisboa: Guimarães, 2000, p. 29.

13 "piscina de 'água viva', acumulada da chuva ou de uma fonte, que é usada no ritual de purificação e ablução". UNTERMAN, Alan. *Op. cit.*, 1992, p. 175.

A proximidade com cidades possuidoras de importantes e ativas comunidades judaicas como a Guarda e Belmonte – esta última, a meio caminho de distância no trajeto até aquela, com grupo de judeus organizado citado desde o foral sanchino de 1199[14] – sugere um presumível contato entre estas comunidades de judeus e a comunidade da Covilhã. Sobre Belmonte, situada ao Norte da Beira Baixa, também na região da Serra da Estrela, há provas documentais da existência de uma comuna judaica desde, pelo menos, o final do século XIII, épocas de Dom Dinis (1279-1325), e que também receberia considerável leva de judeus expulsos de Castela. Após os decretos de conversão forçada e o batismo dos judeus em cristãos-novos, Belmonte transformar-se-ia em um dos centros mais intensos da prática criptojudaica, mantida ao longo dos séculos em que as proibições ao judaísmo tiveram validade em Portugal. Sinal da representatividade da resistência judaica na região é o fato de terem chegado até nossos dias resquícios de algumas das antigas práticas que os criptojudeus de Belmonte usavam para esconder e dissimular aos olhos da população a relutância na fé dos antepassados.[15]

No último quartel do século XV, momento em que os seguidores da fé de Israel viviam o alvorecer da livre crença no lado hispânico da fronteira, contavam-se os judeus da Covilhã em cerca de quatrocentos indivíduos. Era o refúgio de muitos judeus portugueses que deixavam a prosperidade e facilidades das cidades mais importantes do reino, como Porto e Lisboa, para viverem nos espaços interioranos da Beira, onde as pressões sociais e perseguições ao grupo judeu não se sentiam na mesma intensidade que vigia nos grandes centros. O fato de ser fronteira natural com os domínios dos Reis Católicos colaborava para que a região beirã fosse transformada em rota para muitos dos judeus que entravam no reino e servisse como *asentamiento*

---

14   GARCIA, Maria Antonieta. *Judaísmo no feminino: tradição popular e heterodoxia em Belmonte*. Lisboa: Instituto de Sociologia e Etnologia das Religiões/Universidade Nova de Lisboa, 1999, p. 111.

15   Na primeira metade do século XX, também seriam encontrados "criptojudeus" em várias povoações de Trás-os-Montes e da Beira Interior, "como Vilarinho dos Galegos, Argozelo, Carção, Vimioso, Vinhais, Rebordelo, Bragança, Chaves, Torre de D. Chama, Vila Real, Vila Flor, Vila Seca (Vimioso), Azinhoso e Travanca, Mogadouro, Chacim, Valpassos, Macedo de Cavaleiros, Fozcôa, Cedovim, Meda, Pinhel, Guarda, Belmonte, Covilhã, Idanha-a-Nova, Penamacor, etc". CANELO, David Augusto. *Os Últimos Criptojudeus em Portugal*. 2ª ed. Belmonte: Câmara Municipal de Belmonte, 2001, p. 69-75. A intensa longevidade do criptojudaísmo em Belmonte é retratada por Maria Antonieta Garcia, que relata as indisposições ocorridas na vila quando da abertura da sinagoga *Bet Eliahu*, em 1996, celebrando os 500 anos do decreto de expulsão. Os *criptojudeus* contemporâneos de Belmonte passariam então a boicotar a prática judaica pregada pelos rabinos da nova sinagoga, por julgarem que aquele judaísmo – embora representasse o judaísmo tradicional – tinha problemas, e que o judaísmo praticado em Belmonte – um criptojudaísmo herdado dos antepassados cristãos-novos – é que era o correto. GARCIA, Maria Antonieta. *Op. cit.*, 1999.

judio aos que fugiam das perseguições movidas na Espanha – principalmente após os acontecimentos de 1391, levados ao extremo um século depois com o decreto de expulsão assinado em 1492 por Isabel de Castela e Fernando de Aragão. Fixavam-se estes judeus da Espanha na Beira, seja movidos pela proximidade com a antiga morada, seja pela afinidade com a região, que já concentrava um grande número de judeus, acabando também por criar fortes vínculos econômicos, participando em diversos níveis da produção local.[16]

Apesar da atuação na produção e comércio locais, e do convívio relativamente harmônico entre judeus e cristãos em Portugal no momento anterior à implantação do monopólio cristão, há notícias de alguns conflitos e desavenças após os decretos de conversão forçada envolvendo as – agora – populações cristã-velha e cristã-nova da vila, embora esta situação ainda representasse menos a norma do que problemas isolados e localizados. Coagidos a abraçar a fé de Cristo, alguns neoconversos da Covilhã, assim como ocorrera em outras regiões do reino, optariam por buscar maneiras que possibilitassem a transferência para outras regiões de livre fé, como a Holanda ou o Norte da África, com a intenção de vivenciar a continuação da liberdade de crença e a volta ao judaísmo permitido; outros, em maior número, procurariam refúgio em regiões remotas ou de difícil acesso no próprio reino e no além-mar, onde sofressem menores pressões sociais e religiosas. Por estes e outros motivos, em pouco tempo, o Brasil transformar-se-ia em destino perseguido por muitos dos cristãos-novos que deixavam Portugal.

Com a proibição do judaísmo no mundo português e a transformação dos antigos judeus em cristãos-novos, a Covilhã passaria pelo mesmo processo de erradicação das sinagogas e destruição de judiarias que ocorreria por todo o reino. Nos primeiros momentos após a conversão, a família Antunes presumivelmente habitava a Covilhã, e ainda permanecia na vila, com total certeza, ao tempo do nascimento de Ana Rodrigues – mais tarde, matriarca da família no Brasil –, por volta dos anos iniciais da década de 1510.[17] Não podemos precisar se a presença da família na região era já de longa data ou se a transferência para a vila havia ocorrido somente no período próximo aos decretos

---

16   De acordo com Pilar Criado, "La Beira era desde mucho antes tierra de asentamiento judío, y ello debió atraer a los castellanos que buscaron alli refugio". CRIADO, Pilar Huerga. *En la raya de Portugal: Solidariedad y tensiones en la comunidad judeo-conversa*. Salamanca: Ed. Universidad, 1993, p. 23. *Apud* GARCIA, Maria Antonieta. *Op. cit.*, 2001, p. 27.

17   Este é o período mais coerente para o nascimento de Ana Rodrigues, embora em um de seus depoimentos perante a Inquisição alegue ter nascido por volta do ano de 1491– data bastante improvável, como veremos adiante. A discussão sobre a presumível idade da ré e das consequências deste fato para a veracidade das informações prestadas ao Santo Ofício por Ana Rodrigues e seus parentes será retomada em item específico a ser desenvolvido no quinto capítulo.

de batismo à força, mas é fato que residiam na Covilhã em princípios do século XVI, sendo bastante provável que participassem com alguma intensidade da produção ou comércio locais. Da mesma forma, a primeira geração de cristãos-novos da família, antigos judeus que viveram o momento opressor de 1496-97, adaptava-se à nova realidade de monopólio religioso juntamente com a expressiva comunidade neoconversa local, mantendo em (relativo) segredo algumas das práticas e tradições do judaísmo graças à ausência de perseguições oficiais por ordem do próprio monarca, que garantiria cerca de quarenta anos de isenção aos neoconversos de qualquer inquirição religiosa, procurando acalmar os ânimos gerais no reino e incentivar o processo de integração dos antigos judeus à nova realidade vigente.

Do núcleo familiar em que nasceu Ana Rodrigues, conhecemos poucas informações. Era filha de Diogo Dias, mercador, e de Violante Lopes.[18] Certo que os pais de Ana Rodrigues faziam parte do grupo de judeus que vivenciaram durante anos o período de liberdade de crença em Portugal, educados segundo os preceitos do judaísmo permitido e que seriam obrigados oficialmente a renunciar ao judaísmo e adotar o catolicismo dominante. Certo ainda que Ana Rodrigues conviveu por poucos anos com a mãe, pois, quando contava a idade de treze anos, seu pai era já casado uma segunda vez com Serena Roiz, sua madrasta. Provavelmente, a segunda mulher de Diogo Dias em Portugal era outra dentre as milhares de judias que foram convertidas à força em 1497, visto que os casamentos entre cristãos-velhos e neoconversos não era ainda uma constante em Portugal nestes anos iniciais pós-conversão. Não encontramos qualquer referência sobre o ano ou a causa da morte de sua mãe, embora os indicativos apontem que faleceu em idade relativamente jovem. Também não há nenhuma outra informação acerca de sua madrasta Serena, ou do ano de seu casamento com Diogo Dias, nem ao menos se este enlace ocorrera antes ou depois da conversão forçada – sendo esta segunda hipótese, pela presumível data de nascimento de Ana Rodrigues, muito mais provável. Desconhecemos, da mesma forma, se Ana possuía irmãos, inteiros, meios ou "emprestados", filhos apenas de sua madrasta Serena.

Sobre o pai de Ana Rodrigues, contudo, talvez seja possível encontrar alguns indícios. Na documentação referente aos livros da Chancelaria de Dom Manuel I existentes nos arquivos da Torre do Tombo, em Portugal, encontra-se um documento que concedia a um certo Diogo Dias a representação de um cargo na vila de Seia, antes pertencente ao seu pai, João Dias, que – três meses eram passados – renunciara do privilégio em favor do filho. Apesar da pouca distância entre as localidades de Seia e Covilhã, da equivalência temporal

---

18   No processo movido contra Ana Rodrigues pela Inquisição de Lisboa (processo 12142) não encontramos qualquer referência sobre a profissão exercida por Diogo Dias, nem sobre o nome da mãe da ré. Estas informações, contudo, constam da pesquisa de Anita Novinsky sobre os prisioneiros da Inquisição no Brasil. NOVINSKY, Anita. *Inquisição: Prisioneiros do Brasil – séculos XVI-XIX*. Rio de Janeiro: Expressão e Cultura, 2002, p. 194.

entre a presença dos Antunes na Covilhã e a ocupação do cargo de juiz dos órfãos e da coincidência de nomes, não é possível descartar a possibilidade de que seja apenas um caso de homônimos. De qualquer forma, faz-se imprescindível uma análise do perfil deste Diogo Dias que aparece citado como dignatário da mercê manuelina.

O tal Diogo Dias, que aparece na documentação da chancelaria de D. Manuel, parece tratar-se de homem relativamente jovem, provavelmente em início de carreira profissional, a substituir o pai em suas funções, que procurava, ao repassar o cargo para o filho, manter o prestígio que tal ocupação oferecia entre a família. A vila de Seia, onde moravam pai e filho – citada juntamente com a Covilhã na *Tragicomédia Pastoril da Serra da Estrela* de Gil Vicente –, fica no sopé ocidental da serra, pouco acima e a distância não muito grande da Covilhã (cerca de quarenta e cinco quilômetros), servindo como uma das principais bases de ascensão (juntamente com Covilhã, Gouveia e Guarda) para os que desejassem vencer a Estrela. O documento, chancelado em Lisboa e datado de 23 de julho de 1501, assim apresenta-se na íntegra:

> Mercê do julgado dos órfãos da vila de Seia e seu termo a Diogo Dias, filho de João Dias, morador nesta vila, o qual apresentou um alvará d'El-Rei, datado de Sintra, 1501, julho, 20, feito por António Carneiro, endereçado ao Chanceler-mor, notificando-o de que lhe aprazia fazer mercê do ofício de Juiz dos Órfãos a Diogo Dias e, renunciando João Dias, lhe mandasse fazer carta em forma.
>
> E mais, apresentou um instrumento público de renúncia, assinado por Lopo Martins, tabelião por El-Rei na vila de Seia, aos 19 de abril de 1501, no qual João Dias renunciava em mãos d'El-Rei e pedia o dito ofício para seu filho. E vistos o alvará e o instrumento de renúncia, o dava por Juiz dos Órfãos dessa vila e seu termo, 'se assim é', pela guisa que até então fora seu pai. Porém, mandava ao Corregedor da Comarca, Ouvidor, Juízes e Justiças que o metessem em posse e deixassem servir e usar o dito ofício e haver os próis e percalços, assim como mandava a ordenança, e outro algum não. E Diogo Dias jurou na Chancelaria aos Santos Evangelhos.
>
> El-Rei o mandou por D. Pedro, bispo da Guarda e capelão d'El-Rei, e pelo Dr. Gonçalo de Azevedo, ambos do Conselho e Desembargo do Paço.
>
> Francisco Dias, a fez.[19]

---

19 Arquivo Nacional da Torre do Tombo. *Chancelaria de Dom Manuel I*. Livro 1, Fólio 35, documento n° 209, em 23/07/1501. A grafia foi atualizada. Para Hespanha, "ao poder competia a protecção daqueles que, em virtude de *capitis deminutio* ou de condições sociais concretas, não estavam capacitados

Supondo que o documento se refira realmente ao avô e ao pai de Ana Rodrigues, poderíamos inferir que a família, antes de fixar-se na Covilhã, teria habitado a vila de Seia, onde possuía certo destaque pela função de Juiz dos Órfãos ocupado continuamente pelo clã, primeiro por João e, em seguida, pelo seu filho Diogo. Caso se confirme o parentesco com nossa personagem, o documento ilustra como, no início da comunidade de cristãos-novos, os cargos ainda estavam acessíveis aos neoconversos – exemplo das tentativas de bom convívio e unificação entre os grupos de cristãos-velhos e os recém-conversos e da ascensão de cristãos-novos incentivadas durante o reinado de D. Manuel I, que procurava minimizar a distância ente os grupos – tese esta defendida, ainda que com certo exagero, por Saraiva. Segundo o autor,

> Quase se diria, se não fosse a violência exercida contra a consciência religiosa dos novos convertidos, que eles foram enormemente beneficiados com as leis manuelinas. Não só conservaram todos os seus bens, não só ficaram isentos de pesados impostos, como se lhes abriram, por força da lei, todas as posições até então reservadas aos Cristãos. A política inexcedivelmente maquiavélica de D. Manuel, combinando a violência e a sedução no propósito não só de conservar os Judeus portugueses, mas ainda de atrair os castelhanos, é provavelmente inspirada por razões de Estado. Tudo leva a crer que para a economia do Reino, onde praticamente não havia Judeus convertidos, a expulsão poderia redundar num desastre sem recurso.[20]

---

para assumir pessoalmente a defesa dos seus interesses (incapazes, pessoas colectivas, pobres, viúvas, órfãos, dementes, pródigos, ausentes e, até, defuntos". Ao juiz dos órfãos cabia a função de "organizar o cadastro dos órfãos e vigiar a administração dos seus bens, pelos respectivos tutores, organizar os inventários de menores, prover quanto à criação e educação e casamento dos órfãos e julgar os feitos cíveis em que fossem parte órfãos, dementes ou pródigos e os feitos sobre inventários e partilhas em que houvessem menores". HESPANHA, António Manuel. *Às vésperas do Leviathan: Instituições e poder político – Portugal – séc. XVII*. Coimbra: Almedina, 1994, p. 180. Referindo-se à presença dos juízes de órfãos no Brasil, Maria de Fátima Gouvêa explica suas funções: "Tinham por atribuição a realização do cadastro dos órfãos, assim como as questões legais que envolvessem seus bens e imóveis". SILVA GOUVÊA, Maria de Fátima. Verbete "Justiça". *In*: VAINFAS, Ronaldo (dir.). *Op. cit.*, 2000, p. 338.

[20] Para Saraiva, "dir-se-ia que para D. Manuel quantos mais judeus melhor", interessado em manter os antigos judeus no reino. A lei de 1º de março de 1507 ordenava a abolição de toda discriminação existente: "e os praz que em tudo sejam havidos, favorecidos e tratados como próprios Cristãos-Velhos sem deles serem distintos e apartados em cousa alguma". Complementa o autor: "D. Manuel praticou uma política coerente de integração pacífica. Toda a sua legislação tende claramente a suprimir a discriminação entre os Cristãos-Velhos e os antigos Judeus, fixando no País o maior número possível destes".

Nas *Ordenações Manuelinas*, códice de leis do reino que, a partir de 1505, iniciou a reforma das ordenações anteriores, *Afonsinas*, mas que somente ganhou sua edição definitiva em 1521 – ano da morte do monarca –, encontra-se, no Título LXVII do Livro Primeiro, *Do Juiz de Órfãos, e cousas que seu Ofício pertencem*, a lista de atribuições competentes aos ocupantes do cargo. Em todos os lugares, vilas ou cidades que possuíssem um número igual ou superior a quatrocentos vizinhos, "haja sempre Juiz dos Órfãos apartado". As Ordenações fixam para os candidatos à função a idade mínima de trinta anos e, não possuindo a dada idade, que "perca o Ofício e nunca mais o haja", sinal provável de que, até pelo menos a publicação da dita lei, havia um considerável – ou ao menos, preocupante – número de indivíduos mais jovens ocupando o cargo – o que também poderia ser o caso de Diogo Dias, recebendo a ajuda paterna para garantir-lhe uma ocupação estável que tornasse possível prover sua sobrevivência e posição social respeitável. A função de juiz dos órfãos era de grande importância, principalmente no âmbito municipal.[21] Seu ocupante era responsável por saber, "com grande diligência e cuidado", o número de órfãos do local em que atua, zelando por seus bens e direitos, apurando, em linhas gerais:

> o nome de cada um órfão, e cujo filho é, e de que idade, e onde vive, e com quem, e quem é seu Tutor, ou Curador; e isso mesmo deve saber quantos bens tem, assim móveis, como de raiz, e quem os traz, e se andam bem aproveitados, ou se são danificados, ou perdidos, e por cuja culpa ou negligência, para os fazer corrigir e aproveitar, e assim fazer pagar aos ditos órfãos toda a perda e dano que em seus bens receberem, por aqueles que em ele achar negligentes ou culpados; e

---

Com estas medidas, "as vantagens resultantes da integração – que do ponto de vista material mantinha todos os benefícios da situação anterior acrescidos de outros, bem consideráveis – não podiam deixar de fazer sentir os seus efeitos calmantes e compensatórios, uma vez passados o traumatismo e a desorientação dos primeiros momentos". SARAIVA, António José. *Inquisição e Cristãos-Novos*. 6ª ed. Lisboa: Estampa, 1994, p. 34-38. A política de D. Manuel, porém, não seria seguida à risca pelos monarcas sequentes. Com o passar do tempo, o acesso dos cristãos-novos a determinados cargos (tanto públicos quanto eclesiásticos) seria cada vez mais restringido – regulado, dentre outras normas, pelo estatuto de pureza de sangue, que considerava os neoconversos "impuros", e logo, inaptos para determinadas funções, que deveriam ser destinadas aos que não possuíam qualquer vestígio de mácula sanguínea, ou seja: os cristãos-velhos.

21 SALGADO, Graça (coord.). *Fiscais e Meirinhos: A administração no Brasil Colonial*. 2ª ed. Rio de Janeiro: Nova Fronteira, 1990, p. 262-63.

o Juiz que o assim não cumprir pagará aos ditos órfãos toda a perda e dano que por ele receberem.[22]

Era, enfim, cargo de grande responsabilidade e que exigia de seu ocupante alta confiança, como bem provam as atribuições de seu titular, visto que mexia com os patrimônios móveis e imóveis de famílias, através de heranças, inventários e partilhas. Confiar tarefa de tamanha responsabilidade a um cristão-novo, por conseguinte, significava um atestado público da origem respeitável e da honradez e seriedade de que usufruía seu titular perante o monarca.[23]

O fato de receber a mercê de encaminhar o filho para o cargo que antes lhe pertencera parece ainda demonstrar que João Dias cumprira suas funções durante o breve tempo em que atuou no juizado de órfãos dentro das expectativas, continuando a receber a confiança e o respeito do monarca para o desempenho de seu trabalho a ponto de ter a indicação do filho aceita e referendada para ocupar o posto que anteriormente lhe pertencia. Pode ainda, por outro lado, indicar que, em alguns casos, tais cargos fossem dados pelo monarca por mercê, em contrapartida de algum serviço ou favor prestado aos interesses do reino, ou mediante o pagamento de determinada quantia em dinheiro. Assim, o cargo transformar-se-ia em espécie de bem pessoal do titular, passado hereditariamente – obedecidos os trâmites burocráticos necessários e os vários interesses envolvidos –, sinal de que havia contrapartida para sua obtenção. Devido às vantagens que oferecia aos seus ocupantes, é provável que tenha despertado o interesse de cristãos-novos que buscavam maior prestígio e a diminuição das perseguições que enfrentavam, posto que o acesso a determinados postos era sinônimo da escalada social de seus praticantes.

---

22   *Ordenações Manuelinas*. Livro I, Título LXVII. "Reprodução *fac-simile* da edição feita na Real Imprensa da Universidade de Coimbra, no ano de 1797". Coimbra: Fundação Calouste Gulbenkian, 1984, p. 475-517. A grafia foi atualizada.

23   O acesso de cristãos-novos a determinados cargos seria seguidamente criticado pelos cristãos-velhos, gerando conflitos entre os dois grupos, e também entre os neoconversos e sua parcela judaizante, responsável pela generalização das desconfianças sobre a fé de todo o grupo. Em 1524 seriam apreendidos alguns papéis com Henrique Nunes, cristão-novo que atuava como espião a serviço do inquisidor-geral da Espanha, Lucero, e também de D. João III, que acabaria assassinado nas proximidades de Olivença por dois clérigos cristãos-novos. Para Henrique Nunes, era necessária a aplicação de alguns remédios para acabar com o criptojudaísmo: "retirar aos novos cristãos os arrendamentos; proibir-lhes o acesso aos cargos de rendeiros, almoxarifes, juízes, regedores, almotacés, alcaides; obriga-los aos ofícios mecânicos e ao mister de lavrador. As medidas propostas revelavam indiretamente a elevada situação social de muitos cristãos-novos". COELHO, António Borges. *Cristãos-Novos judeus e os Novos Argonautas*. Lisboa: Caminho, 1998, p. 79.

Todavia, pela leitura do documento, não há referência ao ano em que João Dias, o pai, teria iniciado suas atribuições no cargo de juiz de órfãos nem de quem herdara a função, e nada indica que o cargo pudesse ser atribuído aos que professassem a lei judaica durante o período de livre crença. Torna-se, assim, pouco provável que João Dias tenha atuado na função enquanto era oficialmente judeu. Desta forma, restam duas hipóteses: João Dias pode ter renunciado ao judaísmo e abraçado o cristianismo ainda no período anterior ao batismo forçado de 1497, o que o tornava apto para receber o cargo de Juiz de Órfãos, por ser oficialmente cristão. Caso isto tenha ocorrido, é presumível que os familiares de João, como o filho Diogo que lhe sucederia no cargo, tenham abraçado o cristianismo juntamente com o pai. Segundo Lipiner, as conversões de própria vontade traziam benefícios aos seus praticantes e ao monarca, que esperava, com isto, que os recém-conversos servissem de espelho e "de isca no anzol para pescar outros judeus", preferencialmente das classes mais elevadas:

> No tempo dos judeus também ocorriam conversões. As leis do reino favoreciam-nas e estimulavam-nas mediante o oferecimento de benefícios sedutores. Se o candidato à conversão pertencia às camadas mais altas da sociedade, o próprio monarca, às vezes, participava demonstrativamente da cerimónia de baptismo.[24]

Por outro lado, Diogo pode ainda ter sido convertido ao catolicismo somente com os decretos de 1496-97, como a imensa maioria dos antigos judeus portugueses. Partindo deste pressuposto, o pai de Diogo Dias teria recebido o cargo de juiz dos órfãos no espaço de tempo entre a aplicação dos decretos manuelinos de conversão forçada, em outubro de 1497, e a época em que renunciaria ao cargo a favor de filho, em 19 de abril de 1501, ocupando-o por menos de quatro anos ao todo. Talvez ainda tenha alcançado ou arrematado o cargo exatamente com o intuito de repassá-lo ao filho, garantindo-lhe boa colocação e rendimentos. Assumindo o juizado dos órfãos em 1501, Diogo Dias permaneceria responsável por seu exercício até inícios de 1513, portanto,

---

24 LIPINER, Elias. *Op. cit.*, 1998, p. 387-388. Mais à frente, p. 402, o mesmo autor complementa, exemplificando as vantagens das conversões anteriores ao batismo forçado manuelino: "Sabe-se, com efeito, que apesar da intransigência e dos protestos do braço eclesiástico, admitia-se nas Ordenações antigas do reino, que os descendentes de conversões anteriores à conversão de 1497, não fossem qualificados de cristãos-novos, senão de cristãos-velhos. Ademais, no regime monárquico absolutista então vigente, o soberano, desprezando princípios etnológicos e razões biológicas, por mero favor libertava certos indivíduos ex-judeus da qualificação de cristão-novo, substituindo-a mediante carta régia por outra de cristão-velho"– seria este o caso de João Dias? "Tudo isto prova a confiança realmente depositada nos renegados voluntários".

por um período de tempo consideravelmente maior do que ficara seu pai. Nesta data, um novo documento da chancelaria manuelina tratava da substituição do juiz pelo falecimento (de causa não citada) do suposto pai de Ana Rodrigues. Dessa forma, teria morrido em idade menos avançada que seu pai, do qual não temos notícia sobre a data de falecimento: "Diogo Barbuda, nomeado juiz dos órfãos da vila de Seia, tal como o foi Diogo Dias, que, naquela altura, fora morto. El-Rei o mandou, pelo Bispo da Guarda e pelo Vigário de Tomar".[25]

Um outro documento, contudo, parece tornar improvável a atribuição da paternidade de Ana Rodrigues ao nosso homônimo juiz de órfãos da serrana vila da Seia. Em sessão de interrogatório ao Santo Ofício, Ana Rodrigues afirmaria que, às vésperas de seu casamento,

> sendo ela moça de idade de treze anos, estando esposada com o dito seu marido, tendo se mandado buscar a Roma uma dispensação para poderem casar ela com o dito seu marido Heitor Antunes por serem primos segundos, netos de duas irmãs, estando em poder de seu pai Diogo Dias e de sua mulher madrasta dela.

Neste mesmo depoimento, ocorrido em 8 de abril de 1592, Ana Rodrigues afirmava ser "mulher de oitenta anos", o que define sua possível data de nascimento em 1512. Desta forma, supondo que tenha vivido sob os cuidados do pai até o casamento, aos treze anos, conforme argumenta em sua confissão, torna-se improvável que fosse filha do juiz de órfãos Diogo Dias, posto que teria cerca de um ano de idade quando este falecera, entre finais de 1512 e inícios de 1513. Caso tivesse realmente os oitenta anos que apregoava neste depoimento, teria se casado por volta do ano de 1525 – cerca de doze anos após o falecimento de nosso juiz da Seia! –, quando teria os ditos treze anos com que alegava ter realizado o matrimônio. Se, por outro lado, tivesse nascido por volta de 1481 como alegara certa vez, completaria 13 anos, idade de seu casamento, próximo ao ano de 1494, ou seja, dezenove anos antes do falecimento do juiz de órfãos com o mesmo nome de seu pai – hipótese que tornaria possível a alegada filiação. Convém, contudo, ressaltar que, mesmo entre cristãos, era comum o casamento "de fato", sem a bênção da Igreja, sobretudo nesta época. Os esponsais (hoje "noivos"), em regra, viviam juntos, coabitavam, geralmente chancelados os enlaces por ritos familiares. Além disso, Ana teria se casado com o primo Heitor ainda em vigência do *Tempo dos Judeus,* seguindo as normas judaicas e casando em sua

---

25 Arquivos Nacionais da Torre do Tombo. *Chancelaria de Dom Manuel I.* Livro 42, Fólio 65, documento nº 287, em 27/05/1513. A grafia foi atualizada.

própria lei, visto que, de acordo com o judaísmo, é um dever do judeu casar e procriar, dever este que recai com mais ênfase sobre o homem.[26] Assim, parece óbvio que Ana Rodrigues e Heitor Antunes teriam se casado na lei judaica e tentavam ratificar a união à luz da Igreja – daí o pedido de dispensa de parentesco. Porém, além da fama pública de "caducar", a própria Ana Rodrigues lembraria ao inquisidor que "tem ruim memória" – fato que comprovaria ao atribuir a si mesma idades bastante diferentes ao longo dos interrogatórios frente aos representantes do Santo Ofício, conforme veremos adiante –, o que traria novamente à tona a dúvida de que fosse realmente filha do juiz de órfãos da vila de Seia.[27]

Apesar de não podermos ratificar ao juiz a paternidade de Ana Rodrigues, o fato é que casaria com Heitor Antunes, precisando recorrer a uma dispensação conseguida em Roma, provavelmente junto ao Papa, devido ao grau de parentesco entre os noivos. Heitor, seu marido, era também parente próximo: seu primo de segundo grau, neto de uma irmã de uma das avós de Ana Rodrigues, sendo filho de um primo ou prima do pai ou da mãe de sua esposa. Não foram caso único. Entre os cristãos-novos, havia a prática de incentivar o casamento entre parentes. Os motivos para tal comportamento são variados. Dentre outros, o interesse em garantir a manutenção dos bens de família, ou ainda, para evitar (entre os criptojudeus) que suas práticas religiosas fossem descobertas e denunciadas, além do fato dos cristãos-velhos evitarem – de forma muito mais intensa neste momento inicial pós-conversão forçada no reino – a realização de matrimônios com cristãos-novos. Após o casamento, é provável que Ana Rodrigues tenha adotado o nome do marido em complementação ao seu nome de solteira, passando a chamar-se Ana Rodrigues Dias Antunes.[28]

Depois do casamento, o novo casal se mudaria para a Sertã, distante cerca de cem quilômetros da Covilhã. Não sabemos, contudo, se outros membros da família deixaram a antiga morada juntamente com Heitor Antunes e Ana Rodrigues em direção ao novo endereço, nem ao menos a data exata ou os motivos que levaram

---

26 UNTERMAN, Alan. *Op. cit.*, 1992, p. 58.

27 Arquivo Nacional da Torre do Tombo, Inquisição de Lisboa, processo 12142.

28 Cabe a Wiznitzer, no índice remissivo de sua obra mais famosa, a informação sobre o nome completo de Ana Rodrigues, sem, contudo, identificar suas fontes. Não encontramos referências sobre a real nomeação de Ana Rodrigues no processo que lhe foi movido pela Inquisição. Dessa forma, é provável que Wiznitzer tenha usado o nome dos pais de Ana Rodrigues como referência. Partindo deste pressuposto, é possível que Diogo Dias tivesse ainda o sobrenome Rodrigues – nome que teria passado a sua segunda esposa, Serena Rodrigues. Assim, Ana Rodrigues poderia chamar-se Ana Rodrigues Dias (e ainda possuir o sobrenome Lopes, por parte de sua mãe). Ao casar-se com Heitor Antunes, passaria a portar o sobrenome do marido. WIZNITZER, Arnold. *Os judeus no Brasil colonial*. São Paulo: Pioneira/Edusp, 1966, p. 207.

os recém-casados à mudança. Muitos foram os cristãos-novos que optaram por deixar suas cidades em busca de regiões onde suas origens fossem menos conhecidas e/ou sua vivência religiosa não fizesse parte do conhecimento geral, procurando diminuir os preconceitos e perseguições aos de sangue dito "impuro". "A história dos cristãos-novos e judeus ibéricos, comumente designados, também em Espanha, judeus portugueses", ensina Borges Coelho, "é, ao longo dos séculos XVI e XVII, a história de famílias em fuga e mercadejando de terra em terra, escondendo o nome, a crença secreta, solidárias ou divididas pela denúncia, pelo sofrimento, pelos caminhos desencontrados".[29] A mudança dos Antunes para a Sertã – além de outras causas, como os interesses econômicos – talvez representasse certo esforço neste sentido. Independentemente dos motivos que tiveram para deixar a Covilhã em direção ao novo local de residência, o certo é que acabaram por engordar as estatísticas da mobilidade – forçada ou não – dos cristãos-novos portugueses, em busca de uma vida em melhores condições de sobrevivência, afastando-se das perseguições sociais que lhes afetavam.

Localizada em uma região de planície, nas proximidades da Serra de Alvelos, rodeada pelas serras do Espinhal, Lousã, Cebola, São Pedro de Açor e Estrela, e pelas corcovas do Cabeço-Rainha e Moradal, a vila da Sertã apresenta a forma de uma península, entrecortada por duas ribeiras – a Ribeira da Sertã e a Ribeira de Amioso – que se juntam ao fim da vila, nos arredores de seu antigo castelo, e deságuam para tornar ainda mais caudaloso o Rio Zêzere que, pouco mais à frente, encontra-se com o Tejo em seu caminho em direção ao Atlântico. A Sertã, desde épocas longínquas, funcionara como área de passagem entre o Norte e o Sul do reino, além de fazer a interligação do espaço litorâneo português com algumas das principais cidades da região – como Castelo Branco, Covilhã, Guarda e Tomar. Era também uma das rotas utilizadas por comerciantes e viajantes que seguiam em direção à Espanha. Não há dados que indiquem com precisão os primórdios da Sertã. Uma das tradições, porém, defende como origem a data da fundação de seu castelo, no ano 74 antes de Cristo, por Sertório, general romano, quando teria recebido o nome inicial de Certago.

Certago, depois Certagem, Çertan, Certan, Sertan e, por fim, Sertã: alguns autores ligam a origem do nome da vila a um ataque de soldados romanos sofrido ainda durante a construção do citado castelo, causando a morte de um nobre cavaleiro lusitano que lutava por sua proteção. Sua mulher, de nome Celina ou Celinda, atacaria os romanos

---

29   COELHO, António Borges. *Op. cit.*, 1998, p. 74.

que já haviam entrado no castelo, derramando-lhes sobre o rosto uma *sertã*[30] de azeite fervente, queimando e expulsando os invasores, e reconquistando a fortaleza. Daí a legenda, *Certago sternit certagine hostes* (A Sertã derriba os inimigos com a sertã) passar a figurar, mais tarde, como símbolo das armas da vila.[31]

No século XII, a vila e seu castelo seriam reedificados, e a Sertã receberia foral concedendo-lhe grandes privilégios, provavelmente nos idos de 1150, época em que reinava D. Afonso I (1140-1185). Durante quase uma década, na segunda metade do século, entre 1165 e 1174, a vila da Sertã pertenceria aos Templários[32], quando então seria doada à Ordem do Hospital de São João Batista de Jerusalém (conhecida ainda como Ordem de Rodes ou de Malta) por Afonso Henriques. Este imponente e poderoso castelo, raro exemplar de cinco quinas existente em Portugal, ajudava a formar uma linha de defesa, ao redor da Serra da Estrela, juntamente com os castelos de Belver e Amieira, do priorado, ouvidoria e correição do Crato. No ano de 1513, a Sertã receberia nova carta de foral, agora assinada pelo rei D. Manuel – não mais do que uma regulamentação fiscal para o bom funcionamento dos negócios, direitos e interesses reais na região. Por sua localização – área de passagem entre as regiões litorânea e de fronteira –, sofreria os efeitos e influências da proximidade hispânica:

> A Sertã lembra já uma povoação da Estremadura ou limiar da Beira Litoral. É, no conjunto, uma elegante vilazinha clara, debruçada num

---

30   *Certan* ou *sartã* ou *sertã*, é uma espécie de tacho ou "frigideira rasa e geralmente larga, de barro ou de ferro. Etimologia latim *sartágo, inis* 'frigideira; por extensão mistura, amontoado, montão'; no latim medieval lusitânico *sartago*, sob flexão de acusativo singular *sartaginem* (s. XII), o que leva a crer nas formas intermediárias **sertáem* > **sertãa* e, daí, a atual *sertã*. Homônimo certã (forma certão [adj.])". Verbete *sertã*. In: *Dicionário Eletrônico Houaiss da Língua Portuguesa*. São Paulo: Objetiva, 2001.

31   Pinho Leal, Augusto Soares d'Azevedo Barbosa de. *Portugal Antigo e Moderno. Diccionario Geographico, Estatístico, Chorographico, Heraldico, Archeologico, Histórico, Biographico e Etymologico de todas as cidades, villas e freguezias de Portugal e de grande numero de aldeias se estas são notaveis, por serem patria d'hommens célebres, por batalhas ou outros factos importantes que n'ellas tiveram logar, por serem solares de familias nobres, ou por monumentos de qualquer natureza, alli existentes. Noticia de muitas cidades e outras povoações da Lusitania de que apenas restam vestigios ou sómente a tradição*. Lisboa: Mattos Moreira & Companhia, 1874, p. 251-253.

32   Explica o padre António Farinha: "A doação feita por D. Afonso Henriques aos Templários em 1165 da era Cristã compreendia o espaço entre o rio Elge e o Tejo e entre o Zêzere e o Tejo". Mais à frente, complementa: "O local da vila da Sertã devia ter sido cobiçado pelos Templários que tinham por costume defender-se dos mouros com torres isoladas nas margens dos rios e ribeiras, nos desfiladeiros e especialmente nas penínsulas formadas pelos rios. Neste caso estava precisamente a Sertã". Farinha, Pe. António Lourenço. *A Sertã e o seu Conselho*. Lisboa: Escola Tip. das Oficinas de S. José, 1930. Edição fac-similada. Sertã: Câmara Municipal, 1998, p. 33-34. A grafia foi atualizada.

meandro gracioso da Ribeira da Sertã, entre montes que se vão fazendo pequenos, à borda de águas que já perderam a braveza serrana.[33]

Em inícios do século XVI, a vila era local de importância econômica mais acanhada e povoação menos intensa se comparada à Covilhã, onde a família Antunes morara anteriormente. Mas ganhava destaque no termo o cultivo de vários tipos de cereais, castanhas, frutas, a produção de vinhos e azeite, além da criação de gado e das carnes de caça. Desde os tempos iniciais da monarquia portuguesa, o azeite – produto tradicional que teria concorrido até para nomear a localidade (a *sertã de azeite fervente*) – constituiu-se no mais rico produto local. Iniciado o segundo quartel do século XVI, em 1527, a freguesia da Sertã contava 271 povoações e cerca de 1232 vizinhos.

A Sertã possuía, ainda, uma ativa comunidade judaica, participante – como em outras partes do reino – da produção e economia locais. Em tempos de livre crença, abrigou uma judiaria, onde os judeus moravam e realizavam seus negócios. Como nas demais judiarias do reino, era fechada e com guardas à porta, impedindo a saída dos habitantes "desde o sol-posto até o sol-nado", e servindo de abrigo aos judeus em trânsito pela região. As mulheres cristãs que precisassem circular pelos limites da judiaria deveriam obedecer regras severas: só tinham acesso à judiaria acompanhadas de dois homens, se fossem casadas; Solteiras ou viúvas, por sua vez, precisavam da companhia de um homem apenas.[34] Após a conversão forçada e a desativação das judiarias, os judeus, feitos cristãos-novos por decreto real, continuariam a viver na região, protegidos, pela distância, do alvoroço e das perseguições populares, assim como dos rigores eclesiásticos dos grandes centros urbanos.[35]

Se, por um lado, o judaísmo deixou de existir oficialmente em Portugal com os decretos manuelinos, na prática, apesar do monopólio católico imposto em 1497, a proibição real de perseguição aos neoconversos por desvios em sua conduta religiosa nas primeiras décadas após o batismo forçado propiciou a manutenção de antigos costumes judaicos pelas comunidades de neoconversos. Dom Manuel procurava, assim, evitar as hostilidades entre cristãos velhos e novos, permitindo uma maior integração entre os grupos. Protegidas por lei, as primeiras gerações de cristãos-novos mantinham em boa parte as tradições e costumes do tempo dos judeus, limitando-as, porém, a ambientes restritos. A Beira, distante das pressões dos grandes centros, como Lisboa, Coimbra,

---

33 GUIA DE PORTUGAL. *Op. cit.*, 1994, p. 679.

34 FARINHA, Pe. António Lourenço. *Op. cit.*, 1998, p. 117.

35 Segundo António Coelho, "as comunidades judias e cristãs-novas espalhavam-se pelo país todo e, entre as mais poderosas, contavam-se Bragança, Lamego, Trancoso, Porto, Coimbra, Tomar, Lisboa, Évora, Elvas, Montemor-o-Novo, Beja, Serpa e Faro". COELHO, António Borges. *Op. cit.*, 1998, p. 76.

Évora e Porto, e enriquecida pelas influências sofridas pelos judeus fugidos da Espanha, acomodaria uma grande quantidade de neoconversos, funcionando como uma espécie de local de aglomeração de cristãos-novos das mais diferentes áreas (embora esta não fosse uma característica exclusiva da região beirã), miscigenando costumes da antiga lei praticados dos dois lados da fronteira ibérica, e possibilitando o avivar das memórias e a sobrevivência da fé mosaica através da prática do criptojudaísmo.

Tanto na Covilhã como na Sertã, os Antunes presenciariam e participariam do momento inicial de surgimento e adoção do modelo cristão-novo. Afastadas de Lisboa e próximas das terras hispânicas, as localidades beirãs serviram de palco privilegiado para a manutenção de práticas e costumes judaicos, vivenciados não só pelos batizados em pé e seus descendentes que já habitavam a região há tempos, mas também pelas levas de judeus que cruzariam a fronteira oriundos da Espanha, intensificando e enriquecendo a herança da tradição da antiga fé, criando um criptojudaísmo com características e cores próprias provenientes da prática judaica dos dois lados da fronteira ibérica. Por tudo isso, a Beira tornar-se-ia um dos locais privilegiados para a resistência criptojudaica em Portugal.

Após deixar a Sertã, Heitor Antunes e Ana Rodrigues seguiriam para Lisboa, onde se fixariam antes da transferência para o Brasil. Não sabemos exatamente o tempo que o casal permaneceu na capital do reino, mas possuímos alguns sinais que nos ajudam a vislumbrar o provável período da estada. Em sua confissão ao visitador Heitor Furtado de Mendonça durante o tempo da graça, datada do primeiro dia de fevereiro de 1592, Ana Rodrigues afirmava que "*haverá trinta e cinco anos, estando ela na Sertã*, morreu um filho por nome Antão", o que a levou a "lançar água fora dos potes", porém "estas coisas não sabe que eram de judia".[36] Logo, cerca de trinta e cinco anos antes, ou seja, por volta do ano de 1557, Ana Rodrigues viveria ainda na mesma vila para a qual mudara pouco tempo depois de seu casamento com Heitor Antunes – o que parece ser pouco provável, pois, neste mesmo ano, o casal embarcaria para o Brasil, fato que limitaria sua temporada lisboeta a pouquíssimos meses, talvez apenas o tempo necessário para aguardar a partida da embarcação que os levaria para a América. Outro depoimento, porém, dado ao licenciado do Santo Ofício um dia antes por Beatriz Antunes, filha do casal, deixaria dúvidas sobre a data exata da transferência da família para a sede da Coroa. Em explanação ao inquisidor sobre a sua genealogia, Beatriz afirmaria ser "natural de Lisboa, na freguesia de São Gião, (...) de idade de quarenta e três anos", e que

---

36 "Confissão de Ana Rodrigues, cristã-nova, na graça, em 1º de fevereiro de 1592". *In*: VAINFAS, Ronaldo (org.). *Santo Ofício da Inquisição de Lisboa: Confissões da Bahia*. São Paulo: Companhia das Letras, 1997. Série Retratos do Brasil, p. 282-283. O grifo é meu.

veio para o Brasil "menina de seis ou sete anos com seu pai".[37] Assim, de acordo com a informação de Beatriz Antunes, à época de seu nascimento, ocorrido por volta de 1549 (quase uma década antes do ano – 1557 – em que Ana Rodrigues afirmava ser ainda moradora da Sertã!), o casal Antunes já poderia estar estabelecido em Lisboa. A confusão de datas, talvez, possa ser atribuída tanto às aproximações pouco criteriosas – idades e períodos de tempo geralmente referidos como "pouco mais ou menos" – quanto à alegada "ruim memória" de Ana Rodrigues, que tentaria ludibriar o inquisidor sobre seus conhecimentos da fé mosaica falseando sua própria idade. É provável, assim, que o casal Antunes tenha permanecido em Lisboa, pelo menos, entre os anos de 1549 – nascimento de Beatriz Antunes – e abril de 1557 – data da transferência para o Brasil.

Independentemente do momento em que chegaram à Lisboa, presume-se que, durante o tempo em que estivera na cidade, Heitor Antunes tenha exercido, como muitos outros cristãos-novos, o ofício de mercador – função esta com que é identificado pela viúva e filhos perante os representantes do Santo Ofício e que deveria exercer desde os tempos em que vivia na região beirã. Também Lisboa parece ter sido o palco para as relações sociais e contatos que aproximaram o comerciante de Mem de Sá, designado governador-geral do Brasil e que teria, dentre os acompanhantes na viagem que o traria à América portuguesa, o casal Heitor Antunes e Ana Rodrigues. Provavelmente, a opção da família pela transferência para o Brasil tenha ocorrido durante o tempo em que viveram em Lisboa, talvez a convite do próprio Mem de Sá, de quem Heitor era homem de confiança.

Lisboa adentrou o século XVI como o grande polo de atração populacional português, quadro que continuaria em ascensão ao longo do Quinhentos.[38] Afora suas especificidades como sede administrativa e cabeça do reino, assim como do papel primordial que representava como centro econômico do mundo português e dos principais portos da Europa, com intensa atividade comercial: o Tejo, sua principal porta de entrada, "era cortado por embarcações de todos os calibres, transportando gente de todas as raças e de todos os continentes".[39] A cidade era a margem de onde partia boa parte das

---

37 "Confissão de Beatriz Antunes, cristã-nova, no tempo da graça, em 31 de janeiro de 1592". *Idem*, p. 275.

38 "Na cidade viviam 5% dos portugueses por alturas de 1527 (60000 almas). Esse valor percentual ascende a um décimo no terceiro quartel de Quinhentos (120000 residentes), para estabilizar ou ligeiramente decrescer até a Restauração. Em 1639 contavam-se em Lisboa 180000 almas, 9,5% da população portuguesa". RODRIGUES, Teresa Ferreira. "As estruturas populacionais". *In*: MATTOSO, José (dir). *História de Portugal. 3º vol.: No Alvorecer da Modernidade (1480-1620)*. Lisboa: Estampa, s/d, p. 234-235.

39 DEL PRIORE, Mary. *O Mal sobre a Terra: Uma história do terremoto de Lisboa*. Rio de Janeiro: Topbooks, 2003, p. 35.

embarcações em direção aos domínios de além-mar e local de chegada de navios carregados de especiarias e demais produtos dos quatro cantos do mundo conhecido:

> Como cabeça deste império marítimo, Lisboa transformava-se numa das grandes metrópoles do planeta, sonora e multicolor, reunindo gentes de todos os continentes e atraindo, pelas excelentes oportunidades de multiplicar a riqueza, alguns dos principais mercadores europeus. O seu poder assentava na rede de cidades atlânticas, americanas, africanas e asiáticas, a que se ligava pelo longo mar, nas forças militares marítimas de intervenção, na artilharia e nas naus. Para sustentar todo este esforço militar ao serviço da navegação, da conquista e do comércio, Lisboa mobilizava os homens e os produtos do país interior e integrava no seu mundo largos milhares de homens de África, da América e sobretudo da Ásia.[40]

O governo manuelino adequaria a cidade aos seus interesses de além-mar, moldando a sua expansão, mudando-a de lugar, aproximando-a da margem atlântica que lançava suas embarcações em busca das riquezas da África, Índias e Novo Mundo:

> Fruto do impulso detonado pelo assenhoreamento das rotas do Atlântico no reinado manuelino e registro do primeiro grande surto urbano português, o cômputo populacional de Lisboa exteriorizava o grau de grandeza de um espaço que se tornara um polo de atração para inúmeros oficiais mecânicos e que se impunha como capital.[41]

---

40 COELHO, António Borges. "Os argonautas portugueses e o seu velo de ouro (séculos XV-XVI)". *In*: TENGARRINHA, José (org.). *História de Portugal*. 2ª ed. Bauru: Edusc; São Paulo: Unesp; Portugal: Instituto Camões, 2001, p. 99.

41 SANTOS, Georgina Silva dos. *Ofício e Sangue: o papel da Irmandade de São Jorge nas culturas de ofício da Lisboa Moderna*. Tese de Doutorado apresentada ao Departamento de História da Faculdade de Filosofia, Letras e Ciências Humanas da Universidade de São Paulo, São Paulo, 2002, p. 101. Também Mary Del Priore ratifica o papel manuelino na adequação da cidade à função de cabeça da expansão portuguesa: "Foi D. Manuel, dito O Venturoso, quem decidira descer dos muros fortificados da Alcáçova para, de perto, ver partirem ou chegarem as naus das Índias. Deslocou-se morro abaixo, em direção ao mar, o centro nevrálgico da cidade, cujos fluxos seriam doravante marcados pelo cariz mercantil da expansão náutica. Com o rei vieram o Estado e seu centro administrativo: a Misericórdia, mantendo a imprescindível assistência social, o Celeiro Público, respondendo às necessidades de abastecimento e armazenamento, a Alfândega Nova, controlando a entrada e a saída de produtos, a Casa de Ceuta e a Casa da Índia, como centro administrativo em si, o Arsenal de Guerra, responsável pela segurança dos

A capital do reino, em meados do século XVI, assistia ainda ao advento da Inquisição e suas implicações. Passado o tortuoso processo de idas e vindas para a implementação do Santo Ofício em Portugal, aos poucos, a atuação do Tribunal faria suas primeiras vítimas, contribuindo para o acirramento dos conflitos entre cristãos-velhos e neoconversos. Exemplo da crescente perseguição e vigilância sobre os cristãos-novos encontra-se em carta do embaixador Lourenço Pires de Távora ao então regente e inquisidor-geral, Cardeal D. Henrique, em que discutia as estratégias de funcionamento do sistema de interrogatório inquisitorial. Pires de Távora, ao alertar D. Henrique sobre o perigo que representava a política das testemunhas secretas – descumprindo um decreto do Papa Paulo III datado de 1549 que previa a abolição do segredo das testemunhas e que só seria anulado em 1560, apesar de nunca ter sido posto em prática em Portugal –, definia o complicado relacionamento e o reflexo das desconfianças entre cristãos-velhos e neoconversos em acusações nem sempre fundamentadas, impedidos estes de gerenciar suas defesas por não lhes ser permitido identificar seus denunciantes. Em outras palavras, o embaixador advertia para a utilização de má-fé do segredo inquisitorial por aqueles que pretendiam aproveitar o tribunal para resolver ódios e inimizades pessoais:

> Creio que toda a moderação que a Justiça sofrer nas culpas dos Cristãos-Novos aprazerá a Deus e ao mundo. *Pouca indústria e trabalho é necessário para os queimar a todos* quem não tiver muita vigilância e os esperar e defender de falsidade. E esta parte toca a Vossa Alteza, porque *sendo eles tão odiados e havendo tantas pessoas no mundo mal inclinadas*, não se dando os nomes das testemunhas e não podendo os culpados dar facilmente contraditas ao que não sabem e a inimizades e respeitos ocultos, pode correr muito risco a verdadeira justiça.[42]

Assim como a cidade fora conhecida como um dos principais centros de judaísmo em Portugal durante o período de liberdade religiosa, a presença cristã-nova em Lisboa fazia-se intensa no período pós-conversão, estando os neoconversos espalhados pelas mais diversas atividades, responsáveis por importantes ramos da economia, e dos principais colaboradores no processo expansionista do reino, a viver seu auge. Segundo Borges Coelho, "durante todo o século, com fortes hemorragias

---

negócios, e os Paços Reais ou a 'presidência da empresa' em que se transformava o estado português". Del Priore, Mary. *Op. cit.*, 2003, p. 31.

42 Carta de 12/05/1560. *Apud* Saraiva, António José. *Op. cit.*, 1994, p. 54. Os grifos são meus.

de gente nos finais do século XVI e na primeira metade do século XVII, os cristãos-novos de Lisboa continuaram entregues aos ofícios estratégicos e ao comércio das mercadorias e do dinheiro".⁴³

O convívio entre os grupos, todavia, nem sempre se mostrava amistoso. Ainda nos primórdios do monopólio católico em Portugal, durante o domingo de Pascoela de 1506, a cidade seria palco para o massacre de alguns milhares de neófitos pela plebe, insuflada pela pregação fanática de dois frades dominicanos. Muitos cristãos-novos seriam violentados, mortos e queimados, afora registros de residências saqueadas e assaltos às famílias mais ricas:

> As fogueiras crescem no Rocio e na Ribeira. Bandos caçam judeus escondidos, invadindo residências. Aos grupos de quinze ou vinte, os judeus são amarrados, feridos, cuspidos e lançados ao fogo. Os sinos repicam, chamando os fiéis ao massacre.⁴⁴

A origem do ocorrido encontra-se num suposto milagre que teve vez na igreja de São Domingos, no Rossio, quando alguns fiéis julgavam que o brilho singular de certo crucifixo era sinal de prodígio. Menos exaltado pela ideia de milagre, um cristão-novo teria advertido ser um simples efeito de luz, explicando o fato com uma frase infeliz para o momento: *Como há-de um pau seco fazer milagres?* – motivo mais do que suficiente para que os mais afoitos dessem início à barbárie, arrastando-o pelos cabelos para fora da igreja, onde seria linchado e jogado à fogueira, criando uma situação completamente fora de controle.

> Deu-se a explosão de ódios comprimidos por anos e séculos. Todos os conversos encontrados na rua e refugiados nas igrejas caíam a golpes de bandos assassinos, e os corpos, alguns semivivos, consumiam-nos as fogueiras, cujo número ia aumentando com o das vítimas. Em seguida, foram buscá-los às casas, onde tudo roubavam ou destruíam. Quando faltaram os hebreus, assaltaram os cristãos-velhos. Alguns destes a custo salvaram as vidas mostrando que não eram circuncisos.⁴⁵

---

43   COELHO, António Borges. *Op. cit.*, 1998, p. 77.

44   NAZÁRIO, Luiz. "O julgamento das chamas: auto de fé como espetáculos de massa". *In*: NOVINSKY, Anita e CARNEIRO, Maria Luiza Tucci (orgs.). *Inquisição: ensaios sobre mentalidade, heresias e arte*. São Paulo: Edusp, 1992, p. 532.

45   AZEVEDO, J. Lúcio de. *Op. cit.*, 1989, p. 60.

Como resultado do motim e com o intuito de acalmar os ânimos, D. Manuel mandaria justiçar exemplarmente os frades responsáveis pela tormenta, juntamente com algumas dezenas de envolvidos no lamentável episódio. A cidade também sofreria punição coletiva, com a abolição pelo monarca de certos privilégios aos seus habitantes e castigos variados aos cúmplices passivos da tragédia.[46]

Instaurada a Inquisição, a partir de 1536, Lisboa seria uma das sedes do Tribunal – e, por conseguinte, um dos locais mais vigiados pelos atentos olhares inquisitoriais. A paisagem urbana do Rossio, região central da cidade, aparece recheada com forte influência religiosa:

> Na agitação costumeira de formigueiro, a cidade era uma paisagem viva. Ao norte, emoldurava-a o antigo Palácio dos Embaixadores ou Estaus, transformado, desde o século XVI, no Palácio da Inquisição, residência do inquisidor-mor e prisão para os acusados de heresia, sodomia e poligamia. Daí a cidade era policiada e capturada nos seus humores e segredos. A alguma distância localizava-se a Câmara. Ao oriente, a praça era limitada pela igreja e o convento dos dominicanos; o Hospital Régio, ou de Todos os Santos, ficava-lhe contíguo[47].

A cidade também seria o local escolhido para a realização do primeiro auto de fé da Inquisição portuguesa, ocorrido em 20 de setembro de 1540, que acabaria por levar (além de dezenas de outros condenados a penas mais brandas) seis réus à fogueira: três mulheres e um homem denunciados por bruxaria, mais dois cristãos-novos acusados de judaizar. A cerimônia – que se tornaria praxe no espetáculo de massas produzido pelo Santo Ofício – era cercada de toda pompa e circunstância necessárias na demonstração da força e alcance do poder do Tribunal:

---

46 Sobre o massacre de cristãos-novos ocorrido na páscoa de 1506 e que acabou por vitimar alguns milhares de judeus em Lisboa, ver ainda PINTO, Paulo Mendes & MATEUS, Susana Bastos. *O Massacre dos Judeus: Lisboa 19 de Abril de 1506*. Lisboa: Aletheia, 2007. Entre as fontes quinhentistas citadas pelos autores, encontramos a descrição de Ibn Verga (p. 81): "então, vimos surgir uma multidão de gente armada de espadas, e em três dias, eles massacraram três mil almas. Eles faziam-nos sair à força para as ruas e os queimavam. Eles defenestravam as mulheres grávidas e recebiam-nas, em baixo, com as suas espadas, de tal modo que o embrião era expelido logo depois. Sem falar de outras crueldades e abominações que é melhor silenciar".

47 DEL PRIORE, Mary. *Op. cit.*, 2003, p. 25.

> A procissão saía do palácio do Rossio, para a praça da Ribeira, onde tinha lugar a cerimónia. Vinham à frente os carvoeiros, armados de piques e mosquetes para olhar pelas fogueiras; depois um crucifixo alçado, e os frades de S. Domingos, nos seus hábitos e escapulários brancos, com a cruz preta, levando o estandarte da Inquisição, onde numa bandeira de seda se via a figura do santo, tendo numa das mãos a espada vingadora, na outra um ramo de oliveira: *Justitia et Misericordia*. Após os frades, seguiam as pessoas de qualidade, a pé; familiares da Inquisição, vestidos de branco e preto, com as cruzes das duas cores, bordadas a fio de ouro.

Apresentados triunfalmente os representantes da Inquisição, seguia-se o desfile dos processados, de acordo com a gravidade de seus erros, em direção ao local em que seriam lidas as sentenças, divulgadas as penas, feitas as reconciliações ao seio da Igreja dos detratores considerados menos graves, e a condenação ao fogo dos renitentes.

> Depois vinham os réus, um a um, em linha; primeiro os mortos, depois os vivos: fictos, conflictos, falsos, simulados, confitentes, diminutos, impenitentes, negativos, pertinazes, relapsos – por ordem de categoria dos delitos, a começar nos mortos e pelos contumazes.[48]

O alcance do Tribunal e o seu papel purificador para a vitória cristã no reino eram didaticamente exemplificados aos que assistiam ao espetáculo, aprendendo com o sofrimento alheio a gravidade das faltas e a punição devida aos considerados culpados de pouco zelo e apego à fé católica. O drama dos réus em desfile, não raro, contrastava com as manifestações de júbilo e indiferença da população que assistia ao espetáculo, ratificando o poder e a função da Inquisição na sociedade portuguesa: "O povo dele participava ativamente, ridicularizando os condenados, vibrando ante a leitura das sentenças, apedrejando os réus no poste da fogueira, expiando coletivamente seus pecados na consumação dos corpos".[49] Saraiva assinala a importância do auto de fé como exibição do esmagador poder do Santo Ofício:

---

48   MARTINS, Oliveira. *História de Portugal*. 16ª ed. Lisboa: Guimarães, 1972, p. 330-331.

49   Para Vainfas, os autos-de-fé eram "espetáculos massivos e exemplares, que visavam mostrar ao povo e ao mundo que Portugal estava repleto de hereges – sobretudo 'judeus' –, e que sem a Inquisição não iria sobreviver aos tempos". VAINFAS, Ronaldo. "Justiça e Misericórdia: reflexões sobre o sistema punitivo da Inquisição portuguesa". *In*: NOVINSKY, Anita e CARNEIRO, Maria Luiza Tucci (orgs.). *Op. cit.*, 1992, p. 148.

os autos-de-fé podem considerar-se como rito típico e fundamental da sociedade portuguesa, no qual, desde o Rei, da sua janela, até ao Pé-descalço no chão da praça, todos participavam, comungando no mesmo ódio medroso pelo Judeu maléfico e no mesmo respeito, não menos amedrontado, pelo Inquisidor que purificava o Reino e pacificava a divindade.[50]

A presença efetiva do Tribunal do Santo Ofício na cidade, com sede estabelecida e representantes fixados, possibilitando a realização constante de denúncias à mesa da Inquisição e convivendo com a realização frequente dos autos-de-fé, com efeito, deve ter corroborado o azedamento das relações entre cristãos-velhos e neoconversos, fator que se agravaria conforme o aumento da estruturação do tribunal no reino, alargando a ação inquisitorial e as ameaças e desconfianças que recaíam sobre os cristãos-novos.[51] Ao mesmo tempo, as notícias de além-mar que chegavam em cada uma das embarcações que atracavam no porto de Lisboa, dando conta das possibilidades de enriquecimento rápido e de uma vida distante dos rigores e pressões sofridas na metrópole, certamente incentivaram muitos cristãos-novos a enfrentar longas viagens em busca de novas oportunidades em locais onde a "origem infecta" não implicasse os mesmos perigos que causava no reino. Enquanto isso, surgiam em várias localidades portuguesas indivíduos que, ao divulgar uma mensagem diversa do catolicismo opressor, entendida não raro como messiânica por seus ouvintes, acabariam por representar os anseios de tempos melhores para os *batizados em pé*. Neste quadro de intensificação da ação inquisitorial e aumento das desconfianças aos neoconversos em Portugal, em contraste com os primeiros sinais de desenvolvimento e prosperidade da economia açucareira no novo mundo – ainda sem as ameaças da presença amordaçante da Inquisição – é que ocorre a transferência dos Antunes para a Bahia.

Resistências, milenarismo e messianismo: Trancoso, Setúbal e outros exemplos

Sinais evidentes da confusão religiosa que se instaurou no reino após os decretos manuelinos podem ser percebidos não apenas pela intensidade do criptojudaísmo vivenciado nas primeiras décadas do século XVI – ainda fortemente alimentado pelo testemunho vivo dos próprios judeus batizados em pé –, quando a comunidade

---

50 SARAIVA, António José. *Op. cit.*, 1994, p. 112.

51 "O espetáculo católico da fé alimentava-se em boa medida com os restos das crenças e o dinheiro dos cristãos-novos. E o viver com um pé nas crenças e cerimônias católicas e outro no encontro das ideias e dos ritos judaicos arrastou alguns cristãos-novos para o ceticismo e o ateísmo". COELHO, António Borges. *Op. cit.*, 2001, p. 103-104.

cristã-nova reviveria os costumes da época de livre fé, apesar dos impedimentos oficiais. Outras formas de resistência ganhariam força, como o aparecimento de certos vultos de caráter messiânico que acabariam por incentivar o debate teológico entre os cristãos-novos – fossem judaizantes ou não –, e mesmo com a participação de cristãos-velhos, atraindo a atenção das autoridades, tanto religiosas quanto da Coroa. É o caso das célebres comunidades de neoconversos de Trancoso e Setúbal, áreas de sobrevivência da tradição rabínica e de forte presença do judaísmo de cariz messiânico.

Durante os primeiros anos seguintes à proibição da liberdade de crença em Portugal e do aparecimento dos cristãos-novos forçados ao bastismo, surgiriam no reino determinadas personalidades que acabariam responsáveis por alimentar e divulgar uma mensagem messiânica que fosse de encontro às agruras e expectativas do grupo neoconverso, pregando o fim das tribulações que afligiam o povo judeu e o advento do Messias prometido para breve, com a chegada de um período de paz e prosperidade para os filhos de Israel – que seriam conduzidos até Jerusalém – e para o judaísmo como religião única.

A divulgação da mensagem messiânica ganharia contornos mais intensos em Portugal devido à situação recentemente gerada com os decretos de expulsão e proibição do judaísmo e o surgimento dos neoconversos, mas era igualmente reflexo de um quadro mais profundo de transformação religiosa que se desenhava por toda a Europa. Os ecos da mentalidade medieval ainda cerceavam a razão e ditavam regras a homens que, ao mesmo tempo, descortinavam novas terras e alargavam a noção de mundo existente. As críticas ao catolicismo opressor incentivavam a volta às origens do cristianismo, mais preocupado com a mensagem do que com sua utilização como ideologia de dominação. A crise da cristandade daria origem aos movimentos de Reforma e ao contra-ataque tridentino, buscando recuperar os espaços perdidos pelo catolicismo. Acrescente-se o fim das liberdades religiosas, os massacres e a expulsão dos judeus da Espanha e o processo forçado de batismo compulsório à fé cristã pelos judeus portugueses e teremos o ambiente propício para o aparecimento de interpretações as mais diversas dos conflitos que ganhavam forma na parte lusitana da Ibéria a partir de 1497.

A presença de pregadores judeus em Portugal remete-nos ao período anterior ao monopólio católico, e sugere indícios de uma provável desarmonia no convívio entre judeus e cristãos, assim como um reflexo dos conflitos entre cristãos e judeus e suas consequências na vizinha Espanha durante o século XV. O nome de alguns destes "profetas" ou intérpretes dos acontecimentos e agruras que atingiam o grupo neoconverso e da esperança de novos tempos futuros que surgiriam em Portugal, realizando andanças e levando sua mensagem por todo o reino chegaria até nossos dias. O caráter messiânico do discurso destes "profetas" seria importante não apenas para reforçar as origens judaicas em épocas de proibição (e perseguição) religiosa, mas ainda por deslocar o eixo da salvação judaica de Jerusalém para Portugal, visto como espécie de "nova terra prometida" onde seria erguido o reino de Deus na Terra, logo que banidos todos os males. Como salienta Lipiner, "não se sabe se desevangelizaram o Cristianismo, se desjudaizou a fé de Moisés",[52] mas o certo é que o messianismo judaico português foi peça fundamental para a manutenção e prática das antigas tradições, incentivando a continuidade do (cripto)judaísmo.

Durante o tempo dos judeus, já se sentia o agravamento das perseguições aos seguidores da antiga fé, num quadro de incentivo declarado à adoção espontânea da fé cristã pelos judeus através de vantagens e proteções oferecidas pelo reino, gerando conflitos entre a comunidade judaica e os neoconversos por opção. Ainda em fins do século XIV, Isaac Abravanel, antes mesmo das leis de conversão forçada, condenava os que, cedendo às pressões, renegavam a fé judaica e abraçavam a fé de Cristo por vontade própria, chamando-os pejorativamente de "pecadores de Israel". Tamanho sofrimento que recaía sobre o grupo, na sua opinião, servia de anúncio sobre a vinda próxima do Messias, que deveria ocorrer no período compreendido entre 1490 e 1573, fixando o ano de 1503 como data provável de sua chegada. Também David Ha-Reubeni, ou David Judeu, embaixador hebreu que esteve presente em Portugal durante a década de 1520, percorreria as regiões do Algarve, Tavira, Évora e Beja, dizendo-se filho de um certo Rei Salomão, pregando às comunidades locais. Mais tarde, seria recebido na própria Corte, onde pediria auxílio ao monarca português – pretendendo, num segundo momento, a ajuda do próprio Papado – para armar cerca de trezentos mil guerreiros numa espécie de luta ou cruzada pela reconquista da Terra Santa, então sob o domínio dos turcos. Ao mesmo tempo, anunciava a chegada em breve do Messias e a restauração do reino de Judá. A pregação de Reubeni surtiria efeito, sendo aceita não só em alguns círculos neoconversos, mas também angariando apoios dentre os cristãos-velhos, alimentando a crença geral na existência de um reino judaico nas terras do Oriente, denominadas Monte Tabor ou Deserto de Habor. Acabaria preso e condenado pela Inquisição castelhana em Llerena, no ano de 1538, e morreria cristão tempos depois.

Na região de Trás-os-Montes, área de fronteira ao Norte com a Espanha, da mesma forma, apareceriam alguns destes "profetas". O médico Antônio de Valença pregava à comunidade cristã-nova local a chegada de um judeu salvador para dar fim às aflições e anunciar novos dias aos descendentes da antiga lei. Também um certo Diogo de Leão de Costanilha, rival do médico Valença na comunidade, apregoaria a chegada do Messias até o ano de 1544, conduzindo os judeus e cristãos-novos em direção à Jerusalém, iniciando-se um período de força, unidade e prosperidade para o judaísmo. Preso pela Inquisição, insistiria nas previsões, acrescentando que o Messias

---

52 LIPINER, Elias. *O Sapateiro de Trancoso e o Alfaiate de Setúbal*. Rio de Janeiro: Imago, 1993, p. 308.

estaria acompanhado dos profetas Enoc e Elias. Terminaria relaxado ao braço secular em auto de fé realizado em Lisboa, ironicamente, no mesmo ano que preconizava como data limite para a chegada do messias.[53]

Localizada na Estremadura, a cidade de Setúbal, ao sul de Lisboa, seria o palco para as previsões de Luís Dias, "o Alfaiate de Setúbal", considerado pelos neoconversos um homem de notável conhecimento da Lei e dos profetas, chegando mesmo a ser apontado como o próprio messias por alguns entusiastas de seu discurso devido à pregação metafórica de sua teologia, interpretando "as profecias e símbolos da Bíblia exclusivamente em favor da gente de sua nação e suas esperanças de redenção". Aos que o ouviam, profetizava o fim das agruras sofridas pelos cristãos-novos no reino com o anúncio de que "viria tempo que a terra mais pacífica que houvesse no mundo seria Portugal, porque aqui era a porta do céu".[54] Gozava de extrema receptividade, "tratado com sinais extravagantes de respeito" e devoção. De todos os cantos do reino recebia "cartas místicas de pessoas que acreditavam nele". Afamado como milagreiro, seria acusado de realizar circuncisões nos filhos de seus seguidores, prática totalmente inaceitável nestes tempos de monopólio cristão.[55] Exemplo da complexidade de sua teologia metafórica é o caso da árvore cósmica e da candeia divina, em que afirmava que Deus, antes de criar Adão, criara "uma árvore que é como candeia que podem dela acender [outras] sempre dos sempres e ficar [a candeia original] em sua virtude, como se não tirassem nada na mesma virtude", proferida acerca de uma consulta feita por um mercador de Évora sobre "se estas almas foram criadas antes de serem influídas nos corpos, ou se as criara Nosso Senhor nos corpos".[56] Seria, contudo, denunciado ao Santo Ofício de haver afirmado aos cristãos-novos que "vinha o Senhor a falar com ele de maneira que se anunciava por messias e que falava com Deus".[57] Em carta datada de fevereiro de 1542 e dirigida a seu representante em Roma, o Cardeal D. Henrique, Inquisidor-geral do reino, comentava a fama e confusão reinantes sobre os dons e o discurso do alfaiate: "Luís Dias, se fez Messias, e com milagros feitiços provocou muitos cristãos-novos a crerem que o era, e o adorarem e lhe beijarem a mão por Messias".

Na mesma carta, noticiava ainda a existência por todo o reino de outros exemplos da intensidade da ação judaizante em Portugal, antecipando as justificativas para o

---

53 HERMANN, Jacqueline Op. cit., 1998, p. 39.

54 LIPINER, Elias. Op. cit., 1993, p. 308.

55 ROTH, Cecil. História dos Marranos: Os Judeus Secretos da Península Ibérica. Porto: Civilização, 2001, p. 106.

56 LIPINER, Elias. Op. cit., 1993, p. 129.

57 HERMANN, Jacqueline. Op. cit., 1998, p. 33-41.

aumento constante da pressão inquisitorial exercida contra os cristãos-novos suspeitos de pouco apego à fé cristã:

> Outros se fazem profetas e um Mestre Gabriel, cristão-novo, físico, andava em Lisboa pregando aos cristãos-novos de casa em casa a lei de Moisés, e se provou que circuncidou muito número deles, e fez muito dano. Outro, o Coimbra, adquiriu a si muitos discípulos, aos quais lia em hebraico e os convertia à lei de Moisés. Também em Lisboa fizeram com que uma cristã-velha que se tornasse judia, com grande solenidade lhe cortaram as unhas, como costumam em tal ato, e fizeram todas as demais superstições. E se achou em Lisboa uma casa em que se ajuntavam e tinham sinagoga secretamente.[58]

Alguns dos seguidores do "Messias de Setúbal" também enfrentariam problemas com o Santo Ofício. Foi o caso do desembargador Gil Vaz Bugalho, funcionário de alto cargo no serviço público da Coroa. Apesar de cristão-velho e de "boas famílias", converter-se-ia ao judaísmo por influência do próprio Luís Dias. Além de traduzir partes da Bíblia para o idioma português, escreveria um manual de prática religiosa para ser utilizado pelos neoconversos, incentivando-os a observar a lei mosaica no que fosse possível. Denunciado ao Santo Ofício, acabaria condenado à fogueira em 1551.[59]

Um dos mais impressionantes casos de sobrevivência judaica vividos em Portugal no período pós-conversão, sem dúvida, encontra-se na vila de Trancoso, reduto de Gonçalo Annes Bandarra, o "sapateiro visionário", que escreveria suas trovas provavelmente entre o período de 1520-1540. Assim como a Covilhã e a Sertã que serviram de morada para os Antunes, Trancoso está localizada na região da Beira, confirmando a importância do espaço beirão como concentrador de cristãos-novos no reino.

A vila possuía, na época anterior a 1497, uma importante comuna de judeus, o que é confirmado pela constância com que é citada nos livros de chancelaria dos monarcas portugueses devido aos vários benefícios recebidos pelos "muitos e ricos" judeus sob o comando do *arrabi* local. Apesar do isolamento em que viviam os judeus de Trancoso, obrigados – como em outras regiões portuguesas – a habitar dentro dos limites das judiarias, informam os registros do século XIV, concernentes ao reinado de D. Pedro I, que nobres e oficiais régios de passagem pela região escolhiam, não raro, as casas da judiaria como pouso, "tomando aos habitantes judeus cama, roupa e comida gratuitamente", o

---

58 Lipiner, Elias. *Op. cit.*, 1993, p. 55-56.

59 Roth, Cecil. *Op. cit.*, 2001, p. 106.

que causaria queixa dos judeus às autoridades e ao monarca, que os atenderia com um certo privilégio que os dispensava da obrigação de tal tipo de hospedagem.

Após a conversão decretada por D. Manuel, muitos dos agora cristãos-novos da vila seriam vistos de forma generalizada como suspeitos de permanência na antiga crença e continuidade das práticas judaicas. Em meados do século XVI, já instaurada a Inquisição no reino, reclamavam os neoconversos de Trancoso da atuação severa de um determinado visitador do Santo Ofício que, colhendo depoimentos na passagem do séquito inquisitorial pela localidade, "fez fugir em dois ou três dias cento e setenta moradores, que os mais deles eram mercadores ricos".[60]

A intensa sobrevivência das tradições e crenças da lei mosaica em Trancoso foi alimentada, em grande parte, pela presença do sapateiro que se dizia "isento de mácula" de sangue Gonçalo Annes Bandarra, escritor de trovas que seriam repetidas pelos cristãos-novos da região, e identificadas como escritos de alusão à veneração judaica e de conteúdo profético, pregando a chegada do messias esperado pelos judeus e, após o desaparecimento do rei D. Sebastião durante a fracassada campanha pelo Marrocos, seriam tomadas como anunciadoras do Quinto Império no profetismo de Antônio Vieira, já no meado do Seiscentos. Os versos de Bandarra – leitor contumaz por cerca de uma década da "Bíblia em linguagem", mas que falava ao povo "com as palavras simples e toscas da sua pátria e com as frases e metáforas de seu ofício"[61] – ganhariam força entre os cristãos-novos, esperançosos e ávidos por encontrar, nas trovas do oficial de sapateiro de calçados de correia "amigo de novidades", o sinal que anunciasse a redenção das tribulações vividas pelos judeus portugueses (e de toda a Ibéria) convertidos em cristãos-novos. Ao sapateiro dirigiam os cristãos-novos interrogações e consultas no intuito de melhor compreenderem as alegorias messiânicas enxergadas na interpretação que davam à sua obra. O alvoroço causado na comunidade neoconversa pelos escritos de Bandarra mostra não apenas o drama cristão-novo, mas ainda indícios da confusão vivida por estes descendentes da fé de Israel, educados para serem oficialmente cristãos, mas convivendo de portas a dentro com o exemplo e testemunho vivo da antiga tradição, a ponto de identificarem em um cristão-velho o mensageiro da redenção judaica.

> Embora se sentissem odiados, são criaturas de frontes serenas e de olhar confiante, que sabem lutar, cônscios da superioridade da sua raça religiosa, combativa, instruída e esperta. Teimarão, triunfarão. O sapateiro lê-lhes, com boca de cristão, que julga ser, textos

---

60 *Apontamentos dos Cristãos Novos*, de 1546, aproximadamente. In: *Corpo Diplomático*, vol. VI, p. 109. Apud Lipiner, Elias. *Op. cit.*, 1993, p. 24.

61 *Idem*, p. 32.

de Esdras e Jeremias; mas eles ouvem, com ouvidos de judeus, esses bíblicos versículos.[62]

A esperança da chegada breve do messias lida pelos conversos nas entrelinhas das trovas de Bandarra colaborava para difundir sua mensagem messiânica por todo o reino e seus domínios. O próprio sapateiro escritor de trovas, apesar de afirmar-se cristão-velho inteiro, era visto como uma espécie de "rabi" por uma parcela da comunidade de neoconversos de Trancoso.

Denunciado pelas interpretações que fazia do texto bíblico, o "amigo de novidades" acabaria preso e processado pelo Santo Ofício, em 1541. Condenado, sairia em auto de fé em 23 de outubro do mesmo ano, sentenciado a abjurar de seus erros e proibido de ler, escrever, comentar ou divulgar textos sobre a Sagrada Escritura. No mesmo auto de fé que reintegrou Bandarra ao seio da Igreja de Roma estaria presente o alfaiate setubalense Luís Dias, porém, sem a mesma sorte e com destino diverso: o "Messias reencarnado" de Setúbal seria relaxado ao braço secular, em detestação pela gravidade das acusações que lhe pesavam, tornando-se uma das primeiras vítimas das fogueiras inquisitoriais que queimavam em nome da fé em Portugal desde o ano anterior.

Ao contrário de desaparecer, contudo, a mensagem de Bandarra (alimentada, em especial, pelo desaparecimento do rei D. Sebastião nas areias de Alcácer Quibir, em 1578) e de outros profetas que pregavam a chegada para breve do messias prometido aos judeus ganharia eco, difundindo-se pelos quatro cantos do mundo português, inclusive o Brasil, através dos cristãos-novos que embarcavam para o trópico.[63]

Do reino à colônia: os Antunes na Bahia

A barra de Belém, localizada na ribeira do Tejo, em Lisboa, presenciava, no dia 30 de abril de 1557, o embarque da nau que deixava o reino em direção à Terra de Santa Cruz levando a bordo o jurista Mem de Sá, fidalgo da casa e do conselho do rei, "desembargador dos Agravos, com 24 anos de brilhante exercício na magistratura da Metrópole",[64] nomeado nove meses antes por D. João III, em 23 de julho de 1556, como

---

62   LIPINER, Elias. Op. cit., 1993, p. 42.

63   Cf. AZEVEDO, J. Lúcio de. A Evolução do Sebastianismo. Lisboa: Editorial Presença, 1984; CURTO, Diogo Ramada. "Ó Bastião! Ó Bastião! (Actos políticos e modalidades de crença, 1578-1603)". In: CENTENO, Yvette Kace (coord.). Portugal: Mitos revisitados. Lisboa: Salamandra, 1993, p. 139-176, e HERMANN, Jacqueline. Op. cit., 1998.

64   WETZEL, Herbert Ewaldo. Mem de Sá: Terceiro Governador Geral (1557-1572). Tese de Doutorado na Faculdade de História Eclesiástica da Pontifícia Universidade Gregoriana de Roma. Rio de Janeiro: Conselho Federal de Cultura, 1972, p. 31.

"novo capitão-mor e governador da capitania da Bahia e terras da costa do Brasil", em substituição a Duarte da Costa.⁶⁵ Munido de amplos poderes políticos e de jurisdição cível e penal, tinha como tarefa inicial o combate às invasões e presença francesas à região da Baía da Guanabara, e ainda de estimular o melhor aproveitamento da terra.⁶⁶ Depois de ancorada nos cachopos – ou recifes⁶⁷ – ao derradeiro dia de abril, a nau partiria, em primeiro de maio, para as "partes do Brasil".

A viagem seria longa, afetada pelos "muitos tempos contrários" que acabaram por desviar a embarcação em direção às ilhas de Cabo Verde, Príncipe e São Tomé. Afora as intempéries, as doenças que grassavam a bordo determinariam o atraso da viagem, e atingiriam quase a totalidade das cerca de trezentas e trinta pessoas da companhia. Embora providos os doentes de galinha e dos cuidados necessários, o ambiente insalubre culminaria com a morte de quarenta e dois – ou quarenta e quatro, segundo uma das testemunhas – viajantes. Ao todo, em sua viagem em direção à América portuguesa, Mem de Sá e sua companhia "puseram oito meses menos dois dias, que foi até vinte e oito dias de dezembro do ano de quinhentos e cinquenta e sete anos",⁶⁸ totalizando 243 dias numa viagem que, em condições normais, seria realizada em mais breve espaço de tempo. As dificuldades enfrentadas na viagem seriam relatadas pelo próprio Mem de Sá, em documento de prestação de seus serviços datado de setembro de 1570 e enviado a pedido do rei Dom Sebastião, "um instrumento dos serviços que tem feitos a sua alteza dês que partiu da cidade de Lisboa vindo para estas partes, assim no mar como na terra". Os testemunhos sobre os esforços do governador seriam dados por homens honrados e de destaque na sociedade brasílica, dos principais da terra, figurando dentre eles o nome de Heitor Antunes.⁶⁹

---

65   Tavares, Luís Henrique Dias. *História da Bahia*. 10ª ed. São Paulo: Editora Unesp; Salvador: EDUFBA, 2001, p. 110.

66   Silva Gouvêa, Maria de Fátima. Verbete "Mem de Sá". *In*: Vainfas, Ronaldo (org.). *Op. cit.*, 2000, p. 162.

67   Mary Del Priore assim descreve os perigos naturais do Tejo para os navegadores que desconhecessem a região: "A foz do rio oferecia duas entradas divididas por rochedos submersos, os cachopos; à direita da entrada pelo sul situava-se a Torre do Bugio, construída sobre um banco de areia. A passagem ao norte, mais estreita, localizava-se entre os cachopos de São Julião, nome dado a outra fortaleza construída à beira mar e defrontando a Torre do Bugio". Del Priore, Mary. *Op. cit.*, 2003, p. 35.

68   "Documentos relativos a Mem de Sá Governador Geral do Brasil". *In*: *Anais da Biblioteca Nacional*, vol. XXVVII, 1905. Rio de Janeiro: Officina Typografica da Bibliotheca Nacional, 1906, p. 144-148. A grafia foi atualizada.

69   Mem de Sá escolheria a melhor gente para ratificar seus atos perante o rei. Na ordem de depoimento, as eminentes personalidades que serviram de testemunha do governador no *Instrumento dos Serviços* foram: João de Araújo, cavaleiro fidalgo da casa del rey nosso senhor; Heitor Antunes, cavaleiro da casa del rey nosso senhor; Sebastião Álvares, cavaleiro da casa del rey nosso senhor e oficial da Fazenda

Vencidas as dificuldades no trajeto, a embarcação trazendo Mem de Sá chegaria à cidade-sede do governo português na América em fins de 1557. O governador-geral daria início efetivo ao seu governo logo em janeiro do ano seguinte.[70] As expectativas pela chegada do novo governador, retratado como possuidor de enormes qualidades, eram assim descritas pelo Padre José de Anchieta, o "Apóstolo do Brasil", nos *Feitos de Mem de Sá – De Gestis Mendi de Saa* –, poema em homenagem à firme atuação de Sá no processo de catequese colonial, mas que dá fortes indícios – a partir do olhar de Anchieta – do quadro anterior de desordem existente no trópico:[71] "terras que suavam, em borbotões, sangue humano", *"crimes nefandos", "discórdias", "assassínio, bárbaro e contínuo", "guerras horrendas"*:

> Eis que, liberta dos perigos do mar e de há muito esperada,
> uma esquadra fundeia na baía a que todos os Santos
> legaram o nome. Trazia, salvo das fauces do oceano,
> um singular herói, de extraordinária coragem,
> Mem, que do sangue de nobres antepassados
> e de seiva ilustre de longa ascendência
> herdara o sobrenome de Sá. Superiores aos anos,
> ornam-lhe o rosto barbas brancas e majestosas:
> alegres as feições, sombreadas de senil gravidade,
> vivos os olhos, másculo o arcabouço do corpo,
> frescas ainda, como de moço, as forças de adulto.
> Muito mais excelente é a alma: pois lha poliram
> vasta ciência, com a experiência longa do mundo,
> e a arte da palavra bela. Arraigado no seio
> traz um amor de Deus, santo, filial, verdadeiro
> e a fé de Cristo jamais desmentida. No peito,

Real; Francisco de Morais, cavaleiro da casa de nosso senhor; Diogo Munis Barreto, fidalgo da casa del rey nosso senhor e alcaide-mor desta cidade do Salvador; O Bacharel Mestre Afonso, cirurgião del rey nosso senhor; Luis d'Armas, cavaleiro da casa del rey nosso senhor; Luis da Costa, almoxarife dos armazéns e mantimentos del rey nosso senhor nesta capitania da Bahia; Braz Alcoforado, escudeiro fidalgo da casa del rey nosso senhor; Vicente Dias, cavaleiro da casa del rey nosso senhor; Vicente Monteiro, tesoureiro da Casa del rey nosso senhor; Antonio da Costa, cavaleiro fidalgo da casa del rey nosso senhor; o Bispo Dom Pero Leitão, bispo destas partes do Brasil; Diogo de Matos, cavaleiro da casa del rey nosso senhor. *Idem.*

70 LIPINER, Elias. *Op. cit.* 1969, p. 122.
71 VAINFAS, Ronaldo. Verbete "Padre José de Anchieta". *In:* VAINFAS, Ronaldo (org.). *Op. cit.*, 2000, p. 457-458.

incendiado pelo sopro divino, ferve-lhe o zelo
de arrancar as almas brasílicas às cadeias do inferno.[72]

Dentre os que embarcaram com o novo governador-geral em direção ao Brasil, encontravam-se escravos da Guiné[73] e algumas órfãs que, por mandado do rei, seriam casadas "honradamente e com pessoas abastadas", colaborando para aplacar a "falta de mulheres brancas disponíveis" na colônia. Acompanhavam ainda a Mem de Sá alguns homens fidalgos e cavaleiros, como os que serviram de testemunha no documento endereçado a Dom Sebastião. Também o casal Heitor Antunes e Ana Rodrigues integraria a tripulação da viagem que traria Sá ao Brasil, na companhia dos filhos nascidos no reino: a já citada Beatriz, natural de Lisboa; Isabel Antunes, provavelmente nascida na Sertã,[74] e Violante Antunes, que possivelmente nascera no período em que os Antunes habitaram a Sertã ou Lisboa.[75] Outros filhos do casal nasceriam já no tempo em que a família morava no Brasil: Leonor Antunes havia nascido aproximadamente em 1560, e Nuno Fernandes, o caçula dos Antunes, nascera por volta de 1562.[76] Sobre os dois outros

---

72   PADRE JOSÉ DE ANCHIETA. *De Gestis Mendi de Saa* (Disponível em: http://cultvox.locaweb.com.br - file:///C|/site/livros_gratis/mem_de_sa.htm. Acesso em 12/11/2003). Os grifos são meus. Também Frei Vicente relataria as excelências do governador, "que com razão pode ser espelho dos governadores do Brasil", ao ressaltar sua valentia e justiça. FREI VICENTE DO SALVADOR. *História do Brasil: 1500-1627.* 7ª ed. Belo Horizonte: Itatiaia; São Paulo: Edusp, 1982, p. 151. Apesar do zelo com que Anchieta descreve o terceiro governador do Brasil, uma frase atribuída a Mem de Sá sintetiza bem sua consciência a respeito das dificuldades que enfrentava para a administração da América portuguesa: "Esta terra não se deve nem pode regular pelas leis e estilos do Reino". TAVARES, Luís Henrique Dias. *Op. cit.*, 2001, p. 110.

73   Henrique Tavares calcula em 336 o número de escravos trazidos por Mem de Sá ao Brasil. *Idem.* É, porém, provável que Tavares tenha se enganado com relação ao número total de escravos, visto que o próprio *Instrumento dos Serviços* de Mem de Sá informa ser este mesmo número de 336 o número de pessoas "que vinham na nau". "Documentos relativos a Mem de Sá Governador Geral do Brasil". *Op. cit.*, 1906, p. 127-280.

74   Uma filha de Isabel Antunes, Dona Ana Alcoforado, alega em depoimento de 1592 possuir 27 anos, o que a tornaria nascida por volta de 1567 – época em que Isabel Antunes deveria possuir, no mínimo, 12 anos, tendo portanto, nascido antes de 1555, época em que o casal Antunes estava ainda no reino.

75   O filho mais velho de Violante, Lucas d'Escobar, possuía 21 anos na data de seu depoimento, no ano de 1592. Logo, Lucas teria nascido por volta de 1571, catorze anos depois da chegada dos Antunes ao Brasil. Se Violante possuísse até esta idade, teria nascido no Brasil; caso fosse mais velha – fato mais aceitável –, seria originária da Sertã ou de Lisboa, como as irmãs.

76   A data de nascimento do caçula dos Antunes, Nuno Fernandes, é outro indício que ajuda a desvendar a idade provável de sua mãe Ana Rodrigues. A própria Ana, em depoimento ao Santo Ofício em 1592, informava ter oitenta anos, e que casara aos treze, por volta de 1525. A levar-se em conta que Ana tivera os primeiros filhos entre fins da década de 1540 e inícios da década de 1550, teria sido mãe tarde, com

filhos do casal, Jorge Antunes e Álvaro Lopes Antunes, não foram encontrados indícios que permitam indicar se nasceram no reino ou no Brasil, mas é provável que tenham nascido já na época em que a família vivia na colônia.[77] Um outro filho de Heitor e Ana Rodrigues, de nome Antão Antunes, morreria precocemente por doença, por volta da década de 1550, ainda no tempo em que a família estava na Sertã.

Chegando ao Brasil, é bastante provável que os Antunes tenham se fixado primeiramente em Salvador, antes de se tornarem proprietários das terras em Matoim, no Recôncavo baiano, e levantarem engenho. O trabalho de visitas que realizava Heitor Antunes às obras da vila ao lado de Mem de Sá, mantendo compromissos frequentes na sede do governo é sinal importante neste sentido. Igualmente provável é que tenha Heitor Antunes atuado inicialmente no comércio do açúcar antes mesmo de montar engenho e começar sua própria produção – caminho comum à maior parte dos comerciantes cristãos-novos que acabaram por tornarem-se senhores de engenho.

Comerciante de posses, possuidor de título de cavaleiro d'el Rey[78] conforme informava no *Instrumento dos Serviços* de Mem de Sá, e companhia costante do governador-

cerca de 28 a 30 anos, numa época em que as mulheres vivenciavam a maternidade muito mais cedo, não raro ainda praticamente largando a infância. E se Nuno nasceu em 1562, conforme dizia em seu depoimento ao Santo Ofício, Ana teria por volta de cinquenta anos quando pariu seu último filho, idade pouco provável para nossa suposta octogenária – e mesmo para os dias de hoje, apesar dos avanços que a medicina permite.

77 De acordo com Sarah Ianchel, partindo das idades alegadas nas confissões de alguns dos Antunes ao visitador no Brasil, Violante, Isabel e Beatriz vieram de Portugal, "enquanto que Leonor, Jorge, Álvaro e Nuno, já nasceram no Brasil". IANCHEL, Sarah Znayde. *Op. cit.*, 1981, p. 98. Importante lembrar que Jorge e Álvaro não compareceram à mesa do Santo Ofício para indicar suas idades. Afora Beatriz – que afirma ter nascido no reino –, Leonor e Nuno – que informam terem nascido no Brasil em depoimentos ao Santo Ofício –, para os outros filhos dos Antunes podemos apenas trabalhar com aproximações de datas, visto não haverem informações mais efetivas sobre suas idades. Desta forma, procuramos uma margem de tempo que permita cotejar a idade de Ana Rodrigues com as idades de seus filhos e netos, chegando-se a uma idade aproximada – e consequentemente, do provável local de origem – dos filhos do casal.

78 Existiram, em Portugal, quatro ordens militares, a saber: *Ordem da Torre e Espada, do Valor, Lealdade e Mérito*, criada em 1459 por D. Afonso V, extinta mais tarde e restaurada pelo Príncipe D. João, já no Brasil, em 1808; *Ordem de Militar de Avis*, a mais antiga das ordens militares portuguesas. Fundada por Afonso Henriques em 13/08/1162. Surgida inicialmente com o nome de Ordem Nova, para galardoar os cavaleiros que lutaram contra os mouros para a conquista do reino. Com a implantação da República, em 1910, foi abolida, sendo restabelecida em 1916; *Ordem de Cristo*, fundada pelo rei D. Dinis, com o nome de Religião Militar de Cristo, em 14/08/1318, e a bula de sua instituição foi expedida pelo papa D. João XXII, em 14/03/1319. "A Ordem de Cristo não foi mais que a reconstituição da Ordem do Templo, ingressando nela todos os antigos templários de Portugal, sendo seu primeiro grão-mestre D. Gil Martins". Foi abolida pelo governo provisório da República em 1910 e restabelecida em 1918; *Ordem de São Tiago da Espada*,

-geral, Heitor Antunes rapidamente ganharia destaque social. Pelos bons conhecimentos que mantinha, transformara-se em homem respeitado na colônia. Prova disto são os casamentos de seus filhos e filhas com cristãos-velhos representantes das mais poderosas, ricas, influentes e principais famílias da região, dos "principais da terra", "honrados e nobres", como se falava no jargão da época, não apenas buscando *alindar*, ou seja, diminuir a porção "infecta" de sangue neoconverso nas gerações vindouras, mas também abrandar os preconceitos e desconfianças públicas sobre a prática religiosa e sinceridade católica do clã, além de contribuir para o aumento de seu poder, azeitar as relações sociais e multiplicar a riqueza da família:

> As relações de matrimônio, compadrio, cunhadio envolvendo este clã de Matoim, bem como a intensa sociabilidade que delas resultava, é um exemplo típico do cotidiano dos cristãos-novos na Colônia, antes da chegada do Santo Ofício. Laços muito fortes uniam cristãos-novos e velhos no Brasil, atenuando-se o preconceito que, na metrópole, alimentava a Inquisição de réus.[79]

Ao todo, Heitor e Ana teriam oito filhos, sendo que sete deles (Antão morrera ainda no reino) viviam no Recôncavo da Bahia, onde exerciam grande poder e influência.

Beatriz Antunes de Faria, a filha mais velha, que se casou por volta de 1563 com o cristão-velho Sebastião de Faria, "um dos poderosos personagens do Brasil quinhentista", senhor de engenho que participou das lutas pela conquista do Sergipe aos índios aimorés. "Guerreiro ousado", informa Calmon, "foi capitão-mor da frota de cinco barcas que defendeu o recôncavo atacado pelos ingleses em 1587, chefiou a retaguarda da expedição com que Cristóvão de Barros conquistou Sergipe". Era filho de Inês Álvares de Faria e do sesmeiro Sebastião Álvares, escrivão da Fazenda Real nas terras do Brasil em épocas de D. João III. Sebastião Álvares desembarcara na colônia por volta de 1553. Antes da chegada do terceiro governador-geral ao Brasil, já era homem de destaque e dos principais em Salvador e no Recôncavo, e

---

fundada, segundo alguns autores, em 1175, pelo papa Alexandre III. "No tocante a Portugal, teve a Ordem o seu primeiro assento no mosteiro de Santos-o-Velho até o reinado de D. Afonso II em que se transferiu para Alcacer do Sal, quando esta vila se ganhou aos mouros, e daí para Mértola, no reinado de D. Sancho II, até se estabelecer em Palmela em 1482". Foi abolida pela República em 1910 e restabelecida em 1918. MELO, Olímpio de. *Ordens militares portuguesas e outras condecorações*. Lisboa: Imprensa Nacional, 1922. Ver também HESPANHA, António Manuel. *Op. cit.*, 1994, p. 339-342.

79 VAINFAS, Ronaldo & ASSIS, Angelo A. F. "A Esnoga da Bahia: cristãos-novos e criptojudaísmo no Brasil quinhentista". In: GRINBERG, Keila (org.). *Os judeus no Brasil: Inquisição, imigração e identidade*. Rio de Janeiro: Civilização Brasileira, 2005, p. 52.

ocupara ainda o cargo de vereador da cidade de Salvador, além de ser cavaleiro d'el Rey e amigo do segundo governador-geral, D. Duarte da Costa. Em mais de uma ocasião, mostraria boa vontade, seja colaborando com o governador-geral, seja contribuindo na conquista do Recôncavo aos indígenas, seja engajando-se pessoalmente na luta contra os franceses no Rio de Janeiro. Como recompensa, receberia algumas provas de simpatia e benefícios de Mem de Sá, como a posse das terras onde construiria seu engenho – "uma légua defronte da Ilha da Maré" –,[80] numa época em que, pacificada, a região de Matoim já era "considerada segura para o branco aí se estabelecer". Por volta de 1584, as terras em Matoim já estavam sob o controle de um de seus filhos, Sebastião de Faria.[81]

Sebastião seguiria os passos e o prestígio do pai. Alojou e banqueteou durante cerca de oito meses, entre julho de 1583 e março de 1584, D. Diogo de Flores Valdés e demais oficiais castelhanos após desistirem de viagem ao Estreito de Magalhães.[82] A riqueza de Sebastião de Faria e sua importância e relacionamentos, reunindo em banquetes nas suas terras mercadores cristãos velhos e novos interessados em seu açúcar, possuidor de "boas vivendas nos engenhos" e "casa nobre na cidade", onde "se mostrava capaz de hospedagens de muita despesa e aparato",[83] eram reconhecidas até pelos seus inimigos, que taxavam a todos os Antunes, pejorativamente, de "gente de Bastião de Faria". Homem de poder e de largas posses, Bastião de Faria procurava ainda dar instrução aos filhos: Manuel de Faria era estudante do Colégio da Companhia de Jesus; em outro momento, contratara um certo "Ferrão Luiz, mulato", como mestre para seus filhos, a ministrar as lições escolares em sua própria residência.[84] Era ainda irmão de Custódia de Faria, casada com Pedro de

---

80 ALMEIDA PRADO, J. F. *A Bahia e as capitanias do centro do Brasil (1530-1626)*. Tomo 2º. São Paulo: Companhia Editora Nacional, 1948, p. 84.

81 PINHO, Wanderley. *História de um engenho do Recôncavo: Matoim, Novo Caboto, Freguesia: 1552-1944*. 2ª ed. São Paulo: Editora Nacional; Brasília: INL, Fundação Nacional Pró-Memória, 1982, p. 37-41 e 51.

82 CALMON, Pedro. *Introdução e Notas ao Catálogo Genealógico das Principais Famílias, de Frei Jaboatão*. Salvador: Empresa Gráfica da Bahia, 1985, 2 vols., p. 204.

83 PINHO, Wanderley. *Op. cit.*, 1982, p. 52. "Os senhores de engenho enobrecidos pelo rei, beneficiados pela lei, enclausuravam-se nos seus domínios, deles saindo periodicamente para a cidade, onde mantinham casa nobre, com o mesmo conforto dos sobrados, das boas vivendas do recôncavo" – costume este de dupla vivência introduzido na Bahia em inícios do século XVII por Sebastião de Faria, "senhor de engenhos em Aratu e Matoim, de muita largueza de posse e liberalidade". PINHO, Wanderley. *Aspectos da História Social da Cidade do Salvador: 1549-1650*. Salvador: Beneditina, 1968, p. 266-267. A grafia foi atualizada.

84 *Apud* PINHO, Wanderley. *Op. cit.*, 1982, p. 52.

Aguiar d'Altero, ambos cristãos-velhos, presenças comuns na casa dos Antunes, e que estariam dentre os acusadores da família perante o visitador do Santo Ofício. Beatriz Antunes e Bastião de Faria eram pais de Manoel de Faria, Valentim de Faria, Inês Brites Antunes – casada com Gaspar Pereira de Menezes –, e Custódia de Faria – mulher de Bernardo Pimentel de Almeida, que chegara do reino em 1584 fugindo das perseguições de Felipe II, por ser filho de um certo Agostinho Caldeira, vedor e partidário de D. Antônio, Prior do Crato, que desafiara os Filipes em 1580. Bernardo Pimentel era senhor de engenho em Matoim e sobrinho de D. Luís de Brito, governador-geral entre 1572-77, em sucessão a Mem de Sá.[85]

Isabel Antunes era casada com o cristão-velho Antonio Alcoforado, "que fora do governo desta terra, como os outros" genros de Heitor Antunes e Ana Rodrigues.[86] Poucos são os detalhes conhecidos sobre Antonio Alcoforado. Em depoimento que daria mais tarde ao inquisidor nos Estaus, Dona Leonor, irmã de Isabel Antunes, informaria ser Antonio Alcoforado "lavrador de açúcares, morador em Matoim".[87] Encontramos ainda, dentre os que testemunharam o *Instrumento* de Mem de Sá ao rei de Portugal, a assinatura de um certo Braz Alcoforado, "escudeiro fidalgo da casa d'el Rey nosso senhor",[88] provavelmente ligado a Antonio Alcoforado por laços de parentesco. Isabel e Antonio eram pais de Ana Alcoforado, mulher do cristão-velho Nicolau Faleiros de Vasconcelos, lavrador em Matoim.

Violante Antunes era casada com o cristão-velho Diogo Vaz Escobar. Eram pais de Lucas de Escobar e de Isabel Antunes, mulher de Henrique Nunes. Henrique, por sua vez, era primo do senhor de engenhos na Paraíba Diogo Nunes e de seu irmão, João Nunes Correia, preso pelo Santo Ofício durante a primeira visitação ao Brasil, dentre outras acusações escandalosas, por manter um crucifixo junto a um servidor onde fazia suas necessidades, dirigindo-lhe inúmeras e variadas formas de ofensas.[89] O

---

85 "Achegas Genealógicas dos Casais que se Formaram". In: *Revista do Instituto Geográfico e Histórico da Bahia*, 1935, n. 61, p. 145. Apud IANCHEL, Sarah Znayde. Op. cit., 1981, p. 105. Informa Wanderley Pinho que João Rodrigues Palha e sua esposa, pais do "franciscano historiador" Frei Vicente do Salvador, "foram, senão moradores em terras dos Farias e Antunes, destes vizinhos". PINHO, Wanderley. Op. cit., 1982, p. 52.

86 Testemunho de Manoel Roiz. Arquivos Nacionais da Torre do Tombo, Inquisição de Lisboa, processo 12142.

87 Sessão de interrogatório com Dona Leonor, em 02/08/1603. Arquivos Nacionais da Torre do Tombo, Inquisição de Lisboa, processo 11618.

88 "Documentos relativos a Mem de Sá Governador Geral do Brasil". Op. cit., 1906, p. 127-280.

89 Cf. Assis, Angelo A. F. *Um "rabi" escatológico na Nova Lusitânia: sociedade colonial e Inquisição no Nordeste quinhentista – o caso João Nunes*. Dissertação de Mestrado apresentada à Universidade Federal

processo de Ana Rodrigues faz ainda referência a um seu neto, de nome Heitor Antunes de Escobar, presume-se, filho do casal Violante e Diogo, que assina, em nove de abril de 1598, documento de ciência de uma carta dos inquisidores de Lisboa.[90]

Dona Leonor Antunes, que aos catorze anos casou-se com o cristão-velho Henrique Muniz Teles, fidalgo escudeiro da casa real e "figura de relevo na vida baiana".[91] Henrique Muniz Teles nascera na Ilha da Madeira, e era filho de Egas Muniz Barreto, por sua vez, fidalgo da casa d'el rey e irmão de Diogo Muniz Barreto, nomeado alcaide-mor de Salvador em 1554. Homem de boas relações com Mem de Sá, substituiu o governador-geral durante o tempo em que esteve ausente em 1560, no Rio de Janeiro. Diogo foi ainda provedor do Hospital da Misericórdia,[92] e uma das testemunhas arroladas no *Instrumento* enviado a Dom Sebastião. Henrique Muniz era homem da governança da terra e juiz ordinário. Em 1607, permutaria casas com os Padres da Companhia. Em 1614, seria Provedor da Misericórdia. Ocuparia o cargo de vereador entre 1617-1618.[93] Uma sua irmã, Inês Barreto, era casada com Diogo da Rocha de Sá, sobrinho do governador-geral Mem de Sá.[94] Dona Leonor e Henrique Muniz eram pais de Henrique Muniz Barreto, casado com Maria Soares; Antónia de Menezes, casada com Diogo Lopes Franco; Inês de Menezes, casada com o capitão António Coelho Pinheiro, "homem nobre, *familiar do Santo Ofício*" (!);[95] Joana Teles, esposa de Nuno Darez – ou d'Álvares; Diogo Muniz Teles, casado pri-

---

Fluminense, Niterói, 1998.

90   Arquivo Nacional da Torre do Tombo, Inquisição de Lisboa, processo 12142.

91   FRANÇA. Eduardo d'Oliveira & SIQUEIRA, Sonia Aparecida. "Origens da visitação de 1618". In: *Anais do Museu Paulista, tomo XVII*. São Paulo, 1963, p. 266.

92   Dois documentos, ambos de 1549, dão conta da função desempenhada por Diogo Muniz Barreto no Hospital da Misericórdia: "A seis de Novembro da dita era passou o Governador mandado em ausencia do Provedor-mor para o dito Thesoureiro, que pagasse o Diogo Moniz Provedor do Hospital desta Cidade do Salvador mil, e quatrocentos reis em mercadoria os quaes eram do Soldo, que haviam de haver Pero Gonçalves Bombardeiro, e Antonio Grumete da Nau Conceição", além de uma ordem datada de 14 de dezembro para que se pague a "Diogo Moniz Provedor do Hospital desta Cidade do Salvador testamenteiro, que é de Estevão Fernandes de Tavora marinheiro da Caravella Leoa, que nesta Cidade falleceu mil e oitocentos reis em mercadoria, que lhe eram devidos ao dito defunto de dois mezes Junho, Julho á razão de novecentos reis por mez". RUSSELL-WOOD, A. J. R. *Fidalgos e filantropos: a Santa Casa da Misericórdia da Bahia, 1550-1755*. Brasília: Editora UnB, 1981, p. 63-67.

93   Calmon, Pedro. *Op. cit.*, 1985, p. 285.

94   FRANÇA. Eduardo d'Oliveira & SIQUEIRA, Sonia Aparecida. *Op. cit.*, 1963, p. 268.

95   *Cat. Geneal.*, p. 152 n. 5; p. 157 n. 5 e p. 315 n. 7. *Apud* LIPINER, Elias. *Op. cit.*, 1969, p. 180. O grifo é meu.

meiramente com Catarina Vitória e, depois, com Maria de Menezes. De acordo com Frei Vicente do Salvador, o casal ainda possuía mais uma filha, de nome Beatriz de Menezes, esposa de João Rodrigues Colaço, capitão-mor do Rio Grande.[96]

Assim como as filhas mulheres, que esposariam, todas, homens dos principais da terra, todos cristãos-velhos, "honrados e nobres", os filhos homens dos Antunes também realizariam casamentos com mulheres de sangue dito *puro*:

Jorge Antunes, casado com a cristã-velha Joana de Bethencourt de Sá, "mulher muito nobre e das principais da Ilha da Madeira", filha do fidalgo Francisco Álvares Ferreira de Bethencourt.[97] Jorge e Joana eram pais de Francisco de Bethencourt, casado com Arcângela de Melo, e de Maria de Sá, casada com Luís de Melo e Vasconcelos. O engenho de Matoim, propriedade de Heitor Antunes, seria herdado pelo filho Jorge Antunes com a morte do pai. Após o falecimento do primeiro marido, Joana casaria uma segunda vez com Sebastião Cavalo de Carvalho, letrado, jurista e "grande proprietário em Matoim", que passou a ser o dono do engenho que pertencera anteriormente ao patriarca dos Antunes.[98] A divisão das posses do falecido Jorge Antunes com o novo marido de Joana de Sá não seria vista com bons olhos pelos Antunes. Como consequência, o segundo casamento de Joana causaria a insatisfação da família do primeiro marido, acabando por romper as relações de amizade e convívio que mantinha com os Antunes, tornando-se públicas as desavenças entre Joana e a família de seu primeiro marido, conforme revela uma certa petição no processo de Ana Rodrigues:

> Joana de Sá e seus parentes são inimigos da ré, por causa da dita Joana haver sido casada com Jorge Antunes, filho da ré, o qual faleceu e ela ficando viúva se casou segunda vez contra a vontade da ré, sua sogra, donde resultaram ódios e brigas e demandas e não se viam e nem se tratavam mais.[99]

---

96 Frei Vicente do Salvador. *Op. cit.*, 1982, p. 281.

97 Testemunho de Manoel Roiz sobre a idoneidade da ré. Arquivos Nacionais da Torre do Tombo, Inquisição de Lisboa, processo 12142. Embora filha de uma das tradicionais famílias da Madeira, Joana de Sá informa em seu depoimento ao visitador Heitor Furtado de Mendonça ter nascido em Lisboa – mesmo local de origem que indicava ter um seu irmão. Presume-se, desta forma, que os Bethencourt tenham vivido por um determinado período de tempo no reino antes de fixarem-se no Brasil.

98 Ianchel, Sarah Znayde. *Op. cit.*, 1981, p. 115-116.

99 Arquivos Nacionais da Torre do Tombo, Inquisição de Lisboa, processo 12142.

De acordo com a voz geral, os problemas entre Joana de Sá e a família de seu primeiro marido falecido não se limitavam ao segundo casamento da nora de Ana Rodrigues e Heitor Antunes: "a dita velha Ana Roiz não gostava, nem suas filhas, de Joana de Sá porque era cristã-velha e sabia delas algumas coisas".[100] O fato é que Joana de Sá não fazia questão de esconder seus desentendimentos e desconfianças com relação à antiga sogra, repetindo em conversas que "já essa houvera de ser morta", e muitos a tinham por "não amiga da dita Ana Roiz, porque sempre a nomeia por judia a dita sua sogra".[101]

Álvaro Lopes Antunes era casado com a cristã-velha Isabel Ribeiro. Eram pais de Manoel e Joana. Faleceu precocemente e de causa desconhecida, por volta de 1600, conforme atesta a documentação que trata da nomeação de um tutor para defender os interesses de seus filhos no processo de sua mãe Ana Rodrigues.

Nuno Fernandes Antunes era, exceção à regra, moço solteiro que morava com os pais. Prova de que os casamentos especialmente com cristãos-velhos representantes das principais famílias estavam longe de representar simples coincidência no clã. O filho caçula dos Antunes planejou casar-se com uma donzela cristã-nova, filha de uma família amiga, mas seria impedido pela mãe, irmãos e cunhados de levar o casamento adiante, acabando por gerar desentendimento, rompimento e inimizade entre as duas famílias. Como não recebeu aprovação dos familiares para desposar a moçoila neoconversa, continuou solteiro, responsável por cuidar da mãe em seus últimos anos.

De origem neoconversa e comportamento religioso suspeito aos olhos da população, o casal Antunes procuraria diminuir as desconfianças públicas e a mácula sanguínea das futuras gerações do clã, assim como estreitar as relações com os "principais da terra" escolhendo cuidadosamente os laços de matrimônio dos filhos, sempre com cristãos-velhos de importância. Heitor Antunes e Ana Rodrigues, os filhos, genros, noras e netos, todos moravam nos engenhos de Matoim e proximidades, configurando uma típica e extensa família patriarcal que, no caso, congregava, sem maiores problemas, cristãos velhos e novos. Prova desta sociabilidade é a denominação que recebia esta família cristã-nova de um seu representante cristão-velho: eram identificados indistintamente e tratados todos, pela voz geral, tanto neoconversos como os de sangue imaculado, de "gente de Bastião de Faria"; em outros momentos, eram ainda nomeados como "a gente de Matoim".

---

100 "[Padre António Dias, da Companhia de Jesus] contra Ana Roiz, Henrique Mendes, Phelipe de Guillem", em 16/08/1591. In: *Primeira Visitação do Santo Officio ás partes do Brasil pelo licenciado Heitor Furtado de Mendonça capellão fidalgo del Rey nosso senhor e do seu desembargo, deputado do Santo Officio. Denunciações da Bahia 1591-593*. São Paulo: Paulo Prado, 1922-1929, p. 337-338.

101 Testemunho de Beatriz de Sampaio, cristã-velha, em 21/01/1592. Arquivos Nacionais da Torre do Tombo, Inquisição de Lisboa, processo 12142.

O patriarca dos Antunes era, sem dúvida, homem de relevo e de bons contatos no meio governamental. O próprio Mem de Sá, diga-se de passagem, teria em Heitor Antunes uma de suas companhias mais costumeiras, auxiliando-o nas visitas de inspeção que fazia o governador às obras de construção da Sé de Salvador:

> ao tempo que o dito governador viera a esta cidade estava a sé dela com as capelas somente feitas e telhadas, e que um pedaço o ar da dita igreja estava coberto de palha e com esteios de pau, e que sabe que depois o dito governador fizera e mandara fazer o corpo da igreja de pedra e cal, com suas naves, e muito bem acabada, com grandura da melhor igreja paróquia que há em Lisboa, tirando a Sé de Lisboa e mosteiros, e que sabe ele testemunha que os mais dos dias o dito governador ia visitar os oficiais que nela trabalhavam, e ele testemunha ia com ele muitas vezes acompanhá-lo.

Possivelmente, Heitor Antunes participava ainda das inspeções às outras construções iniciadas por mando do governador-geral, como a Igreja da Misericórdia, a torre de pedra e cal da Casa dos Governadores e a Capela dos Jesuítas,[102] como se percebe do conhecimento que tinha dos trabalhos realizados: "é verdade que se fez uma igreja do mosteiro dos padres da companhia do nome de Jesus nesta cidade, e nem é ainda telhada nem acabada, e que viu ele testemunha andar gente do dito governador de sua casa em serviço da dita igreja trabalhando", e ainda, "é verdade que o dito governador fez uma torre de pedra e cal no aposento das casas dos governadores, onde ele ora pousa".[103]

Heitor ocuparia outra tarefa importante: durante certo tempo, entre 1559-60, seria um dos responsáveis pelo pagamento dos ordenados ao Bispo e cabido da capitania, tendo arrematado a função de rendeiro dos dízimos do açúcar, função esta que dividia com Francisco de Aguilar e Manoel da Costa.[104] O cargo de rendeiro, de acordo com o regimento de 1548, "tratava-se mais de uma arrematação, em leilão, dos contratos de arrendamento para a cobrança de rendas e direitos", em prazo previamente definido pelo provedor-mor. O requisito para atuar como rendeiro era o pagamento de fiança no valor de 10% dos contratos de arrendamento. Dentre as atribuições da função, encontram-se: "receber, na capitania, as rendas e direitos estipulados no seu contrato de arrendamento, prestando contas ao almoxarife nos prazos determinados". No regimento de

---

102 Tavares, Luís Henrique Dias. *Op. cit.*, 2001, p. 111.

103 "Documentos relativos a Mem de Sá Governador-geral do Brasil". *Op. cit.*, 1906, p. 144-148. A grafia foi atualizada.

104 Lipiner, Elias. *Op. cit.*, 1969, p. 123.

1612, há referência ao pagamento dos eclesiásticos, função que Heitor Antunes também desempenhava: "separar, dos dízimos provenientes dos arrendamentos, a quantia referente aos ordenados do pessoal eclesiástico, entregando-a ao prioste da Sé".[105] Pelas funções que exercia e auxílios que prestava, Heitor Antunes era um dos homens de confiança do governador – confiança esta que desfrutaria até fins do governo de Mem de Sá –, como demonstra o testemunho que solicitara em seu período final de mandato ao comerciante beirão para o *Instrumento* de prestação de contas enviado ao rei.

Também o título de cavaleiro d'el Rey que ostentava parece ter-lhe sido concedido pelo próprio Mem de Sá, em reconhecimento pelo auxílio dado por Heitor Antunes para a conquista do Recôncavo. Dentre as obrigações do governador-geral contidas no regimento de 1548 e renovada nos regimentos seguintes, está a de "agraciar com o grau de cavaleiro das ordens militares os que servissem em situação de guerra, passando provisão disto".[106] Assim, o título envergado por Heitor Antunes, em vez de significar sua participação em uma das ordens militares portuguesas desde a época em que vivia no reino, deve ter sido recebido já no tempo em que morava no Brasil, provavelmente como recompensa, apontando os serviços prestados em prol da pacificação do Recôncavo.[107]

No Livro Segundo das Ordenações Manuelinas, vigentes à época em que Heitor Antunes vivera, há a relação das exigências mínimas para o recebimento da mercê do título de cavaleiro e das normas que regulam as concessões e privilégios da cavalaria – "aqueles que hão de gozar do privilégio da Cavalaria vivam como a honra da Cavalaria pertence, ao menos com seu cavalo e armas, para o que a suas honras e Nosso serviço cumpre". De acordo com o Título XXXVIII, *Que os cavaleiros não gozem dos privilégios da Cavalaria, sem terem cavalos e armas, e confirmação de sua cavalaria*:

> posto que os tais Cavaleiros sejam feitos Cavaleiros por Nossos Capitães e dele tenham seus Alvarás de como os fizeram Cavaleiros por seus merecimentos, e posto tenham cavalo e armas, não possam gozar de privilégios e liberdades de Cavaleiro se não tiverem carta de confirmação Nossa, assinada por Nós e asselada do Nosso Selo pendente.

---

105 Salgado, Graça (coord.). *Op. cit.*, 1990, p. 163 e 228, respectivamente.

106 *Idem*, p. 145.

107 Foram consultados os seguintes documentos referentes ao período em que Heitor Antunes fora vivo: *Chancelaria de D. Manuel I*; *Chancelaria de D. João III*; *Chancelaria de D. Sebastião e D. Henrique*, e *Moradores da Casa Real*. Em nenhum deles há qualquer referência ao título de cavaleiro que Heitor Antunes sustentava, o que reforça a tese de que provavelmente o patriarca dos Antunes tenha recebido o título de cavaleiro diretamente de Mem de Sá.

Outra exigência para a cavalaria era a prova de bons antecedentes familiares e de boa conduta em seus locais de origem para ter direito a receber tal honraria:

> E trarão isso mesmo (além da dita certidão) por Instrumento público dado por autoridade de Justiça, convém a saber, do Corregedor da Comarca onde viverem, ou donde forem naturais, de cujos filhos são, e das qualidades das pessoas de seu pai e mãe, e deles mesmos cujos criados são, se criação d'algumas pessoas tiverem.[108]

Não encontramos, contudo, na documentação referente ao governo de Mem de Sá, a carta de provisão que confirme ter sido o título conferido a Heitor pelo terceiro governador-geral, embora esta seja a hipótese que parece mais provável. Também nos livros de chancelaria dos monarcas portugueses que reinaram durante o tempo provável em que viveu Heitor Antunes – chancelaria de D. Manuel I, chancelaria de D. João III, chancelaria de D. Sebastião – não encontramos nenhuma informação que possibilite datar o momento exato do recebimento do título de cavaleiro nem por quem foi dado e por qual motivo. Por outro lado, é improvável que Heitor Antunes sustentasse falso testemunho quanto a ser cavaleiro d'el Rey, posto que afirmava isto em documento oficial, do governador-geral, a ser mandado para o rei, e, com certeza, estava ciente do rigor da lei aos que prestassem informações inverídicas sobre os títulos e cargos de que eram portadores. *Malgré* a falta de documentos comprobatórios – e pela proximidade com o governador-geral e serviços que prestou –, a hipótese mais provável para explicar o título de cavaleiro de Heitor Antunes parece ser esta.

Auxiliando Mem de Sá na pacificação do Recôncavo, acabaria Heitor Antunes como proprietário de terras em Matoim. Teria reconhecida a amizade com o governador-geral numa intervenção deste com relação ao seu direito sobre as terras de Matoim, numa querela envolvendo um certo Sebastião da Ponte, recebendo o apoio de Sá na disputa sobre a região onde acabaria por erguer engenho:

> tanto que o dito governador chegara a esta capitania, mandara apregoar que ninguém citasse nem uma pessoa nem demandasse ninguém sem sua licença, e ele testemunha quisera demandar a Bastião da Ponte por lhe ocupar umas terras, e por o não consentir sem primeiro ver se os

---

108 *Ordenações Manuelinas. Collecção da Legislação antiga e moderna do Reino de Portugal*. Reprodução fac-símile da edição de 1797. Volume II. Lisboa: Fundação Calouste Gulbenkian, 1984, p. 204-206.

podia consertar e, por não concluírem, ficaram à demanda, e isto fazia o dito governador a outras muitas pessoas.[109]

Fora, com certeza, um dos precursores da produção açucareira na Bahia e senhor de engenho pioneiro no Recôncavo recém-pacificado, conforme seu próprio depoimento no *Instrumento*: "ao tempo que o dito governador viera a esta terra não havia nela mais que um engenho, e havia poucos lavradores, e que agora há muitos engenhos, e que rendem muito, e que a quantia da renda não sabe quanta é".[110]

Em documento datado de 1571, o padre provincial Antônio Pires e o padre reitor Gregório Serrão indicam a existência de terras em propriedade do patriarca dos Antunes, além de apontar a ocorrência de alguns conflitos entre cristãos-velhos e novos da açucarocracia baiana. Fariam queixas contra o senhor de engenho cristão-velho Fernão Cabral de Taíde, por tomar à força alguns índios administrados na fazenda de Heitor Antunes, ao governador Mem de Sá que, de imediato, ordenaria uma devassa sobre o caso. Vale lembrar que, apesar da mentalidade escravista dos colonos, dos "usos e costumes da terra" e de suas práticas cotidianas a ratificar o cativeiro dos "negros da terra", estes índios não eram oficialmente escravos. Os *administrados* eram indígenas "descidos", egressos do sertão, aldeados dos jesuítas que, por vezes, eram enviados aos senhores para trabalhar por um período definido de tempo em suas terras.[111] Anos mais tarde, o mesmo Fernão Cabral de Taíde seria denunciado e processado pelo Santo Ofício, acusado de ter dado guarida e envolver-se com uma santidade ameríndia que acolhera em suas terras, a Santidade de Jaguaripe,[112] recebendo novamente em suas terras indígenas de engenhos próximos. A região de Jaguaripe localiza-se no Recôncavo, a poucas léguas de Matoim e, pela proximidade de suas

---

109 Gabriel Soares de Souza descreve uma propriedade de Sebastião da Ponte na ribeira de Matoim: "Da outra banda deste engenho está assentado outro que se diz de Sebastião da Ponte, que mói com uma ribeira que chamam Cotejipe, o qual engenho está muito adornado de edifícios muito aperfeiçoado". Souza, Gabriel Soares de. *Tratado Descritivo do Brasil em 1587*. 9ª ed. Recife: Massangana, 2000, p. 109. Também Frei Vicente do Salvador faz referência a um certo Sebastião da Ponte, homem "honrado e rico", porém, "cruel em alguns castigos que dava a seus servos, fossem brancos ou negros", chegando "a ferrar um homem branco em uma espádua com o ferro das vacas, depois de bem açoutado", motivo pelo qual foi enviado "preso e a bom recado" para o reino a mando do rei. Frei Vicente do Salvador. *Op. cit.*, 1982, p. 183.

110 "Documentos relativos a Mem de Sá Governador-geral do Brasil". *Op. cit.*, 1906, p. 144-148.

111 Sobre a questão dos índios administrados, ver: Monteiro, John Manuel. *Op. cit.*, 1994, sobretudo p. 129-153.

112 *Cf* Vainfas, Ronaldo. *A Heresia dos Índios: catolicismo e rebeldia no Brasil colonial*. São Paulo: Companhia das Letras, 1995.

fazendas, bem como pela importância de ambos, Heitor Antunes e Fernão Cabral de Taíde deveriam ser velhos conhecidos. As denúncias contra o senhor de Jaguaripe seriam lavradas em auto:

> Ano do Nascimento de Nosso Senhor Jesus Cristo de 1571 anos, em os nove dias do mês de setembro, nesta cidade do Salvador, nas pousadas do Senhor governador-geral Mem de Sá, pelo dito Senhor foi mandado chamar a mim tabelião para fazer este auto, de um requerimento que o padre provinçal Antonio Pires e o padre reitor Gregório Serrão vieram fazer a Sua Senhoria, que aí presentes estavam, pelos quais foi dito, que os dias passados disseram a ele Senhor governador em como Fernão Cabral, morador nesta cidade, tomara por força, e mandara tomar seis Índios forros, entre machos e fêmeas, da aldeia e igreja de S. João, do que eu escrivão fiz logo um auto por mandado do dito Senhor governador, e é começado tirar devassa sobre este caso, e que ontem, 8 dias de Setembro, estando alguns Índios da dita povoação e igreja na fazenda de Heitor Antunes, e vindo-se embarcar, o dito Fernão Cabral os salteou, e tomou forçosamente, e os embarcou no seu barco, e levou para sua fazenda, dizendo que não tinha que ver com padres nem com governador, que maior era seu poder que todas as justiças; o que o dito Fernão Cabral fazia, por quanto lhe não davam uma índia da terra, que ele dizia ser sua escrava, a qual os ditos padres tinham mandado ao ouvidor geral a petição do dito Fernão Cabral, por estar assim determinado que nas aldeias se não dessem escravos fugidos de que houvesse dúvida sem primeiro se determinar por justiça o que eles cumpriram na dita Índia, e a mandaram no dito ouvidor geral, o qual esperou pelo dito Fernão Cabral que viesse, e lhe mandou dizer, e o disse a seu sogro, o qual lhe rogou que a tivesse até uma quinta-feira, e que, se não viesse, a tornasse a mandar, e o dito ouvidor-geral a teve na cadeia até a dita quinta-feira, e mais oito dias sem o dito Fernão Cabral vir a requerimento do alcaide Diogo Zorrilha, por não haver quem lhe desse na cadeia de comer a mandou soltar e tornar à aldeia de S. Antônio, donde a dita Índia era.[113]

---

[113] *Revista Trimestral do Instituto Histórico e Geográfico Brasileiro*, tomo 57, parte I. Rio de Janeiro: Companhia Typographica do Brasil, 1894, p. 227-228. A grafia foi atualizada.

O padre Fernão Cardim, que descreveu em seus *Tratados da Terra e Gente do Brasil* as visitas que fez pelas fazendas do Recôncavo entre janeiro e fevereiro de 1584, provavelmente visitou Matoim – "os engenhos deste recôncavo são trinta e seis; quase todos vimos, com outras muitas fazendas muito para ver" –, talvez mesmo devendo ter-se alojado nas propriedades dos Antunes, embora não faça nenhuma referência explícita sobre a família. Independentemente de ter ou não usufruído da hospedagem nos engenhos dos Antunes, é certo que o padre conhecera a família e, possivelmente, ouvira algumas das histórias sobre a matriarca do clã que, cerca de uma década mais tarde, escutaria novamente – agora, auxiliando os trabalhos na mesa da visitação do Santo Ofício – do grande número de delatores dos Antunes. De qualquer forma, os relatos permitem-nos reconstruir o alegado ambiente de fartura descrito por Cardim:

> De uma coisa me maravilhei nesta jornada, e foi a grande facilidade que têm em agasalhar os hóspedes, porque, a qualquer hora da noite ou dia que chegávamos, em brevíssimo espaço nos davam de comer [...] todas as variedades de carnes, galinhas, perus, patos, leitões, cabritos e outras castas, e tudo têm de sua criação, com todo o gênero de pescado e mariscos de toda sorte.

Visitando a região em companhia de outros religiosos, Fernão Cardim acabou por tornar-se esmerado observador da realidade produtiva do Recôncavo, deixando importante testemunho acerca do funcionamento dos engenhos e fabrico do açúcar, e de suas especificidades:

> cada um deles é uma máquina e fábrica incrível: uns são de água rasteiros, outros de água copeiros, os quais moem mais e com menos gastos; outros não são d'água, mas moem com bois, e chamam-se trapiches; estes têm muito maior fábrica e gasto, ainda que moem menos, moem todo o tempo do ano, o que não têm os d'água, porque às vezes lhes falta. Em cada um deles, de ordinário há seis, oito e mais fogos de brancos, e ao menos sessenta escravos, que se requerem para o serviço ordinário; mas os mais deles têm cento e duzentos escravos de Guiné e da terra. Os trapiches requerem sessentas bois, os quais moem de doze em doze revezados; começa-se de ordinário a tarefa à meia-noite, e acaba-se ao dia seguinte às três ou quatro horas depois do meio-dia. Em cada tarefa se gasta uma barcada de lenha que tem doze carradas, e deita sessenta e setenta fôrmas de açúcar branco, mascavado, malo e

> alto. Cada fôrma tem pouco mais de meia arroba, ainda que em Pernambuco se usam já grandes de arroba. O serviço é insofrível, sempre os serventes andam correndo, e por isso morrem muitos escravos, que é o que os endivida sobre todo este gasto. Tem necessidade cada engenho de feitor, carpinteiro, ferreiro, mestre de açúcar com outros oficiais que servem de o purificar; os mestres de açúcares são os senhores de engenhos, porque em sua mão está o rendimento e ter o engenho fama, pelo que são tratados com muitos mimos, e os senhores lhes dão mesa, e cem mil réis, e outros mais, cada ano.

Apesar dos altos gastos com mão de obra – tanto escrava quanto especializada –, animais, infraestrutura e manutenção, os lucros com a produção do ouro branco pareciam, de acordo com o olhar de Cardim, compensar o investimento:

> ainda que estes gastos são mui grandes, os rendimentos não são menores, antes mui avantajados, porque um engenho lavra no ano quatro ou cinco mil arrobas, que pelo menos valem em Pernambuco cinco mil cruzados, e postas no Reino por conta dos mesmos senhores dos engenhos (que não pagam direitos por dez anos de açúcar que mandam por sua conta, e estes dez acabados, não pagam mais que meios direitos) valem três em dobro.[114]

Em suas visitas, encontrava quadro bastante parecido em quase todos os engenhos, possuidores de capelas e com capelães contratados:

> pregávamos algumas vezes em as ermidas que quase todos os senhores de engenho têm em suas fazendas, e alguns sustentam capelão à sua custa, dando-lhe quarenta e cinquenta mil réis cada ano e de comer à sua mesa. E as capelas têm bem concertadas e providas de bons ornamentos; não somente nos dias de pregação, mas também em outros nos importunam que disséssemos missa cedo, para excitarem sua caridade, em nos fazer almoçar ovos reais e outros mimos que nesta terra fazem muito bons, nem faltava vinho de Portugal.[115]

---

114 CARDIM, Pe Fernão. *Tratados da Terra e Gente do Brasil*. Rio de Janeiro: J. Leite & Cia, 1925, p. 319-321.

115 *Apud* PINHO, Wanderley. *Op. cit.*, 1982, p. 435.

Dos engenhos pertencentes aos Antunes, boa parte encontrava-se em Matoim, a poucas léguas de Salvador, nas proximidades das margens do rio de mesmo nome. O rio de Matoim tem sua ligação com a Bahia de Todos os Santos "protegida" pela Ilha da Maré, que mantém oculta a boca do rio, facilitando a defesa do sítio de possíveis invasões ou ataques. A proximidade entre os engenhos da família certamente era um facilitador para a produção e venda do açúcar, posto que, interligados os engenhos, os Antunes poderiam suprir as necessidades ou problemas surgidos em qualquer uma de suas propriedades. Da mesma forma, poderiam dividir os custos de transporte ou redistribuir a utilização de mão de obra e ferramentas, caso necessário. Esta interligação, na maior parte das vezes, deveria ser feita pelo próprio rio. A escolha da localização dos engenhos traduzia não apenas uma maior facilidade para escoar a produção pelos rios, mas também era pensada em razão dos excessos de atoleiros e carência de estradas e pontes na região que permitissem melhor circulação por terra. A construção de engenhos distante das margens poderia significar prejuízos e até mesmo a perda da produção anual pela dificuldade de transporte. De acordo com o desembargador Rodrigues de Brito,

> senhores de engenho são obrigados a empatar suas safras até o verão seguinte, e fazê-las então conduzir precisamente na ocasião em que os cavalos, bois e escravos lhes são mais necessários para a colheita, condução e moagem de suas canas; donde vem que a lavoura se acha limitada às terras de beira-mar somente, sendo todo o valor dos frutos, que poderiam ser produzidos nas do interior, absorvido pelas despesas do transporte.

Além dos edifícios necessários à produção e beneficiamento da produção de açúcar, os Antunes também possuíam capelas em suas propriedades, desempenhando importantes funções religiosas, e colaborando para aumentar ainda mais o prestígio de seus senhores e a dependência dos que participavam do cotidiano dos engenhos e de seus vizinhos. As capelas erguidas nas empresas produtivas serviam ainda para demonstrar o bom zelo católico de seus proprietários, colaborando para afastar quaisquer desconfianças quanto à prática da fé – embora, na documentação da primeira visitação inquisitorial, encontremos denúncias de cristãos-novos que construíam capelas dedicadas aos santos cristãos mas que, ocultamente, homenageavam parentes mortos ou chegavam a funcionar, para o escândalo de muitos, como sinagogas improvisadas. De acordo com Eduardo d'Oliveira França, o fato de um engenho possuir capela e capelão subsidiado pelo seu senhor:

lhe dava uma anômala independência dentro da hierarquia eclesiástica, dispensavam os moradores de procurar as igrejas urbanas para suas devoções. O batizado, o casamento, o óbito,– a existência e o estado civil resolviam-se no âmbito do próprio engenho que se furtava à jurisdição estranha. Uma autossuficiência espiritual. Certo, podia-se frequentar a igreja da cidade, para as festas mais significativas. Todavia a capela do engenho supria plenamente as necessidades das consciências e ainda atraía os moradores dos arredores. Por isso cresciam as capelas em dimensões e importância, e algumas delas muito cedo rivalizaram com as igrejas paroquiais e outras se erigiam em freguesias como a de Nossa Senhora do Rosário em Matoim no engenho de Sebastião de Faria, a de Nossa Senhora do Socorro em Passe, e outras para os lados do Paraguaçu e do Jaguaripe. Também no plano da espiritualidade os engenhos se comportavam como estruturas urbanas ou quase urbanas.[116]

Como boa parte dos engenhos do Recôncavo, as propriedades dos Antunes mantinham o costume de erigir capelas e contratar religiosos para seu serviço. Informa Gabriel Soares de Souza, conhecedor ocular dos fatos, que os engenhos da família equipados com capela eram: São Jerônimo (no engenho de Aratu), de Sebastião de Faria; Nossa Senhora do Rosário, no engenho de Jorge Antunes (Matoim); Nossa Senhora da Piedade, em outro engenho pertencente a Sebastião de Faria (Engenho Freguesia).[117]

Homem de conhecimentos e atuante em várias frentes de negócio, Heitor Antunes alcançaria considerável prestígio ao longo de sua vida. Embora atuasse como comerciante desde os tempos que habitava o reino, devido à sua origem neoconversa só viria a conseguir um maior destaque social a partir de sua transferência para a colônia, onde passou a investir em novas áreas de negócio sem as mesmas pressões vividas pelos cristãos-novos na metrópole. Como Heitor, muitos cristãos-novos decidiram enfrentar a longa travessia e os perigos do oceano almejando começar vida nova longe das desconfianças existentes no reino contra os indivíduos de sangue maculado, realçadas ainda mais a partir da implantação da Inquisição em Portugal, no ano de 1536. Conforme lembra Anita Novinsky em estudo clássico sobre a presença dos cristãos-novos na Bahia durante o século XVII, "o cristão-novo conseguiu integrar-se na sociedade, alcança um *status* superior, iguala-se em prestígio ao nobre de origem mas ele tem a consciência de que não pertence a essa

---

116 França, Eduardo d'Oliveira. *Op. cit.*, 1969, p. 195.

117 *Apud* Pinho, Wanderley. *Op. cit.*, 1982, p. 79.

sociedade".¹¹⁸ Impedido de enobrecer pela mácula do sangue que carregava, considerado impuro, fazia-o Heitor pelo destaque econômico e social: inicialmente mercador, tornou-se exemplo de comerciante a enriquecer no trópico em formação e do avanço dos neoconversos sobre a propriedade fundiária, ameaçando os interesses e o poder da camada cristã-velha, vindo a transformar-se – graças ao apoio dado por Mem de Sá – em dono de terras e, mais tarde, senhor de engenho, penetrando no seleto grupo da açucarocracia. Fora um dos pioneiros num processo tantas vezes repetidos pelos cristãos-novos que chegavam ao trópico:

> Mercadores faziam-se donos de engenhos: obtinham águas ou as compravam em lugares propícios e podiam fundar engenhos e promover o plantio de canaviais nas terras correspondentes. Alguns se faziam primeiro lavradores, grandes lavradores, e ao depois, graças aos ganhos do açúcar e ao crédito obtido com outros mercadores de suas relações, ousavam fabricar o próprio engenho.¹¹⁹

Deste modo, envolvia-se Heitor Antunes, de mercador a senhor de engenhos, em todas as fases dos negócios do açúcar, desde o plantio e produção até o comércio, posição a que muitos almejavam, pelo poder, riqueza, relações e influência que gerava.

Os casamentos de suas filhas com homens honrados das melhores famílias e bem colocados socialmente colaborariam para aumentar o poderio e riqueza dos Antunes, amealhando a posse e controle de mais engenhos pelo clã. Na documentação colonial, encontramos referências à opulência das propriedades da família. Após referir-se ao engenho de Sebastião de Faria na Ribeira de Aratú, Gabriel Soares de Souza cita o engenho onde Nuno Fernandes residia com a mãe Ana Rodrigues:

> meia légua deste engenho pelo rio abaixo está uma ribeira a que chamam de Carnaibuçu, onde não está engenho feito por haver litígio sobre esta água. Na boca desta ribeira está uma ilha muito fresca, que é de Nuno Fernandes; a uma légua está um engenho de bois, de que

---

118 NOVINSKY, Anita W. *Op. cit.*, 1972, p. 158.

119 "Em suas mãos" completa o autor, "tinham os mercadores o destino dos engenhos. Eles os equipavam, forneciam-lhes escravos, compravam-lhes os açúcares, custeavam as safras pela concessão de créditos. Esta situação lhes dava inegável ascendente sobre uma clientela prestigiosa. Eram ricos em cabedais, mas lhes faltavam o prestígio e a força que advinham da posse da terra e do mando extensivo sobre dependentes". FRANÇA, Eduardo d'Oliveira. "Engenhos, colonização e cristãos-novos na Bahia colonial". *In*: *Anais do IV Simpósio Nacional dos Professores Universitários de História: Colonização e Migração*. São Paulo, 1969, p. 208 e p. 206, respectivamente. A grafia foi atualizada.

> é senhorio Jorge Antunes, o qual está muito petrechado de edifícios e casas, e tem uma igreja de Nossa Senhora do Rosário.

E continua nosso cronista, agora fazendo citação a outro dos engenhos pertencentes aos descendentes de Heitor Antunes:

> descendo uma légua abaixo do engenho de Cotegipe está uma ribeira que se chama do Aratu, na qual Sebastião de Faria tem feito um soberbo engenho de água, com grandes edifícios de casas de purgar e de vivenda, e uma igreja de S. Jerônimo, tudo de pedra e cal, no que gastou mais de doze mil cruzados.

O genro de Heitor Antunes era ainda proprietário de outro engenho na região – engenho movido a bois, os *trapiches*, conforme a descrição atrás feita por Fernão Cardim:

> Saindo pela boca de Matoim fora, virando sobre a mão direita, vai a terra fabricada com fazendas e canaviais dali a meia-légua onde está outro engenho de Sebastião de Faria, de duas moendas que lavram com bois, o qual tem grandes edifícios assim do engenho, como de casas de purgar, de vivenda e de outras oficinas e tem uma formosa igreja de Nossa Senhora da Piedade, que é freguesia deste limite; a qual fazenda mostra tanto aparato da vista do mar que parece uma vila.[120]

Heitor Antunes representava o exemplo acabado de ascensão social com que sonhavam os cristãos-novos que migravam para o Brasil. Bem quisto pelo governador-geral, gozando de boas relações com as melhores famílias da região, construiu, com o auxílio dos filhos e genros, posição de riqueza e prestígio para o clã, dos mais importantes produtores do ouro branco, envolvidos com o comércio e com portas abertas na administração. Um claro sinal do respeito e prestígio que usufruíam os Antunes na Bahia quinhentista.

Macabeus de Israel e Macabeus do Trópico

"Enobrecido" pelas relações e pelo dinheiro, vangloriava-se igualmente nosso bem--sucedido homem de negócios ao dizer possuir um alvará que comprovava sua descendência direta dos Macabeus – antiga e heroica família de sacerdotes e militares hebreus,

---

120 Informa ainda o cronista que, "deste engenho a meia-légua, está tudo povoado de fazendas". SOUZA, Gabriel Soares de. *Op. cit.*, 2000, p. 109-110.

fundadores de uma dinastia, no século II a. C., que permitiu aos judeus a liberdade de viver segundo seus costumes, governando a Judeia durante 126 anos.

Os relatos bíblicos que contam a história e as lendas dos feitos heroicos dos Macabeus[121] representam o milenar esforço dos filhos de Abraão na sua incansável luta por reconhecimento, respeito e libertação ao longo dos tempos, servindo o testemunho de valioso exemplo aos descendentes do tronco de Israel heterogeneamente espalhados pelo mundo. Esta *epopeia*, descrita em dois dos denominados *Livros Históricos* do Antigo Testamento – *Primeiro* e *Segundo Macabeus*[122] –, narra os embates do principal líder da resistência dos Hasmoneus,[123] Iehuda, terceiro filho e sucessor de Matatias, o ve-

---

[121] Sou grato a João Henrique dos Santos pelas informações, sugestões bibliográficas e leitura crítica a respeito dos Macabeus.

[122] No Antigo Testamento, existem dois livros referentes aos distantes "parentes" de Heitor Antunes: os livros (Primeiro e Segundo Macabeus) dizem respeito "à história da lutas travadas contra os soberanos selêucidas para obter a liberdade religiosa e política do povo judeu. Seu título provém do apelido de Macabeu dado ao principal herói desta história [Judas Macabeu] e estendido depois aos seus irmãos", que preferiram a morte à transgressão da lei de seus pais. Tais livros "não faziam parte do cânon escriturístico dos judeus, mas foram reconhecidos pela Igreja cristã como livros inspirados (livros deuterocanônicos)". *A Bíblia de Jerusalém*. São Paulo: Paulinas, 1995, p. 785. De acordo com Saulmer, o livro *Primeiro* dos Macabeus "é a tradução de um original semítico, hoje perdido. Sua redação final deve datar dos últimos anos do século II a. C. O plano aí é cronológico: depois de breve recordação da conquista de Alexandre e de sua sucessão, o autor trata da perseguição de Antíoco IV Epífanes, depois relata sucessivamente os feitos de Matatias e de seus filhos, Judas, Jônatas e Simão; termina com a ascensão ao poder de João Hircano, filho de Simão, em 134". Sem autor atribuído, "é composta para glorificar os filhos de Matatias e deve ser considerada como obra circunstancial, feita em memória dos antepassados da dinastia asmoneia, provavelmente para legitimar a sua origem". Porém, não convém esquecer "que se trata de documento 'partidário', que dá apenas um aspecto dos fatos, silenciando os movimentos de oposição diferentes dos encabeçados pelos Macabeus". O *Segundo* livro "pode dividir-se em três partes: a primeira abordagem trata dos sumos sacerdotes, começando no momento em que o soberano Selêucida procura apropriar-se dos tesouros do templo e prosseguindo com a ação nefasta dos judeus helenistas; a segunda seção descreve a perseguição de Antíoco IV e a coragem dos mártires; a terceira mostra como Judas conseguiu purificar o templo e vencer o estrago grego de Nicanor". ambos são tratados pelos judeus como apócrifos, e não são incluídos no *Tanach*, a Bíblia hebraica, exatamente por terem sido escritos em grego, e não em hebraico. Desse modo, somente são considerados canônicos pelos católicos. "Rapidamente afastados pelas comunidades judaicas, jamais foram aceitos pela Bíblia hebraica (cujo cânone foi fixado pelos doutores de Jâmnia mais ou menos no fim do século I da nossa era). O descrédito em que haviam incorrido os Asmoneus (dinastia proveniente dos Macabeus), a medíocre ancianidade destes livros, sua edição em língua grega, explicam o fato". SAULNIER, Christiane. *A Revolta dos Macabeus*. São Paulo: Paulinas, 1987, p. 7-8. Sou grato a Ronaldo Sávio Paes Alves por ter-me brindado com este livro.

[123] A dinastia real e sacerdotal dos Hasmoneus, também conhecida como dinastia dos Macabeus, tem seu nome originário de Asmon, avô de Matatias. SIMON, Marcel & BENOIT, André. *Judaísmo e Cristianismo*

lho sacerdote do aldeamento de Modiin, localizado na Galileia, na rebelião contra a dinastia dos soberanos selêucidas helenísticos da Síria que então ocupavam a Palestina[124] – responsáveis estes pela profanação do Templo sagrado dos Hebreus e empenhados em impor sua religião helenística aos judeus –, procurando defender a liberdade religiosa e política do povo mosaico.

Antíoco IV, sucedendo um irmão assassinado (Seleuco IV, em 175) chegaria ao trono selêucida tentando impor "crua e insensivelmente" sua cultura, de forte cariz grego, aos judeus. Repelidas suas intenções, enviaria um exército de ocupação para Jerusalém, que seria saqueada e parcialmente destruída. Incapaz de compreender ou respeitar as especificidades e signos do monoteísmo judaico, empreenderia violentíssima campanha visando garantir os objetivos de sua política de dominação. María Antonia Bel Bravo, equaciona a importância das reformas de Antíoco Epífanes:

> En el año 175 este movimiento de reforma encontró un poderoso aliado en Antíoco Epífanes, el nuevo monarca. Este rey ansiaba acelerar la helenización en sus dominios como cuestión de política general, pero también porque creía que de ese modo podría aumentar los ingresos en concepto de impuestos, pues necesitaba dinero para la guerra. En efecto, comenzó la henelización de Jerusalem convirtiéndola en una polis y rebautizándola con el nombre de Antioquía. Saqueó las riquezas del Templo para sus campañas y decidió terminar de una vez con los judíos insumisos. El Sumo Sacerdote de Jerusalem, Jasón, que debía el puesto a Antíoco, colaboró con los proyectos asimilacionistas del rey.[125]

Segundo Johnson, Antíoco IV "ansiava por apressar a helenização de seus domínios como coisa de política geral, mas também porque ele julgava que aquilo levantaria a receita dos impostos", carecendo de capitais para financiar suas guerras.[126] "Em seguida, foram assinados decretos que aboliam o culto do templo e o substituíam por cultos

---

Antigo: de Antíoco Epifânio a Constantino. São Paulo: Pioneira/Edusp, 1987, p. 52.

124 A região da Palestina foi conquistada pelo rei selêucida Antíoco III no ano 198 a. C.

125 BEL BRAVO, María Antonia. *Sefarad. Los judios de España*. Madri: Sílex, 2001, p. 56.

126 JOHNSON, Paul. *História dos Judeus*. Rio de Janeiro: Imago, 1995, p. 111. Sobre Antíoco IV, informa Saulnier: "Personalidade complexa, tornou-se objeto de julgamentos diversos e a tradição antiga já via nele um desequilibrado (Políbio, 31,9); os escritos judaicos consideraram-no como o modelo do perseguidor e o apresentaram como um megalomaníaco, que desprezava a Deus. A literatura cristã seguiu a mesma orientação e nele reconheceu uma figura do Anticristo". SAULNIER, Christiane. *Op. cit.*, 1987, p. 24.

pagãos, e a prática do judaísmo foi proibida sob pena de morte. Foram erigidos altares pagãos por toda a Judeia, e neles foram sacrificados animais impuros. Em dezembro de 167 um altar a Zeus foi levantado no próprio Templo, e carne de porco nele imolada", passando-se a praticar no espaço sagrado "a abominação da desolação", ou seja: a expulsão de Yahweh e o culto idólatra a Zeus.[127] O Templo ficava rebaixado a lugar ecumênico de adoração. Foram destruídas cópias da lei mosaica, e a circuncisão foi proibida.

Cabe sinalizar algumas diferenças estruturais e irreconciliáveis entre o judaísmo reinante e o helenismo imposto que ajudem a explicar a gravidade e o significado da revolta macabeica, como por exemplo, o fato dos selêucidas, ao contrário dos judeus, considerarem a circuncisão um ato bárbaro, pois mutilava a perfeição do corpo que celebravam, ao passo que, para os judeus, a circuncisão é o sinal (*brit*) da aliança com Deus; por outro lado, enquanto os judeus pregavam o monoteísmo, traçando "uma distinção absoluta entre o humano e o divino", os helenistas, além de politeístas, "elevavam constantemente o humano – eram prometeucos – e rebaixavam o divino".[128]

Nem todos os judeus, contudo, seriam resistentes à dominação selêucida: "Os judeus que haviam saudado a helenização aceitavam os decretos, e outros os cumpriam por medo". Os judeus rebelados – posto que havia um número considerável de adeptos, principalmente na aristocracia, da dominação helenística, os chamados 'judeus helenistas' –, denominados *hasidim* (os piedosos), fiéis seguidores da Torá, geraram uma onda de fervor religioso e respeito às tradições do passado na batalha pela fé dos antigos.

Iehuda, ou *Judá* (cerca de 200-160 a.C.), o vitorioso líder, adotaria o codinome *Macabeu – Yehudáh ha-Macabi*, segundo Ben-Gal – que, mais tarde, espalhar-se-ia entre os seus pares, por refletir seu valor como bravo guerreiro na defesa de seu povo, ao empreender uma tática de guerra baseada na organização e utilização de técnicas de guerrilha, responsável por desarticular o Exército selêucida graças ao grande conhecimento da geografia e topografia da região por Judá e seus homens, e à utilização do elemento surpresa na estratégia de combate. O grupo macabeu obteria quatro amplas vitórias sobre os soldados selêucidas, marchando triunfalmente a seguir sobre Jerusalém, onde seria novamente acesa a chama do candelabro sagrado, a Menorá, no Templo purificado, como "símbolo da vitória da luz sobre as trevas, da fidelidade sobre a assimilação,

---

127 GOLDBERG, David J. & RAYNER, John, D. *Os judeus e o judaísmo: história e religião*. Rio de Janeiro: Xenon, 1989, p. 83.

128 Segundo Johnson, "nunca houve qualquer possibilidade de uma união entre o judaísmo e a religião grega como tal; o que os reformadores queriam era que o judaísmo se universalizasse permeando a cultura grega; e isso significava adotar a *polis*". JOHNSON, Paul. *Op. cit.*, 1995, p. 111.

da justiça social sobre a corrupção dos ricos, colaboradores dos estrangeiros pagãos".[129] Para reacender a Menorá e rededicar o altar ao culto judaico, informa Unterman, os Macabeus encontrariam apenas "um só jarro pequeno de óleo de oliva puro para o ritual, com o lacre do sumo sacerdote ainda intacto. Milagrosamente, este óleo continuou ardendo durante oito dias, dando tempo a que preparassem mais óleo puro". O acontecimento ganharia uma interpretação de cunho sagrado:

> A mensagem do óleo milagroso é que Deus permite que algo puro, por pequeno que possa parecer, ilumine muito além de seu potencial natural. Da mesma forma, o pequeno exército dos Macabeus, lutando pela verdadeira religião, derrotou a força do império grego, e o pequeno povo judeu, ao preservar os ensinamentos de Deus, continua a existir, enquanto culturas poderosas baseadas em falsos ensinamentos já de há muito sucumbiram.[130]

A expressão que deu nome ao imponente guerreiro que lutou contra a dominação selêucida encontra definições e significados variados dentre os estudiosos do Judaísmo. Segundo Alan Unterman, "o nome 'Macabeu' teve explicações diferentes; uma, significando 'martelo', isto é, um apelido que expressa o valor de Judá como guerreiro; outra, formando um acróstico das palavras de um versículo bíblico (Ex. 15, 11) no estandarte Hasmoneu, que declarava a superioridade de Deus sobre os outros deuses. O nome foi estendido depois a todos os membros da família de Judá".[131] Além

---

129   BEN-GAL, Ely et al. O povo da Menoráh. Rio de Janeiro: Exodus, 1998, p. 14.

130   "Em comemoração a este milagre", informa Unterman, comemora-se a *Chanuká*, do hebraico "dedicação", "inauguração". A Chanuká é uma "festa das Luzes pós-bíblica, que dura oito dias e começa em 25 de Kislev, normalmente em meados de dezembro": "acende-se em cada casa uma série crescente de luzes em uma menorá de oito braços, uma na primeira noite, duas na segunda, etc., cantando-se a seguir um hino chamado MAOZTSUR. As luzes são colocadas no vão da porta ou na janela da casa para 'divulgar o milagre'. (...) "Costuma-se comer bolinhos fritos no óleo de Chanuká e dar dinheiro de presente às crianças, 'chanuka guelt', para que o apostem num pião de quatro faces chamado, em ídiche, 'dreidl' (em hebraico, "sevivon". Cada face do *sevivon* tem uma letra hebraica marcada: *nun, gimel, hei* e *shin*, que formam um acróstico para "nes gadol haiá sham" – "um grande milagre aconteceu lá". Em Israel, substitui-se o *shin* por *pei*, para indicar "pó", "aqui"). Os adultos muitas vezes jogam cartas durante essa festa, apesar da desaprovação de muitas autoridades rabínicas, algumas das quais apontavam que a palavra ídiche para 'cartas' tinha o valor numérico (GUEMATRIA) equivalente a 'Satã'. Para os místicos, as luzes de Chanuká eram consideradas uma manifestação da luz oculta do Messias". UNTERMAN, Alan. *Op. cit.* 1992, p. 62-63.

131   Morto em combate, o valoroso guerreiro hasmoneu seria sepultado em Modiin, sua aldeia natal, na Galileia. O versículo do Êxodo a que se refere Unterman, parte integrante d' *O canto de vitória* (Ex.

de destacar sua própria liderança e valentia – "porquanto é melhor para nós morrer em batalha do que ter de contemplar as desgraças do nosso povo e do lugar santo" –, o termo adotado como nome pelo guerreiro-chefe dos Hasmoneus também simbolizava a superioridade do Deus judaico sobre os outros deuses – "Aquela, porém, que for a vontade no Céu, Ele a realizará".[132]

Originariamente, os livros que narram a História dos Macabeus não pertencem, como vimos, ao cânon escriturístico judaico, tendo só mais tarde sido reconhecidos como inspirados (livros deuterocanônicos) pela Igreja cristã.[133] A partir da narrativa da guerra travada pela libertação dos judeus – marcada por aparições celestiais e vencida pela intervenção divina –, os Livros dos Macabeus apresentam como pano de fundo uma história religiosa, dando conta da misericórdia de Deus para com os judeus, "que corrigia seu povo antes que a medida do pecado ficasse repleta" ou, segundo a descrição bíblica (2Mc 6, 14-16):

15, 1-21), diz: "Quem é igual a ti, ó Iahweh, entre os fortes? / Quem é igual a ti, ilustre em santidade? / Terrível nas façanhas, hábil em maravilhas?". *A Bíblia de Jerusalém. Op. cit.*, 1987, p. 127.

132 1Mc 3, 59-60. *Idem*, p. 798. Ainda de acordo com a explicação de Unterman, "os Livros dos Macabeus, nos Apócrifos, contam a história e as lendas da revolta dos Macabeus, mas o nome 'Macabeu' não é encontrado no início da literatura rabínica. Encontra-se, no entanto, em literatura posterior, nas canções e poemas associados ao heroísmo dos Macabeus e à festa de *Chanuká*", que celebra a vitória dos Macabeus sobre os selêucidas em 165 a. C. e a consequente retomada de Jerusalém e rededicação do Templo Sagrado. UNTERMAN, Alan. *Op. cit.*, 1992, p. 139 e p. 160. O cognome *Macabeu* "pode significar 'o que tem a cabeça em forma de martelo, ou ser uma forma abreviada de *Maqqabiahu*, 'a designação de Iahweh'" (*Cf.* Is 62,2). *A Bíblia de Jerusalém. Op. cit.*, 1987, p. 791, nota. Elias Lipiner encontrou aproximações do termo com práticas populares de magia e superstição durante a segunda visitação inquisitorial ao Brasil: "num depoimento perante o Santo Ofício na Bahia, a 19 de Setembro de 1618, apurou-se mais que o termo Macabeus, decomposto nas letras componentes, figurava como elemento essencial numa fórmula terapêutica supersticiosa contra a dor de dentes". LIPINER, Elias. *Op. cit.*, 1999, p. 164.

133 "O *Primeiro livro dos Macabeus* descreve na introdução (1-2) os adversários que se enfrentam: o helenismo invasor, que encontra cúmplices em certos judeus, e a reação da consciência nacional, devotada à Lei e ao Templo: de um lado, Antíoco Epífanes, que profana o Templo e desencadeia a perseguição; do outro, Matatias que lança o apelo à guerra santa". No corpo do livro, consagram-se as atuações dos três filhos de Matatias que o sucedem na liderança da batalha de resistência. Judas Macabeu (166-160 a. C.: 3,1 – 9,22), Jônatas (160-142 a.C.: 9-23 – 12,53) e Simão (142-134 a.C.: 13,1 – 16,24). "O relato do primeiro livro dos Macabeus abrange assim quarenta anos, desde a ascensão de Antíoco Epífanes ao poder, em 175, até a morte de Simão e o início do governo de João Hircano em 134 a.C. (...) O *Segundo livro dos Macabeus* não é continuação do primeiro. É, em parte, paralelo a ele, iniciando a narração dos acontecimentos um pouco antes, no fim do reinado de Seleuco IV, predecessor de Antíoco Epífanes, mas acompanhando-os apenas até a derrota de Nicanor, antes da morte de Judas Macabeu. Isto não representa mais do que quinze anos e corresponde somente ao conteúdo dos caps. 1-7 do primeiro livro". *A Bíblia de Jerusalém. Op. cit.*, 1992, p. 785-787.

> Pois não é como para com as outras nações, que o longânime Soberano espera, até puni-las, que elas cheguem ao cúmulo dos seus pecados: não é assim que ele decidiu proceder com relação a nós, a fim de não ter de nos punir mais tarde, quando nossos pecados tivessem atingido sua plena medida. Por isso, jamais retira de nós a sua misericórdia: ainda quando corrige com a desventura, ele não abandona o seu povo.[134]

A ênfase na confiança da intervenção divina a favor do povo considerado "o escolhido" para as graças e trabalhos de Iahweh mostra-se constante, a percorrer todo o texto dos livros bíblicos dedicados aos Macabeus:

> não há diferença, para o Céu, em salvar com muitos ou com poucos. A vitória na guerra não depende da numerosidade do exército: é do Céu que vem a força. Eles vêm contra nós repletos de insolência e de iniquidade para nos exterminarem, a nós, nossas mulheres e nossos filhos, e para nos despojarem. Nós, porém, combateremos por nossas vidas e por nossas leis. Por isso, Ele os esmagará à nossa frente. Quanto a vós, não os temais.[135]

Perpetuada desde os primórdios do povo hebreu, a alegada proteção sagrada recairia sobre o povo eleito e faria vergarem-se os inimigos da fé mosaica de forma justa e violenta:

> Clamemos, pois, agora, ao Céu, suplicando-lhe que se mostre benigno para conosco: que se recorde da Aliança com os nossos pais e esmague, hoje, este exército que está diante de nós. Então saberão todos os povos que existe Alguém que resgata e salva Israel.[136]

De forma mais incisiva, algumas passagens testificam a certeza da vitória final pela superioridade do Deus de Israel sobre os outros deuses, refletida na confiança incondicional dos judeus em seu defensor eterno: "Eles confiam nas armas e em seus atos de audácia, enquanto nós depositamos nossa confiança no Deus Todo-poderoso, que bem pode, com um único aceno, abater os que marcham contra nós, e mesmo o mundo

---

134 Idem, p. 851.

135 1Mc 3, 18-22. Idem, p. 795-796.

136 1Mc 4, 10-11. Idem, p. 798.

inteiro"!¹³⁷ A construção do laço de união divinal era explicada, em detalhes, citando o exemplo a ser seguido dos antepassados, que corroboraram para o fortalecimento da proteção celestial destinada ao povo hebreu:

> Recordai-vos dos feitos de nossos antepassados em seu tempo
> e granjeais uma glória esplêndida e nome imorredouro.
> Abraão não permaneceu acaso fiel em sua prova
> E não lhe foi isto atribuído como justiça?
> José, no meio da sua angústia, guardou os mandamentos
> e veio a ser o senhor do Egito.
> Finéias, nosso pai, por ter demonstrado zelo ardente
> Recebeu a aliança de um sacerdócio eterno.
> Josué, por ter cumprido sua palavra,
> tornou-se juiz em Israel.
> Caleb, pelo testemunho prestado diante da assembleia,
> recebeu uma herança na terra.
> Davi, pela sua bondade,
> herdou o trono de um reino eterno.
> Elias, por ardido de zelo pela Lei,
> foi arrebatado até o céu.
> Ananias, Azarias e Misael, por terem tido fé,
> foram salvos das chamas.
> Daniel, por sua retidão
> foi libertado dos leões.
> Assim compreendei, de geração em geração,
> que todos os que nele esperam, não irão desfalecer.
> Não tenhais medo das ameaças do homem pecador,
> pois a sua glória acabará no esterco e em meio aos vermes.
> Hoje ele é exaltado, mas amanhã terá desaparecido,
> pois voltará ao pó de onde veio
> e seu projeto fracassará.
> Meus filhos, sede fortes e apegai-vos firmemente à Lei,
> porque é na Lei que sereis glorificados.¹³⁸

---

137 2Mc 8, 18. *Idem*, p. 856.

138 1Mc 2, 51-64. *Idem*, p. 794.

A saga dos Macabeus seria relembrada na Península Ibérica desde, pelo menos, o período do surgimento do reino português sob o comando de Afonso Henriques, quando o primeiro rei de Portugal, em duelo contra os mouros, teria utilizado o exemplo vitorioso do guerreiro hasmoneu para incentivar seus descrentes homens ao combate, visto que "foram em grande dúvida acerca do resultado, com o dito do valente Judas Macabeu, que o pelejar estava nos homens e o vencer no Senhor Deus". O narrador da passagem acima, Cristóvão Rodrigues Acenheiro, cronista português do século XV, informa Lipiner, afirmava ainda que os primeiros monarcas lusitanos eram "Macabeus por sua valentia, que quer dizer defensores". Também Frei Antonio Brandão, em sua *Cronica de D. Afonso Henriques*, teceria uma comparação entre o primeiro monarca português e o guerreiro Macabeu, "pelo fato lendário de ambos terem sido socorridos por anjos nas batalhas contra os inimigos".[139]

Cerca de dezessete séculos passados das agruras enfrentadas pelos heróis bíblicos na Terra Santa, a saga dos Macabeus repetir-se-ia, com outros personagens e em novo palco: o mundo luso-americano em seu primeiro século de formação, a retratar os mesmos traços de incompreensão, imposição e intolerância religiosa que viveram seus antepassados na saga descrita no Velho Testamento.

A alegada descendência dos Macabeus da Antiguidade, fosse ou não verdadeira, colaborava para tornar Heitor Antunes homem ainda mais respeitado dentre os cristãos-novos do Recôncavo. Apesar dos impedimentos legais para ascensão social dos neoconversos (como os estatutos de pureza de sangue, por exemplo), conseguia destaque pela ligação com os heróis bíblicos – ao mesmo tempo em que se aproximava de Afonso Henriques e dos primeiros monarcas portugueses, veneradores da valentia de Judas Macabeu e seus homens –, "enobrecendo-se" pela tradição macabeica.

Improvisações e continuidades: as sinagogas clandestinas e o judaísmo possível

Homem de boas relações com o poder e os principais da terra, amigo pessoal do governador, rendeiro dos dízimos e fiscal das obras públicas, exemplo do avanço neoconverso sobre as propriedades fundiárias, mercador e senhor de engenho, cavaleiro d'el Rey, afamado e "enobrecido" como descendente dos Macabeus, Heitor Antunes era ainda apontado como proprietário e responsável pelo funcionamento de uma sinagoga improvisada, aumentando seu prestígio – agora, como rabi clandestino – entre os criptojudeus da Bahia.

---

139 ACENHEIRO, Cristóvão Rodrigues. *Chronicas dos Senhores Reis de Portugal*. Tomo V da "Coleção de Inéditos de História Portuguesa", da Academia Real das Ciências de Lisboa. Lisboa, 1824. *Apud* LIPINER, Elias. *Op. cit.*, 1993, p. 17.

A levar em conta o alto número de denúncias existentes na documentação relativa à primeira visitação do Santo Ofício ao Brasil, a esnoga de Matoim era a mais conhecida de toda a capitania na segunda metade do século XVI. Localizava-se nas terras pertencentes ao casal Ana Rodrigues e Heitor Antunes. Fora construída por Heitor em seu engenho, numa "casinha separada", ao lado da residência, "na qual certos dias ele com outros cristãos-novos se ajuntavam, e que *faziam ali a esnoga*". Frequentada por importantes figuras da capitania, nela reuniam-se secretamente os judaizantes, "deixando dito na cidade" durante os dias de cerimônia – provavelmente, da noite de sexta-feira até o sábado à tarde, conforme o costume vigente entre os judeus, respeitando seu dia de descanso – "que iam fazer peso", numa tentativa, sem muito sucesso, de despistar o verdadeiro destino dos que para lá se dirigiam. Os depoimentos sobre a "casinha separada" dos Antunes permitem-nos concluir que a esnoga de Matoim iniciara suas atividades desde o tempo em que Heitor Antunes erguera seu engenho, provavelmente em inícios da década de 1560 – o que a transformava na mais antiga sinagoga em funcionamento de que se tinha notícia na Bahia e, sem dúvida, uma das mais tradicionais de toda a região colonial. O cristão-velho Diogo Dias daria informações acerca da longevidade do funcionamento da sinagoga do patriarca dos Antunes, indicando os rumores e a crença geral sobre o que ocorria em Matoim:

> desde o tempo de sua mocidade ouviu sempre dizer nesta cidade em pública voz e fama comumente dita pela boca de todos como cousa certa e verdadeira que em Matoim nesta capitania tinha Heitor Antunes, cristão-novo, mercador que fora, e era senhor de engenho no dito Matoim, em sua casa esnoga (...) e que em sua casa se ajuntavam cristãos-novos e judaizavam e guardavam a lei judaica.[140]

Embora funcionasse em espaço improvisado, a esnoga de Matoim procurava manter, dentro do possível, a tradição letrada do judaísmo, e contava com alguns textos sagrados. Heitor Antunes vangloriava-se publicamente, como vimos, de possuir em casa um Alvará que comprovava sua descendência direta dos Macabeus. Alguns depoimentos sobre o senhor de Matoim informavam que possuía ainda outras obras judaicas. A cristã-velha Luísa Fernandes afirmaria ter ouvido de "um cristão-novo que fora judeu e se converteu" que Heitor Antunes era judeu e guardava os sábados, mantendo em casa livros da lei judaica, porém, sem especificá-los.[141] Também a cristã-velha Margarida

---

140 O cristão-velho "[Diogo Dias] contra Tomacauna, Fernão Cabral, Heitor Antunes e Heitor Henriques", em 26/08/1591. *Denunciações da Bahia 1591-593. Op. cit.*, 1922-1929, p. 473-476.

141 Arquivos Nacionais da Torre do Tombo, Inquisição de Lisboa, processo 12142.

Pacheca ouvira comentários "geralmente em pública fama" de que, em Matoim, "havia uma esnoga de judeus".[142] O mesmo Diogo Dias que conhecera desde a mocidade a fama da esnoga dos Antunes informava ter ouvido dizer que Heitor Antunes possuía uma *Torah* em Matoim. A ser verdade, existe a possibilidade de que o livro sagrado dos judeus tenha sido trazido de Portugal ocultamente pelo próprio Heitor Antunes, quando viera do reino acompanhando Mem de Sá.

Há de se levar em conta, contudo, o grande risco por que passavam todos os que insistissem em manter qualquer livro ou documento judaico após a implantação do monopólio católico no mundo português. De imediato, além de desrespeito às leis de proibição vigentes, significava uma espécie de confissão de culpa, de revelação da manutenção da antiga lei pelo seu portador, ficando este sujeito aos rigores legais. Por conseguinte, Wiznitzer conclui ser mais provável que, ao invés dos cinco livros sagrados do Pentateuco que compõem a Torah, Heitor Antunes possuísse uma discreta *mezuzá* – rolo de pergaminho contendo em manuscrito os primeiros parágrafos do *shemá*,[143] colocado em um estojo e fixado no batente direito das portas de casas judias.

Algumas acusações sobre os Antunes chegam mesmo a detalhar em comentários gerais sobre aqueles denunciados como possíveis frequentadores da esnoga de Matoim:

> destes cristãos-novos que iam fazer a dita esnoga, um deles era Dinis d'Andrade, físico desta cidade, e outro era Gomes Fernandes, o velho e desnarigado, e outros muitos que lhe não lembram. E lembra-lhe que uma das pessoas a quem também isto ouviu foi Violante Barbosa, prima da dita Maria Barbosa, mulher de Francisco Roiz Dourens, moradora em Matoim.[144]

Com insistência, embora sem muitos pormenores, as denúncias retratavam a existência e o funcionamento de uma sinagoga improvisada nas terras dos Antunes, no engenho de Matoim, inclusive com a atuação de um *rabi* clandestino, função exercida em vida pelo próprio Heitor. É certo que o funcionamento de uma sinagoga nas terras do patriarca do clã e seu papel de destaque entre os judaizantes da região do Recôncavo

---

142 A cristã-velha "[Margarida Pacheca, mulher de Antônio da Fonseca] contra Ana Roiz, Violante Antunes, Caterina Mendes, Maria Lopes, Mécia Rodrigues, Fernão Cabral", em 21/08/1591. *Denunciações da Bahia 1591-593. Op. cit.*, 1922-1929, p. 392-394.

143 "Os três parágrafos da Bíblia que são recitados nas orações de SHACRARIT e MAARIV": "Ouve [Shemá] ó Israel, o Senhor é nosso Deus, o Senhor é um". UNTERMAN, Alan. *Op. cit.*, 1992, p. 242.

144 A cristã-velha "[Ines de Barros] contra um mercador não nomeado, Heitor Antunes e outros", em 22/10/1591. *Denunciações da Bahia 1591-593. Op. cit.*, 1922-1929, p. 536-539.

baiano eram fatos do conhecimento de todos. Porém, a precariedade da atuação eclesiástica e a ausência de um tribunal inquisitorial instaurado na colônia, aliadas ao relativo bom convívio entre cristãos-velhos e novos, faziam com que as questões religiosas ficassem muitas vezes relegadas a segundo plano.

Durante o tempo em que esteve vivo, o autointitulado *Macabeu de Matoim* assumiu o papel de condutor de seu povo – significado último do nome que herdara do herói judeu. Não apenas construiu sinagoga que funcionou ativamente por décadas em seu próprio engenho, como teria atuado como seu comandante, não apenas por ser dela o proprietário e fundador, mas pela falta de alguém mais preparado que pudesse se responsabilizar por esta função. Líder da esnoga que construíra em suas terras, Heitor representava uma espécie de rabi informal dos judaizantes da região, responsável pela liturgia e manutenção das tradições da fé proibida, orientando os criptojudeus nas questões de fé, nas interpretações teológicas e dificuldades do dia a dia. Possuía alguns dos livros sagrados dos judeus, que deveria usar na preparação de suas preleções e nos conselhos e orientações que dava aos frequentadores das reuniões religiosas que organizava. Boa parte das interpretações e aconselhamentos que fazia provavelmente era lembrança de suas próprias experiências, filho de pais judeus "batizados em pé" que, sem nenhuma dúvida, mantinham – pelo menos em parte – as tradições judaicas do período anterior de livre crença na privacidade de casa. Embora nascido oficialmente cristão-novo, fora criado e educado em lar judeu, presenciando no cotidiano os fios de memória dos antigos judeus convertidos à força, aprendendo e compartilhando com estes os resquícios da fé proibida. Estes vestígios do judaísmo tradicional que testemunhara em seus primeiros anos de vida certamente serviram de leme para sua "formação" rabínica. Preparado ou não para o papel, o certo é que – a exemplo dos Macabeus bíblicos em que se espelhava – assumira seu quinhão de responsabilidade pela defesa da religião dos antepassados, exercendo enorme influência entre os judaizantes da Bahia.

Os relatos sobre a esnoga de Matoim nos permitem entrever a extrema complexidade do processo de aculturação vivido pelos cristãos-novos portugueses. Percebe-se ali a ocorrência de um judaísmo que envolvia sinagoga e a leitura de textos sagrados, da *Torah*, do Alvará dos Macabeus, culminando com a presença de Heitor Antunes como rabi clandestino de uma comunidade criptojudaica no recôncavo da Bahia quinhentista. Uma prática religiosa certamente muito próxima ao que viveram os batizados de primeira hora, indicando a continuidade de um judaísmo letrado e a ocorrência de expectativas messiânicas dentre os neoconversos da colônia, conforme os casos de Antônio de Valença, Diogo de Leão de Costanilha, Luís Dias e do "sapateiro santo" Annes Bandarra, atrás citados, ocorridos no reino.

A existência de uma esnoga em pleno funcionamento no engenho de Heitor Antunes, a congraçar os judaizantes da região, todavia, não fora caso único no espaço luso-brasílico nem é prática que se limita ao primeiro século após a conversão forçada. Outros relatos sobre a existência e funcionamento de ajuntamentos clandestinos de criptojudeus refletem uma realidade comum a várias regiões do mundo português. O próprio cardeal D. Henrique, inquisidor-mor de Portugal e futuro rei após a morte de D. Sebastião, queixar-se-ia ao Vaticano sobre o assunto, enviando uma carta em inícios de 1542 ao seu agente em Roma, esperando que fosse transmitida ao Papa. Na carta, informava o cardeal que "se achou em Lisboa uma casa onde se ajuntavam [os cristãos-novos] e tinham sinagogas secretamente". Também famosa era a sinagoga que funcionava na residência de António Homem, que acabou queimado em auto de fé ocorrido em 1624. Sobre o imóvel onde funcionava a esnoga, ordenava a sentença dos inquisidores: "se derrubem, assolem e ponham por terra e semeiem de sal e nunca mais se tornem a reedificar".[145]

Apesar de proibidas as sinagogas oficiais, os rabinos nomeados, a leitura e posse de livros judaicos, alguns indivíduos de maior influência sobre o grupo de neoconversos judaizantes acabavam por assumir tarefas que, no judaísmo livre e tradicional, caberiam a rabinos e indivíduos designados pela comunidade judaica. Proibido por lei, o rabinato acabaria sendo exercido por cristãos-novos nem sempre conhecedores das funções e responsabilidades da tarefa que assumiam, mas que se esforçavam, dentro do possível, para manter viva a memória da fé de Israel e repassá-la às novas gerações de neoconversos.

Assim como se mostrou variável o grau de criptojudaísmo conforme o afastamento maior ou menor em relação ao momento de conversão forçada – fazendo com que os que haviam conhecido o período de livre crença e seus descendentes diretos mantivessem a tradição hebraica com mais intensidade do que as gerações que nasceram já dentro do catolicismo e sem contato com antigos judeus –, não seria diferente entre aqueles que envergavam as tarefas e responsabilidades de "rabinato". Na prática, porém, não estavam perfeitamente preparados para as tarefas religiosas que assumiam: eram rabinos que jamais estiveram em terras de judaísmo livre ou frequentaram uma autêntica sinagoga e, não raro, mal haviam tido acesso à *Torah* ou a outros textos sagrados. Desconheciam os significados de muitos dos símbolos do judaísmo, eram proibidos de praticar a circuncisão, de celebrar as festas, de seguir os descansos e os jejuns judaicos, tinham dificuldades para calcular as datas do calendário judaico, eram proibidos de falar ou rezar no idioma hebraico – que muitos não compreendiam –, impedidos ainda de realizar suas liturgias religiosas publicamente, e obrigados a limitar suas ações ao segredo e a ambientes particulares e que julgavam

---

145 O Regimento de 1640, informa o mesmo autor, ordenava que os locais "em que se provar que faziam sinagoga, e ajuntamento para ensinarem seus erros, serão arrasadas, postas por terra e salgadas e no chão que ficar delas se levantará um padrão de pedra, com letreiro no qual se declare a causa por que se mandaram arrasar e salgar". LIPINER, Elias. *Op. cit.*, 1999, p. 102-103. A grafia foi atualizada.

de total confiança, temendo denúncias que poderiam, no limite, levá-los à fogueira, depois de longo e tortuoso processo inquisitorial, a trazer graves consequências para todo o grupo familiar e de convívio dos acusados.

Os "batizados de pé" e seus descendentes multiplicar-se-iam pelos domínios da América portuguesa e, graças à sua parcela de criptojudeus, preocupados em sustentar a fé mosaica apesar das proibições oficiais, também no Brasil apareceriam as sinagogas – ou *esnogas* – e rabis clandestinos. Nas capitanias do açúcar, onde a presença cristã--nova era sentida em praticamente todos os espaços sociais, e onde os neoconversos controlavam boa parte da economia local, envolvendo-se em todos os seus ramos, desde a produção açucareira até o comércio ultramarino, estas "esnogas" eram locais de reunião de judaizantes das mais variadas origens, e sua fama ultrapassava fronteiras, tanto geográficas como temporais, chegando a resistir, algumas vezes, por décadas. Nas conversas e burburinhos do cotidiano, ganhavam variados nomes, sotaques e grafias: *Eshnoga, esnoga, exnoga, snoga, synoga, sinoga, senoga*, todos a significar a mesma coisa: ajuntamentos clandestinos em locais específicos – ou, ao menos, dissimulados – de cristãos-novos com o intuito de judaizar. O significado da expressão, ensina Lipiner, mais do que uma simples corruptela do termo *sinagoga*, pode ser encontrado no *Zohar* (Livro do Esplendor): "Deus é chamado Nógah [em hebraico: *relâmpago*] e está escrito [Ezequiel 1, 13] *que o relâmpago saia do fogo* [em hebraico: *esh*], daí chamarem ao lugar de reunião Eshnoga".[146]

O cuidado para não ser revelado o local do culto era pensado nos detalhes: o funcionamento dos improvisados templos judaicos se fazia muitas vezes em imóveis que transmitissem o máximo de discrição aos visitantes costumeiros, construídos nas vilas ou seus arredores, a facilitar o acesso aos cultos numa época em que as distâncias não eram vencidas sem maiores dificuldades. Devido aos limites impostos pela clandestinidade, improvisava-se em residências particulares o ambiente para a assembleia dos fiéis da crença proibida. Todavia, conforme Ronaldo Vainfas, é importante divorciar na América portuguesa "a ideia de privacidade da ideia de domesticidade. As casas coloniais, fossem grandes ou pequenas, estavam abertas aos olhares e ouvidos alheios, e os assuntos particulares eram ou podiam ser, com frequência, assuntos de conhecimento geral".[147] Deste modo, a preferência recaía na construção das sinagogas em áreas afastadas dos centros urbanos, distante dos olhares e burburinhos da população, como forma de garantir não só o segredo das reuniões rituais mas também a segurança e o anoni-

---

146 LIPINER, Elias. *Op. cit.*, 1999, p. 104.

147 VAINFAS, Ronaldo. "Moralidades brasílicas: deleites sexuais e linguagem erótica na sociedade escravista". *In*: SOUZA, Laura de Mello e (org.). *História da Vida Privada no Brasil: cotidiano e vida privada na América portuguesa*. São Paulo: Companhia das Letras, 1997, p. 227.

mato dos frequentadores. Os engenhos preenchiam estas necessidades. Como explica Elias Lipiner,

> a localização preferencial das sinagogas nos engenhos, se deve ao fato de que nos começos da colonização cabia aos engenhos, além de função própria de empresa particular agrícola, também a função religiosa, e especialmente a militar, destinada a torná-los baluartes armados para defender-se dos ataques dos índios ou outros inimigos.

O prestígio e a proteção de que desfrutava o senhor de engenho era fator premente para a escolha:

> tais privilégios de autonomia, eram aproveitados pelos senhores de engenho cristãos-novos, posto que discretamente, para, no âmbito de sua hegemonia, erguerem ao lado das ermidas em homenagem à crença dominante, também as esnogas – em reverência ao culto de seu coração –,[148]

isso quando os dois espaços não se confundiam, realizando-se, no improviso, cerimônias judaicas em templo cristão, exemplo consistente do sincretismo religioso e da convivência latente entre a crença católica e os resquícios de judaísmo existentes na colônia.

Nestas esnogas clandestinas, a essência da fé proibida era mantida e ensinada às novas gerações, desempenhando papel fundamental de resistência à religião imposta, embora seus ritos e crenças já tivessem perdido muito do significado original, entre outros motivos, pelo crescente distanciamento que enfrentavam do período de livre divulgação religiosa. A agravar o bom funcionamento dos trabalhos sinagogais, lembremos que a proibição do judaísmo no mundo português significava, além do fechamento de sinagogas, o impedimento da existência de rabinos preparados para orientar a liturgia e aconselhar a comunidade judaica; também os livros religiosos dos judeus seriam terminantemente proibidos, dificultando imensamente o acesso às leis judaicas e ao conhecimento por parte de seus simpatizantes em seus detalhes. Modelavam-se arranjos, porém. Por vezes, a falta da *Torah* levava os judaizantes à leitura do Antigo Testamento da Bíblia em versão latina, desprezando-se – por razões óbvias – os textos do Novo Testamento.[149]

---

148 LIPINER, Elias. *Op. cit.*, 1969, p. 95-96.

149 ROTH, Cecil. *Op. cit.*, 2001, p. 123-124.

Na realidade, a antiga fé era praticada tanto na colônia quanto no reino por indivíduos que, na maior parte das vezes, não possuíam conhecimento profundo das suas leis: o judaísmo era, aos poucos, adaptado à realidade possível de sobrevivência em ambiente totalmente hostil: o judaísmo tradicional, letrado, sustentado pela tradição, transformava-se em dissimulado, diminuto, reduzido quase sempre ao lar e divulgado por seguidores quase sempre despreparados. Nada muito diverso, é verdade, do catolicismo praticado na colônia, ensinado, em boa parte, por padres igualmente despreparados, eles próprios, não raras vezes, desconhecedores da fé que difundiam, pouco afeitos ao seguimento dos textos cristãos, descumpridores dos dogmas da religião que representavam, muitos já tendo vindo degredados da metrópole pelo comportamento desregrado e por impropérios repetidos durante as pregações.

Porém, como bem lembra Angela Maia, devemos compreender as diferentes formas de sobrevivência e de funcionamento destas *synogas* e as transformações sofridas no culto hebraico como fatores indispensáveis à sobrevivência, relativizando os rigorismos do judaísmo puro em favor das improvisações necessárias: "mesmo que não funcionassem nos modelos ortodoxos, as sinagogas, como reuniões, existiam dentro da comunidade judaizante mantendo viva a chama da velha fé", embora esta se encontrasse já bastante deturpada. A antiga religião, de tradição letrada, ficava então praticamente resumida aos pouquíssimos textos judaicos preservados secretamente e à memória dos que a conheceram em outra época. A sinagoga transformava-se assim, de espaço físico de comunhão de fé, em qualquer reunião que envolvesse judaizantes, independentemente do lugar onde fosse celebrada. Deste modo, se por um lado, percebemos a criação de espaços específicos e preparados dentro do então limite do possível para a prática dos cultos e cerimônias hebraicas, a documentação inquisitorial aponta fortes indícios para a sobrevivência judaica em locais não fixos, constantemente modificados por questões de segurança, improvisados em casas particulares e divulgadas as reuniões apenas para o restrito grupo de convívio familiar e de pessoas de confiança – esta situação, sim, parece ter sido muito mais a norma do que a exceção (por sua vez, mais bem representada pelas esnogas).

Logo, "sob a denominação de *fazer esnoga*, o povo colocava quaisquer reuniões mais ou menos secretas celebradas pelos judaizantes, pois, há muito afastados do judaísmo oficial, eles não tinham nem sinagogas organizadas nem rabinos para um culto formal (...) que pudessem dar um acompanhamento espiritual à comunidade",[150] tudo se adaptando às dificuldades existentes para a pregação judaica. O desconhecimento apresentava-se, assim, em via dupla: se, por um lado, os que delatavam os possíveis

---

150 MAIA, Angela Maria Vieira. *À Sombra do Medo: relações sociais entre cristãos-velhos e cristãos-novos nas capitanias do açúcar (Século XVI)*. Rio de Janeiro: Oficina Cadernos de Poesia, 1995, p. 127.

judaizantes ao Santo Ofício encaravam como judaísmo qualquer atitude que julgassem estranha à norma cristã, causando precipitações e generalizações de toda espécie, entre os próprios judaizantes encontramos indícios de estranhamento da religião que seguiam, praticando o que julgavam ser a crença dos antepassados, e que aprendiam muitas vezes através dos éditos divulgados pela Inquisição nas igrejas informando o que considerava como evidência de comportamento judaico. Na prática, acabavam existindo profundas diferenças entre o judaísmo tradicional e os ritos e costumes que os judaizantes seguiam. Acima de tudo, o que havia era uma grande confusão na interpretação das práticas de fé, misturada aos desejos de resistência contra o catolicismo imposto e opressor, e de recuperação da religião dos antepassados.

Durante a primeira visitação do Santo Ofício às capitanias do Nordeste açucareiro (Bahia, Pernambuco, Paraíba e Itamaracá), entre os anos de 1591-1595, várias acusações chegariam à mesa inquisitorial relatando a existência e funcionamento, quase sempre precário, de algumas destas esnogas coloniais, verdadeiros marcos de resistência a tornar possível a manutenção da fé hebraica.

À época em que o séquito inquisitorial esteve presente na colônia, algumas destas sinagogas clandestinas seriam citadas nas denúncias. Um certo Ambrósio Peixoto de Carvalho, por exemplo, dizia existir um templo judaico em funcionamento na localidade de Perabuçú, no Recôncavo baiano. Outras denúncias davam conta de que se ajuntavam certos indivíduos para "fazer esnoga" em casa do cristão-novo Rui Teixeira. Indo Rui para o reino, as reuniões judaizantes passariam a ser realizadas alternadamente nas residências de Gomes Fernandes, Antonio Tomás e Diniz d'Andrade. O padre Pero Leitão denunciaria o cristão-novo Francisco Roiz Navarro, mercador da capitania do Espírito Santo, acusando-o de que "pregava às sextas-feiras de noite aos seus em judeu". Também o bispo D. Antonio Barreiros denunciaria "ajuntamentos de cristão-novo e sinagoga" em casa de Antonio Thomaz, que já viera sambenitado (ou seja: condenado pela Inquisição) do reino.[151]

Alguns depoimentos apresentavam uma descrição pormenorizada destas sinagogas – e exemplificam a confusão geral sobre o que era um templo judaico e quais seus elementos constituintes. O fato é que era conhecido de muitos – inclusive religiosos – o hábito de reunirem-se os judaizantes para professarem a sua fé. O cristão-velho Diogo Vaz diria perante o inquisidor que, cerca de quatorze anos antes, entrara como um amigo em uma casa, situada na roça pertencente ao cristão-novo Diogo Paiva, em Tujucupapo, capitania de Itamaracá, e viram "detrás da porta armado um altar bem concertado, com seu frontal e toalhas pregadas com alfinetes, como altar de dizer missa, no qual estavam dois castiçais de latão com suas velas e, no meio estava, em vez de

---

151 *Apud* LIPINER, Elias. *Op. cit.*, 1969, p. 92.

imagem, uma figura" com cerca de um palmo de comprimento, "feita de cera preta, a qual figura era de homem, num, e, na cabeça, na testa, tinha dois cornos feitos da mesma cera, e em uma mão tinha, feito da mesma cera, como vela ou vara, (...) do que logo se escandalizaram e lhes pareceu coisa de judeu".[152] Já o cristão-velho Manoel Braz denunciaria que, durante os ofícios judaizantes que se faziam na casa do mercador cristão-novo Diogo Lopes Ilhoa, enquanto "uns estavam dentro fazendo a esnoga outros andavam de fora, vigiando".[153] Além de sinagoga, Diogo Lopes mantinha capela em seu engenho, com capelão contratado para as cerimônias, procurando afastar qualquer desconfiança sobre sua sinceridade cristã.

Denúncia parecida seria feita por uma certa índia brasila chamada Mônica, que trabalhava para um familiar do alcaide-mor da capitania de Pernambuco. Frequentava a casa de Fernão Soares, mercador cristão-novo da região. Certa vez, ao entrar em sua varanda, vira "em um paiol estar metido na parede um prego de parafuso, na ponta do qual prego estava metido um boi feito de barro dourado e com cornos e com malhas pretas, com as pernas encolhidas, o qual por detrás, pelo rabo, tinha na traseira um buraco por que estava metido o dito parafuso com o prego, e assim no ar se sustentava só no dito prego". Ao relatar ao seu senhor o que havia presenciado, este "respondeu que aquilo era a toura que os judeus adoravam".[154]

Em alguns momentos, o temor de ser apontado como criptojudeu dava espaço a galhofas de todo o tipo: Salvador da Maia, cristão-novo que escandalizara a todos pela fama de manter um crucifixo embaixo da cama quando mantinha relações sexuais com a esposa, certa vez entrara no alpendre onde morava o lavrador cristão-velho João Braz. Deparou-se então com um retábulo "em que estavam os sete mandamentos da Igreja, procedidos do lado da figura de Cristo e mais os apóstolos, figuras dos ministros dos sacramentos. E, por cima, estava a figura da Santíssima Trindade e corte celestial e, por baixo, estava um mar, em que estavam afogados muitos hereges", como Calvino, Lutero e outros. Por achar que estava aquilo em mal estado, começou Salvador da Maia "a zombar e apontar, dizendo que parecia mesquita, e que parecia esnoga", num claro sinal de confusão entre os templos sagrados dedicados aos seguidores de Maomé e aqueles onde se celebra a fé de Moisés. "E tomou um carvão", e com ele escreveu na porta, em zombaria: "esnoga de João Braz", "desdenhando da ruim feição do dito alpendre", levando todos os presentes a rirem do infame letreiro. Preso pela visitação, seria interrogado

---

152 *Primeira Visitação do Santo Ofício às Partes do Brasil: Denunciações e Confissões de Pernambuco 1593-1995*. Recife: Fundarpe. Diretoria de Assuntos Culturais, 1984, Coleção Pernambucana, 2ª fase, vol. XIV, p. 12-14.

153 MAIA, Angela Maria Vieira. *Op. cit.*, 1995, p. 126.

154 *Denunciações e Confissões de Pernambuco 1593-1995. Op. cit.*, 1984, p. 48.

pelo inquisidor, que procurava desvendar os locais exatos e o ritual das celebrações judaizantes: perguntado sobre "o que se faz nas esnogas, e onde estão", responderia, tentando demonstrar total desconhecimento, "que não sabe, somente ouviu nomear isso por coisa ruim".[155]

Outra sinagoga fartamente denunciada durante a primeira visitação do Santo Ofício ao Brasil seria a célebre esnoga de Camaragibi, em Pernambuco, dentre as citadas, a que mantinha suas atividades por mais tempo: certas denúncias apontavam suas atividades há mais de quarenta anos. Fora erguida nas terras pertencentes ao casal Diogo Fernandes e Branca Dias, ambos já falecidos quando da chegada de Heitor Furtado. Algumas denúncias afirmavam que o casal, em todos os sábados, mantinha sobre a cama:

> uma cabeça de boi sem cornos, ou para mais certo, não se afirma bem, se tinha cornos ou não, feita de pau aleonado escuro, cor natural do mesmo pau, sem ter tinta, a qual era bem afigurada e conhecida ser figura de cabeça de boi, de comprimento de palmo e meio, pouco mais ou menos, a qual cabeça de bezerro se punha muitas vezes sobre a dita cama às sextas-feiras, e sobre a cama ficava até os domingos.[156]

Em Camaragibi, era fama pública que existiam judeus e se adorava a *toura* – corruptela de Torah, metáfora bastante usada para dizer que se seguia a lei mosaica ou dos judeus. Em denúncia ao visitador datada de 16 de novembro de 1593, Felipe Cavalcanti afirma que a "gente da Nação" olindense se reunia na tal esnoga de Camaragibi, a quatro ou cinco léguas de distância da vila, onde "faziam suas cerimônias e que nas ditas luas novas de agosto iam", em seus carros enramados e com festas "ao dito Camaragibi a celebrar a festa do jejum" do Iom Kipur, o dia mais sagrado do calendário judaico.[157] Nos dias de reunião, os

---

155 Lipiner, Elias. *Santa Inquisição: terror e linguagem*. Rio de Janeiro: Documentário, 1977, p. 68-69.

156 *Denunciações e Confissões de Pernambuco 1593-1995. Op. cit.*, 1984, p. 58.

157 O *Iom Kipur* "é um jejum de 24 horas, que começa antes do pôr do sol e termina ao aparecer das estrelas na noite seguinte. No dia que o precede, recomenda-se comer mais que o costume, como acréscimo para o jejum. Durante o Iom Kipur os judeus são proibidos de calçar sapatos de couro, de manter relações sexuais e de se lavar. Devem cessar todo o trabalho profano neste Shabat dos Shabats". Na celebração da data, "passa-se a maior parte do dia em oração", lembrando dos "parentes falecidos, confessando os pecados, pedindo o perdão divino, ouvindo a leitura da Torá, do Livro de Jonas, e as prédicas". Unterman, Alan. *Op. cit.*, 1992, p. 125.

judaizantes eram convocados de forma singela: o cristão-novo Tomás Lopes, alfaiate aposentado conhecido pela alcunha de *O Maniquete*, usando código previamente combinado, desfilava pelas principais ruas de Olinda com um pano branco amarrado a um pé descalço alertando aos judaizantes de que, naquele dia, haveria reunião na esnoga de Camaragibi: era, por isso, apelidado de "campainha dos judeus". Entre os seus frequentadores, encontramos ainda o mercador e senhor de engenho cristão-novo Ambrósio Fernandes Brandão, célebre autor dos *Diálogos das Grandezas do Brasil*.

As sinagogas ajudavam também aos cristãos-novos desafortunados recém-chegados à colônia, beneficiados com certa quantia em dinheiro para os gastos imediatos, arrecadada entre os seguidores. Em Olinda, os boatos populares apontavam a João Nunes Correia – dos mais ricos e influentes homens da região, comerciante acusado dezenas de vezes por suas falas e comportamentos heréticos – de ser o tesoureiro de Camaragibi, encarregado de coletar e distribuir esta ajuda inicial, tendo, por isso, a fama de possuir a bolsa dos judeus de Pernambuco.

Referências ao funcionamento de sinagogas clandestinas também estão presentes na documentação correspondente à segunda visitação do Santo Ofício ao Brasil, que percorreu a Bahia entre 1618-21. Um certo Gaspar Afonso denunciaria que, cerca de oito ou nove anos antes, ouvira que os cristãos-novos Pedro Fernandes Raphael e Luís Lopes Paredes reuniam-se e fechavam-se na loja do primeiro até por volta da meia-noite, escrevendo em um livro, "que não era senão o livro da confraria dos judeus"[158]. Na casa de Gonçalo Nunes, reuniam-se nas tardes de sexta-feira para reuniões judaizantes "Diniz Bravo e seu irmão, Pascoal Bravo; o bailio Diogo d'Albuquerque; o advogado Francisco Lopes Brandão; Domingos Álvares de Serpa; Diogo Lopes Franco; o genro do corregedor, Henrique Muniz Teles – genro cristão-velho de Heitor Antunes! –; e Simão Nunes de Matos, proprietário de um engenho de açúcar". As reuniões "passavam as horas, desde 7 da noite à meia-noite", e suspeitava-se que praticavam as "cerimônias prescritas na Antiga Lei".[159] Simão Nunes de Matos seria igualmente acusado de reunir judaizantes em sua residência: um vizinho teria reparado que muitos cristãos-novos iam à sua casa "para jantar, cear e passar a noite". Um criado de Matos declararia que, durante estas reuniões, "a 'toura' era retirada da cocheira".[160]

---

158 LIPINER, Elias. *Op. cit.*, 1969, p. 91.

159 WIZNITZER, Arnold. *Op. cit.*, 1966, p. 31-32. A grafia foi atualizada.

160 De acordo com o autor, Nunes de Matos era parente dos Antunes, embora não informe o grau de parentesco ou a fonte desta informação: "Outras pessoas denunciadas abrangiam uma porção de parentes

Uma outra denúncia igualmente surpreendente dá notícia da sobrevivência destas "asnogas" ao longo de todo o período de dominação portuguesa. Nas Minas Gerais, durante o auge da mineração, cristãos-novos comprometidos com a (obviamente clandestina) comunidade judaica de Vila Rica ensaiariam a criação de uma irmandade. Para evitar desconfianças, escolheram um imóvel vizinho da Capela de Bom Jesus dos Perdões, onde se instalaria a sede dos trabalhos dos "Fiéis de Deus" – em alusão aos "seguidores do Profeta Eliseu que, em meio à idolatria de Israel, proclamavam sua fidelidade a Yaveh".[161]

Nem sempre, cabe ressaltar mais uma vez, o judaísmo colonial era praticado em espaços sinagogais improvisados construídos especificamente para este fim. Apesar da menor pressão – tanto eclesiástica quanto social – que existia no Brasil se comparado ao clima de perseguição constante vivido pelos cristãos-novos no reino, o judaísmo possível era adaptado às necessidades de sobrevivência: sem liberdade de crença, sem rabinos, sem sinagogas ou escolas, sem livros sagrados. As próprias necessidades e urgências da vida colonial, por sua vez, contribuiriam para o desgaste do papel dos homens para a sobrevivência deste judaísmo. Enfim: era oculto, diminuto, dissimulado, limitado, adequado, ajustado, de "portas a dentro", doméstico quase sempre. Mais do que o surgimento efetivo de esnogas – embora elas tenham existido em número considerável e, em casos limite, tenham ultrapassado gerações –, verifica-se um redirecionamento das práticas rituais e religiosas da sinagoga para o lar, transformado em espaço multifuncional do judaísmo praticado neste quadro de exclusão e coerção vivenciado no mundo português. O lar tornava-se local privilegiado para a divulgação e prática dos ensinamentos da antiga lei. Nele, o papel da mulher ganharia novo destaque. O que não significa dizer, por outro lado, que o judaísmo reduziu-se unicamente à "cozinha", embora seja inegável que tenha ganhado força sua prática por lá, as mães repassando aos filhos os conhecimentos da fé proibida enquanto preparavam as refeições e cuidavam da casa. Mas não só.

O certo é que, neste ambiente desfavorável, por razões óbvias, as residências passariam a ocupar importância estratégica para a resistência judaica: seriam os lares locais de propagação do judaísmo vivo, através da memória ensinada e das práticas religiosas e cerimoniais. Impedida a existência da escola judaica, explica Lina Gorenstein, "a cultura doméstica continuou, em parte, com aquelas práticas e celebrações de

---

da família Antunes: Henrique Monis Telles, marido de Leonor Antunes; Diogo Lopes Franco, genro de Telles, e Simão Nunes de Mattos. Este último, possuidor de um Sefer Torah". Erroneamente, contudo, o próprio Simão Nunes de Matos já havia sido identificado por Wiznitzer como irmão do mercador João Nunes Correia. *Idem*, p. 32-33.

161 BANDEIRA, Manuel. *Guia de Ouro Preto*. São Paulo: Gráfica Carioca, 1957, p. 11. *Apud* FERNANDES, Neusa Borges. *A Inquisição em Minas Gerais no Século XVIII*. Rio de Janeiro: EdUERJ, 2000, p. 77-78.

'portas a dentro'",[162] embora essas práticas sofressem certo esvaziamento e modificações conforme necessidade e afastamento do período de judaísmo permitido. A própria teologia judaica, cada vez menos profundamente conhecida pelas novas gerações de judaizantes, enfrentava as consequências destas limitações, agravadas pela inexistência de rabinos para cumprirem o papel que lhes caberia numa situação de normalidade religiosa, como também pela proibição da bibliografia relativa à religião mosaica: impossibilitados da leitura sagrada, a *Torá*, muitos utilizavam a Bíblia católica, embora renegando os textos do Novo Testamento, além do novo alento que seria destinado à transmissão oral de seus ensinamentos. Impedidos de denunciar suas preferências doutrinárias, e procurando driblar as desconfianças da sociedade, os criptojudeus viam-se obrigados a abandonar certas cerimônias marcantes da sua profissão de fé em favor de práticas menos conhecidas ou delatoras de sua real entrega religiosa, silenciando o judaísmo à sua vivência interior: substituíam-se, assim, as circuncisões pelas orações e vigílias domiciliares; a guarda pública de certas datas e festas como o Ano-Novo ou o Pentecostes pelos jejuns. Com o mesmo intuito, celebrações que no judaísmo tradicional ocupavam posição de menor destaque passavam, por serem menos acusadoras, a tema central da resistência marrana, como foi o caso do "Jejum de Ester – rainha judia que escondia suas origens ao próprio marido, vivendo, como os criptojudeus, da dissimulação –, tornando-se a 'Oração de Ester' a 'prece marrana por excelência'". É bastante significativo o fato de ser uma mulher a heroína dos cristãos-novos, e o exemplo de Ester se repetiria constantemente devido às necessidades impostas aos criptojudeus. O judaísmo de "portas a dentro" mostrar-se-ia, nos mais ínfimos detalhes, influenciado pela figura da mulher.[163]

Anita Novinsky complementa: "proibida a sinagoga, a escola, o estudo, sem autoridades religiosas, sem mestres, sem livros, o peso da casa foi grande. A casa foi o lugar do culto, a casa tornou-se o próprio Templo. No Brasil Colonial, como em Portugal, somente em casa os homens podiam ser judeus. Eram cristãos para o mundo e judeus em casa. Isso teria sido impossível sem a participação da mulher".[164] Aqui, como lá, o núcleo familiar tornou-se *locus* privilegiado para a irradiação da lei mosaica, içando as mulheres ao *status* de grandes responsáveis por sua resistência e perpetuação.

---

162 SILVA, Lina Gorenstein Ferreira da. *Heréticos e Impuros: A Inquisição e os cristãos-novos no Rio de Janeiro – século XVIII*. Rio de Janeiro: Secretaria Municipal de Cultura, Departamento Geral de Documentação e Informação Cultural, 1995, p. 121.

163 POLIAKOV, Leon. *Op. cit.*, 1996, p. 198-199.

164 NOVINSKY, Anita W. "O papel da mulher no cripto-judaísmo português". In: *Comissão para a Igualdade e para os Direitos das Mulheres. O rosto feminino da expansão portuguesa. Congresso Internacional. Lisboa, 1994*. Lisboa, 1995, p. 549-555.

Embora sem oferecer privacidade e discrição suficientes para seus moradores, o lar colonial firmar-se-ia como ambiente propício para a continuidade hebraica. As constantes necessidades de deslocamento numa região onde as distâncias não eram facilmente vencidas causavam a costumeira ausência do cabeça da família, redimensionando ainda mais o papel da mulher, conferindo-lhe maior destaque na organização do ambiente familiar, responsável pelo bom funcionamento da casa, atuando na criação e educação dos descendentes, vivenciando tradições impossíveis de serem realizadas em outro espaço, moldando a orientação religiosa dos filhos, servindo de liame entre os componentes do clã. Lar-escola-sinagoga: espaço multifuncional onde a mulher exerceria conjuntamente as tarefas de provedora, mãe, educadora, catequista e rabi.

Sustentáculos da religião proibida, as "mulheres cristãs-novas apresentaram no Brasil uma resistência passiva e deliberada ao catolicismo. Foram prosélitas, recebiam e transmitiam as mensagens orais e influenciavam as gerações mais novas",[165] cientes da necessidade de encobrir seus verdadeiros objetivos. Transmitindo os ritos religiosos ao praticá-los nas residências, realizavam o rabinato diminuto, feminino e oral que se tornara possível e que, embora contrariasse o códice mosaico, garantiu-lhe a sobrevivência. Conforme lembra Elias Lipiner, dizia-se à época das mulheres neoconversas que, "devotas e rezadeiras, iam nos domingos e dias santos ouvir missa", procurando evitar, perante a sociedade, as desconfianças sobre sua real entrega ao catolicismo, "mas nos sábados vestiam seus melhores vestidos",[166] preparando-se para o sagrado dia de descanso dos judeus, reunindo a família para celebrar os costumes de seus antepassados. Entre os Antunes não seria diferente, e as mulheres da família, Macabeias e "rabis", sob o comando de Ana Rodrigues, tornar-se-iam as grandes responsáveis pela manutenção judaica entre a "gente de Matoim".

Após a morte de Heitor Antunes, o engenho de Matoim passaria ao controle de Jorge Antunes, talvez por ser o filho homem mais velho. Impressionante ainda o fato de alguns denunciantes acusarem o funcionamento da esnoga na casa do cristão-velho Bastião de Faria, genro de Heitor Antunes, que parece ter assumido os negócios e a direção da família após a morte do sogro – poderoso indício de que a casa se confundia com o templo no caso do dito judaísmo "secreto". Um cristão-velho, dos principais da terra, à frente de uma sinagoga! Impossível. Bastião de Faria era apenas o novo chefe da casa. Mesmo com a ausência do patriarca dos Antunes, a sinagoga de Matoim continuaria sua atividade, presumivelmente, tendo algum de seus filhos ou genros como responsável, sob o olhar atento da matriarca Ana Rodrigues, que zelava pela manutenção judaica da família.

---

165 *Idem.*

166 LIPINER, Elias. *Op. cit.*, 1969, p. 46.

Assim, mais do que as reuniões que ocorriam seguidamente na esnoga de Matoim reunindo os judaizantes da região, o que parece ter ganhado força após o falecimento de Heitor Antunes foi o papel desempenhado por Ana Rodrigues, acompanhada de seus filhos, filhas, netos e netas, na manutenção de "portas a dentro" do judaísmo do clã. Todos insistentemente acusados pela "voz geral" de participar de cerimônias judaicas, de guardar o sábado, de não frequentar as igrejas, de fazer bênçãos e orações judaicas, de seguir as interdições alimentares do judaísmo, de proferir juramentos, de observar ritos funerários judaicos, de fazer regularmente "esnoga" com "toura" (*Torah*). Esnoga doméstica, com evidências da ascensão de Ana Rodrigues em seu comando, tendo à frente dos ensinamentos a octogenária matriarca, "mulher-rabi". O epíteto com que outrora se vangloriava Heitor Antunes de sua ascendência bíblica, a dar-lhe prestígio entre os cristãos-novos, transformar-se-ia, no comentário geral das ruas, em ofensa contra Ana Rodrigues, suas filhas e netas, chamadas pejorativamente de Macabeias pela suspeita pública de que judaizavam. Mas o que as bocas acusadoras diziam com tom de ofensa, era recebido como música pelos ouvidos das Macabeias, a reafirmar o sinal da forte ligação com a memória dos antepassados...

Deste modo, percebe-se igualmente a força de uma série de tradições domésticas do judaísmo, conservadas pela liderança da matriarca, transmitidas aos filhos e daí aos netos, embora a receptividade individual de diversos destes costumes nas gerações da família seja bastante diferenciada. A presença de cristãos-velhos na família funcionava certamente como um dado complicador, pois se há indícios de que alguns deles participavam de cerimônias – ou, pelo menos, sabiam e mantinham segredo sobre o que ocorria em Matoim –, outros sugerem haver uma constante preocupação das mulheres com a reputação de seus maridos "fidalgos" envolvidos com a esnoga. Se nas terras de Matoim se fazia a "esnoga" que tantos acusariam, em 1591 – e tudo parece indicar que parte da família realmente judaizava, com a conivência de todos os demais, cristãos-novos e velhos –, durante décadas isto não constituiu problema maior para ninguém. A chegada de Heitor Furtado de Mendonça ao Trópico inverteria de imediato este quadro...

CAPÍTULO 3
Esnoga devassada: a visitação quinhentista

> *Mas incurável chaga exige o ferro,*
> *Cortada cumpre ser porque não lavre,*
> *Porque não fiques o são também corrupto.*
> Ovídio, *Metamorfoses*.

> Não te iludas em vão! Nós sofremos tudo isto por nossa própria causa, porque pecamos contra o nosso Deus, acontecendo-nos em consequência coisas espantosas. Tu, porém, não creias que ficarás impune, depois empreendido fazer guerra contra Deus!
> 2Mc 7, 18-19.

A *voz geral* contra a gente de Matoim

A vida dos Antunes seria exposta aos gulosos olhos do visitador desde o primeiro dia dos trabalhos inquisitoriais na colônia, constando este rol de denúncias entre os de maior volume perante o Santo Tribunal. Isabel Ribeiro, mulher de um dos filhos de Ana e Heitor, Álvaro Lopes Antunes, daria o tom correto dos acontecimentos para o clã: "Jesus, estávamos quietos",[1] repetiria, consciente dos desdobramentos do grande número de denúncias que afetariam boa parte da família. Ao todo, seriam dezenas de acusações contra vários dos membros do clã. Só a matriarca Ana Rodrigues somaria vinte e três denúncias envolvendo seu estranho comportamento, o que a coloca como a terceira pessoa mais delatada da primeira visitação, atrás apenas do cristão-novo João Nunes Correia, poderoso homem de negócios em Pernambuco, acusado quarenta e sete vezes, entre outras heresias, de possuir um crucifixo em um quarto imundo, próximo a um servidor onde fazia as suas necessidades corporais, e de ofendê-lo física e moralmente,[2] e

---

1   *Denunciações da Bahia 1591-593*. Op. cit., 1925, p. 546.

2   O caso de João Nunes foi retratado, em diferentes obras e perspectivas, entre outros, por: LIPINER, Elias. "João Nunes, o Rabi da Lei dos Judeus em Pernambuco". In: Op. cit., 1969; SIQUEIRA, Sonia A. "O comerciante João Nunes". In: SIMÕES DE PAULA, Eurípedes (org.). *Portos, Rotas e Comércio: Anais do V Simpósio Nacional dos Professores de História – Campinas*. São Paulo: USP, 1971; GONSALVES DE MELLO, José Antônio. "Um 'capitalista' cristão-novo: João Nunes Correia". In: *Gente da Nação: Cristãos-novos*

do cristão-velho Fernão Cabral de Taíde, senhor de engenho na Bahia, denunciado trinta e nove vezes por acolher em seus domínios uma seita religiosa indígena, conhecida como a "Santidade de Jaguaripe", além de outros crimes.[3] Ana Rodrigues foi a segunda pessoa mais acusada da Bahia e, de toda a visitação, seria aquela mais insistentemente apontada como judaizante, e também, a mais denunciada entre as mulheres.[4]

A matriarca de Matoim e seus descendentes seriam acusados de criptojudaísmo, apontados como cultivadores de comportamentos judaizantes, e de desrespeito à fé católica por todos os lados. Nem mesmo o esposo, Heitor Antunes, falecido cerca de quinze anos antes, ficaria esquecido na caça popular que procuraria desnudar ao inquisidor os supostos hereges. Do grupo de delatores do clã, faziam parte vizinhos, costumeiros frequentadores da residência, indivíduos chocados com os desregramentos da "gente de Matoim", antigos desafetos, e mesmo desconhecidos e curiosos que ouviam as histórias sobre a velha senhora e corriam para contá-las ao visitador, procurando mostrar boa vontade e colaboração com o Tribunal. Na grande maioria das vezes, as denúncias partiam de cristãos-velhos, chocados com os seguidos desrespeitos à fé cristã praticados pelos Antunes. A herética família seria ainda acusada por alguns de seus próprios membros, ressabiados pelos atos cometidos pelos membros supostamente judaizantes do clã e preocupados com que as possíveis culpas desta parcela familiar gerassem dúvidas sobre a sinceridade cristã dos demais elementos. O temor causado pela presença

---

    e judeus em Pernambuco, 1542-1654. 2ª ed. Recife: FUNDAJ, Ed. Massangana, 1996; Assis, Angelo Adriano Faria de. *Op. cit.*, 1998.

3   VAINFAS, Ronaldo. *Op. cit.*, 1995.

4   Infelizmente, para o trabalho do historiador, alguns livros referentes à visitação comandada por Heitor Furtado de Mendonça encontram-se até hoje desaparecidos, motivo pelo qual estes números, até agora "absolutos", podem sofrer alterações com o aparecimento dos demais livros. Raminelli explica o quadro: "Os relatos originados da visita de Heitor Furtado de Mendonça à Bahia encheram páginas e páginas, que reunidas formaram três livros de denúncias e dois de confissões. O primeiro livro de denúncias foi encontrado na Torre do Tombo e publicado sob a direção de Capistrano de Abreu; o segundo é relativo ao Recôncavo e permanece extraviado; o terceiro reúne denúncias da Bahia e Pernambuco, e este volume também foi publicado. As confissões foram registradas em dois livros: um deles é conhecido; outro, contendo igualmente as confissões de Olinda, está perdido. O desaparecimento desta documentação inviabiliza uma análise global da Visitação. Contudo, o fato mais grave é o de não se ter notícias sobre as denúncias do recôncavo. Na vasta região, residiam três quartos da população da Capitania, ocupando a beira-mar e o interior. Na verdade, o recôncavo era a área mais próspera da Colônia no tempo das Visitações, enquanto Salvador funcionava como um órgão oficial, meio caminho entre os engenhos e a metrópole e local de comercialização da safra". RAMINELLI, Ronald. *Tempo de Visitações. Cultura e sociedade em Pernambuco e Bahia: 1591-1620*. Dissertação de Mestrado apresentada ao Departamento de História da Faculdade de Filosofia, Letras e Ciências Humanas da Universidade de São Paulo, São Paulo, 1990.

da Inquisição esfacelava as sociabilidades existentes. Não raro, filhos denunciavam pais, sobrinhos denunciavam tios, esposas denunciavam maridos, procurando, ao menos, eximirem-se das culpas do parente próximo. Entre os Antunes, não seria diferente.

Quem primeiro apresentaria os atos da suspeita família a Heitor Furtado seria o marido de uma das netas de Ana Rodrigues, o cristão-velho "de todas as partes" Nicolau Faleiro de Vasconcelos, que se apressava por explicar, a seu modo, as práticas da esposa e dos parentes desta antes que o inquisidor soubesse dos fatos por outros denunciantes: buscava remediar o injustificável. A presença dos Antunes na mesa inquisitorial seria uma constante durante o tempo em que o Santo Ofício permaneceu na Bahia, procurando amenizar as faltas, disfarçando destas seu conteúdo judaizante. Nove Antunes compareceriam à Mesa do Tribunal para confessar seus erros e procurar inocentar os demais parentes. As confissões seriam feitas durante os períodos da graça concedidos pelo visitador – um, à cidade de Salvador e outro, à região do Recôncavo –, talvez sinal do grau de preocupação da família com a gravidade de seus crimes, aproveitando os benefícios para os que testemunhassem durante este período: perdão das fazendas e dos indivíduos que optassem por fazer inteira e verdadeira confissão das culpas. Outros familiares compareceriam como denunciantes, contando detalhes sobre o comportamento dos parentes e levantando suspeitas: jogavam por terra os vínculos de parentesco na tentativa de diferenciarem-se dos que acusavam perante a Inquisição. Quase sempre, contudo, as denúncias teriam mais o intuito de abonar seus praticantes, explicando e justificando pelo desconhecimento o conteúdo herético de seus atos.

Logo no primeiro dia destinado às confissões e denúncias durante a etapa baiana da visitação,[5] Nicolau Faleiro procuraria Heitor Furtado de Mendonça para confessar seus erros e contar o que sabia. Casado com Ana Alcoforado, afirmava no depoimento que sua mulher lhe havia dito "que era bom vazar fora a água dos cântaros" quando do falecimento de alguém em casa, e que ele próprio consentira nisto certa vez, mas sem nenhuma intenção de judaísmo. Desculpava-se: só com a publicação do Édito da Fé na Igreja da Sé de Salvador, "ouviu ler nela esta cerimônia, e por isso a entendeu e se soube, e vem agora a acusar-se nesta mesa e pedir nela misericórdia". Só então soubera ser aquilo cerimônia característica dos judeus, motivo pelo qual apressava-se em esclarecer a involuntária falta. Categórico, Nicolau esforçar-se-ia por defender igualmente o apego religioso demonstrado pela mulher que, segundo afirmava:

---

5   Doravante, as denúncias e confissões citadas procuram, na medida do possível, seguir a ordem cronológica em que ocorrem e que costumam aparecer no processo movido pelo Tribunal do Santo Ofício da Inquisição de Lisboa contra Ana Rodrigues.

nunca lhe disse, nem fez coisa em que entendesse dela má intenção contra nossa santa fé católica, rezando a Nossa Senhora e fazendo romarias e devoção, e jejuando às vésperas de Nossa Senhora, e fazendo esmolas e obras de que teme a Deus, e a tem por muito boa cristã e venturosa.

Prova disso, queria fazer crer, é que "sua mulher e as primas e tias delas são casadas com homens fidalgos e cristão-velhos" – ele próprio aí incluído – "e que, por virtuosas, casaram tão bem". Apesar do (auto)elogio, não as pouparia:

> denunciando, disse que haverá dois ou três anos que em sua casa dele veio Baltasar Dias, criado dele denunciante – o qual fora antes criado de Henrique Munis Teles –, e não lhe lembra a que propósito disse que Dona Leonor, mulher do dito Henrique Muniz, quando lhe morria alguém em casa, lhe mandava que vazasse, digo, que mandava [em] casa lançassem a água fora dos cântaros, porém, que não declarou a tenção com que o mandava.

Identificava ainda sua vítima perante o inquisidor, fazendo, em seguida, nova e impactante revelação: "a dita Dona Leonor é cristã-nova, filha de *Heitor Antunes, já defunto, o qual ouviu dizer que tinha um Alvará dos Macabeus*, e filha de Ana Roiz, viúva, moradora em Matoim".[6] Indagado pelo inquisidor, contudo – e sabedor das consequências de seus relatos para os parentes da esposa –, tenta amainar os fatos, jogando sobre o informante a pecha de inconsequente com as palavras:

> foi perguntado em que conta tem a dita Dona Leonor e o dito Baltasar Dias, e respondeu que o dito Baltasar Dias lhe disse o sobredito estando também presente a dita sua mulher Dona Ana, e que não sabe se estava ele em seu siso, porém, que sabe que é tido em conta de mentiroso e aparelhado para levantar testemunhos falsos.

Após isentar-se de qualquer responsabilidade nas informações que prestava, terminava o depoimento reforçando as qualidades das tias e primas (e, indiretamente) da mulher: "entende da dita Dona Leonor e suas irmãs e todas as sobrinhas são boas cristãs,

---

6   O grifo é meu.

devotas e amigas de Nosso Senhor Jesus Cristo e da Virgem Nossa Senhora e de todos seus santos, caridosas esmoleres e virtuosas".[7]

Não tardariam as acusações contra a família, a repetir, sem o mesmo "zelo interesseiro" de Nicolau, o vozerio das ruas a criticar sem limite ou piedade alguma os Antunes. No dia seguinte ao depoimento de Nicolau de Vasconcelos, começaria a sequência de denúncias contra a matriarca e seus descendentes.

O alfaiate cristão-velho Gaspar Fernandes inauguraria escandalosamente a avalanche de acusações afirmando que, três ou quatro anos antes, enquanto realizava trabalhos na casa de Henrique Munis, realizando suas tarefas ao lado do carpinteiro André Fernandes, homem de trinta anos, casado e morador na freguesia de Paripe, que lá também realizava obras de carpintaria, conversando não se lembra sobre que propósito, estando ambos sós, ouviu do dito carpinteiro, "tido por homem falador" mas de bom siso, que se referia a Ana Rodrigues e suas filhas: "estas comem em mesa baixa", remendando ao visitador o que afirmava o carpinteiro sobre a fama pública das mulheres da família Antunes, já distinguidas pelas ruas por expressão própria: "chamam-lhes *as Macabeias*, porque dizem que descendem dos Macabeus, que dizem que era a gente mais honrada dos judeus", sinal de que a mal contada história do famoso parentesco alardeado por Heitor Antunes ainda ecoava e era causa de orgulho para os descendentes: apoderando-se do episódio bíblico, a velha dama fazia paralelos com sua própria vida – assim como aquela que lhe proporcionara o epíteto, chamava-se Ana e tinha sete filhos, todos também, de alguma forma, perseguidos pelo "fanatismo religioso antijudaico".[8] Terminou sua denúncia contando dos mais famosos boatos envolvendo a velha dama dos Antunes: numa conversa que tivera cerca de cinco semanas antes na fazenda de Pero de Aguiar, na região do Rio de Matoim, com o filho deste, Antônio de Aguiar, mancebo solteiro beirando os dezoito anos, na presença de um sapateiro que por lá trabalhava, ouvira de Antônio que, "estando uma vez doente a dita velha sogra de Henrique Muniz e de

---

7 "Confissão de Nicolau Faleiro de Vasconcelos, cristão-velho, na qual diz contra sua mulher Dona Ana (Alcoforado), cristã-nova, no tempo da graça, em 29 de julho de 1591". *Confissões da Bahia. Op. cit.*, 1997. Ver também "[Nicolau Faleiro de Vasconcelos] contra Dona Leonor, cristã-nova, mulher de Henrique Muniz", em 29/07/1591. *Denunciações da Bahia 1591-593. Op. cit.*, 1925, p. 243-244.

8 A expressão é de Elias Lipiner. Segundo o autor, "a história de uma mãe judia de nome *Ana* e seus *sete* filhos, apelidados Macabeus, imolados todos por motivos de crença, e considerados mártires e heróis por cristãos e judeus, vem relatada no Livro II dos Macabeus (2Mc 7, 1-42)", sendo recordada "até nossos dias na lenda que envolve a festa judaica de *Hanuká*". LIPINER, Elias. *Op. cit.*, 1969, p. 139-140. *Hanuká* ou *Chanuká*, esclarece Unterman, é a "festa das luzes" que representa a vitória do povo judeu, representado pelos Macabeus que, "ao preservar os ensinamentos de Deus, continua a existir, enquanto culturas poderosas baseadas em falsos ensinamentos já de há muito sucumbiram". UNTERMAN, Alan. *Op. cit.*, 1992, p. 62-63.

Bastião de Faria, as ditas suas filhas lhe levaram à cama um crucifixo, e que a dita velha lhes dissera que lho tirassem lá". Ao advertir ao dito Antônio "que não fazia bem em dizer aquelas palavras", pois "não eram certas", este retrucou que tudo ouvira de Joana de Sá, "a qual Joana de Sá foi casada com um filho da dita velha", que era já falecido, "e ora é casada com Bastião Cavalo, senhorio do engenho de Montrepiche (Mataripe?), morador em Matoim".[9]

Pero de Aguiar de Altero, cristão-velho de 48 anos, casado com uma comadre de Ana Rodrigues, seria o segundo a denunciar. Depois de receber juramento dos santos evangelhos e seguir a praxe de apresentar suas credenciais, contaria o que ouvira mês e meio antes em sua própria residência e também em casa de Margarida Vieira sobre os tais delírios da velha moribunda, complementando a fala de Gaspar Fernandes e acrescentando-lhe novos detalhes:

> lhe disse a dita Margarida Vieira que ouvira dizer a Beatriz de Sampaio, mulher de Jorge de Magalhães, morador no mesmo Rio de Matoim, da outra banda, freguesia de Paripe, que, estando doente Ana Roiz, mulher que foi de Heitor Antunes, cristão-novo, uma sua filha por nome Beatriz Antunes, mulher de Sebastião de Faria, morador na mesma freguesia de Matoim, lhe levara à cama um retábulo da imagem de Nosso Senhor crucificado e que a dita velha Ana Roiz, sua mãe, lhe dissera: "tirai-o lá, tirai-o lá".
> E que a dita filha lhe dissera então: "olhai o que dizeis, que somos casadas com homens fidalgos e principais da terra". E mais não disse.

Apesar da denúncia, continuava a ter boa impressão da acusada, de quem demonstrava conhecer bem os hábitos cotidianos: "entende que a dita velha Ana Roiz e suas filhas são boas cristãs, e as vê fazerem obras disso, sendo devotas de Nossa Senhora, e fazendo romarias, indo às igrejas, dando esmolas e fazendo outras boas obras de boas cristãs".

O estrito convívio que mantinha com Ana Rodrigues devia-se aos laços de parentesco que possuíam – laços estes que, embora fluidos, certamente justificavam em boa parte o abrandamento de seus comentários sobre a acusada: "E do costume, disse que ele é casado com uma irmã de Bastião de Faria, genro da dita Ana Roiz". A tal irmã de Bastião de Faria, casada com o denunciante, só não comparecera perante o visitador para testemunhar o que sabia juntamente com o marido por conta de ser "grossa e

---

9 "[Gaspar Fernandes] contra Dona Lianor, Britis Antunes e a mãe delas cristãs-novas", em 30/07/1591. *Denunciações da Bahia 1591-593*. Op. cit., 1925, p. 247-248.

muito enferma e está daqui a oito léguas", mas que também em nome dela, provavelmente atendendo aos rogos da esposa, fazia ele depoente a dita denunciação.¹⁰

O terceiro a denunciar Ana Rodrigues naquele dia seria o também cristão-velho Pero Novais, homem de 30 anos, natural de Guimarães, região norte de Portugal, senhor de engenho na Ilha da Maré, que aproveitaria a visita à mesa de trabalhos da Inquisição para levantar suspeitas contra vários indivíduos, alguns deles pertencentes ao clã dos Antunes. Primeiramente, diria ter ouvido poucos dias antes de sua sogra, Isabel Serram, que

> uma velha cristã-nova por nome que lhe não lembra, mulher que foi de Heitor Antunes, moradora de Matoim nesta capitania, e suas filhas, uma Dona Leonor, mulher de Henrique Muniz, morador mesmo em Matoim, e outra, casada com Bastião de Faria, morador mesmo no Rio de Matoim, que, quando juravam e faziam algum juramento, diziam desta maneira, a saber: as filhas dizem "pelo mundo que tem a alma de meu pai", e a velha, "pelo mundo que tem a alma de meu marido Heitor Antunes", e que a dita sua sogra lhes viu e ouviu fazer este modo de juramento algumas vezes.

Explicava ao intrigado visitante, de acordo com seu raciocínio generalizante, sua interpretação sobre o sentido dos juramentos pronunciados por Ana Rodrigues e por suas filhas, traçando um parecer definitivo e de lógica duvidosa a respeito da origem das acusadas: "a tenção das ditas denunciadas era dizerem que a alma de seu marido e pai está ainda no mundo esperando pelo Messias que há de vir, porquanto são cristãs-novas"!

Relatava ainda – novamente de acordo com o que ouvira da sogra aliada de fuxicos – o período da morte do patriarca dos Antunes, detalhando o cuidado e rigor no procedimento de atenção e respeito às tradições dos antepassados no luto adotado pela viúva: "a dita velha mulher de Heitor Antunes, depois que ele faleceu, nunca mais comera em mesa, nem carne, e que se punha detrás da porta e derramava água no chão, e levantava a saia e se sentava no chão". A obediência às tradições dos antepassados era seguida à risca, mantendo-se a todo custo o último local de morada do falecido esposo, apesar da insistência de outros membros da família. Assim, continuava o denunciante, teria ouvido de seu cunhado João Álvares Pereira que, "depois que caiu a ermida em que foi enterrado o dito Heitor Antunes, querendo seus parentes passar-lhe a ossada para a igreja, a dita velha sua mulher nunca consentiu nem deixou tirar-lhe a ossada, dizendo que seu marido estava enterrado em terra virgem".

---

10   "[Pero de Aguiar d'Altero] contra Ana Rodrigues, cristã-nova de Matoim", em 30/07/1591. *Idem*, p. 250-251.

Pero Novais repetiria também a conhecida história sobre os delírios febris da matriarca ante o crucifixo. E concluiria seu depoimento relembrando um alerta que teria feito poucos dias antes enquanto praticava com um conhecido "acerca da matéria da Santa Inquisição" sobre "quanto risco corriam os genros do dito Heitor Antunes ficarem desonrados", demonstrando seu descontentamento com a crescente miscigenação entre cristãos de sangue diverso vivenciada na colônia exemplificada pelos laços que mantinham estes cristãos puros, dos principais da terra, com a conhecida família de judaizantes, ao que o companheiro responderia que uma amiga de sua mulher, de nome Beatriz de Sampaio, lhe contara "muitas cousas que pertencem à Santa Inquisição da dita velha mulher de Heitor Antunes".[11]

O derradeiro dia do mês de julho revelaria novas surpresas ao visitador, já presumivelmente ávido em juntar as peças do quebra-cabeça criptojudaico que se desenhava a cada novo detalhe contra o clã de Macabeus do Recôncavo. João Álvares Pereira, o tal cunhado citado por Pero Novais no dia anterior, assim se identificava no início de seu depoimento, apontando seus laços com os Antunes:

> disse haver o dito nome e ser cristão-velho, natural da cidade de Lisboa, filho de Fernão d'Álvares Pereira, defunto, e de sua mulher, Custódia de Faria, que ora é mulher de Pero de Aguiar d'Altero, de idade de trinta anos, pouco mais ou menos, morador na Ilha da Maré, desta capitania.

Diferentemente dos depoentes anteriores, começaria sua série de acusações delatando os até então esquecidos filhos homens de Ana Rodrigues, Nuno e Álvaro. Sobre Nuno, contava a respeito dos juramentos que repetira durante uma conversa que tiveram, dois anos antes, na presença de várias pessoas, dentre as quais Nicolau Faleiro, o primeiro – embora querendo defendê-la – a delatar a sogra à mesa do Santo Tribunal: "o dito Nuno Fernandes, fazendo juramento para lhe afirmar uma coisa muito afirmada, jurou desta maneira: 'pelo mundo que tem a alma de meu pai'". Impressiona a riqueza do exercício de raciocínio de João Álvares para tecer suas conclusões sobre o juramento pronunciado por Nuno:

> do qual modo de jurar ele denunciante se escandalizou pelo dito Nuno Fernandes ser cristão-novo de nação, e no dito modo de jurar dar a entender que a alma de seu pai está ainda cá no mundo sendo

---

11 "[Pero Novais] contra Fernão Cabral, cristão-velho, e Manuel de Paredes, cristão-novo, e a mulher e filhas de Heitor Antunes, de Matoim, cristãos-novos", em 30/07/1591. *Idem*, p. 253-256.

ele já defunto, como cousa que está inda o céu fechado, e que espera ainda pela vinda do Messias.

Embora salientado ao visitador o escândalo que sentira com o modo de jurar do filho de Heitor Antunes e do tratado interpretativo sobre o significado do que ouvira, dizia desconhecer "a tenção" com que o amigo pronunciara as tais palavras.

Do mesmo procedimento usariam outros irmãos do acusado: Álvaro Lopes, Beatriz e Leonor, dizia-se em pública fama, "têm por costume ordinário, quando querem afirmar alguma cousa, fazerem o dito juramento, *pelo mundo que tem a alma de meu pai*". Como testemunhas, apontava uma larga lista: seu padrasto Pero de Aguiar d'Altero, que já denunciara, e sua mãe, Custódia, que só não o fizera ainda por motivo de doença, e também Cristóvão de Aguiar d'Altero, irmão de Pero, com a mulher, Isabel de Figueroa; Jorge de Magalhães e a esposa Beatriz Sampaio; Nicolau Faleiro de Vasconcelos e Joana de Sá, esta, viúva de Jorge Antunes, filho do casal Antunes, que tinha problemas pessoais com a ex-sogra, como ficaria claro em seu futuro depoimento. Depois de acusar Nuno, João Álvares repetiria a ladainha popular, delatando a velha matriarca e suas filhas. De Ana Rodrigues, diria de seu pouco cuidado na frequência às obrigações religiosas, ressaltando o escandaloso luto adotado quando da morte do marido Heitor:

> disse que Ana Rodrigues, cristã-nova, mãe do dito Nuno Fernandes, nunca vai à igreja, senão mui raramente, nem se confessa, senão pela obrigação da quaresma, nem consentiu nunca que mudassem para a igreja nova a ossada do dito Heitor Antunes, seu marido, que ora está em um mato aonde foi uma ermida em que ele foi enterrado, que depois ruiu, das quais cousas, por ela ser cristã-nova, ele se escandaliza, e delas sabem também as testemunhas acima referidas e assim é pública fama que, depois que o dito Heitor Antunes morreu, nunca até agora a dita sua mulher Ana Roiz dormiu em cama nem se assenta em outro lugar senão no chão, segundo dizem.

Das filhas de Ana, escolheria Violante como alvo, a repetir a prática jejunal que aprendera com a mãe, a chocar aos que ouviam o relato:

> E outrossim, denunciando, disse que é pública fama – e as testemunhas referidas acima o sabem – que Violante Antunes, filha do dito Heitor Antunes, defunta, depois que lhe morreu seu marido Diogo Vaz Escobar, fez tantos extremos, não comendo cousa que lhe soubesse bem, nem dormindo em cama, nem mudando nunca a camisa,

até que morreu, pouco tempo logo depois da morte do dito seu marido. E no dito tempo do nojo, casou uma sua filha e nem por isso mudou o nojo, nem fez diferença.

Procurando validar seu testemunho e evitar desconfianças quanto à sinceridade de suas acusações, João Álvares terminaria o depoimento à mesa inquisitorial enumerando as ligações de parentesco que tinha com a família de Matoim: "disse que seu tio dele denunciante, Bastião de Faria, é casado com uma Beatriz Antunes, filha do dito Heitor Antunes, e que é amigo de todos e que tem dito a verdade, sem desmentir nem acrescentar".[12]

Homem importante na Bahia, "dos da governança dela", Antônio da Fonseca, cristão-velho natural de Beja, diria de Ana em seu depoimento que "faz cousas e dá mostras e diz palavras de judia", e justificava sua desconfiança dando novos detalhes sobre a cerimônia lúgubre da matriarca, que crescia em minúcias a cada novo relato ao visitador: "porque dizem que, quando o marido morreu, que fez o pranto diferente do que usam os cristãos, levantando as fraudas e assentando-se com as carnes no chão, guaiando com a cabeça. E nunca mais comeu carne nem foi aonde estava o marido enterrado".

A *guaia*, a que se refere o depoente, trata-se de um movimento rítmico do corpo durante as orações, procurando manter e melhorar a concentração nas preces, característico do ritual mosaico, e fartamente citado em denúncias contra indivíduos acusados de judaísmo. Em depoimento num processo movido pelo Santo Ofício contra um certo Miguel Gomes, por exemplo, uma das testemunhas afirmava ter participado por volta do ano de 1618 de algumas cerimônias judaicas clandestinas, sendo recomendado aos presentes que fizessem com o rosto durante as orações guaias, "que é certo meneio com os olhos e com a cabeça ao tempo que abaixavam esta". Noutro processo envolvendo o mesmo caso, outra testemunha dava novos detalhes: fazer guaias "era abaixar a cabeça até os peitos e bolir com ela para as ilhargas".[13]

Os problemas de saúde vez por outra enfrentados pela família – queriam fazer crer os que a acusavam – eram prato cheio para que ocorressem descuidos na dissimulação

---

12 "[João Álvares Pereira] contra Pedro Homem, Nuno Fernandes, Álvaro Lopes Antunes e irmãs, Ana Roiz, Violante Antunes", em 31/07/1591. *Idem*, p. 256-259.

13 Segundo Lipiner, "*Guai* é uma interjeição de dor e sentimento. *Guaia*, como substantivo, designa na linguagem antiga choro e lamento. O verbo *guaiar* significa soltar ais ou lamentos e o adjectivo *guaiado* aparece na linguagem vicentina na acepção de pessoa infeliz, lamentada, desprezada. Na linguagem inquisitorial, porém, o termo designa, além de vozes (inclusive, talvez, durante a prática de ritual religioso) também movimentos, reverências, mesuras, inclinações rítmicas rituais do corpo durante a oração". LIPINER, Elias. *Op. cit.*, 1999, p. 123-124.

cristã, abrindo espaços para os desbocados lamentos contra os símbolos católicos e volta às origens do judaísmo proibido:

> em casa de uma viúva, mulher que foi de Mestre Afonso, já defunto, nesta cidade, a dita Ana Roiz, tendo aí um seu filho doente por nome Nuno Fernandes, disse palavras e modos de judia.
> Disse que, mais uma vez, estando ela ou uma sua filha de parto, dizem que, dizendo-lhe uma mulher que chamasse por Nossa Senhora que lhe socorresse, ela respondera, "não me faleis nisso que não no posso dizer".

O judaísmo da matriarca *macabeia*, deixava claro em seu depoimento, não se limitava aos comentários ou práticas fúnebres, fazendo parte do cotidiano da velha senhora, e não escapavam a olhares um pouco mais atentos, prontos a captar os menores indícios de anormalidade cristã e fidelidade à lei de Moisés: "denunciou que sua mulher Margarida Pacheca, indo à casa de Bastião de Faria, estando aí a dita Ana Roiz, sua sogra, a vira fazer também sinais de judia".[14]

A primeira mulher a comparecer à Mesa do Santo Ofício para relatar o que sabia dos Antunes seria a cristã-velha Maria Gonçalves, 36 anos aproximados, nascida em Lisboa e moradora em Salvador. Em conversa com a viúva Ana de Paiva, ouvira detalhes sobre os procedimentos *pouco caridosos* do luto praticado pela velha dama de Matoim:

> uma velha cristã-nova, mulher que ficou de Heitor Antunes, moradora em Matoim, quando lhe morreu o dito marido, mandou tomar o catre[15] em que ele morreu e as suas botas e pôs tudo detrás da capela onde o dito marido estava enterrado. E que, dizendo-lhe ela que melhor era dar aquele catre e aquelas botas por amor de Deus que perder-se ali, e a dita velha lhe respondeu que o deixasse estar, que estava ali com seu dono.

De outras fontes, cuja lembrança fora apagada pelo tempo, ouvira ainda sobre o hábito de reverenciar a perda dos entes queridos seguido pela viúva de Heitor Antunes:

---

14 "[Antônio da Fonseca] contra Ana Roiz e Fernão Cabral", em 06/08/1591. *Denunciações da Bahia 1591-593. Op. cit.*, 1925, p. 275-276)

15 Catre é um tipo de "leito tosco e pobre; grabato". *Novo Dicionário Básico da Língua Portuguesa Folha/Aurélio*. São Paulo: Folha de São Paulo; Rio de Janeiro: Nova Fronteira, 1994/1995, p. 137.

"a dita velha, por nojo, depois que lhe morreu um filho ou filha, costuma a sentar-se com as carnes no chão".[16] Por não saber escrever, nossa denunciante rogaria ao notário do Santo Ofício, Manoel Francisco, que validasse o seu depoimento, assinando por ela.

O sacerdote Felipe Estácio Sintra, cristão-velho, tesoureiro-mor da Sé, dirigir-se-ia à Mesa para denunciar Nuno Fernandes ao inquisidor Heitor Furtado, relatando o que ouvira, três ou quatro anos antes, de um tal Francisco Barbudo, segundo sua lembrança, morador em Salvador. De acordo com Barbudo, Nuno "pedia à noite candeia às suas negras, e que elas, querendo ver por um buraco o que ele fazia, o viram tirar de debaixo da cama um crucifixo e açoitá-lo, e não se afirmam bem se cada noite, se às sextas-feiras".[17]

Entre os religiosos, o episódio da doença da matriarca e o esforço das filhas procurando evitar comentários heréticos da mãe em seus delírios causava indignação e era alvo de comentários. O jesuíta Luiz da Gram, em seu depoimento, lembraria-se de uma conversa que teve com outro padre da Companhia de Jesus, Pero Leitão, que afirmava ter ouvido de terceiros "que as filhas de Ana Roiz, cristã-nova, mulher de Heitor Antunes, defunto, estando ela doente, trabalharam com ela que desse boas mostras de cristã, que não quisesse desonrar a elas e a seus maridos".[18]

Também o reverendo Antônio Dias, residente nas aldeias dos padres da Companhia, colaboraria com a Inquisição. Denunciou que ouvira de uma mulher, moradora na mesma Matoim dos Antunes, a inusitada história sobre a doença da velha, que teria sido salva, pelo filho Nuno, da visão indesejada de um crucifixo que lhe fora trazido para velar por sua melhora, causando alvoroço entre as filhas, preocupadas em manter as aparências de boas cristãs perante os maridos e a sociedade. Seria este, talvez, o mesmo sacrificado e desprezado crucifixo de que fora Nuno acusado pelas escravas de manter embaixo da cama e espancar cotidianamente? Dúvida esta que o historiador, pela falta de fontes, é incapaz de responder...

De Ana dizia ter igualmente notícia de que se preparava, com toda pompa e requinte, para seu próprio funeral: afirmava o acusante que a viúva *macabeia* "tem guardado as joias de quando se casou para se enterrar com elas quando morrer", talvez esperando ser recebida pelo esposo, em gala, na Israel celestial. O respeito pelo marido diferia em muito do sentimento que nutria pela ex-mulher de seu filho morto, com quem tinha

---

16   "[Maria Gonçalves, que não sabia assinar] contra Antônio Serram, Ana Roiz, e Duarte de Menezes", em 09/08/1591. *Denunciações da Bahia 1591-593. Op. cit.*, 1925, p. 301-302).

17   "[Felipe Estácio Sintra, sacerdote, tesoureiro-mor da sé] contra Nuno Fernandes, Gaspar Dias, Affonso cirurgião (çorgião)", em 12/08/1591. *Idem*, p. 313.

18   "[Luiz da Gram, da Companhia de Jesus] contra Jorge Fernandes, Antônio Serram, Ana Roiz, Vila Novo", em 14/08/1591. *Idem*, p. 329-331.

problemas e desentendimentos frequentes: "a dita velha Ana Roiz não gostava, nem suas filhas, de Joana de Sá, porque era cristã-velha, e sabia delas algumas coisas". Presume-se que os embates em família tenham levado Joana a ameaçar tornar público algo de condenável ou, pelo menos suspeito, que tenha presenciado das Macabeias, causando o conhecido mal-estar e as constantes ameaças entre as partes.[19]

O cristão-velho Gaspar Dias Barbosa, "cidadão desta cidade, de idade de sessenta anos", compareceria à presença do visitador para contar determinado relato que um seu enteado, Ignofre Pinheiro, teria ouvido de certo mancebo hospedado em casa de Pero de Aguiar d'Altero, que "Ana Roiz, sogra de Bastião de Faria, cristã-nova, não comia certo peixe e que, quando jurava, jurava por seu marido defunto a que comia a terra virgem". Antes, porém, que a fama geral desse conta de seus desentendimentos com os Antunes, informava ao inquisidor de seus problemas com o clã de Matoim, afirmando que "também não está corrente com os parentes e genros da dita Ana Roiz", procurando evitar que seu depoimento fosse visto por Heitor Furtado como desejo de vingança pessoal contra a família.[20]

Natural da Ilha de Palma, cristão-velho de vinte e nove anos, o padre Pero Madeira, da Companhia de Jesus, receberia os juramentos devidos "por querer denunciar cousas tocantes ao Santo Ofício". E relatava o que presenciara como pastor de homens a serviço da Igreja. Acompanhado do padre Francisco Soares, residente no colégio de Coimbra, fora certa vez visitar Ana Roiz, então enojada pelo falecimento de sua filha Violante. Daria uma das mais ricas descrições para o trabalho do historiador acerca das tão comentadas cerimônias fúnebres da velha *macabeia*, presumivelmente descuidada em seus gestos pela angústia enfrentada com a perda filial:

> a viu dentro em uma casa pequena, assentada no chão, sobre a terra (porque era casa térrea) e estava pranteando a dita morta toda coberta com o manto, guaiando-se toda, como se diz em vulgar, abaixando muito a cabeça e tornando-a a levantar, baqueando-se desta maneira muitas vezes amiúde, e que estava assentada para a banda do canto da parede em que estava a porta, de maneira que não estava muito detrás da porta, nem muito junta ao dito canto, mas não estava na banda fronteira da porta.

---

19 "[Padre Antônio Dias, da Companhia de Jesus] contra Ana Roiz, Henrique Mendes, Phelipe de Guillem", em 16/08/1591. *Idem*, p. 337-338.

20 "[Gaspar Dias Barbosa] contra Ana Roiz, Martim Carvalho, Fernão Cabral etc.", em 16/08/1591. *Idem*, p. 340-342.

> E que logo ele denunciante notou aquele modo do seu estar e prantear, e isso mesmo notou o dito padre companheiro, e quando saíram na rua, falaram sobre isso ambos e tiveram ruim suspeita.

Apesar da ruim suspeita, o fato não parecia soar estranho ou ter ares de novidade para os sacerdotes. Antes, comprovava a fama pública sobre os desvarios da matriarca, posto que, "muito tempo antes disto, ouviu-o ele denunciante dizer em rumor público que a dita Ana Roiz, quando lhe morreu o dito marido, o panteara a modo judaico".[21]

Outras mulheres também procurariam o inquisidor para relatar o que sabiam. Maria Antunes seria uma delas, a repetir o "rumor do povo" sobre o luto de Ana Rodrigues. Morto o marido, a velha "não comeu carne muito tempo, nem foi à igreja muito tempo, nem se deitou em cama, e esteve muito tempo no canto da casa sem vestir camisa lavada", fato que, para a acusadora, era suficiente para tecer suas conclusões sobre a matriarca, de modo simplista e generalizante, calcado no preconceito reinante contra os cristãos-novos. Apoiava suas conclusões na "condenável" origem da acusada: "por ser cristã-nova, não pareciam bem estas cerimônias, e se murmurava que eram de judia".[22]

Já Maria Pinheira, cristã-velha que se identificava no fim de seu depoimento como "comadre de Henrique Munis", genro de Ana Rodrigues, contaria, em sua denúncia, "que haverá quatro anos que em sua casa teve um criado de soldada, por nome Baltasar de Azambujo, que parecia ser de vinte e cinco anos". Baltasar trabalhara na mesma função em terras de Henrique Muniz Teles. Contaria então à sua nova patroa o que teria presenciado quanto às medidas tomadas em caso de falecimento na casa de seu antigo chefe:

> vira que, quando morria em casa alguma pessoa ou escravo, sua mulher, Dona Leonor, cristã-nova, mandava lançar fora toda a água dos cântaros, e mandava trazer nova água. E que quando levavam o defunto para fora, mandava varrer as casas e, depois de varridas, botar as vassouras fora, e mandava trazer outras vassouras novas para casa.

Alguns parentes da antiga patroa também repetiam com constância o estranho costume, pois a fama pública dava conta de que "uma irmã da dita Dona Leonor, por

---

21 "[Padre Pedro Madeira, da Companhia de Jesus] contra Ana Roiz e Maria Lopes, em 18/08/1591. *Idem*, p. 364-365.

22 "[Maria Antunes, que não sabia assinar], contra Ana d'Oliveira, Ana Roiz, Antônio Lopes Ilhoa e Pero Men", em 20/08/1591. *Idem*, p. 377-378.

nome Violante Antunes, já defunta, quando morreu seu marido, nunca mais vestiu camisa lavada, nem dormia em cama, senão no chão, até que morreu, [e] murmuravam que aquilo era de judia". Para a acusadora, o estranho comportamento das irmãs da família Antunes parecia ter um tronco original comum, reproduzindo os atos que presenciavam da velha mãe: "ouviu dizer em geral que as ditas denunciadas aprenderam as ditas coisas de sua mãe Ana Roiz, a qual dizem que as faz inda hoje".[23]

Outra a contar o que sabia sobre o clã de Matoim seria uma tal Maria da Costa, cristã-velha, casada com um mercador de loja cristão-novo, de nome Álvaro Sanches, ela própria exemplo da miscigenação entre os grupos separados pelo sangue existente na colônia. Não pouparia esforços em fazer denúncia das mais completas, atingindo os mais variados crimes: mulheres feiticeiras, casos de bigamia, práticas rituais judaicas, brigas familiares e pactos sombrios. De seu depoimento, destacam-se duas acusações: ouvira do marido dois anos antes o estranho caso de Antônio Guedes, escrivão da cidade de Salvador. Alguém encantado com o gestual do funcionário, talvez interessado em melhorar seu rendimento em conquistas amorosas, pediu-lhe "que lhe ensinasse a trejeitar e fazer os trejeitos que ele faz", ao que o descolado escrivão confidenciou o alto e estranho preço que pagara para destacar-se em seus modos e etiqueta: era "necessário dar uma nádega ao diabo"! A lamentar apenas o fato da denunciante não revelar ao visitador se o tímido sonhador aceitara o demoníaco custo do trato para mudar seu estilo de vida.

Sobre os Antunes, contaria o que escutara numa conversa que teve em sua casa com a costureira Margarida Gomes, cerca de um ano antes. Dentre outros assuntos, ao tratarem dos Antunes, a costureira teria-lhe revelado "que a gente de Bastião de Faria, de Matoim, tinha uma *toura* em uma casa"![24]

Toura, no caso, era a corruptela a que se tinha transformado a *Torá* dos judeus, num claro desconhecimento de seus reais formato, sentido e significado para os que não estavam atualizados com os símbolos do judaísmo, e que, conforme o aumento da distância temporal do período de livre convivência no Mundo Luso, passaria a ter sentido religioso para os adeptos ocultos do hebraísmo proibido, ou seja, aqueles que, segundo o dito popular, "choravam a morte da bezerra". Na linguagem popular, *manter uma toura em casa* era sinônimo de *judaizar*.[25] Depois de ser advertida a guardar segredo

---

23 "[Maria Pinheira, que não sabia assinar], contra D. Leonor Muniz, Violante Antunes, Ana Roiz, Ana de Oliveira", em 20/08/1591. *Idem*, p. 379-380.

24 *A Inquisição de Lisboa contra Ana Rodrigues*. Arquivo Nacional da Torre do Tombo, Inquisição de Lisboa, processo 12142.

25 E esta confusão, ao que parece, ocorria tanto com cristãos-novos quanto com aqueles de sangue considerado sem mácula, imaginando que possuir uma imagem de animal poderia ser sinal de fidelidade

de tudo que dissera e ouvira na mesa inquisitorial, rogou ao notário Manoel Francisco que em seu lugar assinasse, por ser iletrada.

Mais além nas novidades sobre o herético clã iria a cristã-velha Margarida Pacheca, fazendo longa e vastíssima gama de acusações sobre vários de seus integrantes. Em extenso depoimento, Margarida daria mostras da fluidez que envolvia as relações sociais na colônia durante os períodos de visitação. Afirmava ao licenciado Heitor Furtado de Mendonça que "é amiga de todas as pessoas que tem denunciado", o que não a impediria de levar adiante suas denúncias. E seriam graves: de início, revelaria uma surpreendente informação, fato que dizia ter conhecimento há décadas: "haverá vinte anos que ouviu dizer nesta cidade geralmente em pública fama que, em Matoim, nesta capitania, havia uma esnoga de judeus".

Embora localizando na região de Matoim a sinagoga clandestina que funcionava há, pelo menos, cerca de vinte anos, Margarida não revelava em terras de que proprietário se localizava o templo proibido, nem quanto tempo havia que a sinagoga existia, ou se esta ainda se encontrava em funcionamento à época da denúncia, omitindo também seus supostos frequentadores. A fama da existência de uma esnoga em Matoim, contudo, já apontava para fortes indícios da sobrevivência judaica na Bahia durante o primeiro século de ocupação portuguesa, a ponto de os judaizantes formarem grupo (dentro do possível) organizado, orientados por rabino (improvisado) e com espaço (embora secreto) de convivência.

Margarida Pacheca continuaria seu depoimento revelando ao atônito visitador conhecer em minúcias o afamado comportamento dos Antunes. Primeiramente, referir-se-ia ao famoso "nojo" da matriarca em épocas de falecimento na família:

> de dez anos a esta parte ouve dizer publicamente em geral fama que Ana Roiz, viúva, mulher de Heitor Antunes, cristão-novo, depois que lhe morreu o dito marido, com nojo, não come carne, nem entra na igreja onde ele está enterrado e se assenta no chão, sublevantando as fraldas, ficando com as carnes no chão.

Num destes períodos, havia por volta de quatro anos, a velha matriarca teria descuidado-se uma vez mais das aparências e discurso religiosos de boa cristã que procurava manter em público, para desespero dos parentes, preocupados com as consequências prejudiciais que esta má fama poderia trazer ao clã: "uma vez, no nojo de uma filha que

---

à fé mosaica. Alusão, talvez, numa espécie de versão tupiniquim e mal-acabada, do episódio bíblico do bezerro de ouro presente no *Êxodo* (Êx 32), em que Moisés repreende seu irmão Aarão e ao seu povo que, não satisfeitos apenas com o Deus invisível, adoravam a tal imagem moldada com as joias recolhidas da multidão.

lhe morreu, havendo aí também um batismo para fazer de uma sua bisneta, ela disse: "olhai que negro batismo", e isto haverá quatro anos, pouco mais ou menos, em casa da mesma filha defunta, por nome Violante Antunes". Aliás, de Violante, a tal filha de Ana Roiz que já se encontrava falecida à época da visitação, diria que era fato conhecido de todos de que fora definhando aos poucos "por morte de seu marido" Diogo Vaz, repetindo o nojo de que também fora acusada a mãe. Assim, com a perda do companheiro, "fez tantas abstinências como cousas de judia, até que morreu".

Cerca de dez anos antes, prosseguia, comparecera à casa de Bastião de Faria em visita à sua mulher Beatriz (ou *Brites*), num momento em que ambos estavam em "desgosto por umas diferenças e brigas que havia entre o dito Bastião de Faria e a dita sua mulher". Mais contundente do que acompanhar as rusgas entre o casal, contudo, seria presenciar *in loco* o ritual de oração da matriarca *macabeia*, concentrada nas guaias que fazia – cena esta, inesquecível para os que com ela supostamente se depararam, tanto o é que não lhes deixava margem a dúvidas sobre a intenção mosaica dos que a praticavam. Narrava então a Heitor Furtado que presenciara,

> em uma câmara, a sós, a Ana Roiz, sogra do dito Bastião de Faria, estar agastada, assentada no chão, *sabadeando-se toda*,[26] abaixando a cabeça toda até o chão e tornando-a a levantar, e tornando a abaixar, de maneira e com tal continuação e modo que ela tem ruim suspeita daquilo, e lhe parece ser cousa de judia.

Outra inusitada cena fora testemunhada por uma sua conhecida, de nome Violante Pacheca, que lhe contaria ao que assistira numa visita que fizera a depoente à casa da sogra de Violante, Violante de Almeida, três anos antes. Além do mesmo nome, guardavam em comum nora e sogra o gosto por intrigas e fuxicos sobre a vida alheia, beneficiadas pela quase total ausência de privacidade na colônia. Segundo Violante, a nora, também cristã-nova como os que acusava, durante uma doença do filho Nuno, a senhora de Matoim "fazia prantos e cerimônias de judia, e arremedou e contra fez, como fazia a dita Ana Roiz". "Como fazia a dita Ana Roiz" passa-nos a ideia – e certamente não foi diferente para o visitador que lhe colhia o depoimento – de banalização, costume e constância em seus atos heréticos, o que agravava ainda mais a culpa de sua praticante perante os objetivos purificadores da devassa inquisitorial. Para ratificar a continuidade nos atos pouco cuidadosos da acusada, repetiria, mesmo sem demonstrar conhecê-la em detalhes, a história sobre os devaneios da velha adoecida que ouvira de

---

26 Sabadear-se, no caso, é referência às guaias, ao modo dos judeus que, dizia-se, eram feitas pela matriarca. O grifo é meu.

um vizinho dos Antunes: "estando a dita velha Ana Roiz doente, falando-lhe em Deus ou mostrando-se alguma imagem, ela não querendo olhar nem consentir, as filhas lhes responderam que não as desonrasse".[27]

O depoimento seguinte seria de Isabel Serram, cristã-velha, esposa do mestre da capela da Sé de Salvador. Prometendo dizer em tudo verdade pelos juramentos que recebera, faria, assim como Margarida Pacheca, denúncias envolvendo vários dos Antunes. Procurava colaborar com o Santo Ofício, não poupando detalhes do que presenciara ou escutara sobre a família. Apontava inicialmente os juramentos que testemunhara por várias vezes nas residências de duas das filhas da matriarca:

> haverá três anos pouco mais ou menos que, em Matoim, ajuntando-se em sua casa com Dona Leonor, cristã-nova, mulher de Henrique Munis, e com Beatriz Antunes, cristã-nova, sua irmã, mulher de Bastião de Faria, filhas de Heitor Antunes, cristão-novo, defunto, e de Ana Roiz, cristã-nova, moradora no Rio de Matoim, e ajuntando-se também algumas vezes nas casas delas, ela denunciante ouviu jurar as ditas Dona Leonor e Beatriz Antunes, quando queriam afirmar algumas cousa, esta jura: "pelo mundo que tem a alma de meu pai", e este juramento lhes viu fazer cinco ou seis vezes em tempos e dias diferentes, e também nesta cidade lhes viu outra vez também a dita Beatriz Antunes, em sua casa, fazer o mesmo juramento.

Já sobre outra irmã de Beatriz e Leonor, Violante, ouvira de "muitas pessoas que lhe não lembra" o já conhecido processo de definhamento por que passara: "depois que morreu seu marido Diogo Vaz, com nojo, nunca mais mudou a camisa, e não queria comer, e se deixou morrer no dito lugar de Matoim". Da própria Ana Rodrigues ouvira, numa conversa que tiveram fazia cerca de sete ou oito anos, que, "depois que o dito Heitor Antunes falecera, que então haveria dois ou três anos que era falecido, não entrara nunca na igreja onde ele estava enterrado". Levava às últimas consequências o respeito ao falecido esposo. Contava que fora convidada para uma cerimônia de batismo a ser realizada na igreja onde enterrara o marido Heitor Antunes: "mandando-lhe Isabel Pestana, mulher de Baltasar Dias, à casa uma menina sua filha ou filho nascido de sete ou oito dias para que ela fosse sua madrinha e lhe levasse a batizar à dita igreja, a dita Ana Roiz se escusou, que não podia fazer aquilo". E repetia a explicação sobre os motivos que a levavam a declinar do gentil convite feito em nome da candidata à afilhada:

---

27 "[Margarida Pacheca, mulher de Antônio da Fonseca] contra Ana Roiz, Violante Antunes, Catarina Mendes, Maria Lopes, Mécia Rodrigues, Fernão Cabral", em 21/08/1591. *Denunciações da Bahia 1591-593*. Op. cit., 1925, p. 392-394.

"se escusou, que não podia fazer aquilo, porque depois que o dito seu marido morreu, não entrava naquela igreja na qual ele estava enterrado".

Com relação ao luto, teria ainda ouvido de terceiros que "esteve muito tempo por nojo detrás da porta" e "se não assentava em esteira nem alcatifa,[28] mas se assentava no chão, sublevantando as fraldas, ficando com as carnes no chão". Motivos mais do que suficientes para que a depoente tirasse suas próprias conclusões sobre aquelas a quem acusava, frisando a distinção de comportamento entre os de sangue puro e os de origem infecta: "estas cousas lhe parecem mal por serem mulheres da nação, e serem cousas diferentes da que usam a gente cristã-velha". Não pararia de somar novas culpas à já imensa lista de acusações contra a velha senhora. Quando Heitor Antunes morreu, completava Isabel segundo o que "ouviu dizer naquele tempo", "a dita Ana Roiz mandou lançar o *fato*[29] dele detrás das suas casas e aí o deixou apodrecer, e pedindo-lhe algumas pessoas [a tal roupa] de esmola, o não quis dar". Atitude esta que deve ter indignado os que souberam dela não apenas por ser costume estranho aos cristãos (e, por conseguinte, visto como possível indício de judaísmo), mas igualmente pela dificuldade em conseguir boas vestes na colônia, obrigada a importar tecidos a preços aviltantes para suprir as necessidades de todos, tornando caríssima qualquer peça de roupa, disputando-se panos velhos, retalhos ou roupas desgastadas pelo uso como herança das mais desejadas, muitas vezes citadas detalhadamente em inventários familiares.[30]

Citando algumas duas ou três idas que deu à casa de Beatriz Antunes, uns cinco ou seis anos antes, relembrava o cuidado especial com a alimentação da matriarca: "viu a dita Ana Roiz que aí se achou não comer carne, sendo em dias de carne, e buscarem-lhe peixe para comer". Intrigada com a dieta seguida pela velha senhora, procurou averiguar o assunto: "E perguntando ela por que não comia carne, respondeu-lhe a dita Beatriz Antunes que, depois que o dito seu pai morrera, nunca mais a dita sua mãe comera carne".[31]

O depoimento seguinte, de Manuel Brás, confirmaria a antiguidade dos boatos a que se referira Margarida Pacheca sobre a tal *esnoga* existente na região de Matoim, identificando sua localização com maior minudência: "de vinte anos a esta parte ouve

---

28 Tapete ou tecido de lã ou seda para revestir o chão ou pendurar nas janelas em dias de festa. *Dicionário Aurélio Básico da Língua Portuguesa*. Op. cit., 1995, p. 28.

29 *Fato*, no caso, refere-se às vestes de Heitor Antunes.

30 Cf. FARIA, Scheila de Castro. *A Colônia em Movimento: Fortuna e família no cotidiano colonial*. Rio de Janeiro: Nova Fronteira, 1998, p. 224-237.

31 "[Isabel Serram, que não sabia assinar] contra Ana Roiz e filhas, Martim Carvalho", em 21/08/1591. *Denunciações da Bahia 1591-593*. Op. cit., 1925, p. 401-402.

dizer geralmente em pública fama que em Matoim havia uma esnoga em casa de Heitor Antunes, cristão-novo, defunto".[32]

Dois dias depois, compareceria à mesa Victoria de Bairros, que afirmaria ter ouvido há cerca de dez anos em "rumor público" o estranho hábito adquirido por Ana Rodrigues depois da morte do marido: "ia às tardes chamar por ele à sua cova". Sobre a filha do casal, Violante, que também enviuvara, repetiria a fama de que, "depois de lhe morrer o marido, deixou de vestir camisa lavada até que morreu".[33]

Em seguida, seria a vez de Diogo Dias, velho conhecedor da má fama da família Antunes, que lembrava, "desde o tempo de sua mocidade", ter ouvido por toda a cidade, "em pública voz e fama comumente dita pela boca de todos como cousa certa e verdadeira", sobre o funcionamento de uma sinagoga improvisada nas terras de Heitor Antunes, local de reunião dos judaizantes de Matoim e redondezas. Segundo o comentário geral, o senhor de engenho que se dizia Macabeu exercia o papel de "rabino" para a comunidade criptojudaica da região, mantendo, "em sua casa, esnoga e toura, e que em sua casa se ajuntavam cristãos-novos e judaizavam e guardavam a lei judaica"![34]

Não raras vezes, os depoimentos prestados à Mesa do Santo Ofício surpreendem pelo silêncio absoluto a respeito de assuntos de que os depoentes, com imensa probabilidade, tinham conhecimento. É o caso de Bastião de Faria, rapaz cristão-velho de "dezessete anos ou dezesseis anos", filho de Pero de Aguiar d'Altero e Custódia de Faria, família que desfrutava a intimidade da residência dos Antunes. É bem provável que Bastião deveria ter testemunhado ou, minimamente, ouvido dos pais comentários sobre o que presenciavam no convívio com Ana Rodrigues e seus descendentes, mas não pronunciaria uma só palavra em seu depoimento sobre a gente de Matoim, certamente mais preocupado com a gravidade dos próprios atos que cometera. Dizendo-se "muito arrependido e que pede delas perdão e misericórdia, e que já está apartado destas desonestidades", confessaria haver mantido, com o irmão Antônio d'Aguiar e com outros rapazotes, "ajuntamentos", "acessos e conatos nefandos e torpes", "acessos nefandos e conatos de querer principiar e penetrar um ao outro, com o membro viril, o vaso traseiro de cada um deles", "penetrando-o, ainda que não perfeitamente, e tendo no dito seu vaso traseiro poluição de semente por detrás como se fora homem com mulher por diante", e vice-versa, ao que foi admoestado pelo visitador,

---

32   "[Manoel Brás] contra Diogo Lopes Ilhoa, Heitor Antunes, etc.", em 22/08/1591. *Idem*, p. 420-421.

33   "[Victoria de Bairros, que não sabia assinar] contra Álvaro Sanchez, Manuel de Paredes, Ana Roiz", em 24/08/1591. *Idem*, p. 437-438.

34   "[Diogo Dias] contra Tomacauna, Fernão Cabral, Heitor Antunes e Heitor Henriques", em 26/08/1591. *Idem*, p. 473-476.

com muita caridade, que ele se afaste de tais torpezas nefandas e de conversação das ditas pessoas, e das mais de que lhe poderá vir dano à sua alma e consciência, e que se confesse muitas vezes, receba o Santíssimo Sacramento de conselho de seus confessores, e que se vá ora confessar ao Colégio da Companhia de Jesus e traga escrito do confessor a esta mesa, e cumpra a penitência que lhe o confessor der.[35]

O irmão citado de Bastião, Antônio de Aguiar, rapaz solteiro de vinte anos, passados quase seis meses, compareceria também às casas da morada do visitador, onde se realizavam as audiências da visitação, para confirmar a confissão do moçoilo afeminado e mostrar-se igualmente antigo praticante da *torpeza nefanda*, quando ajuntava-se com o irmão e um mameluco forro, "ambos amigavelmente nas mesmas posturas de sodomia", alegando que "sabia que era pecado mas não sabia que era tão grave", e que, depois disto, nunca mais cometera tal pecado, arrependendo-se. O visitador mandaria-lhe seguir os mesmos passos do irmão: que se confessasse no Mosteiro de São Francisco e trouxesse por escrito a confissão à mesa. Como fizera Bastião, Antônio terminou seu depoimento sem citar qualquer episódio ou desconfiança que envolvesse os Antunes, desconhecendo talvez que uma das formas mais usadas nas sessões de confissão para amenizar as culpas pessoais era acusar outros de crimes ainda mais graves. Perdeu, talvez, grande oportunidade de deixar o centro das atenções em sua fala, mas manteve a salvo, mesmo que não fosse este o seu consciente intento, os antigos conhecidos.

À margem de sua confissão lê-se, no original manuscrito, anotação que demonstra o grau de organização dos representantes do Santo Ofício com o destino dos que passavam pela mesa: "Seu irmão Bastião de Aguiar está metido em Religião dos Padres da Companhia e faz confissão neste livro, atrás, fol. 49".[36]

Um dos mais extensos, ricos e reveladores depoimentos colhidos durante a presença da visitação na Bahia, a fornecer elementos-chave e indícios imprescindíveis para o caso, seria concedido por Custódia de Faria, mãe dos *muito arrependidos* Bastião e Antônio, presença antiga na residência dos Antunes, conhecedora profunda de cada um dos que delatava à Inquisição. Apesar das acusações que fazia contra Ana Rodrigues e sua família, apresentava-se como "amiga de todas as pessoas denunciadas aqui por ela e sempre foi sua amiga". Era Custódia testemunha ocular de quase todos os incidentes que narrava em seu depoimento, ou, como ela própria dizia ao visitador, a tudo "viu por

---

35 "Confissão de Bastião d'Aguiar, na graça, em 26 de agosto de 1591". *Confissões da Bahia. Op. cit.*, 1997, p. 151-155.

36 "Confissão de Antônio de Aguiar, cristão-velho, solteiro, na graça, em 5 de fevereiro de 1592". *Idem*, p. 316-319.

ter em casa [dos Antunes] tanta conversação como tinha". Casada com Pero d'Aguiar de Altero, Custódia mantinha ainda laços de parentesco com a gente de Matoim. Era irmã de Bastião de Faria, este, cristão-velho casado com Beatriz, filha do casal Antunes. Para seu pesar, publicamente os Antunes eram também conhecidos como a "gente de Bastião de Faria", fato que deveria causar-lhe imenso descontentamento e problemas por ver o nome do irmão – e o seu, indiretamente – envolvido com pessoas tão suspeitas aos olhares daquela sociedade.

Feitas as devidas apresentações e juramentos, começaria as acusações apontando para o patriarca macabeu, ao relembrar de uma doença por que este passara vinte anos antes, pouco mais ou menos. "Por ser vizinha e amiga de conversação", fora visitá-lo um dia, encontrando-o "agastado com a doença", a repetir "estas palavras somente: *ai Deus, me valha, valha-me Deus*". Desconfiada das juras do adoecido "amigo de conversação", que em nenhum momento chamava pelo nome de Jesus Cristo, tomou logo ruim suspeita do acamado velho "por ele ser cristão-novo", presumindo mais que "poderia ser judeu, pois não nomeava Jesus Cristo, a quem os judeus negam". Para confirmar suas desconfianças, pôs em ação de imediato um plano:

> de propósito e de indústria, para mais o experimentar, lhe disse, por muitas vezes, "chamais pelo nome de Jesus", e contudo, o dito Heitor nunca chamou por Jesus, nem quis nomear o nome de Jesus, e somente dizia como dantes, "valha-me Deus", pelo que então confirmou sua suspeita de o dito Heitor Antunes não ser bom cristão.

Mesmo sem pedir o auxílio e a intervenção do Cristo Nazareno em suas orações, Heitor recuperar-se-ia da doença, sarando-se e erguendo-se novamente. Passados alguns anos, contudo, tornaria a adoecer, desta vez sem conseguir a almejada cura. A seu mandado, espécie de último desejo, seria "enterrado dentro em uma ermida sua" que – já se iam treze ou quatorze anos – depois foi derrubada, o que não seria justificativa forte o bastante para que a viúva *macabeia* autorizasse que o corpo do defunto fosse de lá retirado.

De uma sua vizinha de nome Beatriz de Sampaio, Custódia soubera ainda que Jorge Antunes, um dos filhos de Heitor, "quisera tirar a ossada do dito seu pai quando desfez a dita ermida, e que a dita velha sua mãe Ana Roiz lhe não consentia tirar a dita ossada". Da própria Ana Rodrigues ouvira à época "que a dita ermida se tirara dali contra vontade dela", zelando pelas tradições e pelo último desejo do marido. De muitos tinha a denunciante ouvido que, por ser Heitor Antunes judeu, "se mandara enterrar naquele lugar, que era em terra virgem, na qual se costumam enterrar os judeus".

Sobre o período de jejum pela morte do marido, Custódia dava novos detalhes, de acordo também com o que dizia ter presenciado:

> depois de a dita Ana Roiz ser viúva, viu ela denunciante, por muitas vezes, a dita Ana Roiz estar em sua casa, assentada em um estrado que tinha, para a banda detrás da porta – entrando pela porta, ficava o estrado à mão esquerda, ao longo da mesma parede em que estava a porta.
>
> E que, outrossim, viu também por muitas vezes que a dita Ana Roiz, depois que enviuvou, nunca mais quis comer em mesa alta, mas comia assentada no chão e o comia na borda do estrado. E quando os genros ou as filhas lhe diziam que fosse comer à mesa alta com eles, ela respondia que já era morto seu marido, que aquilo não era necessário para ela, que comessem eles embora na mesa alta, que ela comeria ali embaixo, na borda daquele estrado.

As evidências gritantes que ela própria enumerava sobre os desvios religiosos da matriarca – jejuns, enterros judaicos, lutos diferenciados, refeições em separado, restrições alimentares –, todavia, não pareciam suficientes para convencerem a denunciante por completo do judaísmo de sua velha conhecida: "E que, outrossim, viu a dita Ana Roiz, depois de viúva, comer sempre peixe e não querer comer carne, e não querer também dormir em cama, porém, que não sabe sua tenção dela nem o ânimo com que ela fazia estas cousas".

Custódia de Faria parecia querer demonstrar de Ana Rodrigues o vigor com que defendia seus interesses. E dava o tom na repetição atenta do duelo travado entre Ana e os parentes sobre a presença do crucifixo no período de seus delírios febris:

> suas filhas lhe mostravam um crucifixo e que ela o não queria ver, dizendo: "tirai-o lá, tirai-o lá", e que Beatriz Antunes, cunhada dela denunciante, mulher de seu irmão Bastião de Faria, filha da dita Ana Roiz, lhe dissera: "mãe, não nos desonreis, que somos casadas com homens cristãos-velhos e nobres", e contudo, que a dita velha Ana Roiz tornara a dizer: "tirai-o lá, tira-o lá", e não queria ver ao dito crucifixo.

Em suas denúncias, chama a atenção o conhecimento de causa que demonstra ter nas afirmações que fazia. Custódia, presume-se, desfrutava realmente da total confiança de Ana Rodrigues, circulando sem impedimentos pela residência dos Antunes, a ponto de alguns dos segredos da família serem desvendados com certo ar de cumplicidade:

> haverá quinze ou vinte anos que, estando a dita Ana Roiz, em vida de seu marido Heitor Antunes, na dita fazenda do seu engenho, que ora é de Bastião Cavalo, muitas vezes dava pão a ela denunciante quando o amassava, que era miudamente, e sempre ela denunciante notou que o dito pão era sempre ázimo, e assim lhe lembra, segundo sua lembrança, que em uma festa de Páscoa lhe deu a dita Ana Roiz alguns dois ou três pães, por razão da amizade e cunhadio, os quais pães eram ázimos, e sempre lhe viu o seu pão ser ázimo. E dizendo--lhe ela denunciante algumas vezes que lhe sabia bem o seu pão que era doce, e ela lhe respondia que não tinha fermento, nem achava fermento para amassar, e que, por isso, o seu pão não era lêvedo.

Intrigado com o que ouvia a respeito de Heitor Antunes, disposto a aproveitar a intimidade que com ele desfrutava a denunciante para conhecer mais detalhes do comportamento do falecido senhor de Matoim, assim como sobre o verdadeiro sentido com que proferira tais palavras, Heitor Furtado tentaria desvendar sob que condições havia a depoente presenciado a fala do acusado durante sua convalescência:

> foi perguntada se quando o dito Heitor Antunes não quis chamar por Jesus, como ela dizia, se estava fora de seu juízo, ou se tinha perdido o sentido de ouvir, que a não ouvira. Respondeu que o dito Heitor Antunes estava em seu siso, com todos seus sentidos. E falou com ela denunciante muitas cousas diversas, todas a propósito. E lhe deu contas de si como tinha casado sua filha, Dona Leonor, com Henrique Munis, de maneira que estava em seu bom entendimento.

Terminava seu impressionante depoimento dando conta ao visitador, como boa cristã e colaboradora da Inquisição que desejava mostrar ser, das advertências que havia feito à matriarca sobre as estranhas e suspeitas atitudes que mantinha: "E por as ditas cousas parecerem mal a ela denunciante, repreendeu algumas vezes à dita Ana Roiz".[37]

Também importante seria a denúncia feita pelo cristão-velho Bernaldo – ou Bernardo – Pimentel de Almeida, esta, pelo silêncio absoluto em suas acusações com relação aos membros da família de sua esposa. Homem de pouco mais ou menos quarenta anos, Bernaldo era casado com Dona Custódia de Faria, sobrinha da homônima que atrás denunciou, filha de Beatriz Antunes e Bastião de Faria, e que compareceria à Mesa

---

37 "[Custódia de Faria] contra Heitor Antunes, Ana Roiz etc.", em 27/08/1591. *Denunciações da Bahia 1591-593. Op. cit.*, 1925, p. 477-481.

cinco meses depois do marido. Certamente conhecedor e testemunha de muitos dos comportamentos considerados heréticos dos Antunes, optou por abster-se de qualquer comentário, preferindo deter-se na acusação a terceiros. Assim, delatou inicialmente o padre Frutuoso Álvares – personagem que ficara conhecido do inquisidor ao inaugurar o livro de Confissões da Primeira Visitação enumerando os infindáveis casos de amor que mantinha com rapazotes, abraçando, beijando, tendo tocamentos e cometimentos ativa e passivamente, e que, por tal, já viera deportado do reino – de acobertar e validar concubinatos de uma negra brasila já casada em outras partes na Igreja que Bernaldo mantinha em suas terras. Mesmo avisado de que o primeiro marido de sua negra continuava vivo em Ceregipe Novo, o vigário Frutuoso, "sabendo ele bem isto, vindo a Matoim, casou segunda vez a dita negra com o dito negro, segundo marido". De certa viúva que teve o marido queimado pela Santa Inquisição de Coimbra, diria ter ouvido, quinze anos antes, "que sabia as palavras do Sacro para fazer a um homem querer bem a uma mulher". Mais grave seria a informação que ouvira também cerca de quinze anos antes de um certo homem branco sobre Mestre Afonso, físico cristão-novo, já então falecido, que morara em Salvador, que, "em casa do dito Mestre Afonso não trabalhavam aos sábados". Do físico dissera-lhe ainda que, "uma vez, estando o dito Mestre Afonso com sua mulher e gente fechados em uma casa, uns negros seus os espreitaram e viram estarem fazendo grande descortesia a um crucifixo ou a um menino Jesus"![38]

O testemunho da cristã-velha Ana Vaz ao Santo Tribunal também causaria espanto pela gravidade das revelações. Contava que, "há muitos anos, não sabe determinar quantos, se treze, se doze anos", agasalhou em sua casa num espaço de três meses, "por mandado e rogo do bispo deste estado, Dom Antônio Barreiros", a uma velha mulher, honesta, "honrada, de boa vida e virtuosa", que chegara de Lisboa em companhia de Custódia de Faria, "a qual mulher sempre no dito tempo que esteve em sua casa viu ser muito devota e andar sempre rezando com as contas na mão". Certo dia, estando a depoente em casa, viu a dita mulher em seu quintal, assustada, fugindo para dentro de sua residência e pondo-se a chorar. Tentando acalmá-la, "ela denunciante lhe rogou pelas chagas de Cristo, que não se enojasse, e que lhe contasse o que aquilo era", ao que a amedrontada fugitiva prontamente respondeu:

> lhe contou que, por cima da sebe[39] do quintal, a ameaçaram dois homens da gente de Matoim. E lhe contou mais que ela havia medo

---

38   "[Bernaldo Pimentel] contra Frutuoso Salvares, Violante Carneira, Antonio Lopes Ilhoa, Mestre Affonso, Antonio Thomaz", em 27/08/1591. *Idem*, p. 487-489.

39   Cerca de arbustos, ramos, estacas ou ripas entrelaçadas, para vedar terrenos (ou ainda, sebe viva: cerca feita com plantas; cerca viva). *Novo Dicionário Básico da Língua Portuguesa Folha/Aurélio. Op. cit.*, 1994/1995, p. 589.

que a mandasse matar a gente de Matoim, que são as cristãs-novas dos Antunes, em cuja casa a dita mulher se pousou em Matoim, por respeito da dita Custódia de Faria, cujo irmão, Bastião de Faria, é casado com Beatriz Antunes, filha de Heitor Antunes, em Matoim.

A fama de devota e virtuosa da velha senhora a tornara uma ameaça aos segredos dos Antunes. Presenciara o que não devia e, para evitar que espalhasse o que testemunhara, era ameaçada por aqueles que a abrigaram inicialmente. Durante o tempo em que pousou entre os Antunes, "vira a Ana Roiz e suas filhas meterem-se em uma casa apartada às sextas à tarde e saírem-se ao sábado, e estarem fechadas na dita casa dês as sextas-feiras à tarde até os sábados". Assustada com as ameaças que recebera, repetiria a história "por muitas vezes, dizendo-lhe que porque ela vira e sabia disto, se temia muito e havia medo de a dita gente a mandar matar". O inquisidor, assombrado com a história contada pela ex-vizinha dos Antunes, buscava novos detalhes sobre a velha ameaçada pelo clã de Matoim, ao que a denunciante atestaria "que, em sua consciência, entende que a dita mulher era mulher de verdade e falava verdade no sobredito, a qual mulher é já defunta", o que impossibilitava novos esclarecimentos sobre o ocorrido. Dos Antunes, ao contrário, teria a acusante conceito bastante menos nobre: "sempre de muitos anos a esta parte ouviu dizer geralmente, e assim sabe ser pública fama, dito por todos, que as ditas cristãs-novas, mulher e filhas de Heitor Antunes, são judias e têm em casa *esnoga*".[40]

Os hábitos alimentares dos Antunes, como a restrição a determinados tipos de carne, seriam tema principal do depoimento de Gracia de Siqueira, cristã-velha que atestava ser amiga de Beatriz Antunes, vítima principal das acusações que fazia. Pelo duradouro relacionamento que mantinha com a acusada – sua denúncia refere-se a acontecimentos de dezesseis anos antes, quando morava nas terras do marido de Beatriz, Bastião de Faria –, teria recebido um agrado da colega, que fora pessoalmente à sua casa para oferecer-lhe uma peça de carne fresca. Estando ambas sós, depois de dizer-lhe que não comia carne daquele tipo de animal, "lhe deu um coelho que aí tinha morto, que os negros havia pouco tinham caçado no mato. E lhe disse que o levasse para casa ela denunciante, e o comesse".[41] Gracia, por sua vez, não se faria de rogada, aceitando a iguaria, que rapidamente deve ter-se transformado em apreciado banquete para a família.

História interessante também contaria o estudante Fernão Garcia, rapazote em idade escolar, companheiro de colégio na primeira classe de um neto de Ana e Heitor

---

40 "[Ana Vaz, que não sabia assinar] contra Ana Roiz e a gente de Matoim", em 05/09/1591. *Denunciações da Bahia 1591-593. Op. cit.*, 1925, p. 492-493.

41 "[Gracia de Siqueira, que não sabia assinar] contra Beatriz Antunes e Fernão Gomes", em 07/09/1591. *Idem*, p. 493-494.

Antunes chamado Manoel de Faria, filho do casal Beatriz Antunes e Bastião de Faria. Segundo Fernão, "encomendando muitas vezes o mestre que vão fazer todos oração, as mais das vezes não vai fazê-la", negando-se contundentemente a rezar mesmo depois das admoestações feitas por ele denunciante. Não satisfeito, continuaria o estudante delator, "sai-se muitas vezes da missa antes de se acabar e, às vezes, antes de se alevantar a Deus, e nunca vai à doutrina dos padres, como costumam os demais estudantes, e não tem o livro das horas de Nossa Senhora, e poucas vezes o vê rezar pelas contas".

Não seria Fernão, contudo, o único a desconfiar do pequeno Manoel. Outros amigos de classe já haviam igualmente atinado para os atos do estudante avesso às orações. Um deles, de nome Martins Fontes, confidenciara certa vez a Fernão

> que já tivera tento no dito Manuel de Faria que, às sextas-feiras – ou não lhe lembra se disse aos sábados –, lhe via vestida camisa lavada, e que também atentava nisso outro estudante da primeira que se chama Simão Adriam, filho de um mercador flamengo, já defunto, nesta cidade.

Os dois meninos seriam consultados pela visitação a respeito do caso relatado por Fernão.[42] Martins Fontes, "moço de dezesseis para dezessete anos, cristão-velho" confirmaria que "algumas vezes viu camisa lavada a este Manuel de Faria às sextas-feiras e sábados, e nos mais dias de toda a semana" – o que, a princípio, invalida automaticamente a desconfiança denunciada por seu amigo Fernão, posto que o uso de roupa limpa apenas aos sábados é que identificava indício judaico, e não a troca diária, causada pelo calor mais abrasador do trópico se comparado ao Velho Mundo; já Simão, mais comedido, quando indagado, apenas "jurou que não se lembra de tal".[43]

---

42 Pelo que deixa transparecer a documentação processual, os dois rapazes parecem ter acompanhado Fernão Garcia até o local de seu depoimento. Terminado o depoimento deste, teriam sido consultados pelos representantes do Santo Ofício. Contudo, Fernão Garcia não faz nenhuma referência, nem no primeiro, nem em seu segundo depoimento, à presença dos dois companheiros na primeira vez que fora à Mesa. Também é possível que os rapazes tenham sido convocados a prestar explicações sobre o assunto em outra data, embora isto certamente significasse, à princípio, um cuidado maior do notário em colher o depoimento por completo dos rapazes, e não apenas uma observação rápida das perguntas feitas pelo visitador aos dois seguida da assinatura de ambos, como se pode verificar no processo.

43 [O cristão-velho "Fernão Garcia] contra João Batista, Manoel de Faria", em 02/08/1591. *A Inquisição de Lisboa contra Ana Rodrigues*. Arquivo Nacional da Torre do Tombo, Inquisição de Lisboa, processo 12142.

Passados exatos trinta e seis dias de seu primeiro depoimento, Fernão voltaria a procurar o inquisidor Furtado de Mendonça para contar o que mais apurara sobre os fatos neste meio tempo. Perspicaz, bolara plano que julgava infalível – e dos mais maquiavélicos –, para pegar o companheiro de classe na prática do repreensível comportamento sem qualquer possibilidade de margem de erro. Explicava seu projeto ao atento visitador:

> ontem, que foi sexta-feira, ele denunciante dissimuladamente molhou o dedo no tinteiro e o tocou por detrás, sem ser sentido, no filete da camisa ao dito Manoel de Faria, para a conhecer se a trazia também hoje vestida, que é sábado. E que hoje, que é sábado, viu ao dito Manoel de Faria com outra camisa lavada, de abanos enrocados, que não é a em que ele ontem pôs o sinal.
>
> E que também este sábado próximo passado, que foi o derradeiro dia do mês de agosto, viu ao dito Manoel de Faria com camisa lavada vestida do mesmo sábado, que não era a que tinha vestida na sexta-feira atrás, na qual ele denunciante também tinha posto outro sinal de tinta da mesma maneira que ontem fez.
>
> E que por ele ser cristão-novo, vem fazer esta denunciação a esta mesa.

A insistência do estudante despertou o interesse do inquisidor, que passaria a fazer perguntas ao jovem denunciante a tentar entender o comportamento do acusado em comparação com outros dias da semana, conferindo se se tratava de tradições religiosas ou simples hábitos de higiene, como deixara transparecer seu outro amigo Martins Fontes: "E, perguntado se viu ao dito Manuel de Faria camisas lavadas em todos os dias outros da semana e nos domingos, respondeu que não se afirma nisso, mas que se afirmava nos ditos sábados em que teve tento". Procurando desfazer qualquer possível dúvida ou mal-entendido que fosse fruto de cuidadosos hábitos de higiene do neto dos Antunes – talvez enxergando indícios de desentendimentos pessoais ou disputas adolescentes entre acusador e acusado –, advertiria Heitor Furtado ao atento denunciante:

> Perguntado se sabe que se costuma nesta terra por ser muito quente e se suar muito vestir cada dia camisa lavada, respondeu que já ouviu dizer que muitas pessoas que têm posse para isso as vestem cada dia, porém, que ele não sabe se o dito Manuel de Faria costuma também isso.

O depoimento findava-se com a afirmação do acusante sobre as relações que mantinha com a sua vítima, a quem considerava, do costume, "seu amigo".[44]

As acusações feitas pela cristã-velha Inês de Barros, mulher de vinte e sete anos aproximados, natural de Salvador e moradora na freguesia de Tassuapina, em Passé, também trariam novas ao caso. Inês referir-se-ia ao tempo "de catorze anos a esta parte", quando era ainda solteira, e logo depois, já casada, em que ouviu de muitas pessoas "por diversas vezes, em diversos tempos nesta cidade", sobre a famosa sinagoga improvisada que mantinha o patriarca dos Antunes em seus domínios. Segundo ela, a esnoga de Matoim ficava na fazenda do velho Heitor, em "uma casinha separada, na qual certos dias ele com outros cristãos-novos se ajuntavam, e que faziam ali a esnoga". A convocação para as atividades proibidas era feita através de códigos previamente combinados entre os participantes: "quando os cristãos-novos iam lá em aqueles certos dias, deixavam dito na cidade que *iam fazer peso*".

E dava nome a alguns dos frequentadores do ambiente sacro-sacrílego, descobertos em seus códigos secretos de comunicação judaica, alguns, dentre eles, indivíduos de renome e poder na sociedade em que estavam inseridos:

> destes cristãos-novos que iam fazer a dita esnoga, um deles era Diniz de Andrade, físico desta cidade, e outro era Gomes Fernandes, o velho e desnarigado, e outros muitos, que lhe não lembram. E lembra-lhe que uma das pessoas a quem também isto ouviu foi Violante Barbosa, prima da dita Maria Barbosa, mulher de Francisco Roiz Dourens, moradora em Matoim.

Um mês antes de sua denunciação, contava ainda a Furtado de Mendonça, recebera em sua casa a visita de Afonso Gago, padre da Companhia residente na Aldeia de São Bartolomeu. Durante as conversações mantidas, tocou-se no nome de Ana Roiz, ao que o jesuíta afirmara-lhe que a viúva de Heitor Antunes, em sinal de luto, "depois que ele morreu até agora, traz sempre no corpo a camisa que tinha vestida quando ele morreu, e que dorme no chão".[45]

Mais contida em suas acusações à mesa do Santo Ofício, a cristã-velha Isabel de Sandales contaria apenas o que ouvira de uma certa Beatriz de Sampaio, por volta de três anos antes, sobre o famoso mal-estar gerado entre Ana e as filhas durante seu

---

44 "[Fernão Garcia, estudante que já denunciou] contra Manuel de Faria", em 07/09/1591. *Denunciações da Bahia 1591-593. Op. cit.*, 1925, p. 494-495.

45 "[Inês de Barros] contra um mercador não nomeado, Heitor Antunes e outros", em 22/10/1591. *Idem*, p. 536-539.

período de convalescença: "mostrando-se-lhe um crucifixo, o não quisera ver, que lho tirassem lá, e que as filhas da dita Ana Roiz, a saber, Beatriz Antunes, mulher de Bastião de Faria, e as outras, lhe disseram: 'mãe não nos desonreis, porque somos casadas com homens honrados' ".[46]

Também Joana de Sá, uma das noras de Ana Rodrigues, que fora casada com Jorge Antunes, já falecido, informaria que, há cerca de quatro ou cinco anos, estando Ana Rodrigues "muito doente e ungida", "a viu bater no sobrado e na borda [da] cama dizendo *tam, tam*, e isto pareceu mal, e depois ouviu dizer que ela que chamava por uma negrinha de casa, que se chamava Tan".[47]

Mulher de sessenta e cinco anos, cristã-velha natural da Ilha Terceira, "donzela que nunca casou nem conheceu varão por ter feito voto diante de um menino Jesus de castidade perpétua", que "nunca em toda sua vida foi testemunha que em uma só causa crime", Inês Roiz testemunharia, no dia trinta de outubro – passados três meses do início das acusações contra Ana Rodrigues e sua família, feita por seu genro Nicolau Faleiro –, contra Álvaro Lopes Antunes, filho de Heitor e Ana, casado com uma certa Isabel Ribeira. Dizia que "haverá quatro ou cinco anos", fora um dia no período da tarde à Igreja de Nossa Senhora da Piedade, à época ainda dedicada a São Francisco, em Monte Calvário. Ao entrar no templo cristão, lá encontrou Álvaro em comportamento que julgava suspeitíssimo: "assentado de joelhos, encostado com o braço sobre um banco junto do altar". Sem perceber a presença de mais alguém na igreja que julgava vazia, "não atentando ele nela" denunciante, "ele, olhando fitamente para um crucifixo que estava no altar, o ameaçou, pondo o dedo no nariz duas ou três vezes, e pondo outras tantas a mão pelas barbas. E, depois disto, lhe deu duas ou três figas". Assustada com o que acabara de presenciar – talvez por conhecer as ameaças de morte que uma já citada *devota* e *virtuosa senhora* sofrera de alguns dos homens da "gente de Matoim" de acordo com denúncia de Ana Vaz –, a senhora de "castidade perpétua", por ser "tão grande o seu medo" de ser vista pelo ameaçador de crucifixos, "se ergueu com os *chapis*[48] na mão, sem acabar de rezar, e se saiu pela porta afora muito mansa, porque ele a não viu, temendo que, se a visse, a matasse".

Querendo certificar-se da exatidão do que vira e ouvira, procurando dar crédito à seriíssima acusação que fazia a velha donzela prometida a Cristo, insistiria uma vez mais Heitor Furtado em interrogar a acusada, admoestando-a sobre a gravidade do que

---

46 "[Isabel de Sandales] contra Ana Roiz etc.", em 23/10/1591. *Idem*, p. 539-540.

47 "[Joanna de Sa Betanqur, que não sabia assinar], contra Anna Roiz, etc.", em 30/10/1591. *Idem*, p. 545.

48 Provavelmente *chapim*, plural *chapins*: "Antigo calçado de sola grossa, para mulheres". *Novo Dicionário Básico da Língua Portuguesa Folha/Aurélio. Op. cit.*, 1994/1995, p. 145.

dizia: "E perguntada se se afirma ela bem que lhe visse fazer as ditas cousas, porque vai muito nisto, respondeu que muito bem se afirma, e tudo viu bem visto como dito tem".[49]

Passariam-se mais de dois meses até o próximo depoimento contra a matriarca de Matoim e seus descendentes, agora já no ano de 1592. O jejum de acusações seria quebrado por um membro da família, Valentim de Faria, neto de Ana e Heitor, filho de Beatriz Antunes e Sebastião de Faria. Dentre os maiores interesses de Valentim com seu depoimento, certamente repetia-se a preocupação de Nicolau Faleiro em amenizar as culpas que pesavam sobre a cabeça dos Antunes. Apesar do segredo exigido pelo Tribunal a todos que apontavam culpas alheias, os boatos sobre quem tinha seus pecados devassados perante a Inquisição corriam as ruas. Valentim, assustado com a repercussão das acusações contra o clã, temeroso, como todos, de ser visto como acobertador e cúmplice dos atos heréticos de que corria fama sobre os Antunes, ou mesmo apontado ele próprio como judaizante, correria para colaborar com o Santo Ofício no intuito de demonstrar boa vontade com os trabalhos da Inquisição, tentando explicar os atos da família e negar a pecha criptojudaica dos parentes. Assim apresentava-se:

> disse ser meio cristão-novo, e que lhe parece meio cristão-velho, porque tem o seu pai Bastião de Faria por cristão-velho, e que sua mãe, Beatriz Antunes, é cristã-nova, casado com Dona Felipa, a qual ele tem por cristã-velha, de idade de vinte e um anos, morador em Pirajá, deste Recôncavo.

No seu testemunho, procuraria descrever o que presenciava em seu lar entre os familiares ao longo do tempo, fatos que, queria fazer crer, não conheciam nenhum dos que os praticavam a condenável origem e significado anticristão. Primeiramente, referir-se-ia aos juramentos corriqueiros da avó e da mãe:

> tem ouvido jurar muitas vezes, em diversos tempos e lugares que ora lhe não lembram, em casa e fora dela, quando queriam afirmar ou rogar alguma coisa, esta jura, "pela alma que tem o mundo de meu pai", e "pela alma que tem o mundo de meu marido", à sua mãe, Beatriz Antunes, e à sua avó dele, mãe dela, Ana Roiz, cristãs-novas, moradoras em Matoim, neste Recôncavo.

---

49 "[Inês Roiz, que não sabia assinar] contra Álvaro Lopes Antunes", em 30/10/1591. *Denunciações da Bahia 1591-593. Op. cit.*, 1925, p. 549.

Em seguida, daria detalhes dos costumes alimentares de sua mãe e de uma de suas irmãs, Dona Custódia, sua tia, casada com Bernaldo Pimentel, negando que evitassem determinados alimentos por interdições relativas aos jejuns judaicos, mas apenas o faziam por lhe não serem de agrado do odor e paladar: "a dita sua mãe e sua irmã dele, Dona Custódia, mulher de Bernaldo Pimentel, moradora em Matoim, não come lampreia, e dizem que a não comem porque lhe acham ruim cheiro, mas comem raia, cação, e os mais peixes sem escama". Finalizava tentando demonstrar seu interesse em colaborar com a Inquisição: após tomar ciência das atitudes que eram suspeitas de judaísmo enumeradas no édito afixado na igreja de sua localidade e com o início do período da graça no Recôncavo, dizia, sentia-se obrigado a relatar o que sabia – certamente antes que outros o fizessem, de forma mais drástica e acusadora. "E que destas coisas vem denunciar por lhe parecer ser obrigado, conforme o édito que se publicou ontem em Pirajá, mas ele não sabe a tenção delas, mas antes as tem por boas cristãs, e nunca lhes viu fazer cousas de que suspeite mal".[50]

Grande parte dos cristãos-novos, é fato, realmente só tomava conhecimento do caráter hebraico de determinados comportamentos que possuíam após a publicação dos éditos inquisitoriais. O mesmo vale para os cristãos-velhos, muitas vezes também praticantes de determinados costumes que julgavam de uso comum à sociedade, sem sequer imaginar que se tratassem de atitudes desviantes do cristianismo. Por outro lado, era através do conteúdo dos éditos que muitos cristãos-velhos tornavam-se mais conscientes do que deveriam suspeitar como atos de judaísmo nos praticantes ocultos. Também os neoconversos, ao saberem das heresias enumeradas pelos éditos, tornavam-se mais cuidadosos em suas atitudes públicas, tentando disfarçar ao máximo quaisquer características que lhes tornassem suspeitos. Havia ainda, para completar, dentre aqueles que realmente praticavam o judaísmo oculto, os que se aproveitavam das "lições" de como reconhecer um verdadeiro judeu aos olhos do Santo Ofício para incrementar sua liturgia, de que eles próprios eram – conforme o aumento da distância temporal do período de livre convivência do judaísmo no mundo português, como demonstrado em capítulo anterior – grandes desconhecedores.

Outro depoimento, dos mais detalhados, seria pronunciado por Beatriz de Sampaio, "cristã-velha de pai e mãe", moradora em sua fazenda, em Matoim. Dois anos antes – começava a abrir seu leque de casos –, ouvira de um escravo que possuía, de nome Manoel de Guiné, "ladino e de bom entendimento", que:

---

50 "Testemunho de Valentim de Faria, meio cristão-novo, em 13/01/1592". *A Inquisição de Lisboa contra Ana Rodrigues*. Arquivo Nacional da Torre do Tombo, Inquisição de Lisboa, processo 12142.

> sua mulher, negra de Guiné, ladina, forra, por nome Eugeu, moradora no engenho de Francisco de Araújo, na praia de Nossa Senhora da Conceição, lhe dissera que, estando ela servindo em Matoim a Ana Roiz, cuja escrava foi, cristã-nova, mulher de Heitor Antunes, cristão-novo, defunto, estando ela doente, muito mal, vira as filhas dela mostrar-lhe um retábulo de Nosso Senhor ou de Nossa Senhora, [e] viu a dita Ana Roiz dizer para as filhas, que lho tirassem lá.

A tal nora de Ana Rodrigues, Joana de Sá, em conversa posterior durante uma visita que fizera a esta, confirmaria a história que também ouvira em seus detalhes: tendo estado muito mal havia pouco a idosa matriarca, seria-lhe mostrado o retábulo sacro, e que "ela o não quisera ver e lhe virara o rosto, chamando por seu filho Nuno", apesar das lamúrias e advertências das filhas, preocupadas com a reputação da família. Alertava Beatriz ao visitador, contudo, "que ela denunciante tem a dita Joana de Sá por não amiga da dita Ana Roiz, porque sempre a nomeia por judia a dita sua sogra".

De outra vizinha "tida por cristã-velha", Maria Barboza, em conversa que mantiveram três ou quatro meses antes, receberia a informação de que se reuniam os judaizantes da região para a prática da *esnoga*: "ouvira dizer a um mestre de açúcares, cujo nome lhe não lembra, que a dita Ana Roiz tinha uma *toura*, e que um certo dia da semana se juntavam certas pessoas onde estava a dita *toura*".

Do luto enfrentado pela velha anciã presenciou, em casa de uma das suas filhas que, quando "se queria assentar, dava um meneio às fraldas, de maneira que lhe parece que ficava com as carnes no chão e, havendo na casa estrado – das filhas –, sempre se assentava no sobrado".

Sobre os jejuns alimentares, "viu em domingos comer a dita Ana Roiz sempre peixe, e disseram-lhe suas filhas que ela não comia carne por lhe fazer nojo", hábitos que, segundo a acusadora, "tratava nas conversações por murmuração", "a dita Ana Roiz se assentava da dita maneira e não comia carne, nem dorme em cama, e não vestia camisa lavada, e muito tempo a deixara de vestir depois da morte do dito seu marido Heitor Antunes, e fazia outras semelhantes cousas conforme a sua lei judaica". Dava o alinhavo final ao seu depoimento sobre a família referindo-se ao marido falecido da matriarca, de quem ouvira dizer, "em pública fama", que "não era bom cristão".[51]

Passados quase seis meses de sua denunciação, seria Beatriz convocada pelo inquisidor a prestar novos esclarecimentos sobre o que sabia. É provável – de acordo com o que se tem ciência através deste segundo depoimento em completo – que Heitor Furtado tenha tomado conhecimento por outros denunciantes de algum caso de que Beatriz

---

51 "Testemunho de Beatriz de Sampaio, cristã-velha, em 21/01/1592". *Idem*.

conhecesse e ajudasse a esclarecer com mais detalhes, ou ainda avivar sua memória sobre assunto que teria, presumivelmente, se esquecido de mencionar no depoimento inicial. Depois de relatar suspeitas de judaísmo e casos de bigamia, voltaria ao caso dos Antunes, dando novos detalhes do que relembrara desde sua audiência inicial com o visitador "cousas lhe não lembraram quando veio a primeira vez a esta mesa por serem cousas antigas". E detalhava a tentativa familiar frustrada pela matriarca de transferir a ossada de Heitor Antunes:

> ora lhe lembra que haverá cinco anos pouco mais ou menos, que estando ela denunciante em Matoim, em casa de Jorge Antunes, cristão-novo já defunto, viu ela ao dito Jorge Antunes dizer à sua mãe Ana Roiz, cristã-nova que presente estava, dizer-lhe que porque não consentia ela deixar tirarem os ossos de seu pai Heitor Antunes, marido dela Ana Roiz, que estava enterrado em um mosteiro, onde estivera ermida, que se derrubou. E a dita Ana Roiz respondeu que, enquanto ela fosse viva, não bulisse na dita ossada. E que então se chegou a dita Ana Roiz ao dito Jorge Antunes, seu filho, à orelha, e não entendeu o que ela lhe disse, porém, ouviu responder-lhe o dito filho Jorge Antunes estas palavras, *isso é abusão*.
>
> Então, ela denunciante suspeitando mal daquilo, olhou para Joana de Sá, cristã-velha, mulher do dito Jorge Antunes, que ora é casada com Bastião Cavalo, e lhe disse estas palavras, *esta tem o marido enterrado em terra virgem*, e isto disse ela denunciante suspeitando mal da dita gente por ser cristã-nova, porém, ela denunciante não sabe sua tenção.[52]

A cristã-velha Francisca Dias de Serram, mulher de vinte e três anos, afirmaria ao visitador que, cerca de dois anos antes, estando em casa de Bastião de Faria, ouvira sua mulher Beatriz Antunes pronunciar uma "jura de que os cristãos não costumam usar: 'pelo mundo que tem a alma de meu pai', e esta jura lhe viu fazer uma só vez, em um dia à tarde, e tomou dela escândalo".[53]

Também cristã-velha, de idade de quarenta e um anos, Luísa Fernandes compareceria à Mesa do Tribunal para relatar fatos de que tinha conhecimento desde a infância. Trinta anos antes, quando morava "em casa de Paula Serram, sogra do mestre da

---

52 "Outro testemunho de Beatriz de Sampaio", em 07/06/1592. *Idem*.

53 "Testemunho de Francisca Dias Serram contra Beatriz Antunes, cristã-nova, em 25/01/1592". Arquivo Nacional da Torre do Tombo, Inquisição de Lisboa, processo 1276.

capela desta cidade", ouvira em "pública voz e fama geralmente" que o patriarca dos Antunes, Heitor, que então morava com a família em Salvador, provavelmente ocupado com a negociação da safra de seu engenho para o reino, ou ainda, a desempenhar funções, cavaleiro d'El Rey que era, como homem de confiança do governador Mem de Sá, com quem viera de Portugal, "era judeu e guardava os sábados, e tinha livros da sua lei judaica".

Afirmava ainda ter ouvido de fonte apropriada – um judeu convertido – confirmação sobre a Torá do patriarca de Matoim e de como descobrir sua localização: "E ela ouviu a um cristão-novo que fora judeu e se converteu que se chamava Menezes, já defunto, que se o ele peitassem, descobriria onde o dito Heitor Antunes tinha a sua toura".

Daria também conta dos boatos acerca dos jejuns praticados pelas viúvas da família. De Ana Rodrigues, ouvira que "nunca mais comeu carne por cerimônia judaica", enquanto de sua filha, Violante, diria que esta, "depois da morte do dito seu marido", também em conformidade com as tradições, não só abolira o consumo de carne, mas também nunca mais "se deitara em cama".[54]

Os Macabeus na Mesa da Inquisição

O período da graça concedido pelo visitador à região do Recôncavo a partir de 2 de janeiro de 1592 seria interpretado pelos Antunes como oportunidade única para prestar contas sobre a má fama que gerara o alto número de denúncias contra a família. Neste sentido, outros membros do clã aproveitariam as imunidades garantidas pelo período da graça para comparecerem à frente do inquisidor e prestarem seus depoimentos. Assim, Dona Felipa, "ao derradeiro dia do mês de janeiro", receberia os juramentos de praxe para iniciar sua fala. Dizia ser "meio cristã-nova, natural desta Bahia, filha de Bastião de Faria, e de sua mulher, Beatriz Antunes, cristã-nova, de idade de dezoito anos, casada com Manoel de Sá, filho de Diogo da Rocha, que não sabe se é cristão-velho, moradora em Matoim". A seguir, desfilava os ritos praticados por alguns integrantes da família:

> desde que ela se acorda [recorda] até o tempo em que ele senhor visitador entrou nesta terra com o Santo Ofício, viu sempre quando em casa morria alguém, mandar sua mãe entornar e lançar fora quanta água havia em casa.
> E outrossim, ouviu dizer à sua tia, Dona Leonor, irmã de sua mãe, mulher de Henrique Munis, que também ela lançaria e mandava lançar toda água de casa fora quando lhe morria alguém em casa.

---

54 "Testemunho de Luísa Fernandes", em 30/01/1592. *A Inquisição de Lisboa contra Ana Rodrigues*. Arquivo Nacional da Torre do Tombo, Inquisição de Lisboa, processo 12142.

> E também lhe disse sua irmã, Dona Custódia, mulher de Bernardo Pimentel de Almeida que, também ela uma vez, morrendo-lhe em casa uma escrava, mandou lançar toda água fora.

Além de vazar toda a água armazenada em potes e cântaros quando do falecimento de alguém da casa, sua mãe e sua avó obedeciam determinadas interdições que, fazia questão de ressaltar, não atingiram os demais membros da família. Exemplo disto fora o que ocorrera na morte de sua tia Violante: "todo aquele dia em que ela morreu, que foi um domingo, a dita sua mãe e sua tia, Dona Leonor, não comeram carne, mas comeram peixe, comendo toda a mais gente de casa peixe, digo, carne".

Também trazia recordações sobre a forma particular que tinha a avó de benzer os descendentes. Lembrava que via:

> quando lançava a bênção aos netos, depois que lha lançava, correr-lhe a mão sobre a moleira e testa. E que viu também a dita sua avó, quando lhe adoeceram os netos, lamber-lhes com a língua nas fontes (frontes?), e então, cuspir fora. E também fez isso algumas vezes a ela denunciante.

Seria então admoestada pelo astuto visitador que revelasse o real sentido oculto nestas bênçãos familiares, "sem respeito algum humano" a quem quer que fosse, independentemente do grau de parentesco que os unia, mas que apenas "declare com que tenção faziam as ditas pessoas as ditas cerimônias tão conhecidas judaicas, e se manifestavam elas a razão porque as faziam, e se as ensinavam também a ela denunciante", ao que respondeu:

> que ela nunca soube que as ditas cousas eram tais cerimônias, nem ouviu dizer as ditas cousas às ditas pessoas que eram, nem sabe suas tensões, mas ouvia-lhes dizer que uma mulher em Portugal ensinara à dita sua avó que era bom fazer as ditas cousas. E que depois que o Santo Ofício da Inquisição entrou nesta terra, logo entre elas se começou a falar que as ditas cousas pertenciam a esta mesa, e de então até agora, nunca mais as fizeram.[55]

Outra neta de Ana Rodrigues e Heitor Antunes, Dona Custódia de Faria – mesmo nome da irmã de seu pai, Bastião de Faria – compareceria à mesa para depor no mesmo dia que a irmã Felipa. Dizia-se "casada com Bernardo Pimentel de Almeida, de idade de

---

55 "Testemunho de Dona Felipa, meio cristã-nova", em 31/01/1592. *Idem*.

vinte e três anos", residente em seu engenho de Matoim, e contaria as histórias de praxe: "logo no comenso que ela casou", havia dois anos, "lhe morreu em casa um escravo seu, e nesse dia veio aí ter sua mãe, Beatriz Antunes, e lhe ensinou que lançasse a água fora que havia em casa porque era bom para os parentes do morto que ficavam vivos, sem lhe declarar mais nada". A mesma prática aprendera também de Ana Roiz, que lhe identificara como o velho hábito arraigara-se à família de forma totalmente insuspeita – conforme queria demonstrar ao inquisidor: "somente sua avó, dela confessante, lhe ensinara também isto, a qual, sendo moça, aprendera isto no reino de uma cristã-velha". Não via maiores problemas em repetir os ritos familiares, motivo pelo qual "lançou aquela vez e mandou lançar fora toda a água de casa, simplesmente, sem entender que era cerimônia de judeus e sem má intenção", e completava, em tom de humildade: "e da culpa que nisto tem de assim fazer a dita cerimônia exterior, sem intenção ruim, pede misericórdia e perdão porque ela é muito boa cristã".

Desconfiado pelo muito que ouvia acerca dos Antunes, Heitor Furtado insistiria em averiguar com a depoente a origem de seu comportamento, procurando envolvê-la na teia de suas próprias informações, fazendo-a trair-se inconscientemente: "E sendo perguntada quanto tempo há que sua mãe lhe começou a ensinar a lei de Moisés e as cerimônias dela, respondeu que sua mãe não lhe nomeou lei de Moisés, nem suas cerimônias". Também desconfiada, por seu turno, de que suas palavras pudessem trazer complicações para a família, Custódia reafirmaria a inocência da mãe na discutível prática, enaltecendo-lhe os predicados religiosos: "e lhe parece, e assim tem por certo, que sua mãe é boa cristã e lhe ensinou a dita coisa de botar água fora também simplesmente, sem saber que era cerimônia judaica".

O intrigado visitador persistiria em sua tentativa de colher mais detalhes sobre a família e esclarecer os fatos à custa da contradição da depoente:

> perguntada se quando sua avó Ana Rodrigues ensinou à sua mãe que isto era da lei dos judeus, se estava ela confessante presente, respondeu que não sabe mais que dizer-lhe sua mãe que a dita sua avó lhe ensinara isto, mas que não sabe se lhe declarou logo ser cerimônia judaica.

Insatisfeito com o que ouvia e demonstrando pouca fé nas declarações da neta da matriarca, Heitor Furtado indagaria novamente "que coisas mais lhe ensinou a dita sua avó que ela agora entenda serem judaicas, ou isso mesmo sua mãe", ao que Custódia responderia que "nada mais lhe ensinou sua mãe e que sua avó não lhe ensinou mais nada, nem lhes viu fazer nada de que ora tenha suspeita, senão somente" completaria sua afirmativa com uma contradita, a trazer luz tanto aos costumes alimentares da dieta familiar dos Antunes quanto à obscura situação que envolveu a morte de uma das filhas de Ana Roiz:

> antes de ela casar, não sabe quantos anos há, morreu sua tia Violante Antunes, mulher que fora de Diogo Vaz, também defunto, e no dia que ela morreu, que a trouxeram a enterrar à igreja de Nossa Senhora, que está ora na fazenda dela confessante, havia em casa de sua mãe, Beatriz Antunes, panela de carne para jantar de vaca e galinhas e leitões assados, porque havia em casa hóspedes, sem se saber que a dita sua tia era morta, a qual morreu em casa de Isabel Antunes, em breve tempo de uma pustema que lhe arrebentou, quase uma légua da dita igreja. E chegada a nova como a traziam morta para a enterrar, sua mãe, Beatriz Antunes, não quis comer nada de carne aquele dia ao jantar, nem quis comer nada, senão, somente quando queria pôr-se o sol, a fizeram comer e comeu então peixe.

Heitor Furtado mostraria-se chocado com o que ouvira de Custódia de Faria, esperançoso, acima de tudo, em desbaratar a teia de cumplicidade que parecia unir os membros do clã. *Après tout*, Custódia jurava inocência própria e de todos os envolvidos. Seria então, "com muita caridade" admoestada uma vez mais pelo visitador para que fizesse "confissão inteira e verdadeira de todas suas culpas, declarando tudo o que souber da dita sua mãe e avó e mais parentes, porque com isso alcançará misericórdia". Justificava perante a assustada confitente, sem meias palavras ou rodeios linguísticos, suas desconfianças: "estas coisas que ela diz dão mui forte presunção que ela e sua mãe e avó são todas judias e vivem afastadas da lei de Jesus Cristo, e têm a lei de Moisés, que portanto declare sua intenção e peça misericórdia".

Categórica e demonstrando confiança em suas declarações, retrucaria sua sinceridade cristã e boa intenção nas práticas comportamentais que mantinha, o que pensava ter reforçado junto a Heitor Furtado através das mostras de boa vontade em colaborar com a visitação:

> respondeu que ela é boa cristã e não tem a lei de Moisés, e nunca a teve, e somente crê na lei de Jesus Cristo, e nunca no que dito tem teve intenção de cerimônia judaica nem tal entendeu, nem suspeitou ser, e que somente agora, depois que ouviu publicar o édito da fé da Santa Inquisição, entendeu que isto era cerimônia judaica, e por isso se vem acusar do dito exterior que fez, e tem dito a verdade.

Temeroso de que Custódia tentasse fugir da alça de mira do Tribunal, o atento Furtado de Mendonça limitar-lhe-ia os passos mantendo-a sob controle, sendo mandado à depoente "pelo senhor visitador que não se saia desta cidade sem sua licença".[56]

A mãe de Custódia e Felipa, Beatriz Antunes, acompanharia as filhas ao espaço destinado à visitação para também prestar seu depoimento e esclarecer, ao seu modo, o que julgava necessário. Iniciava a fala apresentando suas credenciais:

> cristã-nova, natural de Lisboa, na freguesia de São Gião, filha de Heitor Antunes, defunto, mercador, e de sua mulher Ana Rodrigues, cristãos-novos, de idade de quarenta e três anos, mulher de Bastião de Faria, cristão-velho, morador no seu engenho de Matoim, que veio para esta terras menina de seis ou sete anos com seu pai.

Beatriz repetiria, com outras palavras, os depoimentos das filhas. Casada há cerca de trinta anos, afirmava o que, "de então para cá, lhe têm acontecido as coisas seguintes", que passava a enumerar:

> quando em casa lhe morria alguém, lançava e mandava lançar fora toda a água de casa e isto lhe aconteceu por dezessete ou dezoito vezes pouco mais ou menos, e quando lhe morria parente ou parenta, como filho ou filha, irmão ou irmã, ou pai, por nojo, nos primeiros oito dias não comia carne, e isto lhe aconteceu em três ou quatro nojos da morte de seu pai e de sua filha Inês, e de suas irmãs, Violante e Isabel Antunes.

Quando desejava afirmar alguma coisa, continuava Beatriz, proferia juramento "pelo mundo que tem a alma de meu pai". Os mortos de casa, por sua vez, ao serem amortalhados, o eram, por seu mando, "em lençol inteiro, sem lhe tirar ramo, nem pedaço algum, por grande que o lençol seja, e atá-los amortalhados apenas com ataduras, e que isto lhe aconteceu por seis ou sete vezes". Aprendera as ditas práticas com a mãe Ana Rodrigues, que lhe dizia ser bom assim fazê-las, "sem lhe declarar mais alguma outra razão, nem causa, somente que também lha ensinaram, sendo moça em Portugal, na Sertã, uma sua comadre, parteira cristã-velha, por nome Inês Rodrigues".

Sobre os costumes alimentares, daria também detalhes quanto ao cerimonial de preparação das refeições e abstenções costumeiras:

---

56 "Confissão de Dona Custódia de Faria, cristã-nova", em 31/01/1592". *Confissões da Bahia. Op. cit.*, 1997, p. 271-274.

> quando em casa se assava quarto de carneiro, lhe manda tirar a landoa por ter ouvido que não se assa bem com ela, e também não come mais lampreia, e mandando-lhe do reino duas ou três lampreias em conserva, ela não as comeu, não por outra coisa nenhuma, senão porque lhe tomou nojo, mas come os mais peixes sem escama, salvo os d'água doce, e não come coelho.

Justificava seus atos alegando inocência e desconhecimento, "sem nenhuma má intenção", assim agindo

> somente porque lhe disse sua mãe que não era bom coser os amortalhados com agulhas, e que não era bom tirar dos lençóis das mortalhas ramo nem pedaço algum, e que não era bom deixar água em casa quando alguém morria em casa ou na mesma rua da mesma parede, e que era bom não comer carne oito dias no nojo, sem mais lhe dar outra razão, e por isso fez as ditas coisas exteriormente, sem ter nenhuma crença judaica nem ruim em seu coração, interiormente.

A mesma desconfiança que o inquisidor demonstrara com Custódia daria o tom ao momento final do depoimento da mãe. Heitor Furtado de Mendonça advertiria com veemência a depoente sobre a gravidade dos atos confessados e a necessidade de sinceridade de sua confissão, que poderia ser usada a seu favor, se inteira e verdadeira, ou contra, caso fosse julgada incompleta ou dissimulada:

> todas estas coisas são mostras manifestas de ela e sua mãe serem judias e viverem afastadas da lei de Jesus Cristo, verdadeiro messias, e de terem a lei de Moisés, e que portanto ela usasse de bom conselho e fizesse confissão verdadeira, declarando sua intenção judaica, porque isso lhe aproveitará muito para alcançar misericórdia e perdão de suas culpas, pois está em tempo de graça, porque é coisa muito dificultosa poder se crer que, sendo ela cristã-nova toda, inteira, e fazendo todas as ditas cerimônias tão conhecidas dos judeus, as fizesse sem intenção de judia, maiormente sendo ela mulher de bom entendimento como no seu falar se mostra.

Durante interpelada pelo visitador, Beatriz sentir-se-ia mais uma vez compelida a responder às desconfianças do responsável pela visitação com a defesa de sua honra cristã e dar mostras de sua boa vontade com os trabalhos inquisitoriais para a pureza católica: "respondeu que nunca teve intenção de judia e nunca soube nem entendeu que as ditas coisas eram cerimônias judaicas, nem que nelas ofendia a Jesus Cristo, senão depois que nesta terra entrou a Santa Inquisição". Terminou sua participação rogando ao notário apostólico que assinasse por si, "por não saber".[57]

O mais esperado dos depoimentos do clã dos Antunes à Mesa do Santo Ofício, sem dúvida, seria a confissão feita pela velha matriarca Ana Rodrigues, provavelmente aconselhada pelos filhos, genros e netos a tentar amenizar suas culpas pessoalmente ao visitador. Embora as sessões com o Santo Ofício fossem secretíssimas, obrigados que eram todos os depoentes a jurar segredo sobre o que viam, ouviam e diziam perante os trabalhos do séquito inquisitorial, os boatos sobre o comportamento tido popularmente como 'desviante' da matriarca e de seus descendentes fazia fama por toda a capitania. As histórias sobre a *macabeia* de Matoim que eram ouvidas pelas ruas chegariam com força à visitação. Os boatos sobre o comportamento herético de alguns membros do clã não eram estranhos aos Antunes, que, se não podiam precisar o conteúdo das acusações e o número de denúncias contra a família, ao menos tinham noção de que estariam entre os mais severamente acusados. Por este motivo, tinha conhecimento de que, caso os parentes não tomassem alguma providência no sentido de tentar anular os efeitos negativos da série de denúncias que receberia o visitador contra o clã, poderiam ser catastróficas não apenas para Ana ou seus filhos cristãos--novos acusados de criptojudaísmo, mas em conjunto para todos os membros da família, aí inclusos os genros cristãos-velhos de Ana Rodrigues, indivíduos "honrados" e de destaque na capitania.

Assim, no dia seguinte aos depoimentos prestados por Beatriz Antunes e duas de suas filhas, chegaria então a vez da própria Ana Roiz. A confissão de Ana prima por ser das mais extensas e ricas em detalhes de todo o livro de confissões desta primeira visitação. De acordo com o filtro imposto pela escrita do notário Manuel Francisco, assim apresentava-se para o início da sessão confessional:

> Ao primeiro dia do mês de fevereiro de 1592, em Salvador, nas casas de morada do Inquisidor Heitor Furtado de Mendonça, apareceu sem ser chamada, dentro do tempo da Graça, Ana Roiz, por querer confessar suas culpas. E recebeu juramento dos Santos Evangelhos sob cargo do qual prometeu em tudo dizer verdade.
>
> E disse ser cristã-nova, natural da Covilhã, e criou-se na Sertã, filha de Diogo Dias, mercador, cristão-novo, e de sua mulher Violante

---

57 "Confissão de Beatriz Antunes, cristã-nova, no tempo da graça", em 31/01/1592". *Idem*, p. 275-278.

Lopes, já defuntos, viúva, mulher que foi de Heitor Antunes, cristão-
-novo mercador, defunto, de idade de 80 anos.

Depois dos juramentos e apresentações iniciais, a velha depoente começaria a desfilar seu rol de culpas. Como os parentes, fazia questão de ressaltar sua ingenuidade ao praticá-las. Iniciava pelos jejuns e hábitos alimentares:

> disse que, de quatro ou cinco anos a esta parte, não come cação fresco porque lhe faz mal ao estômago, mas que o come salgado, assado, e outrossim, não come arraia, mas que nos outros tempos atrás comia arraia e cação, e que de dois anos a esta parte costuma muitas vezes, quando lança a bênção a seus netos, dizendo "a bênção de Deus e minha te cubra", lhes põe a mão estendida sobre a cabeça, depois que lhe acaba de lançar a bênção, e isto faz por desastre.[58]

Referindo-se à morte do marido – que, de acordo com a datação por ela citada, teria falecido por volta de 1577 – explica o criticado luto que praticara em seu respeito: "E que haverá 15 anos pouco mais ou menos que morreu o dito seu marido Heitor Antunes e que no tempo do nojo de sua morte ela esteve assentada detrás da porta, também por desastre, por acontecer ficar ali assim a jeito o seu assento".

Ana também referir-se-ia a fato até então desconhecido – ou, pelo menos, não comentado – pelas pessoas que a denunciavam ao visitador Furtado de Mendonça: a existência de um filho que morrera ainda no reino, não chegando a acompanhar a família em seu trajeto para o Brasil. Desde aquela época, já seguia o particular modo de cultuar os mortos que a ameaçava e tornava-a acuada agora. Também ratificava a informação dada pela filha Beatriz e pela neta Custódia, sobre a tal mulher do reino com quem aprendera tais práticas:

> E que haverá trinta e cinco anos que, estando ela na Sertã, morreu um seu filho por nome Antão, e ela mandou lançar a água fora dos potes que estavam em casa. E, por nojo de sua morte, esteve os primeiros oito dias sem comer carne, e fez estas cousas sem saber que eram de judia porque lhas ensinou uma sua comadre cristã-velha, Inês Rodrigues, parteira, viúva, cujo marido fora um carpinteiro, a qual ora já é defunta, e no dito tempo era muito velha e morava

---

58 "Desastre", explica Ronaldo Vainfas, funciona aqui como sinônimo de "por descuido, por acaso". *Idem*, p. 282, nota.

defronte dela confessante na dita Sertã, em Portugal, a qual lhe ensinou isto dizendo ser bom. E por isto o fez, cuidando ser isto bom, e o ensinou também neste Brasil às suas filhas Dona Leonor, mulher de Henrique Muniz Teles, e Beatriz, mulher de Bastião de Faria.
E que na dita Sertã, lhe ensinou não sabe quem este modo de juramento pelo mundo que tem a alma de seu pai, meu marido ou meu filho e que deste juramento usa ela muitas vezes quando quer afirmar alguma cousa, mas nunca entendeu ser juramento de judeu.

Ana também daria detalhes sobre como agia em período de doença de algum membro da família, no caso, o filho caçula Nuno, retribuindo-o cuidado semelhante ao que este demonstrara quando – de acordo com os boatos e conversas populares que ganhavam as ruas – fora cúmplice da mãe na luta contra o crucifixo que se lhe oferecera para proteção quando adoecida. A própria Ana emendava as duas histórias de doença em sua fala, sem perder a oportunidade para desculpar-se a respeito da história sobre sua doença:

> estando seu filho Nuno Fernandes doente havia três dias ou quatro anos, ela, com paixão, estava muitas vezes algum dia sem comer até a véspera, e que haverá sete ou oito anos que esteve muito doente em Matoim, onde ela ora é moradora, dentro nesta capitania, na qual doença chegou a tresvaliar, e dizem que ela falava desatinos, mas ela não está lembrada se nesse tempo falou ou fez alguma coisa com ofensa de Deus.

Intrigado, Heitor Furtado passaria a bombardear a velha depoente com relação aos atos que confessava praticar, insistindo em saber "quem lhe ensinou as ditas coisas" suspeitíssimas, ao que responderia Ana Roiz que

> lhe não lembra que outra pessoa alguma lhas ensinasse, senão somente a dita parteira, que dizia ser cristã-velha, que lhas ensinou na Sertã há mais de trinta e cinco anos, não lhe lembra a que propósito, nem lhe parece que lho ensinou em ruim intenção, porque lhe via fazer obras de boa cristã.
> A qual lhe disse também que era bom botar a água fora quando alguém morria, porque lavavam a espada do sangue nela.
> E perguntada que espada e que sangue era esse, respondeu que não lhe lembra que a dita parteira lhe declarasse mais.

Talvez por ser conhecedor da fama de Heitor Antunes que, como cavaleiro d'El Rey era autorizado a usar espada em ocasiões especiais, o inquisidor insistiria em decifrar a participação do falecido marido da depoente em sua "catequização judaica", metralhando-a com insistentes indagações sobre o passado ainda nebuloso do macabeu de Matoim. A confissão da matriarca, contudo, primava pela respeito à memória do antigo parceiro, a quem inocentava de qualquer influência ou culpa em seus atos: "Perguntada se lhe via fazer essas cousas o dito seu marido, respondeu que não lhas via fazer nem ele sabia disto".

Desconfiado do que ouvia, e usando a mesma tática empregada com as filhas e netas de Ana – a busca da contradição em suas afirmações –, o inquisidor insistiria com uma série de perguntas cabiciosas sobre o que considerava como prática de judaísmo pela confidente:

> Perguntada se lhe declarou a dita parteira, quando lhe ensinou estas coisas, quem lhas tinha ensinado, e como se lhe veio a descobrir que era judia, respondeu que lhe não declarou que era judia nem nada mais, e somente lhe ensinou as ditas cousas.
>
> E perguntada de que idade era ela confessante no dito tempo que a dita parteira lho ensinou, respondeu que ela seria então de quarenta e cinco anos, e que a parteira seria então de alguns oitenta, e logo daí a pouco tempo morreu.
>
> E perguntada se ela ensinou às ditas suas filhas outras mais algumas cerimônias judaicas, respondeu que não.
>
> E perguntada quanto tempo há que ela confessante começou a ser judia e a deixar a fé de Nosso Senhor Jesus Cristo, respondeu que nunca até agora foi judia e sempre até agora teve a fé de Nosso Senhor Jesus Cristo, mas que fez as ditas cousas e cerimônias sem intenção alguma de judia, não entendendo nem sabendo que eram cerimônias judaicas, mas parvamente as usava por lhas terem ensinado como dito tem.
>
> E perguntada quanto tempo há que ela começou a ensinar às ditas suas filhas que fossem judias e crescessem na lei de Moisés, respondeu que ela nunca ensinou a suas filhas que fossem judias, nem a lei de Moisés, nem ela nunca teve essa lei.

O depoimento tornava ainda mais evidentes os desregramentos da matriarca, desmascarada pelo visitador Heitor Furtado, que faria seu julgamento pessoal do caso e deixaria transparecer sua opinião a respeito das culpas da matriarca de Matoim e a forma como chegara à conclusão. Advertia-lhe, então, para que fizesse confissão completa, sem omitir nada, único modo – alegava – de livrá-la do temível destino dos heresiarcas contundentes:

> E logo foi admoestada pelo senhor visitador, com muita caridade, que ela use de bom conselho e que, porquanto está em tempo de graça, que para ela a alcançar lhe é necessário fazer confissão inteira e verdadeira nesta mesa e confessar sua intenção judaica, e que confessando ela a sua intenção, e toda a verdade interior, lhe aproveitará muito para alcançar perdão, respondeu que ela tem dito a verdade, que nunca fez as ditas cousas com ruim tenção nem com coração de judia, nem de ofender a Deus, e nunca cuidou que na dita cousa o ofendia.
>
> E logo, pelo dito senhor visitador lhe foi dito que está mui forte a presunção contra ela que é judia e vive na lei de Moises, e se afastou da nossa Santa Fé Católica, e que não é possível fazer ela todas as ditas cerimônias de judeus, tão conhecidas e sabidas serem cerimônias de judeus, como botar água fora quando alguém morre, e não comer oito dias carne no nojo, e jurar pelo mundo que tem a alma do defunto, e não comer cação nem arraia, e pôr a mão na cabeça aos netos quando dava a benção. Tudo isso são cerimônias manifestas judaicas e que ela não pode negar, e que por isso fica claro que ela é judia e que as fez como judia.

Apesar de coagida pela fala do visitador, a octogenária macabeia porfiaria em sua inocência, retrucando e afirmando que

> ela nunca fez as ditas cousas com tenção ruim de judia, nem de ofensa de Jesus Cristo, mas que as fez por ignorância como dito tem e não come cação nem arraia frescos porque lhe faz mal, e quando punha a mão na cabeça dos netos era por desastre, e que de toda a culpa que tem em fazer as ditas cousas exteriores, sem ter a dita tensão ruim interior como dito tem, pede perdão e misericórdia neste tempo de graça.

Tentando atender às exigências e demonstrar cooperação com Heitor Furtado, Ana Rodrigues faria um último sacrifício de memória tentando amainar as considerações a seu respeito e justificar a origem de alguns dentre seus comportamentos considerados heréticos:

> Confessou mais, que a dita sua comadre, Inês Rodrigues, lhe ensinou mais, que quando amortalhavam algum finado, não era bom dar agulha para coserem na mortalha, nem era bom tirar ramo nem pedaço fora do lençol em que se amortalhavam, mas que havia de ser com lençol inteiro, e que não era bom, a vassoura com que varriam a casa, emprestá-la a nenhuma vizinha para varrer a sua, e que ela confessante não se afirma bem se ensinou estas cousas a suas filhas, e prometeu ter segredo.

De pouco adiantaria seu esforço final, porém, ficando proibida, assim como a filha, por mandado do visitador, "que se não saísse desta cidade sem sua licença".[59]

Acompanhando a idosa matriarca, outros membros da família aproveitariam para depor no mesmo dia: Dona Leonor e Nuno, filhos de Ana Rodrigues, e Isabel Antunes, sua neta, filha da falecida Violante Antunes.

Dona Leonor, trinta e dois anos aproximados, mulher de Henrique Muniz Teles, moradora em Matoim, iniciava os trabalhos afirmando que, desde que é casada com o marido, haverá dezoito anos, em todo o dito tempo até então, "lhe aconteceu muitas vezes lançar e mandar lançar fora de casa toda água dos potes e vasos que havia em casa, das portas adentro, quando alguém lhe morria, como filho ou filha ou escravos".

Também mantinha, como a mãe, irmãs e sobrinhas, hábitos jejunais. Adiantar-se-ia para explicar, então, alguns cuidados mantidos na preparação de certos alimentos, temendo, provavelmente, que sua prática fosse entendida como cerimonial judaico de observância dietética dos preceitos bíblicos. Na morte de uma sua filha, quatro ou cinco anos antes, estando em nojo pelo falecimento da menina, "não comeu oito dias carne". Repetia, havia já seis ou sete anos, na limpeza e preparação das carnes a serem consumidas pela família, um costume que mantinha acreditando ser de boa fé, "por ouvir dizer": aprendera que, antes de pôr ao fogo a peça de carne, "é bom tirar as landoas aos quartos traseiros das reses miúdas, [e] todas as vezes que em sua casa se assavam quartos semelhantes, lhes mandava tirar a landoa para se assarem".[60] Guardava igualmente

---

59 "Confissão de Ana Rodrigues, cristã-nova, na graça", em 1º/02/1592". *Idem*, p. 281-287; *A Inquisição de Lisboa contra Ana Rodrigues*. Arquivo Nacional da Torre do Tombo, Inquisição de Lisboa, processo 12142.

60 Heitor Furtado tinha motivos suficientes para intrigar-se com a prática alegada por Dona Leonor em seu depoimento. "Pelos preceitos dietéticos bíblicos e pós-bíblicos", explica Elias Lipiner, "proíbe-se aos judeus o consumo de sangue e de certas partes traseiras gordurosas da carne animal, que devem

restrições ao consumo de certos peixes. Contava então um episódio acontecido dois ou três anos antes, quando recebera em casa uma encomenda que não lhe agradara: "veio à sua casa uma lampreia que veio do Reino em conserva e ela a não quis comer por haver nojo dela, e vir fedorenta, e não por outra alguma coisa, e que come os mais peixes sem escamas e lhe sabem muito bem".

Em outra época, havia cerca de um ano, uma escrava que possuía degolou uma galinha defronte da sua porta, o que prontamente levou-a a ordenar que sua negra se pusesse a "lançar em cima do sangue que estava derramado no chão um pouco de pó de serradura de madeira que se havia serrado".[61] Tal procedimento, explicava, devia-se não a motivos religiosos, mas, curiosamente, segundo alegava, visava apenas proteger o restante da criação: "porque andava aí perto um porco e arremetia a ele para o comer, e isto fez porque o porco não ficasse inclinado a lhe comer os pintões". Indiretamente, Dona Leonor arrumara uma forma astuciosa de deixar claro ao inquisidor que mantinha suínos na propriedade, sugerindo que faziam parte da dieta cotidiana, o que não seria de nenhum modo admissível para um judeu e, em consequência, lograva assim diminuir as desconfianças do licenciado quanto à sua sinceridade cristã.

Como a mãe, também se dava a juramentos. Desde que o pai falecera, "tinha por costume ordinário" toda vez que desejava afirmar alguma coisa, "jurar pelo mundo que tem a alma de seu pai", jura esta que usava seguindo o exemplo maior que tivera em casa: "pela ouvir jurar à sua mãe, Ana Rodrigues, mas não entende o que esta jura quer dizer, e que todas estas coisas fez sem nenhuma má intenção, e sem saber nem entender que eram cerimônias de judeus".

Ciente do peso que a herança considerada infecta do sangue mosaico que carregava lhe causava no agravamento de suas possíveis culpas, justificaria seus atos pela ignorância reinante em questões religiosas de grande parte da população que, se era desconhecedora do próprio catolicismo que buscava defender em detalhes, o que dizer então do

---

ser eliminadas antes que esta seja cozinhada ou assada. Num papel destinado aos Inquisidores para se instruírem sobre os ritos judaicos, o converso João Baptista D'Este, que viveu no fim do século XVI e faleceu na primeira metade do século XVII, escreve: 'O judeu não pode comer porco, lebre, coelho, nem quartos traseiros de nenhum animal quadrupeo [...] salvo se descarnarem todo o quarto, que não fique mais que a carne totalmente vermelha'". LIPINER, Elias, Op. cit., 1999, p. 203-204.

61 Segundo Lipiner, "os hábitos culinários das populações brasileiras da época não poderiam escapar aos olhos perscrutadores do Licenciado Heitor Furtado de Mendoça. Pelo monitório, ademais, cabia-lhe investigar se os moradores da Colônia 'degolam a carne e aves que hão de comer, à forma e modo judaico, atravessando-lhe a garganta, provando, e tentando primeiro o cutelo na unha do dedo da mão, e cobrindo o sangue com terra por cerimônia judaica'. E ainda, se os habitantes do Brasil 'não comem toucinho, nem lebre, nem coelho, nem aves afogadas, nem enguia, polvo nem congro, nem arraia, nem pescado que não tenha escama, nem outras cousas proibidas aos judeus na lei velha'". LIPINER, Elias, Op. cit., 1969, p. 74.

judaísmo, disperso pelo tempo cada vez maior do período de livre crença. Assim alegava a pressa em mostrar-se colaboradora do Tribunal:

> tanto que ouviu dizer que, na publicação da Santa Inquisição, se declarou no Édito da Fé que estas coisas eram cerimônias dos judeus, ela confessante, por ver que é da nação, simplesmente tinha feito estas coisas, ficou muito triste, por ver que podiam cuidar que ela era judia, não o sendo ela, na verdade, porque é boa cristã.

Procurando esclarecer melhor o que ouvia, o inquisidor perguntaria a Leonor quem lhe havia ensinado a derramar fora a água de casa em caso de falecimento, o que, responderia, aprendera da mãe, que, por sua vez, teria aprendido com a tal comadre cristã-velha ainda nos tempos em que morava na vila da Sertã, "sem lhe declarar que era cerimônia judaica". Também dizia ter aprendido com a mãe a evitar o consumo de carne nos oito primeiros dias da morte de uma filha – o que a velha Ana Roiz teria igualmente aprendido com a tal comadre de outrora e fizera na morte de seu pai, Heitor Antunes –, mas tudo fazia, ratificava, "sem nenhuma ruim intenção". Explicava-se:

> tanto é verdade que ela em todas as ditas coisas que fez nunca teve ruim intenção, e as fez simplesmente, que estando ela em conversação com Joana de Sá e suas irmãs e mãe, mulher de Bastião Cavalo, moradoras em Matoim, ela confessante lhes contou que sua mãe Ana Rodrigues lhe dissera que não era bom beber a água que havia em casa quando morria alguém e que era bom lançá-la fora.

Buscando aproveitar-se da brecha aberta sobre a participação de Ana Rodrigues na divulgação dos ritos, o inquisidor persistiria em sua busca por novos esclarecimentos. Indagava perante quem ensinara a velha senhora as ditas coisas, e quando lhas foram ensinadas, e se informava desde o princípio serem da lei judaica, ao que Leonor responderia que "lhas ensinava perante sua irmã Beatriz Antunes", porém, não aludia pertencerem ao cânone judaico, "nem ela tal entendeu nem presumiu de sua mãe, e a tem por boa cristã". Perguntada em seguida se havia presenciado a mãe "fazer ou dizer outras algumas coisas contra nossa Santa Fé Católica", diria nunca ter visto ou ouvido nada mais do que dito tem.

Seria ainda indagada a respeito dos desvarios da mãe no período de doença. Perguntada se teria visto algo que ofendesse à fé católica, negaria a história repetida por boa parte dos que procuraram a mesa para denunciar a moribunda senhora. Ia contra a afirmativa geral de que teria não só presenciado os fatos como ainda indagado da mãe comportamento mais discreto e que evitasse que sua má fama açambarcasse os demais familiares – tudo mentira, queria fazer crer... Frustrando o inquisidor, que esperava resposta que explicasse o que havia acontecido na época, diria o contrário: "nunca lhe viu fazer nem dizer tal, mas que lhe lembra que esteve doida e falava muitos desatinos".

Como fizera com outros integrantes da família delatada, Furtado de Mendonça – cada vez menos crédulo com as explicações que recebia – admoestaria Dona Leonor a que fizesse confissão completa, posto não ser "de crer que, sendo ela mulher de bom entendimento, como mostra em sua prática, e sendo ela cristã-nova, e fazendo as ditas cerimônias tão conhecidas de judeus, as não fizesse com intenção de judia", estando assim "mui forte a presunção contra ela que é judia e vive na lei de Moisés, e não tem a lei de Jesus Cristo, verdadeiro Messias". Sugeria o inquisidor, "para que lhe aproveite sua confissão para alcançar graça e perdão e misericórdia", que confesse "sua intenção judaica, o que ela não faz, antes nega". Leonor defender-se-ia, respondendo "que tem dito toda a verdade de suas culpas", realizadas sem nunca nelas ter tal intenção, mas apenas por aprender a fazê-las da dita maneira.

Devido à insistência do licenciado, confessaria mais – no intuito de agradar e acalmar os ânimos, mostrando colaboração com os trabalhos da Inquisição – que ordenara amortalhar duas ou três vezes os mortos de seus domínios "mandando atar somente com uns fios e mandando que não cosessem com agulha e linha a mortalha do lençol, conforme aprendera também com a mãe, que afirmava não ser proveitoso "coser na mortalha os defuntos com agulha e linha com que se cosia em casa", e que não era aconselhável "tirar ramo nem pedaço de lençol em que se amortalhasse alguém defunto". Assim fizera quando falecera, um ano e meio antes, "uma menina de uma sua escrava", dando-lhe o pano para que fosse envolvida a criança, recomendando à mãe que o mantivesse intacto. Tudo isto fazia sem má "tenção", assim como a mãe, para quem pedia a "misericórdia e perdão" do Santo Oficio pela "culpa que teve em fazer a dita obra exterior", visto ter-lhe ensinado "o sobredito sem malícia, também por lho ensinarem, sem entender que isso podia ser cerimônia judaica". O inquisidor, uma vez mais, proibiria Dona Leonor de se ausentar da cidade sem sua licença, pondo fim ao depoimento, seguindo a praxe inquisitorial, cobrando-lhe segredo absoluto sobre o que dissera e ouvira durante a sessão de confissão.[62]

Uma das filhas da falecida Violante Antunes, Isabel, seria a próxima na lista de depoentes do clã. Apresentava-se como tendo dezoito anos, "meio cristã-nova", casada com Henrique Nunes, do qual "não sabe de certo sua nação", ou seja: dizia ignorar se o marido era cristão-velho ou não. Dos parentes de Henrique, "somente lhe conhece um primo com irmão que é João Nunes, de Pernambuco, mercador, o qual dizem que

---

62 "Confissão de Dona Leonor, cristã-nova, no tempo da graça", em 1º/02/1592. *Confissões da Bahia. Op. cit.*, 1997, p. 288-293.

é cristão-novo inteiro". Para seu azar, identificava Henrique Nunes como membro da família de um dos neoconversos mais acusados durante a primeira visitação e, a esta altura, já bastante conhecido de Heitor Furtado, fazendo a ponte entre o mercador de Pernambuco – afamado como "possuidor da bolsa dos judeus" e de profanar e açoitar crucifixos –, e a gente de Matoim, orgulhosa de sua "descendência" dos Macabeus e acusada de manter práticas judaicas, com Torá e *esnoga* a pleno vapor em suas terras.

Seu depoimento seria bem menos avolumado que o da avó e tias, mas igualmente abastado de revelações. Confirmaria haver mandado vazar a água da residência em caso de falecimento: assim fizera há quatro anos quando lhe morreu em sua fazenda um escravo menino, mas não entendia "que era nenhuma cerimônia judaica", porquanto ouvira da própria mãe "que era bom fazer isto sem lhe declarar mais nada". Mas, diferentemente das outras mulheres da família, não transformaria a medida em hábito: "morrendo-lhe uma sua filha e outras pessoas, nunca usou do sobredito mais que a dita vez, por não lançar mão da dita coisa". Pedia então "perdão e misericórdia" pela "obra que fez exterior, sem ruim intenção interiormente no coração, da culpa que nela tem".

O inquisidor repetiria com Isabel a ladainha acerca da grande presunção que pesava sobre ela, convocando Isabel a que "descobrisse o seu coração, porque lhe aproveitará muito", visto que "esta cerimônia que ela fez é muito conhecida por ser dos judeus", admoestando-a de que "está afastada da fé de Jesus Cristo, verdadeiro Messias, e que vive na lei de Moisés, maiormente sendo ela discreta[63] como é, e de bom entendimento".

Ressabiada, afirmava que ordenara a realização da dita cerimônia sem motivação judaica, "mas ignorantemente, como moça". Finalizava a confissão inocentando a memória da mãe, de quem nunca presumiu ruim intenção, mas que ouvira dela, "muito tempo há, não lhe lembra quando", novas instruções no trato com a água: "não era bom, quando levavam um pote para buscar água fora de casa, tornarem com ele para casa vazio, mas não lhe declarou nenhuma má intenção nisto".[64]

Ainda no mesmo dia, Nuno Fernandes, seu tio, filho mais novo do casal que se dizia macabeu, nascido já na Bahia trinta e poucos anos antes, daria prosseguimento aos trabalhos da visitação. Declarava que no dia da morte de sua irmã Violante, também ele, "com nojo, não comeu nada todo o dia, e sendo domingo o dito dia, não quis comer carne e somente à noite comeu peixe", o que fez sem saber tratar-se de cerimônia judaica. Admoestado pelo visitador "que faça confissão verdadeira e confesse sua intenção",

---

63 "Discrição, à época", informa novamente Vainfas, "significa, fundamentalmente, ter o discernimento do que é exato, usando de boas sentenças e juízo". *Idem*, p. 295, nota.

64 "Confissão de Isabel Antunes, meio cristã-nova, no tempo da graça do Recôncavo, mulher de Henrique Nunes, cristão-novo", em 1º/02/1592. *Idem*, p. 294-296.

quebrou a monotonia das repetições das práticas e costumes da família ao confessar-se amigo das letras, embora de livros, à época, nada recomendáveis:

> haverá quatro ou cinco anos que sabendo ele que o livro chamado *Diana*[65] era defeso,[66] ele contudo leu por ele muitas vezes, não lhe lembra quantas, e outrossim confessou que tem *Ovídio de Metamaforgis* em linguagem, não sabendo ser defeso, (e) confessou mais, que sabendo que *Eufrozina* é defeso, leu por ele uma vez.[67]

---

65   Trata-se de um "romance pastoril, escrito em espanhol, do escritor português Jorge de Montemor (1520-1561) que causou grande sensação na época. O êxito obtido pela *Diana* se devia não só ao fato de constituir a obra àquele tempo um gênero literário novo, imitado depois por outros, mas ainda à circunstância de que várias personagens contemporâneas do autor se encontravam encobertas sob nomes pastoris". LIPINER, Elias. *Op. cit.*, 1969, p. 109. Reproduzo, aqui, o primeiro parágrafo da obra. A lembrança de um passado glorioso e de um presente dolorido encontra similaridades com a realidade neoconversa, e ajuda a entender o interesse que a obra despertava entre os antigos judeus portugueses e seus descendentes: "Baixava Sireno das montanhas de Leão – Sireno, o que fôra esquecido, e a quem o amor, a fortuna e o tempo tratavam de modo que do mal que padecia não esperava menos que morrer. Já não chorava o triste pastor a dor que a ausência lhe prometia. Via cumpridas as profecias do seu receio tanto em seu dano, que não havia mais tristezas que o ameaçassem. Chegando, pois, aos prados deleitosos que o Esla vai regando, veio-lhe à memória o grande contentamento que ali gozado havia, sendo tão senhor da sua liberdade como agora sujeito a quem, sem causa, o esquecera. Considerava o tempo ditoso em que por aquela formosa ribeira apascentava o gado, cuidando só de o trazer bem pascido; o tempo em que o encantava a primavera, quando ela, com as alegres novas do Verão, se esparzia pelo universo, dourando o prado das flores". *A Diana de Jorge de Montemor*, em português de Affonso Lopes Vieira. Lisboa: Oficinas Gráficas da Biblioteca Nacional de Lisboa; Sociedade Editora Portugal-Brasil, 1924, p. 3-4.

66   Livros defesos eram "livros impressos ou escritos à mão, cuja posse, leitura e circulação era proibida pela Inquisição por serem considerados heréticos de acordo com a Bula da Ceia do Senhor e dos editais da fé. Para esse efeito, os inquisidores, uma vez por ano, mandavam publicar éditos em que se ordenava que todas as pessoas que soubessem da existência de livros suspeitos os entregassem no Santo Ofício, estando em seu poder, e sendo de outras pessoas, logo as denunciassem secretamente (Reg. 1613, tít. V, cap. 29)". LIPINER, Elias. *Op. cit.*, 1999, p. 163.

67   Segundo Vainfas, "trata-se de *Metamorfoses*, de Ovídio (43 a.C. - 18 d.C.), de que havia edição em português proibida pela Inquisição no século XVI" e "da comédia *Eufrozina*, de Jorge Ferreira de Vasconcelos, publicada em 1555 e depois proibida pela Inquisição". *Confissões da Bahia. Op. cit.*, 1997, p. 300, nota. *Metamorfoses* (*Metamorphoseum libri XV*), completado por volta do ano 8 d.C., explica nota introdutória em recente publicação brasileira da obra, "são um longo e contínuo poema em 15 livros, um *perpetuum carmen* como o próprio poeta diz num pequeno proêmio de quatro versos, que Bocage não traduz. Narra-se em ordem cronológica a mudança da forma dos homens em animais, plantas e minerais desde a origem mitológica do mundo até o tempo do poeta. O poema tem caráter

Perguntado pela localização dos livros, informou que mantinha ainda em seu poder apenas *Ovídio*, sendo mandado por Heitor Furtado que o trouxesse à Mesa, e proibido de sair da cidade sem prévia autorização.[68]

Oito dias depois – talvez para cumprir a ordem do visitador de entregar o livro que mantinha em seu poder, embora não fique claro em seu processo se, de fato, o deixou com Heitor Furtado – voltaria espontaneamente para confessar à Mesa o que mais lembrara: jurava "pelo mundo que tem a alma de meu pai"; vestia-se aos sábados de camisa lavada, "porém que a veste também todos os mais dias da semana e domingos, de maneira que cada dia a veste por limpeza"; "que manda também nos domingos e santos trabalhar aos seus a cortar embira" – certa planta que, por ter a casca rija, é usada para cingir –, "para atar a cana e carregar a barca", mas alegando que só o fazia "nos tempos da necessidade, porque vê que assim o costumam fazer geralmente nesta terra". Admoestado novamente pelo visitador, responderia ter dito em tudo verdade, encerrando seu depoimento.[69]

O marido de Dona Leonor, Henrique Muniz Teles, seria o próximo, quatro dias depois da esposa. Natural da Ilha da Madeira, cristão-velho de 36 anos, casado há dezoito, começaria sua denúncia lembrando que, havia treze ou quatorze anos, quando lhe faleceu em casa a primeira filha que tivera o casal, "viu a dita sua mulher mandar vazar e entornar a água dos potes fora, e não suspeitando ele mal daquilo, perguntou a razão, e sua sogra Ana Roiz – que presente estava – lhe respondeu que uma Inês Roiz, em Portugal, sua comadre, lhe ensinara que era aquilo bom". Da sogra, daria detalhes sobre o modo de benzer: enquanto "lançava a bênção a seus netos", via "correr-lhe com a mão pela moleira e testa abaixo". Além das bênçãos, também estranhava os juramentos que presenciava entre a esposa e os parentes:

---

etiológico, isto é, conta a origem dessas mesmas plantas, animais e minérios, articulada em torno de fábulas em que se registra uma transformação. É precisamente no descrever essa transformação que se percebe a capacidade plástica da linguagem de Ovídio, que capta a dinâmica fantasiosa de membros humanos a desformar-se antes para então se conformar em nova figura cuja origem do primeiro espécime mitologicamente ali se narra. As *Metamorfoses* apresentam espetacularmente como que os efeitos especiais da linguagem verbal". Também em *Metamorfoses* encontramos semelhanças com o destino dos judeus ibéricos: "Num breve espaço enfim (mercê dos deuses) / As que arroja o varão varões se tornam, / E as que solta a mulher mulheres ficam. / Por isso somos fortes, somos duros, / Aptos a empresas, próprios a trabalhos, / E em nosso esforço, na constância nossa / Claramente se vê que origem temos". OVÍDIO. *Metamorfoses*. Tradução de Bocage. São Paulo: Hedra, 2000, p. 52.

68 "Confissão de Nuno Fernandes, cristão-novo, na graça", em em 1º/02/1592. *Confissões da Bahia. Op. cit.*, 1997, p. 299-300.

69 "Confissão de Nuno Fernandes, cristão-novo, na graça", em 09/02/1592. *Idem*, p. 343-344.

viu uma vez sua mulher jurar pelo mundo que tem a alma de seu pai, e por ser juramento desacostumado, ela a repreendeu, e nunca mais lha ouviu jurar. E o mesmo modo de juramento viu jurar também algumas vezes a dita sua sogra e a seu cunhado Álvaro Lopes, e estas cousas viu não lhe lembra quanto tempo há.

Apesar das práticas suspeitas que povoavam o cotidiano da família da esposa, afirmaria perante a mesa não lhes ter dado maior atenção, nunca tomando de "propósito sentido nas ditas cousas", dando-se conta do risco que corria todo o clã pelo comportamento de alguns de seus membros somente "depois que leu o Édito da Fé e Monitório Geral lhe lembraram e lhe pareceu ser obrigado a vir denunciá-las".

Nada mais diria sobre os Antunes, concentrando suas denúncias em Fernão Cabral de Taíde, senhor de engenho em Jaguaripe envolvido com uma abusão religiosa indígena que mantinha em suas terras, e as filhas de um tal Pero Nunes, de quem ouvira relatos de que "faziam coisas de judia". Pero Nunes, a propósito, que ele próprio, Henrique Muniz Teles, terminava o depoimento assumindo ser realmente "culpado que o culpam na morte do dito Pero Nunes, que nesta cidade mataram".[70]

Um filho de Violante Antunes e do cristão-velho Diogo Vaz Escobar, ambos defuntos, que se chamava Lucas d'Escobar, moço solteiro de vinte e um anos e morador em Matoim, também compareceria diante do licenciado Heitor Furtado de Mendonça para confessar ter seguido o exemplo que via em casa, mandando, por três ou quatro vezes na morte de alguns escravos "vazar fora toda água dos potes que havia em casa". Justificava, porém, que tudo fazia "sem saber que era cerimônia judaica, mas somente tinha visto a dita sua mãe fazer o mesmo por três ou quatro vezes, morrendo-lhe também gente, e que sem saber a causa por que sua mãe o fazia, o fez, parecendo-lhe que ia naquilo alguma coisa boa".

Depois de admoestado pelo visitador de que a dita cerimônia era prática "tão conhecida e principal dos judeus", respondeu que jamais teve tal intenção, "e que nunca ninguém lhe ensinou a lei de Moisés nem contra a de Cristo". Não parecia, contudo, convencer o inquisidor, que o proibia de sair da cidade sem autorização da Mesa.[71]

Prima de Lucas d'Escobar, seria a vez, poucos dias depois, do depoimento de Dona Beatriz Teles, filha do casal Henrique Muniz e Leonor Antunes, "donzela de treze anos que vai para catorze", moradora na casa dos pais, em Matoim, que procurava amenizar

---

70 "Testemunho de Henrique Muniz Teles", em 05/02/1592. *A Inquisição de Lisboa contra Ana Rodrigues*. Arquivo Nacional da Torre do Tombo, Inquisição de Lisboa, processo 12142.

71 "Confissão de Lucas d'Escobar, meio cristão-novo, na graça", em 06/02/1592". *Confissões da Bahia. Op. cit.*, 1997, p. 324-325.

sua mácula sanguínea dizendo-se "meio cristã-velha, meio cristã-nova". Descreveria ao visitador os costumes que presenciava em casa no trato do cotidiano. "Em casa de sua mãe", começa seu depoimento, e "não lhe lembra quanto tempo há que isto via", falecendo escravos, "ela viu a dita sua mãe mandar lançar fora e derramar toda água que havia em casa, e que não sabe a razão nem a causa disto".

Outra vez, não se recordava ao certo quanto tempo havia, enquanto amortalhava-se "uma escravinha da sua fazenda", ouviu sua mãe dizer "que não rasgassem nada do pano, e que nele inteiro amortalhassem", mas que não declarou a razão para isso. O mesmo ouvira na fazenda de sua tia Beatriz – igualmente sem entender por que motivo –, "que não era bom quando amortalhavam os finados coser-lhe a mortalha com agulha, e não lhe lembra quanto há que isto ouviu, nem ouviu a razão disto".

Interessado em apurar novos detalhes sobre as práticas presenciadas pela menina, o inquisidor indagaria sobre "que cousas mais viu fazer a dita sua mãe ou a outra alguma pessoa fora do costume comum das outras pessoas", mas Beatriz, para a decepção do licenciado, responderia não ter visto nem ouvido mais do que dito tem. E completava seu raciocínio prometendo ter segredo e observando em tom de defesa aos hábitos de sua mãe, Dona Leonor, que "até agora que presente está, nunca cuidou nem entendeu que nas sobreditas cousas havia ofensa de Cristo, e que lhe parece que sua mãe os não fez nem disse com tenção de judia".[72]

Outras duas netas de Ana Rodrigues compareceriam à mesa da visitação. Beatriz Teles iniciaria seu depoimento revelando sua genealogia:

> disse ser meio cristã-velha, meio cristã-nova, natural de Matoim, desta capitania, filha de Henrique Munis Teles, cristão-velho, e de sua mulher, Dona Leonor, cristã-nova, moradores na sua fazenda de Matoim, donzela de treze anos que vai para catorze, moradora em casa dos ditos seu pai e mãe.

Em sua confissão, a jovem donzela relataria os comportamentos da família em momentos de morte de alguns escravos em sua casa:

> viu a dita sua mãe mandar lançar fora e derramar toda água que havia em casa, e que não sabe a razão nem a causa disto, e que não lhe lembra quanto tempo há que isto via. E que, outrossim, amortalhando-se um dia uma escravinha da sua fazenda, não lhe lembra

---

72 "Testemunho de Dona Beatriz Teles", em 11/02/1592. *A Inquisição de Lisboa contra Dona Leonor*. Arquivo Nacional da Torre do Tombo, Inquisição de Lisboa, processo 10716.

quanto tempo há, ouviu dizer à dita sua mãe que não rasgassem nada do pano, e que nele inteiro amortalhassem, e que não declarou a razão disso. E que também estando ela denunciante, em casa de sua tia Beatriz Antunes, na fazenda que ora é de Bernardo Pimentel de Almeida, ouviu dizer, não lhe lembra a quem, que não era bom quando amortalhavam os finados coser-lhe a mortalha com agulha, e não lhe lembra quanto há que isto ouviu, nem ouviu a razão disto.

Apesar das evidências, recusava acreditar que tais práticas tivessem origem suspeita: "até agora que presente está, nunca cuidou nem entendeu que nas sobreditas cousa havia ofensa de Cristo, e que lhe parece que sua mãe os não fez nem disse com tenção de judia".[73]

Filha de Isabel Antunes, mulher de 27 anos, casada com o lavrador Nicolau Faleiro de Vasconcelos – o que inaugurara as denúncias sobre a família –, Ana Alcoforada também compareceria no derradeiro dia da graça concedida aos "moradores, residentes, estantes e vizinhos de todo o recôncavo da capitania da Bahia". Começaria sua confissão dizendo que, quatro anos antes, teve em casa o tal criado que já atrás denunciara, de nome Baltasar Dias de Azambujo, cristão-velho "segundo ele dizia, natural de Santo Antônio do Tojal", que vivera alguns dias em casa de sua tia Leonor e Henrique Muniz. Certa vez, ao ver morrer-lhe um escravo, o criado indagou-a sobre o motivo "por que lançavam a água fora quando morria alguém em casa, se era por nojo, se por quê", ao que respondeu o que nunca antes houvera feito ou ouvido tal coisa. Perguntando ao criado o motivo do questionamento, este retrucou: "o dizia, porque vira já na sua terra entornar a água fora nas casas onde alguém morria, mas não sabia o porquê, nem lhe declarou mais". Aliás, quando depusera, o próprio criado Baltasar de Azambujo explicaria ao inquisidor como conhecera tal prática: "haverá sete anos que servia a Henrique Munis, e morrendo-lhe em casa uma escrava de Guiné perguntou sua mulher Dona Leonor se tinham vazado água de casa fora, não sabe a tenção de a mandar vazar. Viu mais pelejar a Dona Leonor porque davam a vassoura de sua casa para varrerem outra casa fora, de um seu criado".[74]

Daria então Isabel desculpa impressionante para os seus hábitos: cuidando então que faria bem em seguir o exemplo que o criado (!) vira em casa de sua tia, julgando "que seria aquilo alguma coisa boa", tomou logo providências para lançar fora a água estocada em casa, repetindo sempre o feito dali por diante, "em diversos tempos", na morte de sete ou oito escravos, o que fizera "sem ter ouvido nem aprendido de nenhuma

---

73 "Testemunho de Dona Beatriz Teles". *Idem.*

74 "Testemunho de Baltasar Dias d'Azambujo contra Dona Leonor", em 19/11/1591. *Idem.*

outra pessoa, em outra nenhuma parte, e sem o ter visto fazer a ninguém, senão somente por o ouvir dizer ao dito seu criado"!

Do convívio com a avó, diria tê-la ouvido jurar algumas vezes quando precisava afirmar algo, repetindo o já conhecido juramento "'pelo mundo que tem a alma de Heitor Antunes', o qual era seu marido". Juramento este que ouvira também de "muitas outras pessoas que lhe não lembram, e por isso ela também, simplesmente, sem nenhuma ruim intenção, usou muitas vezes do dito modo de juramento". Adaptava-o, todavia, à situação de filha, jurando "pelo mundo que tem a alma de meu pai e de minha mãe".

Heitor Furtado trataria logo de averiguar, em detalhes, o significado de tais juras pronunciadas em profusão, nas mais diversas situações e perante indivíduos os mais variados, a perceber indícios de que sua prática significasse desvio comportamental religioso:

> E perguntada qual é este mundo que tem a alma de seu pai e de sua mãe, respondeu que ela não entende nem sabe declarar o dito juramento que queira dizer, mas que faz este juramento simplesmente, pelo ter ouvido, e o jurou muitas vezes, perante suas parentas e outras pessoas, e não lhe lembra de quanto tempo a esta parte.

Pressentindo o inquisidor que o uso e a validade das juras tivesse firme ligação com a pecha judaizante carregada pelo clã, aproveitaria para demonstrar à confessante seus conhecimentos teóricos sobre os ritos mosaicos: seria repreendida de que tais juramentos são conhecidamente judaicos, que têm por hábito

> jurar pelo "Orlon de mi padre", que quer dizer o mesmo "pelo mundo que tem a alma de meu pai", e que pois ela é cristã-nova, não se pode presumir senão que ela faz as ditas cerimônias e juramentos com intenção de judia, e que ela é judia e vive na lei de Moisés e deixou a fé de Jesus Cristo, que portanto fale a verdade.[75]

---

[75] *Orlon* tratava-se de "grafia corrupta, segundo tudo indica, do termo hebraico Olam, ou Holam, cujo significado é: eternidade, perpetuidade, mundo das almas ou dos mortos. (...) O termo Holam, na sua acepção teológica de eternidade, vem citado na literatura ibérica de polêmica religiosa, nos séculos XVI e XVII. (...) Mencione-se mais que com fundamento em texto da Bíblia (Eclesiastes 12, 5) se diz, em hebraico, da pessoa falecida que ela se recolheu ao seu mundo". LIPINER, Elias. *Op. cit.*, 1999, p. 189. A passagem do Eclesiastes acima citada parte do sub-item *A idade*, que pregava a longevidade como recompensa prometida e suprema bem-aventurança garantida aos justos pelos Sábios, diz: "quando se teme a altura / e se levam sustos pelo caminho, / quando a amendoeira está em flor / e o gafanhoto torna-se pesado / e o tempero perde o sabor, / é porque o homem já está a caminho de sua morada eterna, / e os que choram sua morte começam a rondar pela rua". *A Bíblia de Jerusalém. Op. cit.*, 1987, p. 1180.

Apesar da advertência, ratificando ser boa cristã, que "nunca soube nem teve nada da lei de Moisés", fazendo as ditas coisas "sem entender que eram judaicas", e que, prova de sua inocência e boa índole, era sua presença voluntária na Mesa do Tribunal e o abandono das antigas práticas, pois,

> depois que se publicou a Santa Inquisição nesta cidade", e ouviu contar as coisas que se declaravam no Édito da Fé, entendeu serem judaicas as que dito tem e nunca mais as fez, e da culpa que tem em as fazer exteriormente, sem ter no coração erro algum da fé católica, pede perdão e misericórdia.[76]

Encerrado o período da graça, Heitor Furtado de Mendonça continuaria a analisar os casos de Ana Rodrigues e alguns de seus descendentes, esperando que novas testemunhas fizessem novas acusações ou acrescentassem novos detalhes dos fatos já relatados anteriormente. Certo era que mantinha alguns membros da família sob vigilância, impedidos de deixar a cidade sem a prévia autorização do licenciado.

Mais de seis meses seriam passados até o comparecimento de Francisca da Costa, mameluca forra então presa na cadeia pública de Salvador que fora convocada pelo inquisidor para depor, disposta a contar o que sabia. Informava então que há um ano esteve na casa de Henrique Muniz Teles e Dona Leonor e, durante o tempo em que lá ficou, lhe disseram duas escravas do casal – Isabel, negra brasila, e Maria, negra da Guiné –, "que a dita sua senhora Dona Leonor e suas irmãs e mãe eram judias". Justificavam a grave denúncia com provas contundentes, detalhando a prática do respeito ao dia sagrado dos judeus pelos Antunes:

> às sextas-feiras à tarde, se ajuntavam todas, e se metiam em uma casa, que era uma despensa, e não saíam dela, senão no sábado seguinte, e que estavam nela fechadas por dentro, da sexta-feira até o sábado, e que não sabiam o que lá faziam.
> E que isto faziam sempre antes de vir a este Brasil a Santa Inquisição.

Com a presença da visitação na colônia, as Macabeias passariam a tomar maiores cuidados em suas práticas cotidianas, procurando manter mais discrição, querendo evitar – presume-se – que seus comportamentos servissem de combustível para denúncias ao visitador, pois, "depois que a Inquisição entrou, não lho viram mais fazer". Insistia

---

76 "Confissão de Dona Ana Alcoforada, cristã-nova, no tempo da graça do Recôncavo, no último dia dele", em 11/02/1592. *Confissões da Bahia. Op. cit.*, 1997, p. 358-361.

Francisca em clarear os fatos, conhecedora que era da residência e testemunha do comportamento da família por lá ter vivido ao longo de todo um ano:

> este ajuntamento faziam nos ditos tempos, na dita despensa, em casa da dita Dona Leonor.
> E ela denunciante, quando foi para sua casa, já aqui estava a Santa Inquisição, e não lhe viu fazer tal.

Se, por um lado, acusava as irmãs e mãe de praticarem o judaísmo, também atacava o fato de não permitirem que o catolicismo fosse seguido por seus negros – "o que viu e teve nisso tento" –, conforme era esperado pela Igreja e objetivo da catequização na colônia: "parecendo-lhe mal que todo este ano que esteve em sua casa, que nunca a dita Dona Leonor mandou, em nenhum domingo, nem dia santo, aos seus escravos nem escravas à igreja". Das escravas – "as quais negras são ladinas" –, finalizava, também ouvira "que a dita Dona Leonor e suas irmãs e mãe mandavam derramar a água dos potes e quartos de casa quando alguém lhe morria em casa".[77]

Outro depoimento rico em detalhes seria dado pelo alfaiate cristão-velho Gaspar Fernandes, que voltava à mesa do visitador mais de um ano após sua primeira sessão de acusações. Gaspar informaria o que lembrara sobre o caçula dos Antunes, Nuno, de quem teria presenciado proposições heréticas:

> haverá três anos, pouco mais ou menos, estando ele denunciante em casa de Nuno Fernandes, cristão-novo, solteiro, em Matoim, na sua varanda, fazendo-lhe uma obra de seu ofício de alfaiate, estando ambos sós, vindo ele denunciante a falar no pecado da luxúria, lhe respondeu o dito Nuno Fernandes que a luxúria não era pecado, e não falaram mais nesta matéria.

Confirmava que, durante a tal conversa, estava Nuno Fernandes "em seu siso e sem perturbação", sem estar agastado ou tomado pelo vinho, querendo confirmar ao visitador que caçula de Matoim deveria ter consciência do que falava. Denunciaria ainda a Henrique Nunes, marido de Isabel Antunes, uma das netas de Heitor e Ana. De acordo com o denunciante, Henrique parecia manter o mesmo comportamento laico de seu primo famoso, o comerciante cristão-novo João Nunes Correia, radicado em Olinda, homem dos mais denunciados durante a primeira visitação. Cerca de dois anos antes,

---

77 "[Francisca da Costa, referida, que foi chamada, mameluca forra, ora presa na cadeia pública, que não sabia assinar] contra D. Leonor Muniz e parentes", em 26/08/1592. *Denunciações da Bahia 1591-593*. *Op. cit.*, 1925, p. 561.

falando-se sobre a pena estipulada pelo bispo aos que não permitiam aos seus negros o ensinamento da doutrina cristã, mantendo-os no trabalho no dia sagrado do descanso, "viu a Henrique Nunes, cristão-novo que ora está viúvo, lavrador em Matoim, dizer estas palavras, 'bom é logo deixar andar os negros sem os fazer cristãos' ".[78]

Também a mameluca Beatriz de Oliveira, que se dizia cristã-velha, filha de uma "índia deste Brasil, que foi escrava do dito seu pai", de idade de quarenta e seis anos, casada, moradora "na praia, freguesia de Nossa Senhora da Escada", compareceria para delatar os Antunes. Relembrava o que ouvira décadas antes, "sendo ela moça", "em pública voz e fama geralmente dito por todos", boatos sobre a prática judaizante do cavaleiro d'El Rey: "Heitor Antunes, cristão-novo, sogro de Bastião de Faria e Henrique Munis, morador que foi em Matoim, tinha em sua casa a esnoga e uma toura, cousa de judeus". Apresentava a testemunha para a gravíssima acusação que fazia contra o patriarca de Matoim: "um homem chamado Menezes, que fora judeu, e se batizou em pé, dizia isto mesmo do dito Heitor Antunes".[79]

Duas últimas acusações completariam a lista de delações contra a família, ambas feitas pela mesma denunciante e em períodos bem afastados dos demais testemunhos prestados. Madalena, e pelo nome de sua terra, Eugeu, ou Eugen, "mulher preta, crioula do Cabo Verde, ladina e de bom entendimento e prática", casada com o escravo Manoel de Guiné, compareceria para depor por ser "chamada e referida" pelo visitador do Santo Ofício, certamente por conhecer bem o casal Heitor e Ana Rodrigues e seus descendentes, posto que fora, no passado, "cativa de Heitor Antunes, cristão-novo", que parece ter chegado ao Brasil acompanhando os donos, e "que haverá dez anos ou doze que é defunto e a deixou forra, e ora é forra". Jurada pelos santos evangelhos, começaria a responder as indagações feitas pela Mesa:

> perguntada pelo que sabe de qualquer pessoa, respondeu que nada lhe lembra mais que somente haverá seis anos que a sua senhora Ana Roiz, cristã-nova, mulher que foi de Heitor Antunes, em Matoim, esteve muito doente e, no tempo da dita doença, ela testemunha esteve em sua casa, e viu que, três dias estando a dita Ana Roiz muito mal, sem lhe fazer mais que gemer, diziam-lhe as filhas e todos da casa que

---

[78] "Testemunho de Gaspar Fernandes, alfaiate, contra Nuno Fernandes e Henrique Nunes, cristãos-novos", em 12/11/1592. Arquivo Nacional da Torre do Tombo, Inquisição de Lisboa, processo 12936.

[79] "Testemunho de Beatriz de Oliveira, mulher de Manoel de Miranda, contra Heitor Antunes e outros", em 07/12/1592. *A Inquisição de Lisboa contra Heitor Antunes*. Arquivo Nacional da Torre do Tombo, Inquisição de Lisboa, processo 4309.

chamasse por Jesus, e ela nunca o chamou nem nomeou o nome de Jesus, de que todos os de casa se espantaram.

Para a surpresa do licenciado Furtado de Mendonça, não apenas especificaria o tempo de convalescência da acusada, como também apresentaria álibi até então impensável para a antiga senhora, quando começou Ana Rodrigues a recuperar um pouco de sua lucidez: "Porém, depois dos ditos três dias em que ela tinha estado muito mal, ela testemunha, no dia seguinte, viu a dita Ana Roiz dizer 'e Jesus seja comigo', que era o dia em que ela começou a melhorar da dita doença. E que mais não sabe".[80] Finalizaria seu depoimento rogando ao notário que por ela assinasse por ela não saber fazê-lo, sendo-lhe cobrado segredo sobre o que dissera em respeito aos juramentos que recebera.

Quatro meses depois, Madalena-Eugeu seria novamente convocada para prestar novos esclarecimentos sobre a tal doença da antiga patroa:

> perguntada se nestes 3 dias em que Ana Roiz não falava por estar muito doente, se estivera sempre presente com a doente, respondeu negativamente, dizendo que a maior parte do dia andava ela fora, ora no engenho, ora na roça, ora noutras partes, e que a menor parte do dia estava ela com a doente. E declarou que de noite não estava ela em companhia da dita Ana Roiz, [porque] se ia a dormir à sua casa, e estava apartada da doente.

Lido o seu depoimento anterior para que o ratificasse, reconheceu-o como verídico e completou afirmando que "não queria mal a sua senhora; antes, que lhe queria muito, e tinha muito amor e afeição por ela, por lha trazer de Portugal e a criar de pequenina, pelo qual respeito estava ela muito obrigada".

Ida embora a testemunha, e reunidos os padres presentes, fora-lhes perguntado pelo inquisidor sobre o grau de credibilidade que se podia depositar na depoente, e "se lhes parecera que a dita testemunha que acima falara dissera a verdade", ao que

---

80 Denunciação de Eugeu, testemunha referida, em 08/03/1593. Anos depois, ao fazer ratificação e prestar novos esclarecimentos sobre seu testemunho, daria novos detalhes sobre a negativa da moribunda *macabeia*: "dizendo-lhe suas filhas que chamasse por Jesus, ela, por estar sem fala, o não nomeara, senão ao cabo de três dias, que começou a falar, e dissera 'Ai, Jesus será comigo' ". E ainda: "Disse que a dita Ana Roiz, doente nos ditos três dias, nem falava cousa alguma, nem comia nem bebia por causa da muita fraqueza que tinha, e somente gemia, dizendo 'hum, hum, hum'. E perguntada se estava em seu perfeito juízo a dita doente, respondeu que não sabia, porquanto não falava". "Ratificação do testemunho de Eugeu, preta, contra Ana Roiz", em 27/03/1598. *A Inquisição de Lisboa contra Ana Rodrigues*. Arquivo Nacional da Torre do Tombo, Inquisição de Lisboa, processo 12142.

responderam, em aparente uníssono, "que não podiam saber, mas que, de ordinário, a gente preta não era de se ter crédito, e ainda mais havendo sido sua escrava e se mostrado afeiçoada a sua senhora no modo de falar".[81]

Terminados os depoimentos contra os Antunes, o visitador passaria a tomar as medidas que julgava necessárias para apurar os fatos. Família denunciada de todos os lados, publicamente vista como praticante e/ou simpatizante declarada do judaísmo, o certo é que a vida dos Antunes sofreria revezes insuperáveis a partir da chegada do séquito inquisitorial comandado pelo licenciado Heitor Furtado de Mendonça. A partida da visitação para Pernambuco, após cerca de dois anos de trabalho na Bahia, não seria, contudo, o fim dos infortúnios que se abateriam sobre a *gente de Matoim*. O périplo macabeu na terra dedicada à Santa Cruz estava apenas em seu início, e ganharia novos capítulos e fronteiras.

---

81 "Outro depoimento de Eugeu, escrava de Ana Roiz", em 23/07/1593. *Idem*.

CAPÍTULO 4
Ana Rodrigues e a *esnoga* doméstica

E essa realidade deles não pode ser destruída por nenhum documento, pois eles a respiram, a veem, sentem-na... e tocam-na! No máximo o documento serviria a vocês, só a vocês, satisfazendo uma tola curiosidade. E mesmo aí estariam condenados ao maravilhoso suplício de ver, ao mesmo tempo, aqui o fantasma, e aqui a realidade, e não saber distinguir um do outro!
Luigi PIRANDELLO, *Assim é (se lhe parece)*

[...] eu, meus filhos e meus irmãos continuaremos a seguir a Aliança dos nossos pais. Deus nos livre de abandonar a Lei e as tradições. Não daremos ouvido às palavras do rei, desviando-nos de nosso culto para a direita ou para a esquerda.
1Mc 2, 19-22

[...[houve um tempo em que para me esquentar o espírito eu rezava: o movimento é espírito. A reza era um meio de mudamente e escondido de todos atingir-me a mim mesmo. Quando rezava conseguia um oco de alma – e esse oco é o tudo que posso eu jamais ter. Mais do que isso, nada. Mas o vazio tem o valor e a semelhança do pleno. Um meio de obter é não procurar, um meio de ter é o de não pedir e somente acreditar que o silêncio que eu creio em mim é resposta a meu – a meu mistério.
Clarice LISPECTOR, *A hora da estrela*

"Jesus, estávamos quietos!": os Antunes nas acusações do Santo Ofício

No dia 30 de outubro de 1591, Isabel Ribeiro, uma das noras do casal Heitor Antunes e Ana Rodrigues, compareceria à mesa do visitador do Santo Ofício, Heitor Furtado de Mendonça, para fazer confissão de suas culpas e denunciar o que sabia e ouvira dizer sobre terceiros. Assim apresentava Isabel sua genealogia ao visitador no início do depoimento:

> Disse ser cristã-velha, natural desta Bahia, filha de Rodrigo Afonso, defunto, e de sua mulher, Joana Ribeiro, de idade de vinte e oito anos, pouco mais ou menos, casada com Álvaro Lopes, lavrador, cristão-novo, morador em Matoim, na freguesia de Nossa Senhora da Piedade.

Como muitos outros que compareceriam diante do representante da Inquisição para fazer confissões durante os trabalhos da visitação, a esposa de Álvaro Lopes Antunes aproveitaria para denunciar outros indivíduos, na tentativa de demonstrar seu bom zelo católico de cristã-velha. Desse modo, afirmaria ao inquisidor que, "sendo ela moça, ouviu nesta cidade não lhe lembra a quem", que uma cristã-nova, de nome Leonor da Rosa, esposa de um tal João Vaz Serrão, moradora em Perabuçú, capitania da Bahia, "açoitava um crucifixo". Informava já desconfiar do mau comportamento de Leonor há tempos, pois, em conversa com a sua avó, Maria Ribeiro, esta lhe informara que, presenciando certa vez em Lisboa a celebração de um auto de fé, vira "sair ao cadafalso uma mulher com sambenito, com a qual se parecia muito a dita Leonor da Rosa", embora nem ela, nem a sua avó pudessem afirmar ou tivessem realmente certeza de serem a mulher afamada de maus-tratos ao retábulo sagrado e a ré condenada pela Inquisição lisboeta a mesma pessoa.[1]

Denunciava mais que o lavrador Pero Gomes "lhe disse e contou", numa conversa em sua casa, "perante sua mulher e o marido dela" que um tal Pero Nunes, "cristão-novo que mataram nesta cidade", ao ir certa vez a um engenho, encontrara o açúcar do dízimo em situação precária, armazenado com descaso, em lugar apartado, e a desfazer-se com a umidade. O pouco cuidado dispensado ao produto destinado ao pagamento do dízimo levaria-o a afirmar: "olhai como Deus está perdido!" Lembrava Isabel que não seria esta a única vez que o lavrador neoconverso teria pronunciado o nome divino em vão: em outra ocasião, "muito disse o dito Pero Nunes", levando-o a lamentar-se da intensidade das chuvas: "como não se enfadava já Deus de mijar tanto",[2] a dar mostras do rebaixamento do sagrado que ocorria com frequência nas conversas, discussões, zom-

---

1   Em caso afirmativo, vale lembrar, o Santo Ofício previa punições mais rigorosas e exemplares aos reincidentes em heresias. Tornar-se-iam, deste modo, ainda mais graves as acusações contra Leonor da Rosa em caso de tratar-se de alguém que já tenha passado por um processo inquisitorial, condenada a sair em cerimônia pública de auto de fé e reconciliada ao seio da Igreja.

2   Laura de Mello e Souza daria outros exemplos da constante ligação entre os fenômenos da natureza e os representantes sagrados da Igreja. Foi o caso, por exemplo, da cigana Apolônia de Bustamante, acusada durante a primeira visitação de afirmar, sem meias palavras: "bendito sea el carajo de mi señor Jesu Christo que agora mija sobre mi". Souza, Laura de Mello e. *Op. cit.*, 1986, p. 108.

barias, juras e promessas do cotidiano colonial, tanto entre cristãos-velhos quanto entre neoconversos, fazendo com que figuras sacralizadas do céu cristão fossem humanizadas a todo instante e por qualquer motivo.³

Antes, contudo, de delatar Leonor da Rosa e Pero Nunes por seus comportamentos e afirmações heréticas, Isabel iniciaria sua sessão de depoimento confessando que, havia cerca de um mês, estando ela em Matoim a conversar com a cunhada, Dona Leonor Antunes, mulher de Henrique Muniz Teles e irmã de seu marido Álvaro Lopes, "praticando sobre uma nova que se levou desta cidade" sobre a prisão, a mando da Santa Inquisição, de uma certa Dona Maria e de seu marido fugido, "disse ela, confessante, simplesmente, sem consideração alguma, estas palavras: 'Jesus, estávamos quietos!' "

Ciente do grande número de acusações que pesariam sobre a família com a chegada, em fins de julho de 1591, do visitador inquisitorial ao Brasil e temerosa de que suas palavras fossem denunciadas ao Tribunal e acabasse vista como cúmplice ou, ao menos, acobertadora do celebrado comportamento religioso pouco cuidado do marido e demais membros dos Antunes, e ainda, intentando demonstrar boa vontade e colaboração com a Inquisição, apressava-se, como fizeram outros integrantes da família, por comparecer à mesa do Santo Ofício para indicar seu imediato arrependimento com relação à afirmação impensada: "e em dizer isto se achou logo alcançada e se desdisse, e emendou logo perante a dita Dona Leonor, que lhe foi aquela palavra assim, à boca, e desta culpa pede perdão e misericórdia".⁴

"Jesus, estávamos quietos!" O repentino lamento de Isabel Ribeiro, passados apenas dois meses da fixação dos éditos e instauração dos trabalhos do Santo Tribunal na Bahia, representa com perfeição o início do processo de rompimento das sociabilidades existentes na colônia entre cristãos-velhos e neoconversos, incentivado pelo temor crescente e generalizado que fora criado a partir da chegada do séquito inquisitorial ao Nordeste açucareiro. O Santo Ofício, com sua política de incentivo às delações de heresias, aliada ao interesse de boa parte da população, ávida – ou, ao menos, preocupada – por demonstrar bom comportamento através de colaboração com a Inquisição, acabaria por perverter o convívio social que caracterizou o primeiro século de presença

---

3 Vide BAKHTIN, Mikhail. *A Cultura popular na Idade Média e no Renascimento: o contexto de François Rabelais*. São Paulo: HUCITEC; Brasília: EdUnB, 1993; BETHENCOURT, Francisco. *O Imaginário da Magia: feiticeiras, saludadores e nigromantes no século XVI*. Lisboa: Universidade Aberta, 1987; SOUZA, Laura de Mello e. *O Diabo e a Terra de Santa Cruz*. São Paulo: Companhia das Letras, 1986, e VAINFAS, Ronaldo. *Trópico dos Pecados: Moral, sexualidade e Inquisição no Brasil*. 2ª ed. Rio de Janeiro: Nova Fronteira, 1997.

4 "[Isabel Ribeiro, que não sabia assinar], Contra Lionor da Rosa, Pero Nunes", em 30/10/1591. *Denunciações da Bahia. Op. cit.*, 1925, p. 546-547.

portuguesa na região brasílica, fato comprovado pela participação dos cristãos-novos em praticamente todos os ramos da economia e sociedade coloniais.

Num processo de microanálise, porém, o desabafo de Isabel Ribeiro dá-nos conta, especialmente, do grau de aflição e de preocupação vivido pela família com a chegada dos representantes da Inquisição. Passadas pouco mais de três décadas do desembarque do casal Antunes na América portuguesa, mostravam-se sobremaneira evidentes os sinais de ascensão do clã na realidade colonial. Os Antunes, inicialmente comerciantes, aristocratizaram-se. Participariam, ao longo do tempo, das mais diversas e respeitadas atividades: colaboradores nas guerras de conquista e pacificação do Recôncavo; agraciados com títulos de cavaleiro d'El Rey; responsáveis pela contratação dos dízimos; proprietários de alguns engenhos e "enobrecidos" pela produção e comércio do açúcar; mantendo relações de amizade e negócios com os principais da terra; possuidores de estreitos contatos com o governador-geral e demais autoridades; solidificando seu poder e influência ao aproximarem-se das mais honradas famílias da colônia através, principalmente, de laços de matrimônio.

Ricos e poderosos, a gente de Matoim, tornar-se-ia das mais importantes e conhecidas famílias da capitania. Representavam o avanço neoconverso sobre a economia açucareira e a ascensão social dos cristãos-novos na luso-américa, livres da maior pressão eclesiástica, do estado de constante vigilância e das perseguições sociais vividas no reino. Ascensão esta que despertava, por outro lado, descontentamentos, invejas, disputas, intrigas, ódios e inimizades, tanto públicas quanto ocultas, transformando-se os boatos e histórias sobre a família em tema dos favoritos nas conversas do cotidiano colonial. Eram, como se dizia à época, assunto de "voz geral" e "dito por todos", em "fama pública" e "rumor do povo", dos mais citados por toda a Bahia.

Os comentários e boatos a respeito dos comportamentos atribuídos à família ganhariam as ruas, cada vez mais enriquecidos por detalhes, levados adiante não apenas pelos conhecidos dos Antunes, figuras constantes de suas residências ou testemunhas de longa data da rotina do clã, mas, inclusive, por aqueles que não conviviam ou mal conheciam pessoalmente os integrantes da família, simples repetidores dos escândalos de "ouvi dizer", a aumentar a fama herética e as desconfianças gerais sobre a gente de Matoim. Em pequenas comunidades, como não deixava de ser o caso da capitania-sede da América portuguesa, vale lembrar que as informações de "ouvi dizer" eram muito importantes, quase equivalentes a, propriamente, "ver". Especulava-se, principalmente, sobre a célebre sinagoga – a *esnoga* de Matoim –, erguida há mais de trinta anos nas propriedades da família, ainda em épocas do patriarca Heitor Antunes, apontada como o grande centro de reunião dos judaizantes do Recôncavo, e que continuaria suas atividades mesmo após o falecimento do seu fundador. Contudo, as mais insistentes e detalhadas acusações contra os Antunes repetiriam, quase em forma de ladainha, as variadas histórias envolvendo ofensas aos símbolos cristãos proferidos pela matriarca, também acusada de judaísmo e de ser a grande responsável no núcleo familiar por incentivar a continuidade das práticas e rituais judaicos que ensinava e celebrava juntamente com os descendentes, destacadamente, suas filhas Isabel, Leonor, Violante e Beatriz.

Com a chegada da Inquisição não seria diferente, e o espaço da delação transferir-se-ia, com a mesma pujança, do burburinho público das ruas para o anonimato e segredo da mesa do visitador. Os Antunes seriam seguidamente delatados, em minúcias e com luxo de detalhes, por denunciantes os mais variados. Em sua maior parte, as denúncias versavam sobre as suspeitas gerais a respeito dos comportamentos e práticas da família, a indicar a manutenção da religiosidade dos antepassados, principalmente da matriarca, Ana Rodrigues, apontada como grande responsável pela revelação e propagação do judaísmo aos filhos e, daí, aos netos. Em escala menor, denunciavam as filhas Violante e Isabel (já mortas à época da visitação), Beatriz e Leonor Antunes. Também acusavam ao falecido patriarca Heitor Antunes, e aos filhos Álvaro Lopes e Nuno Fernandes, além de alguns genros e netos de Heitor e Ana. No limite, as denúncias envolviam e afetavam, tanto indireta quanto diretamente, a praticamente todos os membros da família – aí incluídos os cristãos-velhos unidos ao clã pelos laços do matrimônio –, apontados como participantes ou coniventes, em diferentes gradações, com o suposto judaísmo das Macabeias. Matoim transformava-se, à custa do falatório geral, em terra de judaísmo, ao passo que os Antunes personificavam o mais veemente sinal de continuidade judaica existente na Bahia e dos mais fortes exemplos por toda a colônia de que se tem notícia durante a segunda metade do Quinhentos.

Dos mais fortes exemplos do processo de inserção dos cristãos-novos na sociedade colonial durante o primeiro século de presença portuguesa, assim como do bom convívio destes com os cristãos-velhos, exemplificado pelo alto número de casamentos mistos, os Antunes teriam suas vidas insistentemente esmiuçadas diante dos representantes do Santo Ofício. Figurariam, deste modo, dentre os principais acusados na documentação da primeira visitação inquisitorial. As confissões e denúncias envolvendo a família reúnem documentação riquíssima para o trabalho do historiador preocupado em analisar a religiosidade colonial em suas especificidades. Sem dúvida, foi o grupo familiar mais delatado, não apenas pelo alto volume de denúncias sofridas, mas ainda pela quantidade de indivíduos acusados e pela variedade de heresias apresentadas; o que teve maior número de mulheres denunciadas, envolvendo acusações contra, ao menos, três gerações da família; o que mais compareceu à mesa do inquisidor para confessar suas culpas e tentar relativizar a gravidade das acusações de que era vítima; daqueles que mais tiveram processos movidos contra seus membros em decorrência das denúncias feitas ao tribunal; dos grupos familiares com o maior número de mulheres processadas por judaísmo; enfim, a única família a ter uma de suas representantes vitimada pelo braço secular – por sinal, única dentre os réus da primeira visitação do Santo Ofício ao Brasil a ser condenada à fogueira.[5]

As acusações contra os Antunes identificavam modificações no grau de ocorrência do judaísmo supostamente praticado pela família. Por um lado, indicavam um variado conjunto de atitudes vistas como judaizantes realizadas por alguns de seus membros, repassadas aos descendentes ao longo de gerações; por outro lado, revelavam práticas de caráter familiar, repetidas por boa parte do clã. As denúncias informavam sobre a ocorrência de várias tradições e costumes referentes ao judaísmo tradicional vivido em tempos de liberdade religiosa, porém, adaptados às limitações e dificuldades impostas pela situação de proibição da antiga fé no mundo português a partir dos decretos manuelinos. Demonstram ainda um formidável desconhecimento – tanto de cristãos--velhos quanto de neoconversos – com relação aos costumes e tradições judaicas (e mesmo cristãs!), gerando uma indesejável associação de comportamentos vistos como desviantes da boa norma católica, entendidos pela população como provável intenção judaizante de seus praticantes.

Pelo vasto leque de ocorrências denunciadas, tem-se uma ideia da exuberância do criptojudaísmo praticado por Ana Rodrigues e seus descendentes, e do escândalo que despertavam na sociedade. Quase todos os ritos de que seriam acusados encontravam-se arrolados no monitório inquisitorial como sinal evidente de judaísmo:[6] preparações cerimoniais nas sextas-feiras e guarda dos sábados, com a utilização de roupas limpas; celebração de práticas jejunais; aversão/proibição a determinados tipos de carnes e peixes; preparação de alimentos judaicos; jogar a água fora dos potes em caso de falecimento; juramentos e bênçãos ao modo dos judeus; orações com guaias e sem referência ao nome de Cristo; costumes funerários específicos; negação do batismo cristão; funcionamento de sinagogas clandestinas; atuação

---

5 Não foram os Antunes, todavia, exemplo único de grupo familiar denunciado com insistência e detalhes durante a visitação comandada pelo licenciado Heitor Furtado: os Fernandes, moradores em Camaragibe, capitania de Pernambuco, também seriam vitimados por um alto número de acusações, principalmente, contra a matriarca Branca Dias e suas filhas, como veremos em item específico.

6 "No Monitório de 1536, que provavelmente foi o adotado pelas primeiras Visitações à colônia, os ritos judaizantes eram: guardar os sábados, cerimônias nas sextas-feiras, degolar aves, proibição alimentar, jejuns, comemorações anuais, luto, jogar água fora dos potes, bênção, circuncisão, negar o batismo ou crisma; nesse Monitório havia a relação entre heresia e punição, ou seja, quando houvesse o delito, deveria haver perseguição e punição do culpado. O Monitório tinha, em princípio, uma função educativa: mostrar o que era heresia, para que os culpados pudessem ser denunciados". FERREIRA DA SILVA, Lina Gorenstein. Op. cit., 1999, p. 30-31.

rabínica, com assistência e aconselhamento à comunidade judaizante; posse de textos e livros defesos; desrespeito aos símbolos cristãos e aos dias considerados sagrados pela Igreja; alusão ao parentesco bíblico com os Macabeus da Antiguidade. Conhecedores do poder que possuíam e dos ódios e escândalo que despertavam, os Antunes tinham ainda consciência da provável avalanche de denúncias de que a família seria vítima perante o visitador. A afirmação abrupta e assustada de Isabel Ribeiro durante a conversa com a cunhada Leonor parece refletir esta consciência e o presságio dos acontecimentos que seriam deflagrados pelo novo quadro de instabilidade e rompimento das sociabilidades até então existentes gerado pela chegada da visitação comandada por Heitor Furtado de Mendonça ao Brasil.

Durante a presença da comitiva inquisitorial na Bahia, etapa inaugural da visitação, entre 1591 e 1593 – e sem contar com os livros desaparecidos –, o visitador ouviria um total de 212 denúncias – grande parte contra cristãos-novos – e 121 confissões.[7] Deve-se ainda somar à documentação conhecida dos livros de confissões e denunciações da primeira visitação algumas denúncias e depoimentos que fazem parte dos livros extraviados, e que só puderam chegar à tona porque aparecem arrolados nos processos inquisitoriais movidos contra alguns dos Antunes. A família reuniria um dos maiores e mais expressivos róis de acusações e de denunciados da primeira visitação. Ao todo, ocorreriam 36 acusações contra os membros do clã.[8]

---

[7] Lembremos, mais uma vez, porém, a relatividade destes números. "Heitor Furtado de Mendonça visitou a Bahia, cidade e recôncavo, entre julho de 1591 e setembro de 1593, e Pernambuco, Itamaracá e Paraíba, entre setembro de 1593 e fevereiro de 1595, do que resultaram quatro livros de denunciações, três de confissões e dois de ratificações, todos eles depositados, em manuscrito, no Arquivo Nacional da Torre do Tombo, em Lisboa. Pois bem, dos nove livros produzidos pela visitação, sem falar nos processos, somente quatro foram encontrados e publicados no passado: um livro das denunciações da Bahia, outro das confissões da Bahia, um livro muito curto das confissões de Pernambuco e adjacências, e outro mais alentado das denunciações nesta última região. O conjunto do material, portanto, até hoje não veio à luz na íntegra". VAINFAS, Ronaldo. "Introdução". In: *Confissões da Bahia. Op. cit.*, 1997, p. 11-12. O aparecimento desta documentação, não resta dúvida, mudaria o número total de acusações e confissões envolvendo os participantes da família.

[8] Na documentação referente aos livros de denunciação conhecidos, constam apenas 28 denúncias (13,20% do total da visitação) contra os Antunes. Os depoimentos/denúncias feitos por membros da família não foram incluídos, e serão analisados à parte.

Denúncias contra os Antunes		
Denunciantes	Acusados	Data
Gaspar Fernandes	Dona Leonor, Brites Antunes, Ana Roiz	30/07/1591
Pero de Aguiar d'Altero	Ana Roiz	30/07/1591
Pero Novais	Mulher e filhas de Heitor Antunes	30/07/1591
João Álvares Pereira	Nuno Fernandes, Álvaro Lopes Antunes e irmãs, Ana Roiz	31/07/1591
Fernão Garcia	Manoel de Faria	02/08/1591
Antônio da Fonseca	Ana Roiz	06/08/1591
Maria Gonçalves	Ana Roiz	09/08/1591
Felipe Estácio Sintra	Nuno Fernandes	12/08/1591
Luiz da Grã	Ana Roiz	14/08/1591
Padre Antônio Dias	Ana Roiz	16/08/1591
Gaspar Dias Barbosa	Ana Roiz	16/08/1591
Padre Pero Madeira	Ana Roiz	18/08/1591
Maria Antunes	Ana Roiz	20/08/1591
Maria da Costa	"a gente de Bastião de Faria"	21/08/1591
Maria Pinheira	Leonor Muniz, Violante Antunes, Ana Roiz	20/08/1591
Margarida Pacheca	Ana Roiz, Violante Antunes	21/08/1591
Isabel Serram	Ana Roiz e filhas	21/08/1591
Manuel Brás	Heitor Antunes	22/08/1591
Victoria de Bairros	Ana Roiz	24/08/1591
Diogo Dias	Heitor Antunes	26/08/1591
Custódia de Faria	Heitor Antunes, Ana Roiz	27/08/1591
Ana Vaz	Ana Roiz e a gente de Matoim	05/09/1591
Gracia de Siqueira	Beatriz Antunes	07/09/1591
Fernão Garcia	Manoel de Faria	07/09/1591
Inês de Barros	Heitor Antunes e Ana Roiz	22/10/1591
Isabel de Sandales	Heitor Antunes	23/10/1591
Inês Roiz	Álvaro Lopes Antunes	30/10/1591

Baltasar Dias d'Azambujo	Nuno Fernandes	19/11/1591
Beatriz de Sampaio	Heitor Antunes, Ana Roiz	21/01/1592
Francisca Dias Serram	Beatriz Antunes	25/01/1592
Luisa Fernandes	Heitor Antunes, Violante Antunes	30/01/1592
Beatriz de Oliveira	Heitor Antunes	07/02/1592
Beatriz de Sampaio	Ana Roiz	07/06/1592
Francisca da Costa	Ana Roiz, Dona Leonor e irmãs	26/08/1592
Eugeu	Ana Roiz	08/03/1593 e 23/07/1593

Somente a matriarca Ana Rodrigues seria acusada ao menos vinte e três vezes (63,88% das denúncias envolvendo a família e 10,84% do total conhecido da etapa baiana da visitação).[9] Alguns denunciantes, inclusive, compareceriam por mais de uma vez à mesa do inquisidor para fazer novas denúncias, retificar ou completar as informações anteriormente prestadas.[10]

Denúncias contra Ana Rodrigues			
Denunciante	Moradia	Profissão	Data
Gaspar Fernandes	Freguesia de Nossa Senhora da Piedade, Rio de Matoim	Alfaiate	30/07/1591
Pero de Aguiar d'Altero	Rio de Matoim	Senhor de engenho	30/07/1591
Pero Novais	Ilha da Maré	Senhor de engenho	30/07/1591
João Álvares Pereira	Ilha da Maré		31/07/1591
Antônio da Fonseca	Salvador	Dos da governança	06/08/1591

---

9   Os casos em que Ana Rodrigues é citada apenas indiretamente, sem referência explícita a seu nome (denúncias contra "a gente de Bastião de Faria", por exemplo), não foram computados para este cálculo.

10 Foi o caso, por exemplo, da cristã-velha Beatriz de Sampaio, de Eugeu (ou Eugen), ex-escrava de Ana Rodrigues, e do estudante Fernão Garcia, que compareceriam duas vezes para denunciar. Também Nuno Fernandes, filho caçula de Ana Rodrigues e Heitor Antunes, voltaria à mesa do visitador para completar seu testemunho. Devido à repetição de depoimentos, optou-se, como critério para a preparação das tabelas e percentuais, pela adoção da contagem de denúncias/confissões, e não do número de denunciantes/confessores.

Maria Gonçalves	Salvador		09/08/1591
Luiz da Grã	Salvador	Padre da Companhia de Jesus	14/08/1591
Antônio Dias	"residente nas aldeias dos padres da Companhia"	Padre da Companhia de Jesus	16/08/1591
Gaspar Dias Barbosa	Salvador		16/08/1591
Pero Madeira	Morador no Colégio da Cia de Jesus, em Salvador	Padre da Companhia de Jesus	18/08/1591
Maria Antunes	Salvador		20/08/1591
Maria Pinheira	Salvador		20/08/1591
Margarida Pacheca	Salvador		21/08/1591
Isabel Serram	Salvador		21/08/1591
Victoria de Bairros	Salvador		24/08/1591
Custódia de Faria	Matoim		27/08/1591
Ana Vaz	Salvador		05/09/1591
Inês de Barros	Passé		22/10/1591
Beatriz de Sampaio	Matoim		30/10/1591 e 07/06/1592
Francisca da Costa		Mameluca forra; presa na cadeia pública de Salvador	26/08/1592
Eugeu		ex-escrava de Ana Roiz	08/03/1593 e 23/07/1593

Todas as acusações contra a família (assim como as confissões dos membros dos Antunes) seriam feitas no período em que o visitador permaneceu na Bahia. Do total de denúncias contra os Antunes, a grande maioria referia-se ao relato de práticas e costumes suspeitos de judaísmo – criptojudaísmo, vale dizer –, embora também envolvesse acusações sobre outros tipos de comportamento considerados heréticos segundo as normas do Santo Ofício vigentes no monitório inquisitorial. Das trinta e seis denúncias, ao menos trinta e duas (88,88%) seriam feitas por cristãos-velhos – fato que demonstra o incômodo que representava para estes a ascensão social neoconversa, principalmente com o avanço sobre a produção açucareira e sobre o grupo dos senhores de engenho conhecido como *açucarocracia*. Duas acusações seriam prestadas por uma negra de Cabo Verde, e outra, por uma mameluca forra. Uma última denúncia foi feita pelo padre Luiz da Grã, da Companhia de Jesus, que não informou sua origem: provavelmente, um cristão-velho – o que elevaria para trinta e três (91,66%) o total de denunciantes de sangue dito puro. Nenhum dos acusadores da família era cristão-novo – sinal não apenas do poder, respeito e prestígio de que os Antunes desfrutavam dentre os neoconversos (judaizantes ou não) da capitania, mas igualmenmte do incômodo que causavam, entre os cristãos-velhos, com seus comportamentos "descuidados". Some-se ainda ao total de denúncias citadas os depoimentos prestados pelos membros da própria família e aparentados próximos, aumentando significativamente o rol de testemunhos envolvendo a gente de Matoim.

	Acusações envolvendo os Antunes			
Ano	Condição religiosa dos denunciantes			Número de acusações
	cristãos-velhos	cristãos-novos	Origem não identificada	
1591	27	-	1	28
1592	5	-	1	6
1593	-	-	2	2
1594	-	-	-	-
1595	-	-	-	-
Total	31	-	4	36

A insatisfação geral com relação aos comportamentos tidos como desviantes dos Antunes e, em especial, das "mulheres-rabi", levaria a um elevado número de mulheres entre os denunciantes, certamente incomodadas, não apenas com os desvios heréticos, mas também com o destaque exercido pelas Macabeias no clã. Chama a atenção a insistência feminina em acusar Ana Rodrigues, suas filhas e netas. Lembremos o papel secundário ocupado pela mulher na hierarquia então vigente na colônia. Uma família cristã-nova, chefiada pela matriarca, em que as filhas, casadas com cristãos-velhos honrados e de destaque social, põem em risco o status do clã com seus comportamentos desviantes da regra católica vigente, e ocupam a posição de grandes responsáveis pela preservação das tradições e divulgação da antiga lei aos descendentes, deflagraria uma série de descontentamentos e críticas ao comportamento das Antunes. Na sociedade colonial, alicerçada sob a moral cristã e patriarcal, na qual o papel da mulher não deveria, em muito, ultrapassar a função reprodutiva e a criação da prole, os desregramentos das Macabeias reuniriam críticas veementes, mesmo dentre a parcela feminina da população. Ensina

Mary Del Priore que, "dentro do sacramento do matrimônio, a mulher, fosse ela negra, branca, índia ou mestiça, ganharia a função de principal propagadora do catolicismo", responsáveis pelo bom funcionamento do lar e pela educação cristã dos descendentes.[11] O fato de ser uma família em que as mulheres ganhavam destaque pela forma com que conduziam a orientação religiosa dos descendentes contribuiria, sem dúvida, para o grande número de mulheres (nenhuma delas cristã-novas) acusadoras, cifra esta consideravelmente superior ao número de homens denunciantes.[12] Assim, nada menos do que dezenove mulheres seriam responsáveis por vinte das trinta e cinco denúncias proferidas contra a família, a demonstrarem seu descontentamento e reprovação com relação ao *modus vivendi* das Antunes.

Sexo dos denunciantes	Número de denúncias	%
Homens	15	41,66
Mulheres	21	58,33
Total	36	100

Com relação à região de origem, a maior parte dos denunciantes vinha da metrópole ou de outros pontos dos domínios portugueses. O fato de ser a sede administrativa da colônia, região estratégica para o controle e manutenção dos interesses reinóis, e a força e importância da produção açucareira local – espalhada por todo o Recôncavo – para a economia portuguesa, tornava a capitania um dos principais centros de atração de indivíduos vindos de todo o mundo português. Dos reinóis que acusaram os Antunes, doze eram de Lisboa, sede do tribunal responsável pelos trabalhos inquisitoriais no Brasil; três, de Guimarães; um, de Alenquer; um, de Beja; um, de Vidigueira; um, de Viana, Foz do Lima; um, da junta de Braga; um, de Santo Antônio do Tojal. Uma outra denunciante era oriunda da Ilha da Madeira. A convivência cotidiana na metrópole com a vigilância onipresente do Tribunal da Inquisição e o tratamento depreciativo aplicado aos cristãos-novos no reino em comparação ao que ocorria no Brasil,

---

11 Del Priore, Mary. *Mulheres no Brasil Colonial*. São Paulo: Contexto, 2000, p. 28. Arceniaga define o papel da mulher cristã em texto de 1724: "seu principal cuidado deve ser instruir e educar os filhos cristãmente, cuidar com diligência das coisas da casa, não sair dela sem necessidade nem sem permissão de seu marido, cujo amor deve ser superior a todos, depois de Deus". *Apud Ibidem*.

12 No caso do também cristão-novo João Nunes Correia, preso e processado sob a acusação de manter um crucifixo em local impróprio, o número de mulheres que compareceram perante o Licenciado Heitor Furtado de Mendonça é visivelmente inferior: do total de quarenta e uma denúncias feitas, apenas três (6% do total) foram prestadas por mulheres. Assis, Angelo Adriano Faria de. *Op. cit.*, 1998, p. 233.

corroborariam, em parte, para que os habitantes reinóis da colônia, mais acostumados com os efeitos gerados pela presença inquisitorial, procurassem o Santo Ofício para denunciar os Antunes. Dos oito denunciantes nascidos no Brasil, ao menos sete informavam ser naturais da própria Bahia.

Origem dos denunciantes				
Portugal e domínios	Brasil	Outras áreas (Ilha Terceira, Ilha de Palma e Cabo Verde)	Origem desconhecida	Total
22	08	04	02	36

A totalidade dos que denunciaram a família declarou residir na capitania à época da visitação, ou seja: eram componentes da mesma sociedade da qual os Antunes faziam parte, velhos conhecedores, mesmo que fosse de ouvir dizer, do que ocorria nas terras da família. De Matoim eram moradores ao menos seis dos denunciantes do clã. Dois denunciantes informaram habitar outras regiões do Recôncavo: a ilha da Maré, nas proximidades de Matoim, e a freguesia de Passé. Outros dois denunciantes declarariam residir em Taparica (ou Itaparica) e Ilhéus. A maior parte dos acusados, contudo, vinha de Salvador – evidenciando a propagação das histórias sobre a família e o burburinho que causavam pela sede da capitania. Em alguns casos, não foi possível identificar o local de moradia de alguns denunciantes, visto que não o informaram com exatidão ao visitador durante seus depoimentos. De toda forma, o comparecimento de vários segmentos e regiões da sociedade baiana à mesa do Santo Ofício demonstra como os Antunes acabaram indesejados por algumas parcelas sociais de seu próprio meio, vítimas da reprovação popular em crescimento, e ajuda a mapear os locais por onde circulavam os boatos e a fama herética da família.

Local de moradia	Número de denunciantes	%
Matoim	6	16,66
Outras regiões do Recôncavo	5	13,88
Salvador	19	52,77
Outras áreas (Ilhéus, Taparica e Freguesia de Nossa Senhora da Escada)	3	8,33
Desconhecido	3	8,33
Total	36	100

No que diz respeito ao *status*, posição social e ocupação dos denunciantes do clã, percebe-se um grupo bastante heterogêneo, a demonstrar, nos mais variados grupos sociais, o descontentamento geral causado pelo comportamento cristão pouco zeloso de uma parcela dos Antunes. Graças à variedade dos negócios desempenhados pela família, desde a arrecadação de dízimos à produção e comércio de açúcar, tendo participado ativamente do processo de pacificação do Recôncavo, mantinham contatos com os mais diversos grupos, origens e *status* da sociedade colonial: escravos e forros, estudantes, iletrados, religiosos, lavradores, trabalhadores livres, senhores de engenho, gente da governança – todos assombrados com as histórias envolvendo os Macabeus de Matoim. Importante salientar que, com relação às mulheres – salvo uma escrava e uma forra –, nenhuma delas explicitou sua ocupação (convencionando-se pensar que, muito provavelmente, deveriam se limitar aos afazeres do lar, conforme a norma vigente, o que as possibilitaria, até certo ponto, acompanhar a rotina da família mesmo dentro das residências).

Posição social e/ou ofício dos denunciantes	Número de denúncias	%
Religiosos/Clérigos	4	11,11
"Dos da governança"	1	2,77
Senhores de engenho	2	5,55
Lavradores	3	8,33
Alfaiates	1	2,77
Estudantes	2	5,55
Escravas/Forras	3	8,33
Sem informação	2	5,71
Mulheres (sem ofício declarado)	18	50
Total	36	100

A busca por amenizar a avalanche de acusações contra praticamente todos os integrantes do clã e a tentativa de desfazer as desconfianças que pesavam, principalmente, contra Ana Rodrigues, sem dúvida, foi dos fatores que mais corroboraram para o comparecimento em grande número dos Antunes perante o visitador como estratégia de defesa da sua prática religiosa. Dos membros da família, pelo menos dezesseis pessoas apresentar-se-iam à mesa do tribunal para denunciar terceiros, confessar suas culpas e procurar retirar a suspeita de nódoa judaica que maculava a família, alegando desconhecimento sobre a gravidade de seus atos. A maior parte aproveitaria a concessão pelo visitador de um período de trinta dias de graça à gente do Recôncavo, iniciado em 11 de janeiro de 1592, aí incluindo-se a própria Ana Rodrigues.[13] Fora a presença da octogenária matriarca, três de seus quatro filhos ainda vivos à época (Violante, Isabel e Jorge eram já falecidos) – duas filhas (Beatriz e Leonor Antunes) e um filho (Nuno Fernandes) – procurariam Heitor Furtado de Mendonça para confessar: apenas Álvaro Lopes, ao que parece, não compareceria à mesa da visitação. Dentre os genros cristãos-velhos, cinco compareceriam ao Tribunal: Isabel Ribeiro, mulher de Álvaro Lopes; Henrique Muniz Teles, casado com Leonor Antunes; Joana de Sá Bethencourt, viúva de Jorge Antunes, que aproveitaria para acusar a matriarca Ana Roiz; Nicolau Faleiro de Vasconcelos e Bernardo Pimentel de Almeida, casados, respectivamente, com Ana Alcoforado e Custódia de Faria, netas do casal Antunes. Quanto aos netos de Ana Rodrigues e Heitor Antunes, sete deles também procurariam o visitador para testemunhar o que sabiam: Valentim de Faria, Felipa de Faria, Custódia de Faria, Isabel Antunes, Lucas de Escobar, Beatriz Teles e Ana Alcoforado.

	Confissões e depoimentos dos Antunes	
Nome	Grau de parentesco na família (a partir de Heitor Antunes e Ana Rodrigues)	Data
Nicolau Faleiro de Vasconcelos	marido de Ana Alcoforada, neta do casal	29/07/1591
Bernardo Pimentel de Almeida	marido de Dona Custória de Faria, neta do casal	27/08/1591 e 08/02/1592
Isabel Ribeiro	mulher de Álvaro Lopes; nora do casal	30/10/1591
Joana de Sá Bethencourt	viúva de Jorge Antunes; nora do casal	30/10/1591
Valentim de Faria	filho de Sebastião de Faria e Beatriz Antunes; neto do casal	13/01/1591
Felipa de Faria	filha de Sebastião de Faria e Beatriz Antunes; neta do casal	31/01/1592
Custódia de Faria	filha de Sebastião de Faria e Beatriz Antunes; neta do casal	31/01/1592
Beatriz Antunes	filha do casal	31/01/1592

---

13 Treze integrantes da família Antunes compareceriam perante a mesa da Inquisição, entre 13 de janeiro e 11 de fevereiro de 1592, dentro do período da graça ao Recôncavo: Valentim de Faria, Felipa de Faria, Custódia de Faria, Beatriz Antunes, Ana Rodrigues, Leonor Antunes, Isabel Antunes, Nuno Fernandes, Henrique Munis Teles, Lucas de Escobar, Bernardo Pimentel de Almeida, Beatriz Teles e Ana Alcoforado.

Ana Rodrigues		01/02/1592
Leonor Antunes	filha do casal	01/02/1592
Isabel Antunes	Filha de Diogo Vaz Escobar e Violante Antunes; neta do casal	01/02/1592
Nuno Fernandes	filho do casal	01/02/1592 e 09/02/1592
Henrique Muniz Teles	casado com Dona Leonor; genro do casal	05/02/1592
Lucas d'Escobar	filho de Diogo Vaz Escobar e Violante Antunes; neto do casal	06/02/1592
Beatriz Teles	filha de Henrique Munis Teles e Dona Leonor; neta do casal	11/02/1592
Ana Alcoforado	filha de Antonio Alcoforado e Isabel Antunes; neta do casal	11/02/1592

Embora tenham atingido a quase todos os membros da gente de Matoim, não resta dúvida de que as denúncias contra os Antunes eram voltadas, em sua maior parte, para a matriarca Ana Rodrigues, o falecido patriarca Heitor Antunes, e suas filhas mulheres. No geral, tratavam de comentários heréticos, práticas e comportamentos suspeitos das Macabeias, invariavelmente apontados pelos denunciantes como provas cabais da manutenção do judaísmo por boa parte da família. Versavam sobre costumes e interdições alimentares, cerimônias fúnebres, respeito aos dias sagrados do calendário e jejuns judaicos, orações, juramentos e bênçãos tradicionais dos judeus, reuniões judaizantes, prática do rabinato e orientação aos seguidores da antiga lei, posse e leitura de livros, textos e alvarás sagrados do judaísmo.

Apesar dos fortes indícios de veracidade da manutenção judaica por alguns participantes dos Antunes, nem sempre, contudo, os costumes e comportamentos da família eram prova efetiva de seu judaísmo. O alto número de denúncias contra os Antunes demonstra como qualquer tipo de comportamento estranho à norma católica poderia ser entendido, aos olhos gerais, como indício ou mesmo comprovação do judaísmo praticado na família, dimensionando a limites impensáveis a real culpabilidade dos Macabeus de Matoim.

Este capítulo tem como objetivo tratar do significado dos comportamentos e hábitos atribuídos durante as denúncias e confissões aos Antunes – principalmente Ana Rodrigues, suas filhas e netas –, tentando identificar quais, realmente, têm significado reconhecidamente judaizante. Procura-se ainda perceber até que ponto a manutenção de costumes relativos aos judeus significaria, de maneira efetiva, uma volta consciente ao judaísmo pela matriarca e seus descendentes, ou apenas refletem uma repetição, sem maiores comprometimentos religiosos, pelas gerações mais novas, de práticas familiares. Dessa forma, busca-se perceber não apenas a permanência de hábitos judaizantes pelos representantes dos Antunes, mas ainda reconhecer as modificações sofridas por estas práticas – como abandonos de determinadas atitudes de identificação religiosa em prol da adoção de outras, menos conhecidas e delatoras; afrouxamento de determinados costumes e rigorismos; descaracterização de tradições e símbolos judaicos; laicização, pelos descendentes, da prática religiosa dos antepassados – ao longo das gerações, adaptando-as às necessidades vigentes por conta do fim da livre crença em Portugal, desde 1497.

Através do trabalho de recuperação do comportamento religioso da família, busca-se compreender o papel desempenhado pelas mulheres da família – as Macabeias, ou "mulheres-rabi" – para a preservação e continuidade judaica entre os Antunes. Trabalho árduo para o historiador, mas que, desde o início, deixa saltar aos olhos, com vigorosa minúcia, a indiscutível pujança do criptojudaísmo aparentemente vivenciado e difundido pela gente de Matoim.

As Macabeias e os "sinais de judia"

Desde o momento em que o licenciado Heitor Furtado de Mendonça desembarcou com sua pequena comitiva na Bahia apresentando suas credenciais para comandar a primeira visitação do Santo Ofício às capitanias do Nordeste açucareiro, os Antunes tinham a consciência de que se inaugurava um novo momento nas relações sociais entre cristãos-velhos e neoconversos na América portuguesa. Particularmente, sabiam que as ligações dos membros da família com a sociedade colonial acabariam sofrendo um desgaste irreversível, carregando a certeza de que seriam irrefreavelmente importunados pela Inquisição – o que acabaria se comprovando pelas seguidas denúncias contra o clã relatadas ao Tribunal.

Possuidores de prestígio por toda a Bahia, famosos pelo poderio econômico e bons contatos com as melhores famílias e autoridades da capitania, eram ainda mais conhecidos pela fama de judaizar em segredo, identificados como um dos principais grupos de resistência mosaica da colônia. Embora vários dos Antunes possuíssem seus comportamentos detalhadamente comentados pela voz geral, nenhum dos representantes do clã encontrava mais motivos para demonstrar preocupação com as investigações do Tribunal do que a matriarca da família, apontada por todos, em pública fama, como a grande responsável pela intensidade criptojudaica existente em Matoim. Desde os primeiros dias da visitação, aqueles que conheciam a fama dos desregramentos de Ana Rodrigues apressar-se-iam a relatar o que sabiam sobre a octogenária senhora ao visitador. Somente no primeiro mês dos trabalhos da visitação, Furtado de Mendonça ouviria pelo menos dezesseis denúncias diretas contra a matriarca, além de um considerável número de acusações contra vários outros participantes dos Antunes.

A elevada soma de denúncias contra Ana Rodrigues era esperado pelo clã, consciente da repercussão negativa das histórias públicas sobre os impropérios e maus hábitos da velha viúva, levando os membros da família a comparecerem em peso à mesa do Tribunal, buscando, dentro do possível, amenizar e contornar as acusações contra os Antunes relatadas ao visitador. Objetivo primeiro: afastar a descuidada matriarca do centro das atenções do Santo Ofício, amortecendo, em consequência, as desconfianças sobre o restante da família.

Nos depoimentos contra a senhora de Matoim, apareceriam com frequência acusações de que mantinha atitudes tidas geralmente como suspeitas, interpretadas, aos olhos populares, como resultado de sua origem maculada, descendente direta e testemunha ocular dos antigos judeus do reino recém-batizados ao cristianismo, com os quais, supostamente, teria aprendido as "condenáveis" práticas que insistia em não abandonar: Ana Rodrigues, suas filhas e netas eram acusadas, diretamente, de "palavras e modos de judia", "cousas de judia", "sinais de judia", "cerimônia judaica", e que "fazia outras semelhantes cousas conforme a sua lei judaica".

De acordo com os acusadores, os comportamentos heréticos das Antunes vinham de longo tempo, sendo conhecidos por toda a região desde os tempos do patriarca da família. Pelo que revelam as denúncias, enquanto Heitor tomava a frente dos trabalhos da sinagoga clandestina que mantinha em suas terras – provavelmente, acompanhado e ajudado pelos filhos homens Jorge, Álvaro e Nuno, incentivando-os no processo de iniciação na antiga lei –, Ana Rodrigues e as filhas esforçavam-se por manter práticas e rituais judaizantes no lar, como a preparação de alimentos cerimoniais, celebrações do calendário judaico tradicional, realização de jejuns, bênçãos e orações judaicas. As denúncias apontavam para a ocorrência de manifestações judaicas no seio da família desde os primórdios da presença do núcleo familiar na Bahia. A partir das denúncias, porém, é possível identificar testemunhos do comportamento considerado herético dos Antunes somente após a mudança do clã para o Recôncavo. Dentre outros motivos, é certo que a fixação da família em Matoim, distante algumas léguas da cidade-sede da capitania – onde os Antunes residiram no momento inicial após a chegada à região brasílica, convivendo com os principais da terra e contando com a amizade do governador-geral –, possibilitou um certo afrouxamento nos cuidados com a ocultação de suas práticas religiosas. Em suas terras, longe dos olhares mais curiosos, os costumes judaicos poderiam ser celebrados sem a mesma pressão vivida em Salvador, fato que também explica a ida constante de judaizantes às terras de Heitor Antunes para a esnoga – ou "fazer o peso", conforme deixavam dito em suas casas – transformando Matoim, durante as celebrações, em território consagrado ao judaísmo, espécie de "Israel possível" no Trópico.

Um vasto e variado leque de acusações pesaria sobre as Macabeias. Em boa parte, as delações citavam a matriarca e todas as filhas, envolvidas conjuntamente em certas celebrações, comportamentos e costumes tidos como judaizantes. Em outros casos, as denúncias limitavam-se a apenas uma das mulheres, acusada em separado de determinada prática. Algumas acusações recaíam sobre comportamentos ou episódios isolados, com a participação de uma pequena parcela do clã. Procuraremos, neste item, inventariar as várias acusações de heresia contra as Antunes, buscando identificar a intenção de suas praticantes, a variação dos costumes ao longo das gerações na família, e o real significado de suas práticas dentro do judaísmo, na tentativa de perceber o que era ou não sinônimo de judaísmo para os cristãos-velhos e neoconversos que então habitavam a colônia.

As delações contra as mulheres de Matoim, sem dúvida, indicavam um conjunto de costumes estranhos ao catolicismo dominante – costumes estes, em boa parte, arrolados no monitório inquisitorial como características indicativas de judaísmo, numa espécie de confirmação oficial, sob a chancela do Tribunal do Santo Ofício, das suspeitas públicas que há décadas pairavam sobre a família. Desde as primeiras denúncias feitas ao visitador, relatavam-se os motivos gerais para a desconfiança crescente que recaía sobre as mulheres do clã. Nos vários depoimentos contra as Antunes, seguiam-se acusações indicativas do mal-estar gerado pelos comportamentos heréticos da família no imaginário da colônia. O certo é que, entendidas como prova irrefutável de judaísmo, as práticas de Ana Rodrigues e demais Macabeias seriam detalhadamente relatadas à Inquisição.

Segundo deixam transparecer os testemunhos, Ana Rodrigues mantinha, desde a sua chegada à Bahia, um cotidiano não muito preocupado em ocultar suas práticas, consciente da pouco efetiva presença eclesiástica e da ausência inquisitorial na colônia. Livre da vigilância do reino, encontrava ambiente propício no espaço brasílico para reviver hábitos e celebrações que preservava na memória do que acompanhara desde o berço, nascida que fora de pais judeus convertidos (cerca de dez anos antes, se aceitarmos sua idade octogenária) pelos decretos manuelinos de 1496-97. Vários denunciantes declararam ter presenciado a um ou mais dos comportamentos descuidados da velha senhora que revelariam ao inquisidor. Assim, a matriarca de Matoim procurava manter, de acordo com as possibilidades e, pelo menos de início, sem muitos segredos, algumas das tradições do período de judaísmo livre. Certamente, repetia costumes que trazia na memória, presenciados em sua infância, quando vivia no reino, em contato direto com familiares e conhecidos, testemunhas do período de livre judaísmo. Com os últimos judeus e primeiros cristãos-novos batizados em pé, Ana Rodrigues aprendera heranças da fé de seus antepassados que repetiria e ensinaria aos descendentes ao longo da vida, embora limitada pelas proibições à livre crença, procurando dissimular – nem sempre com sucesso – a origem e o significado de seus atos e pensamentos. Carlo Ginzburg, em artigo intitulado *O Inquisidor como Antropólogo*, chama a atenção para os filtros necessários à leitura da documentação inquisitorial, sempre adequada a termos e expressões rituais e burocratizantes próprias às lides do Santo Ofício, influenciada pela intervenção direta ou indireta do inquisidor e de seus auxiliares.[14] Pelas acusações sofridas por Ana Rodrigues, através da análise das práticas de que foi delatada, é possível ensaiar um processo de reconstrução da visão geral dos denunciantes sobre seus costumes, assim como recuperar alguns indícios do judaísmo que provavelmente vivenciara.

Seguindo as pistas deixadas pela documentação inquisitorial, encontramos evidências bastante sólidas de que a senhora de Matoim adotava alguns dos costumes dietéticos, ou seja, as proibições e os cuidados necessários para o consumo de determinados tipos de alimentos seguidos pelos judeus. As restrições alimentares encontram sentido, de maneira mais explícita, na Bíblia, marcando as separações e o diferencial entre o povo judaico, definido como "um povo que vive à parte", e as outras nações:

> Sou eu, o Senhor, vosso Deus, que vos separei desses povos, e assim fareis distinção entre o animal puro e o impuro, entre a ave pura e a impura, e não vos torneis vós mesmos imundos por causa de animais, de aves e de tudo o que rasteja sobre a terra, em suma, de tudo o que separei de vós, como impuro.[15]

Várias seriam as acusações sobre a obediência às regras dietéticas judaicas por parte das Macabeias. Gaspar Dias Barbosa informaria que Ana Rodrigues "não comia certo peixe"[16] – certamente, referindo-se aos peixes sem escamas, como arraias, congros e lampreias, defesos ao judaísmo. A própria matriarca, em sessão de confissão ao licenciado Heitor Furtado, iniciaria seu depoimento confirmando evitar determinados alimentos. Explicava, a seu modo, os motivos que a teriam levado a tal dieta: "de quatro ou cinco anos a esta parte não come cação fresco porque lhe faz mal ao estômago, mas que o come salgado, assado, e outrossim, não come arraia, mas que nos outros tempos atrás comia arraia e cação".[17]

Apesar de alegar não consumir certos tipos de peixe unicamente por lhe fazerem mal à saúde já debilitada pela idade, seria, ainda, várias vezes acusada de evitar o

---

14   GINZBURG, Carlo. "O inquisidor como antropólogo: uma analogia e as suas implicações". In: *A Micro-História e outros ensaios*. Lisboa: Difel, 1989, p. 203-214.

15   (Lev 20, 24-25). *Apud*: SOLER, Jean. "As razões da Bíblia: regras alimentares hebraicas". *In*: FLANDRIN, Jean-Louis e Montanari, Massimo (dirs.). *História da alimentação*. São Paulo: Estação Liberdade, 1998, p. 91.

16   "[Gaspar Dias Barbosa] contra Ana Roiz, Martim Carvalho, Fernão Cabral etc.", em 16/08/1591. *Denunciações da Bahia*. Op. cit., 1925, p. 340-342.

17   "Confissão de Ana Rodrigues, cristã-nova, na graça, em 1º de fevereiro de 1592". *Confissões da Bahia*. Op. cit., 1997, p. 282.

consumo de carne, mormente em período de luto. Maria Antunes diria que, após a morte do marido Heitor, Ana Rodrigues "não comeu carne muito tempo".[18] Margarida Pacheca informaria que a matriarca, "depois que lhe morreu o dito marido, com nojo, não come carne".[19] Também Isabel Serram testemunharia os hábitos alimentares da viúva de Heitor Antunes: "E também duas ou três vezes que ela foi à casa de Beatriz Antunes, haverá cinco ou seis anos, pouco mais ou menos, viu a dita Ana Roiz que aí se achou não comer carne sendo em dias de carne e buscarem-lhe peixe para comer". Curiosa com a razão da dieta seguida pela velha senhora, procurou informar-se com uma das filhas sobre os reais motivos dos cuidados alimentares da velha *macabeia*. As próprias Antunes, ao que parece, não faziam muito segredo sobre a real justificativa para a atitude materna: "E, perguntando ela por que não comia carne, respondeu-lhe a dita Beatriz Antunes que, depois que o dito seu pai morrera, nunca mais a dita sua mãe comera carne".[20]

Assim como Ana Rodrigues, algumas de suas filhas e netas seriam acusadas de manter hábitos dietéticos em seu cotidiano. Gracia de Siqueira contaria ao visitador que, há cerca de dezesseis anos, quando morava na fazenda de Sebastião de Faria, em Matoim, "indo um dia à sua casa sua mulher, Beatriz Antunes, cristã-nova" e, estando ambas sós, "disse a ela denunciante que ela não comia coelho, e lhe deu um coelho que aí tinha morto, que os negros havia pouco tinham caçado no mato, e lhe disse que o levasse para casa, ela denunciante, e o comesse. E ela denunciante o fez assim".[21]

O consumo de peixes deveria, da mesma forma, enquadrar-se no que previa a antiga lei. O judaísmo permite que apenas peixes com barbatanas e escamas de fácil limpeza sejam comidos. "Peixes sem escamas", ensina Asheri, "como cação, bagres (e outros peixes nematognatos), enguias etc., não são *kosher*", logo, proibidos ao consumo.[22] Um dos próprios membros da família informaria ao visitador

18 "[Maria Antunes, que não sabia assinar] contra Ana d'Oliveira, Ana Roiz, Antônio Lopes Ilhoa e Pero Men", em 20/08/1591. *Denunciações da Bahia. Op. cit.*, 1925, p. 377-378.

19 "[Margarida Pacheca, mulher de Antônio da Fonseca] contra Ana Roiz, Violante Antunes, Caterina Mendes, Maria Lopes, Mécia Rodrigues, Fernão Cabral", em 21/08/1591. *Idem*, p. 392-394.

20 "[Isabel Serram, que não sabia assinar] contra Ana Roiz e filhas, Martim Carvalho", em 21/08/1591. *Idem*, p. 401-402.

21 "[Gracia de Siqueira, que não sabia assinar] contra Beatriz Antunes e Fernão Gomes", em 07/09/1591. *Idem*, p. 493-494.

22 ASHERI, Michel. *O judaísmo vivo: as tradições e as leis dos judeus praticantes*. 2ª ed. Rio de Janeiro: Imago, 1995, p. 115. Unterman lembra a importância dos peixes na simbologia judaica: "O envolvimento dos

sobre as interdições alimentares seguidas pelas Macabeias: Valentim de Faria delataria a mãe, Beatriz Antunes, e a irmã, Custódia, de não comerem lampreia. Porém, descartava qualquer hipótese de respeito às leis judaicas: "dizem que a não comem porque lhe acham ruim cheiro, mas comem arraia, cação, e o mais peixe sem escama". Embora afirmasse não acreditar na existência de justificativas religiosas que levassem a mãe e a irmã a evitarem o consumo do tal peixe, explicava ao visitador o porquê de sua denúncia, ratificando a inocência das envolvidas: "e que destas coisas vem denunciar por lhe parecer ser obrigado, conforme o édito que se publicou ontem em Pirajá, mas ele não sabe a tenção delas, mas antes as tem por boas cristãs, e nunca lhes viu fazer cousas de que suspeite mal".[23]

Pelas leis dietéticas, a fome também pode e deve ser transformada em instrumento de aceitação e cumprimento dos desígnios e mandamentos divinos. A preparação e ingestão dos alimentos de acordo com as prescrições contidas na *Torá* devem significar que Deus está sendo adorado pela saciedade da própria fome. Assim, o consumo de carne pelos judeus mantém-se sujeitado a determinadas regras. É permitido o consumo apenas da carne de animais de sangue quente e que possuam o casco naturalmente fendido, como vacas, cabras e ovelhas. São, por isso, denominados animais *kosher*, que podem ser consumidos. Os suínos, embora tenham o casco fendido, não estão entre os ruminantes, e sim entre os animais considerados *tref*, ou seja, não comestíveis pelos judeus. Animais como coelhos, pacas e cuícas, são também considerados proibidos. O consumo das carnes só pode ocorrer se forem abatidos pelos carniceiros autorizados (os *shochet*), de acordo com a forma indicada pela lei judaica: o abate ritual precisa ser realizado com uma lâmina altamente afiada, "que atravesse as principais veias e artérias da garganta, de maneira que o sangue se escoe e o animal perca logo a consciência, sem sentir dor".[24] O sangue dos animais deve ser retirado ao máximo, visto a proibição

---

judeus com a *Torá* é comparado à posição do peixe na água. Se os peixes tentam escapar da rede dos pescadores saindo do rio, perseguidos quando vivem uma vida inteiramente judaica e de acordo com o que estipula a *halachá*, quão mais inseguros estarão se abandonarem suas tradições". UNTERMAN, Alan. *Op. cit.*, 1992, p. 203.

23 Testemunho de Valentim de Faria, meio cristão-novo, em 13/01/1592. Arquivo Nacional da Torre do Tombo, Inquisição de Lisboa, processo 12142.

24 ASHERI, Michel. *Op. cit.*, 1995, p. 113.

absoluta do consumo de sangue pelos judeus. Deve, então, escoar da carcaça em direção ao solo, sendo coberto em seguida.[25]

Em depoimento ao visitador, a própria Beatriz Antunes confirmaria manter os hábitos alimentares apontados pelo filho:

> quando em casa se assava quarto de carneiro, lhe manda tirar a landoa, por ter ouvido que não se assa bem com ela, e também não come lampreia, e mandando-lhe do Reino duas ou três lampreias em conserva, ela não as comeu, não por outra coisa nenhuma, senão porque lhe tomou nojo, mas come os mais peixes sem escama, salvo os d'água doce, e não come coelho.[26]

Também Dona Leonor Antunes, em sua confissão, daria uma riquíssima mostra das práticas e restrições dietéticas que mantinha. Assim como os demais parentes, procuraria explicar a causa para seus cuidados alimentares. Inicialmente, indicaria utilizar a mesma prática da irmã Beatriz na preparação das reses – provavelmente, sinal de que ambas tenham herdado o costume da própria mãe: "de seis ou sete anos a esta parte, por ouvir dizer que é bom tirar as landoas aos quartos traseiros das reses miúdas, todas as vezes que em sua casa se assavam quartos semelhantes, lhe mandava tirar a landoa para se assarem".

A retirada da *landoa* refere-se ao processo de limpeza da carne, livrando-a das partes não comestíveis. De acordo com Asheri, "as partes removidas são principalmente a gordura existente em torno dos rins e outros órgãos e, nos quartos traseiros, o nervo ciático e os tendões dessa região".[27] Dona Leonor evitava igualmente alguns tipos de peixe, mas procurava demonstrar ao inquisidor que consumia outros tipos de peixe sem escama, que (em linguagem de época) sabia (apreciava) bastante: "haverá dois ou três anos, veio à sua casa uma lampreia que veio do reino em conserva e ela a não quis comer por haver nojo dela, e vir fedorenta, e não por outra alguma coisa, e que come os mais peixes sem escamas e lhe sabem muito bem".

---

25 "É proibido comer sangue que tenha sido movido de seu lugar original após o animal ser morto. Remove-se o sangue lavando, salgando e enxaguando a carne, ou grelhando-a em fogo aberto. Quando aves e animais são abatidos, o sangue deve ser coberto. A força do sangue é expressa na história de como os judeus untaram os batentes de suas portas com o sangue do cordeiro pascal para que o Anjo da Morte não matasse seus primogênitos". UNTERMAN, Alan. *Op. cit.*, 1992, p. 228.

26 "Confissão de Beatriz Antunes, cristã-nova, no tempo da graça, em 31 de janeiro de 1592". *Confissões da Bahia. Op. cit.*, 1997, p. 275-278.

27 ASHERI, Michel. *Op. cit.*, 1995, p. 114.

Contava ainda que, tendo uma sua escrava degolado uma galinha defronte de sua porta, "mandou lançar em cima do sangue que estava derramado no chão um pouco de pó de serradura de madeira que se havia serrado, porque andava aí perto um porco e arremetia a ele para o comer, e isto fez porque o porco não ficasse inclinado a lhe comer os pintões"![28] Dessa forma, Dona Leonor Antunes tentava ludibriar o inquisidor, procurando disfarçar no porco que rodeava a cena, o hábito judaico de cobrir o sangue da galinha morta por sua escrava.

A preparação de alimentos especiais para a celebração de datas comemorativas seria igualmente denunciada pelos que compareceriam à mesa do inquisidor para denunciar a família. A tradição da fabricação de pães sem a adição de fermentos, os chamados pães ázimos, encontra significado nas tradições alimentares relativas às festividades judaicas. Uma comadre da matriarca, Custódia de Faria, irmã de Sebastião de Faria, genro dos Antunes, relataria ao visitador que, muitas vezes, "quando o amassava, que era miudamente", teria recebido de Ana um pão sem fermento, ázimo, ao modo do que usam os judeus. Em uma festa de páscoa, chegara a receber "dois ou três pães, por razão da amizade e cunhadio" que mantinha com a família. Intrigada com a insistência na utilização de pães "asmos", Custódia interrogaria a comadre sobre a razão daquele hábito: "dizendo-lhe ela denunciante algumas vezes que lhe sabia bem o seu pão, que era doce, e ela lhe respondia que não tinha fermento nem achava fermento para amassar, e que por isso o seu pão não era lêvedo".[29]

O tal pão oferecido por Ana Rodrigues à comadre, conforme indica a própria Custódia de Faria, fora preparado em decorrência da páscoa: não a páscoa cristã, mas a páscoa dos judeus, *Pessach*, a festa da liberdade, ou "festa do pão ázimo", que Ana Rodrigues, ao preparar o pão característico, sem fermento, parecia seguir. Sinalizava, deste modo, conhecer as datas e celebrações mais importantes do judaísmo.[30] O *Pessach* tem duração de oito dias, sendo geralmente celebrado no mês de abril, e comemora a

---

28 "Confissão de Dona Leonor, cristã-nova, no tempo da graça, no 1º de fevereiro de 1592". *Confissões da Bahia. Op. cit.*, 1997, p. 288-289.

29 "[Custódia de Faria] contra Heitor Antunes, Ana Roiz etc.", em 27/08/1591. *Denunciações da Bahia. Op. cit.*, 1925, p. 477-481.

30 "O calendário judaico das celebrações mais tradicionais é o seguinte: *Rosh Hashaná* (o início do ano litúrgico judaico), *Yom Kipur* (Dia do Perdão), *Sukkot* (Cabanas), *Simhat Torá* (comemoração da entrega da *Torá*, ou Lei a Moisés), *Hannukkah* (Festa das Luzes), *Purim* (a história de Éster), *Pessach* (a história do êxodo do Egito) e *Shavuot* (Festa das Semanas)". Silva, Lina Gorenstein Ferreira da. *Op. cit.*, 1999, p. 268. Boa parte destas práticas acabaram por cair no quase total esquecimento devido às proibições ao judaísmo no mundo português. A autora informa (p. 269-272) que, dentre os cristãos-novos do Rio de Janeiro setecentista, as principais celebrações eram o Yom Kipur, o Purim e o Jejum da Rainha Ester.

redenção do cativeiro egípcio, quando só é permitido o consumo de pão não levedado, ázimo, conhecido como *Matsá*, ou "pão da aflição", em lembrança ao sofrimento dos escravos israelitas no Egito, alimentados com este tipo de pão.[31]

Além das acusações contra as Macabeias de que evitavam ingerir certos tipos de carne e peixe por conta das normas judaicas, e da preparação de alimentos dedicados às festas do calendário, boa parte das denúncias insistia ainda em demonstrar a manutenção de práticas dietéticas e costumes alimentares mais específicos, mormente envolvendo casos de luto referentes a parentes ou conhecidos do clã. Alguns denunciantes informariam ao visitador que as Antunes, na ocorrência de morte na família, evitavam o consumo de carne, ficando o restante do dia sem ingerir qualquer alimento, até a noite. Além de rejeitarem o consumo de alguns alimentos, também evitavam sentarem-se à mesa juntamente com os outros parentes para a realização das refeições, adotando um certo isolamento. Assim, os acusadores insistiam que, após o falecimento do marido, "a dita velha, mulher de Heitor Antunes", o pranteara "ao modo judaico": "nunca mais comera em mesa, nem carne, e que se punha detrás da porta e derramava água no chão, e levantava a saia, e se sentava no chão".[32] Segundo testemunho ouvido "em fama pública", a velha senhora "faz cousas e dá mostras e diz palavras de judia". E acusa: "dizem que, quando o marido morreu, que fez o pranto diferente do que usam os cristãos, levantando as fraudas e assentando-se com as carnes no chão, guajando com a cabeça. E nunca mais comeu carne nem foi aonde estava o marido enterrado".[33] Por conta do luto, adotava comportamentos estranhos ao conhecimento geral, aumentando as suspeitas sobre sua verdadeira fé: "depois que lhe morreu o dito marido, com nojo, não come carne nem entra na igreja onde ele está enterrado, e se assenta no chão, sublevantando as fraldas, ficando com as carnes no chão".[34] Outro denunciante afirmaria ser "pública fama" – "segundo dizem" – que, após o falecimento de Heitor Antunes, "nunca até agora

---

31   UNTERMAN, Alan. *Op. cit.*, 1992, p. 200 e 206. Estudando as mulheres criptojudias que viviam no Rio de Janeiro durante o século XVIII, Lina Gorenstein informa que o Pessach não se incluía nas práticas confessadas pelas cristãs-novas fluminenses – sinal das transformações vividas pelo criptojudaísmo colonial ao longo das gerações. Porém, denunciaria um certo Miguel de Castro Lara que "Elena do Vale e sua família *guardavam a Páscoa de pão ázimo, em que não comiam pão fermentado em memória da liberdade que teve o povo de Israel do Cativeiro do Egito*". SILVA, Lina Gorenstein Ferreira da. *Op. cit.*, 1999, p. 275.

32   "[Pero Novais] contra Fernão Cabral, cristão-velho, e Manuel de Paredes, cristão-novo, e a mulher e filhas de Heitor Antunes de Matoim cristãos-novos", em 30/07/1591. *Denunciações da Bahia. Op. cit.*, 1925, p. 253-256.

33   "[Antônio da Fonseca] contra Ana Roiz e Fernão Cabral", em 06/08/1591. *Idem*, p. 275-276.

34   "[Margarida Pacheca, mulher de Antônio da Fonseca] contra Ana Roiz, Violante Antunes, Caterina Mendes, Maria Lopes, Mécia Rodrigues, Fernão Cabral", em 21/08/1591. *Idem*, p. 392-394.

a dita sua mulher dormiu em cama, nem se assenta em outro lugar, senão no chão",[35] ou ainda, "a dita velha, por nojo, depois que lhe morreu um filho ou filha, costuma a sentar-se com as carnes no chão".[36]

O hábito de não se sentar à mesa durante as refeições é uma das características do período de luto seguido pelos judeus. Durante os primeiros sete dias após o sepultamento, guarda-se o luto fechado, *shivá* ou *shiva*, tempo em que o enlutado permanece em casa, com abstinência do trabalho ordinário e diversões, impedido de vestir roupas novas, usar sapatos, restrição a banhos (aí incluindo-se a proibição de trocar de roupas), interdição de sentar em cadeiras, sentando-se desconfortavelmente no chão ou em banquetas, tamboretes baixos ou caixas, onde realiza suas refeições, daí a expressão "comer em mesa baixa". Estender o período de *shiva*, salvo de modo muito relativo, é proibido, pois não é considerado saudável para os vivos. Ao fim deste momento inicial de luto mais intenso, inicia-se o período de *sh'loshim* ou *shloshim*, luto menos rigoroso, de duração de trinta dias a contar do óbito. Passado este primeiro mês, o luto pode prolongar-se por um período de doze meses, até completar o aniversário de falecimento de acordo com o calendário judaico (*yohrtzeit*). As orações ao morto, (*kadish*), contudo, findam-se no décimo primeiro mês após o passamento: segundo a tradição, nenhum pecador judeu é punido com mais de um ano no *gehinnom* (equivalente judaico do Inferno), de modo que a continuação do *kadish* acabaria por incitar pensamentos desrespeitosos ou desconfiados com relação ao morto, que poderia ser visto como um grande pecador.[37]

Bastante revelador, pela riqueza de detalhes sobre as práticas da velha senhora, é o depoimento do padre Pero Madeira. De longa data, já tinha ouvido "em rumor público, que a dita Ana Roiz, quando lhe morreu o dito marido, o pranteara a modo judaico". Conhecedor da fama judaizante da *Macabeia*, conta que fora certa vez – acompanhado de um outro religioso – visitar a matriarca, então a amargar, não apenas a morte do marido, mas ainda a perda recente de uma das filhas. E descreve o quadro em que a encontrou:

> estava enojada pela morte de Violante Antunes, sua filha, e a viu dentro em uma casa pequena, assentada no chão sobre a terra (porque era casa térrea), e estava pranteando a dita morta toda coberta com o manto, guajando-se toda, como se diz em vulgar, abaixando muito a cabeça e tornando-a a levantar, baqueando-se desta

---

35 "[João Alvares Pereira] contra Pedro Homem, Nuno Fernandes, Álvaro Lopes Antunes e irmãs, Ana Roiz, Violante Antunes", em 31/07/1591. *Idem*, p. 256-259.

36 "[Maria Gonçalves, que não sabia assinar] contra Antônio Serram, Ana Roiz, e Duarte de Menezes", em 09/08/1591. *Idem*, p. 301-302.

37 UNTERMAN, Alan. *Op. cit.*, 1992, p. 157, e ASHERI, Michel. *Op. cit.*, 1995, p. 96-98.

maneira muitas vezes à miúde, e que estava assentada para a banda do canto da parede em que estava a porta, de maneira que não estava muito detrás da porta nem muito junta ao dito canto, mas não estava na banda fronteira da porta, e que logo ele denunciante notou aquele modo do seu estar e prantear, e isso mesmo notou o dito padre companheiro, e quando saíram na rua, falaram sobre isso ambos, e tiveram ruim suspeita.[38]

Depoimento parecido seria dado por Margarida Pacheca, que, haverá dez anos, indo à residência de Sebastião de Faria e Beatriz Antunes, por conta de "umas diferenças e brigas" entre o casal,

> viu estar em uma câmara, a sós, a Ana Roiz, sogra do dito Bastião de Faria, estar agastada, assentada no chão, sabadeando-se toda, abaixando a cabeça toda até o chão e tornando-a a levantar, e tornando-a a baixar, de maneira e com tal continuação e modo, que ela tem ruim suspeita daquilo, e lhe parece ser cousa de judia![39]

De acordo com os testemunhos do padre Madeira e de Margarida Pacheca, é possível identificar, no luto de Ana Rodrigues, vários elementos da tradição mosaica. O fato de estar em cômodo isolado, sentada no chão, encostada à parede (talvez, procurando posição mais cômoda), muito provavelmente tem relação à obediência do hábito de "sentar-se em *shivá*", respeitado o período inicial de sete dias do luto, no caso, de sua filha Violante Antunes. Outro indício apontado nesta direção é o uso do manto. Durante o período do *shivá*, iniciado "ao saber-se da morte do próprio pai, mãe, irmã, irmão, cônjuge ou filho(a), é necessário cobrir imediatamente a cabeça e dizer a seguinte bênção: '*Baruch Ata Adonai, Elohenu Melech há-olam, Dayan ha-emet*' (Abençoado sede, ó Senhor nosso Deus, Rei do universo, o Verdadeiro Juiz)."[40] Também as orações com guaias da matriarca possuíam simbologia calcada na antiga lei. O balanço cadenciado do corpo encontra explicações diversas dentro do judaísmo. O *Talmud* sugere uma expressão de êxtase, melhor representada por um versículo dos *Salmos* (Sl 35, 10): "Meus ossos todos dirão: 'Yahweh, quem é igual a ti, para livrar o pobre do mais forte e o in-

---

38 "[Padre Pedro Madeira da Companhia de Jesus] contra Ana Roiz e Maria Lopes", em 18/08/1591. *Denunciações da Bahia. Op. cit.*, 1925, p. 364-365.

39 "[Margarida Pacheca, mulher de Antônio da Fonseca] contra Ana Roiz, Violante Antunes, Caterina Mendes, Maria Lopes, Mécia Rodrigues, Fernão Cabral", em 21/08/1591. *Idem*, p. 392-394.

40 Asheri, Michel. *Op. cit.*, 1995, p. 95.

digente do explorador?' "[41] Alguns especialistas enxergam no meneio dos corpos uma ajuda para "acender a devoção no coração, ou que serve para afugentar os pensamentos profanos que surgem durante a oração, ou que simboliza a união entre o homem e Deus, um correspondente espiritual da relação sexual, que envolve o balanço do corpo, ou que ajuda a manter as pessoas despertas", ou ainda, que tem origem mais pragmática, "na escassez de textos religiosos, de modo que as pessoas tinham que se inclinar para frente para ler, e para trás para permitir que os outros lessem".[42]

Outros acusadores confirmariam o suspeito comportamento de Ana Rodrigues durante o período de luto. Em denúncia feita por Maria Antunes, esta informaria ter ouvido, "em rumor do povo" que, após o falecimento de Heitor Antunes, Ana Rodrigues "não comeu carne muito tempo, nem foi à igreja muito tempo, nem se deitou em cama, e esteve muito tempo no canto da casa sem vestir camisa lavada". Ressabiada, a denunciante justificava suas desconfianças: "por ser cristã-nova, não pareciam bem estas cerimônias, e se murmurava que eram de judia".[43]

O luto da matriarca era esmiuçado a cada nova acusação, embora nem sempre os acusadores pudessem revelar suas fontes devidamente: "depois da morte de seu marido, esteve muito tempo, por nojo, detrás da porta, e estas cousas ouviu em geral a muitas pessoas que ora lhe não lembram". Os sinais do *nojo* de Ana Roiz pareciam ser suficientes para concluir que eram costumes contrários ao que pregava o catolicismo: dizia-se da matriarca que, morto o esposo, "se não assentava em esteira nem alcatifa, mas se assentava no chão, sublevantando as fraldas, ficando com as carnes no chão, e estas cousas lhe parece mal, por serem mulheres da nação, e serem cousa diferentes da que usam a gente cristã-velha". As desconfianças sobre o judaísmo da velha *macabeia* eram intensificadas pela dieta meticulosa de Ana Rodrigues, dieta esta que teria seu sentido revelado pelas próprias filhas: "viu a dita Ana Roiz que aí se achou não comer carne sendo em dias de carne e buscarem-lhe peixe para comer. E perguntando ela por que não comia carne, respondeu-lhe a dita Beatriz Antunes que, depois que o dito seu pai morrera, nunca mais a dita sua mãe comera carne".[44] Outra denúncia repetia as palavras de um padre da Companhia de Jesus, que afirmava de Ana Rodrigues que, em respeito

---

41 *A Bíblia de Jerusalém. Op. cit.*, 1987, p. 983.

42 UNTERMAN, Alan. *Op. cit.*, 1992, p. 42.

43 "[Maria Antunes, que não sabia assinar] contra Ana d'Oliveira, Ana Roiz, Antônio Lopes Ilhoa e Pero Men", em 20/08/1591. *Denunciações da Bahia. Op. cit.*, 1925, p. 377-378.

44 "[Isabel Serram, que não sabia assinar] contra Ana Roiz e filhas, Martim Carvalho", em 21/08/1591. *Idem*, p. 401-402.

ao falecimento do marido Heitor Antunes, "depois que ele morreu até agora traz sempre no corpo a camisa que tinha vestida quando ele morreu, e que dorme no chão".[45]

Também impressionante seria a acusação de Custódia de Faria, comadre do casal Antunes, além de "vizinha e amiga de conversação" da família. Frequentadora da residência da matriarca, contava em detalhes o estado em que encontrara a senhora de Matoim, agora viúva, num claro sinal da prática ritual judaica do luto em *shivá*, sentada no chão e comendo em mesa baixa em respeito ao falecido marido:

> viu também, por muitas vezes, que a dita Ana Roiz, depois que enviuvou, nunca mais quis comer em mesa alta, mas comia assentada no chão, e o comer na borda do estrado, e quando lhe os genros ou as filhas lhe diziam que fosse comer à mesa alta com eles, ela respondia que já era morto seu marido, que aquilo não era necessário para ela, que comessem eles embora na mesa alta, que ela comeria ali embaixo, na borda daquele estrado.
>
> E que, outrossim, viu a dita Ana Roiz, depois de viúva, comer sempre peixe, e não querer comer carne, e não querer também dormir em cama, porém, que não sabe sua tenção dela nem o ânimo com que ela fazia estas cousas, as quais ela denunciante viu por ter em casa tanta conversação como tinha por ser ela denunciante irmã de Bastião de Faria, genro da dita velha Ana Roiz, e por as ditas cousas parecerem mal a ela denunciante, repreendeu algumas vezes à dita Ana Roiz.[46]

Detalhes sobre as práticas da família, como o processo vivido por Violante após o falecimento de seu marido Diogo Vaz d'Escobar seriam retratados por vários denunciantes. As semelhanças com o luto adotado pela mãe Ana Rodrigues quando da morte de Heitor Antunes parecem confirmar que fora realmente a matriarca quem ensinara as práticas agora repetidas pelas filhas. O luto de Violante, comentava-se em pública fama, seria levado ao extremo: "Violante Antunes, por morte de seu marido, fez tantas abstinências como cousas de judia até que morreu".[47] As abstinências em respeito ao marido falecido eram enumeradas pelos denunciantes, reproduzindo o comentário geral das

---

45 "[Ines de Barros] contra um mercador não nomeado, Heitor Antunes e outros", em 22/10/1591. *Idem*, p. 536-539.

46 "[Custódia de Faria] contra Heitor Antunes, Ana Roiz etc", em 27/08/1591. *Idem*, p. 477-481.

47 "[Margarida Pacheca, mulher de Antônio da Fonseca] contra Ana Roiz, Violante Antunes, Caterina Mendes, Maria Lopes, Mécia Rodrigues, Fernão Cabral", em 21/08/1591. *Idem*, p. 392-394.

ruas: "depois de lhe morrer o marido, deixou de vestir camisa lavada até que morreu".[48] A cada nova denúncia, acrescentavam-se novos detalhes aos lamentos de Violante: "depois que morreu seu marido Diogo Vaz, com nojo, nunca mais mudou a camisa, e não queria comer, e se deixou morrer no dito lugar de Matoim".[49] E mais,

> haverá quatro anos, pouco mais ou menos, que Violante Antunes, cristã-nova filha dos sobreditos, enviuvou de seu marido, que era irmão de Aleixo Lucas, e ouviu dizer em pública voz e fama que ela, depois da morte do dito seu marido, nunca mais comera carne nem se deitara em cama por cerimônia judaica.

A perda do marido afetara irremediavelmente o cotidiano de Violante, levada a mudar seus costumes pelo luto permanente – luto este que não era interrompido nem mesmo para as celebrações em família:

> depois que lhe morreu seu marido Diogo Vaz Escobar, fez tantos extremos, não comendo cousa que lhe soubesse bem, nem dormindo em cama, nem mudando nunca a camisa até que morreu pouco tempo logo depois da morte do dito seu marido, e no dito tempo do nojo, casou uma sua filha, e nem por isso mudou o nojo, nem fez diferença.[50]

Os excessos da viúva acabariam por levá-la à morte. As mulheres da família, então, adotariam o jejum para velar a falecida. O uso de jejuns era prática bastante utilizada pelos criptojudeus, posto que era costume particular, muito menos denunciativo do que outras práticas judaicas mais explícitas. Lina Gorenstein confirma: "jejuar era muito mais simples e seguro do que qualquer outra manifestação, por isso era tão popular entre os cristãos-novos".[51] Dentre os Antunes, a ocorrência de jejuns também seria delatada. Dona Felipa de Faria, filha de Beatriz Antunes e sobrinha de Violante, narraria ao inquisidor o novo momento fúnebre vivido pelas Macabeias: "todo aquele dia em que

---

48   "[Victoria de Bairros, que não sabia assinar] contra Alvaro Sanches, Manuel de Paredes, Ana Roiz", em 24/08/1591. *Idem*, p. 437-438.

49   "[Isabel Serram, que não sabia assinar] contra Ana Roiz e filhas, Martim Carvalho", em 21/08/1591. *Idem*, p. 401-402.

50   "[João Alvares Pereira] contra Pedro Homem, Nuno Fernandes, Álvaro Lopes Antunes e irmãs, Ana Roiz, Violante Antunes", em 31/07/1591. *Idem*, p. 256-259.

51   FERREIRA DA SILVA, Lina Gorenstein. *Op. cit.*, 1999, p. 272.

ela morreu, que foi um domingo, a dita sua mãe e sua tia, Dona Leonor, não comeram carne, mas comeram peixe, comendo toda a mais gente de casa peixe, digo, carne".[52]

Lembremos, todavia, que o extremismo adotado por Dona Violante Antunes não é defendido pelas leis judaicas, que pregam a suspensão do luto após um determinado período. Mais grave ainda pelo fato do luto demasiado ter sido levado até as últimas consequências, provocando a morte da viúva de Diogo Vaz.

Ana Rodrigues adotaria o luto também para a morte da filha. Dona Custódia de Faria lembra que, ao saberem da notícia do falecimento de sua tia,

> havia em casa de sua mãe, Beatriz Antunes, panela de carne para jantar de vaca e galinhas e leitões assados, porque havia em casa hóspedes, sem se saber que a dita sua tia era morta, a qual morreu em casa de Isabel Antunes, em breve tempo de uma pustema que lhe arrebentou, quase uma légua da dita igreja. E chegada a nova como a traziam morta para a enterrar, sua mãe, Beatriz Antunes, não quis comer nada de carne aquele dia ao jantar, nem quis comer nada, senão, somente quando queria pôr-se o sol, a fizeram comer e comeu então peixe.[53]

Dos mais detalhados depoimentos sobre o luto usado por Ana Rodrigues seria dado por Beatriz de Sampaio, que afirmaria ao visitador que, de "dez a doze anos a esta parte, ela viu algumas vezes, três ou quatro", que,

> quando a dita Ana Roiz se queria assentar, dava um meneio às fraldas, de maneira que lhe parece que ficava com as carnes no chão e, havendo na casa estrado – das filhas –, sempre se assentava no sobrado. E viu em domingos comer a dita Ana Roiz sempre peixe, e disseram-lhe suas filhas que ela não comia carne por lhe fazer nojo. E assim ouviu geralmente dizer que a dita Ana Roiz se assentava da dita maneira e não comia carne, nem dorme em cama, e não vestia camisa lavada e muito tempo a deixara de vestir depois da morte do dito seu marido Heitor Antunes, e fazia

---

52 "Testemunho de Dona Felipa, meio cristã-nova", em 31/01/1592. Arquivo Nacional da Torre do Tombo, Inquisição de Lisboa, processo 12142.

53 "Confissão de Dona Custódia de Faria, cristã-nova, em 31 de janeiro de 1592". *Confissões da Bahia. Op. cit.*, 1997, p. 271-274.

outras semelhantes cousas conforme a sua lei judaica. E que isso tratava nas conversações por murmuração.[54]

A própria matriarca confessaria ao visitador o costume do *shivá*, logicamente, sem citar nomes ou revelar-lhe a intenção judaizante. Tentava disfarçar explicando que, ao falecer o marido, "no tempo do nojo da sua morte ela esteve assentada detrás da porta, também por desastre, por acontecer ficar ali assim a jeito o seu assento".[55] Os costumes e interdições alimentares usados para respeitar os lutos familiares eram generalizados, pela voz geral, em expressões que deixavam transparecer os temores e impressões sobre a prática judaizante das Antunes: "estas comem em mesa baixa".[56]

Em confissão ao visitador, outra das filhas da matriarca, Beatriz Antunes, também confessaria manter práticas de luto que aprendera com sua mãe, "dizendo-lhe que era bom fazê-las assim, sem lhe declarar mais alguma razão": "algumas vezes, quando manda amortalhar os mortos de sua casa, os manda amortalhar em lençol inteiro, sem lhe tirar ramo, nem pedaço algum, por grande que o lençol seja, e atá-los amortalhados apenas com ataduras, e que isto lhe aconteceu por seis ou sete vezes".[57]

Uma das netas de Ana Rodrigues confirmaria ter assistido, nos momentos em que houve falecimento na casa, a manutenção de vários destes hábitos de luto, passados pela matriarca às novas gerações:

> viu a dita sua mãe mandar lançar fora e derramar toda água que havia em casa, e que não sabe a razão nem a causa disto, e que não lhe lembra quanto tempo há que isto via. E que, outrossim, amortalhando-se um dia uma escravinha da sua fazenda, não lhe lembra quanto tempo há, ouviu dizer à dita sua mãe que não rasgassem nada do pano, e que nele inteiro amortalhassem, e que não declarou a razão disso. E que também, estando ela denunciante em casa de sua tia Beatriz Antunes, na fazenda que ora é de Bernardo Pimentel de Almeida, ouviu dizer, não lhe lembra a quem, que não era bom, quando amortalhavam os finados,

---

54   "Testemunho de Beatriz de Sampaio, cristã-velha", em 21/01/1592. *Idem*.

55   "Confissão de Ana Rodrigues, cristã-nova, no tempo da graça, em 1º de fevereiro de 1592". *Confissões da Bahia. Op. cit.*, 1997, p. 281-287.

56   "[Gaspar Fernandes] contra Dona Leonor, Britis Antunes e a mãe delas cristãs-novas", em 30/07/1591. *Denunciações da Bahia. Op. cit.*, 1925, p. 247-248.

57   "Confissão de Beatriz Antunes, cristã-nova, no tempo da graça, em 31 de janeiro de 1592". *Confissões da Bahia. Op. cit.*, 1997, p. 275-278.

coser-lhe a mortalha com agulha, e não lhe lembra quanto há que isto ouviu, nem ouviu a razão disto.[58]

O costume de amortalhar os mortos com lençol inteiro segue o ritual da preparação dos corpos para o sepultamento. A Lei judaica manda que, após a lavagem do corpo durante o processo de purificação dos corpos (*tahará*), este seja enrolado em um lençol de tecido virgem e branco, denominado *kitel*. O *kitel*, explica Unterman, é uma espécie de "túnica comprida em forma de sudário", vestida em algumas celebrações, como o *Yom Kipur*, *Pessach* e *Rosh Hashaná*, o ano-novo judaico. É também utilizada por noivos e pelos mortos, como mortalha. No caso de um homem, seu corpo é enrolado no xale de orações, o *talit*, que tem uma de suas franjas cortadas, pois o uso dele com franjas (*tsitsit*) em seus quatro cantos é cumprimento de um mandamento (*mitsvá*), e o morto já não pode cumpri-lo. A cor branca do *kitel* significa "a pureza e o perdão divino", apropriados para todas as cerimônias em que o *kitel* é utilizado. Também simboliza a veste dos anjos e o traje usado pelos homens livres.[59] Quanto ao fato de não ser bom coser a mortalha, encontramos referências na *Encyclopedia of Jewish Principles*:[60] "os *Takhrikhim* ou mortalhas são cortados e costurados juntos com pontos grandes; os finais das linhas são deixadas sem um nó, pois os *takhrikhim* são previstos para durar somente até que o corpo se desintegre". Assim, costurar a mortalha com agulha poderia significar um prejuízo à sua decomposição natural, fazendo com que perdurasse após a "desintegração" do corpo, motivo provável para que fosse entendido e dito por alguns que "não era bom".

Outro hábito envolvendo o luto, bastante comum e praticado por vários dos Antunes, era o esvaziamento dos potes de água existentes em casa. De acordo com a tradição judaica, explica Asheri:

> Constitui costume amplamente praticado que quando ocorre uma morte numa casa, toda a água dos copos, jarras, panelas etc. deve ser despejada na rua. O propósito desse costume é fazer com que as pessoas saibam que alguém faleceu, permitindo a vinda dos vizinhos

---

58 "Testemunho de Dona Beatriz Teles". Arquivo Nacional da Torre do Tombo, Inquisição de Lisboa, processo 10716.

59 UNTERMAN, Alan. *Op. cit.*, 1992, p. 144.

60 BIRNBAUM, Philip. *Encyclopedia of Jewish Principles*. New York: Hebrew Publishing Company, 1995, p. 636.

para confortar os parentes enlutados e para que os *cohanim*[61] saibam que não podem entrar naquela casa.[62]

Para Unterman, alguns costumes populares utilizados durante o luto tinham a "intenção de proteger a família do morto das forças demoníacas": deve-se, assim, jogar fora toda a água existente na casa de alguém que tenha falecido, "pois o veneno da espada do Anjo da Morte pode ter caído nela".[63] Elias Lipiner lembra que o monitório de 1536 determinava que aqueles que "derramavam e mandavam derramar a água dos cântaros e potes quando alguém ou alguma morre, dizendo que as almas dos defuntos se vêm aí banhar, ou que o Anjo percutiente lavou a espada na água" deveriam ser denunciados como judaizantes. O costume de vazar a água dos cântaros e potes "era considerado pelos inquisidores como principal rito judaico, e por meio dele costumava a população dos cristãos-velhos identificar os cristãos-novos".[64] A prática, contudo, parecia ser mais complexa: o costume, afirma Lina Gorenstein, "estava ligado à questão da pureza, e quando alguém morria, era necessário tirar não somente a água de casa, mas também os alimentos e limpar tudo com que o morto havia tido contato".[65]

Assim, várias denúncias sobre a prática de esvaziar a água de casa seriam feitas à mesa do visitador. Nicolau Faleiro de Vasconcelos, casado com Dona Ana Alcoforado, contaria que Leonor Antunes, tia de sua mulher, quando morria alguém em sua residência, mandava-lhe que "lançassem a água fora dos cântaros", mas não explicava "a tenção com que o mandava".[66] Também Francisca da Costa alegava ter ouvido de algumas negras ladinas que "Dona Leonor e suas irmãs e mãe mandavam derramar a água dos potes e quartos de casa quando alguém lhe morria em casa".[67]

Outra denúncia que traria novos detalhes acerca dos rituais mortuários seguidos pela família seria dada por Maria Pinheira, que informaria sobre Dona Leonor Antunes

---

61 Sacerdotes judeus.

62 Asheri, Michel. *Op. cit.*, 1995, p. 90.

63 Unterman, Alan. *Op. cit.*, 1992, p. 157.

64 Lipiner, Elias. *Op. cit.*, 1999, p. 90. De acordo com o autor, "tão arraigado se encontrava o dito rito fúnebre no Brasil-Colônia, que até cristãos-velhos o praticavam inconscientemente, encontrando-se suficientemente provada a sua existência entre a população do Brasil contemporâneo". *Ibidem*.

65 Ferreira da Silva, Lina Gorenstein. *Op. cit.*, 1999, p. 274.

66 "[Nicolau Faleiro de Vasconcelos] contra Dona Leonor cristã-nova, mulher de Henrique Muniz", em 29/07/1591. *Denunciações da Bahia. Op. cit.*, 1925, p. 243-244.

67 "[Francisca da Costa, referida, que foi chamada, mameluca forra, ora presa na cadeia pública, que não sabia assinar] contra D. Leonor Muniz e parentes", em 26/08/1592. *Idem*, p. 561.

que, ao morrer em casa "alguma pessoa ou escravo", "mandava lançar fora toda a água dos cântaros e mandava trazer nova água, e que quando levavam o defunto para fora mandava varrer as casas e depois de varridas botar as vassouras fora e mandava trazer outras vassouras novas para casa".

Uma provável explicação para o caso da troca de vassouras é a de que, ao serem utilizadas para varrer a casa onde tinha ficado o corpo do morto, teriam adquirido *tuma* – a impureza que advém da morte –, sendo por isto substituídas por outras vassouras, novas, livres de impurezas. O modo de varrer as casas era também específico: um dos hábitos indicados como indício de judaísmo pela Inquisição era a prática de varrer a casa diferente da maneira utilizada cotidianamente pelos cristãos: devia-se varrer "às avessas", "de fora para dentro", evitando passar com o lixo sobre a *mezuzáh* – pequeno pergaminho contendo trechos do Pentateuco fixados nos batentes das portas de residências judaicas. Em respeito e honra da *mezuzáh*, varre-se a casa desde a porta para dentro, onde o lixo é então recolhido.[68]

Já Dona Felipa, filha de Beatriz Antunes, daria mostras da longevidade das práticas de luto seguidas na família, passadas pelas Macabeias às novas gerações. Sobre a mãe, informaria que, "desde que ela se acorda até o tempo em que ele senhor visitador entrou nesta terra com o Santo Ofício, viu sempre quando em casa morria alguém mandar sua mãe entornar e lançar fora quanta água havia em casa". Comentaria ainda sobre a tia Leonor Antunes que, assim como a irmã, "também ela lançava e mandava lançar toda água de casa fora quando lhe morria alguém em casa". O uso de tal costume, segundo Dona Leonor, aprendera com a própria matriarca: "sua mãe Ana Rodrigues lhe dissera que não era bom beber a água que havia em casa quando morria alguém e que era bom lançá-la fora".[69]

Uma irmã de Dona Felipa, Custódia de Faria, seguiria as práticas aprendidas com as mulheres mais velhas da família, confessando-lhe que "também ela, uma vez, morrendo-lhe em casa uma escrava, mandou lançar toda água fora".[70] Práticas familiares que, segundo afirmavam as próprias Macabeias, encontravam, invariavelmente, origem na velha matriarca: "ouviu dizer em geral que as ditas denunciadas aprenderam as ditas coisas de sua mãe Ana Roiz, a qual dizem que as faz inda hoje".[71]

---

68 LIPINER, Elias. *Op. cit.*, 1999, p. 263-264.

69 "Confissão de Dona Leonor, cristã-nova, no tempo da graça, em 1º de fevereiro de 1592". *Confissões da Bahia. Op. cit.*, 1997, p. 288-293.

70 "Testemunho de Dona Felipa, meio cristã-nova", em 31/01/1592. Arquivo Nacional da Torre do Tombo, Inquisição de Lisboa, processo 12142.

71 "[Maria Pinheira, que não sabia assinar], contra D. Leonor Moniz, Violante Antunes, Ana Roiz, Ana de Oliveira", em 20/08/1591. *Denunciações da Bahia. Op. cit.*, 1925, p. 379-380.

Revelador neste sentido seria o depoimento da própria Ana Rodrigues perante o licenciado Heitor Furtado de Mendonça, ao confirmar ter aprendido com uma comadre parteira, no tempo em que vivera na Sertã, "que era bom botar a água fora quando alguém morria, porque lavavam a espada do sangue nela". Desconfiado, o inquisidor insistiria na questão, procurando desvendar o significado daquela prática para a velha matriarca, induzindo-a a confessar sua culpa: "perguntada que espada ou que sangue era esse, respondeu que não lhe lembra que a dita parceira lhe declarasse mais".[72]

Ainda sobre a morte do velho patriarca de Matoim, vários denunciantes informavam que a viúva o enterrara "ao modo judaico", "em terra virgem", e após sepultar Heitor, "mandou lançar o fato dele detrás das suas casas e aí o deixou apodrecer, e pedindo-lho algumas pessoas de esmola, o não quis dar"[73] ou, segundo outra denúncia, "mandou tomar o catre em que ele morreu e as suas botas e pôs tudo detrás da capela onde o dito marido estava enterrado", afirmando "que o deixasse estar, que estava ali com seu dono".[74] Também fazia questão de manter as joias da época de seu casamento, "para se enterrar com elas quando morrer".[75]

No judaísmo, a preparação do corpo para o sepultamento deve respeitar algumas normas especiais. Se possível, o corpo deve ser sepultado no mesmo dia do falecimento, em terreno consagrado, seguindo a noção de que "o homem veio da terra e a ela deve retornar, e quanto mais rápido melhor", pois a alma não descansará até o sepultamento do corpo. É proibido ver o corpo, procurando garantir que todos os judeus são iguais na morte, de modo que não se permita a ninguém "que o olhe e faça comparações com a aparência de um homem mais afortunado". Quando possível, o corpo deve ser depositado diretamente no solo, ou em ataúdes de tábuas simples, visto que a lei judaica condena a ostentação excessiva nos funerais. Por razões óbvias, nem todas estas práticas poderão ser mantidas ou seguidas pelos cristãos-novos judaizantes, adaptando-se às possibilidades e conveniências em ambiente hostil, visto o seu caráter altamente denunciativo da manutenção criptojudaica por alguns neoconversos. Outra proibição existente é a de enterrar os corpos com

---

72 "Confissão de Ana Rodrigues, cristã-nova, no tempo da graça, em 1º de fevereiro de 1592". *Confissões da Bahia. Op. cit.*, 1997, p. 281-287.

73 "[Isabel Serram, que não sabia assinar] contra Ana Roiz e filhas, Martim Carvalho", em 21/08/1591. *Idem*, p. 401-402.

74 "[Maria Gonçalves, que não sabia assinar] contra Antônio Serram, Ana Roiz, e Duarte de Menezes", em 09/08/1591. *Idem*, p. 301-302.

75 "[Padre Antônio Dias, da Companhia de Jesus] contra Ana Roiz, Henrique Mendes, Phelipe de Guillem", em 16/08/1591. *Idem*, p. 337-338.

joias ou objetos preciosos – exceção feitas a alianças de casamento.⁷⁶ Como explicar, então, as acusações de que a matriarca guardava suas joias, aguardando sua própria morte? Uma possível leitura deste fato (e levando-se em conta as possibilidades de veracidade das acusações contra Ana Rodrigues) é uma tentativa de aproximação com o mito do "judeu entesourador", presente na herança da dimensão *sefaradi*. Os judeus *sefaradis* acostumaram-se, face às muitas perseguições sofridas, a juntar suas joias, que se tornavam dos poucos bens móveis que conseguiam carregar consigo, secretamente (inclusive costurados às roupas, como muitos fizeram, ou utilizando-se de outros subterfúgios para ocultá-los), em caso de expulsão do país. Isso gerou a lenda – originária do Medievo – de que os judeus eram entesouradores e que, de tão usurários, seriam enterrados com essas joias. De fato, a lei judaica proíbe o enterramento do corpo em contato com qualquer objeto metálico, sendo a prática usada por alguns cristãos-novos portugueses (e que acabou servindo como fonte de várias denunciações feitas aos representantes do Santo Ofício), de enterrar os mortos com uma moeda na boca ou sob a pálpebra, para os primeiros gastos no outro mundo – para pagar a "primeira pousada" –, um costume pagão, herança do helenismo, que encontra suas raízes no chamado "óbolo de Caronte".

O luto mantido por Ana Rodrigues envolvia, ainda, visitas constantes ao local onde estava sepultado o *cavaleiro-macabeu*. Uma denúncia informava que, "depois que o dito seu marido lhe morreu, ia às tardes chamar por ele à sua cova".⁷⁷ Tempos depois, a antiga ermida que servira de túmulo ao *rabi* de Matoim acabaria abandonada e em ruínas – "que hora está em um mato" –, porém, Ana Rodrigues, ao que parece, em nome da tradição, não teria permitido a transferência de sua ossada para outro local. De nada adiantaria a insistência de alguns de seus filhos: "querendo seus parentes passar-lhe a ossada para a igreja, a dita velha sua mulher nunca consentiu nem deixou tirar-lhe a ossada, dizendo que seu marido estava enterrado em terra virgem".⁷⁸

Preocupado com o estado lastimável da ermida que servira de última morada a seu pai, Jorge Antunes perguntaria à mãe "por que não consentia ela deixar tirarem os ossos de seu pai", transferindo-os para a igreja nova, ao que a velha matriarca retrucaria que, "enquanto ela fosse viva, não bulisse na dita ossada"!⁷⁹ Em conversação com a comadre

---

76   Asheri, Michel. *Op. cit.*, 1995, p. 93-94.

77   "[Victoria de Bairros, que não sabia assinar] contra Alvaro Sanches, Manuel de Paredes, Ana Roiz", em 24/08/1591. *Denunciações da Bahia. Op. cit.*, 1925, p. 437-438.

78   "[Pero Novais] contra Fernão Cabral, cristão-velho, e Manuel de Paredes cristão-novo, e a mulher e filhas de Heitor Antunes de Matoim cristãos-novos", em 30/07/1591. *Idem*, p. 253-256.

79   "Outro testemunho de Beatriz de Sampaio. Arquivo Nacional da Torre do Tombo, Inquisição de Lisboa, processo 12142.

Custódia de Faria, a própria matriarca informaria "que a dita ermida se tirara dali contra sua vontade dela, porquanto tinha nela enterrado o dito seu marido".[80]

Dentro da simbologia judaica, encontramos ainda explicação para a negação da matriarca em transferir o corpo do falecido marido na questão que envolve a sacralidade do corpo. Deve-se evitar o contato com o cadáver. É exigência da lei judaica que um corpo seja sepultado em terra na qual ninguém foi enterrado antes, "virgem", e em covas fundas e individuais, visto esta prática estar diretamente relacionada à ressurreição dos mortos. Lipiner informa que o Monitório de 1536 aponta o costume de sepultar os mortos em terra virgem e em covas muito fundas como indício de judaísmo – "esquecidos todos de que o próprio Cristo fora sepultado num sepulcro 'onde ninguém ainda havia sido posto'". Já em 1541, uma cristã-nova procuraria explicar, em Lisboa, o motivo de tal costume: "é porque se se lançavam em covas onde já houveram outros defuntos que todos os pecados daqueles que ali jaziam se lhe apegavam".[81]

Outro costume corriqueiro das *mulheres-rabi* que encontra suas origens na antiga lei é a prática de juramentos envolvendo os falecidos. Assim, vários denunciantes informariam haver testemunhado ou ter conhecimento da prática de juramentos "ao modo dos judeus". Gaspar Dias Barbosa contava o que ouvira de um seu enteado: "um mancebo que está em casa de Pero d'Aguiar d'Altero, em Matoim, dissera-lhe que Ana Roiz, sogra de Bastião de Faria, cristã-nova, não comia certo peixe e que, quando jurava, jurava por seu marido defunto a que comia a terra virgem".[82] Em sua denúncia, Isabel Serram, informaria que:

> ouviu jurar as ditas Dona Leonor e Beatriz Antunes, quando queriam afirmar algumas cousa, esta jura, pelo mundo que tem a alma de meu pai, e este juramento lhes viu fazer cinco ou seis vezes em tempos e dias diferentes, e também nesta cidade lhes viu outra vez também a dita Beatriz Antunes em sua casa fazer o mesmo juramento.[83]

---

80 "[Custódia de Faria] contra Heitor Antunes, Ana Roiz etc.", em 27/08/1591. *Denunciações da Bahia*. Op. cit., 1925, p. 477-481".

81 LIPINER, Elias. Op. cit., 1999, p. 78-79.

82 "[Gaspar Dias Barbosa] contra Ana Roiz, Martim Carvalho, Fernão Cabral etc.", em 16/08/1591. *Denunciações da Bahia*. Op. cit., 1925, p. 340-342.

83 "[Isabel Serram, que não sabia assinar] contra Ana Roiz e filhas, Martim Carvalho", em 21/08/1591. *Idem*, p. 401-402.

De fato, em depoimento ao visitador, tanto Beatriz quanto Leonor confirmariam realizar este tipo de juramento que haviam aprendido com a mãe Ana Rodrigues, apesar de negarem saber ou entender tratarem-se de cerimônias judaicas.

Embora a estrutura do juramento se mantenha intocável, seu formato poderia variar, com a inserção de novos elementos no modelo original. Desse modo, um genro de Isabel Serram, Pero Novais, mesmo demonstrando pouca intimidade com a gente de Matoim, daria novos detalhes ao depoimento de sua sogra, acusando ter ouvido dela que

> uma velha cristã-nova, por nome que lhe não lembra, mulher que foi de Heitor Antunes, moradora de Matoim, nesta capitania, e suas filhas, uma dona Leonor, mulher de Henrique Muniz, morador mesmo em Matoim, e outra casada com Bastião de Faria, morador mesmo no rio de Matoim, que quando juravam e faziam algum juramento, diziam desta maneira, a saber, as filhas, dizem 'pelo mundo que tem a alma de meu pai', e a velha, pelo mundo que tem a alma de meu marido, Heitor Antunes', e que a dita sua sogra lhes viu e ouviu fazer este modo de juramento algumas vezes.[84]

A própria matriarca confessaria ter aprendido quando morava na Sertã, que "ouviu e lhe ensinou, não sabe quem", a jurar "'pelo mundo que tem a alma de meu pai', ou de meu marido ou meu filho, e que deste juramento usa ela muitas vezes quando quer afirmar alguma coisa, mas nunca entendeu ser juramento de judeus".[85]

Um dos netos dos Antunes, Valentim de Faria, confessaria ao visitador o que testemunhara constantemente em família:

> tem ouvido jurar muitas vezes, em diversos tempos e lugares que ora lhe não lembram, em casa e fora dela, quando queriam afirmar e rogar alguma coisa, esta jura, "pela alma que tem o mundo de meu pai", e "pela alma que tem o mundo de meu marido" à sua mãe, Beatriz Antunes, e à sua avó dele, mãe dela, Ana Roiz.[86]

---

84 "[Pero Novais] contra Fernão Cabral, cristão-velho, e Manuel de Paredes, cristão-novo, e a mulher e filhas de Heitor Antunes de Matoim cristãos-novos", em 30/07/1591. *Idem*, p. 253-256.

85 "Confissão de Ana Rodrigues, cristã-nova, no tempo da graça, em 1º de fevereiro de 1592". *Confissões da Bahia. Op. cit.*, 1997, p. 281-287.

86 "Testemunho de Valentim de Faria, meio cristão-novo", em 13/01/1592. Arquivo Nacional da Torre do Tombo, Inquisição de Lisboa, processo 12142.

Também uma das netas da velha de Matoim, Ana Alcoforado, confirmaria em sua confissão ter presenciado a avó: "quando queria afirmar alguma coisa este modo de juramento, 'pelo mundo que tem a alma de Heitor Antunes'", juramento que também ouvira "a muitas outras pessoas que lhe não lembram". Por conta disto, "ela também, simplesmente, sem nenhuma ruim intenção usou muitas vezes do dito modo de juramento, e quando quer afirmar alguma coisa diz, 'pelo mundo que tem a alma de meu pai e de minha mãe'". Desconfiado, o visitador admoestaria Dona Ana que esta era uma cerimônia muito conhecida dos judeus, demonstrando conhecer as práticas, costumes e artimanhas de disfarce dos cristãos-novos criptojudaizantes,

> os quais costumam jurar pelo "Orlon de mi padre", que quer dizer o mesmo "pelo mundo que tem a alma de meu pai", e que pois ela é cristã-nova, não se pode presumir senão que ela faz as ditas cerimônias e juramentos com intenção de judia, e que ela é judia e vive na lei de Moisés e deixou a fé de Jesus Cristo.[87]

No judaísmo, acredita-se no "mundo vindouro" (*olam ha-bá*), para o qual irão as almas dos mortos. Esta nova ordem "começará a existir após o advento do Messias, e que os olhos mortais jamais viram e nenhum ser humano pode imaginar". Durante o *olam ha-bá*, "o mundo estará pleno do conhecimento de Deus, assim como as águas cobrem o mar (Is 11, 19). Não haverá comida ou bebida, nem procriação ou negócios, nem inveja, ódio ou competição, mas os justos sentar-se-ão com coroas em suas cabeças, mantidos em bem-aventurança pela luz da Shechiná".[88] Daí, a prática de jurar pelo mundo que tem a alma de um ente falecido. Na documentação inquisitorial, encontra-se referência à corruptela da expressão *olam ha-bá*, pronunciada nas juras de criptojudeus como *Orlon*, conforme se pode ver no depoimento de Ana Alcoforado.[89]

Bênçãos conforme a maneira utilizada pelos judeus também estão entre as acusações contra as Antunes. As bênçãos ocupam lugar especial na cultura judaica, repetidas em diversas situações e acontecimentos. De acordo com Unterman, "há bênçãos para quase todas as ocasiões", sendo o judeu levado a recitar cem bênçãos ao dia,

---

87 "Confissão de Dona Ana Alcoforada, cristã-nova, no tempo da graça do Recôncavo, no último dia dele, em 11 de fevereiro de 1592". *Confissões da Bahia. Op. cit.*, 1997, p. 358-361.

88 UNTERMAN, Alan. *Op. cit.*, 1992, p. 195. *Sechiná*, explica o autor (p. 241), é "a presença divina, ou imanência de Deus", que repousa sobre o povo de Israel e inspira indivíduos que servem a Deus com alegria.

89 LIPINER, Elias. *Op. cit.*, 1999, p. 189.

"reconhecendo Deus como fonte de todas as bênçãos".[90] O Monitório inquisitorial ordenava que fossem denunciados aqueles pais que "deitam a bênção aos filhos, pondo-lhes as mãos sobre a cabeça, abaixando-lhes a mão pelo rosto abaixo, sem fazer o sinal da cruz, à forma e modo judaico".[91] Henrique Munis Teles, casado com Dona Leonor Antunes, afirmaria ter presenciado comportamento semelhante nas bênçãos costumeiras da matriarca: "viu a dita sua sogra Ana Roiz, cristã-nova, quando lançava a bênção a seus netos, correr-lhe com a mão pela moleira e testa abaixo".[92]

Este gestual de bênção – deixar a mão descer do alto da cabeça, escorregando pelo rosto abaixo – é típico dos judeus de origem *sefaradim*. É dada no início das celebrações do *shabat*, ao anoitecer de sexta-feira, e vem acompanhada das palavras *Iessimchá Elohim keefraim vehimenashé* (Que Deus te faça semelhante a Menashé e Efraim), para os meninos, e *Iessimêch Elohim kesarah Rivká Rachel veleah* (Que Deus te faça como Sarah, Rebeca, Rachel e Léa), para as meninas. Após isso, dá-se a bênção sacerdotal (igualmente impondo ou estendendo a mão sobre a cabeça): *Ievarechechá Adonai veishmerecha; iaêr Adonai panav elêcha vichunêcha; issá Adonai panav elêcha veiassem lechá shalom* (O Senhor te abençoe e te guarde; o Senhor faça resplandecer a sua Presença sobre ti e te conceda sua Graça; o Senhor irradie a sua Presença sobre ti e te dê a paz). Quanto à bênção sacerdotal, em condições normais, ela somente pode ser dada por homens que sejam descendentes dos *cohanim* (sacerdotes). Os judeus são liturgicamente divididos em três grupos, quanto à origem: *cohen* (sacerdote), *levi* (levitas, com funções litúrgicas específicas, muitas ligadas ao canto nas rezas) e *israel* (o judeu comum). É bem provável, porém, que, em condições excepcionais, como a situação vivida no mundo português durante o período de proibição judaica e a atuação inquisitorial, mulheres acabassem por adotar a prática de dar esta bênção, à revelia das determinações preceituais rabínicas.

Importante ainda seria o depoimento dado por uma das netas de Ana Rodrigues, a revelar novos detalhes do comportamento da matriarca. Contaria ao visitador guardar na lembrança que presenciara a sua avó, por algumas vezes,

> quando lançava a bênção aos netos, depois que lha lançava, correr-lhe a mão sobre a moleira e testa. E que viu também a dita sua avó, quando

---

90   UNTERMAN, Alan. *Op. cit.*, 1992, p. 46.

91   LIPINER, Elias. *Op. cit.*, 1999, p. 43.

92   "Testemunho de Henrique Munis Teles". Arquivo Nacional da Torre do Tombo, Inquisição de Lisboa, processo 12142.

lhe adoeceram os netos, lamber-lhes com a língua nas frontes, e então, cuspir fora. E também fez isso algumas vezes a ela denunciante.[93]

Outros denunciantes dos desregramentos dos Antunes confirmariam o uso de costumes estranhos ao catolicismo durante o adoecimento dos familiares. Assim, num período de doença do caçula Nuno Fernandes, a matriarca "disse palavras e modos de judia",[94] e "fazia prantos e cerimônias de judia, e arremedou e contra fez".[95]

Dentre os judeus, explica Asheri, os costumes e ritos que envolvem uma determinada doença são bastante variados, mas destacam-se, como os três mais importantes, "a recitação de salmos, o acréscimo de um nome e a prática da caridade". Alguns homens religiosos reúnem-se para rezar pelo doente, a quem é dado um novo nome, abrindo-se a Bíblia ao acaso: o primeiro nome apropriado é dado ao enfermo, "na esperança de impedir novas enfermidades". Outro costume difundido é usar o nome *Chaim* para os homens e *Chaya* para as mulheres – ambos significando *vida* –, em vez de escolher um nome à ventura. Em seguida, faz-se uma oração pelos enfermos, o *Mi-sheberash* (Aquele que abençoou), mencionando-se o novo nome antes do antigo:

> Aquele que abençoou a nossos pais Abraão, Isaac e Jacob, Moisés e Aarão, David e Salomão, abençoará e curará o/a enfermo/a [...nome...], filho/a de [...nome da mãe...], porquanto [...nome...], filho de [...nome do pai...], prometeu doar caridade em sua causa. Em função disto, o Sagrado, bendito seja Ele, apiedar-se-á dele/a e o/a curará, restabelecerá, fortalecerá e fará viver, e mandará brevemente cura completa dos céus a seus 248 órgãos e 365 músculos, dentre todos os enfermos de Israel, cura para a alma e cura para o corpo, agora, prontamente, e em tempo próximo, e digamos AMEN.[96]

---

93   "Testemunho de Dona Felipa, meio cristã-nova", em 31/01/1592. *Idem*.

94   "[Antônio da Fonseca] contra Ana Roiz e Fernão Cabral", em 06/08/1591. *Denunciações da Bahia. Op. cit.*, 1925, p. 275-276.

95   "[Margarida Pacheca, mulher de Antônio da Fonseca] contra Ana Roiz, Violante Antunes, Caterina Mendes, Maria Lopes, Mécia Rodrigues, Fernão Cabral", em 21/08/1591. *Idem*, p. 392-394.

96   FRIDLIN, Jairo (organização, compilação e edição). *Minchá e Arvit com tradução e transliteração com as leis de assistência aos enfermos e do luto judaico*. São Paulo: Chevra Kadisha/ Sociedade Cemitério Israelita de São Paulo, 2006.

No judaísmo, por vezes, repetia-se a reza que Moisés fez por sua irmã Miriam, quando Deus a tornou leprosa: "Deus, cura ela!". É, rabinicamente, considerada uma das mais fortes rezas que se pode fazer por alguém. A terceira medida, a prática da caridade, consiste na doação de dinheiro para a caridade em nome do enfermo, na esperança de evitar complicações na saúde do doente.[97] Embora a recitação de salmos, a princípio, seja realizada por homens religiosos, não é descartável a ideia de que, durante o período de proibição judaica, alguns cristãos-novos judaizantes acabassem por adaptar a prática à situação de hostilidade vigente, permitindo que as orações fossem realizadas pelos próprios parentes do enfermo, aí incluídas as mulheres. Deste modo, é possível que dentre as *palavras, modos, prantos* e *cerimônias de judia* realizadas pela matriarca a que se referiam os denunciantes estivessem algumas das bênçãos anteriormente citadas, ou suas correspondentes.

O estranho hábito, informado por Dona Felipa, da matriarca de lamber os netos, a princípio, não encontra significado na lei judaica. Numa leitura não tradicional, contudo, pode-se procurar entendê-lo como uma espécie de superstição, de origens recônditas, visto que alguns judeus na Idade Média acreditavam em tirar o *ain ha-rá* (*olho mau*, ou olhar de pessoa mal-intencionada) que causasse determinadas doenças em uma pessoa através do hálito, sugando e, posteriormente, cuspindo o efeito que esse "olho mau" tinha deixado. Unterman ensina que o modo favorito para a retirada do feitiço do mau-olhado é proferir um conjunto de fórmulas sobre a pessoa atingida e cuspir três vezes, "para que o mau-olhado e quem quer que o tenha lançado sejam exilados para lugares selvagens e desabitados".[98]

As Macabeias seriam igualmente acusadas de respeitar a prática do *Shabat*, o dia de descanso obrigatório dos judeus, que dura do anoitecer de sexta-feira até o sábado à noite. É considerado o dia abençoado por Deus, que descansou no sábado após o trabalho da Criação. "Um judeu deve imitar Deus descansando no Shabat de todo trabalho que manifeste o controle do homem sobre a natureza". O dia é considerado ainda "uma prelibação do mundo por vir (olam ha-bá) na Idade Messiânica, quando a paz e a tranquilidade do Shabat caracterizarão o mundo inteiro". As preparações para o *Shabat* começam na sexta-feira, quando as mulheres cozinham alimentos suficientes para a noite de sexta-feira e o sábado, visto que todo trabalho, incluindo a preparação de comida, é proibido durante a celebração. Dá-se igualmente ênfase aos hábitos de higiene, tanto a limpeza do lar quanto a pessoal. O *Shabat* inicia-se com o acendimento de velas, de preferência pela mulher da casa, antes do pôr do sol. Em seguida, com a cabeça coberta, diz-se a bênção: "Bendito sê Tu, ó Senhor, nosso Deus, Rei do Universo, que nos santificaste

---

97 Asheri, Michel. *Op. cit.*, 1995, p. 85.

98 Unterman, Alan. *Op. cit.*, 1992, p. 168.

em Teus mandamentos e nos recomendaste acender a luz do *Shabat*". Durante a comemoração, devem ser servidas três refeições, com alimentos representativos para a data. O fim do dia sagrado é marcado com a cerimônia da *Havdalá*, indicando o começo do tempo profano.[99] A guarda do sábado em observância do *Shabat* encontra-se entre os costumes criptojudaicos mais persistentes, visto a sua realização dentro dos limites do lar, sem depender da sinagoga ou da comunidade, dispensando demonstrações públicas da celebração, facilitando a ocultação de sua prática.[100]

A guarda do Dia do Descanso entre as Antunes seria testemunhada por vários dos seus acusadores. Uma mulher que durante certo tempo hospedou-se na casa da família, contava ter sido ameaçada de morte por dois homens da gente de Matoim, para que não contasse o que por lá teria presenciado: "no tempo que ela pousara em casa da dita gente, vira a Ana Roiz e a suas filhas meterem-se em uma casa apartada às sextas-feiras à tarde, e saírem-se ao sábado, e estarem fechadas na dita casa dês nas sextas-feiras à tarde até os sábados".[101] Segundo outra testemunha do cotidiano das "mulheres-rabi",

> Dona Leonor e suas irmãs e mãe eram judias, e que às sextas-feiras à tarde se ajuntavam todas, e se metiam em uma casa, que era uma despensa, e não saíam dela senão no sábado seguinte, e que estavam nela fechadas por dentro, da sexta-feira até o sábado, e que não sabiam o que lá faziam.[102]

Em outros depoimentos, fazia-se referência à leitura do livro sagrado durante as reuniões de celebração das Macabeias. Segundo rumores, "a gente de Bastião de Faria, de Matoim, tinha uma *toura* em uma casa".[103] A leitura da *Torá*, ao que parece, ocorria, entre outras ocasiões, durante as comemorações da guarda do sábado: "a dita Ana Roiz tinha uma *toura*, e que um certo dia da semana se juntavam certas pessoas onde estava a dita *toura*".[104] De acordo com as denúncias, as reuniões para a celebração do dia sa-

---

99 *Idem*, p. 114 e 237-238, e ASHERI, Michel. *Op. cit.*, 1995, p. 125-135.

100 FERREIRA DA SILVA, Lina Gorenstein. *Op. cit.*, 1999, p. 266-267.

101 "[Anna Vaz, que não sabia assignar] contra Anna Roiz e a gente de Matoim", em 05/09/1591. *Denunciações da Bahia. Op. cit.*, 1925, p. 492-493.

102 "[Francisca da Costa, referida, que foi chamada, mameluca forra, ora presa na cadeia pública, que não sabia assinar] contra D. Leonor Muniz e parentes", em 26/08/1592. *Idem*, p. 561.

103 "Testemunho de Maria da Costa, cristã-velha", em 21/08/1591. Arquivo Nacional da Torre do Tombo, Inquisição de Lisboa, processo 12142.

104 "Testemunho de Beatriz de Sampaio, cristã-velha", em 21/01/1592. *Idem*.

grado dos judeus ocorriam há tempos, mas a chegada da visitação inquisitorial acabaria por modificar esta rotina: "E que isto faziam sempre antes de vir a este Brasil a Santa Inquisição, e que depois que a Inquisição entrou, não lho viram mais fazer, e que este ajuntamento faziam nos ditos tempos, na dita despensa, em casa da dita Dona Leonor". Além de respeitar o *Shabat* dos judeus, as mulheres da família seriam delatadas por descumprir as datas sagradas do calendário cristão: "a dita dona Leonor mandou em nenhum domingo nem dia santo aos seus escravos nem escravas à igreja".[105]

Dizia-se das Macabeias que possuíam pouco cuidado com a prática cristã, frequentando esporadicamente as igrejas, desrespeitando datas e cerimônias do catolicismo, como o batismo e a comunhão, e recusando duas das figuras mais sagradas do cristianismo – o crucifixo e a Virgem Maria. Um dos depoimentos informavam que, "estando a dita Ana Roiz muito mal, sem lhe fazer mais que gemer, diziam-lhe as filhas e todos da casa que chamasse por Jesus, e ela nunca o chamou nem nomeou o nome de Jesus, de que todos os de casa se espantaram".

Recuperada da enfermidade – e provavelmente advertida pelas filhas da necessidade de manter as aparências –, procuraria demonstrar bom comportamento cristão, dirimindo as desconfianças dos que testemunharam seu sofrimento: "depois dos ditos três dias em que ela tinha estado muito mal, ela testemunha, no dia seguinte, viu a dita Ana Roiz dizer 'e Jesus seja comigo', que era o dia em que ela começou a melhorar da dita doença".[106]

A velha matriarca repetiria ainda ofensas e blasfêmias contra outros importantes símbolos do catolicismo, inflamando ainda mais os ânimos gerais contra os Antunes. Escolhida para madrinha da recém-nascida filha de Isabel Pestana, recusara o convite, posto que a cerimônia seria realizada na mesma ermida onde fora sepultado Heitor Antunes. Desculpava-se: "depois que o dito seu marido morreu, não entrava naquela igreja na qual ele estava enterrado".[107] Durante outro batizado, este, de uma sua bisneta, porém, estando no nojo de uma filha que morreu, teria afirmado: "olhai que negro batismo"! Quando de um dos partos de suas filhas, clamando-se por Nossa Senhora para que ajudasse nos trabalhos, repetiria, desafiante: "não me faleis nisso que não no posso dizer"![108]

---

105 "[Francisca da Costa, referida, que foi chamada, mameluca forra, ora presa na cadeia pública, que não sabia assinar] contra D. Leonor Muniz e parentes", em 26/08/1592. *Denunciações da Bahia. Op. cit.*, 1925, p. 561.

106 "Denunciação de Eugeu, testemunha referida". Arquivo Nacional da Torre do Tombo, Inquisição de Lisboa, processo 12142.

107 *Apud* LIPINER, Elias. *Op. cit.*, 1969, p. 127.

108 "[Antonio da Fonseca] contra Ana Roiz e Fernão Cabral", em 06/08/1591. *Denunciações da Bahia 1591-593. Op. cit.*, 1925, p. 275-276.

De acordo com o grande número de denúncias contra os Antunes, percebe-se um considerável envolvimento das mulheres da família com a manutenção das antigas práticas judaicas e a transmissão destas aos descendentes. Ao menos três gerações das Macabeias – Ana Rodrigues, as filhas e as netas – seriam denunciadas e confessariam práticas as mais diversas da antiga lei, embora sempre procurando dissimular o contexto judaizante de seus atos: dietas e jejuns alimentares; cuidados especiais na preparação de refeições; sepultamentos e lutos à moda dos judeus; guarda dos sábados; posse e leitura de livros sagrados; celebração da Páscoa e, presumivelmente, de outras festas do calendário judaico; bênçãos e orações judaicas com guaias; juramentos envolvendo a memória de familiares; superstições contra o mau-olhado; limpeza das residências conforme o costume judeu. Nitidamente, contudo, identifica-se a transformação no comportamento e adoção dos costumes judaicos no cotidiano, tornados mais pontuais ou fluidos a cada nova geração da família. Algumas das práticas, inclusive, aparecem citadas na documentação como realizadas unicamente pela matriarca. Outras, demonstram ter sido repassadas somente às filhas, embora sejam praticadas em menor escala e de forma mais esporádica – o mesmo acontecendo aos costumess que são repassados também às netas, que afirmam não conhecerem a origem judaica destas práticas familiares.

Apesar das negativas feitas pelas gerações mais jovens sobre o conhecimento da origem destes comportamentos constituírem, por um lado, uma tentativa de defesa contra as ameaças do Santo Ofício, significa, por outro, um processo inequívoco de transformação das práticas criptojudaicas, cada vez mais brandas conforme o afastamento do momento de livre crença, e influenciadas pelo monopólio cristão vivido em Portugal e domínios desde 1497. A união da família com representantes de famílias cristãs-velhas e os interesses e pressões sociais daí decorrentes, acabariam por incentivar o abandono crescente de alguns destes costumes mais reveladores dos reais comportamentos religiosos do clã em prol de práticas menos acusativas da fé vivida pelas Macabeias do Recôncavo. Como consequência da avalanche de acusações contra as "mulheres-rabi", o inquisidor enviaria à Lisboa a documentação recolhida com as acusações contra os Antunes e as confissões de alguns membros da família para a análise do Conselho Geral. Aos olhos da Inquisição, a "gente de Matoim", tendo as mulheres à frente, era suspeitíssima de gerir um verdadeiro núcleo de resistência judaica, passada de geração a geração, e contando, inclusive, com a conivência de alguns membros cristãos-velhos do clã, ligados às mais importantes famílias da região. Fazia-se necessário extirpar o mal pela raiz: Macabeias – Ana Rodrigues, suas filhas Violante, Beatriz e Leonor, e uma das netas, Ana Alcoforado – acabariam processadas pela Inquisição. Mas o peso do braço inquisitorial não ficaria somente nisso...

Patrimônio religioso e judaísmo masculino dos Antunes

Também os homens da família seriam veementemente acusados de manter variados costumes apontados como sinal evidente do criptojudaísmo praticado entre os Antunes pela voz geral. Embora, inegavelmente, a riqueza de detalhes nas descrições acerca dos comportamentos considerados suspeitos dos homens possua menor vigor se comparada ao vastíssimo leque de acusações contra as mulheres do clã de Matoim, é certo que Heitor Antunes, seus filhos e netos também não escapariam ilesos dos comentários gerais das ruas que chegavam ao conhecimento dos representantes do braço inquisitorial. À época em que o visitador Heitor Furtado de Mendonça chegou à Bahia, em 1591, a família era já chefiada pela octogenária matriarca, tendo Heitor Antunes falecido cerca de quatorze anos antes, por volta de 1577. Apesar de morto há mais de uma década, o patriarca apareceria como o mais denunciado dentre os homens da família – sinal do destaque que possuía em vida e do incômodo gerado por suas práticas –, mas alguns de seus filhos, como Álvaro Lopes e o caçula Nuno Fernandes, além de um dos netos, Manoel de Faria, seriam fortemente delatados.

Também entre os homens, repete-se o envolvimento de ao menos três gerações de acusados perante a Inquisição que já fora identificado dentre as Macabeias. As denúncias ocorridas durante a primeira visitação acarretariam a composição de processos inquisitoriais contra Heitor e contra os filhos Álvaro e Nuno – este, como veremos em capítulo posterior, processado num momento inicial por conta das acusações sofridas à época da visitação, mas também, cerca de vinte anos mais tarde, quando seria novamente denunciado ao Santo Ofício de comportamentos e práticas judaizantes. Em geral, as acusações contra os homens da família eram feitas pelos mesmos acusadores das mulheres do clã, inclusive com a indicação de práticas e atitudes celebradas comumente, como os rituais de luto e juramentos. Em alguns casos, contudo, eram os homens denunciados em separado, seja por comportamentos isolados presenciados pelos denunciadores, seja por práticas familiares também atribuídas às representantes femininas dos Antunes.

As acusações contra o patriarca apontariam para uma atuação de destaque do senhor de Matoim no comando de uma sinagoga improvisada a funcionar em suas terras, e na liderança religiosa dos cristãos-novos criptojudaizantes do Recôncavo durante as duas décadas em que viveu na região. O próprio Heitor, segundo alegavam alguns de seus denunciantes, informava em vida ser descendente direto dos Macabeus, e vangloriava-se dizendo que tinha um Alvará a comprovar sua origem. Provavelmente, o patriarca utilizava a propalada ascendência bíblica e a boa receptividade existente no reino aos feitos heroicos de Judá Macabeu e seus seguidores, visto que os primeiros monarcas portugueses eram ditos "Macabeus por sua valentia", vinculando os heróis bíblicos aos fundadores do reino português. No limite, aproximava-se de Afonso Henriques e de seus sucessores para aumentar seu prestígio e fazer valer suas vontades dentre os cristãos-novos da Bahia[109]. Mas não se sabe ao certo que documento era este citado por Heitor para comprovar seu parentesco com os Macabeus, nem sequer se este Alvará realmente existia ou se não passava de dissimulação ou, no mínimo, mal-entendido, usado para aumentar-lhe o prestígio. Macabeu ou não, o título de que se orgulhava, após sua morte, passaria a designar com tintas negativas as mulheres da família, doravante alcunhadas Macabeias, para o escárnio público.[110]

A exemplo dos Macabeus da Antiguidade, zelava pelo funcionamento de um local específico designado para a liturgia e a oração que permitisse ao seu povo a manutenção, apesar de oculta, da fé mosaica. O funcionamento de uma sinagoga em Matoim, ao que parece, por vários anos e ininterruptamente, uma "esnoga de judeus",[111] era notícia de longa data, conhecida e repetida por todos: "de vinte anos a esta parte ouve dizer geralmente em pública fama que, em Matoim, havia uma esnoga em casa de Heitor Antunes, cristão-novo, defunto".[112] Várias denúncias informariam ser do conhecimento de todos na Bahia que Heitor erguera esnoga para reunir os criptojudaizantes de seu convívio, onde celebravam em conjunto a crença e as tradições dos antepassados, respeitando as datas e festas principais do calendário judaico, realizando as orações devidas, inclusive, com a leitura e estudo do livro sagrado dos judeus. Em períodos de liberdade religiosa, a sinagoga funcionava como espaço de congraçamento, lugar de encontro da comunidade, usada tanto para o estudo e a oração quanto para a discussão de assuntos comunitários, daí seu nome significar "casa de reunião".[113] Não seria diferente em Matoim, onde os judaizantes da região reunir-se-iam sob a acolhida e orientação do patriarca, a incorporar o papel improvisado de rabi:

> dês o tempo de sua mocidade, ouviu sempre dizer nesta cidade em pública voz e fama comumente dito pela boca de todos como cousa certa e verdadeira que, em Matoim, nesta capitania, tinha Heitor Antunes, cristão-novo, mercador que fora e era senhor de engenho

---

109 LIPINER, Elias. *Op. cit.*, 1993, p. 17.

110 "[Nicolau Faleiro de Vasconcelos] contra Dona Leonor cristã-nova, mulher de Henrique Muniz", em 29/07/1591. *Denunciações da Bahia. Op. cit.*, 1925, p. 243-244.

111 "[Margarida Pacheca, mulher de Antônio da Fonseca] contra Ana Roiz, Violante Antunes, Caterina Mendes, Maria Lopes, Mécia Rodrigues, Fernão Cabral", em 21/08/1591. *Idem*, p. 392-394.

112 "Testemunho de Manoel Brás contra Heitor Antunes, cristão-novo", em 22/08/1591. Arquivo Nacional da Torre do Tombo, Inquisição de Lisboa, processo 4309.

113 UNTERMAN, Alan. *Op. cit.*, 1992, p. 250.

> no dito Matoim, em sua casa, esnoga e *toura*, *e que em sua casa se ajuntavam cristãos-novos e judaizavam e guardavam a lei judaica*.[114]

Homens importantes da capitania, figuras de destaque social e econômico, informam as denúncias, participavam dos eventos na esnoga de Heitor Antunes. É ainda provável que, dentre eles, estivesse João Nunes Correia, mercador cristão-novo radicado em Pernambuco, homem dos mais ricos e influentes de toda a colônia em fins do primeiro século, acusado de manter um crucifixo em local impróprio e afamado como o "rabi dos judeus" de Olinda. Nunes, que foi preso ainda na primeira estada da visitação, em Salvador, talvez tenha frequentado esporadicamente as reuniões em Matoim, durante algumas de suas inúmeras viagens de negócio à Bahia, visto ser primo de um dos maridos das netas do patriarca: presume-se, deste modo, que o *rabi-macabeu* e o *rabi-escatológico* tenham trocado impressões e conselhos sobre as comunidades em que atuavam. Hipótese que, a ser considerada, definiria este como o primeiro contato conhecido na América entre "rabis" atuantes em diferentes esnogas (Pernambuco e Bahia), trocando experiências e dividindo tarefas nas celebrações do criptojudaísmo: é possível que Heitor Antunes e João Nunes tenham realizado consultas, discussões religiosas e o debate e leitura de textos sagrados; celebrado cerimônias litúrgicas e datas festivas do calendário judaico; observado ritos, orações, refeições e jejuns em conjunto, alargando as fronteiras da sinagoga de Matoim e aproximando-a da outra grande esnoga existente nas capitanias do açúcar, Camaragibe, em Pernambuco – da qual Nunes era apontado como tesoureiro –, sob o comando do casal criptojudaizante Branca Dias e Diogo Fernandes, unindo, através de uma ponte invisível e imaginária, os dois maiores centros criptojudaicos conhecidos da América portuguesa e as duas principais famílias acusadas de judaísmo ao longo da primeira visitação da Inquisição ao Brasil. Outro sinal das redes sociais de colaboração tecidas e retecidas entre os neoconversos – criptojudaizantes ou não – e que permitiam uma maior proteção ao grupo.

Vez por outra, os nomes dos genros cristãos-velhos dos Antunes eram citados pelos denunciantes – embora em nenhum momento apareçam elencados entre os possíveis frequentadores da "casinha de Matoim" –, talvez no intuito de declarar a conivência destes com os costumes judaizantes do velho patriarca. Por outro lado, o fato de as denúncias serem confirmadas por um judeu batizado em pé, logo, conhecedor do judaísmo e das artimanhas dos neoconversos judaizantes para disfarçar a continuidade na antiga lei, contribuiria para aumentar ainda mais as desconfianças gerais sobre a prática religiosa do cavaleiro que se dizia descendente dos guerreiros bíblicos:

---

114 "Testemunho de Diogo Dias, cristão-velho, contra Heitor Antunes, cristão-novo, e outros", em 26/08/1591. Arquivo Nacional da Torre do Tombo, Inquisição de Lisboa, processo 4309. O grifo é meu.

ouviu dizer em pública voz e fama, geralmente dito por todos, que Heitor Antunes, cristão-novo, sogro de Bastião de Faria e Henrique Munis, morador que foi em Matoim, tinha em sua casa esnoga e uma *toura*, cousa de judeus, e que um homem chamado Meneses, que fora judeu, e se batizou em pé, dizia isto mesmo do dito Heitor Antunes.[115]

A história ganharia em contornos, reafirmando o papel de Heitor à frente dos criptojudeus da região. O patriarca era apontado como judeu, observante da prática do *Shabat* – provavelmente, um dos momentos em que reuniria os cristãos-novos da região e, talvez, esporadicamente, até de outras *comunidades* de criptojudeus em suas terras para *fazer a esnoga* – e da leitura de textos sagrados, que mantinha em sua posse:

> Heitor Antunes, cristão-novo, mercador, que então era morador nesta cidade, *era judeu e guardava os sábados, e tinha livros da sua lei judaica*, e ela ouviu a um cristão-novo que fora judeu e se converteu que se chamava Menezes, já defunto que, se o ele peitassem, descobririam onde o dito Heitor Antunes tinha a sua *toura*.[116]

Ou então, de forma ainda mais abrangente, a posse dos livros sagrados era estendida ao conjunto familiar, envolvidos todos, por conivência, nos mesmos costumes, para desespero dos membros de sangue puro do clã: "*a gente de Bastião de Faria*, de Matoim, tinha uma *toura* em uma casa"![117]

Em alguns casos, a localização da sinagoga improvisada era dada com mais detalhes. Não apenas se *fazia a esnoga* nos domínios de Heitor Antunes, mas havia um edifício, construído com este fim específico, para a realização do ajuntamento e suas celebrações, ao mesmo tempo em que mantinha o patriarca uma capela dedicada ao ofício católico – inclusive com padres contratados para a liturgia –, procurando desviar os olhares e eliminar as desconfianças sobre o que ocorria em suas terras: "Heitor Antunes, cristão-novo, defunto, morador que foi em Matoim, tinha na sua

---

115 "Testemunho de Beatriz de Oliveira, mulher de Manoel de Miranda, contra Heitor Antunes e outros", em 07/12/1592. *Idem*.

116 "Testemunho de Luisa Fernandes, em 30/01/1592". Arquivo Nacional da Torre do Tombo, Inquisição de Lisboa, processo 12142. Os grifos são meus.

117 "Testemunho de Maria da Costa, cristã-velha", em 21/08/1591. Arquivo Nacional da Torre do Tombo, Inquisição de Lisboa, processo 12142. O grifo é meu.

fazenda uma casinha separada, na qual certos dias, ele com outros cristãos-novos se ajuntavam, e que faziam ali a esnoga".[118]

Pelo que deixam transparecer os documentos, cabia ao *cavaleiro-macabeu* a direção e organização da sinagoga, atuando Heitor Antunes como rabi de Matoim, na falta de rabinos oficialmente constituídos, presumivelmente acompanhado dos filhos, iniciando-os e educando-os na crença e tradições dos antepassados, preparando-os para assumir a direção da esnoga no futuro. Por seu poder, Heitor Antunes tornava-se uma referência na região. Como mestre ou sábio de sua esnoga, cabia ao *patriarca-rabi* a orientação dos criptojudeus locais nas questões diárias e interrogações sobre a tradição e o ritual judaicos, a exemplo das leis dietéticas ou da guarda de dias sagrados; condução das celebrações; leitura e interpretação das escrituras, aconselhamentos sobre o comportamento cotidiano, e demais questões sociais e religiosas.

O patriarca também seria denunciado de, assim como os judeus, não reconhecer a Jesus Cristo como o Messias prometido enviado por Deus e aceito pelos católicos, evitando, a todo custo, pronunciar o nome de Jesus. É o que informa a narrativa do período de doença de Heitor feita durante o depoimento de Custódia de Faria, velha conhecedora dos hábitos e costumes do cabeça dos Antunes e testemunha ocular do que ocorria nos limites de Matoim: "agastado com a doença, sempre dizia estas palavras somente, 'ai Deus, me valha, valha-me Deus' ". Os lamentos do chefe dos Antunes acabariam por despertar suspeitas na comadre. Visto que "ele não nomeava o nome de Jesus por ele ser cristão-novo", acabou por suspeitar "que poderia ser judeu, pois não nomeava Jesus Cristo, a quem os judeus negam". Assim, querendo confirmar suas dúvidas,

> ela, denunciante, de propósito e de indústria, para mais o experimentar, lhe disse, por muitas vezes, "chamais pelo nome de Jesus", e contudo, o dito Heitor nunca chamou por Jesus, nem quis nomear o nome de Jesus, e somente dizia como dantes, "valha-me Deus", pelo que então confirmou sua suspeita de o dito Heitor Antunes não ser bom cristão.

As denúncias contra o cavaleiro de Matoim dão conta de que Heitor também incentivava o respeito aos rituais judaicos referentes à morte. Assim, os cuidados adotados por Ana Rodrigues para o sepultamento de seu falecido marido teriam sido em parte orientados em vida pelo próprio Heitor Antunes, que indicaria aos familiares o local ideal para seu sepultamento: "depois da dita doença de que ele sarou e se ergueu, daí

---

118 "[Ines de Barros] contra um mercador não nomeado, Heitor Antunes e outros", em 22/10/1591. *Denunciações da Bahia. Op. cit.*, 1925, p. 536-539.

a alguns anos, tornou a adoecer da doença de que morreu, e foi enterrado dentro em uma ermida sua, por seu mandado, a qual ermida depois se derrubou, e o dito Heitor Antunes está inda ora enterrado no dito lugar". O motivo para realizar o sepultamento em um sítio devidamente especificado pelo próprio patriarca, segundo os comentários, não era fortuito: "ouviu dizer geralmente a muitas pessoas que ora lhe não lembram que o dito Heitor Antunes era judeu, e que por isso se mandara enterrar naquele lugar, que era em terra virgem, na qual se costumam enterrar os judeus".[119]

Seguindo os métodos do judaísmo tradicional, o sepultamento, ou *kevurá*, deve ser realizado "em solo consagrado, como a afirmação da crença na ressurreição do corpo na Idade do Messias".[120] Por isso a escolha do rabi de Matoim em ser enterrado em terra virgem, numa ermida construída por ele próprio, dedicada oficialmente à fé cristã! – adaptação possível no mundo luso-brasílico de monopólio católico à norma judaica do sepultamento em solo consagrado.

Alguns dos filhos homens de Heitor Antunes, conforme informam seus acusadores, também pareciam não possuir muita afinidade com o Deus católico, flagrados em atitudes de desrespeito às imagens sagradas de Cristo. Álvaro Lopes Antunes seria visto, num dia à tarde, na igreja de São Francisco, em Monte Calvário, Salvador. Imaginando estar sozinho, sem a presença de nenhuma testemunha a observar-lhe os atos, encontrava-se "assentado de joelhos, encostado com o braço sobre um banco junto do altar", quando uma devota rezadeira, oculta, presenciaria a cena herética: "olhando fitamente para um crucifixo que estava no altar, o ameaçou, pondo o dedo no nariz duas ou três vezes, e pondo outras tantas a mão pelas barbas e, depois disto, lhe deu duas ou três figas".[121]

Assim como a mãe, as irmãs e as sobrinhas, Álvaro Lopes também repetia juramentos ao modo dos judeus. De acordo com o cunhado Henrique Munis Teles, Álvaro tinha o costume de, algumas vezes, "jurar pelo mundo que tem a alma de seu pai".[122] A informação seria confirmada por outro denunciante, que enumeraria os membros da família que mantinham a tal prática:

> é pública fama que outro irmão de Nuno Fernandes, por nome Álvaro Lopes Antunes, casado com Isabel Ribeira, e assim suas

---

119 "[Custódia de Faria] contra Heitor Antunes, Ana Roiz etc.", em 27/08/1591. *Idem*, p. 477-481. Os grifos são meus.

120 UNTERMAN, Alan. *Op. cit.*, 1992, p. 235.

121 "[Ines Roiz, que não sabia assinar] contra Alvaro Lopes Antunes", em 30/10/1591. *Denunciações da Bahia. Op. cit.*, 1925, p. 549.

122 "Testemunho de Henrique Munis Teles". Arquivo Nacional da Torre do Tombo, Inquisição de Lisboa, processo 12142.

irmãs do dito Nuno Fernandes, a saber, Beatriz Antunes, mulher de Sebastião de Faria, e Dona Leonor, mulher de Henrique Muniz Teles, moradoras no dito Matoim, têm por costume ordinário, quando querem afirmar alguma cousa, fazerem o dito juramento, "pelo mundo que tem a alma de meu pai".

Também o filho mais novo dos Antunes seria denunciado pelos juramentos que pronunciava à maneira da mãe e dos irmãos: "o dito Nuno Fernandes, fazendo juramento para lhe afirmar uma coisa muito afirmada, jurou desta maneira, 'pelo mundo que tem a alma de meu pai'".[123] Em sessão de depoimento ao visitador, o próprio Nuno confirmaria a realização de certas práticas das quais era acusado. Com relação aos juramentos ao modo do que utilizavam os judeus, informaria: "lhe lembra mais que usa muitas vezes deste juramento, 'pelo mundo que tem a alma de meu pai', e o dito juramento jurou muitas vezes, sem nunca saber nem entender que era juramento judaico". Manteria igualmente leis dietéticas, evitando certos alimentos em momentos de luto familiar prática esta seguida por boa parte dos membros cristãos-novos da família. Como os demais, procurava justificar os motivos de sua recusa:

> disse que haverá quatro anos que sua irmã, Violante Antunes, morreu, e que no dia que ela morreu, ele, com nojo, não comeu nada todo o dia. E sendo domingo o dito dia, não quis comer carne, e somente à noite comeu peixe, porém, que não sabia que isto era cerimônia judaica, nem ele com essa tenção o fez, senão somente com nojo.

Em seu depoimento, encontramos ainda indícios da prática do *Shabat*, como a utilização de roupas limpas no dia dedicado ao descanso. Todavia, procurava apagar qualquer desconfiança sobre o suspeito costume, afirmando ao visitador que usava roupas limpas também nos demais dias: "é costumado a vestir todos os sábados camisa lavada, porém, que a veste também todos os mais dias da semana e domingos, de maneira que cada dia a veste por limpeza".

O uso de roupas limpas durante os sábados, aos olhos gerais, emblematizava a prática criptojudaica dos cristãos-novos. De acordo com Elias Lipiner, "a observância do sábado era considerado o sinal que mais comumente identificava os judaizantes". No Monitório de 1536, base da visitação de 1591-95 ao Nordeste brasílico, mandava-se denunciar todos aqueles "que guardavam ou guardam os sábado em modo e forma

---

123 "[João Alvares Pereira] contra Pedro Homem, Nuno Fernandes, Álvaro Lopes Antunes e irmãs, Ana Roiz, Violante Antunes", em 31/07/1591. *Denunciações da Bahia. Op. cit.*, 1925, p. 256-259.

judaica, vestindo-se e ataviando-se de vestidos, roupas e joias de festa". As camisas lavadas, usadas a partir do anoitecer de sexta-feira, hora inicial do *Shabat*, eram interpretadas como sinal evidente da "honra, observância e guarda do sábado" pelos judaizantes.[124]

Além de manter uma das características da preparação para a celebração do sábado, pecava duplamente ao assumir não respeitar os dias sagrados dos cristãos, obrigando todos sob o seu comando ao trabalho – costume este que informava estar amplamente disseminado pelos engenhos de cristãos-velhos e neoconversos de toda a capitania: "manda também, nos domingos e santos, trabalhar aos seus, a cortar embira para atar a cana e a carregar à barca nos tempos da necessidade, porque vê que assim a costumam fazer geralmente nesta terra".[125]

O filho mais novo dos Antunes confessaria ainda possuir e ler alguns livros considerados defesos pela Inquisição. A leitura e posse destes livros não representava indício obrigatório de prática judaica – embora a posse e leitura dos livros sagrados dos judeus fosse obviamente proibida –, mas antes, o fato de serem considerados heréticos pela *Bula da Ceia do Senhor* e editais da fé. Os que possuíssem quaisquer dos volumes listados ou suspeitos deveriam entregá-los aos representantes do Santo Ofício, e também denunciar as pessoas que os possuíssem, para que fossem recolhidos e, se fosse o caso, emendado e devolvido aos donos. Na hipótese de serem obras de divulgação de outras crenças, como o *Talmud* judaico e o *Alcorão* islâmico, seus portadores seriam julgados e condenados pelo Tribunal da Fé.[126] Segundo informava Nuno Fernandes ao visitador,

> sabendo ele que o livro *Diana* era defeso, ele, contudo, leu por ele muitas vezes, não lhe lembrava quantas. E, outrossim, confessou que tem *Ovídio de Metamorfosis* em linguagem, não sabendo ser defeso. Confessou mais que, sabendo que *Eufrozina* é defeso, leu por ele uma vez. E sendo perguntado pelos livros, disse que somente tinha ora o dito *Ovídio*.

Surpreendente ainda na declaração de Nuno a confissão de ter lido um dos livros citados não uma, mas repetidas vezes, além de dar notícia de uma certa estratégia (talvez até envolvendo o comércio ilegal de alguns exemplares) de circulação destas obras – lembremos a grande dificuldade de acesso a livros, defesos ou não, no ambiente colonial

---

124 LIPINER, Elias. *Op. cit.*, 1999, p. 48-49.

125 "Traslado de outra confissão de Nuno Fernandes, cristão-novo, na graça", em 09/02/1592. Arquivo Nacional da Torre do Tombo, Inquisição de Lisboa, processo 12936.

126 LIPINER, Elias. *Op. cit.*, 1999, p. 163-164.

–, visto que mantinha apenas uma de suas antigas leituras sob seu domínio, tendo passado as demais obras adiante, para outros possíveis leitores.

Nuno seria também acusado de repetir heresias, comentando os dogmas da Igreja em situações do cotidiano. Prática esta que não se restringia aos cristãos-novos, espalhando-se pela voz geral, em enganos conscientes ou não da doutrina ou de comportamento pronunciados em juramentos, brigas, discussões, feitiços, agastamentos, insatisfações, comemorações, bebedeiras e outros momentos de congraçamento ou disputa: claro sinal do desconhecimento dominante com relação aos símbolos e dogmas da Igreja.[127] Assim, um homem que lhe realizava um trabalho declarava o que dissera, "em seu siso e sem perturbação", o caçula dos Antunes:

> estando ele denunciante em casa de Nuno Fernandes, cristão-novo, solteiro, em Matoim, na sua varanda, fazendo-lhe uma obra de seu ofício de alfaiate, estando ambos sós, vindo ele denunciante a falar no pecado da luxúria, lhe respondeu o dito Nuno Fernandes que a luxúria não era pecado, e não falaram mais nesta matéria.[128]

Outra grave denúncia sobre os comportamentos de Nuno seria feita pelo sacerdote Felipe Estácio Sintra, tesoureiro-mor da Sé de Salvador. Informava ao licenciado do Santo Ofício que, "haverá três ou quatro anos", ouvira de um certo Francisco Barbudo que

> Nuno Fernandes, filho de Heitor Antunes, cristão-novo, solteiro, morador no Rio de Matoim, pedia à noite candeia às suas negras, e que elas, querendo ver por um buraco o que ele fazia, o viram tirar debaixo da cama um crucifixo e açoitá-lo, e não se afirma bem se cada noite, se às sextas-feiras.[129]

Dentre os maridos e esposas dos filhos e netos de Heitor Antunes e Ana Rodrigues, encontramos acusações apenas contra Henrique Nunes, casado com Isabel Antunes, filha de Violante Antunes e Diogo Vaz, neta do casal. Dos genros da família, Henrique Nunes era o único de sangue cristão-novo, em contraste com os casamentos com cristãos-velhos que caracterizaram e foram regra (vide os impedimentos impostos pela família para o matrimônio de Nuno com uma neoconversa) entre os filhos de Heitor e

---

127 Cf. VAINFAS, Ronaldo. *Trópico dos Pecados: Moral, sexualidade e Inquisição no Brasil*. Op. cit., 1997.

128 "Testemunho de Gaspar Fernandes, alfaiate, contra Nuno Fernandes e Henrique Nunes, cristãos-novos". Arquivo Nacional da Torre do Tombo, Inquisição de Lisboa, processo 12936.

129 "Testemunho de Felipe Estácio Sintra", em 12/08/1591. *Idem*.

Ana. Assim como Nuno e Álvaro, Henrique Nunes seria acusado de proferir heresias e desrespeito às leis católicas. A pesar contra Henrique, o parentesco com o *rabi-escatológico* João Nunes Correia e seu irmão, Diogo Nunes Correia, senhor de engenho na Paraíba, de quem Henrique Nunes era primo, mestres em pronunciar abusos, desregramentos e ofensas contra os símbolos cristãos.[130] De acordo com o seu denunciante,

> haverá dois anos, pouco mais ou menos, não lhe lembra em que lugar, dizendo-se que haviam de levar à pena, esta, posta pelo bispo, por não saberem os negros a doutrina cristã, viu a Henrique Nunes, cristão-novo que ora está vivo, lavrador em Matoim, dizer estas palavras, "bom é logo deixar andar os negros sem os fazer cristãos".[131]

Comparado ao alto número de acusações contra os filhos e filhas do casal, chama a atenção pelo silêncio das fontes o caso de Jorge Antunes, um dos filhos dos Antunes já falecidos à época da visitação e o único que não seria denunciado de comportamento judaizante ao visitador Heitor Furtado de Mendonça. O fato de ser o herdeiro do engenho de Matoim, onde se localizava a esnoga, colocando-o como provável responsável pela continuidade dos trabalhos sinagogais após a morte de Heitor Antunes, torna ainda mais instigante o silêncio das fontes sobre a prática religiosa do provável *herdeiro-rabi*. A única referência encontrada ao seu nome nos livros conhecidos da primeira visitação inquisitorial ao Brasil encontra-se no episódio da transferência da ossada de Heitor Antunes após ruir a ermida que lhe servia de última morada. Indagando a sua mãe "por que não consentia ela deixar tirarem os ossos de seu pai Heitor Antunes, marido dela Ana Roiz", o herdeiro do engenho de Matoim seria repreendido que, "enquanto ela fosse viva, não bulisse na dita ossada", explicando ao filho os motivos de sua decisão: "chegou a dita Ana Roiz ao dito Jorge Antunes, seu filho, à orelha, e não entendeu o que ela lhe disse, porém, ouviu responder-lhe o dito filho Jorge Antunes estas palavras, 'isso é abusão!'"[132]

O comentário de Jorge Antunes, seu desejo em transferir os restos mortais do pai e a falta de acusações que citassem suas culpas, provavelmente, apontam para um certo distanciamento por parte de Jorge das práticas religiosas seguidas por uma parcela da família, preocupado com as aparências de devoção católica que deveriam ser mostradas.

---

130 *Cf.* Assis, Angelo A. F. *Op. cit.*, 1998.

131 "Testemunho de Gaspar Fernandes, alfaiate, contra Nuno Fernandes e Henrique Nunes, cristãos-novos", em 12/11/1592. Arquivo Nacional da Torre do Tombo, Inquisição de Lisboa, processo 12936.

132 "Outro testemunho de Beatriz de Sampaio". Arquivo Nacional da Torre do Tombo, Inquisição de Lisboa, processo 12142.

O próprio casamento com uma cristã-velha de família influente, Joana de Sá, e as relações sociais com gente de prestígio daí decorrentes, presume-se, intensificariam a preocupação de Jorge Antunes com seu comportamento religioso. Com a sua morte prematura, o engenho de Matoim passaria para o controle da viúva, a cristã-velha Joana de Sá, e daí, para o seu segundo esposo, o também cristão-velho Sebastião Cavalo – esta talvez a explicação mais provável para a suspensão dos trabalhos sinagogais na antiga "casinha de Matoim", substituindo-se o local de encontro dos criptojudeus do Recôncavo e fortalecendo, por outro lado, a realização dos ritos, costumes e celebrações judaicas da família para a própria residência, intensificando a prática do chamado "judaísmo de *portas a dentro*" que acabaria por denunciar as Macabeias.

Outro depoimento revelador, principalmente pelo fato de confirmar a manutenção de algumas das tradições judaicas pelas gerações mais novas, é uma denúncia envolvendo um dos netos do casal Antunes, Manoel de Faria, filho de Beatriz Antunes e do cristão-velho Sebastião de Faria. De acordo com um colega de escola, Manoel, não raro, tencionava driblar as obrigações religiosas mantidas pelos outros alunos:

> encomendando muitas vezes o mestre que vão fazer todos oração, as mais das vezes não vai fazê-la, e admoestando-lhe ele denunciante que vá fazer oração, não vai, e sai-se muitas vezes da missa antes de se acabar e, às vezes, antes de se alevantar a Deus, e nunca vai à doutrina dos padres, como costumam os demais estudantes, e não tem o livro das horas de Nossa Senhora, e poucas vezes o vê rezar pelas contas.

Fato ainda mais grave, a aumentar as suspeitas sobre o jovem estudante, seria a acusação de que guardava o *Shabat*, pois, "às sextas-feiras, ou não lhe lembra se disse aos sábados, lhe via vestida camisa lavada".[133] Após tramar um plano para conferir se o neto dos Antunes realmente seguia o descanso sabático,

> hoje, que é sábado, viu ao dito Manoel de Faria com outra camisa lavada, de *abanos enrocados*, que não é a em que ela ontem pôs o sinal, e que também este sábado próximo passado, que foi o derradeiro dia do mês de agosto, viu ao dito Manoel de Faria com camisa lavada vestida do mesmo sábado, que não era a que tinha vestida na sexta-feira atrás.[134]

---

133   "[O cristão-velho Fernão Garcia] contra João Batista, Manoel de Faria", em 02/08/1591. *Idem*.

134   "[Fernão Garcia, estudante que já denunciou] contra Manuel de Faria", em 07/09/1591. *Denunciações da Bahia. Op. cit.*, 1925, p. 494-495.

A tal *camisa de abanos enrocados* (trançados, ou com tiras) pode sugerir uma peça especial do vestuário utilizada pelos judeus em momentos específicos, como a comemoração do dia sagrado, no caso, o *talit*, ou xale de orações que, até cerca do século XIX, era usado como uma espécie de camisa fechada – o que nos permite supor que fosse esta talvez a peça vestida por Manoel somente aos sábados e descrita pelo denunciante. O *talit* é chamado também de *arbá kanfot* (quatro cantos), em razão do preceito bíblico que comanda aos homens vestir roupas que tenham quatro cantos, com franjas (*tsitsit*) pendendo de cada uma delas. Unterman lembra que há "uma versão menor do *talit*, na forma de um colete de quatro cantos chamado *talit katan* ('talit pequeno')", vestido pelos judeus tradicionalistas durante o dia, por baixo das roupas, como proteção do mau-olhado e do demônio. Como é improvável que Manoel vestisse um *talit* tradicional por conta das proibições ao judaísmo, talvez o traje presenciado pelo denunciante se tratasse deste "talit pequeno". Neste caso, o traje *de abanos enrocados* usado por Manoel poderia, talvez, significar uma alusão à adoção do *talit* – numa referência disfarçada ao costume judeu – pelo neto de Heitor Antunes.[135]

Pela série de acusações contra os homens da família, é certo que os Antunes mantinham práticas alusivas ao criptojudaísmo do grupo. O menor número de denúncias contra os representantes masculinos do clã talvez em parte possa ser explicado pela morte de Heitor Antunes e a posterior desarticulação da esnoga de Matoim, com a transferência do engenho para as mãos de um cristão-velho, impedindo a continuidade da atuação à frente da sinagoga e dos ensinamentos aos filhos e netos. Percebe-se, de todo modo, a manutenção das práticas judaicas pelos homens da família através de celebrações e ritos variados, como a adoção de leis dietéticas; uso de juramentos e ritos funerários específicos; posse e leitura de livros proibidos; construção e funcionamento de uma sinagoga, com a prática de rabinato clandestino; celebração de festas do calendário judaico, como o *Shabat*; uso de roupas limpas e, possivelmente, do *talit*, aos sábados, e a não aceitação de Cristo como o Messias prometido aos judeus.

O que deixa ver a documentação inquisitorial sobre os Antunes é a ocorrência de um vivo processo de sobrevivência judaica em Matoim, capitaneado em seu momento inicial pelo patriarca Heitor Antunes, aos moldes do que ocorrera em Portugal nas primeiras décadas após a conversão forçada e implantação do monopólio católico, épocas de Bandarra, Luís Dias, e outros "reveladores" do Messias esperado pelos judeus. Com o desaparecimento do cavaleiro que se dizia macabeu e a diminuição das atividades sinagogais, causando provável fechamento da esnoga dos Antunes, o papel de grandes responsável pela sobrevivência da antiga fé passava às mãos de Ana Rodrigues e das

---

135 UNTERMAN, Alan. *Op. cit.*, 1992, p. 258.

demais Macabeias da família, a perpetuar Matoim como um dos principais espaços de resistência criptojudaica por toda a colônia.

Outras "rabis"...

Embora a avalanche de denúncias envolvendo as mulheres de Matoim seja exemplo inequívoco e privilegiado da importância feminina para a resistência e pujança do judaísmo secreto vivenciado pelos Antunes, as "mulheres-rabi" estavam longe de representar um comportamento de exceção dentre os acusados à Inquisição de manutenção da antiga lei: várias outras mulheres cristãs-novas acabariam insistentemente denunciadas ao visitador do Santo Ofício de, ocultamente, celebrarem práticas, costumes e tradições da fé mosaica, transmitindo a herança dos antepassados às novas gerações. Fortes responsáveis pela sobrevivência do judaísmo na família e vítimas do comentário e escárnio geral por seu comportamento apontado como herético, as Macabeias encontrariam seguidoras e cúmplices fora dos limites da família e da capitania – outras *rabis*, igualmente responsáveis pela manutenção, prática e divulgação da religião de Israel em ambiente hostil –, verdadeiras mártires e símbolos da resistência judaica na luso-América. Embora sejam conhecidos casos de mulheres judaizantes em outros momentos e espaços da luso-América, limitaremo-nos, aqui, àquelas acusadas durante a visitação de 1591-1595, procurando traçar um quadro do judaísmo feminino durante o primeiro século da presença portuguesa no Brasil.[136]

Na documentação correspondente à primeira visitação inquisitorial ao Nordeste brasílico, encontra-se extenso rol de acusações contra mulheres, das mais diversas origens e classes sociais, denunciadas por judaizar, em todas as regiões que receberam a presença do inquisidor Heitor Furtado de Mendonça. Se, no contexto da visitação, as denúncias envolvendo cristãos-novos acusados de judaísmo representam destaque significativo no total de acusações, o número, dentre eles, de

---

136 Para o estudo de casos envolvendo criptojudaísmo feminino, conferir, dentre outros: GILES, Mary E. (ed.). *Mujeres en la Inquisitión. La persecución del Santo Oficio en España y el Nuevo Mundo*. Barcelona: Martínez Roca, 2000; FERREIRA DA SILVA, Lina Gorenstein. *Heréticos e Impuros: a Inquisição e os cristãos-novos no Rio de Janeiro – século XVIII*. Rio de Janeiro: Secretaria Municipal de Cultura, Departamento Geral de Documentação e Informação Cultural, Divisão de Editoração, 1995, e "O sangue que lhes corre nas veias: Mulheres cristãs-novas do Rio de Janeiro, século XVII". *Op. cit.*, 1999; CALAÇA, Carlos Eduardo. *Cristãos-novos naturais do Reino e moradores na cidade do Rio de Janeiro*. Dissertação de Mestrado apresentada ao Departamento de História da Faculdade de Filosofia, Letras e Ciências Humanas da Universidade de São Paulo, São Paulo, 1999. GONSALVES DE MELLO, José Antônio. *Gente da Nação: Cristãos-novos e judeus em Pernambuco, 1542-1654. Op. cit.*, 1996; SOUZA, Laura de Mello e. *O Diabo e a Terra de Santa Cruz: feitiçaria e religiosidade popular no Brasil colonial. Op. cit.*, 1986; VAINFAS, Ronaldo. *Trópico dos Pecados: Moral, sexualidade e Inquisição no Brasil. Op. cit.*, 1997.

mulheres delatadas não seria desprezível – fato que comprova o papel de destaque reservado à mulher para a divulgação criptojudaica.

Em linhas gerais, repetiam-se as denúncias que pesavam sobre Ana Rodrigues e suas descendentes. As acusações versavam sobre a insistência de cristãs-novas em costumes considerados, ao menos, indícios explícitos de prática criptojudaica, tais como: guarda dos sábados; preparação de alimentos e práticas jejunais; celebrações de festas e datas do calendário judaico, a exemplo do *Yom Kipur*, leitura e posse de livros sagrados, como a *Torá*, costumes e ritos funerários, bênçãos e juramentos ao modo dos judeus, realização de esnoga.

Durante a primeira fase da visitação, na Bahia, vários denunciantes compareceriam à mesa do Santo Ofício para delatar o comportamento de mulheres que insistiam na manutenção de práticas referentes à religião proibida. Da mesma forma que ocorrera com as Macabeias, as denúncias também envolveriam as murmurações das ruas, boatos, fatos sem comprovação, notícias de "ouvi dizer" e "pública fama", acusações contra personagens indevidamente identificados, relatos que, em geral, demonstravam desconhecimento do judaísmo tradicional tanto por parte dos denunciantes quanto dos denunciados. Afirmava-se, por exemplo, sem maiores comprovações, que, "na Sé, abaixo da pia d'água benta, está uma cristã-nova enterrada com o manto ao modo judaico".[137]

Por vezes, as acusações identificavam qualquer atitude considerada herética como sinal indiscutível de prática judaica, embora comportamentos desviantes da norma católica não se limitassem aos cristãos-novos, principais acusados de criptojudaísmo. Desta forma, uma denunciante informaria ter ouvido de uma velha conhecida sobre uma certa Ana Franca, "mulher do mundo", que "era uma cadela judia, que cuspira em um crucifixo dentro no mosteiro das convertidas de Lisboa, onde elas ambas tinham estado", e que, "quando o fizera, estava a dita Ana Franca doida, mas que, ao fim, era judia".[138]

Em alguns casos, a documentação revela famílias inteiras acusadas perante a Inquisição. Dentre os grupos familiares mais denunciados de prática judaizante durante a primeira visitação, encontramos a família de Garcia d'Ávila e Mécia Roiz, que teria suas práticas suspeitas seguidamente desveladas ao licenciado do Santo Ofício. As denúncias forneceriam valiosíssimos detalhes do cotidiano dos Roiz d'Ávila, apontando fortes e variados indícios da manutenção criptojudaica naquele seio familiar. Uma das acusações mais repetidas contra a família dizia respeito à obediência de costumes

---

137 "[Guimanesa Tavares] contra diversos não nomeados", em 17/08/1591. *Denunciações da Bahia. Op. cit.*, 1925, p. 357-358.

138 "[Maria da Motta, que não sabia assinar] contra Anna Franca", em 19/08/1591. *Idem*, p. 367-369.

e interdições alimentares ao modo dos judeus, mantida, segundo os denunciantes, por longo período de tempo:

> ouviu dizer, não lhe lembra a quem, haverá vinte anos nesta cidade, que a mulher de Garcia d'Ávila, Mécia Roiz, cristã-nova, comia galinha e carnes em dias de peixe, e que a mãe da dita Mécia Roiz, já defunta, fazia coisas de judia, e [a] ela denunciante lhe pareceram sempre mal os modos dela, que eram ajudengados.[139]

As acusações contra a matriarca dos Roiz d'Ávila seriam repetidas por uma testemunha direta dos acontecimentos e conhecedora da rotina da família: uma filha do primeiro casamento de Garcia d'Ávila, com quem "a dita Mécia Roiz tivera já algumas diferenças como de enteada para madrasta, porém que era e são amigas". Segundo a enteada, presenciara "a dita Mécia Roiz, três ou quatro vezes, em dias diferentes, mandar lançar azeite nas panelas de vaca e galinha, dizendo que, porque eram magras, o fazia".

Outro hábito suspeito repetido com grande constância pela matriarca e que acabaria por gerar desconfiança com relação ao seu real significado, era o modo como Mécia Roiz costumava agir ao tomar conhecimento de situações que envolviam partos complicados:

> a dita Mécia Roiz, que tem por costume, quando ouve dizer a alguma pessoa que outra alguma mulher teve ruim parto, lamber com a boca as unhas dos dedos de entre ambas as mãos, e isto lhe viu fazer por muitas vezes, e perguntando-lhe a razão por que o fazia, não respondeu nada.

Durante os períodos de luto, as mulheres da família também observariam costumes hebraicos, como o hábito de vazar a água existente na residência. A enteada informava em seu depoimento ter observado "a dita Mécia Roiz, morrendo-lhe em casa um escravo, mandar lançar fora toda água de casa, e ela viu lançar a dita água fora e, depois, foram buscar nova água à fonte".

As práticas judaizantes de Mécia teriam sido ensinadas pela própria mãe, igualmente denunciada pelos mesmos costumes ao Santo Ofício, num claro sinal da transmissão de mãe para filha dos hábitos de família: "viu também na dita casa Branca Lopes,

---

139 "[Margarida Pacheca, mulher de Antonio da Fonseca] contra Anna Roiz, Violante Antunes, Caterina Mendes, Maria Lopes, Mecia Rodrigues, Fernão Cabral", em 21/08/1591. *Idem*, p. 392-394.

cristã-nova, defunta, mãe da dita Mécia Roiz, mulher do dito seu pai, e lhe viu dizer também, quando morreu o dito escravo, que lançassem a dita água fora".

Em outra ocasião, durante uma enfermidade da filha Mécia, Branca Lopes teria se comportado de forma não menos estranha, utilizando formas de benzer nada usuais dentre os cristãos:

> estando a dita Mécia Roiz doente, dormindo, vir a dita sua mãe Branca Lopes e tomar um testo de barro com uma pequena de água dentro, e uma coroa de estopa em cima do testo, que lhe não chegava a água que estava no meio do testo, e com sua mão tinha no ar sobre a dita doente dormindo, e com o dedo da outra mão, molhava em uma tigela d'azeite e lançava as gotinhas do dito azeite dentro na água do dito testo que lhe caíam do dedo, enquanto o fogo ardia na dita coroa de estopas, as quais ela acendera primeiro com a candeia. E isto fez a dita Branca Lopes, fechando as porta das câmaras, só, sem ter outrem consigo.

O comportamento seria repetido em outros momentos de enfermidade ocorridos na família, pois, de acordo com a testemunha,

> viu também a dita Branca fazer esta mesma cerimônia da dita maneira a um seu neto, estando dormindo, o qual é morto. E viu que quando a dita Branca Lopes fazia estas coisas, estava dizendo manso certas palavras, as quais ela denunciante não entendia, e somente lhe ouviu e lhe entendeu uma das ditas vezes esta palavra, *dente de cão*.[140]

Algumas destas cerimônias praticadas por Mécia Roiz e por sua mãe Branca Lopes, antes de encontrar explicação completa dentro da tradição judaica, parecem ser resultado do crescente processo de circularidade dos antigos rituais e tradições hebraicos dos antepassados com as práticas do catolicismo dominante que envolviam os cristãos--novos, fossem ou não adeptos do criptojudaísmo. O ato de lamber os dedos das mãos ao saber de um parto difícil parece estar ligado à retirada do *ayim hará*, o "olho mau", conforme citado anteriormente. Já a utilização das gotinhas de azeite na bênção dada por Branca Lopes à filha doente presume um misto de superstição com o ato de ungir um filho. O próprio catolicismo, é bom lembrar, apropriou-se do azeite como elemento para o batismo, para a crisma e para as unções de ordenação sacerdotal e dos enfermos.

---

140 "[Isabel Davilla] contra Mecia Roiz, Branca Lopes, Antonio Serrão", em 04/11/1591. *Idem*, p. 552-554.

Assim, é mais provável que, visto serem épocas de elevada superstição, possa ter ocorrido a intercorrência de uma superstição adotada pela matriarca e que acabaria miscigenada aos costumes judaizantes da família.

O hábito de usar azeite para a preparação dos alimentos registrado entre os Roiz d'Ávila apareceria seguidamente como costume característico dos judaizantes na etapa baiana da visitação. Costume este originário de além-mar, praticado antes pelos judaizantes de Portugal, que herdaram a prática do outrora *tempo dos judeus*:

> haverá trinta anos, na cidade de Lisboa, sendo ela denunciante discípula de lavrar de Joana Fernandes, alfaiata da Infante, cristã-nova, mulher velha, viúva, moradora sobre os Cortidores nas Barandas, em Alfama, na banda do mar, ela denunciante viu, por muitas vezes, a uma sobrinha da dita Joana Fernandes que tinha em casa, fregir cebola com azeite e botá-la na panela da carne para comerem todas, e que, algumas vezes, sendo domingo ou dia santo, a viu estar lavrando a dita sobrinha em uma câmara fechada que a tia fechava por fora.[141]

O azeite, vale dizer, sempre teve elevada importância na vida culinária judaica, dentre outros motivos, por derivação da influência religiosa, afinal, tratava-se do óleo com que se ungiam os reis de Israel. A questão da ingestão de galinha e de carne **frias** com azeite não encontra significado especial em si, exceto pelo detalhe de serem carnes comidas frias por conta da guarda do sábado, lembrando-se que no *Shabat* é proibido acender fogo. Assim, presume-se que a referência feita pela denunciante diz respeito a carnes consumidas no exercício do *Shabat*, sem o acendimento de chama para aquecê-las, devido ao impedimento de realizar qualquer tipo de trabalho neste dia, aí incluída a preparação de alimentos, o que poderia ser interpretado como um indício de que a denunciada estava em prática judaizante. Além disso, as receitas sefaradis em sua quase totalidade são ricas em azeite, também por herança da influência ibérica, mediterrânea e oriental que trazem em sua raiz. Tanto Portugal como Espanha, há séculos, têm no azeite um dos principais elementos de sua gastronomia. Muitas vezes, a carne *kosher* é menos tenra e possui teor pouco elevado de gordura, em razão do dessangramento e salgamento em seu preparo, o que requer o emprego de mais gordura para seu preparo. Como a gordura usualmente empregada era a de porco, o que é um interdito aos judeus, carregava-se no azeite para a preparação dos alimentos.

---

141 "[Phelipa de Freitas, que não sabia assinar] contra Leanor da Rosa, Joanna Fernandes e uma sua sobrinha", em 17/08/1591. *Idem*, p. 359-360.

Muito comum em vários dos pratos tradicionais da culinária sefaradi, é ainda o uso de cebolas e dentes de alho fritos ou refogados no azeite, além da mistura de determinados "grãos", como amêndoas e nozes, grosseiramente picadas e inseridas em diversas receitas, ou ainda o grão de bico, de presença tão comum na história da culinária portuguesa.[142] Obviamente, a dificuldade em conseguir alguns destes ingredientes no Brasil à época deveria levar à adaptação dos pratos às possibilidades oferecidas pelos produtos regionais, investindo-se na variação das receitas e acrescentando-lhes um tempero local.

Um dos alimentos tradicionalmente consumidos durante o *Shabat* é chamado *tcholent*, e trata-se da refeição quente servida durante a guarda do dia sagrado. "Consiste geralmente de carne (ingrediente essencial) e favas ou feijões, cevada, batatas, grão-de-bico ou trigo integral, dependendo da família e sua origem". Os ingredientes são temperados e postos numa panela com água, que é colocada em fogo baixo antes do início do *Shabat*, ficando a cozer por toda a noite e manhã seguinte. Ao meio-dia de sábado, é retirada a panela do forno e servido no almoço, sendo celebrado como um dos pratos mais deliciosos do mundo, assim como o almoço do sábado é considerado a refeição mais importante da semana.[143]

Outros elementos característicos da manutenção da guarda dos sábados também seriam denunciados com certa frequência ao visitador Furtado de Mendonça. A cristã-nova Maria da Costa estaria entre as acusadas. Segundo contava uma denunciante,

> estando em casa dela, denunciante, Caterina Fernandes, também sua vizinha, mulher casada, que mora fronteira das ditas denunciadas, e passando pela rua, a dita Maria da Costa para casa de Ana de Aredo, cristã-nova, mulher de Nuno Franco, ourives da prata, que também dizem ser cristão-novo, disse ela denunciante que melhor seria estar aquela mulher em sua casa trabalhando com suas filhas, porque isto era em sábado, e que a dita Caterina Fernandes lhe respondeu que a

---

142 Cf. *A Tradicional Culinária Judaica Sefaradi: Ashkenazi*. 2ª ed. Porto Alegre: Grupo Kineret/Na'Amat Pioneira, 1999. Referindo-se à culinária sefaradi ainda durante o período medieval, Miguel Dolader lembra que ela é de composição tão diversificada quanto a distribuição etnográfica dos judeus. Em documentação de época, o autor encontrou exemplos da preparação de alimentos: "Uma panela de *hamin* com grão-de-bico, molho verde para a carne e para outras coisas [...] Antes do nascer do sol, eles retiravam a panela do fogo e a colocavam sob um caldeirão com carvão e brasas. Ela ficava a noite inteira, até o sábado, à hora da refeição". MOTIS DOLADER, Miguel Angel. "A alimentação judia na Idade Média". *In*: FLANDRIN, Jean-Louis e Montanari, Massimo. *Op. cit.*, 1998, p. 375-376.

143 ASHERI, Michael. *Op. cit.*, 1995, p. 126.

dita Maria da Costa e suas filhas nunca trabalhavam aos sábados, e que sempre as via aos sábados folgar.

A aumentar as desconfianças sobre o hábito de não trabalhar no dia sagrado dos judeus, pesava ainda sobre as acusadas um parentesco indesejado, posto que praticamente representava, aos olhos populares e dos representantes do Santo Ofício, uma prova cabal de culpa: "E assim, disse que lhe dissera Izabel de Boim, sua vizinha, que *a dita Maria da Costa era filha de uma mulher que foi queimada por judia*". Daria ainda informação reveladora sobre como Maria da Costa e as filhas encerravam a celebração sabática: "jurou que aos sábados às tardes viu a estas moças folgar no seu quintal, com adufe".[144]

O Adufe, por sua vez, é um "antigo pandeiro quadrado, de madeira, com dois tampos de pergaminho, que encerram fieiras de soalhas"[145] – instrumento bastante comum na tradição musical *sefarad*. Uma testemunha da dramática expulsão dos judeus da Espanha, em 1492, deixaria um relato que demonstra a presença do instrumento no cotidiano dos judeus ibéricos: "Unos muriendo, otros naciendo, otros enfermando, que no habia Cristiano que no hobiese dolor de ellos, y los rabíes los iban esforzando, y facian cantar a las mujeres y mancebos, y taner panderos y adufes para alegrar la gente".[146] Talvez a acusação seja um testemunho de que, durante a celebração dos sábados, as mulheres da família tocavam, cantavam e dançavam canções do folclore tradicional judaico. Informa Asheri que é comum, durante e após a refeição do *Shabat*, serem cantadas algumas canções especiais, denominadas *z'mirot* (*zemer*, no singular), em hebraico e aramaico. Cada *zemer* "possui uma variedade enorme de tons diferentes, dependendo de onde e por quem são cantadas". Há canções para serem entoadas na noite de sexta-feira, ao meio-dia de sábado e no encerramento do *Shabat*. Já Unterman, esclarece que "as zemirot suprem a necessidade de se ter à mesa palavras da *Torá*", muitas delas fazendo referência à alegria e prazer do *Shabat*,[147] boa opção para os cristãos-novos impedidos de possuir textos judaicos. Pelo depoimento de Maria Rodrigues, presume-se que as acusadas estivessem entoando *z'mirot* referentes ao meio-dia ou ao período de encerramento da celebração.

---

144 "[Maria Rodrigues, que não sabia assinar] contra Maria da Costa, Pero Nunes, Anna d'Aredo", em 06/08/1591. *Denunciações da Bahia. Op. cit.*, 1925, p. 278-280. O grifo é meu.

145 *Novo Dicionário Básico da Língua Portuguesa Folha/Aurélio. Op. cit.*, 1994/1995, p. 18.

146 *Apud* SCLIAR-CABRAL, Leonor. "Damas Sefaradis Ainda Cantam". In: NOVINSKY, Anita & KUPERMAN, Diane (orgs.). *Ibéria Judaica: Roteiros da memória*. Rio de Janeiro: Expressão e Cultura; São Paulo: Edusp, 1996, p. 641.

147 UNTERMAN, Alan. *Op. cit.*, 1992, p. 273, e ASHERI, Michel. *Op. cit.*, 1995, p. 130.

Também acusada de práticas judaizantes seria a cristã-nova Clara Fernandes, mulher já viúva à época da visitação e que viera degradada para o Brasil "por se casar com um homem que era casado com outra mulher". Segundo depoimento de uma testemunha, "Clara Fernandes era uma cadela judia, que açoitava um crucifixo que tinha, de prata, da grandeza de um palmo, e que comia a carne e a galinha fria, molhada no azeite". A denunciante informava ainda ter conhecimento de que a acusada era costumada a preparar os alimentos para o *Shabat* ao modo tradicional dos hebreus:

> ela denunciante ouviu dizer muitas vezes ao dito carcereiro seu marido que ela merecia acusada e queimada porque era uma má judia, que comia a carne fria, com azeite.
> E outrossim, ela denunciante diz que ela muitas vezes viu fazer de comer a dita Clara Fernandes, e que não cozinhava a carne em panela, senão em tigela, dizendo que era assim mais gostosa, e com a carne misturava grãos e os pisava e lhes lançava adubos, sem lhe botar couve, e ela denunciante e as presas que aí estavam logo diziam que aquilo era coisa de judia.[148]

A preferência por cozinhar em tigelas e não em panelas pode estar relacionada também às regras do *kashrut* (lei de pureza alimentar), que orienta o uso de conjuntos diferentes de panelas para carnes e laticínios. Assim, é possível que a denunciada usasse suas panelas exclusivamente para a preparação dos laticínios, que não podem ser misturados à carne, deixando as tigelas para uso restrito aos pratos que contenham carnes. Segundo as leis do *Kashrut*, todos os alimentos que possuam leite em sua composição são classificados como *milchig*, sendo proibido que sejam consumidos juntamente com carnes, alimentos considerados *fleishing*. Explica Asheri que carne e leite ou quaisquer de seus derivados "não podem ser ingeridos juntos, usados juntos na preparação de alimentos, colocados na mesa ao mesmo tempo, cozidos ou comidos nos mesmos pratos. Devido à sua rápida digestão, ao consumir qualquer tipo de alimento que possua leite, um judeu pode ingerir, em seguida, receitas que contenham carne. O contrário não é possível, sendo necessário um espaço mínimo de três horas para a digestão da carne até o consumo de leite ou derivados. Este costume deve-se à obediência da *Mitzvá* (mandamento) que proíbe a mistura destes alimentos, posto que não se deve "cozinhar o cabrito no leite materno" (Êx. 23, 19; 34, 26 e Dt. 14, 21).[149] Isto significa que todos os lares

---

[148] "[Isabel Ramos mulher parda, que não sabia assinar] contra Clara Fernandes cristã-nova, e um mulato", em 31/07/1591. *Denunciações da Bahia. Op. cit.*, 1925, p. 260-262.

[149] *A Tradicional Culinária Judaica Sefaradi: Ashkenazi. Op. cit.*, 1999, p. 9.

kosher possuem conjuntos separados de pratos, talheres, utensílios de cozinha, panelas e frigideiras para preparar e servir alimentos *milchig* e *fleishig*, prática que se estende também a copos, toalhas de mesa e guardanapos".[150] A precariedade dos lares coloniais e a carência de utensílios, todavia, talvez impedisse o cumprimento à risca destas medidas dietéticas pelos criptojudeus no Brasil.

Outro grupo gravemente acusado de criptojudaísmo seria a família de Mestre Afonso Mendes, bacharel cirurgião d'El Rey. Assim como Heitor Antunes e Ana Rodrigues, Mestre Afonso viera para o Brasil acompanhando a Mem de Sá. Em Portugal, atuava como cirurgião-mor da Cidade de Lisboa, mas pediu sua remoção para o Brasil, provavelmente, devido ao aumento das perseguições aos cristãos-novos no reino, com a crescente estruturação da Inquisição. Fora o médico responsável por prover os doentes a bordo, evitando uma perda de gente ainda maior do que as quarenta e duas mortes ocorridas na viagem que trouxera o governador-geral.[151] Na colônia, continuaria atuando como médico do governador e de sua família, acompanhando-o por todas as incursões que fazia contra os índios rebeldes.

Mestre Afonso era o chefe de uma família seguidamente denunciada durante a visitação. Ele próprio – apesar de falecido cerca de catorze anos antes da chegada de Heitor Furtado –, juntamente com a esposa, seriam insistentemente acusados de açoitar um crucifixo e de terem sido vistos comendo carne de frango durante o dia de Endoenças. A fama geral da família era de que judaizavam, e a história da profanação do símbolo do martírio cristão era repetida aos quatro cantos:

> haverá também dezesseis anos, pouco mais ou menos, sendo ainda vivo mestre Affonso, cristão-novo, cirurgião, marido de Maria Lopes, cristã-nova, moradora nesta cidade, ele denunciante ouviu dizer nesta cidade, em pública fama, geralmente dito por todos, que o dito mestre Afonso e sua mulher e filhos açoitavam um crucifixo nas sextas-feiras.[152]

Com a morte de Mestre Afonso, a antiga lei continuaria a ser seguida pela mulher e filhos. Da esposa, dizia-se que mantivera a tradição judaica no cuidado com os mortos: "haverá quatorze anos que ouviu nesta cidade em fama pública que

---

150 ASHERI, Michel. *Op. cit.*, 1995, p. 112-116.

151 "Documentos relativos a Mem de Sá Governador Geral do Brasil". *Op. cit.*, 1906, p. 127-280.

152 "[Bastiam Pires, que assinou de cruz] contra Jacome Fernandes, mestre Afonso e família", em 27/08/1591. *Denunciações da Bahia. Op. cit.*, 1925, p. 489-490.

Maria Lopes, cristã-nova, quando morreu seu marido mestre Affonso, também o pranteou ao modo judaico".[153]

Igualmente marcante seria a acusação de que apoiara o suicídio de um certo tio que permanecera no reino, Mestre Roque, que, preso nos cárceres inquisitoriais, teria preferido matar-se a morrer pelas chamas inquisitoriais:

> Maria Lopes, cristã-nova, viúva, mulher que foi de mestre Affonso, moradora nesta cidade, nas quais lhe dissera como ela conhecia muito bem a ela dita Maria Lopes e conhecia seus parentes e seu tio, mestre Roque, físico, que morreu uma morte tão desonrada, degolando-se com um pedaço de vidro de um urinol, estando preso por judeu dentro na Inquisição d'Évora, e que a dita Maria Lopes lhe respondeu que o dito mestre Roque não morreria senão morte muito honrada.[154]

A própria esposa do cirurgião d'El Rey compareceria à mesa do visitador para contar sua versão das culpas que lhe eram imputadas. Natural de Évora, mulher de sessenta e cinco anos, Maria Lopes confessaria durante o tempo da graça conferido à cidade de Salvador e moradores vizinhos, alguns hábitos característicos do judaísmo. Primeiramente, informaria detalhadamente os cuidados que seguia na preparação dos alimentos:

> em todo o tempo que teve casa até agora, quando mandava matar alguma galinha, para rechear ou para mandar de presente, a mandava degolar e, degolada, pendurar a escorrer o sangue por ficar mais formosa e enxuta do sangue, e que sempre, quando em sua casa se cozinha, digo, se assa, quarto traseiro de carneiro ou porco, lhe manda tirar a landoa, porque se assa melhor e fica mais tenro, e não se ajunta na landoa o sangue evacuado, e assim mais, quando a carne de porco é magra, alguma vez a manda cozinhar lançando-lhe dentro azeite ou grãos na panela com ela, e isto mesmo mandou fazer alguma vez à carne de vaca quando era magra.

---

153 "[Padre Pedro Madeira da Companhia de Jesus] contra Ana Roiz e Maria Lopes", em 18/08/1591. *Idem*, p. 364-365.

154 "[Margarida Carneira, que não sabia assinar] contra Maria Lopes e Maria Gonçalves de alcunha Arde-lhe-o-rabo", em 22/08/1591. *Idem*, p. 424-425.

> E outrossim, disse que tinha nojo e asco às galinhas e qualquer outra ave que morria de doença.

A recusa em comer "galinhas e qualquer outra ave que morria de doença", provavelmente tem ligação com a proibição de que o homem não perturbe a ordem fixada por Deus, de acordo com a crença judaica, na Criação. Além de ser um animal considerado próprio ao consumo, deve ainda obedecer o cuidado de não possuir nenhuma anomalia, assim como prevê o texto sagrado: "Se um homem oferecer ao Senhor um sacrifício pacífico, para cumprir um voto ou como dom voluntário, de gado graúdo ou miúdo, para ser aceito o animal deverá ser perfeito, não deverá ter nenhuma deformidade. Não oferecereis ao Senhor animal cego, estropiado, mutilado, ulceroso, com dartros ou purulento. Não fareis deles um holocausto ao Senhor sobre o altar" (Lev. 22, 21-22).[155]

Maria Lopes confessaria também seguir alguns dos costumes funerários atribuídos aos judeus, como lançar a água em caso de falecimento. Revelava então ao visitador que, na morte de seu filho Manuel Afonso que, apesar de cristão-novo dos quatro costados, fora cônego da Sé de Salvador (!),

> estando ela confessante no nojo e pranto pela morte do dito seu filho que ainda estava morto em casa, pediu um púcaro de água, e que dona Leonor, mulher de Simão da Gama, defunto, moradora nesta cidade que presente estava, disse às outras mulheres que aí estavam que aquela água vinha de fora.

O cônego, desta maneira, teria sido velado ao modo dos judeus, derramando-se a água parada que mantinham em casa, por isso a informação de que a água oferecida aos que compareceram para o velório era nova, havia sido trazida há pouco.

---

155 *Apud* Soler, Jean. "As razões da Bíblia: regras alimentares hebraicas". In: Flandrin, Jean-Louis & Montanari, Massimo. *Op. cit.*, 1998, p. 86. A questão da ingestão da carne de animais é devida ao ritual de *kashrut*, quando, após o animal ser abatido por um só golpe desferido pela faca do *shochet* (um carniceiro judaico autorizado) – que não podem, faca e magarefe, ter qualquer imperfeição –, que lhe seccione a jugular, suas entranhas são examinadas por um rabino, que constatará que o animal não tinha doenças, ainda que estas não lhe tivessem causado a morte. São examinados os pulmões, o estômago, o fígado, os rins e os intestinos e, somente se achados perfeitos, o rabino dá a sua *hasgamá* (assinatura autorizando o consumo). Logo, é proibido o consumo de carnes de caças e de animais que hajam morrido em decorrência de doença, ou a ingestão de animais saudáveis, sem que um rabino ou pessoa autorizada lhes pudesse examinar as vísceras. Se ingeridas essas carnes, a pessoa teria contato com a impureza e, segundo alguns, com a *tumá* – a impureza que vem dos animais impuros. Isso não se refere à pesca, porém. Assim, o pescado – desde que sejam peixes com escamas e barbatanas – pode ser comido sem a supervisão rabínica.

Outro dos hábitos mantidos por Maria seria o trabalho, condenado pela Igreja, em dias sagrados para os cristãos:

> em dias das cadeias de são Pedro, no qual dia se costuma guardar nesta cidade, por estar esperando por um seu filho casado de pouco que vinha com sua mulher, ela confessante mandou caiar a casa tendo as portas abertas, sem má intenção de desprezo, mas por lhe vir nova que vinha o dito filho, por não acharem a casa suja.

Admoestada pelo licenciado do Santo Ofício de que "algumas das ditas coisas eram conhecidas muito notoriamente serem cerimônias da lei de Moisés", e que "fazer as ditas coisas do quarto de carneiro, tirando-lhe a landoa e de cozinhar a carne com azeite e grãos eram cerimônias dos judeus", procuraria negar o caráter judaizante de suas culpas, admitindo realizá-las apenas por desconhecimento, afirmando que, "nas ditas coisas que tem declarado nunca teve intenção judaica, nem intenção do desprezo do dia santo, nem de ofender a Deus, mas que é boa cristã".[156]

Branca de Leão, embora já falecida à época da visitação, seria a filha mais acusada do casal Lopes Mendes. De acordo com os denunciantes, Branca especializara-se no combate ao culto de imagens, tão comum aos cristãos, mas entendido pelos judeus como idolatria. Assim como os pais, acabaria denunciada, entre outras culpas variadas, de desrespeitar o crucifixo, arremessando-lhe certa vez um púcaro de água, repreendendo, em seguida, aos que a repreendiam: "calai-vos, mana, que isto não é Deus, que é papel, porque Deus está nos altos céus". Também fora surpreendida a picar com os dedos e fazer descortesias a um crucifixo, e de beliscar e romper uma carta de Nossa Senhora, indagando: "para que presta isso"? O marido de Branca, Antônio Lopes Ilhoa, também seria acusado publicamente de possuir uma esnoga de judeus ao lado da capela que mantinha em seu engenho. Talvez fosse mesmo possível que Branca tomasse parte, ao lado do esposo, nas reuniões e celebrações sinagogais da família.[157]

Depoimento dos mais impressionantes de toda a primeira visitação seria uma das acusações feitas contra Ana d'Oliveira, outra das filhas de Mestre Afonso e de sua esposa Maria Lopes. Trata-se do único documento conhecido relativo à visitação de Heitor Furtado de Mendonça que faz referência à observância do preceito da circuncisão. Fato ainda mais destacável se levarmos em conta que a acusação de realização do episódio

---

156 "Confissão de Maria Lopes, cristã-nova, no tempo da graça", em 03/08/1591. *Confissões da Bahia. Op. cit.*, 1997, p. 70-74.

157 LIPINER, Elias. *Op. cit.*, 1969, p. 144-164.

inédito de circuncisão é imputada a uma mulher, e não aos homens, conforme orienta a lei judaica.

De acordo com as denúncias, Ana deve ter herdado do pai algumas de suas práticas, repetindo as tradições judaicas com os próprios filhos. As notícias sobre a realização de rituais específicos dos judeus ganhariam fama por toda a capitania:

> haverá dez anos que, nesta cidade, ouviu dizer não lhe lembra a quem que Ana d'Oliveira, filha de mestre Affonso, cristã-nova, mulher que foi de Belchior da Costa, circuncidava as crianças que paria depois que vinham de batizar, e que uma vez fora vista uma criança sua ensanguentada, e fora ouvida chorar quando a circuncidava.[158]

No judaísmo, a circuncisão, ou *brit milá*, remonta à tradição da aliança de Deus com Abraão (Gen. 17:11-12), salvando os circuncidados de serem castigados por Abraão após a morte. Representa a iniciação do menino judeu como integrante pleno do povo judaico, ao assinar com o próprio sangue seu contrato com Deus, que ficará marcado eternamente em sua carne. A circuncisão é praticada em obediência ao mandamento da *Torá*: "Este é o meu pacto, que guardarei entre mim e vós, e a tua semente depois de ti: que todo varão será circuncidado" (Gen. 17,10).

O papel reservado à mulher durante a realização da cerimônia, de acordo com a tradição, está longe daquele exercido por Ana d'Oliveira na circuncisão de seus próprios filhos. O *brit milá* deve ocorrer no oitavo dia após o nascimento, no mesmo dia da semana em que nasceu o menino a ser circuncidado. A cerimônia exige um quorum religioso (*minyan*) de dez homens adultos, caso seja possível, mas deve ser realizada mesmo sem a presença deste grupo. A operação é feita por um judeu praticante e cumpridor das leis, além de perito nas leis e técnicas de circuncisão, denominado *mohel*. O *minyan* reúne-se com o pai e o padrinho da criança e o *mohel*. Em geral, a criança está com a mãe em outra sala até ser conduzida por um homem escolhido pelo pai (*kvatter*) para a sala onde ocorrerá a circuncisão. Não é permitido à mãe assistir ao momento da operação. Com a chegada do *kvatter*, todos ficam de pé – exceto aquele que vai segurar a criança durante a operação, o *sandek* –, e a criança é entregue ao *mohel*, que a coloca sobre uma cadeira especial, a *Cadeira do Profeta Elias* (os judeus acreditam que Elias, o anunciador do Messias, está presente em todas as circuncisões). O filho é entregue pelo *mohel* ao pai, que repassa a criança ao *sandek*. Feito o pronunciamento de uma bênção pelo *mohel*, a operação é realizada. Imediatamente após a retirada do prepúcio, o pai recita

---

158 "[Guiomar de Fontes que não sabia assinar] contra Branca de Leão, Antonia de Oliveira", em 15/08/1591. *Denunciações da Bahia. Op. cit.*, 1925, p. 333.

uma bênção de agradecimento a Deus pelo ingresso "no pacto de nosso pai, Abraão", ao que os presentes respondem, "assim como ingressou no pacto, possa também ingressar na *Torá*, no casamento e nas boas ações". Após a circuncisão, o *mohel* certifica-se de que não houve aderência à glande de nenhum resquício do prepúcio; em seguida, cobre-se o pênis com uma proteção, deixando-se a glande exposta. O *mohel* segura um copo de vinho recitando uma bênção em que proclama o nome do menino, colocando em seguida um pouco de vinho na boca da criança e dizendo as bênçãos restantes, dando, em seguida, por terminada a reunião.[159] Como se pode perceber, em nenhum momento a mulher toma parte direta na cerimônia, o que torna ainda mais excepcional a atitude de Ana d'Oliveira na circuncisão dos filhos, quando desempenhou, ela própria e concomitantemente, na falta de alguém mais preparado, o papel reservado ao pai e as funções de *kvatter*, de *sandek* e, principalmente, de *mohel*.

Depoimento igualmente importante, pela vastidão e riqueza de detalhes sobre a prática criptojudaica e os conflitos familiares entre os seguidores de Moisés e os fiéis de Cristo, seria a confissão de outra representante da família, Antônia d'Oliveira, "cristã-nova de todos os costados", de idade de trinta e oito anos, casada e moradora em Salvador. Antônia era aparentada de Mestre Afonso e Maria Lopes, pois era sobrinha de Dona Maria, filha de uma irmã desta, de nome Ana Rodrigues. Em sua sessão de confissão, Antônia revelaria que, ainda durante o tempo em que morava em Porto Seguro, cerca de quinze anos antes, partindo seu esposo para Portugal, passaria a manter práticas jejunais "às quartas e sextas-feiras e sábados do carnal, os quais dias ela jejuava encomendando-se a Deus Nosso Senhor e à Virgem Nossa Senhora, e aos santos do paraíso, encomendando-lhes também ao dito seu marido ausente, e rezando-lhes pelas contas das orações da Santa Madre Igreja". Seu primo com irmão, Álvaro Pacheco, um dos filhos do casal Lopes Mendes, observando suas práticas, a aconselharia a realizar o "verdadeiro jejum, e não comer e fartar-se ao meio-dia, e que este jejum faziam seus antepassados e por ele se salvaram". Lograva então convencê-la a seguir seus conselhos:

> a prima quão pouco sabe que se não há de salvar por aí; para se salvar, venha cá, prima, quero a ensinar como se salvaram nossos avós: há de jejuar às segundas e quintas-feiras sem comer, nem beber, nem dormir, nem rezar até noite, até sair estrela, então, depois de sair a

---

159 UNTERMAN, Alan. *Op. cit.*, 1992, p. 70, e ASHERI, Michael. *Op. cit.*, 1995, p. 45-48.

estrela, há de cear uma galinha se a tiver bem gorda, assada ou cozida, e ceará à sua vontade.[160]

O jejum ensinado pelo primo de Antônia, insistia ele, era também seguido por outros membros da família, que se esforçavam, contudo, para manter as aparências de bons cristãos: "as tias dela confessante eram mulheres que se confessavam e comungavam, eram honradas, e elas e seus maridos faziam este jejum, e por ele se haviam de salvar, e que este era o verdadeiro jejum, e aceito de Deus". O primo daria novos detalhes sobre como Antônia deveria comportar-se, aconselhando-a nas práticas que considerava corretas para salvar-se como "santa" (?!) – termo muito mais ligado ao catolicismo do que ao judaísmo, outro exemplo da circularidade cultural e confusão religiosa que envolvia os cristãos-novos conforme o afastamento do período de livre crença! –, assim como fizeram os antepassados:

> depois de jejuar, fosse ela à dita sua tia, que lançasse a bênção, dizendo-lhe também que, se a dita sua avó Branca Rodrigues fora viva, ela lhe ensinava a ela como se havia de salvar, porque fora muito santa mulher e morrera uma morte santa, dizendo-lhe mais o dito seu primo, que guardasse os sábados, porque os sábados eram os verdadeiros domingos, e neles se haviam de vestir as camisas lavadas, e neles se não havia de trabalhar, e que os domingos nossos, eram dias de trabalho.

As práticas eram explicadas pelo primo, "estando sós, dizendo-lhe que porque lhe queria bem, lhe ensinava estas coisas", e acabaria Antônia por realizá-las, "cuidando serem boas, não entendendo então que eram judaicas". Desse modo, "ela jejuou o dito jejum, não comendo nem bebendo, nem rezando nem dormindo, até sair a estrela à noite, e depois das estrelas saídas, ceou e comeu o que achou em casa".

Apesar de acreditar nas palavras e ensinamentos do primo com irmão, Antônia confessaria ter realizado os jejuns "duas vezes somente, e lhe parece que os fez ambos em uma semana", quando foi à presença de uma tia para que lhe fosse lançada a bênção, "e a

---

160 Não há nenhuma prescrição ou tradição judaica de jejum em dias específicos da semana. Contudo, esses são os dias da semana em que a *Torá* era lida nas sinagogas no serviço matinal, *após o que as pessoas realizavam seu desjejum*. Assim, estava-se usualmente em jejum até que se fizesse a leitura da *Torá* (o outro dia de leitura matinal da *Torá* é o *Shabat*, quando é proibido jejuar. Aliás, o *Shabat* já começa com reunião e jantar festivos, sendo portanto impossível estar-se em jejum quando da leitura da *Torá*). Algumas comunidades que tinham proibido o acesso à leitura da *Torá* realizavam, na impossibilidade de a ler condignamente (é necessário novamente um *myniam* – quorum mínimo de dez homens maiores de treze anos), um jejum, lamentando não poderem ler a *Torá*.

dita sua tia lhe pôs a mão na cabeça, nomeando Abraham". Lembraria ainda ao visitador outro episódio que confirmaria o relato do primo Álvaro: há cerca de seis anos, estando no Espírito Santo, ouvira "por muitas vezes" de um compadre, enquanto rezava: "como reza, e não sabe como se há de salvar", dizendo-lhe que "os seus antepassados, dela, sabiam como se haviam de salvar, e que todos se salvaram na glória, e lhe contou a história do bezerro d'ouro, quando os filhos de Israel idolatraram estando Moisés no monte, e que queriam dizer que, dos que adoraram procedem os jejuns daquela nação", e que se "ela jejuava como se costuma na Santa Madre Igreja, que seus avós dela jejuavam doutra maneira", e o mesmo faziam os avós de seu marido.[161]

O depoimento de Antônia d'Oliveira, ao contrário de apontar um verdadeiro sentimento de manutenção judaica por parte da confessante, apesar dos ritos e práticas judaicas que assumidamente manteve, parece, antes, retratar a dualidade religiosa vivida dentro da família, em que uma parcela, sem dúvida, continuava a celebrar a tradição da antiga lei (caso dos avós, da mãe – também chamada Ana Rodrigues, como sua companheira de fé de Matoim –, das tias e do primo, assim como dos parentes de seu marido), enquanto outra parcela procurava adequar-se aos preceitos do cristianismo e às imposições do monopólio católico, apesar das pressões da camada judaizante para que adotasse os costumes dos antepassados. Quadro este, diga-se de passagem, bastante semelhante ao que ocorria dentre os Antunes, e intensificado pela presença de cristãos-velhos na família, em que uma parcela do clã preocupava-se, ao menos, em dissimular a prática criptojudaica com bom comportamento cristão, buscando apagar as suspeitas sobre os demais membros judaizantes. Informa Vainfas que, apesar disso, Antônia d'Oliveira acabaria processada pelo visitador por atos de judaísmo, por não ter confessado suas culpas durante o período de graça concedido à cidade. Porém, "considerando ser nova quando delinquiu, recebeu pena branda: abjuração de leve suspeita na fé, feita na mesa" – logo, julgada pelo próprio visitador, na Bahia, sem que o caso fosse enviado para o Conselho Geral da Inquisição em Lisboa –, mais "admoestação e penitências espirituais".[162]

Em Pernambuco, a realidade não seria diferente, e a visitação do Santo Ofício encontraria várias mulheres apontadas como criptojudaizantes dentre os denunciados de práticas heréticas. Durante a estada da Inquisição na capitania, Heitor Furtado de Mendonça receberia acusações e confissões informando a prática de inúmeros costumes e ritos entendidos como judaizantes. Assim como ocorrera na Bahia, as principais acusações versariam sobre a realização de lutos ao modo dos

---

161 "Confissão de Antônia d'Oliveira, cristã-nova", em 05/10/1591". *Confissões da Bahia. Op. cit.*, 1997, p. 162-169.

162 *Idem*, p. 162, nota.

judeus; costumes jejunais e impedimentos alimentares, além da guarda dos sábados. Em comum, as justificativas usuais de confidentes e denunciados, procurando negar a tenção e origem heréticas de seus atos.

Não seriam poucas as denúncias de práticas envolvendo elementos e indícios que caracterizam a ocorrência do judaísmo na Nova Lusitânia. Um certo Francisco Soares, por exemplo, que se dizia "cristão-novo que tem alguma raça de cristão-velho", acusaria a mãe, Maria Álvares, e a irmã, Guiomar Soeiro, de mandarem, em caso de falecimento, "lançar fora a água dos potes que estavam na cantareira da sala", tornando a enchê-las de água fresca da fonte.[163] Também Isabel Vaz, ao morrer-lhe um escravo em casa, teria dado ordens para "vazar fora a água dos potes que estavam na cozinha" e que fosse trazida nova quantidade de água fresca.[164] Branca Ramires, por sua vez, confessaria o mesmo costume perante o visitador: falecendo um escravo em um corredor da sua sala, "antes de o levarem a enterrar, ela mandou vazar fora a água dos potes da cantareira da sala, donde ela confessante bebia".[165]

As precauções alimentares ganhariam destaque nos livros de confissões e denúncias. A cristã-nova Gracia Fernandes, embora já falecida à época da visitação, seria denunciada pelo filho Gaspar do Casal de seguir algumas das leis dietéticas atribuídas ao judaísmo. Segundo Gaspar: "havendo em casa algumas vezes coelho e enguia para comer, e comendo-o os de casa, nunca a dita sua mãe o comeu, dizendo que coelho e enguia não comia ela". A recusa aos alimentos era repetida pela filha Isabel que, enquanto era solteira, morando na mesma residência da mãe, "nunca comia coelho nem enguia quando o havia em casa".[166]

Já a cristã-nova Violante Pacheca faria confissão de práticas atribuídas aos judeus, como a preparação das refeições pelo modo tradicional judaico. Algumas vezes, "tirou a lândoa do quarto traseiro à rês miúda", o que informava fazer por ter aprendido de um cunhado cristão-velho "para se assar bem a carne". Confessaria ainda um certo hábito que aprendera com outro cunhado "para ser saborosa a panela": "muitas vezes, costuma cozer a panela de carne, quando é magra, com cebola ou alho frito em azeite, e que também isto faz sem ruim tenção". Declarava ainda que, três ou quatro anos antes, quando ainda morava na Paraíba, morreram dois de seus filhos, doentes

---

163 "Francisco Soares contra sua mãe Maria Álvares e sua irmã Guiomar Soeiro", em 15/12/1593. *Denunciações e Confissões de Pernambuco. Op. cit.*, 1984, p. 373-374.

164 "Micia Vaz contra Izabel Vaz", em 09/12/1593. *Idem*, p. 363-364.

165 "Confissão de Branca Ramires, cristã-nova que tem parte de cristã-velha, na graça", em 12/12/1594. *Idem*, p. 106-107.

166 "Gaspar do Casal, o Moço, contra sua mãe Gracia Fernandes e sua irmã Isabel do Casal", em 17/01/1594. *Idem*, p. 147-148.

de boubas, num intervalo de 15 ou vinte dias, "e quando lhe morreram, os dias em que os levaram a enterrar, lançou ela fora a água dos potes, e quebrou os púcaros que estavam nos mesmos potes".[167]

O costume de vazar a água em caso de falecimento seria repetido por outras mulheres. A cristã-nova Beatriz Mendes confessaria que, cerca de quinze ou dezesseis anos antes,

> nesta vila deu uma doença de bexigas pelos escravos e negros brasis, de que morriam muitos, da qual doença lhe morreram a ela muitos escravos. E um dia em que lhe morreram dois em casa, que foram os derradeiros que lhe morreram daquela doença peçonhenta e nojenta, depois que os levaram da casa para enterrar, mandou ela confessante lançar fora a água de dois potes que tinha na cantareira, de que bebia, por uma sua escrava, e lavá-los e tornar a trazê-los de água fresca para casa.[168]

Uma denunciante acusaria Beatriz Mendes de manter outros costumes do ritual fúnebre judaico, como o uso de roupas limpas, novas e inteiras para a preparação do corpo. Informava então que, após o falecimento de uma neta, "a dita Beatriz Mendes, avó da defunta, pedindo-se uma camisa para a amortalharem, disse que dessem uma das suas camisas novas para amortalharem a dita sua neta".[169]

Beatriz Mendes seria ainda denunciada por uma antiga serviçal de sua casa de preparar alimentos à maneira dos judeus. De acordo com a testemunha,

> toda a carne de carneiro ou de vaca que vinha do açougue para comer, lhe tirava primeiro o sebo e, às vezes, o mandava tirar por ela denunciante, que lho tirava e adubava na panela com azeite, e a carne que mais costumava comer era de carneiro, no qual algumas vezes lançava também grãos com seus adubos na panela, e também algumas vezes que comiam galinha, a temperavam também na panela com azeite e com uma pequenina de cebola.[170]

---

167 "Confissão de Violante Pacheca, cristã-nova, na graça", em 17/12/1594. *Idem*, p. 117-118.

168 "Confissão de Beatriz Antunes Mendes, em parte cristã-nova, na graça", em 10/12/1594. *Idem*, p. 102-104.

169 "Maria Álvares contra Beatriz Mendes e outras pessoas", em 22/11/1593. *Idem*, p. 111-112.

170 "Luzia Lourenço contra Beatriz Mendes e seu marido Duarte Rodrigues, Fernão Rodrigues d'Elvas e sua mulher Inez Lopes e uma filha deste casal cujo nome ignora", em 20/12/1594. *Idem*, p. 386-388.

A prática do *Shabat* também seria identificada na etapa pernambucana da visitação. D. Joana de Albuquerque descreveria em minúcias a preparação do lar e da família para o dia do descanso dos judeus pela cristã-nova Joana Mendes, a quem acusava de "judia e que fazia as cerimônias de judia, que guardava os sábados". Segundo D. Joana de Albuquerque, "sendo sábados de trabalho, os guardava, e neles vestia camisa lavada, e neles lavava e vestia de camisas lavadas as suas filhas e as enfeitava neles, e que nas sextas-feiras, mandava limpar os candeeiros, e os limpava e lhes punha torcidas novas".[171]

A limpeza e preparação dos candeeiros ou lâmpadas pendentes, com a colocação de novos pavios (torcidas) e óleo, é mais uma das atividades preparatórias características do *Shabat*. As duas lâmpadas do *Shabat* são acesas como sinal do início da guarda do sábado, e representam as duas referências sobre a data no Decálogo: "Lembra o dia do *Shabat*" (Êx. 20, 8) e "Guarda o dia do *Shabat*" (Dt. 5, 12), além de simbolizar "a luz divina que desce sobre o mundo durante o dia de Shabat e a alma suplementar (*neshamá ieterá*) que brilha dentro de cada judeu enquanto dura o Shabat". A tradição diz que as lâmpadas devem ser acesas pela mulher que, em seguida, passa as mãos sobre as chamas, cobrindo depois os olhos; daí, faz a bênção e abre seus olhos para a luz do *Shabat*, vivendo um momento particular de prece por sua família.[172]

Também uma certa Inês Fernandes seria denunciada pela guarda do sábado, incluindo a denunciante em seu depoimento a descrição das roupas que Inês trajava na ocasião. Ao que parece, separava suas melhores vestes para usar na data, quando suspendia suas atividades de fiandeira:

> se vestiu de festa, com uma saia de tafetá azul e jubão de olanda (*sic*), lavado, e toucado na cabeça, lavado, e em todo o dito dia de sábado, sendo de trabalho, guardou e não trabalhou, porque nos mais dias da semana, a viu estar com uma saia de pano, fiando, e no dito sábado, não tomou roca nem fez outro serviço algum.[173]

Importante depoimento seria dado pela cristã-velha Catarina de Lemos, que informaria ter ouvido de uma sua comadre, que uma tal Catarina Álvares mantinha-se à espera do Messias prometido aos judeus, sem aceitar a Jesus Cristo como o Verdadeiro Messias conforme a crença cristã. Em conversa com um mancebo que fora criado de soldada no Espírito Santo, teria Catarina Álvares pronunciado o

---

171 "D. Joanna de Albuquerque contra Joanna Mendes", em 05/03/1594. *Idem*, p. 246-247.

172 UNTERMAN, Alan. *Op. cit.*, 1992, p. 149.

173 "Angela Antonio contra Inez Fernandes, mulher de Balthazar Leitão", em 22/11/1593. *Denunciações e Confissões de Pernambuco. Op. cit.*, 1984, p. 105-107.

seguinte juramento, esperando o dia de sua redenção e preparando a vingança sobre os que considerava seus opressores: "*guai, guai*, filho, que inda o Messias não é vindo, e estamos esperando por ele, e como ele vier, estes *cañis* (*sic*) destes cristãos-velhos hão de ser nossos escravos"![174]

Uma das mais completas denúncias de criptojudaísmo presente na documentação da fase pernambucana da primeira visitação seria a acusação feita pela cristã-velha Bárbara Castellana contra a sua madrasta Branca Mendes. Contava que, durante o tempo em que esteve em poder de Branca, dos cinco até os dezessete anos, idade em que casou, vira sempre que, "quando morria alguma pessoa na vila, mandava lançar fora toda a água dos potes que em casa havia, e depois de os defuntos enterrados, mandava trazer água fresca para casa". Perguntando-lhe os filhos o motivo de tal costume, "respondia que não era bom beber aquela água porque morreu tal pessoa". A enteada informaria ainda ter presenciado a prática do luto judaico quando da morte da mãe de sua madrasta. Revelaria então ao visitador o ritual de preparação do corpo da falecida e o luto seguido por Branca Mendes:

> quando Violante Dias, mãe da dita sua madrasta que com elas morava portas a dentro morreu, a dita sua madrasta, depois dela morta, lavou toda, e antes de lavá-la, lhe cortou as unhas das mãos e dos pés, e as embrulhou em um pano novo, que por ela denunciante mandou buscar, o qual atilho das unhas lhe meteu na mão, e assim a amortalhou. E quando a dita sua mãe morreu, mandou também lançar fora a água dos cântaros de casa, e depois dela enterrada, mandou trazer água fresca para casa, e os primeiros três dias depois que ela morreu, esteve com outras suas irmãs e seu irmão na mesma câmara onde a velha morreu, sem dela se saírem.

O Monitório de 1536 confirma o ato de cortar e guardar as unhas de um defunto como rito judaico. De acordo com Lipiner, "trata-se de uma antiga superstição judaica regulada por preceitos talmúdicos em que se recomenda não jogar fora o aparo das unhas, senão guardá-los, queimá-los ou enterrá-los".[175] Além da preparação do corpo

---

174 "Catharina de Lemos contra Catharina Alvares, Bárbara Luis e Fuão Cabreira", em 13/01/1594. *Idem*, p. 142-145.

175 Lipiner cita ainda como exemplo o processo movido pela Inquisição contra uma certa Francisca Fernandes, originária da vila de Seia, mesma localidade onde os supostos pai e avô de Ana Rodrigues atuavam como juízes de órfãos. Francisca seria acusada, entre outras práticas, de ajudar "a amortalhar um defunto ao modo judaico, cortando-lhe as unhas dos pés e das mãos e os cabelos da cabeça, e lavando todo". LIPINER, Elias. *Op. cit.*, 1999, p. 78.

para o sepultamento, os filhos da defunta manteriam o luto fechado, *shiva*, evitando o consumo de certos alimentos: "nos oito dias ou semana seguinte depois da morte da velha, não comeram a dita sua madrasta e suas irmãs e irmão carne, senão peixe, e mandando o pai dela denunciante cozinhar carne, a não quiseram comer, senão peixe".

Afora a guarda, a madrasta costumava respeitar o dia sagrado dos judeus. É o que afirmaria perante o visitador Bárbara Castellana, que informava ter presenciado, em vários momentos, o descanso sabático de Branca:

> viu no dito espaço de tempo que sempre a dita sua madrasta guardava os sábados sendo dia de trabalho, e neles não fiava nem cosia, nem fazia outros serviços que era costumado fazer nos dias da semana, e sempre nas sextas-feiras, digo, e nos mesmos sábados, se vestia de camisa lavada e toucado lavado.[176]

Dentre as mulheres mais insistentemente acusadas ao Santo Ofício como judaizantes durante a etapa pernambucana da visitação, encontra-se a cristã-nova Branca Dias, matriarca dos Fernandes, moradora em Camaragibe, exemplo definitivo do "rabinato feminino" exercido na colônia, não só pelo alto número de acusações de que seria vítima, mas pela excessiva minúcia sobre as práticas de judaísmo que mantinha em seu cotidiano. Branca Dias seria a mulher mais denunciada durante a passagem de Heitor Furtado por Pernambuco, delatada por muitas das que frequentavam a residência da família durante as lições que ministrava para a educação de moças. Na documentação conhecida sobre a primeira visitação, encontram-se onze denúncias referentes à matriarca dos Fernandes. Verdadeiro baluarte do criptojudaísmo brasílico, a senhora de Camaragibe teria sua vida vasculhada e detalhes de seus comportamentos revelados com insistência ao visitador.

Branca Dias deixara o reino depois de cumprir pena no Santo Ofício de Lisboa, onde seria presa em setembro de 1543, quando possuía por volta de trinta anos. Nascera em Viana, Foz do Lima, região do Minho, fronteira Norte de Portugal, dentre as primeiras gerações de cristãos-novos, tendo certamente convivido com *batizados em pé* e mantido contato com algumas das tradições do judaísmo livre. Fora denunciada pela própria mãe e irmã de práticas judaicas – ambas também presas e processadas pelo Tribunal Inquisitorial. Confessaria suas práticas judaicas e seria reconciliada com a Igreja em 1545, condenada a dois anos de cárcere e ao uso de sambenito.

---

176 "Barbara Castellana contra Branca Mendes", em 22/11/1593. *Denunciações e Confissões de Pernambuco. Op. cit.*, 1984, p. 99-103.

O historiador José Antônio Gonsalves de Mello consultou o processo contra Branca Dias, no qual encontrou o libelo acusatório que informava suas culpas:

> sendo ela cristã batizada, veio a judaizar e apostatar da fé Católica, honrando os sábados e obedecendo a ritos e cerimônias judaicas de oito anos a esta parte (portanto desde cerca de 1535); que às sextas-feiras punha mais uma matula (isto é, mecha, torcida) no candeeiro por honra do sábado e vestia camisa limpa e punha lençóis lavados na cama, tudo por honra do dito dia e que jejuava o jejum de Quipur, que os Judeus chamavam o Dia das Perdoanças.[177]

Branca Dias seria solta em 1545, porém, com a condição de não sair de Portugal – o que não cumpriria. Livre, acabaria transferindo-se para Pernambuco, onde já se encontrava seu marido, o comerciante Diogo Fernandes, e viveriam com os filhos, a quem eram transmitidos os valores da antiga fé. Estabelecida em Olinda, na Rua dos Palhais, localizada por detrás da igreja matriz do Salvador, em direção ao colégio de Jesus, abriria com o esposo uma espécie de pensionato-escola, um internato para moças, que funcionaria nas décadas de 1550-1560, onde lecionava com as filhas. Tinha boa procura de alunas, dotando-as ainda mais para o disputado mercado matrimonial. Em sua escola, algumas donzelas da colônia aprendiam dotes, como lavrar, costurar, trabalhos do lar e boas maneiras.

Era exemplo típico de criptojudaísmo. Dizia-se que Branca e Diogo viviam "na lei judaica, e faziam suas cerimônias e faziam a esnoga".[178] Corria a fama de que o casal possuía uma sinagoga em seu engenho, a famosa "esnoga de Camaragibe", uma das mais denunciadas durante a visitação de Heitor Furtado, frequentada por boa parte dos acusados de práticas judaicas em Pernambuco, entre eles, alguns dos mais importantes e principais homens da capitania. Não obstante a notoriedade das suspeitas que recaíam sobre o casal Branca Dias e Diogo Fernandes, conseguiriam – assim como os Antunes – casamentos com cristãos-velhos para boa parte dos filhos, fator que colaboraria para o relacionamento e integração da família com a gente mais importante de Pernambuco. Mantinham uma estratégia especial na campanha pela diminuição das perseguições sociais devido à mácula sanguínea da família, dotando apenas os filhos que privilegiassem o casamento com cristãos-velhos – prática esta que deve ter sido bastante corrente à época.

---

177 GONSALVES DE MELLO, José Antônio. Op. cit., 1996, p. 119.

178 "Diogo Barreiros contra Branca Dias, seu genro Diogo Fernandes, Duarte Fernandes, Francisco Pardo, Simão Vaz, Pantaleão Vaz e Manoel Vaz", em 02/04/1594. Idem, p. 251-252.

Diogo morreria judeu, senão oficialmente, pelo menos de alma, entre os anos de 1563 e 1567. Judaizou em Camaragibe sem maiores problemas até o fim de seus dias. E gastou na morte que considerava honrada suas últimas forças. Moribundo, aconselhado a repetir o nome do Messias cristão, passou os momentos finais da vida a rechaçar um crucifixo que lhe era mostrado, virando o rosto e negando-se a chamar por Cristo. Após a morte do marido, Branca dedicar-se-ia, juntamente com os filhos, a cuidar de suas terras e partidos de cana. A matriarca faleceria cerca de duas décadas após o marido. Em texto clássico, Evaldo Cabral de Mello indica o biênio 1588-1589 como data mais provável de seu falecimento.[179] Sobre a sua idade provável, Gonsalves de Mello esforçou--se para aproximar-se da data de nascimento de Branca Dias. Informava em sessão de seu processo de 1543 ser casada há cerca de doze ou quinze anos com Diogo Fernandes, logo, por volta do término da década de 1520 ou início dos anos 1930. Admitindo-se que tenha casado com a idade aproximada de quinze anos, teria provavelmente nascido na primeira metade dos anos 1510, e morrido entre os setenta e oitenta anos, idade próxima daquela em que seria presa pela Inquisição a outra grande matriarca do criptojudaísmo brasílico, Ana Rodrigues.[180]

A matriarca de Camaragibe, apesar das evidências, esforçar-se-ia no esteriótipo de boa cristã, fazendo-se vista a frequentar as missas, procurando diminuir as desconfianças sociais sobre suas práticas. No segredo do lar, porém, comportava-se de acordo com a tradição dos antepassados. Apesar de casar as filhas com cristãos-velhos respeitados, não dispensava a presença destas nas celebrações da fé judaica que fazia em sua residência, reunindo as filhas para o *Shabat*. Além de Branca, de sua família sairiam quatro gerações de indivíduos aprisionados e/ou processados pelo Santo Ofício: sua mãe, a irmã, o marido, alguns de seus filhos e netos.

Quando o inquisidor chegou a Pernambuco, tanto Diogo Fernandes quanto Branca Dias eram já falecidos, o que não impediria nossa matriarca de estar no rol das figuras mais denunciadas de toda a visitação. Algumas de suas antigas aprendizes e alguns de seus conhecidos de longa data relembrariam o estranho comportamento e costumes malvistos da professora de boas maneiras, relatando, em certos casos, alguns dos fatos ocorridos há mais de trinta ou trinta e tantos anos. A partir das acusações, percebe-se que Branca Dias repetiria por completo na colônia os comportamentos que a levaram à condenação pela Inquisição enquanto morava no reino: fora novamente denunciada de todas as culpas que havia confessado ao inquisidor em 1543. Em sua maior parte, as acusações apontavam o empenho da família em preparar a casa para a guarda dos

---

179 MELLO, Evaldo Cabral de. *O Nome e o Sangue: Uma parábola familiar no Pernambuco colonial.* 2ª ed. Rio de Janeiro: Topbooks, 2000, principalmente o capítulo "Branca Dias e outras sombras", p. 87-151.

180 GONSALVES DE MELLO, José Antônio. *Op. cit.*, 1996, p. 119 e p. 131-132.

sábados e ajuntamentos para o cumprimento das práticas religiosas dos judeus, inclusive a celebração de datas festivas do calendário mosaico.

Joana Fernandes seria uma das antigas alunas delatoras, e informaria que a velha mestra preparava-se para o dia de descanso semanal com a melhor roupa que tinha, vestindo-se de gala:

> sendo costume da dita Branca Dias em todos os outros dias da semana fiar algodão e andar vestida do seu vestido da semana, ela denunciante viu a dita Branca Dias nos sábados de todo o dito ano que em uma casa aprendeu, não fiar nunca, e viu que nos ditos sábados pela manhã se vestia com camisa lavada, e apertava a cabeça com seu toucado lavado, e vestia neles o melhor vestido que tinha, que era uma saia azul clara que ela tinha de festa, a qual não costumava vestir nos dias da semana.

Nas sextas-feiras à tarde, dava ordens para as discípulas e as negras da casa lavarem a louça, espanarem a parede e esfregarem o sobrado, deixando a casa limpa e arrumada para o *Shabat*, e, nos sábados, não mandava os filhos à escola, e realizavam todos a refeição "mais cedo que nos outros dias, e [...] chamava acima do sobrado as ditas suas filhas [...] e todos iam então acima jantar com ela", quando "jantavam sempre uma iguaria que nunca comiam", amarela, preparada com grãos pisados e carne picada acrescidos de tempero, que ficava no fogo desde o entardecer de sexta-feira até o dia seguinte, para que servisse de prato quente para o almoço do sábado.[181]

Outra das alunas de Branca Dias informaria que, durante todo o tempo em que assistiu às aulas na casa da matriarca, os sábados eram dedicados ao descanso, sem aulas ou qualquer outra tarefa, e que Branca e as filhas mantinham sempre o mesmo ritual – provavelmente reunindo a família para as preces judaicas, isolados em cômodo separado do ambiente cristão:

> todas se fechavam em uma casa térrea grande, e mandavam fechar as portas da rua, que eram em umas casas nesta vila, na rua que vai para Jesus, em todos os sábados daquele tempo que ela denunciante em sua casa esteve, e nos ditos sábados se fechavam a dita Branca Dias com as ditas suas filhas todo o dia, de pela manhã até a noite, e não trabalhavam,

---

181 "Joanna Fernandes contra Branca Dias", em 03/11/1593. *Denunciações e Confissões de Pernambuco. Op. cit.*, 1984, p. 30-32.

e mandavam as moças que aprendiam para suas casas nos ditos sábados, e algumas vezes as mandavam para um quintal, a folgar.[182]

Ana Lins, também uma ex-aluna de Branca Dias, dizia que fora posta por seu pai, dos cinco aos oito anos de idade, sob os cuidados da escola do casal Fernandes, "para nela ser doutrinada e ensinada a coser e a lavrar", e no espaço de três anos, assistiu a "guardarem os sábados". Porém, informava que as filhas de Branca e Diogo nem sempre seguiam tão à risca os costumes mantidos pelos pais: "as quais filhas, nos sábado, não eram *apremadas* (sic) pela mãe a coserem como na semana, mas, às vezes, sem a mãe lho mandar, cosiam nos ditos sábados e lavravam, como as outras moças de fora também faziam".[183]

Em outros momentos, os estratagemas de disfarce serviam para comprovar a realidade cruel a que estavam submetidos os cristãos-novos e, em especial, os criptojudeus, que viam sua vida religiosa marcada pela duplicidade, divididos entre a fé que lhes fora tirada e a fé que não os aceitava e nem aceitavam. Assim, Maria Lopes teria presenciado os sábados reservados ao descanso pelos Fernandes durante o tempo em que frequentara a casa. Sem entender os motivos daquela prática, afirmava ao visitador que fora buscar informações com uma das filhas de Branca Dias, recebendo então uma explicação inesperada: "uma vez, perguntou ela à dita Brites Fernandes Alcorcovada por que razão naquela casa de sua mãe Branca Dias todos guardavam os sábados, ela lhe respondeu que 'a dita sua mãe era devota de Nossa Senhora, e por essa razão guardavam todos os sábados!'"[184]

A restrita privacidade existente no ambiente colonial encarregar-se-ia de divulgar o que ocorria entre as paredes do sobrado dos Fernandes: o grande movimento de alunas e demais pessoas na casa faria com que ouvidos e olhos estivessem sempre atentos para saber novidades da vida privada, tornada pública constantemente. Antiga vizinha da dama judaizante, Beatriz Luis mostraria em seu depoimento a confusão existente entre os símbolos que representavam o judaísmo, alguns dos quais, herdeiros de um imaginário que tendia, no limite, a demonizar os judeus. Contava ao inquisidor ter ouvido de um neto de Branca Dias, ainda longe da idade do silêncio e de compreender o que vira, então com cerca de cinco anos, que sua avó "tinha debaixo do chão uns santinhos, assim

---

182 "Isabel Frasoa contra Branca Dias, suas filhas e outras pessoas", em 06/11/1593. *Idem*, p. 44-47.

183 "Ana Lins contra Diogo Fernandes, sua mulher Branca Dias e suas filhas, Violante Fernandes e Bento Teixeira", em 10/11/1593. *Idem*, p. 54-58.

184 "Maria Lopes contra Diogo Fernandes, sua mulher Branca Dias, suas filhas Inez Fernandes, Beatriz Fernandes, Felippa de Paz, Isabel Fernandes e Andresa Jorge e seu filho Jorge Dias de Paz", em 18/01/1594. *Idem*, p. 149-153.

como pacas, aos quais adorava, [...] as quais pacas são uns animais do mato desta terra que pouco mais ou menos têm o parecer de lebres". Não apenas acusava a posse da *toura* pela avó, como desvendava o seu esconderijo, "debaixo do chão", para não ser acidentalmente encontrada por nenhum curioso frequentador da residência. Para evitar maiores problemas e novas revelações, o menino delator "se ausentou desta terra" e seguiu para o reino, na cidade do Porto, a mando dos parentes.[185]

Outras ex-alunas e conhecidos procurariam o inquisidor para relatar o que sabiam: o padre Francisco Pinto Doutel lembraria que nunca ouvira da matriarca nomear o nome de Jesus.[186] Maria Álvares, ressaltaria o descaso com o símbolo do martírio cristão exibido pela mestra: ao trazer certa vez "no pescoço umas contas de rezar com uma cruz pendurada nelas, correndo-lhe a cruz para diante dos peitos, tomou com a mão a cruz e, dizendo para a cruz *dou-te ao demo*, a lançou para detrás das costas".[187] Ana Lins, que por três anos fora "doutrinada e ensinada a coser e a lavrar" afirmava que, aos domingos, estando nas missas, "quando levantavam ao senhor na hóstia consagrada, olhando a dita Branca Dias para a hóstia, dizia estas palavras: 'ah, cães encadeados!'", enquanto apontava para o altar. Reparara ainda que a antiga professora possuía sobre a cama "uma cabeça de boi sem cornos", "feita de pau aleonado escuro, cor natural do mesmo pau, sem ter tinta", de "comprimento de palmo e meio, pouco mais ou menos, a qual cabeça de bezerro se punha muitas vezes sobre a dita cama às sextas-feiras", onde ficava até os domingos,[188] em mais um sinal de que a matriarca mantinha a guarda dos sábados em sua residência. A cabeça de boi, ou "toura", era a corruptela a que foi submetido o livro sagrado dos judeus, a *Torá*. Para Lipiner, "dada a clandestinidade que envolvia todos os atos da prática judaica, é de admitir-se que os próprios cristãos-novos adotassem o estratagema de confundir sua *toura* com a cabeça de boi, em linguagem cifrada, subtraindo, assim, o verdadeiro significado à compreensão dos espias do Santo Ofício".[189]

Além da suspensão dos trabalhos e das aulas, da limpeza da casa e do uso das roupas de festa, afora a presença de uma *Torá*, outro indício da realização do *Shabat* pelos Fernandes era a preparação de um alimento especial, o *tcholent*, para o almoço dos sábados em família. Segundo uma das testemunhas, "a dita Branca Dias

---

185 "Beatriz Luis contra Branca Dias", em 03/11/1593. *Idem*, p. 32-33.

186 *Apud* LIPINER, Elias. *Op. cit.*, 1969, p. 175.

187 "Maria Alvares contra Pedralvares Madeira e Branca Dias", em 05/02/1594. *Denunciações e Confissões de Pernambuco. Op. cit.*, 1984, p. 200-203.

188 "Ana Lins contra Diogo Fernandes, sua mulher Branca Dias e suas filhas, Violante Fernandes e Bento Teixeira", em 10/11/1593. *Idem*, p. 54-58.

189 LIPINER, Elias. *Op. cit.*, 1969, p. 88.

mandava por uma sua escrava, Felipa, já defunta, uma panelada de comer, a qual ficava cozinhada daquela tarde para o dia seguinte". A refeição era feita da maneira seguinte: "lançavam a carne picada na panela com azeite e cebola e grãos e adubos e outras cousas, e barravam-lhe o testo com massa ao redor, e metiam-na dentro em um forno onde estava, até se cozer".[190]

As acusações contra a velha professora de boas maneiras se avolumariam nos papéis referentes à visitação. Alguns de seus filhos, filhas e netos seriam igualmente delatados de práticas e costumes judaizantes, levando ao conhecimento do inquisidor as histórias e comentários sobre o que ocorria em Camaragibe. Das filhas de Branca, Guiomar Fernandes seria denunciada por um enteado de não comer peixe de pele que não tivesse escama; Andresa Jorge teria participado de uma cerimônia fúnebre em que a defunta fora amortalhada ao modo judaico; Inês Fernandes seria denunciada de guardar os sábados, sempre deitada numa rede, entretida com a leitura de livros, ou à janela, vestida com suas melhores roupas; Violante Fernandes receberia em casa algumas vezes a Bento Teixeira, mestre de latim e aritmética, célebre autor da *Prosopopeia*, e um dos mais acusados de judaísmo perante o visitador Heitor Furtado de Mendonça, que lhe traduzia a bíblia de latim em linguagem. Jorge Dias, que fora educado dentro dos ritos do judaísmo ainda menino, seria flagrado por um denunciante lendo um livro em espanhol que tratava da história de Tobias.

Resultado desta febre de acusações contra a família é que além do processo contra Branca Dias, encontramos nos arquivos da Inquisição portuguesa vários outros códices processuais dedicados aos membros dos Fernandes, a saber: a mãe, Violante Dias, e a irmã, Isabel Dias; o marido, Diogo Fernandes; Brites Fernandes e Andressa Jorge, suas filhas, mais Briolanja Fernandes (filha adulterina de Digo Fernandes); Ana da Costa de Arruda, Catarina Favela, Beatriz de Souza e Maria de Souza, suas netas, e ainda Brásia Pinta, casada com Leonardo Pereira, um dos netos de Branca Dias. Outro neto, Jorge de Souza, acabaria preso e julgado em Olinda pelo visitador por sodomia: na capa de seu processo, lê-se, "este delito é gravíssimo e as leis dão pena de morte por ele", mas seria *apenas* degradado para Angola. Prova de que as práticas judaicas ensinadas por Diogo e Branca continuavam a ser repetidas – embora, obviamente, com menor intensidade – pelas novas gerações da família.[191]

---

190 "Ana Lins contra Diogo Fernandes, sua mulher Branca Dias e suas filhas, Violante Fernandes e Bento Teixeira", em 10/11/1593. *Idem*, p. 54-58.

191 Sobre o caso Branca Dias, conferir, entre outros, os trabalhos de Fernando Gil Portela Vieira. *O Santo Ofício da Inquisição na colônia e nas letras: as apropriações da cristã-nova Branca Dias na literatura*. Dissertação de Mestrado apresentada à Universidade Federal Fluminense. Niterói, 2007, e Niskier, Arnaldo. *Branca Dias: o martírio*. Rio de Janeiro: Consultor, 2006.

A consulta à documentação referente à primeira visitação inquisitorial ao Brasil revela um considerável número de denúncias envolvendo mulheres acusadas de costumes, ritos, práticas e atitudes atribuídas ao judaísmo. Não raro, apenas repetiam hábitos herdados dos antepassados, sem que tivessem um maior conhecimento sobre a origem herética embutida nos seus atos. Em outros casos, a manutenção consciente das práticas ligadas à religião judaica mostrava-se realidade – embora a intensidade deste criptojudaísmo variasse a cada caso, assim como no tempo e no espaço –, utilizando-se as cristãs-novas de artimanhas diversificadas para a dissimulação, nem sempre bem-sucedida, da ambiguidade religiosa em que viviam, como católicas, publicamente, e judias, na intimidade. Entre estas mulheres criptojudias, destaca-se o exemplo das matriarcas denunciadas à mesa do visitador, como Mécia Roiz, Maria Lopes, Violante Dias, Branca Dias e Ana Rodrigues. Responsáveis pela educação dos filhos e, não raro, pelo funcionamento dos negócios e da casa, não esqueceriam o caráter matrilinear na transmissão do judaísmo (ou seja: a mãe judia é quem determina o judaísmo dos filhos), praticando-o de "portas a dentro", dissimuladamente, adaptando-o às restrições e dificuldades vigentes, mas mantendo viva a chama da fé dos antepassados, relembrada na memória e vivenciada no oculto do lar. Em seu dicionário da Santa Inquisição, Elias Lipiner lembra que o Santo Ofício definia como *apostasiarcas* os que são considerados desviados e apartados do caminho da verdade, abandonando a vida religiosa cristã e abraçando a heresia judaica. Talvez seja esta uma definição bem de acordo com os representantes do Tribunal para definir a atuação das "mulheres-rabi" na luta árdua pela sobrevivência do judaísmo em ambiente hostil.[192] O braço inquisitorial, todavia, estaria atento e envolveria algumas vítimas em sua teia.

---

192 LIPINER, Elias. *Op. cit.*, 1999, p. 31.

CAPÍTULO 5
A desdita das "Macabeias" na teia do Santo Ofício

Tudo que não é como eles parece-lhes contra eles.
Marguerite YOURCENAR, *A Obra em Negro*

Rezem por ela e que todos interrompam o que estão fazendo para soprar-lhe vida, pois Macabéa está por enquanto solta no ocaso como a porta balançando ao vento no infinito.
Clarice LISPECTOR, *A hora da estrela*

Mas o Rei do mundo nos fará ressurgir para uma vida eterna, a nós que morremos por suas leis.
2Mc 7, 9

Criptojudaísmo feminino na colônia

A presença inaugural de uma visitação do Tribunal do Santo Ofício da Inquisição nas capitanias do Nordeste açucareiro revelaria uma sociedade multifacetada, fortemente influenciada pela religiosidade cristã herdada da metrópole, aqui como lá recheada pela somatória de contribuições estranhas ao catolicismo dominante, herança direta dos séculos de convivência entre cristãos, mouros e judeus que caracterizou a Lusitânia desde muito antes de Afonso Henriques, e que não se encerraria por completo apesar dos decretos de monopólio católico em fins do século XV e da posterior criação da Inquisição portuguesa, conforme se pode perceber na riqueza dos indícios de circularidade religiosa e cultural presentes na documentação coletada pelo primeiro visitador.[1]

---

1   Em artigo célebre, Anita Novinsky e Amílcar Paulo relatam a longevidade desta circularidade religiosa através dos costumes e ritos celebrados entre os "criptojudeus" de Belmonte, cidade localizada na região da Beira Baixa, proximidades da Serra da Estrela, que visitaram em 1965. NOVINSKY, Anita

A sociedade colonial em formação, embora com cores menos dramáticas, espelharia os conflitos vividos em Portugal em nome da pureza e boa norma cristãs, ameaçadas, aos olhos populares, pelos neoconversos, que acabariam por sofrer, em maior escala, os desdobramentos das perseguições aos hereges que então grassavam no reino.

Durante o primeiro século de presença portuguesa, a colônia reuniria elementos que corroborariam para amenizar, ao menos em parte, os conflitos sociais entre cristãos-velhos e novos existentes em Portugal e que se intensificavam conforme a crescente estruturação e funcionamento do aparato inquisitorial. Fatores como o isolamento causado pela considerável distância do reino e a falta de uma presença mais efetiva dos representantes da Igreja e do Estado no espaço brasílico, aliados ao grande número de cristãos-novos oriundos das mais diferentes regiões dos domínios portugueses, e sua inserção em praticamente todos os âmbitos da vida colonial, onde alcançariam considerável destaque, acabariam por permitir uma relativa harmonia entre neoconversos e cristãos-velhos no trópico, se comparado ao clima de intensas perseguições vivenciado em Portugal, tornando possível o surgimento de um ambiente relativamente mais propício à ocorrência de manifestações, embora ocultas, da antiga fé dos antepassados judeus proibida a partir do período manuelino. Longe, porém, de entendermos o ambiente colonial quinhentista como livre de qualquer tipo de perseguição aos judaizantes, conforme atesta, com luxo de exemplos, a presença de visitações esporádicas, familiares e outros representantes nomeados do Santo Ofício na colônia.[2]

Por outro lado, é também sabido que, conforme maior o distanciamento do momento inicial de conversão forçada, mais raras as possibilidades de encontrarmos cristãos-novos que, de fato, conheceram ou frequentaram regiões de judaísmo livre, mantendo contato com a tradição judaica em seu sentido mais amplo. Desse modo, o criptojudaísmo, embora estivesse obviamente calcado na profissão da fé herdada dos antepassados, mostrava-se, na realidade, uma releitura particular do judaísmo possível dentro das interdições, limitações, regionalismos e implicações que cercavam seus praticantes. Por isso, sofreria transformações ao longo do tempo e do espaço, abandonando costumes e angariando novas características conforme as condições mais ou menos favoráveis que encontrasse. Vale acrescentar o fato de que a América portuguesa localizava-se geograficamente distante de qualquer outra região onde o judaísmo fosse comungado livremente, o que tornava praticamente inviável qualquer modo de contato

---

& Paulo, Amílcar. "The Last Marranos". *Commentary*, New York, vol. 43, n. 5, maio 1967, p. 76-81. Também Maria Antonieta Garcia retrataria a longevidade do criptojudaísmo belmontense, ao analisar a resistência das "criptojudias" da região à implantação de uma sinagoga na vila, considerando os rabinos tradicionais piores do que os padres. Garcia, Maria Antonieta. *Op. cit.*, 1999.

2   *Cf.* Calainho, Daniela Buono. *Agentes da fé: Familiares da Inquisição portuguesa no Brasil colonial*. Bauru: EDUSC, 2006.

mais constante com comunidades judaicas que seguissem sem impedimentos legais o calendário mosaico e possuíssem liberdade de culto, acesso a textos sagrados, autoridades religiosas reconhecidas e atuantes, e sinagogas instituídas, e que, em consequência, pudessem fornecer qualquer tipo de orientação religiosa, legitimada pela tradição, aos cristãos-novos judaizantes da luso-América. Assim, os neoconversos viam-se obrigados a redimensionar a prática do judaísmo dentro das possibilidades e das especificidades criptojudaicas a que foram reduzidos, procurando encontrar soluções particulares para a ausência de elementos relativos à religião tradicional que permitissem a manutenção da fé de Israel apesar das determinações em contrário. Desenhava-se, deste modo, o quadro para o surgimento de um criptojudaísmo que, embora calcado na experiência dos antigos judeus sefaraditas de Espanha e Portugal, espelhado nas práticas trazidas pelos cristãos-novos recém-chegados do reino, acabaria por assumir características próprias, norteadas pelas realidades encontradas na colônia e variantes ao longo de gerações.

As pressões oficiais contra os judaizantes, contudo, não impediriam que os neoconversos se adaptassem, sem maiores dificuldades, ao "viver em colônias". Os laços de bom convívio entre cristãos-novos e cristãos-velhos no espaço brasílico acabariam por moldar a norma dos primeiros tempos da colonização. "Apesar das perseguições e do controle exercido pelos funcionários", explica Anita Novinsky, "o sentimento de liberdade foi maior que no Reino. Cruzando o Atlântico, os portugueses encontravam seus parentes, amigos, vizinhos da mesma aldeia, que os recebiam, carentes de notícias da pátria e de suas famílias".[3] Assim, não é errado afirmar que, até a última década do século XVI, com a chegada do primeiro visitador do Santo Ofício, o licenciado Heitor Furtado de Mendonça, os criptojudeus da colônia, embora procurassem constantemente dar provas públicas de sua real aceitação católica, mantivessem (nem sempre) em segredo, sem maiores ameaças ou perseguições, as práticas e ritos referentes à fé dos antigos parentes judeus. Situação esta que, malgrado os anos de convivência relativamente harmônica ao longo de todo o período do Quinhentos, seria abruptamente interrompida, como vimos, com o desembarque dos representantes da Inquisição na colônia, a gerar alvoroço generalizado entre os seus habitantes.

Dos variados tipos de heresia relatados ao visitador durante a primeira estada do Tribunal do Santo Ofício no Brasil, os casos de *heresia judaizante* representariam a maioria das denúncias e a mais forte preocupação dos representantes inquisitoriais, repetindo um quadro verificado em Portugal desde os primórdios do funcionamento da Inquisição em território luso.[4] Esfaceladas as sociabilidades, rompido o bom convívio

---

3   NOVINSKY, Anita. *Op. cit.*, 2002, p. 24.

4   Segundo Luiz Mott, "das mais de 40 mil pessoas aprisionadas nos cárceres secretos das inquisições de Lisboa, Coimbra e Évora e das mais de mil vítimas que efetivamente morreram na fogueira, passa de

até então reinante no trópico, os cristãos-novos – vistos como judaizantes em potencial por uma significativa parcela da população – seriam as principais vítimas da visitação, alvos dos mais acusados perante a mesa do inquisidor.

Ao observar a totalidade (relativa, todavia, de acordo com os livros conhecidos da visitação) dos que compareceram para prestar confissões ou acusar terceiros ao visitador do Santo Ofício entre 1591 e 1595 sobre as mais variadas práticas heréticas, percebe-se a predominância de homens entre os denunciadores e aqueles que procurariam Heitor Furtado de Mendonça para informar o que sabiam. A verificada carência de mulheres brancas na colônia também se refletia no desenrolar da visitação, representada no baixo número de mulheres presentes na documentação que procurariam a mesa do visitador para confessar ou acusar o que sabiam. Em sua maior parte, os documentos dizem respeito a indivíduos do sexo masculino (cerca de 83% dos acusados, 81% dos confitentes e 77% dos delatores). As mulheres, por sua vez, somavam, aproximadamente, 18% dos acusados, 19% das confitentes e 23% dos denunciadores.[5] Tanto entre os homens como entre as mulheres acusados perante a Inquisição, os relatos envolvendo práticas de judaísmo estariam na lista dos mais citados de toda a documentação.

Afora a elevada presença de homens que seriam acusados ao visitador de heresias judaizantes as mais diversas, desde a confissão de práticas cotidianas das quais diziam ignorar a origem – como a manutenção de hábitos jejunais ou costumes funerários –, até a denúncia de comportamentos irremediavelmente interpretados como sinal evidente de prática do judaísmo – leitura da *Torá*, realização de *esnoga* e atuação rabínica, dentre outros –, a documentação referente à primeira visitação do Santo Ofício ao Nordeste, conforme vimos no capítulo anterior, é também rica em exemplos que destacam uma atuação constante das mulheres à frente da organização das celebrações religiosas e práticas criptojudaicas no ambiente familiar, grandes responsáveis pela manutenção e divulgação da antiga lei aos descendentes.

A interdição aos costumes e demonstrações religiosas públicas de judaísmo no mundo português, tudo reduzido à sobrevivência oculta, longe dos olhos curiosos e vigilantes da população, alavancaria as residências – tendo a figura da mulher à frente –, à função de destaque para a sobrevivência da fé mosaica. Dessa forma, o criptojudaísmo

---

80% o número de condenados pela prática do judaísmo". Estes dados, contudo, se valem para o conjunto da ação inquisitorial, não comprovam necessariamente o que se passou na visitação ao Brasil. MOTT, Luiz. "Filhos de Abraão & de Sodoma: cristãos-novos homossexuais nos tempos da Inquisição". In: FERREIRA DA SILVA, Lina Gorenstein & TUCCI CARNEIRO, Maria Luiza (orgs.). *Op. cit.*, 2002, p. 28. De acordo com Vainfas, "o judaísmo secreto dos cristãos-novos – criptojudaísmo, portanto – continuou a ser a obsessão maior dos inquisidores portugueses, disso não resta dúvida, e assim seria até a metade do século XVIII". VAINFAS, Ronaldo. "Introdução". In: *Confissões da Bahia*. *Op. cit.*, 1997, p. 10.

5   VAINFAS, Ronaldo. *Trópico dos pecados*. *Op. cit.*, 1997, p. 240.

possível, reduzido em sua quase totalidade às reuniões familiares e ao convívio do lar, ganharia ares que o aproximariam do judaísmo primitivo, anterior à disseminação dos templos e sinagogas: ambos realçavam, em suas origens, o núcleo familiar como centro balizador e irradiador da vida judaica.

A estrutura familiar encontra-se na base da cultura e sociedade judaicas. Tradicionalmente, a família é considerada "a menor unidade social onde a herança cultural e religiosa do judaísmo era transmitida".[6] Unterman a classifica como "a unidade básica da vida ritual e cerimonial".[7] As diásporas e perseguições enfrentadas pelo povo judeu ao longo dos tempos – aí incluídas a expulsão da Espanha e o processo de conversão forçada em Portugal, que nos interessam mais de perto – tornaram a união familiar como símbolo da comunhão do homem com Deus, sendo este um dos motivos para que a celebração de datas importantes ao calendário judaico seja realizada em momentos de reunião de familiares e parentes. No lar, a mulher exerce papel primordial para a revitalização judaica ao preservar a identidade e os costumes dos antepassados, zelando pela preparação e obediência aos ritos religiosos cotidianos, repassando, principalmente através da tradição oral e das celebrações cotidianas, a memória histórica aos descendentes, que aprendiam, em família, a zelar e cumprir as leis dietéticas e os preceitos fundamentais do judaísmo. Em tempos de monopólio cristão, a importância das residências para a transmissão da herança judaica às novas gerações alcançaria patamares ainda mais elevados, transformando-se em espaço privilegiado para a adequação e sobrevivência dos ensinamentos do povo judaico em ambiente proibitivo.

As mulheres, que já desempenhavam papel fundamental na formação religiosa dos filhos no judaísmo tradicional, ganhariam ainda maior destaque na orientação da profissão de fé dos familiares por conta das proibições vigentes no mundo português. Em alguns aspectos específicos, cabe salientar, o judaísmo demonstra ser uma religião de cariz tradicionalmente matrilinear, posto que a pertinência e a crença judaica são repassadas aos filhos pela figura materna – só é plenamente judeu de nascimento aquele que é nascido de mãe judia –, responsável pelos primeiros contatos com a fé dos antepassados, atuando na iniciação dos rituais, orações, festas ou jejuns preparados no aconchego do lar, e auxiliando na educação e iniciação religiosa dos filhos. O *Mishlei*, ou Livro dos Provérbios, encerra-se com uma saudação à mulher valorosa (*eshet chail*), perfeita dona de casa que, com seu trabalho incessante, cuida da família e engrandece a casa: "Está vestida de força e dignidade, e sorri diante do futuro. Abre a boca com sabedoria, e sua língua ensina com bondade" (Prov. 31, 25-26), e "Enganosa é a graça,

---

6   Novinsky, Anita. "O papel da mulher no cripto-judaísmo português". In: *O Rosto feminino da expansão portuguesa. Op. cit.*, 1995, p. 549-555.

7   Unterman, Alan. *Op. cit.*, 1992, p. 100.

fugaz a formosura! A mulher que teme a Iahweh merece louvor! Dai-lhe parte do fruto de suas mãos, e nas portas louvem-na suas obras" (Prov. 31, 30-31). Tanto no judaísmo livre quanto em sua versão oculta, o criptojudaísmo, caberia às mulheres a transmissão da religião às novas gerações.

O monopólio católico reacenderia o papel primordial das mulheres para a ocorrência do judaísmo, sendo a importância feminina na sobrevivência judaica em ambiente de exclusão fator apontado por alguns dos principais estudiosos do assunto. Elias Lipiner informa ser bastante elevado o número de mulheres judaizantes entre as vítimas do tribunal ao longo dos seus cerca de três séculos de atuação.[8] Cecil Roth afirma que formavam a maioria dentre os que se mantinham fiéis ao judaísmo até o fim.[9] João Lúcio de Azevedo, por sua vez, credita às mulheres "maior pertinácia na crença".[10] Também Anita Novinsky ratificaria o papel das mulheres para a preservação da "Memória" judaica, verdadeiras *sacerdotisas* da crença proibida.[11] Os livros de confissões e denunciações referentes à primeira visitação inquisitorial ao Brasil confirmam a importância feminina para a continuidade deste judaísmo de "portas a dentro". Conforme relatamos no capítulo anterior, várias seriam as acusações contra mulheres que insistiam na manutenção das mais variadas formas de comportamentos ligados à dimensão judaica, não raro estendendo o papel ocupado pelas damas judaizantes da colônia para além dos limites da residência e das práticas costumeiramente destinadas à figura feminina na religião mosaica, ocupando espaços destinados dentro do judaísmo, *a priori*, aos homens.

Do recôncavo ao reino...

O grande número de acusações a relatar com minúcias um variado elenco de práticas judaizantes contra *a gente de Matoim* seria ainda agravado pela presença constante de vários dos integrantes da família na mesa da visitação para fazer suas confissões e procurar justificar – ou, pelo menos, disfarçar – os atos suspeitos que mantinham, acabando por despertar a atenção do representante do Tribunal da Inquisição para a intensidade do criptojudaísmo que ocorria entre os Antunes.

Ao tomar conhecimento do extenso leque de denúncias sobre boa parte dos membros da família, o inquisidor perceberia o papel de frente desempenhado pelo casal Heitor Antunes e Ana Rodrigues para a continuidade judaica entre os familiares. Grande parte dos depoimentos definiam o "cavaleiro-*macabeu*" e, principalmente,

---

8   LIPINER, Elias. *Op. cit.*, 1999.

9   ROTH, Cecil. *Op. cit.*, 2001.

10 AZEVEDO, J. Lúcio. *Op. cit.*, 1989.

11 NOVINSKY, Anita. *Op. cit.*, 2000.

a matriarca Ana Rodrigues, como os grandes divulgadores da fé hebraica entre os filhos e netos, espelhos do criptojudaísmo familiar vivido em Matoim. Mesmo as confissões de integrantes do clã informavam, na sua maior parte, que as práticas apontadas como judaizantes que mantinham (segundo afirmavam, sem conhecer-lhes o real significado) encontravam origem no que observavam das práticas cotidianas da velha *macabeia*. Com a morte de Heitor, a responsabilidade da função passaria quase que exclusivamente a Ana Roiz, transformando a matriarca no grande elo dos Antunes com o judaísmo dos antepassados.

Por sua vez, o licenciado Heitor Furtado de Mendonça era homem dos mais preparados para exercer a função de visitador do Brasil. Embora tenha nitidamente cometido alguns exageros e equívocos, principalmente por conta de questões inesperadas, julgando casos com os quais não estava acostumado em Portugal – como, por exemplo, a Santidade ameríndia arrastada para as terras de Fernão Cabral de Taíde, ou alguns mamelucos que combinavam práticas cristãs com rituais de antropofagia –, a ponto, inclusive, de ter recebido ordens do Conselho Geral da Inquisição para cancelar outras etapas previstas da visitação e acelerar seu regresso ao reino,[12] é certo que o nosso primeiro visitador conhecia profundamente os indícios de judaísmo oculto e as tentativas de disfarce utilizadas pelos cristãos-novos criptojudaizantes. As estratégias de arguição empregadas nas sessões de confissão com os suspeitos de manutenção judaica, procurando identificar detalhes ínfimos que permitissem identificar os verdadeiros culpados, assim como as explicações teóricas sobre judaísmo que deixaria registradas na documentação da visitação, dão mostras da inegável capacitação de Mendonça para cargo de tão alta responsabilidade e confiança.

Consciente do papel desempenhado pela matriarca à frente da religiosidade dos Antunes, o principal interesse do inquisidor-visitador, como não poderia deixar de ser, recairia sobre as denúncias que apontavam Ana Rodrigues como a grande zeladora da continuidade judaica em Matoim. Até o momento em que Ana Roiz compareceria para confessar suas culpas perante o Santo Ofício, já havia sido citada diretamente em, pelo menos, dezenove vezes, entre denúncias e confissões prestadas à mesa inquisitorial, sem contar as acusações generalizadas dirigidas contra a "gente de Matoim" ou a "gente de Bastião de Faria", que a envolviam indiretamente. De acordo com os relatos ouvidos por Heitor Furtado, percebia-se a manutenção das práticas, costumes e tradições da antiga lei, herdadas por Ana Rodrigues dos próprios pais, "batizados em pé", e reproduzidas ao longo de, ao menos, mais duas gerações, completando um século de judaísmo oculto na família após as proibições oficiais de 1496-97. A já octogenária matriarca era o mais forte exemplo do criptojudaísmo entre os Antunes, ensinando às novas gerações

---

12   *Cf.* Vainfas, Ronaldo. *Op. cit.*, 1995.

o que aprendera dos pais ex-judeus e mantinha aceso nos resquícios e reminiscências da memória. Desse modo, interessado em desmantelar as *esnogas* que ocorriam na privacidade dos Antunes e encontrar seus responsáveis, Heitor Furtado concentraria suas ações na principal representante da religiosidade do clã, embora não perdesse de vista os outros membros da família.

Durante o tempo em que esteve visitando a Bahia, entre 1591 e 1593, o licenciado do Santo Ofício ouviria a matriarca Ana Rodrigues em, pelo menos, quatro diferentes ocasiões, concentradas num período inferior a três meses: a confissão inicial, aproveitando o período da graça, ocorreria no primeiro dia de fevereiro de 1592; em oito de abril, compareceria, chamada pelo visitador, para prestar novo depoimento. No dia vinte de abril, voltaria à mesa, agora por vontade própria, para novos esclarecimentos. No dia seguinte, compareceria para ratificar seus testemunhos.

O primeiro destes encontros entre o visitador e a "matriarca-*macabeia*" ocorreria estando vigente o segundo período de graça concedido aos "moradores, residentes, estantes e vizinhos" de toda a região do Recôncavo, quando Ana Rodrigues compareceria na companhia dos filhos Nuno Fernandes e Leonor Antunes e da neta Isabel, para confessar suas culpas. Levada pelos parentes – provavelmente, incentivada pelos filhos e pelos genros de sangue "limpo" –, fora tentar explicar seus comportamentos suspeitos de judaísmo e diminuir as desconfianças generalizadas que gerava. Praxe inquisitorial, iniciaria o depoimento informando sua genealogia, dizendo ser cristã-nova da Covilhã, viúva, "de idade de oitenta anos". Contudo, ao assumir, no decorrer de sua explanação, a prática de vários comportamentos entendidos pela voz geral e listados no monitório inquisitorial como indícios de sua insistência no judaísmo (interdições dietéticas, juramentos ao modo dos judeus, lutos rituais, vazar a água da residência em caso de falecimento, não emprestar vassouras para varrer a casa de vizinhos, uso da mortalha inteira e sem costura de agulha, não pronunciar o nome de Jesus durante as orações e bênçãos), acabaria advertida pelo visitador de que "está mui forte a presunção contra ela que é judia e vive na lei de Moisés, e se afastou da nossa santa fé católica", visto que todas estas são "cerimônias manifestamente judaicas e que ela não pode negar, e que por isso fica claro que ela é judia e que as fez como judia". Pelas presunções que causava, "foi-lhe mandado pelo senhor visitador que não se saísse desta cidade sem sua licença".

Tendo a cidade como prisão no intuito de vigiar-lhe os passos, a velha senhora voltaria à mesa do tribunal, passados pouco mais de dois meses, em oito de abril do mesmo ano, convocada a prestar novos esclarecimentos. Heitor Furtado de Mendonça iniciaria a sessão advertindo a matriarca sobre as provas que havia reunido e a gravidade delas, informando as consequências previstas aos que não colaborassem com as investigações do Santo Tribunal:

> E logo o senhor visitador, com muita claridade, admoestou a dita Ana Roiz, dizendo-lhe que em seu poder estão os autos das suas culpas, e que todos os seus erros judaicos são sabidos, e que ela encobre e nega a sua tenção, a qual, segundo seus feitos, não pode presumir senão ser judia, pelo que a admoestava confesse toda verdade e a sua tenção porque, se confessar a verdade, ela merecerá e alcançará misericórdia para com Deus, e que a absolverá da excomunhão em que está, se ela algum tempo foi judia, e que ficará a sua alma sã, e com confessar verdade e pedir misericórdia, salvará a sua alma, e que ele, senhor inquisidor, usará também com ela de graça, e a não prenderá logo, e a deixará tornar para sua casa, onde ela nessa cidade está ora detida por mandato dele, senhor.

Neste segundo depoimento, diferentemente do que afirmara em sua confissão no período da graça, reconheceria ter seguido por determinado período a lei judaica, embora ressaltando que não a vivenciara na prática. Acuada pelas "admoestações e bons conselhos" recebidos do visitador, daria detalhes que rememoravam o tempo em que vivia no reino, época dos preparativos de seu casamento com Heitor Antunes, para explicar sua experiência no judaísmo: por serem "primos segundos, netos de duas irmãs", houve a necessidade de buscar-se uma dispensação em Roma para efetivar o matrimônio. Neste ínterim, "enganada pelo demônio por ruins conselhos de uma mulher parteira", sua comadre Inês Roiz, teria abraçado o judaísmo e, por espaço aproximado de um mês, "lhe contentou e lhe pareceu bem a lei de Moisés, e ela a tinha no seu coração, porém, não a usou porque não tinha modo para isso em casa" – apesar de ser, lembremos uma vez mais, filha de pais judeus convertidos ao catolicismo. Assim, durante este breve espaço de tempo, "o diabo a teve enganada e cega com a lei de Moisés", e "foi judia no seu coração, porém, não fazia as obras de fora de judia". O arrependimento, contudo, viria a tempo: "Deus fez mercê de a alumiar e lhe declarar em seu coração a verdade, de como a lei de Jesus Cristo era a verdadeira e boa. E, de então por diante, deixou a lei judaica de Moisés que tinha no seu coração. E sempre, até agora, foi boa cristã". Além do arrependimento pessoal, contara ainda com o perdão oficial, livrando-se das perseguições inquisitoriais aos neoconversos judaizantes: "veio um jubileu de Roma – não lhe lembra se estava ela ainda na Sertã, se em Lisboa, seja neste Brasil –, e que pelo dito jubileu a absolveram a ela ré confessante do dito pecado, e que agora é já boa cristã".

Pouco convencido com a explicação da matriarca, o inquisidor começaria sua artilharia de perguntas, tentando enredá-la, levando-a a titubear nas respostas, para confessar, por fim, sua culpa. Ana Rodrigues, todavia, continuaria a negar a intenção conscientemente judaica de seus atos, sendo novamente ordenada que "vá para a casa em que nesta cidade está retida por seu mandado, e que cuide bem em sua consciência para vir acabar de confessar toda a verdade a esta mesa".[13]

Por certo, as revelações que fizera durante a sessão com o representante do Santo Ofício repercutiriam entre os familiares, conscientes e temerosos das consequências advindas para a matriarca e para o restante da família por conta de suas declarações, levando nossa *macabeia* a novo depoimento de retificação. A terceira audiência de Ana Rodrigues com Heitor Furtado de Mendonça ocorreria no dia 20 de abril, portanto, menos de duas semanas após assumir que fora judia no passado. Compareceria sem ser chamada, alegando ter feito consulta à sua consciência. Dizia-se arrependida das declarações que prestara. Fato mais provável é que, aconselhada pelos filhos e genros – e ainda por um padre, durante a confissão – a respeito da gravidade de suas declarações, tenha sido orientada no sentido de negar veementemente o que dissera. Dessa forma, e para a surpresa do visitador, modificaria o depoimento anterior, desdizendo a culpa judaica anteriormente assumida:

> logo disse que, depois de ela ter feito a confissão atrás neste auto, aos oito dias deste mês de abril, em que confessou sob cargo do juramento que recebeu que ela fora judia no seu coração espaço de um mês pouco mais ou menos, estando esposada na Sertã com seu marido defunto que, depois de ter feito a dita confissão nesta mesa, ela confessante foi ao mosteiro de São Francisco e se confessou em confissão sacramental a um padre – confessou a quem ela se costuma confessar –, o qual lhe parece que é o padre comissário do dito mosteiro, e não se afirma bem se o é e, na confissão que lhe fez, ela confessou que alevantou testemunho falso sobre si nesta mesa, dizendo que ela fora judia em seu coração um mês pouco mais ou menos, o qual era falsidade, porque ela nunca foi judia, nem em seu coração, tempo nenhum.

A explicação para seu depoimento anterior, que agora afirmava ser falso, é relato dos mais valiosos para o trabalho do historiador, no sentido de compreendermos a angústia e o temor gerados pelo Tribunal em suas possíveis vítimas, alimentados pelo imaginário das agruras e tormentos sofridos por todos aqueles que fossem alcançados pelo braço do Santo Ofício, na certeza de que ninguém escapava ileso da experiência inquisitorial. Assim procuraria justificar os motivos que a levaram a mentir perante a mesa da visitação, explicando que assim agira por sentir-se pressionada:

---

13   "Primeira sessão de Ana Roiz, cristã-nova de Matoim", em 08/04/1592. Arquivo Nacional da Torre do Tombo, Inquisição de Lisboa, processo 12142.

dissera o dito falso testemunho sobre si com medo dele, senhor visitador, porque ele lhe disse nesta mesa que havia de mandar meter nas casinhas, e que o dito seu confessor lhe disse que ela não podia fazer isso, que pecava em alevantar falso testemunho contra si, pelo que ela, ora movida de sua consciência, vem, por sua vontade, a esta mesa pedir misericórdia e perdão da dita falsidade e aleive que alevantou sobre si, dizendo que fora judia não sendo ela nunca, e que ela ora se desdiz disso e torna a dizer e afirmar que ela nunca foi judia por nenhuma maneira, nem no coração nem nas obras, e que quando nesta mesa disse o dito aleive e falsidade contra si foi com medo dele, senhor visitador, porquanto lhe disse que havia de prender, e que a haviam de queimar se não confessasse verdade, e que, com este medo de ela cuidar que a prendiam já e ver ela que ele senhor visitador tocou a campainha e mandou chamar o meirinho pelo porteiro que abriu a porta desta casa do despacho, e ver ela chegar logo à porta o meirinho com a vara na mão e cuidar ela que já a levavam presa para as casinhas. Tudo isto lhe fez muito medo e, por isso, ela disse então que queria confessar verdade, e então disse a dita falsidade e aleive, dizendo que ela fora judia no coração o dito mês, sendo falso, porque sempre foi boa cristã, pelo que ora se desdiz.

Independentemente da presumível veracidade do judaísmo oculto vivenciado por Ana Rodrigues e dos reais motivos que a levaram, cautelosamente, a desdizer suas culpas, não resta dúvida de que o temor da prisão e dos tormentos enfrentados por alguns dos réus do Tribunal do Santo Ofício geravam uma atmosfera de pavor dentre todos os acusados perante a Inquisição. O próprio padre que teria ouvido a confissão da velha senhora de Matoim, o reverendo Antonio Insua, da Ordem de São Francisco, em depoimento prestado anos depois, conforme veremos adiante, confirmaria o fato, afirmando que Ana Rodrigues, segundo lhe parecia, "se fizera culpada sem o ser", e que, ao tempo de sua prisão, era "mulher muito velha", que não se movia senão levada por outrem – ou seja, já não caminhava sozinha –, e que parecia "ser tão falha de juízo". Dessa forma, não se deve duvidar de que a afirmativa da matriarca na tentativa de preservar sua já abalada integridade física e psicológica fosse, se não o único – o que, de fato, parece pouco provável –, ao menos, um dos mais fortes motivos que a levariam a modificar o depoimento que dera doze dias antes.

As contradições de Ana Rodrigues levariam o licenciado do Santo Ofício a adverti-la, "com muita caridade", de que estava sob juramento dos Santos Evangelhos, e "só com a verdade se pode salvar". Não convencido das razões alegadas para a mentira da matriarca, Heitor Furtado insistiria na confissão anterior de judaísmo, procurando envolvê-la em sua própria teia:

> E foi logo perguntada se é verdade que Inês Roiz lhe ensinou que era boa a lei de Moisés, e respondeu que a dita Inês Roiz lhe contou que, no outro tempo, os judeus guardavam a dita lei, e guardavam certos dias da semana, porém, que ela confessante não tomou a dita lei nem lhe pareceu bem, nem a seguiu, nem usou nunca.
> E foi perguntada por que jubileu foi ela absolvida do dito pecado de judia, como ela tem dito no auto atrás, e respondeu que ela nunca foi judia, e por isso não lhe lembra que a absolvessem por jubileu nenhum, e que, quando ela no auto atrás falou nas ditas palavras de jubileu, ela estava fora de si, com o dito medo, e que por isso falou e disse a dita descarga de a absolverem por jubileu, não sendo assim.

Insatisfeito com as negativas da velha macabeia, desconfiado do dedo e pressões dos parentes e ciente dos danos que causariam à família – unida por laços de matrimônio a representantes das mais respeitadas famílias cristãs-velhas da colônia – uma possível prisão e processo contra Ana Rodrigues, o inquisidor buscaria, sem sucesso, desvendar os verdadeiros responsáveis pelas mudanças no depoimento da senhora de Matoim:

> E foi perguntada que, depois que ela daqui foi esta vez derradeira passada, a qual de suas filhas ou genros contou o que deixava dito nesta mesa, e qual delas, ou deles, ou que outrem foi que aconselhou que se viesse desdizer, ela respondeu que ela não deu conta de nada a nenhuma filha nem genro seu, nem filho seu, nem a outra alguma pessoa, do que ela aqui disse, senão ao dito seu confessor, e que ninguém aconselhou que se viesse desdizer, senão somente sua consciência, e que, por isso, ela ora se desdiz como dito tem, e afirma que nunca foi judia, e que as cerimônias que tem feito não sabia que eram judaicas, e por isso as fazia simplesmente sem tenção de judia, como já tem confessado em sua primeira confissão neste mesa, no tempo da graça.[14]

---

14 "Segunda sessão de Ana Roiz", em 20/04/1592. *Idem*.

No dia seguinte, seria chamada novamente, agora para ratificar o primeiro depoimento, prestado em fevereiro, e "lhe foi perguntado se ela lembra de ter dito neste mês alguma cousa contra algumas pessoas, disse ser lembrada ter testemunhado contra Inês Roiz, parteira, moradora na Sertã, e contra suas filhas Leonor e Beatriz, e disse o que sobre elas tinha dito" – sinal de que o inquisidor mantinha-se interessado em apurar as possíveis culpas de outros membros da família. Após lida sua confissão, "para mais sua lembrança", e "depois de lida e pela testemunha entendida, disse que aquela era a sua confissão; assinava e ratificava todo o conteúdo, sendo verdade o que dito tem", ordenando-lhe o visitador que mantivesse segredo.[15]

As denúncias contra "a gente de Matoim" e as idas e vindas nos depoimentos prestados pela matriarca durante as sessões de interrogatório, além das confissões dos outros membros da família, convenceriam o visitador da necessidade de investigar as acusações contra os Antunes, colher novos testemunhos, reunir a documentação e tomar as medidas necessárias para, julgando-se conveniente, encaminhar os casos considerados mais graves ao Conselho Geral do Santo Ofício, em Lisboa. Para tanto, tomaria medidas no sentido de manter a família sob vigilância, ordenando a alguns dos membros que compareceram à mesa da visitação para confessar suas culpas – além da matriarca Ana Rodrigues, seus filhos Dona Leonor Antunes e Nuno Fernandes, e os netos Custódia de Faria e Lucas d'Escobar –, que não deixassem a cidade sem a sua ordem e licença, enquanto acrescentava novas acusações ao extenso rol que envolvia a família.

Embora os Antunes estejam entre os grupos familiares mais insistentemente citados durante a etapa baiana da visitação, grande parte destas acusações ocorreram anteriormente ao momento em que Ana Rodrigues comparece perante a mesa do inquisidor para fazer sua confissão. Após o quarto depoimento da matriarca (a ratificação que assinaria em 21 de abril de 1592), iniciar-se-ia um período de poucas acusações contra os Antunes feitos ao visitador. O silêncio seria quebrado por quatro denúncias isoladas em junho, agosto e novembro de 1592, e março de 1593. Assim, entre abril de 1592 e abril de 1593, o visitador estudaria o caso e as medidas cabíveis contra a família.

O montante de denúncias e a gravidade das acusações contra Ana Rodrigues receberiam especial atenção do visitador. Durante o tempo em que permaneceria na Bahia, Heitor Furtado de Mendonça esforçar-se-ia em providenciar o andamento das investigações antes que a visitação seguisse viagem em direção a Pernambuco, recolhendo o máximo de provas e informações sobre a matriarca dos Antunes. Apesar das fortes evidências, o inquisidor recorreria, através de correspondência, a consultas e aconselhamento do Conselho Geral do Santo Ofício sobre como proceder no caso. Na resposta dos inquisidores, datada de 24 de outubro de 1592, percebe-se não

---

15 "Traslado da ratificação de Ana Roiz, cristã-nova", em 21/04/1592. *Idem.*

apenas a desconfiança de Heitor Furtado sobre o comportamento das Antunes, mas ainda a influência dos inquisidores reinóis nas decisões posteriormente tomadas pelo primeiro visitador do Brasil:

> E quanto ao que diz de achar uma família de mulheres cristãs-novas muito indiciadas de judaísmo, casadas e ligadas com cristãos-velhos nobres, fora bom mandar os nomes delas para se ver se tinham cá outras culpas e também fizera ao caso virem as denúncias que delas tem para com certeza nós podermos resolver. Mas, por ora, pela informação que dá, nos parece que seja presa a velha cristã-nova de que faz menção e enviada na primeira embarcação com as culpas que dela houver, retificadas as testemunhas sem lá lhe fazer perguntas algumas, nem a nenhuns outros presos que houver de enviar.[16]

Não apenas o visitador, mas também os membros do Conselho Geral da Inquisição julgariam consistentes as acusações contra os Antunes, principalmente as denúncias contra a matriarca, determinando a sua prisão e envio imediato ao reino. Ao que parece, os aconselhamentos vindos de Lisboa parecem ter surtido efeito em Furtado de Mendonça. Tanto é que, em 17 de abril de 1593, provavelmente, por ordem do visitador, o notário do Santo Ofício findaria a organização da papelada envolvendo as denúncias prestadas à mesa, enumerando os testemunhos contendo as culpas até então existentes nos livros da visitação contra a velha *macabeia*:

> Pero de Novais; Gaspar Álvares; Pero de Aguiar; João Álvares Pereira, com sua ratificação; Antônio da Fonseca, com sua ratificação; Maria Gonçalves, mulher de Domingos de Almeida; Antônio Dias, padre da Companhia; Gaspar Dias Barbosa; o Padre Pero Madeira, com sua ratificação; Maria Antunes, mulher de Antônio Fernandes Coelho, e sua ratificação; Maria Pinheiro, mulher de Marcos Pires, e sua ratificação; Maria da Costa, mulher de Álvaro Sanches; Margarida Pacheca, e sua ratificação; Isabel Serram, e sua ratificação; Custódia de Faria, e sua ratificação; Ana Vaz, viúva, e sua ratificação; Inês de Barros; Isabel de Sandales; Valentim de Faria, e sua ratificação; Beatriz de Sampaio, o testemunho que deu a 21 de janeiro de noventa e dois; Eugeu, mulher preta referida, o seu testemunho que adiante vai junto; Beatriz de

---

16 "Correspondência Inédita do Inquisidor Geral e Conselho Geral do Santo Ofício para o 1º Visitador da Inquisição no Brasil". *Apud* IANCHEL, Sarah Znayde. *Op. cit.*, 1981, p. 127.

Sampaio, o testemunho que deu a 7 de junho, e mais sua ratificação; Luísa Fernandes, e sua ratificação; Dona Felipa, e sua ratificação; Dona Custódia, e sua ratificação; Beatriz Antunes, e sua ratificação; Dona Leonor, e sua ratificação; Henrique Munis, e sua ratificação; Francisca da Costa, mamaluca, e sua ratificação; A confissão da Ré Ana Roiz, feita no período da graça, e sua ratificação.

Ao que parece, o notário Manoel Francisco partilhava com o visitador as suspeitas sobre a senhora de Matoim: "eu, notário, por falta de promotor da justiça do Santo Ofício, requeri ao senhor visitador procedesse nestas culpas da ré Ana Roiz como lhe pareça ser justiça". Em 22 de abril, após analisar a questão, o inquisidor daria seu parecer favorável à investigação das culpas contra a matriarca: "Vistas estas culpas e a qualidade delas, e o modo da confissão da ré Ana Roiz, cristã-nova, e o mais que destes autos consta contra ela, seja presa e enviada aos Meretíssimos e Ilustríssimos senhores inquisidores de Lisboa e seu distrito, com a qual irão os traslados deste processo". Passaria então mandado para ser presa a ré Ana Roiz, ordenando ao meirinho da Inquisição, Francisco de Gouveia, que prendesse a matriarca. No dia seguinte, 23 de abril de 1593, acabaria presa e entregue a Álvaro de Villas Boas, alcaide do cárcere do Santo Ofício. Tornava-se, nossa *macabeia*, uma das primeiras mulheres presas pela Inquisição no Brasil!

No intervalo de tempo entre a data de sua prisão e o embarque para Lisboa, a octogenária viúva ficaria detida nas "casinhas" do colégio jesuítico – local que serviria igualmente de prisão a outros acusados da primeira visitação, como o professor de latim e aritmética Bento Teixeira, o mercador-onzeneiro João Nunes Correia e o senhor de engenho Fernão Cabral de Taíde, todos processados pela Inquisição – aguardando sua transferência para o reino.

No último dia de maio, Ana Rodrigues seria entregue aos cuidados de Antonio Luís Fantesia, mestre e senhorio da caravela Santiago, que seguia para Lisboa, para que fosse encaminhada aos representantes do Santo Ofício nos Estaus. Juntamente com a ré, receberia a documentação reunida pelo visitador até aquele momento, para ser analisada pelo Conselho Geral. O responsável pela embarcação seria advertido de sua responsabilidade e dos cuidados necessários no transporte da prisioneira, que deveria chegar em segurança ao destino previsto. A gravidade das suspeitas reunidas contra a velha senhora exigiria, aos olhos do visitador, maiores cuidados. Considerada perigosa, seria transportada em uma câmara especial, uma espécie de jaula, comprada especialmente para levá-la, isolada de todo o tipo de contato e comunicação com os demais viajantes, procurando evitar que Ana Rodrigues tentasse a fuga e transmitisse ou recebesse qualquer recado a conhecidos ou familiares. Pela idade avançada e a saúde debilitada da matriarca, seria autorizada a ter a companhia de uma escrava para agasalhá-la, cuidar-lhe da saúde e servi-la durante o trajeto. O documento de entrega da ré ao mestre na embarcação, preservado no processo inquisitorial movido contra Ana Rodrigues, demonstra com detalhes o rigor dos representantes do tribunal no encaminhamento dos suspeitos para análise e julgamento. Ei-lo na íntegra:

> Aos trinta e um dias do mês de maio de 1593, digo, de mil e quinhentos e noventa e três anos, nesta cidade do Salvador, Bahia de Todos os Santos, nas casas da morada do senhor visitador do Santo Ofício Heitor Furtado de Mendonça, sendo presente Antônio Luís Fantesia, vizinho da Alfama de Lisboa, mestre e senhorio da caravela Santiago, que ora vai para Lisboa, pelo dito senhor lhe foi entregue a ré Ana Roiz, mulher que foi de Heitor Antunes, de Matoim, cristã-nova presa pelo Santo Ofício, para, na dita caravela, a levar presa na câmara que para ela foi comprada, onde não terá comunicação com a gente da nau, e lhe administrará ele o serviço necessário e provimento do mantimento e matalotagem que para ela lhe foi entregue. E juntamente lhe entregou também o dito senhor a ele mestre, uma escrava ladina, crioula de casa, cativa da dita Ana Roiz para, juntamente com a dita Ana Roiz, ir na dita câmara agasalhando-a e servindo-a, por a dita Ana Roiz ser velha, entrevada, costumada a ser agasalhada com a dita escrava chamada Brísida, para a qual escrava também foi dado ao dito mestre mantimento e matalotagem bastante.
>
> E logo o dito mestre se houve por entregue da dita presa e da dita escrava, e se houve por depositário delas para as levar da dita maneira, e lhe foram levadas pelos oficiais e homens do Santo Ofício dentro à dita caravela, e o dito mestre se entregou delas para as entregar em Lisboa, a quem os senhores inquisidores apostólicos da dita cidade e seu distrito mandarem e, juntamente com elas, entregar os seus vestidos e cama e fato que lhe foi entregue como consta dos autos do inventário da fazenda da dita presa que vão dirigidos ao juiz do fisco da dita cidade, e assim o que sobejar da dita matalotagem.
>
> E logo o senhor visitador deu juramento dos santos evangelhos ao dito mestre Antônio Luís e ao seu piloto André Marques, vizinho d'Aveiro, em que eles puseram as suas mãos direitas, pelo qual lhes encarregou que eles tenham sempre muita vigilância e guarda nas ditas presa e escrava, e tenham muito cuidado de lhes dar da dita matalotagem todo o necessário, e lhes dar todo o bom tratamento possível, e as não deixar ter comunicação com ninguém até as entregarem

em Lisboa, onde, aportando, não entrará ninguém de fora na dita caravela, nem sairá dela para fora, salvo pessoa que for dar recado à Santa Inquisição, até vir da Santa Inquisição o meirinho ou oficial a quem será entregue a dita velha ré presa Ana Roiz com a dita escrava, e eles assim o prometeram de cumprir e guardar.

E o dito mestre Antônio Luís recebeu mais, que o senhor visitador lhe entregou um maço grande de papéis do Santo Ofício, envolto em um calhamaço cosido e selado com os selos da Santa Inquisição, de lacre, para logo, em chegando a Lisboa, o ir entregar ao secretário do Conselho Geral da Santa Inquisição, e a isso se obrigou.

Foram a tudo testemunhas presentes Álvaro de Villas Boas, alcaide do cárcere do Santo Ofício, Lourenço Dias e Domingos Roiz, familiares do Santo Ofício, e Francisco Ferreira e Gaspar de Castro. E todos assinaram aqui com o senhor visitador. Manoel Francisco, notário do Santo Ofício nesta visitação do Brasil, que o escrevi. Antônio Luís, Mendonça, Álvaro de Villas Boas, Gaspar de Castro, Francisco Ferreira, André Marques, Domingos Roiz, Lourenço Dias.[17]

Ao todo, a velha matriarca permaneceria presa na Bahia por volta de quarenta e um dias antes de ser transferida para o reino. Some-se ainda o tempo em que teve a cidade como prisão, proibida – entre seu depoimento inicial, no primeiro dia de fevereiro de 1592, e a prisão, catorze meses depois, no colégio jesuítico, em 23 de abril de 1593 – de deixar a Bahia, onde era conhecida como matriarca de uma das mais poderosas famílias da região, sem a autorização expressa do visitador. Entregue ao mestre da caravela Santiago, encerrava de forma melancólica sua experiência brasílica, iniciada cerca de quatro décadas antes com promissora chegada ao lado do marido, homem de confiança de Mem de Sá. Debilitada pela idade, impedida de locomover-se sem a ajuda de terceiros, doente – segundo alguns, fora de seu juízo –, viúva, voltava a Portugal, agora, já sem muitas forças, não mais para rever a Covilhã natal ou a Sertã onde vivera os primeiros anos com o marido: avistar Lisboa no horizonte, depois de vencer o Atlântico, ganhava, então, outro significado, ainda mais melancólico – o Tribunal do Santo Ofício da Inquisição.

A notícia da prisão de Ana Rodrigues e a expectativa de seu próximo envio para o Tribunal de Lisboa causariam uma imediata reação dos Antunes, que procurariam pelos meios possíveis evitar o seu embarque e o andamento do processo contra a velha *macabeia*. Nesse sentido, o filho caçula dos Antunes, Nuno Fernandes,

---

17 "Entrega da ré Ana Roiz ao mestre Antônio Luís", em 31/05/1593. Arquivo Nacional da Torre do Tombo, Inquisição de Lisboa, processo 12142.

entregaria em nome da ré uma petição endereçada ao bispo do Brasil, Dom Antônio Barreiros, solicitando a realização de um sumário de testemunhas que comprovassem a sinceridade do bom comportamento cristão da matriarca desde o tempo em que chegara ao Brasil, esforçando-se sempre para o bom relacionamento com as principais famílias cristãs-velhas da colônia:

> Diz Ana Roiz, por seu filho Nuno Fernandes, que ela é mandada levar presa do cárcere do Santo Ofício desta cidade ao da cidade de Lisboa, e lhe é necessário fazer certo por sumário de testemunhas em como ela veio a esta cidade, haverá quarenta anos pouco mais ou menos, com seu marido Heitor Antunes, que Deus tem em glória, e no tempo que Mem de Sá, governador, veio a esta cidade. E desde então até agora, viveu nesta capitania muito cristãmente, fazendo obras de boa cristã, frequentando os sacramentos e ofícios divinos, e sempre foi tida e havida por católica cristã, e como ela e o dito seu marido procuraram sempre de suas filhas as casarem sempre com cristãos-velhos, homens principais da terra, como é sua filha Beatriz Antunes com Sebastião de Faria, e Dona Leonor com Henrique Muniz Teles, e Violante Antunes com Diogo Vaz de Escobar, e Isabel Antunes com Antônio Alcoforado, todos quatro genros dela suplicante cristãos-velhos e pessoas muito principais, de nobre geração e de governança da terra, por cujo respeito ela suplicante foi tida e havida em muito boa conta e de crédito, e como tal fazia obras de muita bondade e de bem fazer aos próximos.
> E, outrossim, seus filhos, Jorge Antunes foi casado com Joana de Sá de Bithencourt, e Álvaro Lopes, outrossim seu filho, é casado com Isabel Ribeiro, nora dela suplicante, cristãs-velhas e pessoas honradas. E, além do que dito é, teve ela suplicante em vida de seu marido e depois de seu falecimento em seu engenho capelão a quem pagava e igreja em que lhe diziam todo o ano missa, como hoje em dia o têm suas filhas e netas em seus engenhos, e é mulher que se confessa e comunga nos tempos que a Igreja Católica manda, e outras muitas vezes por sua devoção. Pede a Vossa Senhoria que, pelo contido nesta petição, lhe faça mercê, para mais crédito por sua pessoa, e não podendo ser pessoa de crédito e autoridade e conferência, lhe mandar perguntar testemunhas, e com seus ditos, lhe mandar passar instrumentos por vias na fama que melhor será

>por lhe ser necessário para crédito de sua pessoa e conservação de sua justiça. E receberá mercê.[18]

Enquanto eram colhidos os testemunhos sobre o comportamento da matriarca, os representantes do Antunes continuavam em seus esforços procurando provar sua inocência e evitar as consequências para a família da prisão da velha senhora. O envio de Ana Rodrigues e de seu rol de acusações para a sede lisboeta do Tribunal do Santo Ofício deslocaria o centro dos acontecimentos para o reino, onde teria início o processo contra a *macabeia* de Matoim – afora os outros tantos processos despachados na própria colônia pelo visitador, o primeiro processo de judaísmo movido contra uma mulher gerado pela visitação comandada por Furtado de Mendonça.

Nos Estaus...

A caravela Santiago, embarcação que levava a octogenária matriarca dos Antunes ao reino, partiria da Bahia de Todos os Santos aos dois dias do mês de junho de 1593, chegando à Lisboa cerca de sessenta dias depois, provavelmente, no início de agosto. Fato é que, cumprindo as determinações dadas pelo visitador do Santo Ofício, já no dia dois de agosto, Ana Roiz seria entregue com suas culpas nos Estaus pelo mestre da embarcação que fora encarregado de seu transporte ao alcaide dos cárceres. As agruras da viagem – enjaulada, apesar das doenças, das dificuldades de locomoção, da saúde precária e da idade avançada, incomunicável e sob os permanentes cuidados de uma sua escrava – e o longo e cansativo período que levou para completar a travessia do Atlântico, devem ter influído em largo grau para prejudicar ainda mais a alegada debilidade física da matriarca. De sua crioula ladina, Brisida, que lhe prestara auxílio durante o trajeto, diga-se de passagem, não há qualquer informação que explique se foi junto com a ama ao Santo Ofício, se ficou em Lisboa ou se fora reenviada à Bahia. Entregue aos representantes do Santo Ofício, Ana Rodrigues ficaria presa nos cárceres inquisitoriais, somente sendo convocada a prestar esclarecimentos a Bartolomeu da Fonseca, inquisidor responsável pelo seu caso, passado quase um mês de sua chegada à sede do Tribunal. Assim descreveria o notário a primeira audiência da ré:

>Aos trinta e um dias do mês de agosto de mil quinhentos noventa e três anos, em Lisboa, nos Estaus, na casa do despacho da Santa Inquisição, estando nela o senhor inquisidor Bartolomeu da Fonseca, em audiência da tarde, mandou vir perante si uma mulher que foi presa no Brasil e mandada a esta Inquisição pelo visitador do Santo

---

18   "Petição". *Idem.*

Ofício que lá anda visitando, e ora está presa neste cárcere. E sendo presente, lhe foi dado juramento dos santos evangelhos, em que ela pôs sua mão. E sob cargo dele, prometeu dizer verdade.

Nas apresentações iniciais, ao discorrer sobre sua genealogia, a matriarca que viera presa do Recôncavo surpreenderia com nova informação a respeito de sua idade avançada, a contradizer os depoimentos anteriores que concedera ao visitador do Santo Ofício no Brasil. Apesar de informar possuir cerca de oitenta anos durante uma de suas sessões de depoimento na Bahia, informação esta confirmada pelos filhos e genros que compareceram perante o visitador, Ana Rodrigues afirmaria ser ainda mais idosa do que alegara anteriormente. Segundo informava, teria nascido quase trinta anos antes da data que dissera nos depoimentos a Heitor Furtado, ainda durante a vigência em Portugal do *Tempo dos Judeus*: logo, não apenas seus pais teriam sido judeus *batizados em pé*, mas ela própria seria judia de nascimento, tendo aprendido e praticado livremente os costumes e ensinamentos do judaísmo tradicional e, só mais tarde, com a vigência do monopólio cristão, tendo passado ao catolicismo:

> E sendo perguntada como vivia, nome, de que idade era, donde [é] natural e ao presente moradora, disse que se chamava Ana Roiz, cristã-nova, viúva, mulher que foi [...] de Heitor Antunes, mercador, já defunto, e que ela é de idade de cento e dez anos, moradora na Bahia.[19]

Confirmando-se esta hipótese, Ana Rodrigues teria nascido por volta do ano 1483, ou seja: cerca de nove anos antes da expulsão dos judeus da Espanha e mais de uma década (catorze anos) antes do processo de expulsão/conversão forçada vivido em Portugal, podendo ter aprendido e seguido livremente o judaísmo até a proximidade dos catorze anos de idade. O inquisidor aproveitaria, sem muito sucesso, a deixa, tentando apurar novos detalhes sobre a verdadeira origem da matriarca. Ana Rodrigues, contudo, declarar-se-ia boa cristã, sem sequer mencionar seu possível nascimento em berço judaico – que ela própria, diga-se de passagem, ratificava indiretamente ao afirmar possuir tão avançada idade!

A exagerada longevidade da anciã dos Antunes, contudo, parece impossível de ser confirmada devido aos dados que possuímos sobre a família. Apesar das frequentes imprecisões nas definições de nascimento e idade por boa parte da *gente de Matoim* nos depoimentos prestados perante a mesa inquisitorial, inclusive entre os seus membros

---

19   Além de sublinhada a idade alegada pela ré em seu depoimento no próprio processo, lê-se, à margem lateral do depoimento, comentário perspicaz, provavelmente, de um dos inquisidores que estudaram o caso, atento às informações prestadas pela *macabeia*: "na primeira confissão no Brasil diz 80 anos".

mais jovens, registrados através de datas muitas vezes aproximativas, seguidas pela expressão "pouco mais ou menos", o período de tempo que separa a idade alegada por Ana Rodrigues e as idades indicadas pelos filhos demonstra ser impedimento natural à veracidade da data centenária que informava ao Santo Ofício. Pela larga diferença de idade existente entre Ana e seu filho caçula, Nuno, tornando inviável que nossa matriarca fosse mãe quando contava por volta dos oitenta anos, o mais coerente é que a velha *macabeia* tenha feito uma confusão de datas ou mesmo de ideias – talvez fora de seu juízo, como a descreviam algumas de suas testemunhas – ao referir-se à sua provável data de nascimento. A confirmar esta ideia, o fato de a totalidade dos membros da família e denunciantes que citaram a idade da ré apontá-la como octogenária. De qualquer forma, seria mãe de Nuno Fernandes às vésperas dos 50 anos, o que já pode ser considerado, no mínimo, como já vimos, suspeito... O inquisidor que ouvia seu depoimento, porém, não insistiria nas investigações sobre a idade da *macabeia*. Limitar-se-ia a advertir à matriarca sobre a necessidade de que fizesse confissão completa "para salvação de sua alma". Ana Rodrigues, por sua vez, continuaria firmemente a negar as culpas que lhe eram atribuídas:

> Perguntada se queria acabar de fazer sua confissão das cousas que fez da lei dos judeus e crença que teve nela, disse que não tem que confessar, e que nunca creu na lei dos judeus, e que sempre fora muito boa cristã, e ensinava suas filhas muito bem. Foi-lhe dito que ela tem começado a confessar algumas cousas da lei dos judeus para salvação de sua alma [...] e para com ela se poder usar da misericórdia que a Santa Madre Igreja concede aos bons e verdadeiros confidentes, acabar de confessar inteiramente todas suas culpas, porque elas estão sabidas nesta mesa. Disse que se ela confessara alguma cousa, que estaria fora de seu juízo, e bêbada, porque ela era muito boa cristã, e não tinha culpas contra a fé que confessar. E foi mandada a seu cárcere.[20]

Devido às negativas da ré – e de acordo com a prática inquisitorial –, supõe-se que ficaria presa nos cárceres por mais um período de tempo até que resolvesse pedir outra audiência para acrescentar novos detalhes em sua confissão que lembrasse "pela análise de sua consciência", ou, então, até que fosse convocada para atender outro chamado do inquisidor responsável pelo caso – tempo este variável, que poderia se estender como um dos elementos de persuasão e pressão usados pelo Tribunal para conseguir confissões mais detalhadas.

---

20   Lê-se, à margem, "desdisse do que tem confessado [à] folha 133, na Bahia". "Primeira sessão com a ré Ana Roiz", em 31/08/1593. Arquivo Nacional da Torre do Tombo, Inquisição de Lisboa, processo 12142.

Em correspondência de 27 de setembro de 1593, o Conselho do Santo Ofício de Lisboa responderia questionamento de Heitor Furtado de Mendonça sobre os demais Antunes acusados de judaísmo na mesa da visitação, ordenando ao visitador que ainda se encontrava no Brasil que aguardasse por novas denúncias para poder agir contra os outros membros da família: "E quanto às culpas dos filhos e netos da velha que veio presa, por ora se não manda proceder contra elas até ver se lhes acresce mais provas de novo".[21]

Esta primeira sessão de depoimento de Ana Rodrigues na sede do Tribunal da Inquisição, consideravelmente mais breve que os demais depoimentos colhidos na Bahia pelo visitador Furtado de Mendonça, seria também o último testemunho documentado da octogenária (ou centenária!) *macabeia* de Matoim antes de seu falecimento nos cárceres do Santo Ofício. No dia 10 de outubro de 1593, exatos setenta dias após ter sido entregue aos representantes da Inquisição lisboeta, exaurida de suas forças e acometida de novos problemas de saúde, acabaria falecendo no cárcere, sob a vigilância de outras companheiras de prisão que lhe assistiram nos últimos momentos. O alcaide dos cárceres e o notário da Inquisição, depois de confirmarem a morte de Ana Rodrigues, lavrariam o termo de falecimento da anciã:

> Aos dez dias do mês de outubro de mil quinhentos noventa e três anos (por ser domingo, às cinco horas da tarde, pouco mais ou menos), me deu Antônio Luís, alcaide do cárcere deste Santo Ofício (estando eu em minha pousada), recado da parte do senhor inquisidor Bartolomeu da Fonseca (a quem ele fora fazer a saber que Ana Roiz, cristã-nova que viera presa do Brasil, era falecida), que fosse ao cárcere ver a dita defunta para fazer termo de seu falecimento, onde eu logo fui com o dito alcaide à *onzena*[22] casa do corredor do meio, onde jazia a dita Ana Roiz em uma cama, com o rosto coberto, e o mandei descobrir, e vi que era a dita Ana Roiz que veio presa do Brasil, que eu conhecia por a ter já visto na mesa do despacho desta Inquisição, a qual estava morta. E Isabel Ferreira e as mais companheiras disseram que ela falecera ao meio-dia, e que era muito velha e sempre esteve em cama, e quarta-feira passada lhe dera um acidente de que se lhe tolera a fala, posto que depois tornara a falar alguma cousa, e que o

---

21 "Correspondência inédita do Inquisidor Geral e Conselho Geral do Santo Ofício para o primeiro Visitador da Inquisição no Brasil". *In*: *Brasília*, vol. I. Coimbra, 1942, p. 543-551. *Apud*: LIPINER, Elias. *Op. cit.*, 1969, p. 132.

22 O grifo é meu. No contexto aqui mencionado, o termo *onzena* parece significar a indicação do local em que esteve encarcerada a matriarca de Matoim; provavelmente, *décima primeira* casa.

físico a viera visitar. E de tudo fiz este termo, que assinei com o dito alcaide. Simão Lopes, o escrevi. Simão Lopes, Antônio Luís.[23]

A morte da matriarca acabaria por despertar a atenção dos inquisidores que investigavam o caso. Apesar das fortes evidências de que Ana Rodrigues teria sofrido morte natural, em virtude da debilitada saúde que mantinha a matriarca sobre a cama e do acidente que lhe tirara a fala e piorara o estado poucos dias antes do falecimento, o inquisidor procuraria investigar qualquer mínima indicação ou possibilidade de que a velha *macabeia* tivesse causado ou, ao menos, acelerado, a própria morte. Para esclarecer as suspeitas de um eventual suicídio, o promotor expediria parecer cobrando novas investigações, inclusive, com ordens de interrogar as companheiras de cela da matriarca sobre a causa de seu falecimento:

> Diz o promotor deste Santo Ofício que, nos cárceres dele, esteve presa por culpas de judaísmo, Ana Roiz, cristã-nova, natural de Covilhã, a qual foi achada morta na casa em que estava presa em tempo em que se começava a correr com o seu processo. E porque o dito processo ficou indeciso e se não tem tomado assento final nele, peço a Vossas Mercês mandem perguntar a Isabel Ferreira e às mais companheiras da dita Ana Roiz que com ela estavam quando faleceu, se morreu de doença, de morte natural ou se matou com as suas próprias mãos.

Indicava ainda a necessidade de manter o processo contra Ana apesar de já estar morta a ré, posto que envolvia, além da discussão sobre a culpa da matriarca, o sequestro de seus bens pela Inquisição:

> E peço a Vossas Mercês que, visto a qualidade das culpas e da prova de justiça e das confissões e revogação da dita Ana Roiz, mande que, sem embargo de ser morta, que corra com o seu processo, e que se passe carta citatória e edital na forma costumada para seus filhos, herdeiros e mais pessoas a que tocar serem citadas, para falarem a causa e defenderem a fama e bens da dita Ana Roiz, com as cominações do direito.

---

23 "Termo do falecimento desta presa". Arquivo Nacional da Torre do Tombo, Inquisição de Lisboa, processo 12142.

Tempos depois, o antigo alcaide Antônio Luís, que esteve presente no cárcere e testemunhou o corpo sem vida de Ana Rodrigues que jazia sobre a cama, seria interrogado sobre o falecimento da matriarca, buscando novos detalhes sobre a *causa mortis* da senhora de Matoim:

> Perguntado se conheceu Ana Roiz, do Brasil, que foi presa nestes cárceres, disse que conheceu uma velha do Brasil que faleceu nos ditos cárceres na onzena casa do corredor do meio. Perguntado de que doença morreu, disse que lhe não lembra bem, mas lhe parece que morreu de...,[24] por ser muito velha, e que, contudo, lhe parece que haverá três anos. Perguntado quem estava com ela, disse que uma Isabel Ferreira, filha de Guiomar Pinta, e Joana de Mendanha, segundo lhe parece. Perguntado se sabe que a dita Ana Roiz tivesse ao tempo que faleceu ou algum tempo dantes alguma lesão de doidice ou de paixão, ou de doença, disse que não sabe disso nada, mas que a tinha por sisuda, posto que estava entrevada. Perguntado se mostrou algum sinal de contrição quando faleceu, disse que não sabe nada porque não esteve presente quando ela faleceu. Perguntado se tinha alguma nódoa em seu corpo ou pisadura que demonstrasse ser-lhe feito algum mal que lhe causasse morte, disse que não sabe nada, porque lhe não viu o corpo por ser mulher, e que entende que morreu de sua doença, nem teve suspeita de lhe ser feito nenhum mal.[25]

O falecimento da matriarca dos Antunes nos cárceres do Santo Ofício pouco mais de dois meses após sua chegada à Lisboa, todavia, não seria entendido pelos representantes do Santo Ofício como motivo suficiente para causar o encerramento do processo. Os inquisidores continuariam a análise sobre as acusações envolvendo a falecida ré, ordenando novas consultas às testemunhas arroladas que pudessem esclarecer com maior exatidão sobre as culpas da velha *macabeia*. A suspeita de suicídio, inclusive, colaborava para aumentar as desconfianças dos representantes do Santo Tribunal acerca do

---

24 A palavra encontra-se incompreensível no texto original. Pressupõe-se que seja *cama*, por ter Ana Rodrigues sido vista morta na cama pelo mesmo alcaide que depõe.

25 Sobre a presa citada pelo alcaide do cárcere, Isabel Ferreira, não há maiores informações. Há vários processos nos Arquivos Nacionais da Torre do Tombo contra rés de mesmo nome, contemporâneas do período de prisão de Ana Rodrigues. O mais provável é que a tal Isabel Ferreira citada como companheira de cárcere e testemunha do falecimento de Ana Rodrigues seja a ré do processo 622 da Inquisição de Lisboa, cristã-nova, natural de Lisboa, acusada e condenada por várias práticas relativas à lei de Moisés.

criptojudaísmo de Ana Rodrigues, servindo o suicídio como uma espécie de confissão de culpa. Por outro lado, cabe lembrar, a devolução dos bens sequestrados da matriarca pelo Santo Ofício dependia do resultado do processo. Da mesma forma, a prova de inocência da ré simbolizava a manutenção do respeito público da família, livre da condenação de um de seus membros pela Inquisição. Os inquisidores Bartolomeu da Fonseca e Manoel Álvares Tavares mandariam carta citatória, datada do primeiro dia de outubro de 1593, para que se fizesse diligência permitindo aos herdeiros que pudessem defender *memória, fama e fazenda* da matriarca:

> fazemos saber aos que esta nossa carta citatória edital virem que neste Santo Ofício faleceu Ana Rodrigues, cristã-nova, viúva, natural da vila da Covilhã, mulher que foi de Heitor Antunes, mercador, já defunto, moradora que foi em Matoim, e ao tempo de sua prisão na cidade do Salvador, Bahia de Todos os Santos, nas partes do Brasil, estando presa nestes cárceres por culpas de heresia e apostasia. E por o promotor fiscal deste Santo Ofício nos dizer que queria ir com sua causa por diante, até se dar finalização nela, contra a dita Ana Rodrigues, e nos requerer que para isto mandássemos citar os herdeiros da dita Ana Rodrigues, assim presentes como ausentes, com certo termo que compareçam a estar com ele promotor até se dar finalização na causa. E por seu pedir e dizer ser justo, e conforme a direito, mandamos passar a presente, por virtude da qual citamos a todos os herdeiros da dita defunta, assim presentes como ausentes, e os chamamos para todos os termos e autos judiciais, até se dar finalização definitiva, inclusive para que dentro em noventa dias primeiros seguintes pareçam ante nós *per si* ou por seus procuradores a alegar e dizer de sua justiça para defender a memória, fama e fazenda da dita Ana Roiz, sendo certos que, se não virem dentro no dito termo, se procederá no caso à revelia, conforme a direito, até a dita sentença definitiva inclusive. E mandamos que esta nossa carta seja publicada à porta das casas onde a dita Ana Rodrigues morava ao tempo que a prenderam perante a gente de sua casa ou dos vizinhos mais chegados, e assim será publicada em um domingo ou dia santo [...] na igreja onde era freguês, e depois de publicada se fixará [...] nas portas da dita igreja onde era freguês, onde estará os ditos noventa dias, e não será tirada senão depois de acabados. E da dita publicação e fixação se fará termo nas costas

desta, com os nomes das testemunhas que forem presentes, no qual assinarão para com isso e com o mais se proceder na causa como for justiça.[26]

"Sem embargo de ser morta", como lembrava o promotor do Santo Ofício em laudo, o processo contra a matriarca dos Antunes teria continuidade, e receberia novas denúncias e testemunhos sobre as suspeitas e o comportamento da velha *macabeia* durante o restante da visitação, estendendo-se sua análise e resultado por mais de uma década! Assim, o processo contra Ana Rodrigues teria seguimento até setembro de 1600, quando seriam anunciados o parecer final e a sentença dos inquisidores, saindo em estátua no auto de fé do dia 9 de maio de 1604.[27]

Os Macabeus processados

Embora o grande número de acusações contra a cabeça dos Antunes durante a visitação tenha colocado Ana Rodrigues no centro das atenções, o visitador do Santo Ofício também preocupar-se-ia em apurar as denúncias contra os demais membros da destacada família de Matoim. Além da matriarca, pelo menos nove de seus familiares seriam acusados perante o Tribunal. Na maior parte das vezes, eram apontados por comportamentos entendidos como judaizantes. Nem mesmo os representantes já falecidos do clã seriam poupados pelos denunciantes. Dessa forma, Heitor Furtado de Mendonça ouviria acusações contra o cavaleiro-*macabeu* Heitor Antunes, os filhos Nuno Fernandes, Beatriz Antunes, Álvaro Lopes, Violante Antunes, Leonor Antunes, e os netos Ana Alcoforado, Manoel de Faria e Henrique Nunes. A gravidade e insistência das denúncias contra a matriarca, o marido, seus filhos e netos, permitiam ao visitador a percepção que o suposto criptojudaísmo da família não se encerrava nas práticas e costumes da velha *macabeia*, mas era transmitido aos descendentes, também praticantes (em graus diversos) da fé dos antigos judeus herdada dos pais. Necessário, assim, para Heitor Furtado, analisar as culpas de todos os Antunes denunciados ao Santo Ofício, no intuito de suspender a continuidade judaica em Matoim. Em alguns casos, o envio das culpas contra os Antunes pelo visitador para o Conselho Geral causaria a abertura de processos contra os acusados. Atualmente, encontram-se à disposição para consulta nos Arquivos Nacionais da Torre do Tombo, em Lisboa, os róis de culpas e/ou processos contra sete membros do clã denunciados durante a primeira visitação inquisitorial ao

---

26 "Traslado de uns papéis e diligências que se fizeram por mandado dos senhores inquisidores da cidade de Lisboa". Arquivo Nacional da Torre do Tombo, Inquisição de Lisboa, processo 12142.

27 Novinsky, Anita. *Op. cit.*, 2002, p. 194.

Brasil, além de Ana Rodrigues: o patriarca Heitor Antunes, os filhos Violante, Nuno, Álvaro, Leonor e Beatriz, e a neta Ana Alcoforado.

No códice processual movido pela Inquisição de Lisboa contra Heitor Antunes apresentam-se algumas das denúncias feitas contra o cavaleiro de Matoim à mesa do visitador do Santo Ofício. Trata-se de documentação copiada em segunda via, no dia três de maio de 1593, dos originais que se mantinham na arca do secreto sob os cuidados do visitador Furtado de Mendonça. Ao que parece, o rol contendo as culpas de Heitor – "estes traslados que vão escritos em quatorze folhas de papel" – deve ter seguido para Lisboa na mesma embarcação que levaria sua esposa Ana Rodrigues para os cárceres, como indica o termo de entrega da matriarca ao mestre da embarcação Santiago. As outras denúncias contra o patriarca dos Antunes, conforme explicava Furtado de Mendonça em documento endereçado aos inquisidores de Lisboa, estavam presentes no processo da esposa, onde deveriam ser consultadas:

> Contra este réu Heitor Antunes, cristão-novo, defunto, depõem também as testemunhas seguintes, cujos testemunhos vão no processo de sua mulher Ana Roiz, que com ela vai, onde se devem ver:
> Custódia de Faria, cristã-velha, à folha 54.
> Inês de Barros, cristã-velha, a folhas 66 até 68.
> Beatriz de Sampaio, cristã-velha, folhas 76 e 80 (esta testemunha não diz nada contra o réu).
> Luísa Fernandes, cristã-velha, folha 86.[28]

Das denúncias presentes no processo de Heitor Antunes, o primeiro a fazer seu testemunho é o cristão-velho Manoel Brás, lavrador em Itaparica. Dizia ter notícias há longo tempo sobre o funcionamento de uma sinagoga clandestina nos domínios do *Macabeu*: "de vinte anos a esta parte ouve dizer geralmente em pública fama que, em Matoim, havia uma esnoga em casa de Heitor Antunes, cristão-novo, defunto".[29]

Também Diogo Dias, lavrador e morador em Salvador, compareceria perante a mesa da visitação para testemunhar o que sabia sobre o patriarca. Informava que,

> dês o tempo de sua mocidade, ouviu sempre dizer nesta cidade em pública voz e fama, comumente dito pela boca de todos como cousa certa e verdadeira que, em Matoim, nesta capitania, tinha Heitor Antunes, cristão-novo, mercador que fora e era senhor de engenho

---

28 Arquivo Nacional da Torre do Tombo, Inquisição de Lisboa, processo 4309.

29 "Testemunho de Manoel Brás", em 22/08/1591. *Idem*.

no dito Matoim, em sua casa, *esnoga* e *toura*, e que em sua casa se ajuntavam cristãos-novos e judaizavam e guardavam a lei judaica.[30]

O último dos depoimentos contra o patriarca dos Antunes contidos em seu processo seria o de Beatriz de Oliveira, mameluca, "de idade de quarenta e seis anos, pouco mais ou menos". Comentava ao visitador acerca da fama pública sobre o que ocorria em Matoim:

> disse que, sendo ela moça, lhe lembra que ouviu dizer em pública voz e fama, geralmente dito por todos, que Heitor Antunes, cristão-novo, sogro de Bastião de Faria e Henrique Munis, morador que foi em Matoim, tinha em sua casa a esnoga e uma toura, cousa de judeus, e que um homem chamado Meneses, que fora judeu, e se batizou em pé, dizia isto mesmo do dito Heitor Antunes.[31]

O processo contra Heitor Antunes limitou-se ao rol de culpas enviadas da Bahia pelo visitador, não tendo merecido, por parte dos inquisidores de Lisboa, a continuidade das investigações para o julgamento das culpas.

Também o processo contra Violante Antunes, filha de Heitor Antunes e Ana Rodrigues já falecida à época da visitação, limitar-se-ia, tal como ocorrera com seu pai, a um pequeno rol de culpas enviado por Heitor Furtado de Mendonça ao Conselho Geral do Santo Ofício em Lisboa. Provavelmente, esta lista de culpas de Violante seguira para o reino na mesma ocasião em que foram enviadas as culpas de seu pai. O visitador encomendaria também aos inquisidores da sede do Tribunal que consultassem as outras culpas contra a denunciada listada no processo de sua mãe, conforme se poder ler na primeira página: "Testemunhas contra Violante Antunes, cristã-nova defunta, além das que mais tem contra si no processo de sua mãe, Ana Roiz".

A documentação limita-se, praticamente, às confissões e respectivas ratificações de dois filhos de Violante Antunes e de seu marido Diogo Vaz d'Escobar, ambos já falecidos quando da chegada da visitação ao Nordeste açucareiro: Isabel Antunes e Lucas d'Escobar, que compareceriam no tempo da graça para declarar o que sabiam. Após confessar suas culpas, Isabel contava um dos conselhos que ouvira de Violante: "ouviu dizer à dita sua mãe já defunta, muito tempo há, não lhe lembra quando, que não era bom, quando levavam um pote para buscar água fora de casa, tornarem com ele para casa vazio, mas não lhe declarou nenhuma má tenção nisto". Também informava sobre costumes que aprendera com a mãe e que repetira, ela própria, em sua casa, sem que

---

30 "Testemunho de Diogo Dias", em 26/08/1592. *Idem*.

31 "Testemunho de Beatriz de Oliveira", em 07/12/1592. *Idem*.

soubesse a origem herética destas práticas: "porquanto tinha ouvido dizer à sua mãe que era bom fazer isto, sem lhe declarar mais nada, e que ela não viu fazer isto à dita sua mãe". Negava, contudo, que Violante Antunes fizesse estas cerimônias em razão de judaísmo, e que nunca vira a sua mãe a praticar estes costumes: "nunca presumiu da dita da dita sua mãe tenção ruim das ditas cousas".[32]

O outro filho de Violante Antunes, Lucas d'Escobar, também confirmaria manter algumas práticas suspeitas: "mandou vazar e vazou fora toda a água dos potes" quando ocorria a morte de alguns escravos em sua casa, "e que isto fez três ou quatro vezes". Afirmava, porém, desconhecer a origem de tal prática: "sem saber a causa porque sua mãe o fazia, o fez, parecendo-lhe que ia naquilo alguma coisa boa".

Admoestado pelo inquisidor sobre a gravidade de suas culpas, "porque não se pode presumir senão que ele é judeu e vive na lei de Moisés, e não tem a lei de Cristo, pois faz a dita cerimônia, tão conhecida e principal dos judeus", defendia-se afirmando que "nunca teve tenção de judeu na dita cerimônia". Ao mesmo tempo, negava que o costume fosse repetido por outros membros ou conhecidos da família, pois "nunca viu fazer a dita cerimônia senão à dita sua mãe, e que nunca ninguém lhe ensinou a lei de Moisés nem contra a de Cristo". O depoimento encerrar-se-ia com a ordem do visitador para que não saísse da cidade sem sua autorização.

A documentação reunida contra Violante limitar-se-ia a estes dois depoimentos de seus filhos. O processo termina sem que houvesse parecer ou sentença final sobre as culpas atribuídas à filha do casal Antunes.

O licenciado Heitor Furtado de Mendonça também reuniria as culpas do filho caçula da gente de Matoim, Nuno Fernandes, enviando-as para análise do Conselho Geral. Já na capa de seu processo, tem-se uma ideia do conteúdo: "Testemunhas contra Nuno Fernandes, cristão-novo, além das que vão contra ele no processo de sua mãe, Ana Roiz. E outrossim, a sua confissão, que fez no tempo da graça". A documentação era formada pelas denúncias do "sacerdote, tesoureiro-mor da Sé desta cidade", Felipe Estácio Sintra, e do alfaiate cristão-velho Gaspar Fernandes, além da ratificação de Gaspar Fernandes e de dois depoimentos prestados por Nuno Fernandes ao visitador.

Em sua denúncia, o padre Sintra informaria ter ouvido de um certo Francisco Barbudo, morador da cidade, há cerca de três ou quatro anos que Nuno Fernandes mantinha comportamentos heréticos, desrespeitando os símbolos sagrados do catolicismo. Deixava ainda nas entrelinhas a suposição de que Nuno realizava suas heresias após o entardecer das sextas-feiras, em sinal de respeito ao início do descanso sagrado dos judeus, o *Shabat*:

---

32 "Confissão de Isabel Antunes, cristã-nova, no tempo da graça", em 01/02/1592. Arquivo Nacional da Torre do Tombo, Inquisição de Lisboa, processo 12926.

> Nuno Fernandes, filho de Heitor Antunes, cristão-novo, solteiro, morador no Rio de Matoim, pedia à noite candeia às suas negras, e que elas, querendo ver por um buraco o que ele fazia, o viram tirar debaixo da cama um crucifixo e açoitá-lo, e não se afirma bem se cada noite, se às sextas-feiras.[33]

Gaspar Fernandes informaria em seu testemunho o que dizia ter ouvido, "haverá três anos, pouco mais ou menos", em casa do caçula dos Antunes, "fazendo-lhe uma obra de seu ofício de alfaiate": "estando ambos sós, vindo ele denunciante a falar no pecado da luxúria, lhe respondeu o dito Nuno Fernandes que a luxúria não é pecado"! Afirmava ainda que "quando o dito Nuno Fernandes disse estas palavras, estava em seu siso e sem perturbação". O rol de culpas incluiria ainda as duas confissões prestadas por Nuno Fernandes ao visitador na Bahia, datadas de fevereiro de 1592. Ao final do processo, encontra-se anotação feita pelo próprio licenciado do Santo Ofício, Heitor Furtado de Mendonça, como espécie de recado aos inquisidores de Lisboa para que tomassem as devidas providências para a apuração do caso: "Contra este réu, Nuno Fernandes, testemunha também mais João Álvares Pereira, cristão-velho, cujo traslado vai no processo de sua mãe, Ana Roiz, onde se deve ver folha 10. Mendonça".

As culpas de Nuno Fernandes – assim como as culpas de Álvaro Lopes, que veremos a seguir – também devem ter seguido para Lisboa na mesma embarcação que transportava Ana Rodrigues, conforme se pode presumir do texto escrito pelo notário, datado de maio de 1593 – menos de um mês antes da partida da matriarca:

> Foram trasladas estas culpas de Nuno Fernandes, cristão-novo, solteiro, bem e fielmente por mim, Manoel Francisco, notário do Santo Ofício, dos próprios originais, que ficam na arca do secreto, com os quais concertei estes traslados, que vão escritos em nove folhas de papel com esta, com o senhor visitador.
>
> E por concordarem *de verbo ad verbum* e não levarem cousa que dúvida faça, assinamos aqui ambos.
>
> Na Bahia, aos quatro dias do mês de maio de mil e quinhentos e noventa e três. Manoel Francisco, notário do Santo Ofício nesta visitação, o escrevi. Heitor Furtado de Mendonça, Manoel Francisco.[34]

---

33 Ao lado, na margem do depoimento de Gaspar Fernandes, lê-se anotação de algum funcionário do Santo Ofício que teve acesso ao processo: "este referido jurou que ouviu isto não lhe lembra a quem".

34 Arquivo Nacional da Torre do Tombo, Inquisição de Lisboa, processo 12936.

Dos filhos do casal Antunes acusados perante a mesa da visitação do Santo Ofício ao Brasil, temos conhecimento de que pelo menos três dentre eles – Álvaro Lopes Antunes, Beatriz Antunes e Dona Leonor Antunes – seriam processados e condenados pelo Tribunal.

O rol de culpas de Álvaro Lopes Antunes, deveria, como o dos demais irmãos, ser completado pelas acusações contra ele existentes no processo contra sua mãe Ana Rodrigues. Constitui-se unicamente do testemunho de Inês Rodrigues e sua ratificação. Inês, "donzela que nunca casou nem conheceu varão por ter feito voto diante de um menino Jesus de castidade perpétua", informava como flagrara a Álvaro Lopes na Igreja de São Francisco: "olhando fitamente para um crucifixo que estava no altar, o ameaçou, pondo o dedo no nariz duas ou três vezes, e pondo outras tantas a mão pelas barbas, e depois disto, lhe deu duas ou três figas".

Na última folha de seu processo, lê-se a indicação do visitador ao Conselho do Santo Ofício em Lisboa para que fossem consultados outros testemunhos contra o filho de Heitor Antunes:

> Contra este réu Álvaro Lopes, cristão-novo, testemunharam também as testemunhas seguintes que vão no processo de sua mãe Ana Roiz, que com ela vai, onde se devem ver:
> 1 - João Vaz Pereira, cristão-velho, à folha 10;
> 2 - Henrique Muniz Telles, cristão-velho, cunhado deste réu, à folha 112.[35]

De acordo com Anita Novinsky, Álvaro Lopes teria sido processado e julgado pelo Santo Ofício, embora não haja qualquer informação a este respeito em seu processo depositado nos arquivos da Torre do Tombo e nada indique que tenha sido enviado para o tribunal lisboeta (provável assim que tenha sido um dos réus acusados de crimes menos graves julgados pelo próprio Heitor Furtado de Mendonça no Brasil). Acusado de sacrilégio por seu desrespeito ao crucifixo dentro da Igreja de São Francisco, seria condenado a comparecer ao auto de fé desbarretado, de pés descalços e em corpo, mais açoite, penas espirituais e pagamento de uma quantia de dez cruzados para cobrir as despesas do Santo Ofício com seu caso.[36]

As acusações contra Dona Leonor Antunes também seriam reunidas em um rol de culpas e enviadas pelo visitador aos Estaus. A documentação era formada pelas

---

35 Arquivo Nacional da Torre do Tombo, Inquisição de Lisboa, processo 16894.

36 NOVINSKY, Anita. Op. cit., 1992, p. 52.

denúncias do cristão-velho Baltasar Dias d'Azambujo e de uma filha donzela de Leonor Antunes, com idade de treze para catorze anos, Dona Beatriz Teles, com sua ratificação.

Em sua denúncia, Baltasar Dias informaria que, durante o período em que trabalhou para o marido de Dona Leonor, Henrique Munis Teles, presenciara determinadas atitudes rituais funerárias dos judeus:

> morrendo-lhe em casa uma escrava de Guiné, perguntou sua mulher, Dona Leonor, se tinham vazado água de casa fora, não sabe a tenção de mandar vazar. Viu mais pelejar à Dona Leonor porque não davam a vassoura de sua casa para varrerem outra casa fora, de um seu criado.

A donzelinha Beatriz confirmaria o hábito da mãe de manter práticas rituais ligadas ao rito funerário dos judeus, porém, "até agora que presente está, nunca cuidou nem entendeu que nas sobreditas cousas havia ofensa de Cristo, e que lhe parece que sua mãe os não fez nem disse com tenção de judia", negando qualquer responsabilidade herética da mãe nas atitudes que mantinha:

> falecendo uma ou duas vezes escravos de casa, ela viu a dita sua mãe mandar lançar fora e derramar toda água que havia em casa, e que não sabe a razão nem a causa disto, e que não lhe lembra quanto tempo há que isto via. E que, outrossim, amortalhando-se um dia uma escravinha da sua fazenda, não lhe lembra quanto tempo há, ouviu dizer à dita sua mãe que não rasgassem nada do pano, e que nele inteiro amortalhassem, e que não declarou a razão disso.

Em recado aos inquisidores de Lisboa, cuidadosamente especificado por Heitor Furtado, eram indicados os depoimentos das outras testemunhas que deveriam ser consultadas no caso:

> Contra esta ré, Dona Leonor, depõem também mais as testemunhas seguintes, que vão no processo de sua mãe Ana Roiz, que com ela envio ora, onde se devem ver:
> Pero de Novais, cristão-velho, à folha 2.
> Gaspar Fernandes, alfaiate cristão-velho, 5.
> João Álvares Pereira, cristão-velho, 12.
> Maria Pinheira, cristã-velha, 36.
> Isabel Serram, cristã-velha, 49.

Ana Vaz, cristã-velha, 61.
Francisca da Costa, mamaluca, que foi criada desta ré, 121.
Dona Felipa, meia cristã-nova, sobrinha desta ré, 91.
Henrique Muniz Teles, cristão-velho, marido desta ré, 112.
Ana Roiz, cristã-nova, mãe da ré, na sua confissão, no dito seu processo, que com ela vai, à folha, 125.
A confissão que esta ré, Dona Leonor, fez no tempo da graça, em que nega a tenção ruim, vai no dito processo da dita sua mãe Ana Roiz, à folha 105 onde se deve ver.[37]

Embora não haja qualquer informação no processo que se encontra em seu nome na Torre do Tombo sobre a prisão e o envio de Dona Leonor Antunes para a sede do Tribunal do Santo Ofício, encontramos algumas informações sobre o desenrolar do caso de Leonor Antunes através do processo de sua sobrinha Ana Alcoforado. Dona Leonor "foi presa por culpas de judaísmo e entregue nos cárceres do Santo Ofício aos vinte e três dias do mês de agosto de mil seiscentos e um". As causas para sua prisão seriam assim descritas pelos representantes da Inquisição:

> E, antes de ser mandada vir do Brasil, se acusou na visitação que lá fez pelo Santo Ofício no tempo da graça, ao primeiro de fevereiro de mil quinhentos noventa e dois, confessando cerimônia judaica, negando a tenção. E, na primeira sessão que com ela se fez nesta mesa, a oito de novembro de noventa e um anos, disse ser cristã-nova, de idade de quarenta e três anos, pouco mais, natural de Bahia de Todos os Santos, e ali moradora, nas partes do Brasil, casada com Henrique Muniz Teles, fizeram-se com ela as três sessões ordinárias nas quais negou suas culpas, foi por elas acusada a quinze de janeiro de mil seiscentos e dois, e veio com sua defesa que lhe foi recebida; fez-se-lhe publicação dos ditos de seis testemunhas da justiça, e vão com contraditas que também lhe foram recebidas. E sendo seu processo visto em mesa e no Conselho Geral, assentou-se que fosse entregue à Justiça Secular, e aos cinco dias de julho de mil seiscentos e três, lhe foi feito notificação do dito assento. E ao primeiro de agosto do dito ano, começou de confessar suas culpas depois de estar com as mãos atadas, dizendo de si e d'outras pessoas.

---

37   Arquivo Nacional da Torre do Tombo, Inquisição de Lisboa, processo 10716.

Durante confissão prestada ao tempo em que esteve presa nos Estaus, em agosto de 1603, Dona Leonor informaria sobre alguns dos hábitos religiosos da família e da participação das mulheres na continuidade judaica dentre os Antunes:

> haverá dezesseis ou dezessete anos, em Matoim, se achou ela confidente em casa de sua mãe Ana Roiz, da qual tem dito, e estava na dita casa a dita sua mãe, e a dita Dona Ana Alcoforado e ela confidente, e estando assim todas três disseram umas às outras que guardassem os sábados de trabalho, vestindo neles camisas lavadas, e que botassem a água fora quando morresse alguém em casa, e que não comessem carne de porco oito dias contínuos, e que jejuasse [...], sem comer até noite, e todas três juntamente, e cada uma por si, disseram umas às outras que viviam e criam na lei de Moisés, e nela esperavam salvar-se, e que faziam as sobreditas cousas, e ela confidente as fazia com a dita sua mãe e sobrinha, e lhas via fazer, e a dita Dona Ana Alcoforado disse ali que a dita sua avó, Ana Roiz, a tinha ensinado a ter crença na dita lei de Moisés. E que com a dita Dona Ana comunicava as mesmas cousas da lei de Moisés quando havia conjunção.

A condenação de Leonor Antunes, inicialmente relaxada ao Braço Secular (ou seja: à fogueira), seria modificada, segundo atesta o documento que aponta sua participação em auto de fé, juntamente com a irmã Beatriz, realizado em agosto de 1603:

> Os inquisidores contra a herética pravidade e apostasia em esta cidade e arcebispado de Lisboa e seu distrito, a que fazemos saber aos que a presente virem, que as pessoas abaixo declaradas saíram no auto público da fé que se celebrou na Ribeira desta cidade, domingo, três dias do mês de agosto deste presente ano de seiscentos e três, onde ouviram suas sentenças, e por elas foram condenados em confiscação de todos seus bens aplicados para o fisco e câmara real.

Entre os nomes relacionados no auto de fé pelos inquisidores, encontramos citadas nossas duas Macabeias: "[...] Beatriz Antunes, cristã-nova, da Bahia, do Brasil, mulher de Sebastião de Faria; Dona Leonor, irmã da sobredita, mulher de Henrique Muniz Teles, do Brasil". Leonor Antunes sairia no auto de fé citado condenada por judaísmo, tendo como sentença cárcere e hábito penitencial perpétuo, sem remissão.[38]

---

38   Novinsky, Anita. *Op. cit.*, 1992, p. 235.

Beatriz Antunes, que sairia no mesmo auto de fé que a irmã, igualmente condenada a cárcere e hábito penitencial perpétuo, sem remissão, mais confisco dos bens, também teria seu rol de culpas enviado para análise do Conselho Geral do Santo Ofício por Heitor Furtado de Mendonça. É possível localizar dois documentos contra Beatriz Antunes que se encontram nos arquivos da Torre do Tombo: o primeiro é o tal rol de suas culpas[39] enviado para Lisboa por Heitor Furtado em 1593 juntamente com os róis de acusações dos outros membros da família; o segundo documento é o processo inquisitorial decorrente destas denúncias reunidas durante a visitação inquisitorial ao Brasil, datado já dos primeiros anos do século XVII.[40]

O rol de acusações enviado por Heitor Furtado é formado pelos testemunhos das cristãs-velhas Gracia de Siqueira, acompanhado de sua ratificação, e Francisca Dias Serram, além de uma lista com os demais testemunhos existentes contra a ré no processo de sua mãe Ana Rodrigues.

O testemunho de Gracia de Siqueira dava conta das interdições alimentares de Dona Beatriz, que parecia seguir o hábito judaico de evitar o consumo de animais considerados impuros e impróprios para o consumo: "disse a ela denunciante que ela não comia coelho, e lhe deu um coelho que aí tinha morto, que os negros havia pouco tinham caçado no mato, e lhe disse que o levasse para casa dela denunciante, e o comesse".

O depoimento de Francisca Dias Serram referia-se aos juramentos proferidos por Beatriz Antunes. Visitando-a certo dia, percebera que, "querendo afirmar certa cousa que lhe não lembra, jurou esta jura, 'pelo mundo que tem a alma de meu pai', e esta jura lhe viu fazer uma só vez".

Além das acusações de Francisca e Grácia, Heitor Furtado encaminharia ao Conselho Geral do Santo Ofício informações sobre os demais depoimentos existentes contra Beatriz:

> Contra esta ré Beatriz Antunes, cristã-nova, depõem também mais as testemunhas seguintes que vão no processo de sua mãe Ana Roiz, que ora vai com ela, onde se devem ver:
> Pero do Novais, cristão-velho, à folha 2;
> Gaspar Fernandes, alfaiate, à folha 5;
> João Álvares Pereira, cristão-velho, à folha 10;
> Isabel Serram, cristã-velha, 49;
> Ana Vaz, cristã-velha, 61;
> Valentim de Faria, filho desta ré, 72;

---

39 Arquivo Nacional da Torre do Tombo, Inquisição de Lisboa, processo 1276.

40 Arquivo Nacional da Torre do Tombo, Inquisição de Lisboa, processo 8991.

> Dona Felipa, filha desta ré, 91;
> Dona Custória, filha desta ré, 95;
> Dona Leonor, irmã desta ré, 105;
> Ana Roiz, mãe desta ré, na sua confissão no dito seu processo, à folha 125.
> A confissão que esta ré Beatriz Antunes fez no tempo da graça em que nega a tenção ruim vai no dito processo da dita sua mãe Ana Roiz, que com ela vai, à folha 101, onde se deve ver.[41]

As culpas enviadas pelo visitador Furtado de Mendonça acabariam por gerar a abertura de um processo contra Beatriz Antunes, então com cerca de cinquenta e cinco anos de idade, já em inícios do século XVII. Em 29 de março de 1601, os inquisidores de Lisboa mandariam carta ao "senhor licenciado Pero do Campo, deão da Sé do Salvador, provisor e vigário geral em todo o bispado do Brasil", em que decidiam pela prisão de Beatriz Antunes "por culpas que dela há neste Santo Ofício obrigatória à prisão": "a prendam e façam prender e deem toda ajuda e favor para ser presa e trazida a bom recado aos cárceres deste Santo Ofício, onde será entregue ao alcaide deles, e da entrega se faça termo que ele assinará". Assim ordenavam ao deão o cumprimento do serviço:

> requeremos a Vossa Mercê da parte da santa sé apostólica que, sendo-lhe este mostrado com muito segredo e recato, prenda e faça prender a dita Beatriz Antunes, e presa a bom recado a faça embarcar com a primeira embarcação segura que se oferecer para este reino, na qual não virá parente seu algum nem pessoa de sua casa, e de maneira que não fale com ninguém. E no tempo em que lá estiver antes de se embarcar, estará a bom recado, e não falará com ela senão a pessoa que vossa mercê ordenar. E com ela virá cama e o mais fato necessário para seu uso, E cinquenta mil réis em dinheiro para seus alimentos, que virão em letra. E feita a dita diligência e prisão, logo faça fazer inventário pela justiça da terra por virtude da carta que vai do juiz do fisco. Este mandado virá com ela presente entregar nesta mesa.

Não sabemos a data precisa em que Beatriz Antunes foi presa na Bahia. Porém, sabe-se que viera presa juntamente com a irmã Leonor, e no dia 23 de agosto de 1601, menos de cinco meses após a expedição do mandato de prisão, Beatriz seria

---

41   Arquivo Nacional da Torre do Tombo, Inquisição de Lisboa, processo 1276.

entregue ao alcaide dos cárceres do Santo Ofício. No dia vinte e quatro de setembro seria convocada pelos inquisidores para audiência. Ao citar sua genealogia, dava mostras de desconhecer o paradeiro da mãe Ana Rodrigues, falecida oito anos antes, nestes mesmos cárceres inquisitoriais dos Estaus em que ora se encontrava, embora outros documentos revelem que os Antunes não só conheciam o destino fatal da matriarca como já haviam sido notificados do falecimento e enviado representantes para a defesa da honra e bens da velha *macabeia*:

> seu pai se chamava Heitor Antunes, mercador segundo ouviu, porque ela foi menina desta cidade para as ditas partes do Brasil, de idade de sete anos, e é já defunto no dito Brasil, no Salvador, cidade da Bahia. E que sua mãe, mulher do dito seu pai, se chama Ana Roiz, que veio presa do Brasil para estes cárceres, e não sabe se é viva, se morta, e que ela não tem avós, em nenhuma das partes, nem os conheceu nem lhes sabe os nomes, e que ela não tem nem tios nem tias de nenhuma das partes, nem os conheceu.

Informava também sobre os irmãos, quase todos já falecidos à época. Curiosa, todavia, é a revelação da existência de mais um suposto filho do casal Heitor Antunes e Ana Rodrigues, Francisco Antunes, falecido no Brasil, não citado por nenhum outro membro da família ou acusador da "gente de Matoim".[42] Listaria ainda os filhos de seu casamento com Sebastião de Faria:

> e que ela tem um só irmão e uma irmã vivos: Nuno Fernandes, lavrador, que mora junto à cidade do Salvador, na dita Bahia, solteiro, e Dona Leonor, mulher de Henrique Munis, cristão-velho, que veio presa com ela para estes cárceres. E que teve mais duas irmãs que são já defuntas, uma das quais que há mais de trinta anos que é falecida se chamava Isabel Antunes; e Violante Antunes, e três irmãos defuntos: Francisco Antunes, e Jorge Antunes, e Álvaro Lopes, que todos morreram no Brasil, na Bahia do Salvador, e lá são enterrados. E que

---

42 Vale lembrar que, em depoimento, Ana Rodrigues citaria seus filhos, tanto os vivos quanto os falecidos, inclusive Antão, que morrera criança no reino. Logo, é de se estranhar que o tal Francisco Antunes não tenha sido lembrado nem pela própria mãe, nem por nenhum outro parente ou testemunha contra a gente de Matoim. Apesar dos indícios de "ruim memória" da matriarca, não descartamos, por outro lado, que Beatriz Antunes tenha se equivocado ao citar o nome de mais um irmão. Porém, a confirmar o nome de Francisco (e contando o filho que morrera ainda jovem no reino), o casal Antunes teve, ao todo, nove filhos: Beatriz, Leonor, Isabel, Violante, Antão, Francisco, Jorge, Álvaro e Nuno.

> ela é casada com Sebastião de Faria, cristão-velho que vive por sua fazenda e não tem ofício, e que ela tem oito filhos, seis dos quais são já defuntos: Dona Custódia, que foi mulher de Bernardo Pimentel de Almeida, cristão-velho, e Dona Felipa, casada com Manoel de Sá. E Valentim de Faria, que foi casado com Dona Felipa, cristã-velha. E Inês. E dois meninos, que ambos se chamavam Francisco. E todos três meninos. E Manoel de Faria, solteiro, de idade de vinte anos, que estava para vir para este reino quando prenderam a ela declarante. E Isabel de Faria, de idade de dezessete anos, solteira, que ficou com seu pai, na casa aonde prenderam a ela declarante. E que ela nunca foi presa nem sentenciada pelo Santo Ofício nem sabe parente seu que fosse, salvo a dita sua mãe.

Os inquisidores perguntar-lhe-iam se conhecia a causa para a sua prisão. Como dizia desconhecer, explicariam-na em seguida:

> Foi-lhe dito que ela está presa por culpas e coisas que fez e disse contra nossa santa fé católica e lei evangélica, principalmente cousas da lei de Moisés que os judeus guardam. Portanto, a admoesta com muita caridade da parte de nosso senhor redentor Jesus Cristo abra os olhos da alma e procure trazer à memória todas suas culpas e as confesse inteiramente nesta mesa, e declare a verdade delas, e todas as pessoas com quem as comunicou e que sabe estarem apartadas da fé e teve crença na lei de Moisés, não pondo sobre si nem sobre outrem falso testemunho, porque na mesa do Santo Ofício não se quer saber senão a verdade para salvação da alma. E para que fazendo-o ela assim se usará com ela da misericórdia que a Santa Madre Igreja costuma dar aos bons e verdadeiros confidentes.

Beatriz, contudo, afirmaria que "não tem outras culpas a confessar além das que tem dito diante do visitador", sendo enviada novamente aos cárceres. A ré continuaria negando as acusações nas sessões seguintes, reafirmando seu bom comportamento cristão. Passados cerca de um ano e meio de sua prisão na Bahia, em onze de novembro de 1602, seriam analisadas suas culpas:

> visto como as testemunhas da justiça dizem que a ré deitava a água fora quando lhe morria alguém em casa, e no tempo da dita morte

deixava de comer carne por tempo de oito dias, e jurava dizendo pelo mundo que tem a alma de meu pai, e não comia lampreia, e que ensinou à sua filha, Dona Custória, testemunha da justiça, que deitasse água fora quando morresse em casa alguma pessoa. E não depõem os testemunhos da justiça da tenção com que a ré fazia as ditas cousas. E a dita ré na visitação que no Brasil se fez por parte do Santo Ofício se foi acusar no tempo da graça das ditas cousas. E que mandara amortalhar defuntos em mortalha inteira, sem dela tirarem algum ramo. E que o atassem com ataduras, e o não cosessem. E que tirava a lândoa do quarto traseiro da rés miúda. E que não comia coelho. E que sua mãe Ana Roiz lhe ensinara as ditas cousas dizendo-lhe que eram boas, afirmando que fizera as ditas cousas sem má tenção.

De acordo com os inquisidores, "por ela não merecer cousa alguma, antes dar mostras de impenitência, e nela persistir até agora, e como tal herege, ficta, dissimulada, confitente e impenitente, seja entregue à justiça secular", visto que "incorreu em excomunhão maior, e em confiscação de seus bens, e nas mais penas de direito. E a todos pareceu que este processo seja levado ao Conselho Geral". Após análise do Conselho Geral do Santo Ofício, a ré seria comunicada, no primeiro dia de agosto de 1603, do resultado de seu processo: fora Beatriz notificada que estava relaxada ao Braço Secular, ou seja, condenada à morte. Ciente de que sua pena significava a fogueira, no dia seguinte, "no aposento em que estava presa e com as mãos atadas", pediria nova audiência aos inquisidores, "para em tudo dizer verdade". Num último esforço de sobrevivência, mudaria então seus depoimentos anteriores, explicando os motivos para a tardança de sua confissão *verdadeira*: "disse que ela está muito arrependida de suas culpas, e de as não haver confessado até agora, e disso pede perdão e misericórdia. E se a não confessou, foi por não saber o mundo que ela era judia e com medo de seu marido".

Impossível afirmar que Beatriz Antunes tenha de fato se arrependido ou se arriscava os últimos esforços para salvar a própria pele. Talvez tenha agido como outros cristãos-novos que buscavam uma saída para salvar a vida diante da Inquisição e procuravam revelar informações que, embora nem sempre fossem verdadeiras, eram aquelas que os inquisidores queriam ouvir e que poderiam atenuar sua pena. Assim, muitos acabavam por assumir culpas que não tinham para tentar escapar do destino trágico. Mas não parece ser este o caso de Beatriz. Ao que tudo indica, segundo informam as denúncias, a filha mais velha dos Antunes tinha consciência de tudo o que acontecia em Matoim, onde crescera em ambiente propício, com pai rabino, mãe judaizante, existência de sinagoga e textos sagrados em casa, realizando com os pais, irmãos, filhos e sobrinhos um extenso rol de cerimônias e costumes judaicos. Também é fato que assumir suas culpas de criptojudaísmo colocaria o marido – cristão-velho e figura das mais destacadas na sociedade baiana – em situação de risco, por ter acobertado tudo, razão pela qual Dona Beatriz deveria mesmo temer a reação de Sebastião de Faria... Independentemente da sinceridade de seu depoimento, o que importa é que, no limite, revelava o imaginário sobre o judaísmo oculto praticado por alguns neoconversos. Acuada e temerosa do final trágico em chamas, deixaria fonte documental riquíssima em que detalhava a continuidade judaica na família, sempre tendo a matriarca à frente dos ensinamentos da fé dos antepassados revelados às novas gerações:

> a verdade é que haverá vinte e seis anos, pouco mais ou menos, que estando ela confitente no Brasil, em um seu engenho, na Ribeira de Matoim, em companhia de sua mãe Ana Roiz, e de Violante Antunes, irmã dela confitente, já defunta, mulher que foi de Diogo Vaz Escobar, cristão-velho, e estava também presente Dona Leonor, irmã dela confitente, mulher de Henrique Muniz Teles, e estando assim todas quatro, a dita sua mãe lhes disse que se queriam salvar suas almas haviam de crer na lei de Moisés, e em Deus dos céus, e por observância da dita lei guardassem os sábados de trabalho, vestindo neles camisas lavadas, e pondo roupas lavadas, começando de os guardar da sexta-feira à tarde, consertando os candeeiros com azeite limpo e torcidas novas, deixando-os acesos até por si se apagarem, e jejuassem às segundas-feiras, estando em todo dia sem comer senão à noite, e que quando morresse alguma pessoa em suas casas, que fosse irmão ou pai, e mãe ou filho, não comessem carne por espaço de sete ou oito dias. E botassem fora toda água que tivessem nos cântaros, e que amortalhassem o defunto em lençol que não fosse partido, digo, que fosse partido mas em lençol inteiro, e que não comessem carne de porco, coelho, nem lampreia. E que quando quisessem afirmar alguma cousa, jurassem pelo mundo que tem a alma de *foão*, porque todas as ditas cousas mandava a lei de Moisés que se fizessem para a salvação da alma. E que ela, Ana Roiz, sua mãe, cria na dita lei de Moisés e nela esperava salvar-se, e por sua observância faria cada uma das ditas cerimônias judaicas quando podia. E ela confitente e as ditas suas irmãs lhe responderam que lhes pareciam bem as ditas cousas, e que assim as fariam e creriam, pois eram boas para salvação da alma. E ela confitente logo então se apartou de nossa santa fé católica e se passou à lei de Moisés, tendo crença e esperando salvar-se nela, e não em a fé de Cristo nosso senhor, em o qual não cria nem o tinha por Deus. E

tudo o que fazia de cristã era por cumprimento do mundo e somente cria em Deus dos céus, e a ele se encomendava, pedindo usasse com ela de misericórdia. E por observação da dita lei de Moisés do dito tempo em diante, quando ela ré podia e havia lugar para isso sem ser sentida, jejuava os ditos jejuns de segundas-feiras, sem comer em todo dia senão à noite. E guardavam os ditos sábados de trabalho vestindo neles camisas lavadas, começando de os guardar da sexta-feira à tarde, consertando os candeeiros pela maneira sobredita, e não comia coelho nem lampreia, e falecendo-lhe certas pessoas em sua casa, fazia as cerimônias acima declaradas, tudo por guarda da dita lei. E do dito tempo em diante, quando ela confitente, por algumas vezes, se achava com a dita sua mãe e irmãs, ora juntas, ora cada uma per si, em casa de cada uma, comunicavam sobre a dita crença da lei de Moisés, declarando-se como guardavam a dita lei e nela esperavam salvar-se e por sua obediência faziam as ditas cerimônias judaicas, e a dita sua mãe lhes disse então que uma Inês Roiz, sua comadre, a havia ensinado nas cousas da lei de Moisés, estando nesse reino.

Provavelmente, a mudança do discurso de Beatriz, interpretada como boa vontade repentina da ré em fazer confissão completa e suficiente de seus erros, deve ter agradado aos inquisidores que lhe ouviam o depoimento, pois dariam mostras de parecerem acreditar na sinceridade de seu novo testemunho:

> E perguntada se confessava os ditos erros a seus confessores e até quando lhe durou a dita crença! Respondeu que os não confessara com medo de ser por isso castigada, e a crença deles lhe durou até agora que faz esta confissão, e de tudo pedia perdão e muita misericórdia (*o que disse com lágrimas e sinais de arrependimento*) e que daqui em diante quer ser cristã e crer em Cristo nosso senhor e na sua fé professa de viver e morrer. E que se até agora foi por outro caminho, não sabia o que fazia, e agora entende que só na fé de Cristo nosso Senhor se pode salvar. E que bem sabia que quando fazia as ditas cerimônias que eram contra nossa santa fé católica, mas que as fazia cuidando que com isso salvava sua alma.[43]

---

43   O grifo é meu.

Após explicar como recebera os ensinamentos judaizantes da mãe Ana Rodrigues, informava dar sequência ao processo, repassando as práticas e costumes aos filhos, perpetuando o judaísmo familiar entre os Antunes:

> depois de passar o sobredito com sua mãe, haverá quatorze anos, pouco mais pouco menos, estando ela confitente em sua casa com suas filhas Dona Custódia, mulher que foi de Bernardo Pimentel de Almeida, cristão-velho, a qual é já defunta, e Dona Felipa, outrossim sua filha, já defunta, mulher de Bernardo, digo, de Manoel de Sá, a qual morava perto dela confitente, e estando assim todas três entre outras práticas não lhe lembra a que propósito, lhes deu conta do que a dita sua mãe Ana Roiz lhe havia ensinado acerca da guarda e cerimônias da lei de Moisés, dizendo-lhes que a dita sua mãe lhe ensinara que cresse na lei de Moisés porque nela se havia de salvar, e que elas suas filhas cressem na dita lei porque essa era a boa para salvação da alma, e que por sua obediência quando falecesse alguma pessoa em sua casa deitassem fora a água que tivessem nos cântaros, e não comessem carne certos dias e amortalhassem o dito defunto em lençol inteiro, e não comessem coelho nem lampreia, tudo por cerimônia da dita lei, e não lhes ensinou as mais cerimônias que sabia da guarda dos sábados e jejuns por não se fiar das ditas suas filhas por serem muito moças, posto que em tudo desejava na vontade de as ensinar nas cousas da lei de Moisés, encomendando-lhes muito o segredo. E as ditas suas filhas lhe responderam que, por aquilo ser bom para salvação da alma, o fariam quando se oferecesse, posto que algumas vezes pelejavam com ela ré, dizendo-lhe que não fizesse as ditas cousas nem usasse delas por lhe não vir mal por isso, e é lembrada que a dita Dona Custódia, falecendo-lhe certos escravos, mandou botar a água fora que tinha para beber em casa, por ela confitente apertar com ela que o fizesse.

Ao mesmo tempo, deixava perceber, nas entrelinhas de seu depoimento, a transformação da prática criptojudaica na família ao longo das gerações, com o abandono de determinadas práticas, seja pela perseguição cada vez mais intensa, seja pelo próprio processo de cristianização vivenciado pelos neoconversos:

> posto que ela confitente se declarava com as ditas suas filhas como cria na dita lei de Moisés e por sua observância fazia as ditas cerimônias

induzindo-as por muitas vezes que cressem na dita lei e fizessem as ditas cerimônias por sua guarda, elas e cada uma delas lhe contradiziam, a isso representando a ela confitente e pelejando com ela por lhe ensinar as ditas cousas e que a dita Dona Custódia, quando deitou a dita água fora, disse a ela confitente que mais o fizera por lhe fazer a vontade que por outro respeito. E que nenhuma das ditas suas filhas lhe disseram que criam na dita lei de Moisés nem ela confitente sabe que elas tivessem por boas as ditas cousas, pelo que da parte dela confitente não falhava o ensinar-lhas por muitas vezes e pedir-lhes que cressem na dita lei. E que isso é o que lhe lembra de suas culpas e pede perdão e misericórdia de suas culpas, e que ela vivia em sua fazenda apartada dos lugares e não comunicou as ditas cousas com outras pessoas com medo de seu marido, e por também estar só.

O novo depoimento de Beatriz Antunes seria bem acolhido pelos inquisidores. Prova disto é que, embora tenha sido considerada "herege apóstata de nossa santa fé católica" e inicialmente condenada "em sentença de excomunhão maior e em confiscação de todos seus bens aplicados para o fisco e Câmara Real e nas mais penas em direito contra os semelhantes, estabelecidas", teria sua pena revista, comutada em penas mais brandas, posto que foi considerado que "confessou suas culpas pedindo delas perdão e misericórdia, com sinais e mostras de arrependimento e o mais que dos autos resulta". Em novo acórdão, os representantes do Santo Ofício deixavam claro a boa vontade com que receberam sua confissão de culpas:

> se assim é como diz, de verdadeiro e não fingido coração se converte, usando com ela de muita misericórdia e deixando o rigor de direito que suas culpas mereciam, recebe a ré Beatriz Antunes a reconciliação e união da Santa Madre Igreja como pede. E em pena e penitência de suas culpas lhe mandam que vá ao auto-da-fé e nele abjure publicamente seus heréticos errores em forma. E a condenam em cárcere e hábito penitencial perpétuo e sem remissão, no lugar que lhe for assinado, onde será bem inquirida nas cousas da fé necessárias para salvação de sua alma. E levará ao auto o hábito com insígnias de fogo, e cumprirá as mais penitências espirituais que lhe forem impostas. E mandam que da dita excomunhão maior em que incorreu seja absoluta *in forma ecclesiae*.

Dessa forma, compareceria ao mesmo auto de fé em que sairia sua irmã, Dona Leonor, na ribeira de Lisboa, em outubro de 1603. Condenada a cárcere e hábito perpétuo, com confisco de bens, Beatriz cumpriria sua pena em Lisboa, onde permaneceria, pelo menos, até novembro de 1605. Nesta data, seria convocada pelos inquisidores e informada de que fora beneficiada por ordem do inquisidor-geral do reino:

> sendo presente, lhe foi dito que o ilustríssimo senhor bispo inquisidor-geral havia por bem, por certos respeitos do serviço de Deus Nosso Senhor, dispensar com ela na dita penitência em que fora condenada, e mandava que lhe fosse tirado o hábito penitencial e fosse solta do cárcere em que estava, para o que mandou passar sua provisão.[44]

Assim como o processo movido pelo Santo Ofício contra Beatriz Antunes, numerado em 129 fólios, o processo de Dona Ana Alcoforado é bastante mais volumoso e rico em detalhes do que a maioria dos processos contra os outros membros dos Antunes. As confissões feitas por suas tias Beatriz e Leonor acabariam por levar os inquisidores a decretarem e passarem mandado para a sua prisão, datado de 11 de maio de 1604. Não há informações sobre a data exata da prisão da neta de Heitor Antunes e Ana Rodrigues, mas sabemos que já se encontrava presa, em Salvador, em setembro do mesmo ano, época em que seria feito o inventário dos bens pertencentes ao casal Ana Alcoforado e Nicolau Faleiro de Vasconcelos, a mando do Santo Ofício.

A leitura fragmentada do inventário – dificultada pela grafia de época, pela caligrafia pouco cuidada dos escrivões e pela qualidade por vezes falha da reprodução, a impossibilitar a leitura completa do documento – não permite descrever com exatidão de detalhes os bens do casal enumerados pelos avaliadores do Santo Ofício, embora seja possível identificar boa parte de suas posses. Primeiramente, seriam catalogadas as "peças de escravos", com seus valores respectivos. Pela listagem, o plantel era formado por dezesseis escravos, entre homens, mulheres e crianças: "Bastião de Guiné, com sua mulher, Margarida de Guiné"; "Agostinho de Guiné, de idade de vinte e cinco anos"; "Domingos, solteiro, negro de Guiné, de idade de trinta anos, pouco mais"; Domingos e Maria Catarina, negros de Guiné; "Mateus, moleque de Guiné"; "Bastião e Isabel, negros de Guiné, por estarem doentes de boubas"; um outro negro "da terra, de idade quatorze até quinze anos"; "um negrinho pequeno, filho de Isabel de Guiné, de quatro anos"; "mais duas negras do gentio da terra, por nome Apolônia e Francisca, com os filhos, um macho e outro fêmea"; "um mulato por nome Felipe, de idade de trinta anos".

---

44 Arquivo Nacional da Torre do Tombo, Inquisição de Lisboa, processo 8991.

Entre os bens móveis de uso cotidiano do casal, os avaliadores listariam (fixando sempre os respectivos valores) algumas peças de uso cotidiano, entre vestimentas e utensílios de casa: "uma caixa nova de cedro, sem fechadura"; "uma saia de chamalote,[45] roxa, com passamanes[46] roxas e amarelas"; "uma saia de gorgorão usado", "sem passamanes"; "outra caixa nova, de cedro, também sem fechadura"; "uma caixa velha" e seu arco; "um vestido" já usado; "uma canastra pequena, velha"; uma caixa de pau com fechadura, já usada; "um leito de jacarandá, já usado"; "umas cortinas de pano de algodão", velhas; "uma colher de prata"; peças de cobre; duas cadeiras, com uma mesa, velhas.

Também seria listada parte da produção das fazendas de Nicolau Faleiro e Ana Alcoforado: "Nove tarefas de cana, que ainda não está por feita, avaliada a tarefa a cinco mil réis", além de certa quantidade de mandioca. As ferramentas de trabalho na lavoura apareceriam citadas na listagem: "Sete enxadas velhas, avaliadas todas juntas, e outras sete foices velhas, e dois machados". Quanto aos bens imóveis, seriam referidas "umas casas que na dita terra estão", "em que mora", "cobertas de telha", e não tinha mais cousa alguma "de dívida nem papéis que lhe devesse". E algumas dívidas, que devia a Bernardo Pimentel de Almeida, da compra "de quatro negros", e a outros citados.

No mesmo mês de setembro de 1604, Ana Alcoforado pediria audiência para "confessar sua culpa com contrição e verdadeiro arrependimento, sujeitando-se a toda pena e penitência que pelo caso merecesse, confiada na clemência e misericórdia da Santa inquisição". Em seu testemunho, a neta de Ana Rodrigues ratificaria a intenção judaizante de suas práticas e o papel da velha matriarca à frente do processo de manutenção e continuidade da antiga fé entre os Antunes:

> Primeiramente, confessou a dita Dona Ana que era verdade que, por quatro vezes, morrendo-lhe escravos, lançara água fora de casa, despejando os potes dela, e derramando-os, e que isso fizera por se conformar com a cerimônia da lei de Moisés e guardar sua lei, e que, sem embargo de ter confessado a Heitor Furtado de Mendonça, estando nestas partes por visitador que fizera as ditas cousas por ignorância, a verdade era que fora por se conformar e observar a cerimônia da lei velha, mas que depois desse tempo e de ouvir os capítulos que o dito visitador mandou publicar, nunca mais usara da dita cerimônia, por entender que seguia caminho errado. E que as ditas quatro vezes aconteceram haverá uns dezoito anos e em sua própria casa e sem companhia, mas

---

45 "Tecido em que a posição do fio produz um efeito ondeado"; "Tecido de pêlo ou de lã, em geral, com mistura de seda". *Novo Dicionário Básico da Língua Portuguesa Folha/Aurélio. Op. cit.*, 1994/1995, p. 144.

46 "Fitas ou galões entretecidos a prata, ouro ou seda". *Idem*, p. 485.

que de sua avó Ana Roiz a aprendera, a qual lhe ensinara ser cerimônia da lei de Moisés, e a qual a vira fazer algumas vezes.

Terminaria sua confissão clamando o perdão dos inquisidores para seus erros: "e que isso era o que passava na verdade e a culpa em que se sentia compreendida de que pedia perdão e misericórdia com humildade".

Não conhecemos com exatidão o momento em que ocorreu a transferência de Ana Alcoforado para os Estaus, mas um documento de 26 de fevereiro de 1605 confirma que já estava nos cárceres do Santo Ofício em Lisboa nesta data. Durante o tempo em que era analisado seu processo, porém, Dona Ana seria beneficiada com a assinatura de uma bula papal, publicada em Portugal em janeiro de 1605, que concedia perdão geral aos cristãos-novos portugueses acusados de judaísmo, inclusive, com a devolução dos bens que lhe haviam sido confiscados pelo Santo Ofício no ato da prisão:

> Sua Santidade passara uma bula que o ilustríssimo senhor bispo Dom Pero de Castilho, inquisidor destes reinos e senhorio de Portugal, aceitou e mandou que se cumprisse como nela se contem, pela qual Sua Santidade há por bem de conceder perdão geral às pessoas da nação hebreia naturais destes reinos, na qual ela, Dona Ana, se compreende, e o dito senhor inquisidor-geral mandou que se cumpra como nela se contém como consta da dita bula e mandado, que estão no secreto desta Inquisição. E por ela Dona Ana dizer que queria gozar do dito perdão, conforme ao teor dele, fez a abjuração.

Em documento de 21 de abril de 1606, o inquisidor-geral de Portugal decretava o cumprimento do perdão geral papal:

> O Bispo Dom Pedro de Castilho, inquisidor-geral em estes reinos e senhorios de Portugal, juiz executor [...] do breve do perdão concedido pelo santo papa Clemente Octavio,[47] de gloriosa memória, à gente hebreia da nação deste reino. Fazemos saber que, desejando-nos dá--lo à sua inteira execução em quando diz e manda que todos os que da dita estivessem presos nos cárceres do Santo Ofício por culpas de heresia e apostasia, cometidas até o dia da publicação do dito breve, fossem soltos e lhes não confiscassem seus bens, não sendo suas

---

47 Trata-se do papa Clemente VIII, ou *Clemens Octavus*, duocentésimo trigésimo segundo papa, cujo pontificado durou de 1592 a 1605.

sentenças publicadas e dadas à execução, ou convencidos por relapsos: e por alguns falecerem nos ditos cárceres antes da publicação do dito perdão, que se publicou na Sé desta cidade, em domingo, dezesseis de janeiro de seiscentos e cinco, e se poder mover dúvida se as ditas pessoas defuntas gozam do dito perdão, ou seus bens lhes devem ser confiscados, nos pareceu necessário por justos respeitos de serviço de Deus que a isso nos movem, mandar declarar como os tais defuntos não perdem seus bens, e que devem ser entregues a seus legítimos herdeiros. Pelo que, *aucte appca*,[48] declaramos que as ditas pessoas da nação que faleceram nos cárceres da Inquisição antes da dita publicação, cujas sentenças não estavam dadas, publicadas, nem executadas, não perderão seus bens, e que devem ser entregues a seus legítimos herdeiros, a que de direito pertencerem: exceto os bens das pessoas que faleceram convencidos por relapsos, porque, neste caso, não gozam do perdão. Notificamo-lo, assim, ao juiz do fisco desta cidade de Lisboa e lhe mandamos que, constando-lhe por certidão dos inquisidores serem as tais pessoas defuntas nos cárceres do Santo Ofício antes da publicação do breve cumpram e façam cumprir e guardar esta nossa provisão como nela se contém, entregando e mandando entregar os ditos bens que estiverem inventariados por parte do fisco a seus legítimos herdeiros, na forma de seu regimento, o que cumprirá, sem a isso pôr dúvida nem embargo algum, sob as penas no dito breve declaradas.[49]

Sua abjuração em forma viria em texto impresso, usado então como modelo pela Inquisição, preenchendo-se, ao longo da página, apenas os espaços com o nome da ré e do papa então vigente:

> Eu, Dona Ana Alcoforado, moradora nas partes do Brasil, perante vós, senhores inquisidores, juro nestes santos evangelhos, em que tenho minhas mãos, que de minha própria e livre vontade anatematizo e aparto de mim toda espécie de heresia e apostasia que for ou se

---

48 De forma aproximada, podemos imaginar o significado do termo acima. *Aucte* pode significar "autoridade", e *appca*, é abreviação de "apostólica". Nunes, E. Borges. *Abreviaturas paleográficas portuguesas*. Lisboa: Fl, 1981, p. 35. Agradeço a Roberta Guimarães Franco o auxílio com os termos em latim.

49 Arquivo Nacional da Torre do Tombo, Inquisição de Lisboa. Livros de Certidões e Relação de sentenciados com confisco de bens, 1597-1700. Livro 12.

levantar contra nossa santa fé católica e sé apostólica, especialmente estas em que caí, que tenho confessado, as quais aqui hei por repetidas e declaradas, e juro de sempre ter e guardar a santa fé católica e o que tem e ensina a santa madre igreja de Roma, e que serei sempre muito obediente ao nosso santo padre papa Clemente Octavio, ora presidente na Igreja de Deus, e a seus sucessores, e confesso que todos os que contra esta santa fé católica vierem são dignos de condenação e juro de nunca com eles me ajuntar e de os perseguir e descobrir as heresias que deles souber aos inquisidores e prelados da Igreja, e se tornar a cair nos mesmos erros ou em outra qualquer espécie de heresia e apostasia, quero que seja havida por relapsa e castigada como for direito. E me submeto à severidade dos sagrados cânones, e requeiro ao notário do Santo Ofício que disso passe instrumento, e aos que estão presentes sejam testemunhas e assinem aqui comigo.

Após assinar a abjuração, a ré seria uma vez mais advertida pelos inquisidores de que, "se ela tornasse a cair nos mesmos erros que tinha confessado nesta mesa ou em outros, digo, nas confissões que fez no Brasil, ou em outros quaisquer de heresia e apostasia, este perdão lhe não aproveitará nem terá misericórdia", e seria "havida por relapsa e relaxada à Justiça Secular". Em seguida, "os senhores inquisidores mandaram que fosse solta na forma da dita bula e mandado, em cumprimento da qual a dita Dona Ana foi solta e posta em sua liberdade". O processo encerra-se com a descrição do valor das custas processuais, avaliadas pelo promotor em um montante de duzentos e noventa e um reais.[50]

Passadas cerca de duas décadas da visitação do Santo Ofício à Bahia, os Antunes apareceriam novamente envolvidos com a Inquisição. Em 1610, Nuno Fernandes, "filho da suplicante queimada, e irmão das afogueadas", seria uma vez mais acusado de comportamentos heréticos. O caçula dos Antunes, "homem que nunca casou", então de idade de cinquenta anos, "que vivia em um lugar cinco léguas da cidade da Bahia que se chama Jacaracanga", no termo de Matoim, "onde tinha uma fazenda sua", seria preso por um certo Baltasar Coelho, que "servia de familiar do Santo Ofício nas ditas partes do Brasil, de mais de vinte anos a esta parte", a mando do governador do Brasil, "que ora é Dom Diogo de Menezes" e Pedro de Cascais, "desembargador da relação do dito Brasil, o qual servia então de serventia de juiz do fisco", com o sequestro de todos os seus bens, e que o "trouxesse a este reino e entregasse nesta Inquisição".

Tudo começara com uma denúncia do padre Manoel, capelão da fazenda de Nuno Fernandes em Jacaracanga, datada de 22 de novembro de 1610, em que o acusaria de

---

50   Arquivo Nacional da Torre do Tombo, Inquisição de Lisboa, processo 11618.

proferir impropérios em sua presença: estando o licenciado na casa de Nuno, em companhia de Henrique Muniz Teles e Nuno Álvares, à mesa,

> disse, com heresia, perante eles e de mim, testemunha, que, *caindo um copo que ele na mão tinha no chão, que Nosso Senhor o não podia tornar após, da maneira que estava são, quebrando-se o dito copo*. E eu, como padre que sou, entendendo que era heresia, lhe fui à mão e o quis emendar, e ele com pertinácia o quis sustentar. E por ser gente possante e parentes todos, temendo-me que daí me resultasse algum mal, não fui contudo ao cabo, mas ausentes ambos, como cristão, e temente a Deus, o quis tornar a emendar do passado, e ele, como acima digo, rebelde, e mau cristão, quis sustentar o que tinha dito, dizendo que o tinha ouvido a outros maiores letrados que eu. E nisso que acima digo pelo hábito de São Pedro, que professo, e o meu caráter me refiro, no que acima digo, Henrique Muniz Telles e Nuno d'Álvares, seu genro, que estavam presentes.
> Secundariamente, como era necessário estar em sua casa à sua obediência e lhe comia o pão nela, por muitas vezes, estando à sua mesa com outros apaniguados seus, se desmandou em palavras muito feias e enormes contra Deus, as quais, querendo eu como religioso emendar, o dito Nuno Fernandes me respondeu dando pancadas mui grandes na mesa, me respondeu que se as não quisesse ouvir, me alevantasse e me fosse embora, que quem lhe comia o seu pão, lhe havia de sofrer tudo, o que foi causa de não estar mais tempo com ele.[51]

O próprio Nuno Fernandes, em sessão de depoimento nos Estaus, em Lisboa, contaria os detalhes de sua prisão:

> em nove de fevereiro próximo passado, em amanhecendo, Baltasar Coelho, morador nesta cidade, que lá no Brasil se nomeava por familiar do Santo Ofício, chegou à sua casa, onde ele declarante vivia, no dito lugar de Matoim, e levava em sua companhia o alcaide da cidade, que se chama Pedr'Álvares, e o escrivão Hierônimo de Lemos, que dizia ser escrivão do fisco, e sua esquadra de dez ou doze soldados, estando ele declarante ainda com as portas fechadas, e lhe disseram que as abrisse. E, depois de as ter abertas, o dito Baltasar

---

51 Arquivo Nacional da Torre do Tombo, Inquisição de Lisboa, processo 9492. O grifo é meu.

> Coelho lhe disse que ele declarante estivesse preso de parte do Santo Ofício, e lhe tomaram a chave das arcas e da mais fazenda que tinha em casa, e daí o levaram à dita cidade da Bahia, preso, à casa do licenciado Pedro de Cascais, desembargador.[52]

No dia seguinte, seria entregue nas casas da morada do provedor-mor da fazenda Pedro de Cascais, que "lhe mandou meter uns ferros nos pés, e mandou pôr em casa de Denis Munis, como preso e com os ferros". De acordo com o familiar do Santo Ofício, Nuno Fernandes "não podia estar na cadeia pública desta cidade, nem no aljube, pelo perigo que podia correr dele comunicar, por serem casas públicas, e nelas haver muitos presos", temendo-se que, por ser "homem aparentado com pessoas graves nesta terra, e temer que se lhe pudesse dar um bocado" ao carcereiro para facilitar sua fuga. Analisadas as justificativas de Baltasar,

> o dito juiz Francisco da Fonseca, pela muita satisfação e boa informação que tem de Denis Munis, cristão-velho, escrivão desta cidade, ele entregou perante mim tabelião e o dito Baltasar Coelho ao dito Nuno Fernandes, preso, com um grilhão nos pés, e que tudo o que fosse necessário para boa guarda e segurança do dito preso se lhe daria, o qual não deixaria comunicar com pessoa alguma de fora nem de sua família, por ser assim serviço de Deus, e correr muito perigo, e por ele foi dito que assim o faria, por fazer serviço a Deus Nosso Senhor e a Sua Majestade.

Embora pelas leis do reino nenhuma pessoa pudesse ser presa em residência, em alguns casos, os réus poderiam ser encaminhados a casas particulares.[53] A residência que fora dada como prisão a Nuno parecia mais adequada ao réu, como explicava o familiar,

---

52   Arquivo Nacional da Torre do Tombo, Inquisição de Lisboa, processo 17408.

53   De acordo com Bruno Feitler, os regimentos inquisitoriais previam a prisão domiciliar em situações específicas: "La législation statue dans le détail sur la non communication entre les prisonniers eux--mêmes et avec d'autres personnes, ceci devenant difficile lorsque la prison municipale était en mauvais état et que les prisonniers pouvaient aller et venir assez librement, et que les prisons ecclésiastiques se trouvaient loin ou étaient inexistantes. Il n'était pas rare que la maison du familier ou d'un particulier servit de prison". FEITLER, Bruno. *Inquisition, juifs et nouveaux-chrétiens au Brésil. Le Nordeste, XVIIIe et XVIIIe siècles*. Louvain: Leuven University Press, 2003, p. 78.

pela prisão que o dito preso tem e ser acomodada e segura e fora de toda a comunicação porquanto a casa em que está, está fora da face da rua, em uma camarinha contígua com a sua, aonde o dito Denis Munis come e dorme. E para poder ir e para poderem ir para onde o dito preso está, se hão de abrir três portas, e para a banda do quintal tem uma janela de grades, com uma parte pela banda de dentro que se lhe fecha com chave, a qual camarinha está levantada do chão cousa de cinquenta palmos, e o dito quintal está muito bem tapado, sem ter outros quintais e casas, e não se devassa de nenhuma parte em casas.

Insistia o familiar que "não havia razão nem causa" para preocupação com possíveis tentativas de fuga ou de contato com qualquer pessoa, "porquanto a comida que come é da casa do dito Denis Munis, e de fora lhe não vem cousa alguma, nem o viu já comunicar com pessoa alguma".[54] O certo é que Nuno Fernandes continuaria preso na casa do escrivão Munis, "onde esteve até vinte e um dias do mês de abril próximo passado, que o embarcaram para este reino, debaixo da custódia do dito Baltasar Coelho, o qual lhe dava na embarcação o necessário, até chegar a esta cidade, donde o trouxe a esta Inquisição".

O caçula dos Antunes chegaria em Lisboa cerca de cinco meses depois de sua prisão na Bahia, "na frota que chegou nesta cidade no mês de julho, no navio São Miguel Anjo, de que era mestre João Francisco", sendo entregue pelo familiar Baltasar Coelho aos cárceres do Santo Ofício. Em 24 de julho, apresentaria declaração em que enumerava os que consideravam que não podiam denunciar contra si, por serem seus inimigos. No documento, em parte ilegível e recuperado de forma fragmentada, explica os motivos das inimizades: "Recuso o bispo do Brasil, Dom Costantino Barradas, por meu inimigo capital, o qual me tomou este ódio por lhe não vender minha fazenda", imputando-lhe "culpas de visitação, e me prendeu no aljube", condenando-o, "sem me deferir as suspeitas de todos estes papéis" que ora "estão neste arcebispado e vão agora por apelação". "Recuso, por meu inimigo capital, o padre vigário da freguesia de Nossa Senhora da Piedade, por nome Matheus Vieira que, cuido que para fazer a vontade ao bispo, Dom Costantino Barradas", "me chamava *Revel*[55] e me acusava e demandava que não ia, à minha freguesia, à missa nas festas principais, provei o contrário, que tinha missa na minha ermida", "e não queria que eu tivesse capelão, e isto é notório na Bahia". "Recuso, por meu inimigo, o padre Manoel", "que foi capelão na minha ermida, por

---

54 Arquivo Nacional da Torre do Tombo, Inquisição de Lisboa, processo 9492.

55 "Que se revolta; insurgente, rebelde", ou ainda: "Divulgação de coisa ignorada ou secreta". *Novo Dicionário Básico da Língua Portuguesa Folha/Aurélio.* Op. cit., 1994-1995, p. 570-571.

palavras que tive com ele e diferenças sobre andar combinado com uma índia forra de nome Ana de Barros, e por isto o não quis tomar outro ano por capelão, e trouxe outro padre, por nome Pero Velho Cabral, e isto foi notório por todos meus vizinhos na Bahia".

O caso, contudo, sofreria reviravolta. Consideradas as culpas contra Nuno Fernandes insuficientes, o filho *rebelde* dos Macabeus seria convocado pelos inquisidores, três semanas depois, e comunicado de que estaria solto dos cárceres, embora advertido de que ficava proibido de deixar Lisboa:

> Aos treze dias do mês de agosto de mil seiscentos e onze anos, em Lisboa, nos Estaus, na casa do despacho da Santa Inquisição, estando nela os senhores inquisidores, mandaram vir perante si Nuno Fernandes, preso contido nestes autos, e sendo presente, lhe foi mandado que ele se não saísse desta cidade sem licença desta mesa, e que viesse a ela todas as vezes que lhe fosse mandado, sob pena de ser por isso gravemente castigado, o que ele prometeu cumprir sob cargo do juramento dos santos evangelhos, em que ele pôs a mão. E assinou aqui com o senhor inquisidor.[56]

No mês seguinte, seria novamente convocado pelo Conselho Geral para prestar novos esclarecimentos sobre sua prisão:

> Perguntado se lhe disse o dito Baltasar Coelho a culpa por que o prendera, disse que não.
> Perguntado se lhe fizeram sequestro de seus bens, disse que lhe disseram que sim, e que se fizera por ordem de Rui Mendes, juiz do fisco nas ditas partes do Brasil.
> Perguntado se suspeita ele o porquê foi preso, disse que não, porque ele sempre foi muito bom cristão, e nunca fez nem disse cousa contra a fé. Perguntado se sabe ou suspeita quem pode lhe dizer contra ele, disse que não suspeita em ninguém, porque não fez mal a pessoa alguma, somente que, se alguém poderia dizer dele, devia de ser Mateus Vieira, seu vigário, o qual o acusou no Brasil, dizendo que ele declarante não ouvia missa.[57]

---

56 Arquivo Nacional da Torre do Tombo, Inquisição de Lisboa, processo 9492.

57 Depoimento de Nuno Fernandes, em 23/08/1611. Arquivo Nacional da Torre do Tombo, Inquisição de Lisboa, processo 17408.

Após analise das culpas de Nuno Fernandes contidas nos autos, os inquisidores reunir-se-iam, em 27 de setembro do mesmo ano, para julgar o caso: "E pareceu que, visto não haver outras culpas mais que as contidas no dito escrito de Manoel", e que, concluíam os membros do Conselho Geral, "na substância, não é culpa formal para, por elas, haver de ser preso e retido", e ter sido preso de modo abrupto, "sem ordem alguma de juízo". Fora preso por denúncia do padre Manoel, "o qual o réu diz que é seu inimigo, e notório", por "botá-lo fora da sua capela, e por malícia do dito Baltasar Coelho, que se foi familiar do Santo Ofício não o sendo" (!), motivo pelo qual declaravam "a dita prisão por nula, e de nenhum efeito, e que foi mal feita", cancelando igualmente o confisco "que se fez da sua fazenda". Considerando ilegal a prisão do filho caçula dos Antunes, os inquisidores Antonio Dias Araújo e Salvador de Mesquita dariam seu parecer final sobre o assunto:

> mandamos o dito Nuno Fernandes será solto, que se pode ir em paz para onde quer que quiser, e o havemos por desobrigado da fiança que tem dado nesta mesa. E que se passe carta para o juiz do fisco do Brasil, ou quem de direito pertencer, para que lhe mandem entregar seus bens e toda a fazenda que lhe foi sequestrada, ficando ao réu reservado seu direito contra a pessoa ou pessoas que indevidamente o prenderam e fizeram prender, para por elas haver as perdas e danos que teve em o prenderem e sequestrarem seus bens. E será sem custas *ex causa*, diz a entrelinha. E mandamos.

Um dos fatores alegados no parecer para que os inquisidores julgassem encerrado o processo e dessem voto favorável a Nuno Fernandes foi a forma equivocada e abusiva como fora detido na Bahia, conforme se pode perceber não apenas pela decisão de soltar o réu e permitir que se vá para onde quiser, mas ainda pela devolução total de seus bens, livrando-o de qualquer custa processual. Em 20 de setembro de 1611, o familiar que o prendera seria convocado para prestar esclarecimentos aos inquisidores a respeito dos presos que trouxera do Brasil, entre eles o filho mais novo de Heitor Antunes e Ana Rodrigues. Os inquisidores passariam então a interrogar a Baltasar Coelho com uma série de questões e detalhes sobre a forma como se dera a prisão de Nuno e de um outro réu que também trouxera do Brasil:

> Perguntado se lhe disseram o dito governador e o dito Pedro de Cascais as culpas por que mandavam prender os ditos Nuno Fernandes e João de Araújo, respondeu que não, somente lhe disseram que os fosse prender.

> Perguntado se tem ele os mandados assinados pelo dito governador e pelo dito Pedro de Cascais por que lhe mandasse que fosse prender ao dito Nuno Fernandes e João de Araújo, e que os trouxesse a este reino e entregasse nesta Inquisição, disse nenhum deles lhe deu mandado, nem ele o tem.
>
> Perguntado se tem testemunhas ou alguns papéis porque conste que o dito governador e Pedro de Cascais lhe mandassem prender os sobreditos e que os trouxesse a este reino e entregasse nesta Inquisição, disse que não tem mais testemunhas nem papéis que um que ora apresentou do dito Pedro de Cascais feito na Bahia, a quinze dias do mês de abril deste presente ano de mil seiscentos e onze.
>
> Perguntado se trouxe em sua companhia as culpas por que foram presos e trazidos a este reino os ditos Nuno Fernandes e João Araújo, disse que não trouxera mais papéis que um que entregou nesta mesa juntamente com os ditos presos logo que chegou a esta cidade.
>
> Perguntado quem lhe entregou os ditos papéis para ele os entregar nesta mesa, disse que o dito Pedro de Cascais lhos entregara.
>
> Perguntado quem mais prendeu no Brasil os ditos presos e por que ordem se prenderam, disse que o dito governador mandara a ele declarante e ao meirinho da cidade que não sabe como se chama, e ao sargento que se chama Pedr'Álvares, que mora na cidade, que fossem prender ao dito Nuno Fernandes, como de feito o trouxeram preso à dita cidade da Bahia, e o puseram em casa de um homem que se chama *O Trombeta*.

Surpresa maior, todavia, estaria reservada aos representantes do Santo Ofício ao interrogarem o dito familiar a respeito dos motivos que o fizeram o encarregado para efetuar as prisões dos acusados:

> Perguntado qual foi a razão para o dito governador e juiz do fisco mandarem por ele declarante fazer as ditas prisões e sequestros até os mandarem por ele declarante a esta Inquisição, respondeu que *porque ele declarante servia de familiar do Santo Ofício nas ditas partes do Brasil, de mais de vinte anos a esta parte.*
>
> Perguntado se tem ele carta de familiar, e quem lha passou, respondeu que Heitor Furtado de Mendonça, no tempo que esteve nas ditas partes do Brasil, lhe dera uma carta de familiar, contanto que a confirmasse ele declarante pelo senhor inquisidor geral.

Perguntado se confirmou ele declarante, disse que agora trata de requerer isso.

Perguntado se tem ele o dito papel que o dito Heitor Furtado de Mendonça lhe passou, disse que não, que lho tomaram os ingleses haverá oito ou nove anos, vindo ele declarante para a cidade de Lisboa!

Uma certidão do bispo da Bahia, Dom Constantino Barradas, em 20 de abril de 1611, confirmaria o depoimento de Baltasar Coelho, destacando a dedicação e os bons serviços prestados ao longo de duas décadas em nome do Santo Tribunal no Brasil:

> Tenho a informação certa que Baltasar Coelho serve muitos anos há nesta terra como Familiar do Santo Ofício, fazendo sempre bem todas as diligências que por os Srs. Inquisidores lhe foram encomendadas, e exercitando o dito ofício no tempo em que Heitor Furtado de Mendonça foi Visitador neste Bispado e sei por ver que nos negócios que em muitos tempos se ofereceram ou lhe foram mandados do Reino procedeu com zelo, verdade e segredo.[58]

Um representante do Santo Ofício, atuando no Brasil, com uma autorização provisória, balizado apenas por carta extraviada de familiar que exigia validação do Conselho Geral supostamente dada pelo primeiro visitador Heitor Furtado de Mendonça durante o tempo em que esteve na colônia... Urge, contudo, ressaltar que o próprio processo de estruturação do Tribunal da Inquisição ainda encontrava-se em seus primórdios. A partir do século XVII, seria implantado um rigoroso processo de habilitação que visava vasculhar qualquer nódoa que impedisse a nomeação de determinados indivíduos desclassificados para a função, embora existam indícios de que, em alguns casos, a regra tenha sido burlada. Elias Lipiner informa que estas pesquisas sobre o passado dos candidatos a oficial do Santo Ofício visavam "provar que o candidato ao importante cargo não tinha raça de mouro, judeu ou infiel, nem tinha pessoa alguma da sua geração reconciliada ou penitenciada pela Inquisição". "Devido às grandes regalias e particular proteção, que lhes eram concedidas",[59] o cargo era muito disputado, inclusive entre a aristocracia, visto que era prova pública, com chancela inquisitorial, de origem limpa de qualquer espécie de mácula religiosa. Homem de estudos e de vasta experiência dentro dos quadros do Tribunal do Santo Ofício, conhecedor profundo da estrutura inquisitorial e de

---

58 Arquivo Nacional da Torre do Tombo, Inquisição de Lisboa, processo 9492. Os grifos são meus.

59 LIPINER, Elias. *Op. cit.*, 1999, p. 108-109.

suas atribuições de visitador, é pouco provável que Heitor Furtado de Mendonça tenha dado a Baltasar Coelho um documento aos moldes e com o conteúdo que alegava, fato que não passaria despercebido pelos membros do Conselho Geral do Santo Ofício lisboeta e agravaria a situação de nosso dito familiar. Mais verossímil acreditar, conforme indica Daniela Calainho, que o primeiro visitador tenha conferido a tal autorização especial a Baltasar Coelho para que atuasse como familiar "sem passar pelos trâmites ordinários da habilitação" devido à "enorme falta destes oficiais na Bahia e Pernambuco"[60] e à carência de pessoas preparadas para a função na colônia,[61] desde que confirmasse esta autorização no Santo Ofício de Lisboa no mais breve tempo possível – coisa que Baltasar não fez! –, e não que continuasse a agir no Brasil sem a licença oficial da Inquisição por cerca de duas décadas.

Um falso familiar, apresentando-se como representante do Santo Ofício na região brasílica há cerca de vinte anos, gozando da confiança e desfrutando o convívio com autoridades e principais da terra, aproveitando-se das regalias reservadas e vantagens advindas de um cargo de tamanha envergadura que exercia sem a chancela do Tribunal da Inquisição, agindo de forma arbitrária, teria sido o responsável pela prisão de Nuno Fernandes! Desmascarado, ao contrário de ver confirmada a autorização que dissera ter recebido de Heitor Furtado para atuar na função de familiar, passaria a réu. Numa inesperada reviravolta do caso, passava de martelo a prego, processado por ousar apresentar-se falsamente e atuar de modo indevido como representante do Santo Tribunal. Na capa de seu processo, lê-se: "Processo de Baltasar Coelho, cristão-velho, *tratante*, natural e morador nesta cidade de Lisboa, preso no cárcere da Inquisição desta cidade".[62] Assim, ao passo em que Nuno Fernandes era considerado inocente das acusações que sofrera, recuperando seus bens e recebendo autorização do Santo Ofício para voltar à colônia, era agora o enganoso familiar – que deixara a Bahia festejado, gozando da total confiança do governador-geral, levando para Lisboa o caçula dos Antunes humilhado, preso e em grilhões – quem ficava nos cárceres dos Estaus à espera de julgamento.

---

60   CALAINHO, Daniela Buono. *Em nome do Santo Ofício: familiares da Inquisição portuguesa no Brasil Colonial*. Dissertação de Mestrado apresentada à Universidade Federal do Rio de Janeiro, Rio de Janeiro, 1992, p. 67-68. Com relação ao processo de habilitação de familiares ao Santo Ofício, ver ainda: ARAÚJO, Ricardo Teles & HOLANDA, Bartolomeu Buarque de. "Habilitação ao Santo Ofício. Valiosa fonte genealógica do período Colonial". In: *Gerações/Brasil*, nov. 1996 e abr. 1997, vol. 3, ns. 1 e 2, p. 15-17.

61   Sobre a fluida presença de familiares no Brasil durante os séculos XVII e XVIII, ver: FEITLER, Bruno. "Présence inquisioriale dans la région pernamboucaine fin seizième siècle – 1750". In: *Op. cit.*, 2003, p. 63-139, principalmente p. 75-78.

62   Arquivo Nacional da Torre do Tombo, Inquisição de Lisboa, processo 9492. O grifo é meu.

Durante o processo, Baltasar Coelho continuaria a negar sua culpa, reafirmando que agira como agente do Santo Ofício nomeado pelo visitador Heitor Furtado de Mendonça, e que não realizara as prisões por sua conta, mas a mando do governador e do juiz do fisco. No libelo acusatório contra o falso familiar, os inquisidores recomendavam o uso de "todo o rigor", posto que negava com veemência as acusações. Pelo "grande escândalo dos que do caso sabiam", sairia em auto de fé público, na Ribeira, portando uma vela acesa, condenado a dois anos de galés, mais pena de cinquenta açoites *citra sanguinis effusionem* – ou seja: sem efusão ou derramamento de sangue de seu corpo – pelas ruas de Lisboa. Por ter origem nobre, contudo, conseguiria evitar a humilhação dos açoites em troca de dobrar sua pena nas galés.[63]

Perante o Tribunal: "Para defender a memória, fama e fazenda da dita Ana Roiz"

De acordo com um levantamento preliminar realizado através de rápida pesquisa no catálogo informatizado da Torre do Tombo, é possível encontrar, nos arquivos referentes aos réus processados pelos três tribunais inquisitoriais atuantes em Portugal (Évora, Coimbra e Lisboa), uma lista de 118 códices processuais contra mulheres nomeadas Ana Roiz ou Ana Rodrigues – o que demonstra que o nome fora bastante recorrente em Portugal durante todo o período de funcionamento da Inquisição.[64] Com relação ao período de tempo próximo àquele em que correu o processo contra a matriarca de Matoim, há notícias de, pelo menos, dois processos contra rés homônimas da matriarca *macabeia*, conforme veremos a seguir.

O processo de número 10.674 da Inquisição de Lisboa é contra "Ana Rodrigues, cristã-nova solteira, filha de Antonio Pereira, da cidade do Funchal, presa no cárcere do Santo Ofício da Inquisição de Lisboa". Seria presa a 26 de setembro de 1592, na Ilha da Madeira, acusada de seguir a lei de Moisés. Reconciliada à Santa Madre Igreja, foi condenada a sair em auto de fé e abjurar publicamente, mais cárcere e hábito perpétuo, efetuado no auto público da Ribeira de Lisboa, em 23 de fevereiro de 1597.

---

63 CALAINHO, Daniela Buono. *Op. cit.*, 1992, p. 152. Para uma análise dos processos contra Nuno Fernandes e Baltasar Coelho, ver: ASSIS, Angelo Adriano Faria de. "A Inquisição no Brasil e a farsa pelo avesso: o caso de Baltasar Coelho, tratante e falso familiar do Santo Ofício, e da prisão de Nuno Fernandes, revel e descendente dos Macabeus do Recôncavo". In: ASSIS, Angelo Adriano Faria de; SANTANA, Nara Maria Carlos; ALVES, Ronaldo Sávio Paes (Orgs.). *Desvelando o poder: Histórias de dominação: Estado, religião e sociedade*. Niterói: Vício de Leitura, 2007, p. 39-67.

64 Este número refere-se ao material disponibilizado para consulta informatizada a que tive acesso durante o período de pesquisas que realizei para este trabalho no Arquivo Nacional da Torre do Tombo, entre janeiro e fevereiro de 2003.

Uma outra Ana Rodrigues é ré do processo de número 11.115 da Inquisição de Lisboa, identificada como "Ana Rodrigues, mulher de Manoel Dias, cristão-novo, cirgueiro, natural de Évora, morador em Lisboa, aqui preso". Fora presa a 28 de julho de 1594, por culpas de judaísmo, e condenada a sair no mesmo auto de fé celebrado em Lisboa a 23 de fevereiro de 1597, mais cárcere e hábito penitencial perpétuo, sem remissão. Acabaria, porém, dispensada de sua pena pelos "senhores inquisidores do Conselho Geral, por informação que tiveram desta mesa", em 10 de março de 1604.

O processo contra a Ana Rodrigues de Matoim está depositado na Torre do Tombo sob o número 12142 da Inquisição de Lisboa. Trata-se de fonte documental volumosa, numerada num total de 316 fólios manuscritos, unidos através de costura manual, totalizando mais de 630 páginas.[65] Apesar do considerável grau de conservação da maior parte de suas folhas – o que permitiu a consulta ao documento original, e não à cópia microfilmada –, o códice apresenta algumas dificuldades para o pesquisador interessado em sua análise. A organização dos documentos ao longo do processo mostra-se confusa, não seguindo com constância a ordem cronológica dos acontecimentos, nem ao menos apresentando datação de todas as partes anexadas ao corpo processual, como petições, pareceres dos inquisidores ou determinados testemunhos e inquirições, afora os casos de documentação repetida anexada em partes distintas do códice. A principal exceção é o rol de culpas enviado da Bahia por Heitor Furtado ao Conselho Geral para o início da análise do caso e das medidas processuais necessárias, citando cronologicamente as denúncias que eram feitas à mesa do visitador no Brasil. Assim, torna-se impossível precisar a que momento exato dos acontecimentos se referem certos documentos não datados ou qual a razão efetiva para a sua inclusão no processo. Outro problema grave é a dificuldade de leitura de boa parte destas fontes, afetadas pela ação natural dos séculos, como a perfuração por insetos, tinta vazada de uma página a outra, borrões, manchas e selos, folhas rasgadas ou quebradiças, semidestruídas pelo tempo, afora a caligrafia heterogênea e de dificílima compreensão de boa parte dos notários, inquisidores e demais indivíduos presentes na documentação. Mais uma vez, a exceção à regra encontra-se na documentação enviada pelo visitador do Brasil, facilitando a sua leitura pela cuidadosa e caprichada escrita do auxiliar do licenciado Heitor Furtado de Mendonça durante a primeira visitação do Santo Ofício ao Brasil, o notário Manoel Francisco.

Vistas as acusações feitas contra Ana Rodrigues na mesa da visitação ao Brasil em capítulos anteriores; as medidas para a prisão e transferência da matriarca para Lisboa; seu depoimento final, e a morte nos cárceres dos Estaus, por ora, interessa-nos a análise da documentação que trata da continuação do processo após a confirmação do

---

65 A título de comparação, o processo de número 8991, de Beatriz Antunes, uma das filhas processadas de Ana Rodrigues, possui 129 fólios numerados, num total de 258 páginas.

falecimento da presa, em agosto de 1593, até o auto de fé em que seria formalmente culpabilizada, celebrado em maio de 1604.

Durante o tempo que decorreu desde a prisão da octogenária e debilitada matriarca dos Antunes na Bahia e sua posterior transferência, enjaulada e sob todos os cuidados, para o Santo Ofício de Lisboa, até o falecimento repentino no cárcere, setenta dias após a sua chegada, os parentes de Ana Rodrigues pouca ou nenhuma notícia receberiam acerca de seu estado físico ou dos acontecimentos iniciais do processo. Enquanto tinha andamento a análise das suas culpas na sede lisboeta do tribunal, os membros da família insistiriam seguidamente em apresentar documentos, pedir averiguações e tentar, de acordo com os interesses, qualificar ou desclassificar depoimentos de testemunhas as mais variadas, na busca desesperada de provar a inocência da *macabeia* de Matoim. Nesse sentido, os Antunes – tendo os membros cristãos-velhos, "homens honrados e nobres", "dos principais da terra" à frente – procurariam apresentar informações que objetivassem justificar os comportamentos suspeitos e desregrados de que era acusada a matriarca, aliados a uma série de solicitações feitas ao Santo Tribunal pelos representantes da ré tentando provar sua inocência até o último momento, evitando, sem sucesso, a continuidade do processo contra a viúva de Heitor Antunes e a triste fama e consequências – tanto sociais quanto materiais – que isto representaria para a família.

Pelo que deixam entrever os documentos, presume-se que ao menos dois dos genros cristãos-velhos de Ana Rodrigues seguiriam – ou ainda, hipótese mais provável, mandariam representantes – para Lisboa na busca de provar a inocência e conseguir a libertação da velha *macabeia*. Sebastião de Faria, casado com Beatriz Antunes, e Henrique Muniz Teles, marido de Dona Leonor Antunes, seriam os responsáveis pela apresentação aos inquisidores das provas do bom comportamento cristão da sogra. Em linhas gerais, apresentariam aos representantes do Conselho Geral os mesmos argumentos que utilizaram perante o visitador Furtado de Mendonça para inocentar a matriarca:

> Dizem Sebastião de Faria, Henrique Muniz Teles, moradores na Bahia, das partes do Brasil, que o inquisidor que anda nas ditas partes prendeu Ana Roiz, sogra deles, solicitantes, por culpas tocantes ao Santo Ofício, *a qual Ana Roiz é mulher de mais de oitenta e seis anos, e há dezessete que está entrevada e, como tal, falta do juízo e entendimento, e caduca*. E assim, *por sua idade, fraqueza, indisposição, se teme que não saiba alegar o que convém para mostrar sua inocência* nessa parte que eles solicitantes entendem e têm para si, que *é acusada por ódio e vingança, e não porque nela haja erros contra a fé de nosso senhor Jesus Cristo, porque sempre deu mostras de boa e verdadeira cristã*, continuando com a visitação das igrejas, missas

e sermões, e frequentando os santos sacramentos da confissão e comunhão, conversando e tratando sempre com cristãos-velhos fidalgos, nobres e de boa vida e costumes.

Os Antunes não apenas procuravam imputar à "falta do juízo e entendimento" de Ana Rodrigues quaisquer possíveis impropérios que tenha pronunciado, destacando o avançado estado de debilidade física e mental de que sofria, como atribuíam a culpa de algumas acusações feitas contra a *macabeia* nos ódios e vinganças de que era vítima, inventados pelos inimigos que difamavam o clã! A prisão da matriarca, ao contrário de esperada, queriam fazer crer seus genros, foi recebida com espanto pelos membros da família e por aqueles que a conheciam, enumerando as causas desta surpresa geral e exigindo reparação de justiça para os difamadores da honra da velha senhora:

> pelo que a prisão da dita sua sogra fez muito abalo e deu muita admiração a todas as pessoas que a conheciam, *porque não era tida nem concebida por cristã-nova, senão por cristã-velha*, porque casou quatro filhas com quatro cristãos-velhos e uma que enviuvou tornou a casar com cristão-velho, e seus filhos Jorge Antunes e Álvaro Lopes casou com cristãs-velhas, e uma neta de uma filha que lhe enviuvou casou com um cristão-velho, e não casou filho nem filha com cristão-novo, nem neto, e sempre viveu e se tratou desta maneira. E porque nesta santa casa se trata de se saber e apurar a verdade, de maneira que os culpados não fiquem sem castigo, e os inocentes não sejam sem culpas punidos.

Com o intuito de provar a inocência da ré, citariam outra relação de testemunhas que consideravam confiáveis, dentre eles, alguns homens de destaque social, que poderiam, "sendo a dita presa tal qual eles solicitantes entendem e têm para si", dar seu depoimento sobre a retidão cristã de Ana Rodrigues:

> João de Brito de Almeida, filho do governador que foi.
> Luís de Brito de Almeida, morador desta cidade, à Enxobregas.
> João de Barros, irmão do provedor-mor Cristóvão de Barros, morador nesta cidade fora da porta de Santa Catarina.
> Pero Carneiro, morador ao chafariz d'Andaluz, do hábito de Cristo.
> Vicente Monteiro, criado que foi do governador Mem de Sá, morador nesta cidade.
> Simão Roiz, boticário, e sua mulher, morador ao poço do chão.

Fernão Cabral de Taíde, estante nesta cidade, morador na Bahia.
E outros muitos moradores da Bahia.

Pelo menos uma das testemunhas citadas, Fernão Cabral de Taíde, era nome de má lembrança e não muito bem aceito pelos inquisidores: tratava-se, é bom lembrar, do poderoso senhor de engenho que fora processado pela Inquisição acusado de abrigar em suas terras a célebre santidade indígena de Jaguaripe.

Em seguida, listariam um grande número de prováveis denunciantes da matriarca, explicando com detalhes os motivos pelos quais não poderiam servir de testemunhas de acusação contra sua sogra. Alegavam que as denúncias haviam sido motivadas por desentendimentos dos denunciantes citados causados pelos mais variados motivos: disputas de terra, partilhas, heranças, brigas e diferenças com a matriarca e demais parentes, visto que "não deixa de ter muitos inimigos capitais e de ódios entranháveis pelas razões que aqui referem". Aos olhos do historiador, outra fonte privilegiada para a compreensão do rápido processo de fragmentação das relações sociais existentes na colônia com a chegada da Inquisição:

> São inimigos da dita presa Pero de Aguiar e sua mulher, Custódia de Faria; João Álvares, filho da dita Custódia de Faria, e a mulher do dito João Álvares, e os filhos do dito Pero de Aguiar; Francisco Lopes Girão e Cristóvão de Aguiar, o moço, e suas mulheres e todos os filhos, genros e parentes de Pero Nunes, que foi morto na Bahia, como são Antônio Nunes Reimão, seu primo, e seu genro, Gaspar Vicente,[66] e sua sogra Maria Antunes, e suas filhas da dita Maria Antunes, e genros e criados, como são Fernão Luís, criado de Pero de Aguiar, Jorge de Aguiar, mamaluco, seu sobrinho, Gaspar Fernandes, alfaiate, Domingos Gonçalves,[67] sapateiro, André Fernandes, carpinteiro, e Belchior Vaz e sua mulher, criados do dito Pero de Aguiar.
> E a razão da inimizade é e procede de trazer o dito Pero de Aguiar e seu enteado, João Álvares, grandes demandas contra eles solicitantes sobre as partilhas e herança de Bastião Álvares, pai dele solicitante Bastião de Faria, que são sobre fazendas de muita importância, sobre que se não falam e correm com todo ódio e malquerência, e são inimigos capitais, e sobre demarcações das terras da dita presa, que hoje possuem seus filhos eles solicitantes seus genros.

---

66   O nome está abreviado no processo. A responsabilidade por esta interpretação é minha.

67   *Idem.*

E assim, acusam a ele, Henrique Muniz Teles, por dizerem ser culpado na morte do dito Pero Nunes. E por esta causa, tratam de acusarem e injuriarem a eles solicitantes e buscaram para isso este modo de afronta e castigo.

E assim, são inimigos Marcos Pires, João Garcês e suas mulheres, pelas mesmas razões acima, e Brites Álvares, parteira, e suas filhas e filhos, por se darem por agravados da morte do Pero Nunes.

São inimigos Gaspar Dias Barbosa e seu enteado Inofre Pinheiro, e dois filhos seus, solteiros, e suas mulheres e criados, que por serem muitos, se não podem especificar os nomes por muitas brigas, demandas e diferenças que têm com Diogo Munis Barreto, irmão dele solicitante Henrique Muniz Teles; Fernão Vaz, por muitas diferenças que tem com Bernardo Pimentel de Almeida, genro de Bastião de Faria e com ele solicitante Henrique Muniz Teles sobre seu irmão Duarte Munis Barreto, alcaide-mor da cidade do Salvador; Vicente Rangel e sua mulher e sogra, filhos e filhas e genro; Pero Vesato e mais parentes; Isabel de Figueira e seu marido Cristóvão de Aguiar, e filha e genro Paulo de Carvalhais, por muitas demandas, ódios, brigas e diferenças que tem com Duarte Munis Barreto, alcaide-mor, irmão dele solicitante Henrique Muniz Teles e com Diogo da Rocha de Sá, cunhado deles solicitantes, sobre terras e outras muitas demandas que trazem, como é notório.

São inimigos Jorge de Magalhães, sua mulher, Brites de Sampaio, e sua filha, e os mais criados e familiares de sua casa, e seu sobrinho Jorge de Magalhães, Francisco de Azevedo, seu criado, G.[68] Mendes, Antônio Mendes, seu filho, por muitas demandas que ele Jorge de Magalhães teve com ele solicitante Sebastião de Faria.

São mais inimigos Maria Lopes, mulher que foi de mestre Antônio, e suas filhas, genros e parentes, que são muitos, e a razão da inimizade é que, querendo um filho da dita presa, Nuno Fernandes, casar com uma filha, neta da dita Maria Lopes, ela o impediu e estorvou e suas filhas e eles solicitantes, pela qual causa ficaram em grandes ódios com a dita presa.

São inimigos João da Rede e sua mulher Maria Barbosa e suas filhas, por ele solicitante Sebastião de Faria haver tido grandes diferenças

---

68 Idem.

com seu primeiro marido Francisco Fernandes, mestre de açúcares dos engenhos dele solicitante.

E assim, Francisca, mameluca que foi de Dinis de Andrade, que ele solicitante Henrique Munis tinha em sua casa para a casar, e lhe fugiu uma noite de casa e publicamente andava dizendo mal de sua mulher e da dita presa pela terem encerrada e repreenderem de seus vícios. E Manoel de Fontes e sua mulher Margarida Vieira, por muitas diferenças que teve com Bernardo Pimentel de Almeida, genro dele solicitante Sebastião de Faria, pelos deitar fora de sua fazenda por serem de ruim língua.

Encerravam a petição com numerosa listagem de inimigos solicitando que, "por amor de Nosso Senhor Jesus Cristo, mandem examinar esta causa, para que se saiba". E advertiam aos inquisidores: "Estas inimizades são notórias, e toda a pessoa de qualidade que vive na Bahia sabe delas".[69]

Em resposta à petição de Nuno Fernandes por nova diligência que abonasse o comportamento da matriarca, o bispo do Brasil, Dom Antônio Barreiros, em despacho datado de junho de 1593, ordenava que "faça esta diligência e pergunte às testemunhas que lhe forem apresentadas, e com seus ditos lhe passe o instrumento que pede em modo que faça fé". Iniciar-se-ia, então, uma diligência às testemunhas apresentadas pelo caçula dos Antunes, nomeando o chantre Jorge de Pina como encarregado para a inquirição "do que sabia acerca de sua vida e costumes, e do que me constava dela por visitações". O chantre, de imediato, tomaria as providências para começar o interrogatório sobre as testemunhas, homens das mais prestigiadas e melhores famílias, fidalgos, religiosos, representantes do governo, indivíduos que ocupavam posições sociais de destaque na colônia, todos ratificando a idoneidade religiosa e a boa moral cristã da ré. Os depoimentos seriam apresentados na seguinte ordem:

O primeiro dos depoimentos seria o de Cristóvão de Barros, "fidalgo da casa d'el Rey nosso senhor". Segundo informava, "a suplicante e seu marido Heitor Antunes veio a esta terra com Mem de Sá, governador que foi deste estado haverá quarenta anos pouco mais ou menos, e que sempre a teve ele testemunha e viu ter aos mais por boa cristã e viver bem e como devia". Lembrava ao chantre que "sabe ele testemunha que casou quatro filhas com homens cristãos-velhos e nobres, do governo da terra". O comportamento cristão e as boas obras de caridade da velha matriarca também mereciam destaque: "a dita suplicante foi tida sempre em muito boa conta e crédito. E que acudia as necessidades dos próximos por amor de Deus. E que sabe que seus filhos foram casados

---

69 Arquivo Nacional da Torre do Tombo, Inquisição de Lisboa, processo 12142. Os grifos são meus.

com mulheres muito honradas e cristãs-velhas". O bom exemplo de Ana Rodrigues era seguido pelas novas gerações do clã: "sabe ele testemunha terem seus filhos, digo, genros, igrejas em suas fazendas e capelães que lhe dizem missa e nelas a ouvem e cumprem com a obrigação da Igreja. E isto os mais dos genros da suplicante". Para encerrar, informaria o sacrifício pessoal da velha senhora para manter suas obrigações cristãs: "a via confessar e comungar em o Mosteiro de São Francisco desta cidade, velha e entrevada como estava, nem nunca ouviu dizer que, por se não confessar, fosse excomungada nem se procedesse contra ela".

O alcaide-mor de Salvador, Duarte Muniz Barreto, começaria seu testemunho indicando ser aparentado dos Antunes, por ser irmão de Henrique Muniz Teles, casado com uma das filhas de Ana Rodrigues e Heitor Antunes, "mas que diria a verdade do que soubesse". Assim, informava em seu depoimento estar há mais de trinta anos no Brasil, já tendo encontrado os Antunes em sua chegada, "e que sabe ele testemunha que do dito tempo que a conhece até agora sempre viveu a suplicante muito cristãmente, segundo fama e vista de todos, e fez obras que mostravam, sem nessa parte dar escândalo contra si", mantendo laços com as melhores famílias, "e folgou sempre de se aparentar com cristãos-velhos e gente honrada". Destacava ainda as virtudes da matriarca, que "sempre foi tida por muito caridosa, e isto pelas obras que ela fazia por amor de Deus e a muitas pessoas", e "que nunca ouviu ele testemunha dizer que a suplicante ficasse por confessar nenhuma quaresma, mas antes sabe que se confessava muitas outras vezes". Em suas terras, mantinham igreja "e tiveram sempre nela capelão e lhe pagavam seu estipêndio, então, que muitas pessoas cumpriam dela com a obrigação da Igreja por então não haver freguesias de fora" tradição mantida à risca pelos descendentes: "os mais de seus genros têm hoje em dia igreja em suas fazendas e padres que lhe dizem missa todo o ano".

Um certo Manoel Rodrigues, morador em Jacarecanga, iniciava seu depoimento demonstrando grande gratidão à matriarca, confessando ter "muita obrigação à suplicante Ana Roiz e às suas coisas, por muitas amizades e esmolas que a suplicante lhe fazia – e fez por amor de Deus". Daria minucioso depoimento, não apenas arrolando as qualidades dos genros e noras, cristãos de sangue puro e das melhores famílias casados com os descendentes dos Antunes, mas ainda relatando os cuidados religiosos da matriarca e dos outros membros do clã:

> disse ele testemunha que sabe ele testemunha que os três genros da suplicante que ele conhece são pessoas muito principais e do governo desta capitania e cristãos-velhos. E que quanto a outro genro, Antônio Alcoforado, ele testemunha não conheceu, mas que segundo ouviu dizer que ouviu que fora do governo desta terra como também o foram os três genros acima contidos nesta petição. E que sempre ele

testemunha viu a suplicante Ana Roiz frequentar os sacramentos divinos, assim os de obrigação como os de devoção e ser, como dito tem, muito caridosa e de bom viver, sem escândalo. E *al* não deste artigo, digo, que sabe ele testemunha que Jorge Antunes, filha da suplicante foi casado com Joana de Sá de Bithencourt, mulher muito nobre e das principais da Ilha da Madeira. E que, outrossim, Álvaro Lopes, filho dela suplicante, sabe ele testemunha ser casado com Isabel Ribeira, mulher honrada e nora dela suplicante e cristã-velha, segundo é notório nesta cidade. E que sabe ele testemunha, por lho ver, que sempre a suplicante, depois da morte de seu marido Heitor Antunes – porquanto em vida do dito seu marido a não alcançou, nem a ele –, teve igreja com imagens, ornamentos e com todo o mais necessário ao culto divino, e que ele testemunha viu muitas vezes em a mesma igreja e em outras os padres da Companhia, por então não haver outros clérigos seculares, dizerem-lhe missa e sacramentá-la por muitas vezes. E que sabe ele testemunha, de certa certeza, e que assim é notório, que todos os genros da suplicante, digo, que os mais dos genros da suplicante, tiveram sempre e têm hoje em dia igrejas em suas fazendas e engenhos, aonde se diz missa e se celebra e se lhes paga seu estipêndio aos padres que nelas assistem. E que os ditos seus genros, nas ditas igrejas e em outras confrarias em que por sua nobreza são eleitos por mordomos e oficiais e provedores da casa da Santa Misericórdia, fazem e cumprem com sua obrigação, assim como são obrigados. E largando para o dito efeito muito de suas fazendas.

Dona Mécia, que se apresentava como "comadre da suplicante", testemunharia a aparente boa conduta de Ana Rodrigues, informando ao chantre detalhes da prática católica da matriarca: "sempre a suplicante viveu muito virtuosamente, e deu mostras de muito boa cristã, e nunca ela testemunha ouviu dela cousa alguma que não fosse cristã, e que a viu muitas vezes comungar e confessar-se, e que sabe ela testemunha que ela casou quatro filhas que tinha com quatro homens honrados e dos principais da terra e do governo dela", "e sempre fez obras de muita caridade e deu muitas esmolas por amor de Deus". Como boa cristã, informava Dona Mécia, "era amiga e conversava às mulheres nobres nesta terra", relacionando-se com os principais da terra! Informava ainda que Ana Rodrigues, "em vida de seu marido teve, e depois dele morto, igreja em que se dizia missa, e tinha capelão a quem pagava, o qual lhe dizia missa todo o ano. E que também sabe ela que suas filhas e netas têm hoje em dia os mais deles igrejas em suas fazendas com capelães que lhe dizem missa e lhes pagam.

E que sabe ela testemunha que se confessou pela obrigação da quaresma, e outras muitas vezes pelo ano. E que a tem por muito boa cristã, porquanto muitas vezes praticou e falou com ela".

Francisco de Araújo, que se apresentava apenas como "cidadão desta cidade", "de idade de cinquenta anos", estante há mais de trinta anos na região, onde encontrara o casal Antunes já em sua chegada e, "dês do dito tempo até agora, sempre ele testemunha a teve por muito boa cristã, e essa fama teve sempre nesta terra a suplicante e seu marido", e sempre a teve por muito honrada e sabe ser muito caridosa sempre e de bom viver", e que sabe que os Antunes "tiveram igreja em que lhe diziam missa todo o ano e se confessavam e comungavam. E que os mais dos seus genros todos têm hoje igrejas em que têm capelães e lhes dizem missa".

Antonio Fernandes Coelho, igualmente cidadão da cidade, informaria ter boas referências sobre a velha *macabeia*, e que, durante todo o tempo em que conviveu com a matriarca dos Antunes, "viu sempre viver a dita suplicante muito cristãmente, e por tal foi sempre conhecida deste povo", e que "a suplicante sempre foi muito caridosa e amiga de fazer bem, e por tal foi sempre conhecida de todos", tendo os filhos casados com representantes de famílias "cristãs-velhas e de nobre geração". "E que nunca ouviu ele testemunha dizer que ficasse por confessar alguma quaresma. E que se confessava muitas vezes".

Gaspar Barbosa de Araújo, também ele cidadão de Salvador, declarava conhecer Ana Rodrigues e Heitor Antunes há cerca de vinte e cinco anos, e que, em todo o dito tempo, "não viu nunca nem ouviu da suplicante ser má cristã, antes vivia bem e como mulher honrada", e que os genros Sebastião de Faria e Bernardo Pimentel, "nobres e do governo da terra e cristãosvelhos", "têm igrejas em suas fazendas e clérigos nelas".

A mulher de Gaspar Barbosa, Beatriz de Lemos, testemunharia em seguida ao marido. Informava ter vindo com a matriarca e o cavaleiro-*macabeu* do reino há cerca de quarenta anos, e que, "do dito tempo até agora", atinara sempre que Ana Rodrigues "viveu muito cristãmente, frequentando os sacramentos e divinos ofícios sempre", ofertando "esmolas por amor de Deus, segundo todos diziam que as recebiam dela. E que era muito caridosa e amiga de bem fazer". Confirmava ainda sobre a velha *macabeia* "que se confessava a suplicante muitas vezes e comungava e frequentava as igrejas e mosteiros", e que mantinha, assim como os genros, "igrejas em suas fazendas, com clérigos nela, a quem pagam seu estipêndio", "e aonde diziam missa".

Martim Carvalho, por sua vez, afirmava conhecer há vinte e quatro anos o casal Antunes e, em todo este tempo em que mantivera contato com a matriarca, "a teve sempre e tem por muito boa cristã e temente a Deus, e frequentava sempre as igrejas e ofícios divinos", e que "a suplicante foi mulher de bem fazer e muito caridosa". Informava ainda sobre os cuidados matrimoniais da família, preocupada em arranjar casamentos respeitados para os filhos: "tem casados seus filhos com mulheres muito nobres e honradas e cristãs-velhas. E que, finalmente, a tem por muito boa cristã, porquanto sempre procurou aparentar-se com cristãos-velhos, como aparentou. E que teve igreja em sua fazenda e engenho. E que algumas de suas filhas têm ainda hoje em dia igrejas em suas fazendas e clérigos, a que dão seu estipêndio por dizer missa. E que sabe que foi cometida para casar uma sua filha com um homem rico, e que por ser cristão-novo, a não quis casar com ele". Salvo engano de nosso denunciante, em que confundia a história da proibição imposta ao caçula Nuno Fernandes de esposar uma moçoila neoconversa, seria este o segundo caso na família em que Ana Rodrigues proibia um filho de casar com indivíduos cristãos-novos, independentemente de sua condição financeira, o que reforça a tese da tentativa do clã de purificar o sangue das novas gerações casando os filhos com indivíduos cristãos-velhos.

Antonio Lopes Penella, "cidadão desta cidade do Salvador e nela vereador este presente ano", informava conhecer a matriarca há cerca de trinta anos, sempre aprovando o comportamento cristão que lhe observava: "a teve por muito boa cristã e a viu a ela e a seu marido continuar as igrejas e ouvir missa e frequentar os ofícios divinos", "e que a sabe ser muito caridosa e de bem fazer e a teve sempre e tem por boa cristã". E que, estando em nome da Confraria do Santíssimo Sacramento e da Casa da Santa Misericórdia "a pedir esmola para as ditas confrarias, sempre em a suplicante achou muito boa esmola e adjutório, e o mesmo em suas filhas".

Marcos Pires era outro que mantinha contatos com a família Antunes de longa data. Dizia conhecer Ana Rodrigues há vinte e cinco anos e, durante este tempo, "a soube viver muito cristãmente e ser muito frequente nas igrejas e ofícios divinos, e confessar-se e comungar muitas vezes e, como tal, procurou sempre casar suas filhas com cristãos-velhos, pessoas nobres e honradas e do governo da terra", e "casou seus filhos com mulheres honradas e cristãs-velhas", mantendo igrejas em sua fazenda e engenho, "e que hoje a têm também suas filhas e genros, e clérigos nelas postos pelo ordinário que lhe dizem missa, a quem dão seu estipêndio. E que sabe que a suplicante foi sempre muito caridosa e amiga de bem fazer e ajudar aos pobres".

O padre Afonso Pires, mestre-escola da Sé de Salvador, seria o último dentre os citados na petição a testemunhar sobre a matriarca. Segundo informava, já se encontrava no Brasil quando da chegada dos Antunes, "e passa de quarenta anos que sempre viveu muito honrada e cristãmente e frequentou os divinos ofícios, confessando-se e comungando muitas vezes e fazendo muito boas obras aos próximos e pobres, e sendo muito boa cristã, tendo sempre igreja em seus engenhos e fazendas, em que lhe diziam missa e tinha padre de licença do Ordinário". Salientava ainda que, prova da sinceridade cristã da solicitante era o fato de que "nunca quis casar filha nem neta sua com cristão-novo algum, posto que rico, antes trabalhou muito por as casar com cristãos-velhos honrados e do governo da terra", nem jamais a viu "fazer cousa alguma que não fosse de muito boa cristã".

Outro depoimento a respeito do bom comportamento da ré seria dado pelo licenciado Pedro do Campo, deão da Sé de Salvador, "provisor e vigário geral no espiritual e temporal em todo este bispado". Fizera visitas à capitania em nome do bispo, cerca de seis anos antes, e afirmava que "nunca, em todas as visitações que fiz, foi culpada a dita Ana Roiz em culpa alguma, antes a tenho e a tive sempre por muito boa cristã, e lhe sei fazer muitas obras de caridade aos próximos, e nunca até agora foi remissa em seu confessar como é obrigada".

Em 1598, o bispo atenderia a outra petição feita pelos herdeiros de Ana Rodrigues para consulta à nova lista de testemunhas que poderiam prestar esclarecimentos sobre o comportamento da matriarca, nomeando o licenciado Vicente Roiz Palha para a inquirição.

Pantaleão Garcês, morador nesta cidade, "que esteve em casa da defunta Ana Roiz alguns anos", definiria o precário estado de saúde que se encontrava a velha senhora:

> no tempo que prenderam a dita Ana Roiz, seria mulher de oitenta anos, pouco mais ou menos, e que já algum tempo antes de ser presa falava muitos despropósitos. E que isto sabe ele testemunha por comunicar e falar muitas vezes com ela. E tão velha era que para se bulir era necessário[70] ser por outrem ao colo. E quando ia ouvir missa, também a metiam em uma rede, e assim ia. E que por ser já tão velha e falta de juízo, lhe parece a ele testemunha que desvairaria ante o visitador do Santo Ofício, e não acertaria o que dizia.

Em seu depoimento, Luís Álvares, "estante nesta cidade", informaria que, "no tempo em aqui veio o visitador do Santo Ofício", Ana Rodrigues "parecia mulher de mais de oitenta anos, e que segundo parecer dele testemunha, falando algumas vezes com ela, entende que era caduca, e já em algumas cousas, se não fazia caso do que ela dizia, e que, por essa causa, podia dizer alguma cousa fora de propósito diante do visitador".

Dona Luzia de Melo, mulher de setenta anos, e que "disse que tinha um sobrinho dela testemunha casado com uma neta de Ana Roiz", afirmava que a *macabeia* "era mulher muito velha", e "muito fraca do juízo, e dizia já muitos despropósitos. E se não bulia, se a não buliam. E que tem ela testemunha para si que como essa poderia dizer alguns disparates como costumava diante do visitador do Santo Ofício".

O cônego Bartolomeu de Vasconcelos, que informava possuir um primo casado com uma neta de Ana Roiz, diria em seu testemunho que "a dita Ana Roiz, quando foi

---

70 Estas e as próximas passagens – salvo informação em contrário – aparecem originalmente sublinhadas no próprio processo, pelos representantes do Tribunal da Inquisição que tiveram acesso à papelada. Optei por manter o sublinhado como forma de realçar as passagens que chamavam a atenção dos inquisidores que analisavam o caso.

presa, era mulher de muita idade, em tanto que falava já muitos despropósitos. E que quando se bulia, era por outrem de pura velhice. E que pode ser que com essa diria alguma culpa no Santo Ofício, a despropósito. E ele testemunha a teve sempre por muito boa cristã e temente a Deus, e lhe viu fazer obras como tal".

Dona Joana Ribeiro, mãe de Isabel Ribeiro, a esposa já então falecida de Álvaro Lopes Antunes que se confessara à mesa do Tribunal por haver proferido a lamentável frase "Jesus, estávamos quietos!" acerca da prisão no reino a mando do Santo Ofício de alguns conhecidos, em épocas da chegada da visitação ao trópico, informava que, "por conhecer e tratar muito tempo com Ana Roiz", sabia ser mulher muito velha, "e que já era tão caduca ao tempo em que foi presa, que falando ela testemunha ainda antes disso muitas vezes com ela, falava muitos despropósitos e desbarates", e que pode ser que como tal, "diria alguns em a mesa do Santo Ofício. E, que além disto, era já tão fraca que se não bulia de um lugar para outro sem a bulirem. E que ela testemunha a teve sempre por muito boa cristã e temente a Deus".

Em sua vez, o reverendo padre Quirício Caxa, da Companhia de Jesus, "teólogo" e "homem de crédito, letras, virtude e exemplo", que dizia haver batizado uma bisneta de Ana Roiz e ser seu antigo confessor. Amigo da família, o padre Quirício, segundo testemunhas, teria sido convidado a ir "a Matoim para pregar nos oragos das igrejas dela e de seus herdeiros, aonde lhe todos faziam a ele dito padre muitas honras e mimos. E se aconselhava com o dito padre em seus negócios". Em seu depoimento, informaria conhecer a velha matriarca "de mais de trinta anos a esta parte", e que, por ser mulher de muita idade, "facilmente, por medo da prisão e outros espantos que lhe meteram na mesa do Santo Ofício, podia dizer alguma coisa contra si sem haver cometido". Durante todo o tempo que em tratou "com ela e com seus genros, filhos e filhas, netos e netas muitos anos, muito particularmente", nunca em nenhum deles "enxergou cousa que tivesse rastro da lei de Moisés".

Um outro padre, Antonio Insua, "religioso da Ordem e Sagrada religião do Seráfico padre São Francisco, desta cidade do Salvador", também prestaria depoimento a favor da matriarca. Fora o mesmo padre que, de acordo com a própria Ana Rodrigues, a teria aconselhado a desmentir a confissão que dera afirmando ser judia por medo de ser presa. De acordo com o reverendo e confessor da octogenária senhora de Matoim, era,

> ao tempo de sua prisão, mulher muito velha, e que se não movia para qualquer ato, senão levada por outrem. E que já caducava e desvairava em muitas cousas por causa da muita idade que tinha, e que isto sabe ele testemunha por falar com ela algumas vezes. E que por ser tal, já regia sua casa per si. E que por ser tão falha de juízo, parece a ele testemunha que desvairaria diante do visitador do Santo Ofício em algumas cousas. E que ela própria dissera a ele testemunha, falando

com ele, que com medo do dito visitador, não soubera o que dissera. E que lhe parecia que se fizera culpada sem o ser.

Entre os meses de março e abril de 1598, o Bispo do Brasil Antonio Barreiros, após receber resposta à consulta que fizera ao Conselho Geral da Inquisição, ordenou que fosse feita diligência para citar os herdeiros de Ana Rodrigues, em que todas as pessoas "estivessem presentes e nenhuma ausente", mandando fixar a convocação nas portas das igrejas. Os Antunes seriam assim avisados de que "no termo de 90 dias próximos seguintes compareçam ante os senhores inquisidores da cidade de Lisboa a estarem a juízo com o promotor do Santo Ofício para defenderem a memória, fama e fazenda da dita defunta" e "para todos os mais termos e dados indiciais dela até finalização". Feitas as citações e nomeados os representantes e curadores dos herdeiros menores, seriam enviadas ao reino na primeira caravela que para lá seguisse.

Em 27 março de 1600, os herdeiros da velha matriarca tentariam uma vez mais provar a inocência da falecida *macabeia*. Através de Nuno Fernandes, apresentariam nova petição para a "defensão da fama, honra e fazenda da dita Ana Rodrigues", com outra lista de testemunhos que deveriam ser colhidos para averiguar sua inocência. Citados em 19 de março para que comparecessem num prazo de três meses à sede do Santo Ofício para defender os interesses da família, procurariam o bispo do Brasil alegando que, logo depois de citados, "se puseram a preparar seus papéis pertencentes e necessários para a dita causa com toda a brevidade possível", mas que, "depois deles preparados, não foi navio para o reino", e que "o tempo que se lhes assinou é breve para tão comprida jornada". Em 29 de agosto do mesmo ano, os inquisidores ordenariam a publicação da prova da justiça contra a ré, convocando nominalmente todos os parentes para assinarem o termo:

> mandassem apregoar Sebastião de Faria e sua mulher, Beatriz Antunes; Henrique Munis e sua mulher, Dona Leonor; Nuno Fernandes e Heitor Antunes; Nicolau Faleiro e sua mulher, Dona Ana; Henrique Munis; Isabel Correa de Almeida, Marcos da Costa, seu marido; Heitor Antunes, Maria de Bethencourt e Ana de Souza, todos três irmãos; Francisco de Bethencourt, Manoel Antunes. E Manuel de Aguiar e sua mulher, Beatris Antunes; e Antonio de Aguiar, com seu nome e como tutor de Manoel e Ana, filhos menores de Álvaro Lopes, e em nome de Maria, menor, filha de Lucas d'Escobar. E Henrique Nunes, em seu nome e de suas filhas menores, Beatriz e Violante. E Nuno Fernandes, em nome e como tutor dos ditos Heitor Antunes, Maria de Bethencourt e de Ana de Souza e Francisco de Bethencourt, todos filhos, genros, netos da ré Ana Roiz,

e as mais pessoas que pretendessem ter direito para defender sua memória, honra e fazenda. E, aparecendo ou não, lhes assinassem termo e audiência para lhes fazerem a dita publicação.

Apesar de publicado o termo e apregoados todos os citados para defenderem com contraditas a fama da matriarca defunta, "não compareceram nem outrem por eles", mas que "fossem esperados até primeira audiência, e que, aparecendo, se lhes faria a dita publicação". Analisadas as provas de justiça contra a ré pelos representantes do Santo Ofício, o Conselho Geral não tardaria a expedir seu parecer sobre o caso:

> Foram vistos estes autos na mesa do Conselho Geral e assentou-se que a memória e fama da ré Ana Roiz será condenada, e sua estátua e ossos entregues à Justiça Secular. E declaram que morreu em excomunhão maior e confiscação de seus bens e nas mais penas de direito. Mandam que se dê à execução sua sentença neste auto por certas considerações e justos respeitos. Em Lisboa, 2 de setembro de 600.

Confirmada a culpa e definida a condenação à Justiça Secular da velha *macabeia* de Matoim, os inquisidores responsáveis assinariam o acórdão sobre o caso, explicando em detalhes os motivos que levaram ao resultado do julgamento contra a matriarca no intuito de justificar sua pena:

> Acordam os inquisidores, ordinário e deputados da Santa Inquisição de que, vistos estes autos, convém a saber libelo e prova da justiça e confissões de Ana Roiz, cristã-nova, viúva, natural da vila da Covilhã, mulher que foi de Heitor Antunes, mercador, moradora ao tempo de sua prisão na cidade do Salvador, Bahia de Todos os Santos, nas partes do Brasil, que faleceu no cárcere da Inquisição desta cidade, contrariedade e defesa de seus filhos e herdeiros porque se mostra que, sendo ela cristã batizada, obrigada a ter e crer o que tem, crê e ensina a Santa Madre Igreja de Roma, ela o fez pelo contrário, e depois do último perdão geral, se passou à lei de Moisés, fazendo e guardando seus ritos e cerimônias, mandando amortalhar as pessoas que lhe morriam com mortalha nova, em lençol inteiro, atando-os com ataduras, e não cosidos, e que os enterrassem em terra virgem, tudo do modo judaico, pranteando-os como os judeus fazem, levantando e baixando a cabeça. E na morte de cada um dos tais defuntos, deixava de comer carne oito dias, estando fechada em uma casa em

companhia de pessoas de sua nação, e lançava a água fora que tinha para beber, e se assentava detrás da porta. E por alguns dias, não comia em mesa. E quando lançava a bênção a algumas pessoas, lhe punha a mão na cabeça, correndo pelo rosto, ao modo judaico. E deixava de comer lampreia e cação, ensinando as ditas cousas a pessoas de sua nação. E, fazendo-se visitação pelo Santo Ofício nas ditas partes do Brasil, por haver informação de que a ré fazia as ditas cerimônias e usava delas, sentindo-se culpada, confessou algumas ante o visitador do Santo Ofício, negando a tenção com que as fazia. E por não satisfazer como era obrigada, calando algumas das ditas cerimônias e encobrindo a tenção com que as fazia, foi presa pelo Santo Ofício. E sendo admoestada com muita caridade confessasse inteiramente a verdade do que crera e tivera contra nossa santa fé católica da lei dos judeus e declarasse a tenção com que fizera as ditas cousas para salvação de sua alma e para merecer a misericórdia da Santa Madre Igreja, e ela o não quis fazer, antes se desdisse e revogou o que tinha confessado na dita visitação, afirmando que sempre fora e era muito boa cristã, e se ela confessara alguma cousa, estaria fora de seu juízo. E estando este seu feito nestes termos, faleceu a ré no cárcere da Inquisição. E para se proceder na sua causa até final sentença, foram citados seus filhos e herdeiros e pessoas a que tocava na forma de direito, e fizeram procurador para defensão dela. E o promotor fiscal do Santo Ofício veio com libelo acusatório contra ela que lhe foi recebido. E sendo as partes apregoadas e esperadas, pareceu seu procurador, ao qual foi dado juramento na forma do regimento do Santo Ofício para que bem e verdadeiramente defendesse a dita causa. E havendo vista do dito libelo, o contestou por negação, e veio com defesa que lhe foi recebida, e deram as partes sua prova. E se lhe fez publicação dos ditos das testemunhas da justiça, sendo primeiro ratificados na forma de direito e estilo do Santo Ofício, a que vieram com contraditas que lhe não foram recebidas por não serem de receber, e seu feito se processou até final conclusão. O que tudo visto e bem examinado e a suficiente prova de justiça, pela qual se mostra a ré sendo viva não confessar suas culpas inteiramente, nem pedir delas perdão para merecer a misericórdia da Santa Madre Igreja, antes revogou sua confissão depois de ser presa, de que claramente se colige querer permanecer em seus heréticos erros e danada crença da lei dos judeus, e nisso acabar com o mais que dos autos ressalta e a disposição de direito em tal caso. *Christi Jesu Nomine Invocato.*

Explicadas as faltas em que incorrera e consideradas suficientes as provas de justiça, os inquisidores, assinados embaixo – dentre eles, o próprio Heitor Furtado de Mendonça, que ouvira as acusações contra os Antunes e as confissões de Ana Rodrigues durante a visitação ao Brasil, reunindo a documentação que daria origem ao processo! –, enumerariam os crimes contra a santa fé católica cometidos pela matriarca, definindo a sentença do castigo merecido em detestação de suas culpas:

> Declaram a ré Ana Rodrigues por convencida no crime de heresia e apostasia, e que foi, sendo viva, herege e apóstata de nossa santa fé católica e, como tal, ficta, simulada, diminuta e revogante confitente, acabou no dito crime e faleceu da vida presente. E por essa a condenam, e que incorreu em sentença de excomunhão maior, confiscação de todos seus bens para o fisco e câmara real, e nas mais penas em direito contra os semelhantes estabelecidas. E danam e condenam sua memória e fama, e declaram que faleceu exclusa do grêmio e união da Santa Madre Igreja, e mandam que seus ossos sejam desenterrados e deitados dos cemitérios eclesiásticos e de outro qualquer lugar onde estiverem sepultados, podendo ser discernidos dos outros dos fiéis cristãos, e sejam queimados e feitos em pó em detestação de tão grave crime, por mandado da Justiça Secular, a quem a relaxam e sua estátua, que presente está em seu nome para que faça de tudo cumprimento de direito. E assim lho pede com muita instância e eficácia. Antônio Dias Cardoso, Manuel Álvares Tavares, Antônio de Barros, Heitor Furtado de Mendonça, Domingos Riscado, Mestre Frei Luís de Beja.

Em 9 de maio de 1604, passados quase onze anos do falecimento de Ana Rodrigues nos cárceres do Santo Ofício, teria, enfim, seu nome incluído no auto de fé que percorreria as estreitas ruas de Lisboa até o cais da Ribeira, local onde tradicionalmente era armado o palco para a suntuosa celebração do espetáculo inquisitorial. Considerada indigna de permanecerem seus ossos juntamente às ossadas cristãs, acabaria desenterrada para ser queimada na fogueira que ardia aos olhares de religiosos, autoridades e curiosos em geral – talvez mesmo conhecidos e parentes –, provavelmente tendo representada sua imagem num quadro com letreiro infame para que fosse identificada pelos expectadores.[71]

A dramática e exemplar condenação de Ana Rodrigues, ao contrário de significar o fim das agruras do clã por conta do irregrado comportamento da matriarca, era um claro sinal à família da vítima e a todos aqueles suspeitos de heresia que a justiça inquisitorial não se encerrava com a morte e condenação da ré. Os familiares e descendentes perderiam não apenas com a confiscação dos bens da matriarca, dificultando o sustento dos Antunes, mas sofreriam pena maior, de longa duração: uma família numerosa, exemplo do avanço e da ascensão dos neoconversos sobre a economia e da (em boa parte) harmônica relação entre os cristãos separados pelo sangue no ambiente brasílico durante o primeiro século de colonização. E Ana Rodrigues era, sem dúvida, exemplo deste avanço neoconverso: destacada e enriquecida pelo comércio e pela produção de açúcar; envolvida com o poder e possuidora de respeitável *status* social; bem relacionada com as mais destacadas e respeitadas famílias da colônia; indissoluvelmente entrelaçada com cristãos-velhos honrados e nobres. E tudo ruiria com a chegada do Santo Ofício ao Brasil, deixando Ana, às novas gerações, a obrigação de carregar a nódoa de possuir uma parenta condenada pela Inquisição! Conforme salienta Lipiner:

> A jurisdição do Tribunal da fé não se extinguia com as labaredas da fogueira em que eram sacrificadas suas vítimas. Não parava em quem fôra por êle condenado, mas estendia-se aos descendentes vivos para serem diretamente atingidos, proibindo-se-lhes o exercício de ofícios públicos e certas profissões liberais, e expondo-os, particularmente, à malevolência pública.[72]

---

71 O Cavaleiro de Oliveira, ele próprio relaxado em estátua à Justiça Secular, descreve o ambiente preparatório para a celebração do momento-auge da Inquisição: "Le lendemain de l'execution, on porte dans l'Eglise de Dominiquains les Portraits de ceux que l'on a fait mourir. Leur tête seulement y est representée au naturel, posée sur des tisons embrassez, avec leur nom, leur pais, & la qualité du crime". *Memoires Historiques Poliques et litteraires concernant le Portugal*, par Le Chevalier D'OLIVEIRA. Haie, 1743, vol. I, p. 299-300. O mesmo autor completaria: "Quase todas as cabeças de judeus que foram queimadas em Lisboa encontram-se pintadas em pequenos painelinhos retangulares e dispostos em guisa de retratos na igreja dos inquisidores, que é a do convento de S. Domingos, situada no Rossio". RIBEIRO, Aquilino. *O galante século 18: textos do cavaleiro de Oliveira*. Lisboa: Bertrand, s/d, p. 191. *Apud* LIPINER, Elias. *Op. cit.*, 1969, p. 143, nota.

72 LIPINER, Elias. *Op. cit.*, 1969, p. 137.

Durante décadas, algumas nesgas do clarão das chamas que arderam na Ribeira alimentadas pelos ossos da matriarca continuariam a chamuscar a já abalada honra da família na outra margem do Atlântico...

Ecos da memória...

Passado o alvoroço geral causado pela presença do séquito inquisitorial nas capitanias açucareiras em fins do século XVI e amortecidas as lembranças sobre as agruras sofridas com a prisão, os processos e a condenação de alguns membros da família, a gente de Matoim procurava reconstruir a vida após a enxurrada de acusações ao Santo Ofício. Embora profundamente abalado em seu poderio e *status*, aos poucos e dentro dos limites do possível, o cotidiano dos Antunes voltaria a entrar num processo de relativa normalidade, retecendo-se os laços de contato e de convívio necessários à sobrevivência na colônia e aos interesses do clã. Neste sentido, encontramos certas referências acerca de alguns dos Antunes em obras que retratam a presença da família na colônia no período pós-visitação.

Sobre Bernardo Pimentel de Almeida, sobrinho do governador-geral Luiz de Brito e Almeida, casado com Dona Custódia de Faria, filha de Sebastião de Faria e Dona Beatriz Antunes, há notícias de que os pais de Frei Vicente do Salvador foram trabalhadores, moradores ou, ao menos, vizinhos, nas terras de Nossa Senhora da Piedade, herdadas por Bernardo Pimentel do sogro, Sebastião de Faria. Em 1599, a armada holandesa que ameaçou a Bahia pôs fogo em seu engenho, inclusive a igreja, "da qual tiraram o sino do campanário; mas soou e logo foram castigados". Não conhecemos a data de seu falecimento; a mulher, Custódia, morreria em 3 de fevereiro de 1597, de acordo com o livro dos óbitos da Sé de Salvador.[73]

De Sebastião de Faria, marido de Beatriz Antunes que veria seu nome utilizado de forma pejorativa e generalizada, representando, "ao mesmo tempo, inveja e maledicência",[74] para designar os Antunes – *a gente de Bastião de Faria* –, desconhecemos a data de falecimento. Impressiona, porém, o fato envolvendo o honrado cavaleiro narrado por Wanderley Pinho em sua *História de um engenho do Recôncavo*. Segundo relata, o poderoso genro dos Antunes, dos mais preocupados durante a visitação com a má fama de judaizante que carregava a sogra, acabaria por transformar-se, indiretamente, em elemento integrante da tradição religiosa vivida na Bahia por conta do episódio envolvendo uma imagem de Santo Antônio de Argoim, ainda

---

73   CALMON, Pedro. *Introdução e Notas ao Catálogo Genealógico das Principais Famílias, de Frei Jaboatão*. Salvador: Empresa Gráfica da Bahia, 1985, 2 vols.

74   LIPINER, Elias. *Op. cit.*, 1969, p. 134.

hoje venerada na Igreja dos Franciscanos, na Bahia, trazida da África com zombaria e ataques por franceses que tentariam, sem sucesso, invadir a sede da colônia no ano de 1595. Malograda a conquista, os franceses, reduzidos a duas embarcações (*Pão de Milho* e *Malvirado*) seguiriam em direção à Salvador. O *Malvirado* chegaria com bandeiras brancas, pedindo clemência pela vida da tripulação e depondo as armas. A negociação com os invasores caberia a Bastião:

> Foi Sebastião de Faria aquele a quem, como capitão escolheu o Governador para ir receber a nau, onde o senhor do engenho de Matoim não encontrou a imagem de Santo Antônio, pois os hereges, "por que se não achasse a imagem do Santo português, o lançaram antes de chegar à Bahia ao mar, por que se não vissem nela as cutiladas que lhe tinham dado no mar". As ondas, porém, conduziram-na à terra, se não foi, como alvitra Frei Vicente em sua fé, que os peixes a "levariam sobre suas costas à porfia e a poriam com muita reverência" doze léguas ao norte da cidade, numa praia por onde aconteceu passarem "os que vinham de Sergipe com o *Pão de Milho* preso com os mais franceses seus companheiros" e ali depararam com o santo "posto em pé, como quem os estava esperando, para os levar à Bahia triunfando, como entrou, aonde eles lhe diziam que os levasse".

Recuperada a imagem, seria conduzida em triunfo à igreja de São Francisco, onde permaneceria venerada, criando-se, a mando do Rei, a tradição de uma procissão para demonstrar ao santo louvor e veneração.[75]

A respeito de Henrique Muniz Teles, marido de Dona Leonor Antunes, informa Jaboatão que permutou casas com os Padres da Companhia em 1607. Possuía o título de Fidalgo de Sua Majestade. Era Provedor da Misericórdia em 1614; nos anos de 1617-18, foi vereador, de "45 anos de idade pouco mais ou menos, fidalgo da Casa de Sua Majestade, natural da ilha da Madeira", ainda morador em Matoim, onde tinha engenho. Faleceria a 20 de fevereiro de 1620, sendo sepultado no Colégio da Companhia de Jesus, em Salvador – mesmo local em que seria sepultada a esposa Leonor, falecida a 17 de dezembro de 1641.[76] Um de seus filhos, Diogo Muniz Teles, atuaria como juiz ordinário e teria colaborado na construção do cerco da Bahia, em 1638.[77] Há indícios de

---

75 PINHO, WANDERLEY. *Op. cit.*, 1982, p. 54-55.

76 CALMON, Pedro. *Op. cit.*, 1985, p. 276 e 285. Ver ainda *Nobiliário de Famílias de Portugal*, de Falgueiras Gayo, edição de A. de Azevedo Meireles e D. de Araújo Afonso, tomo 21, p. 21.

77 IANCHEL, Sarah Znayde. *Op. cit.*, 1981, p. 62.

que uma irmã de Diogo, de nome Inês de Menezes, também ela filha do casal Henrique Muniz Teles e Dona Leonor, casar-se-ia com um certo Antônio Coelho Pinheiro, capitão e familiar do Santo Ofício!⁷⁸

Com o tempo, cientes do peso pela condenável herança da matriarca, ansiosos por apagar as lembranças públicas sobre o passado da família, os descendentes de Heitor Antunes e Ana Rodrigues abandonariam o sobrenome Antunes, passando a utilizar "a ascendência dos Moniz Barreto, dos Faria e dos Ferreira Betencourt, gente que se destacou na produção açucareira, nos altos postos militares e na governança da Colônia nos séculos XVI e XVII".⁷⁹

Quase vinte anos após o início da visitação comandada por Heitor Furtado de Mendonça e que daria origem aos processos movidos contra Ana Rodrigues, o marido Heitor Antunes, os filhos Álvaro e Nuno, e as filhas e neta Macabeias, ainda podiam ser ouvidos ecos do terror gerado pela ação inquisitorial sobre a família, novamente apontada como grupo judaizante. As histórias sobre Ana Rodrigues e seus descendentes ainda permaneceriam vivas na memória de muitos e eram repetidas aos quatro cantos.

16 de setembro de 1618. Corria o período da graça referente à segunda visitação inquisitorial ao Brasil, que procuraria hereges na Bahia entre 1618 e 1621, quando o lavrador de mandioca Antônio de Aguiar d'Altero, cristão-velho de 45 anos, pouco mais ou menos, compareceria à audiência matinal da Mesa do Tribunal para, diante do licenciado Marcos Teixeira, inquisidor encarregado dos serviços, fazer seu depoimento. Repetia o que fizera durante a primeira visitação, época em que confessaria perante Heitor Furtado de Mendonça, "manter posturas de sodomia", sendo processado pelo visitador, repreendido e admoestado em mesa, com penitências espirituais e pagamento das custas.⁸⁰ Nosso lavrador de mandioca, cabe ressaltar, era aparentado dos Antunes, conhecedor do cotidiano da família e das histórias sobre as Macabeias desde longo tempo: era filho de Custódia, irmã de Sebastião de Faria, de quem era sobrinho.

Por certo desejoso em mostrar-se recuperado de suas faltas passadas através da colaboração e boa vontade com a Inquisição, em seu depoimento Antônio acusaria a um certo Adão Gonçalves, mancebo mameluco que, à época da denúncia, atuava como soldado no Forte de Tapagipe, na mesma Bahia. Revelaria ao visitador que, fazia cerca

---

78 SOUSA SANTOS, Suzana Maria de. *Além da Exclusão: convivência entre cristãos-novos e cristãos-velhos na Bahia setecentista*. Tese de Doutorado apresentada ao Departamento de História da Faculdade de Filosofia, Letras e Ciências Humanas da Universidade de São Paulo, São Paulo, 2002, p. 50, e LIPINER, Elias. *Op. cit.*, 1969, p. 122.

79 SOUSA SANTOS, Suzana Maria de. *Op. cit.*, 2002, p. 50.

80 Arquivo Nacional da Torre do Tombo, Inquisição de Lisboa, processo 6358. *Apud*: VAINFAS, Ronaldo (org.). *Op. cit.*, 1997, p. 316, nota, e NOVINSKY, Anita. *Op. cit.*, 2002, p. 57.

de treze anos, ou seja, por volta de 1605, o soldado Gonçalves havia roubado da porta principal da igreja de Matoim um retrato da cristã-nova Ana Rodrigues, do que "houve grande escândalo entre os cristãos-velhos daquela freguesia", e que ele sabia porque, "indo naquele tempo à dita igreja em um domingo pela manhã, havia entre os fregueses grande murmuração de se ter tirado o dito retrato que ante manhã se tinha posto na porta da igreja, de modo que, quando os fregueses foram para ouvir missa já não o acharam posto. E ele denunciante viu a porta da dita igreja sem ele".[81]

O astuto e perigoso roubo do retrato, pouco tempo após ser exposto para o regozijo dos inimigos da família, afirmava ainda o lavrador Antonio, teria ocorrido a pedido do então patrão do futuro soldado Gonçalves, o mesmo Henrique Muniz Teles que era genro da falecida matriarca, interessado em manter-se livre de quaisquer desconfianças com relação à pureza e retidão de sua fé cristã e livrar a esposa e o restante da família de comentários acerca do cruel destino que tivera Ana Rodrigues e da má fama que dela herdaram, procurando preservar-lhes a honra e evitar novas acusações e problemas com o Santo Ofício, ou ainda, de acordo com a feliz definição de Bartolomé Bennassar, poupando aos Antunes de "prolongar la memoria de su infamia".[82]

A tal figura, o retrato desaparecido da porta da igreja de Matoim – a mesma igreja que frequentava a matriarca em vida –, teria sido pintada e lá colocada a mando do Santo Ofício pouco depois da realização do auto de fé de maio de 1604 em que saíra em estátua, como mais um dos castigos reservados aos réus inquisitoriais, no intuito de manterem vivos na lembrança de todos os riscos a que estariam sujeitos os que escolhessem professar uma fé proibida, posto que os braços da Inquisição não vislumbravam limites para alcançar suas vítimas: o ofensivo quadro, rude e grotescamente retratado, mostrava a velha *macabeia* a arder no inferno, entre labaredas e seres demoníacos, a significar que morrera relapsa, considerada herege apóstata da fé, indigna de permanecer nos cemitérios cristãos. Culpada de judaísmo, era condenada a passar a eternidade nos subterrâneos da crença que fora acusada de negar, merecedora do castigo reservado aos que abandonavam ou desvirtuavam a pureza do catolicismo dominante, relegando ao ódio e ao escárnio público a memória dos condenados.

Falecida há um quarto de século quando da denúncia, as estórias sobre Ana Rodrigues e seus descendentes Macabeus, ainda mantinham – ela e o restante da família – no centro das atenções. Os processos inquisitoriais contra a anciã e seus familiares nos

---

81 "Antonio de Aguiar Daltro contra Adão Gonçalves e Antonio Mendes Beiju", em 16/09/1618. "Livro das Denunciações que se fizerão na Visitação do Santo Officio à Cidade do Salvador da Bahia de Todos os Santos do Estado do Brasil, no ano de 1618 – Inquisidor e Visitador o Licenciado Marcos Teixeira". In: *Anais da Biblioteca Nacional do Rio de Janeiro, 1927, volume XLIX*. Rio de Janeiro: Biblioteca Nacional, 1936.

82 BENNASSAR, Bartolomé. "Modelos de la mentalidad inquisitorial: métodos de su 'pedagogía del miedo'". In: ALCALÁ, Ángel et al. *Inquisición española y mentalidad inquisitorial*. Barcelona: Ariel, 1984, p. 174-182.

remetem à ocorrência muito concreta do criptojudaísmo nas terras brasílicas ao longo dos séculos XVI e XVII. Um judaísmo doméstico, oculto e redimensionado, adaptado às proibições advindas com o monopólio católico, irregular em suas crenças e cerimônias, irreversivelmente mesclado com elementos do cristianismo, incorporando cristãos-velhos – alguns deles a confessar determinadas práticas deste criptojudaísmo nas redes de convívio e na teia familiar dos judaizantes. Um criptojudaísmo marcado pela intensificação do papel feminino como baluarte da antiga fé, alçando as mulheres à posição de grandes divulgadoras da lei judaica aos descendentes.

Embora descoberta, denunciada, presa e condenada pela Inquisição, Ana Rodrigues conseguira passar aos filhos e netos os ensinamentos de sua fé, fazendo reviver a memória dos fundadores do clã através de seus costumes e práticas. Através da história de Ana Rodrigues e dos demais membros da família Antunes, é possível acompanhar cerca de um século e meio de judaísmo e resistência criptojudaica no mundo português. Um exemplo privilegiado pelas fontes que foram preservadas e que nos permitiram ouvir suas vozes gravadas para sempre nas entrelinhas dos documentos, mas semelhante ao de outros tantos milhares de cristãos-novos, alcançados ou não pela Inquisição, tantas outras histórias de vida, perdidas e caladas pela longa noite da intolerância religiosa que se abateu sobre a Modernidade luso-brasílica.

Também o nome de nossa matriarca aparece relacionado aos Macabeus bíblicos de que se orgulhava o marido Heitor. A história de Ana, personagem do *Segundo Livro dos Macabeus*, mulher que resiste juntamente com os sete filhos à tortura para não violar as regras da sua fé, assistindo ao assassinato de todos os filhos e depois se suicidando no fogo, estender-se-ia pelo Ocidente, e seu sacrifício seria visto como superior ao de Abraão, posto que este fora convidado a sacrificar apenas a um filho. Como a mãe de Judá, a matriarca *macabeia* da Antiguidade de quem lhe sobrara o epíteto, ensinaria aos filhos o amor, a honra e a importância de resistir e lutar pela liberdade de crença no Deus que escolhera como verdadeiro.[83] Macabeias que, separadas por séculos e séculos, venceriam a fogueira em nome de uma mesma fé.

---

83 GARCIA, Maria Antonieta. *Op. cit.*, 1999, p. 81, e *A Bíblia de Jerusalém. Op. cit.*, 1985, p. 852, nota.

CONCLUSÃO

O melhor ainda não foi escrito. O melhor está nas entrelinhas.
Clarice Lispector, *Água viva*

Quanto a mim, como meus irmãos, entrego o corpo e a vida pelas leis de nossos pais, suplicando a Deus que se mostre logo misericordioso para com a nação.
2Mc 7, 37

Fenômeno presente no mundo português ao longo dos séculos XV-XVIII, embora variante no tempo e no espaço, o criptojudaísmo encontraria, no Brasil colonial, representantes que continuariam a defender a memória e a crença dos antigos judeus expulsos da Ibéria em fins do século XV.

Destruídas quaisquer possibilidades de livre demonstração da aceitação judaica, fechadas as sinagogas, destituídos os rabinos, impedida a circulação dos textos sagrados e execrada qualquer possibilidade de manifestação pública de seus ritos e festas, o judaísmo continuaria a existir em Portugal e seus domínios através de práticas privadas, dissimuladas, adaptadas e limitadas ao contextos específicos e às possibilidades. Um judaísmo oculto – criptojudaísmo, afastando-se ao longo das gerações do judaísmo tradicional, preferindo costumes e práticas menos conhecidas e delatoras em substituição aos sinais mais evidentes da religião seguida pelos judeus.

O Brasil colonial, desde os primórdios, seria destino dos preferidos para muitos dos cristãos-novos que deixavam o reino, dentre outros motivos, movidos pela expansão econômica estimulada pelo "ouro branco", o açúcar, e pela ausência de um tribunal inquisitorial estabelecido, tornando mais viável o convívio entre cristãos-velhos e novos ao longo do Quinhentos. De forma mais intensa do que ocorria em Portugal, as singularidades da região colonial, onde os problemas imediatos de sobrevivência não raro faziam-se maiores do que as questões de pureza religiosa, permitiram o constante aumento da participação neoconversa em todos os ramos da sociedade, criando um ambiente de relativa harmonia entre cristãos-velhos e cristãos-novos, ratificado pela celebração de um considerável número de casamentos mistos.

A presença da visitação inquisitorial nas capitanias açucareiras do Nordeste na última década do século XVI, todavia, afetaria consideravelmente as sociabilidades vigentes, explicitando conflitos até então obscuros que seriam denunciados perante a mesa do inquisidor. A documentação reunida pelo licenciado Heitor Furtado de Mendonça permite-nos – sem esquecer os filtros necessários ao trabalho do historiador – o acesso a uma vasta gama de informações sobre o cotidiano brasílico e a religiosidade então vivida na colônia. Não apenas apontaria a manutenção de práticas criptojudaicas no ambiente colonial, mas revelaria uma intensa participação de mulheres no processo de resistência, manutenção e sobrevivência do judaísmo, apesar das proibições impostas pelo monopólio católico em Portugal, e consequente perseguição aos judaizantes incentivada, principalmente, com a instauração do Tribunal do Santo Ofício da Inquisição no reino, a partir de 1536.

Malgré as proibições legais que impediam a liberdade religiosa, as cristãs-novas judaizantes despontariam como um dos principais focos possíveis de continuidade da antiga fé, transformando-se em grandes responsáveis pela continuidade judaica no mundo português: um judaísmo oculto, dissimulado, limitado às contingências, adaptado – o judaísmo possível, e com fortes cores de um judaísmo "feminino", reinando as mulheres na organização do lar e na catequização aos descendentes.

Família que viveu os primórdios do período de conversão forçada, testemunhando as perseguições às primeiras gerações de cristãos-novos, e mais, tarde, presenciando o aparecimento do Santo Ofício e o aumento dos conflitos sociais no reino, os Antunes embarcariam para o Brasil e recomeçariam a vida e os negócios supondo-se longe da perseguição inquisitorial que grassava em Portugal. Durante décadas, mantiveram um judaísmo que, longe de ser oculto, era conhecido de todos e comentado nas conversas públicas. Miscigenaram-se com cristãos-velhos, galgaram *status* e postos no poder, sem que a sua origem maculada fosse, a princípio, causa de maiores problemas. Entre seus membros, destaca-se o papel das mulheres na divulgação e continuidade das antigas tradições judaicas, repassadas pela matriarca Ana Rodrigues aos filhos e às filhas, que repetiriam os costumes aos netos. Uma família em que podemos identificar ao menos três gerações de judaizantes, percebendo a manutenção das práticas e suas transformações ao longo das gerações, sempre tendo as mulheres como cerne desta longevidade.

Embora as fontes conhecidas para o estudo da família Antunes sejam excepcionais, formadas por um grande número de acusações e denúncias colhidas pelo visitador, mais os códices documentais de testemunhos envolvendo participantes do clã de Matoim e processos movidos contra alguns dos membros da família pela Inquisição, além das referências encontradas na documentação dos cronistas de época, o caso envolvendo o casal Heitor Antunes e Ana Rodrigues e mais os seus descendentes acusados de judaísmo ao visitador não seria exceção: assim como as Macabeias de Matoim, a documentação produzida pela visitação do Santo Ofício ao Brasil faz referência a várias outras mulheres, processadas ou não, que assumiram função de frente na preservação judaica. E o que dizer daquelas que não foram denunciadas ou nunca chegaram ao conhecimento do Santo Ofício? Tudo isto nos permite vislumbrar a intensidade da resistência criptojudaica na colônia durante o primeiro e o segundo séculos de presença lusa...

No judaísmo tradicional, encontramos, dentre as suas principais celebrações, a *Chanuká*, festa das Luzes que comemora a vitória dos Macabeus sobre os selêucidas da Palestina que profanaram o Templo impondo a religião helenista aos judeus. Vencidos os inimigos, os Macabeus reacenderam a *Menorá* com o único jarro de azeite de oliva puro que restava para o ritual, insuficiente, porém, para alimentar a chama por muito tempo. Como por milagre, o candelabro manteve-se aceso, embebido pelo pouco azeite por oito dias, enquanto permitia a preparação de mais óleo. "A mensagem da história", explica Unterman, "é que Deus permite que algo puro, por pequeno que possa parecer, ilumine muito além de seu potencial natural", como ocorrera com os Macabeus, que derrotaram um exército muito mais forte e numeroso em nome da religião que acreditavam, preservando os ensinamentos de sua fé.[1] Mais uma vez, fazem por merecer o epíteto com que eram conhecidas as mulheres de Matoim: assim como os heróis bíblicos de quem herdaram o nome, nossas "mulheres-rabi", verdadeiras Macabeias da colônia, apesar de todas as dificuldades, conseguiram manter acesa a chama da religião que acreditavam. Matriarcas da resistência criptojudaica, iluminaram o judaísmo colonial com seu exemplo.

---

1 UNTERMAN, Alan. *Op. cit.*, 1992, p. 62-63.

FONTES

I. Manuscritas

Processos inquisitoriais e documentação do Santo Ofício

– *Processos envolvendo os Antunes*

Arquivo Nacional da Torre do Tombo, Inquisição de Lisboa, processo 1276 (Beatriz Antunes).

Arquivo Nacional da Torre do Tombo, Inquisição de Lisboa, processo 4309 (Heitor Antunes).

Arquivo Nacional da Torre do Tombo, Inquisição de Lisboa, processo 9492 (Baltasar Coelho).

Arquivo Nacional da Torre do Tombo, Inquisição de Lisboa, processo 8991 (Beatriz Antunes).

Arquivo Nacional da Torre do Tombo, Inquisição de Lisboa, processo 10716 (Leonor Antunes).

Arquivo Nacional da Torre do Tombo, Inquisição de Lisboa, processo 11618 (Ana Alcoforado).

Arquivo Nacional da Torre do Tombo, Inquisição de Lisboa, processo 12242 (Ana Rodrigues).

Arquivo Nacional da Torre do Tombo, Inquisição de Lisboa, processo 12926 (Violante Antunes).

Arquivo Nacional da Torre do Tombo, Inquisição de Lisboa, processo 12936 (Nuno Fernandes).

Arquivo Nacional da Torre do Tombo, Inquisição de Lisboa, processo 16894 (Álvaro Lopes).

Arquivo Nacional da Torre do Tombo, Inquisição de Lisboa, processo 17408 (Nuno Fernandes).

– *Demais processos consultados*

Arquivo Nacional da Torre do Tombo, Inquisição de Lisboa, processo 7592 (Violante Antunes, com parte de cristã-nova, moradora em Lisboa, filha de Diogo Mendes da Cunha e de Isabel de Magalhães, casada com Antonio Side da Silva, processada em 1624).

Arquivo Nacional da Torre do Tombo, Inquisição de Lisboa, processo 10674 ("Ana Rodrigues, cristã--nova solteira, filha de Antonio Pereira, da cidade do Funchal").

Arquivo Nacional da Torre do Tombo, Inquisição de Lisboa, processo 11115 ("Ana Rodrigues, mulher de Manoel Dias, cristão-novo, cirgueiro, natural de Évora, morador em Lisboa, aqui preso").

Processos contra a família Fernandes, de Pernambuco: Inquisição de Lisboa, processos 2304 (Catarina Favela), 2552 (Jorge de Souza), 4273 (Beatriz de Souza), 4580 (Brites Fernandes), 5726 (Branca Dias), 5775 (Violante Dias), 6321 (Andressa Jorge), 7009 (Maria de Souza), 9417 (Briolanja Fernandes), 9430 (Brásia Pinta) e 11116 (Ana da Costa de Arruda).

Inquisição de Lisboa. *Livros de certidões e relação de sentenciados com confisco de bens 1597-1700*. Livro 12.

II. Impressas

a) Fontes inquisitoriais

"Livro das Denunciações que se fizerão na Visitação do Santo Officio á Cidade do Salvador da Bahia de Todos os Santos do Estado do Brasil, no ano de 1618 – Inquisidor e Visitador o Licenciado Marcos Teixeira". In: *Anais da Biblioteca Nacional do Rio de Janeiro, 1927*, vol. XLIX. Rio de Janeiro: Biblioteca Nacional, 1936.

Primeira Visitação do Santo Officio ás partes do Brasil pelo Licenciado Heitor Furtado de Mendonça capellão fidalgo del Rey nosso senhor e do seu desembargo, deputado do Santo Officio. Denunciações da Bahia 1591-593. São Paulo: Paulo Prado, 1922-1929, 3 vols.

Primeira Visitação do Santo Ofício às Partes do Brasil pelo Licenciado Heitor Furtado de Mendonça – Denunciações de Pernambuco, 1593/1595. São Paulo: Paulo Prado, 1929.

Primeira Visitação do Santo Ofício às Partes do Brasil pelo Licenciado Heitor Furtado de Mendonça – Confissões da Bahia, 1591/1592. Rio de Janeiro: F. Briguiet & Cia Ed., 1935.

Primeira Visitação do Santo Ofício às Partes do Brasil pelo Licenciado Heitor Furtado de Mendonça – Confissões de Pernambuco, 1594/1595. Recife: Ed. Universidade Federal de Pernambuco, 1970

Primeira Visitação do Santo Ofício às Partes do Brasil – Denunciações e Confissões de Pernambuco 1593-1995. Recife: Fundarpe. Diretoria de Assuntos Culturais, 1984, Coleção Pernambucana, 2ª fase, vol. XIV.

Santo Ofício da Inquisição de Lisboa: Confissões da Bahia (organização Ronaldo VAINFAS). São Paulo: Companhia das Letras, 1997. Série Retratos do Brasil.

Segunda visitação do Santo Ofício às partes do Brasil pelo Inquisidor e Visitador o Licenciado Marcos Teixeira. Livro das Confissões e Ratificações da Bahia – 1618-1620. Introdução de Eduardo d'Oliveira França e Sonia Siqueira. São Paulo: Anais do Museu Paulista, tomo XVII, 1963.

"Correspondência inédita do inquisidor-geral e do Conselho Geral do Santo Ofício para o primeiro visitador da Inquisição no Brasil" (organização por António BAIÃO). In: *Brasília*. Coimbra, 1942, vol. 1.

b) Fontes jesuíticas, histórias e crônicas de viagem

ANTONIL, André João. *Cultura e opulência do Brasil por suas drogas e minas.* 3ª ed. Belo Horizonte: Itatiaia, São Paulo: Edusp, 1982.

CARDIM, Fernão. *Tratados da Terra e da Gente do Brasil.* Rio de Janeiro: J. Leite & Cia., 1925.

Cartas, informações, fragmentos históricos e sermões. Rio de Janeiro: Civilização Brasileira, 1933.

BRANDÃO, Ambrósio Fernandes. *Diálogo das grandezas do Brasil.* 3ª ed. Recife: Fundaj, Massangana, 1997.

DUSSEN, Adriaen van der. *Relatório sôbre as capitanias conquistadas no Brasil pelos holandeses (1639). Suas condições econômicas e sociais.* Tradução, introdução e notas de José Antonio Gonsalves de Mello. Rio de Janeiro: Instituto do Açúcar e do Álcool, 1947.

FELNER, Alfredo de Albuquerque. *Um inquérito à vida administrativa e econômica de Angola e do Brasil em fins do século XVI, segundo o manuscrito inédito existente na Biblioteca Nacional de Lisboa pelo Licenciado Domingos de Abreu e Brito.* Coimbra: Imprensa da Universidade, 1931.

FREI VICENTE DO SALVADOR. *História do Brasil (1500-1627).* 7ª ed. Belo Horizonte: Itatiaia; São Paulo: Edusp, 1982.

GANDAVO, Pero de Magalhães. *Tratado da Terra do Brasil: História da Província Santa Cruz.* Belo Horizonte: Itatiaia; São Paulo: Edusp, 1980.

Memoires Historiques Poliques et litteraires concernant le Portugal, por Le Chevalier D'OLIVEIRA. Haie, 1743, vol. I.

PADRE ANTÓNIO VIEIRA. *Obras Escolhidas.* Lisboa: Sá da Costa, 1951.

PADRE JOSÉ DE ANCHIETA. *De Gestis Mendi de Saa.* Disponível em: http://cultvox.locaweb.com.br - file:///C|/site/livros_gratis/mem_de_sa.htm. Acesso em 12/11/2003).

SOUZA, Gabriel Soares de. *Tratado Descritivo do Brasil em 1587.* 9ª ed. Recife: Massangana, 2000.

c) Fontes sobre a administração

CHANCELARIA DE DOM MANUEL I

Arquivos Nacionais da Torre do Tombo. *Chancelaria de Dom Manuel I.* Livro 1, Fólio 35, documento n. 209, em 23/07/1501.

Arquivos Nacionais da Torre do Tombo. *Chancelaria de Dom Manuel I.* Livro 42, Fólio 65, documento n. 287, em 27/05/1513.

"Documentos relativos a Mem de Sá Governador Geral do Brasil". In: *Anais da Biblioteca Nacional*, vol. XXVVII, 1905. Rio de Janeiro: Officina Typografica da Bibliotheca Nacional, 1906, p. 144-148.

Ordenações Manuelinas. Collecção da Legislação antiga e moderna do Reino de Portugal. Reprodução fac-símile da edição de 1797. 5 vols. Lisboa: Fundação Calouste Gulbenkian, 1984.

Ordenações Filipinas: Livro V (organização Silvia Hunold LARA). São Paulo: Companhia das Letras, 1999.

BIBLIOGRAFIA

I. Obras de referência

A Inquisição em Portugal (1536-1821): Catálogo da exposição organizada por ocasião do 1º Congresso Luso-Brasileiro Sobre Inquisição. Lisboa: Biblioteca Nacional, 1987.

A Bíblia de Jerusalém. São Paulo: Paulinas, 1985.

A Tradicional Culinária Judaica Sefaradi: Ashkenazi. 2ª ed. Porto Alegre: Grupo Kineret/Na'Amat Pioneira, 1999.

ASHERI, Michel. *O judaísmo vivo: as tradições e as leis dos judeus praticantes*. 2ª ed. Rio de Janeiro: Imago, 1995.

BIRNBAUM, Philip. *Encyclopedia of Jewish Principles*. New York: Hebrew Publishing Company, 1995.

Dicionário Eletrônico Houaiss da Língua Portuguesa. São Paulo: Objetiva, 2001.

ELIADE, Mircea & COULIANO, Ioan P. *Dicionário das Religiões*. 2ª ed. São Paulo: Martins Fontes, 1999.

FAIGUENBOIM, Guilherme; VALADARES, Paulo & CAMPAGNANO, Ana Rosa (Orgs.). *Dicionário Sefaradi de Sobrenomes*. Rio de Janeiro: Editora Fraiha, 2003.

FRIDLIN, Jairo (Organização, compilação e edição). *Minchá e Arvit com tradução e transliteração com as leis de assistência aos enfermos e do luto judaico*. São Paulo: Chevra Kadisha/Sociedade Cemitério Israelita de São Paulo, 2006.

GUIA DE PORTUGAL – Vol. III: *Beira*, Tomo II: *Beira Baixa e Beira Alta*. 2ª ed. Coimbra: Fundação Calouste Gulbenkian, 1994.

MARQUES DE ALMEIDA, A. A. (direção científica). *Dicionário Histórico dos Sefarditas Portugueses. Mercadores e Gente de Trato*. Lisboa: Campo da Comunicação, 2009.

METZGER, Bruce M. & COOGAN, Michael D. *Dicionário da Bíblia. Vol 1: as pessoas e os lugares*. Rio de Janeiro: Zahar, 2002.

Nobiliário de Famílias de Portugal, de Falgueiras Gayo, edição de A. de Azevedo Meireles e D. de Araújo Afonso, tomo 21.

Novo Dicionário Básico da Língua Portuguesa Folha/Aurélio. São Paulo: Folha de São Paulo; Rio de Janeiro: Nova Fronteira, 1994/1995.

NUNES, E. Borges. *Abreviaturas paleográficas portuguesas*. Lisboa: Fl, 1981.

OVÍDIO. *Metamorfoses*. Tradução de Bocage. São Paulo: Hedra, 2000.

PINHO LEAL, Augusto Soares d'Azevedo Barbosa de. *Portugal Antigo e Moderno. Diccionario Geographico, Estatístico, Chorographico, Heraldico, Archeologico, Histórico, Biographico e Etymologico de todas as cidades, villas e freguezias de Portugal e de grande numero de aldeias se estas são notaveis, por serem patria d'hommens célebres, por batalhas ou outros factos importantes que n'ellas tiveram logar, por serem solares de familias nobres, ou por monumentos de qualquer natureza, alli existentes. Noticia de muitas cidades e outras povoações da Lusitania de que apenas restam vestigios ou sómente a tradição*. Lisboa: Livraria Editora de Mattos Moreira & Companhia, 1874.

REEBER, Michel. *Religiões: termos, conceitos e ideias*. Rio de Janeiro: Ediouro, 2002.

SCHEINDLIN, Raymond P. *História Ilustrada do Povo Judeu*. Rio de Janeiro: Ediouro, 2003.

SILVA, Antônio de Moraes. *Diccionário da Língua Portugueza*. Lisboa: Typ. Lacérdina, 1813.

UNTERMAN, Alan. *Dicionário judaico de lendas e tradições*. Rio de Janeiro: Zahar, 1992.

VAINFAS, Ronaldo (org.). *Dicionário do Brasil Colonial (1500-1808)*. Rio de Janeiro: Objetiva, 2000.

II. Artigos de periódicos, comunicações de congressos, textos avulsos, ensaios selecionados de coletâneas

ARAÚJO, Ricardo Teles & HOLANDA, Bartolomeu Buarque de. "Habilitação ao Santo Ofício. Valiosa fonte genealógica do período Colonial". In: GERAÇÕES / BRASIL. *Boletim da Sociedade Genealógica Judaica do Brasil*, nov. 1996 e abr. 1997, vol. 3, ns. 1 e 2, p. 15-17.

ASSIS, Angelo Adriano Faria de. "A Inquisição no Brasil e a farsa pelo avesso: O caso de Baltasar Coelho, tratante e falso familiar do Santo Ofício, e da prisão de Nuno Fernandes, revel e descendente dos Macabeus do Recôncavo". In: ASSIS, Angelo Adriano Faria de; SANTANA, Nara Maria Carlos; ALVES, Ronaldo Sávio Paes (orgs.). *Desvelando o poder: Histórias de dominação: Estado, religião e sociedade*. Niterói: Vício de Leitura, 2007, p. 39-67.

COELHO, António Borges. "Cristãos-novos, judeus portugueses e o pensamento moderno". In: NOVAES, Adauto (org.). *A Descoberta do homem e do mundo*. São Paulo: Companhia das Letras, 1998, p. 251-271.

DINES, Alberto. "Quem sou eu? O problema da identidade em Antonio José da Silva". In: CARVALHO DOS SANTOS, Maria Helena (org.). *Inquisição. 1º Congresso Luso-Brasileiro sobre Inquisição* (3 vols – volume 3). Lisboa: Império, s/d, p. 1031-1043.

FRANÇA, Eduardo d'Oliveira. "Engenhos, colonização e cristãos-novos na Bahia colonial". In: SIMÕES DE PAULA, Eurípedes (org.). *Colonização e Migração – Anais do IV Simpósio Nacional dos Professores Universitários de História.* São Paulo: XXXI Coleção da *Revista de História*, 1969.

GINZBURG, Carlo. "O Inquisidor como antropólogo". Trad. *Revista Brasileira de História.* São Paulo: ANPUH-Marco Zero, set. 1990/fev. 1991, n. 21, p. 9-20.

MOTT, Luiz. "Pagode português: a subcultura gay em Portugal nos tempos inquisitoriais". *Revista Ciência e Cultura,* vol. 40, n. 2, 1988, p. 120-139.

NOVINSKY, Anita W. & PAULO, Amílcar. "The Last Marranos". *Commentary,* New York, vol. 43, n. 5, maio 1967, p. 76-81.

NOVINSKY, Anita W. "Consideraciones sobre los criptojudíos hispano-portugueses: el caso de Brasil". In: ALCALÁ, Ángel (org.). *Judios. Sefarditas. Conversos – La expulsión de 1492 y sus consecuencias.* Valladolid: Ambito, 1995.

_____. "Les Marranes: le judaïsme laïque dans le Nouveau Monde". In: EOZENMAN, Izio (org.). *Juifs Laïques: du religieux vers le culturel.* Paris: Revue Panoramique, s/d.

_____."Inquisição e o papel das mulheres na transmissão da heresia". In: CARVALHO DOS SANTOS, Maria Helena (coord.). *Inquisição. 1º Congresso luso-brasileiro sobre Inquisição.* 3 vols. Lisboa: Sociedade Portuguesa de Estudos do Século XVIII; Universitária Editora, 1990, p. 1237-1240.

_____. "Juifs et nouveaux chrétiens du Portugal"; "Nouveaux chrétiens et Juifs séfarades au Brésil". In: MÉCHOULAN, Henry (org.). *Les Juifs d'Espagne: histoire d'une diaspora: 1492-1992.* Paris: Liana Levi, 1992.

_____."O papel da mulher no cripto-judaísmo português". In: COMISSÃO PARA A IGUALDADE E PARA OS DIREITOS DAS MULHERES. *O rosto feminino da expansão portuguesa. Congresso Internacional — Lisboa – 1994.* Lisboa, 1995.

_____."Fernando Pessoa – O Poeta marrano". *Revista Portuguesa de História.* Tomo XXXIII. Coimbra: Faculdade de Letras da Universidade de Coimbra. Instituto de História Económica e Social, 1999, p. 699-711.

_____. "Os cristãos-novos no Brasil colonial: reflexões sobre a questão do marranismo". *Revista Tempo: Dossiê Religiosidades na História.* Vol. 6, n. 11. Rio de Janeiro: 7letras, 2001, p. 67-75.

Pieroni, Geraldo. " 'O ar de Portugal faz os judeus?' A Inquisição e os cristãos-novos degredados para o Brasil-colônia". *LOCUS: Revista de História*, vol. 3, n. 2. Juiz de Fora: Núcleo de História Regional / Ed. UFJF, 1997, p. 7-22.

Révah, I. S. "L'héresie marrane dans l'Europe catholique du 15 au 18 siècle". In: Le Goff, Jacques. *Héresie et sociétè*. Paris: Mouton, 1968.

Revista Trimestral do Instituto Histórico e Geográfico Brasileiro, tomo 57, parte I. Rio de Janeiro: Companhia Typographica do Brasil, 1894, p. 227-228.

Siqueira, Sonia Aparecida. "O comerciante João Nunes". In: Simões de Paula, Eurípedes (org.). *Portos, Rotas e Comércio: Anais do V Simpósio Nacional dos Professores de História – Campinas*. São Paulo: USP, 1971.

_____."O cristão-novo Bento Teixeira: cripto-judaísmo no Brasil Colônia". Separata da *Revista de História*, n. 90, São Paulo, 1972.

Vainfas, Ronaldo & Assis, Angelo Adriano Faria de. "A Esnoga da Bahia: cristãos-novos e criptojudaísmo no Brasil quinhentista". In: Grinberg, Keila (org.). *Os judeus no Brasil: Inquisição, imigração e identidade*. Rio de Janeiro: Civilização Brasileira, 2005, p. 43-64.

Valadares, Paulo. "Uma teia familiar: cristãos-novos portugueses nobilitados no século passado". In: *Gerações/Brasil. Boletim da Sociedade Genealógica Judaica do Brasil*. Maio 1999, vol. 5, ns. 1/2, p. 6-11.

Wiznitzer, Arnold. "Os judeus na indústria açucareira do Brasil colonial". In: *Aonde Vamos? Semanário judaico independente do Brasil*. Rio de Janeiro, 25/10/1956.

III. Dissertações e teses

Assis, Angelo Adriano Faria de. *Um "rabi" escatológico na Nova Lusitânia: sociedade colonial e Inquisição no Nordeste quinhentista – o caso João Nunes*. Dissertação de Mestrado apresentada à Universidade Federal Fluminense, Niterói, 1998.

Calaça, Carlos Eduardo. *Cristãos-novos naturais do Reino e moradores na cidade do Rio de Janeiro*. Dissertação de Mestrado apresentada ao Departamento de História da Faculdade de Filosofia, Letras e Ciências Humanas da Universidade de São Paulo, São Paulo, 1999.

Calainho, Daniela Buono. *Em nome do Santo Ofício: familiares da Inquisição portuguesa no Brasil Colonial*. Dissertação de Mestrado apresentada à Universidade Federal do Rio de Janeiro, Rio de Janeiro, 1992.

IANCHEL, Sarah Znayde. *A Inquisição na Bahia: estudo do processo de Ana Roiz*. Dissertação de Mestrado apresentada ao Departamento de História da Faculdade de Filosofia, Letras e Ciências Humanas da Universidade de São Paulo, São Paulo, 1981.

MACÊDO CAVALCANTI, Carlos André. *O imaginário da Inquisição: desmitologização de valores no Tribunal do Santo Ofício, no Direito Inquisitorial e nas Narrativas do Medo de Bruxa (Portugal e Brasil, 1536-1821)*. Tese de Doutorado apresentada ao Departamento de História da Universidade Federal de Pernambuco, Recife, 2001.

MAYER LUSTOSA, Fernanda. *Raízes judaicas na Paraíba colonial: séculos XVI-XVIII*. Dissertação de Mestrado apresentada ao Departamento de História da Faculdade de Filosofia, Letras e Ciências Humanas da Universidade de São Paulo, São Paulo, 2001.

MONTEIRO, Alex Silva. *"Conventículo Herético": cristãs-novas, criptojudaísmo e Inquisição na Leiria seiscentista*. Tese de Doutorado apresentada à Universidade Federal Fluminense, Niterói, 2011.

RAMINELLI, Ronald. *Tempo de Visitações. Cultura e sociedade em Pernambuco e Bahia: 1591-1620*. Dissertação de Mestrado apresentada ao Departamento de História da Faculdade de Filosofia, Letras e Ciências Humanas da Universidade de São Paulo, São Paulo, 1990.

SANTOS, Georgina Silva dos. *Ofício e Sangue: o papel da Irmandade de São Jorge nas culturas de ofício da Lisboa Moderna*. Tese de Doutorado apresentada ao Departamento de História da Faculdade de Filosofia, Letras e Ciências Humanas da Universidade de São Paulo, São Paulo, 2002.

SILVA, Lina Gorenstein Ferreira da. *O Sangue que lhes corre nas veias. Mulheres cristãs-novas do Rio de Janeiro, século XVIII*. Tese de Doutorado apresentada ao Departamento de História da Faculdade de Filosofia, Letras e Ciências Humanas da Universidade de São Paulo, São Paulo, 1999.

SOUSA SANTOS, Suzana Maria de. *Além da Exclusão: convivência entre cristãos-novos e cristãos-velhos na Bahia setecentista*. Tese de Doutorado apresentada ao Departamento de História da Faculdade de Filosofia, Letras e Ciências Humanas da Universidade de São Paulo, São Paulo, 2002.

VIEIRA, Fernando Gil Portela. *O Santo Ofício da Inquisição na colônia e nas letras: as apropriações da cristã-nova Branca Dias na literatura*. Dissertação de Mestrado apresentada à Universidade Federal Fluminense, Niterói, 2007.

WETZEL, Herbert Ewaldo. *Mem de Sá: Terceiro Governador Geral (1557-1572)*. Tese de Doutorado na Faculdade de História Eclesiástica da Pontifícia Universidade Gregoriana de Roma. Rio de Janeiro: Conselho Federal de Cultura, 1972.

IV. Livros

ABREU, J. Capistrano de. *Capítulos de História Colonial (1500-1800)*. 4ª ed. Rio de Janeiro: Livraria Briguiet, 1954.

_____. *Um Visitador do Santo Ofício à Cidade do Salvador e ao Recôncavo da Bahia de Todos os Santos (1591-1592)*. Rio de Janeiro: Jornal do Commércio, 1922.

ACENHEIRO, Cristóvão Rodrigues. *Chronicas dos Senhores Reis de Portugal*. Tomo V da "Coleção de Inéditos de História Portuguesa", da Academia Real das Ciências de Lisboa. Lisboa, 1824.

ALCALÁ, Angel (org.). *Inquisición española y mentalidad inquisitorial*. Barcelona: Editorial Ariel, 1984.

ALGRANTI, Leila Mezan. *Honradas e devotas: mulheres da Colônia: Condição feminina nos conventos e recolhimentos do Sudeste do Brasil, 1750-1822*. 2ª ed. Rio de Janeiro: José Olympio, 1999.

ALMEIDA PRADO, J. F. *A Bahia e as capitanias do centro do Brasil (1530-1626)*. Tomo II. São Paulo: Companhia Editora Nacional, 1948.

ALPERT, Michael. *Criptojudaísmo e Inquisición en los siglos XVII y XVIII: La Ley en la que quiere vivir y morir*. Barcelona: Ariel, 2001.

ARAÚJO, Emmanuel. *O Teatro dos Vícios: Transgressão e transigência na sociedade urbana colonial*. 2ª ed. Rio de Janeiro: José Olympio, 1997.

AZEVEDO, J. Lúcio. *História dos Cristãos-Novos Portugueses*. 3ª ed. Lisboa: Clássica Editora, 1989.

_____. *A Evolução do Sebastianismo*. Lisboa: Editorial Presença, 1984.

BAKHTIN, Mikhail. *A Cultura popular na Idade Média e no Renascimento: o contexto de François Rabelais*. São Paulo: Hucitec; Brasília: EdUnB, 1993.

BEL BRAVO, María Antonia. *Sefarad: los judios de España*. Madri: Sílex, 2001.

BELLINI, Ligia. *A Coisa Obscura: mulher, sodomia e Inquisição no Brasil Colonial*. São Paulo: Brasiliense, 1989.

BEN-GAL, Ely et al. *O povo da Menoráh*. Rio de Janeiro: Exodus, 1998.

BENNASSAR, Bartolomé. *L'Inquisition espagnole: XVe-XIXe siècle*. Paris: Hachette/Pluriel, 1979.

BERNALDEZ, Andres. *Memorias del reinado de los Reyes Católicos*. Madri, 1962.

BETHENCOURT, Francisco. *O Imaginário da Magia: feiticeiras, saludadores e nigromantes no século XVI*. Lisboa: Universidade Aberta, 1987.

_____. *História das Inquisições: Portugal, Espanha e Itália*. Lisboa: Printer Portuguesa, 1996.

_____. *História das Inquisições: Portugal, Espanha e Itália: Séculos XV-XIX*. São Paulo: Companhia das Letras, 2000.

BLÁZQUEZ MIGUEL, Juan. *La Inquisición*. Madri: Ediciones Penthalón, 1988.

BLOCH, Marc. *Introdução à História*. Lisboa: Europa-América, s/d.

BÖHM, Günter. *Los sefardíes en los domínios holandeses de América del Sur y del Caribe: 1630-1750*. Frankfurt: Vervuert Verlag, 1992.

BORGER, Hans. *Uma história do povo judeu. Volume 1: De Canaã à Espanha*. 2ª edição. São Paulo: Sêfer, 2001.

BOXER, Charles R. *O Império Marítimo Português: 1415-1825*. Lisboa: Edições 70, s/d.

_____. *A mulher na expansão ultramarina ibérica, 1415-1815. Alguns factos, ideias e personalidades*. Lisboa: Livros Horizonte, 1977.

_____. *A Igreja e a expansão Ibérica (1440-1770)*. Lisboa: Edições 70, 1989.

BURKE, Peter. *Cultura Popular na Idade Moderna. Europa, 1500-1800*. 2ª ed. São Paulo: Companhia das Letras, 1989.

CALAINHO, Daniela Buono. *Agentes da fé: Familiares da Inquisição portuguesa no Brasil colonial*. Bauru: Edusc, 2006.

CALMON, Pedro. *Introdução e Notas ao Catálogo Genealógico das Principais Famílias, de Frei Jaboatão*. Salvador: Empresa Gráfica da Bahia, 1985, 2 vols.

CANELO, David Augusto. *Os Últimos Criptojudeus em Portugal*. 2ª ed. Belmonte: Câmara Municipal de Belmonte, 2001.

CARDAILLAC, Luis. *Toledo, séculos XII-XIII: muçulmanos, cristãos e judeus: o saber e a tolerância*. Rio de Janeiro: Zahar, 1992.

CARDOSO, Ciro Flamarion & VAINFAS, Ronaldo. *Domínios da História: Ensaios de teoria e metodologia*. Rio de Janeiro: Campus, 1997.

CARVALHO, António Carlos. *Os judeus do Desterro de Portugal*. Lisboa: Quetzal Editores, 1999.

CENTENO, Yvette Kace (coord.). *Portugal: Mitos revisitados*. Lisboa: Salamandra, 1993.

CHANDEIGNE, Michel (org.). *Lisboa ultramarina: 1415-1580: a invenção do mundo pelos navegadores portugueses*. Rio de Janeiro: Zahar, 1992.

COELHO, António Borges. *Cristãos-Novos judeus e os Novos Argonautas*. Lisboa: Caminho, 1998.

Costa Pôrto, José da. *Nos tempos do visitador: subsídio ao estudo da vida colonial pernambucana, nos fins do século XVI*. Recife: Universidade Federal de Pernambuco, 1968.

Davis, Natalie Zemon. *Nas margens: três mulheres do século XVII*. São Paulo: Companhia das Letras, 1997.

Criado, Pilar Huerga. *En la raya de Portugal: Solidariedad y tensiones en la comunidad judeo-conversa*. Salamanca: Ed. Universidad.

Del Priore, Mary. *Ao Sul do Corpo: Condição feminina, maternidades e mentalidades no Brasil Colônia*. 2ª ed. Rio de Janeiro: José Olympio, 1995.

_____. (org.). *História das Mulheres no Brasil*. 2ª ed. São Paulo: Contexto, 1997.

_____. *Mulheres no Brasil Colonial*. São Paulo: Contexto, 2000.

_____. *O Mal sobre a Terra: Uma história do terremoto de Lisboa*. Rio de Janeiro: Topbooks, 2003.

Delumeau, Jean. *História do medo no Ocidente: 1300-1800, uma cidade sitiada*. São Paulo: Companhia das Letras, 1989.

_____ (org.). *As Grandes Religiões do Mundo*. Lisboa: Editorial Presença, 1997.

Dines, Alberto. *Vínculos do fogo: Antônio José da Silva, o Judeu, e outras histórias da Inquisição em Portugal e no Brasil*. 2ª ed. São Paulo: Companhia das Letras, 1992.

Elias, Norbert. *O Processo Civilizador. Vol. 1: Uma História dos Costumes*. Rio de Janeiro: Zahar, 1994, 2 vols.

Falbel, Nachman; Milgram, Avraham & Dines, Alberto. *Em nome da fé. Estudos* in memorian *de Elias Lipiner*. São Paulo: Perspectiva, 1999.

Faria, Scheila de Castro. *A Colônia em movimento: fortuna e família no cotidiano colonial*. Rio de Janeiro: Nova Fronteira, 1998.

Farinha, Pe. António Lourenço. *A Sertã e o seu Conselho*. Lisboa: Escola Tip. das Oficinas de S. José, 1930. Edição fac-similada. Sertã: Câmara Municipal, 1998.

Feitler, Bruno. *Inquisition, juifs et nouveaux-chrétiens au Brésil. Le Nordeste, XVIIIe et XVIIIe siècles*. Louvain: Leuven University Press, 2003.

Fernandes, Neusa Borges. *A Inquisição em Minas Gerais no Século XVIII*. Rio de Janeiro: EdUERJ, 2000.

Ferro Tavares, Maria José Pimenta. *Judaísmo e Inquisição: Estudos*. Lisboa: Presença, 1987.

_____. *Os Judeus em Portugal no Século XIV*. 2ª ed. Lisboa: Guimarães Editores, 2000.

FIGUEIREDO, Luciano Raposo de Almeida. *O avesso da memória: cotidiano e trabalho da mulher em Minas Gerais no século XVIII*. Rio de Janeiro: José Olympio; Brasília: EdUnB, 1993.

_____. *Barrocas Famílias. Vida familiar em Minas Gerais no século XVIII*. São Paulo: Hucitec, 1997.

FLANDRIN, Jean-Louis & MONTANARI, Massimo (dirs.). *História da alimentação*. São Paulo: Estação Liberdade, 1998.

FRANZEN, August. *Breve História da Igreja*. Lisboa: Presença, 1996.

FREYRE, Gilberto. *Casa-grande & Senzala: formação da família brasileira sob o regime da economia patriarcal*. 29ª ed. Rio de Janeiro: Record, 1994.

GARCIA, Maria Antonieta. *Judaísmo no feminino: tradição popular e heterodoxia em Belmonte*. Lisboa: Instituto de Sociologia e Etnologia das Religiões / Universidade Nova de Lisboa, 1999.

_____. *Fios para um Roteiro Judaico da Covilhã*. Covilhã: Universidade da Beira Interior, 2001.

GILES, Mary E. (ed.). *Mujeres en la Inquisición. La persecución del Santo Oficio en España y el Nuevo Mundo*. Barcelona: Martínez Roca, 2000.

GINZBURG, Carlo. *O Queijo e os Vermes: O cotidiano e as ideias de um moleiro perseguido pela Inquisição*. São Paulo: Companhia das Letras, 1987.

_____. *Mitos, emblemas, sinais: morfologia e história*. São Paulo: Companhia das Letras, 1990.

_____. *História noturna: decifrando o Sabá*. São Paulo: Companhia das Letras, 1991.

_____. *A Micro-história e outros ensaios*. Lisboa: Difel; Rio de Janeiro: Bertrand Brasil, 1991.

GOLDBERG, David J. e RAYNER, John D. *Os judeus e o judaísmo: história e religião*. Rio de Janeiro: Xenon, 1989.

GOMES, Plínio Freire. *Um herege vai ao paraíso: cosmologia de um ex-colono condenado pela Inquisição (1680-1744)*. São Paulo: Companhia das Letras, 1997.

GONSALVES DE MELLO, José Antônio. *Gente da Nação: Cristãos-novos e judeus em Pernambuco, 1542-1654*. 2ª ed. Recife: Fundaj/Massangana, 1996.

_____. *Tempo dos flamengos: influência da ocupação holandesa na vida e na cultura do Norte do Brasil*. 3ª ed. aum. Recife: Fundaj/Massangana/Instituto Nacional do Livro, 1987.

HERCULANO, Alexandre. *História da origem e estabelecimento da Inquisição em Portugal*. Lisboa: Bertrand, 1975, 3 vols.

HERMANN, Jacqueline. *No reino do desejado: a construção do sebastianismo em Portugal – Séculos XVI e XVII*. São Paulo: Companhia das Letras, 1998.

_____. *1580-1660: O sonho da salvação*. São Paulo: Companhia das Letras, 2000.

HESPANHA, António Manuel. *As vésperas do Leviathan: instituições e poder político – Portugal, séc. XVII*. Coimbra: Almedina, 1994.

HOLANDA, Sérgio Buarque de. *Visão do Paraíso: os motivos edênicos no descobrimento e colonização do Brasil*. 6ª ed./6ª reimpressão. São Paulo: Brasiliense, 1994.

_____. *Raízes do Brasil*. 26ª ed. 2ª reimpressão. São Paulo: Companhia das Letras, 1996.

JEANNIN, Pierre. *Os mercadores do século XVI*. Porto: Vertente, s/d.

JOHNSON, Harold & NIZZA DA SILVA, Maria Beatriz (org.). *O Império Luso-Brasileiro (1500-1620)*. In: SERRÃO, Joel & OLIVEIRA MARQUES, A. H. (dir.) *Nova História da Expansão Portuguesa*. Vol. VI. Lisboa: Estampa, 1992.

JOHNSON, Paul. *História dos Judeus*. Rio de Janeiro: Imago, 1995.

KAMEN, Henry. *La Inquisición Española*. 4ª ed. Barcelona: Crítica, 1992.

KAYSERLING, Meyer. *História dos judeus em Portugal*. São Paulo: Pioneira, 1971.

KING, Margaret L. *A mulher do Renascimento*. Lisboa: Presença, 1994.

KRIEGEL, M. *Les Juifs à la fin du Moyen Age dans l'Europe Méditerranéenne*. Paris: Hachete, 1979.

LEROY, Béatrice. *A Espanha dos Torquemada: Católicos, judeus e convertidos no século XV*. Lisboa: Inquérito, 1998.

LIPINER, Elias. *Os judaizantes nas capitanias de cima: estudos sobre os cristãos-novos do Brasil nos séculos XVI e XVII*. São Paulo: Brasiliense, 1969.

_____. *Santa Inquisição: terror e linguagem*. Rio de Janeiro: Documentário, 1977.

_____. *O Tempo dos Judeus segundo as Ordenações do Reino*. São Paulo: Nobel/Secretaria de Estado da Cultura, 1982.

_____. *Gaspar da Gama: um converso na frota de Cabral*. Rio de Janeiro: Nova Fronteira, 1987.

_____. *O sapateiro de Trancoso e o alfaiate de Setúbal*. Rio de Janeiro: Imago, 1993.

_____. *Terror e linguagem: um dicionário da Santa Inquisição*. Lisboa: Círculo de Leitores, 1999.

_____. *Os Baptizados em Pé: Estudos acerca da origem e da luta dos cristãos-novos em Portugal*. Lisboa: Vega, 1998.

MAIA, Angela Maria Vieira. *À Sombra do Medo: relações sociais entre cristãos-velhos e cristãos-novos nas capitanias do açúcar (século XVI)*. Rio de Janeiro: Oficina Cadernos de Poesia, 1995.

MÁRIO CLÁUDIO. *Oríon*. Lisboa: Dom Quixote, 2003.

MARTINS, Oliveira. *História de Portugal*. 16ª ed. Lisboa: Guimarães, 1972.

MATTOSO, José (dir). *História de Portugal. 3º volume: No Alvorecer da Modernidade (1480-1620)*. Lisboa: Estampa, s/d.

MELLO, Evaldo Cabral de. *Olinda Restaurada: guerra e açúcar no Nordeste, 1630-1654*. 2ª ed. Rio de Janeiro: Topbooks, 1998.

_____. *O Nome e o Sangue: uma fraude genealógica no Pernambuco colonial*. São Paulo: Companhia das Letras, 1989.

_____. *O Nome e o Sangue: uma parábola familiar no Pernambuco colonial*. 2ª ed. Rio de Janeiro: Topbooks, 2000.

_____. *Um imenso Portugal: história e historiografia*. São Paulo: Ed. 34, 2002.

MELO, Olímpio de. *Ordens militares portuguesas e outras condecorações*. Lisboa: Imprensa Nacional, 1922.

MONTEIRO, John Manuel. *Negros da terra: índios e bandeirantes nas origens de São Paulo*. São Paulo: Companhia das Letras, 1994.

MORIN, Edgar. *Meus demônios*. 2ª ed. Rio de Janeiro: Bertrand Brasil, 2000.

NEVES, Guilherme Pereira das. *E receberá mercê: a Mesa da Consciência e Ordens e o clero secular no Brasil – 1808-1822*. Rio de Janeiro: Arquivo Nacional, 1997.

NISKIER, Arnaldo. *Branca Dias: o martírio*. Rio de Janeiro: Consultor, 2006.

NIZZA DA SILVA, Maria Beatriz (org.). *Cultura portuguesa na Terra de Santa Cruz*. Lisboa: Estampa, 1995.

_____. *História da Família no Brasil Colonial*. Rio de Janeiro: Nova Fronteira, 1998.

NOVINSKY, Anita W. *Cristãos-Novos na Bahia: 1624-1654*. São Paulo: Perspectiva/Edusp, 1972.

_____. *Inquisição. Inventários de bens confiscados a cristãos-novos: fontes para a história de Portugal e do Brasil (Brasil – Século XVIII)*. Rio de Janeiro: Imprensa Nacional, 1976.

_____. *Inquisição: Rol dos culpados. Fontes para a história do Brasil (século XVIII)*. Rio de Janeiro: Expressão e Cultura, 1992.

_____. *O olhar judaico em Machado de Assis*. Rio de Janeiro: Expressão e Cultura, 1990.

_____ & CARNEIRO, Maria Luiza Tucci (orgs.). *Inquisição: Ensaios sobre mentalidade, heresias e arte*. São Paulo: Edusp, 1992.

_____ & KUPERMAN, Diane (orgs.). *Ibéria-Judaica: Roteiros da memória*. Rio de Janeiro: Expressão e Cultura; São Paulo: Edusp, 1996.

_____. *Inquisição: prisioneiros do Brasil — séculos XVI-XIX*. Rio de Janeiro: Expressão e Cultura, 2002.

OLIVEIRA MARQUES, A. H. de. *Breve História de Portugal*. 4ª ed. Lisboa: Editorial Presença, 2001.

ORTIZ, Antonio Domínguez. *Los Judeoconversos en España y América*. Madri: Ediciones Istmo, S. A., s/d.

PEDRERO-SÁNCHEZ, Maria Guadalupe. *Os Judeus na Espanha*. São Paulo: Editora Giordano, 1994.

PÉREZ, Joseph. *L'Espagne des Rois Catholiques*. Paris: Bordas, 1971.

_____. *Historia de una tragedia: La expulsión de los judíos de España*. Barcelona: Crítica, 1993.

PIERONI, Geraldo. *Os Excluídos do Reino: A Inquisição portuguesa e o degredo para o Brasil Colônia*. Brasília: EdUnB; São Paulo: Imprensa Oficial do Estado, 2000.

PINHO, Wanderley. *História de um engenho do Recôncavo: Matoim, Novo Caboto, Freguesia: 1552-1944*. 2ª ed. São Paulo: Editora Nacional; Brasília: INL, Fundação Nacional Pró-Memória, 1982.

_____. *Aspectos da História Social da Cidade do Salvador – 1549-1650*. Salvador: Beneditina, 1968.

PINTO, Paulo Mendes & MATEUS, Susana Bastos. *O Massacre dos Judeus: Lisboa, 19 de Abril de 1506*. Lisboa: Editora Aletheia, 2007.

POLIAKOV, Leon. *De Cristo aos judeus da Corte. História do Antissemitismo I*. São Paulo: Perspectiva, 1979.

_____. *De Maomé aos Marranos. História do Antissemitismo II*. 2ª ed. São Paulo: Perspectiva, 1996.

RIBEIRO, Aquilino. *O galante século 18: textos do cavaleiro de Oliveira*. Lisboa: Bertrand, s/d.

RIBEMBOIM, José Alexandre. *Senhores de Engenho Judeus em Pernambuco Colonial (1542-1654)*. Recife: 20-20 Comunicação e Editora, 1995.

ROTH, Cecil. *História dos Marranos: os judeus secretos da Península Ibérica*. Porto: Civilização Editora, 2001.

RUSSEL WOOD, A J. R. *Fidalgos e filantropos: a Santa Casa de Misericórdia da Bahia, 1550-1755*. Brasília: EdUnB, 1981.

SALGADO, Graça (coord.). *Fiscais e Meirinhos: A Administração no Brasil Colonial*. 2ª ed. Rio de Janeiro: Nova Fronteira, 1990.

SALVADOR, José Gonçalves. *Os Cristãos-Novos: povoamento e conquista do solo brasileiro (1530-1680)*. São Paulo: Pioneira/Edusp, 1976.

SARAIVA, António José. *Inquisição e Cristãos-Novos*. 6ª ed. Lisboa: Estampa, 1994.

SAULNIER, Christiane. *A revolta dos Macabeus*. São Paulo: Paulinas, 1987.

SCHWARTZ, Stuart B. *Burocracia e sociedade no Brasil Colonial. A Suprema Corte da Bahia e seus juízes: 1609-1751.* São Paulo: Perspectiva, 1979.

_____. *Segredos internos: engenhos e escravos na sociedade colonial, 1550-1835.* São Paulo: Companhia das Letras, 1988.

SERRANA, Juan Ignacio Pulido. *Injurias a Cristo. Religión, política y antijudaísmo en el siglo XVII (Análisis de las corrientes antijudías durante la Edad Moderna).* Madrid: Universidad de Alcalá, 2002.

SILVA, José Aires. *História da Covilhã.* Covilhã, 1996.

SILVA, Lina Gorenstein Ferreira da. *Heréticos e Impuros: a Inquisição e os cristãos-novos no Rio de Janeiro – século XVIII.* Rio de Janeiro: Secretaria Municipal de Cultura, Departamento Geral de Documentação e Informação Cultural, Divisão de Editoração, 1995.

_____. *A Inquisição contra as mulheres: Rio de Janeiro, séculos XVII e XVIII.* São Paulo: Humanitas/Fapesp, 2005.

_____. & TUCCI CARNEIRO, Maria Luiza (orgs.). *Ensaios sobre a Intolerância. Inquisição, Marranismo e Antissemitismo.* São Paulo: Humanitas/FFLCH-USP, 2002.

SIMON, Marcel & BENOIT, André. *Judaísmo e Cristianismo Antigo: de Antíoco Epifânio a Constantino.* São Paulo: Pioneira/Edusp, 1987.

SIQUEIRA, Sonia Aparecida. *A Inquisição Portuguesa e a Sociedade Colonial.* São Paulo: Ática, 1978.

SOUZA, Laura de Mello e. *O Diabo e a Terra de Santa Cruz: feitiçaria e religiosidade popular no Brasil colonial.* São Paulo: Companhia das Letras, 1986.

_____. *Inferno Atlântico: demonologia e colonização: séculos XVI-XVIII.* São Paulo: Companhia das Letras, 1993.

_____ (org.). *História da Vida Privada no Brasil: cotidiano e vida privada na América portuguesa.* São Paulo: Companhia das Letras, 1997.

TASSIN, Claude. *O judaísmo: do exílio ao tempo de Jesus.* São Paulo: Paulinas, 1988.

TAVARES, Luís Henrique Dias. *História da Bahia.* 10ª ed. São Paulo: Editora Unesp; Salvador: Edufba, 2001.

TENGARINHA, José (org.). *História de Portugal.* 2ª ed. Bauru: Edusc; São Paulo: Unesp; Portugal: Instituto Camões, 2001.

VAINFAS, Ronaldo (org.). *América em tempo de conquista.* Rio de Janeiro: Zahar, 1992.

_____. *A Heresia dos Índios: catolicismo e rebeldia no Brasil colonial.* São Paulo: Companhia das Letras, 1995.

_____. *Trópico dos Pecados: Moral, sexualidade e Inquisição no Brasil*. 2ª ed. Rio de Janeiro: Nova Fronteira, 1997.

_____. *Micro-história: Os protagonistas anônimos da História*. Rio de Janeiro: Campus, 2002.

_____. & Souza, Juliana Beatriz. *Brasil de Todos os Santos*. Rio de Janeiro: Zahar, 2000.

Vincent, Bernard. *1492: Descoberta ou Invasão?* Rio de Janeiro: Zahar, 1992.

Walker, Joseph M. *Historia de la Inquisición española*. Madrid: Edimat Libros, 2001.

Wiznitzer, Arnold. *Os Judeus no Brasil Colonial*. São Paulo: Pioneira/Edusp, 1966.

AGRADECIMENTOS

Agradeço ao CNPq pela bolsa fornecida durante o tempo de desenvolvimento desta pesquisa, facilitando minha participação em eventos e a consulta nos arquivos portugueses e brasileiros.

Sou imensamente grato à Fapemig – *Fundação de Amparo à Pesquisa do Estado de Minas Gerais*, pela compreensão da necessidade em divulgar pesquisas que, de outra forma, ficariam restritas ao meio acadêmico. Sem o auxílio financeiro da Fapemig, isto não seria possível.

A longa preparação de um livro envolve esforços que, por vezes, nos isolam do convívio de amigos e familiares. A compreensão disto é sinal de que nada se constrói sozinho. Meu agradecimento a todos que, pacientemente, souberam entender que minha ausência era só física.

De minha família, sempre recebi o carinho necessário para continuar. Sem o amor de minha avó, mãe, pai, tios, irmã, sobrinha, sogros, tudo teria sido infinitamente mais difícil e sem sentido.

Roberta, em todas as horas, soube entender minhas ausências, viagens, atrasos e humores. Soube igualmente, de olhar firme e coração tranquilo, ser meu permanente refúgio. Com sua delicadeza, me deu vida todo este tempo. Por isto – e por tudo o mais – recebe meu agradecimento e amor.

Vários amigos ajudaram-me de todas as formas nos mais diversos momentos desta pesquisa. Sou-lhes, por isto, sempre grato: Ronaldo Sávio Paes Alves, Nara Maria Carlos Santana, João Henrique dos Santos, Bruno Feitler, Carlos André Macêdo Cavalcanti, Célia Cristina da Silva Tavares, Daniela Buono Calainho, Georgina Silva dos Santos, Guilherme Pereira das Neves, Jacqueline Hermann, Keila Grinberg, Laura de Mello e Souza, Lina Gorenstein Ferreira da Silva, Rogério de Oliveira Ribas, Sonia Aparecida Siqueira, Théo Lobarinhas Piñeiro.

Ronaldo Vainfas é, em todos os sentidos, o maior incentivador e grande responsável por este trabalho. Junto comigo, admirou-se com a delicada resistência destas Macabeias da Bahia colonial. Devoto-lhe, pela amizade, confiança, ajuda e apoio maiores do que merecia e imaginava receber, admiração, gratidão e respeito de orientando eterno.

Esta obra foi impressa em Santa Catarina no inverno de 2012 pela Nova Letra Gráfica & Editora. No texto foi utilizada a fonte Minion em corpo 10,5 e entrelinha de 14,5 pontos.